中国期货业协会联合研究计划
（第十三期）研究报告集

中国期货业发展创新与风险管理研究 11

Research on Innovation Development
and Risk Management in China Futures Industry

中国期货业协会 / 编

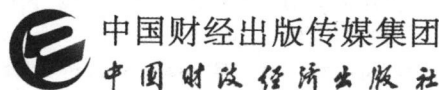

图书在版编目（CIP）数据

中国期货业发展创新与风险管理研究.11／中国期货业协会编. --北京：中国财政经济出版社，2020.12
ISBN 978-7-5223-0213-3

Ⅰ.①中… Ⅱ.①中… Ⅲ.①期货市场-经济发展-研究-中国 ②期货市场-风险管理-研究-中国 Ⅳ.①F832.5

中国版本图书馆CIP数据核字（2020）第251361号

责任编辑：翁晓红　潘　飞　武志庆　　责任校对：张　凡
封面设计：中通世奥　　　　　　　　　　责任印制：刘春年

中国期货业发展创新与风险管理研究
ZHONGGUO QIHUOYE FAZHAN CHUANGXIN YU FENGXIAN GUANLI YANJIU

中国财政经济出版社 出版

URL：http://www.cfeph.cn
E-mail：cfeph@cfeph.cn

（版权所有　翻印必究）

社址：北京市海淀区阜成路甲28号　邮政编码：100142
营销中心电话：010-88191522
天猫网店：中国财政经济出版社旗舰店
网址：https://zgczjjcbs.tmall.com
北京时捷印刷有限公司印刷　各地新华书店经销
成品尺寸：185mm×260mm　16开　41.75印张　798 000字
2021年1月第1版　2021年1月北京第1次印刷
定价：120.00元
ISBN 978-7-5223-0213-3
（图书出现印装问题，本社负责调换，电话：010-88190548）
本社质量投诉电话：010-88190744
打击盗版举报热线：010-88191661　QQ：2242791300

编委会

编委会主任 洪磊

编委会委员 张晓轩 陈东升 吴亚军 王颖 冉丽

执行主编 王春卿

责任编辑 贾燕 张冬 张陶陶 魏冉 贾昆鹏

前　言

以期货和期权为核心的衍生品市场，是现代金融市场的重要组成部分。经过30年的探索，我国期货市场取得长足发展，在服务实体经济和国家战略，促进国民经济高质量发展方面发挥了积极作用。创新是发展的第一动力。当前，我国期货市场对外面临错综复杂的国际经济和金融形势，对内面临深化改革、扩大开放，进一步服务双循环新格局的发展任务。在此背景下，不断强化基础性研究，推动前瞻性、引领性研究，是夯实期货市场发展基础、增加市场创新发展动能的必然要求。

"中期协联合研究计划"自2003年开始已连续开展了十二期。2019年，为激发更多机构参与，提升研究成果质量，"中期协联合研究计划"优化了管理流程，以课题最终完成质量作为经费资助的根本依据，实行"申报—评审—资助"的课题管理模式。

2019年6月，中国期货业协会（以下简称"协会"）正式启动中期协联合研究计划（第十三期）课题申报，发布了期货市场基本功能、期货公司业务发展、新形势下期货市场服务国家战略及实体经济、对外开放背景下期货市场面临的机遇与挑战、期货市场品种创新和市场建设、期货市场监管自律与相关法律问题六大研究方向。面向全社会，鼓励业内机构、大专院校、科研院所、实体企业等机构或单位围绕年初发布的研究方向和选题范围自主申报课题、开展研究、提交成果。

本次联合研究计划得到了社会各界的积极响应，协会遵循公开、公平、公正的基本原则，经过形式审查、线上评审、线下评审，最终评审出15个优秀课题成果并进行了经费资助。为扩大课题影响力，促进课题成果落地，协会现将第十三期联合研究计划部分优秀课题结集成书，旨在将研究成果向社会各界传播推广，以达到提升期货行业研究水平，共同推动期货市场发展的目的。由于受科研管理经验和行业研究水平所限，本书不足之处在所难免，也请读者批评、斧正。

期货市场的发展离不开理论研究，行业的创新更加凸显了前瞻性、基础性的期货市场理论和实务研究的重要性。未来，协会将继续推动期货市场基础理论和实践研究，努力解决创新发展中遇到的困难和问题，为业内同仁提供更多的视角和启迪，为行业建设奉献更多、更具有建设性的建议，为期货市场创新发展提供更加有力的理论支持。

编委会

2020 年 12 月

目　录

金融期货在金融供给侧结构性改革中的地位与作用

一、引言 ……………………………………………………………（2）
　（一）研究背景与意义 …………………………………………（2）
　（二）研究基本思路和内容安排 ………………………………（5）
二、金融供给侧结构性改革的理论脉络与内涵 …………………（5）
　（一）金融供给侧结构性改革提出的理论脉络 ………………（5）
　（二）金融供给侧结构性改革的基本内涵 ……………………（12）
　（三）金融期货市场与金融供给侧结构性改革的理论联系 …（16）
三、金融期货服务金融供给侧结构性改革的金融市场视角 ……（17）
　（一）提升金融市场内在质量，促进金融市场宏观稳定 ……（17）
　（二）提高金融市场信息反映能力，助力宏观政策传导实施 …（21）
四、金融期货服务金融供给侧结构性改革的资本形成视角 ……（26）
　（一）增强金融机构产品与服务创新能力，促进资本集聚 …（26）
　（二）提高实体企业财务稳健性，增强潜在融资能力 ………（36）
五、金融期货市场在服务金融供给侧结构性改革中面临的挑战及下一步努力方向 …………………………………………………（41）
　（一）我国金融期货市场发展存在的不足 ……………………（41）
　（二）推动我国金融期货市场发展，更好地服务金融供给侧结构性改革的若干建议 ……………………………………………（45）
参考文献 ……………………………………………………………（45）

期货公司经纪业务手续费规范研究

一、引言 ……………………………………………………………（54）
　（一）研究背景 …………………………………………………（54）

（二）研究目的及意义 …………………………………………（55）
　　（三）研究方法 …………………………………………………（57）
二、期货公司经纪业务价值 …………………………………………（57）
　　（一）经纪业务是期货公司重要的卖方业务 …………………（57）
　　（二）经纪业务在期货公司业务体系中不可或缺 ……………（58）
　　（三）期货公司对经纪业务的投入具有价值 …………………（58）
三、期货公司经纪业务收入现状 ……………………………………（60）
　　（一）现阶段期货公司经纪业务现状 …………………………（60）
　　（二）期货公司经纪业务收入结构及趋势 ……………………（61）
　　（三）期货行业经纪业务手续费收入下降的结果分析 ………（67）
四、期货公司经纪业务成本分析 ……………………………………（68）
　　（一）期货经纪业务成本构成 …………………………………（68）
　　（二）总结 ………………………………………………………（70）
五、期货公司经纪业务最低手续费费率研究 ………………………（71）
　　（一）期货经纪业务手续费费率自律标准的目的及原则 ……（71）
　　（二）期货经纪业务手续费费率自律标准的确定方法和过程 …（71）
　　（三）期货经纪业务手续费费率自律标准测算具体步骤 ……（73）
　　（四）相关指标定义及数据来源和出处 ………………………（74）
　　（五）期货经纪业务手续费费率自律标准测试结果及行业影响分析
　　　　………………………………………………………………（75）
　　（六）期货经纪业务手续费费率自律标准两种确定方法的利弊分析
　　　　………………………………………………………………（88）
　　（七）期货经纪业务手续费费率自律标准建议 ………………（91）
六、总结及建议 ………………………………………………………（92）
　　（一）总结 ………………………………………………………（92）
　　（二）建议 ………………………………………………………（94）
参考文献 ………………………………………………………………（95）

提升期货经营机构跨境服务能力的研究

一、引言 ………………………………………………………………（98）
二、绪论 ………………………………………………………………（100）
　　（一）研究背景及意义 …………………………………………（100）
　　（二）文献综述 …………………………………………………（101）
　　（三）研究创新点 ………………………………………………（102）
　　（四）研究思路与技术路线图 …………………………………（108）

三、期货经营机构跨境服务的发展现状 …………………………………（108）
（一）中国金融市场国际化的历程及现状 ………………………………（108）
（二）中国期货市场国际化的历程及现状 ………………………………（112）
（三）期货经营机构跨境服务客户的现状 ………………………………（114）
（四）期货经营机构跨境服务的典型模式 ………………………………（117）
（五）期货经营机构跨境服务的机遇和挑战 ……………………………（120）
（六）小结 …………………………………………………………………（121）

四、跨境交易典型案例分析 …………………………………………………（122）
（一）境内投资者参与境外期货市场案例 ………………………………（122）
（二）境外投资者交易案例与现场访谈 …………………………………（126）
（三）其他国家和地区证券期货市场跨境服务案例 ……………………（129）
（四）境内期货公司跨境服务案例 ………………………………………（130）
（五）案例反映的跨境交易服务"痛点" …………………………………（133）
（六）小结 …………………………………………………………………（135）

五、跨境交易行为现状——基于原油期货问卷调查研究 …………………（135）
（一）问卷调查的设计 ……………………………………………………（135）
（二）调查问卷的形式 ……………………………………………………（136）
（三）问卷调查的统计结果 ………………………………………………（136）
（四）原油上市至今交易现状 ……………………………………………（137）
（五）当前原油期货跨境交易的问题分析 ………………………………（138）
（六）小结 …………………………………………………………………（146）

六、期货经营机构跨境服务评价体系 ………………………………………（146）
（一）当前跨境交易特征总结 ……………………………………………（146）
（二）跨境交易服务外部宏观环境评价与分析 …………………………（148）
（三）跨境交易服务评价体系的构建 ……………………………………（152）
（四）跨境交易服务能力评价体系的意义 ………………………………（163）
（五）跨境服务评价体系的行业应用 ……………………………………（165）
（六）能力评价体系的自评应用——以申万期货为例 …………………（176）
（七）小结 …………………………………………………………………（181）

七、跨境服务能力提升的路径和模式 ………………………………………（181）
（一）期货市场对外开放的路径和模式 …………………………………（181）
（二）期货交易所的风险管理制度优化建议及监管政策建议 …………（183）
（三）期货经营机构升级跨境交易服务水平的方式 ……………………（185）

八、结论与研究展望 …………………………………………………………（187）

（一）结论 ……………………………………………………（187）
　　（二）研究展望 ………………………………………………（188）
参考文献 …………………………………………………………（189）
数据附录 …………………………………………………………（190）

基于期证融合视角下的期货公司经纪业务转型路径研究

一、引言 …………………………………………………………（196）
　　（一）研究背景及研究意义 …………………………………（196）
　　（二）境内外期证融合的实践、研究回顾及分析 …………（198）
二、期货行业整体发展态势及券商系期货公司发展现状分析 …（205）
　　（一）期货行业的整体发展态势分析 ………………………（205）
　　（二）券商系期货公司经营情况及集中度特征分析 ………（208）
三、期货公司业务发展的现状与困境、机遇与挑战 ……………（215）
　　（一）期货经纪业务收入分析及存在的问题 ………………（215）
　　（二）期货经纪业务存在的主要困境与契机 ………………（227）
四、期证融合的可行性、商业模式及发展路径研究 ……………（230）
　　（一）期证融合的可行性分析 ………………………………（230）
　　（二）期证合作的商业模式和重点领域 ……………………（235）
　　（三）期证合作的发展路径研究 ……………………………（244）
五、相关政策建议 ………………………………………………（247）
　　（一）梳理制度及业务规则，制定期证融合顶层设计和监管框架 …（247）
　　（二）从战略到执行层面深入发挥融合的优势和效益 ……（248）
　　（三）对监管的意见建议 ……………………………………（249）
参考文献 …………………………………………………………（250）

培育中国一流的大宗商品交易商——兼论期货风险管理公司的定位和发展

一、引言 …………………………………………………………（254）
二、大宗商品交易商的定义与特征 ………………………………（254）
　　（一）大宗商品交易商的定义与分类 ………………………（254）
　　（二）大宗商品交易商具备的主要特征 ……………………（255）
三、全球大宗商品交易商发展概况 ………………………………（258）
　　（一）《财富》500强榜单概况 ………………………………（258）
　　（二）全球大宗商品交易商发展特征 ………………………（260）
　　（三）我国大宗商品交易商的发展特点 ……………………（274）
四、国际知名大宗商品交易商发展脉络及业务模式 ……………（277）

（一）高盛 …………………………………………………………… (277)
　　（二）嘉能可 ………………………………………………………… (286)
　　（三）路易达孚 ……………………………………………………… (292)
　　（四）安然 …………………………………………………………… (297)
　五、全球知名大宗商品交易商发展规律总结 ……………………………… (306)
　　（一）交易商就是"看不见的手"的有形表现，根据价格信号将
　　　　　资源引导至价值最高的地方 …………………………………… (306)
　　（二）交易商的资产布局都是围绕交易进行的，追求及时准确的
　　　　　信息是关键所在 ………………………………………………… (306)
　　（三）仓库、码头及管道等中游资产对所有类型的交易商都是最
　　　　　关键的资产 ……………………………………………………… (307)
　　（四）能源产业的交易商不论是总体数量还是单个企业的规模，
　　　　　均大于其他产业的交易商 ……………………………………… (307)
　　（五）农业产业内的交易商注重在产业链内部纵向发展，与利益
　　　　　相关方建立合作共赢的关系 …………………………………… (307)
　　（六）交易商的资产壮大与大宗商品价格高度相关 ………………… (308)
　　（七）金融机构是交易商最为重要的利益相关者之一，融资能力
　　　　　决定了交易商业务开展的可持续性 …………………………… (308)
　　（八）交易商是商品供应链和资金链的重要一环，自营业务平稳
　　　　　发展以维持第三方稳健经营为依托 …………………………… (309)
　六、对期货风险管理公司未来发展的思考 ………………………………… (310)
　　（一）期货风险管理公司发展为大宗商品交易商的三大要素 ……… (310)
　　（二）期现和场外衍生品业务是风险管理公司目前发展的两条主
　　　　　要路径 …………………………………………………………… (310)
　　（三）高盛等大宗商品投行的发展路径更值得风险管理公司借鉴 … (311)
　参考文献 ……………………………………………………………………… (314)

含权贸易风险管理模式研究

　一、研究背景及意义 ………………………………………………………… (318)
　　（一）研究背景 ……………………………………………………… (318)
　　（二）研究意义 ……………………………………………………… (319)
　二、文献综述 ………………………………………………………………… (320)
　　（一）期货市场服务企业风险管理的主要模式分析 ………………… (320)
　　（二）含权贸易产生的背景 …………………………………………… (322)
　　（三）含权贸易的模式 ………………………………………………… (322)

三、方案设计和研究框架 …………………………………………… (323)
　　　　（一）研究方案 ………………………………………………… (323)
　　　　（二）研究框架 ………………………………………………… (323)
　　四、含权贸易风险管理模式研究 …………………………………… (324)
　　　　（一）在采购端应对价格上涨风险的方式 …………………… (324)
　　　　（二）在销售端应对价格下跌风险的方式 …………………… (324)
　　　　（三）各种组合模式的效果 …………………………………… (325)
　　五、含权贸易的案例研究 …………………………………………… (327)
　　　　（一）含权贸易的组合模式：以企业采购 PP 为例 ………… (327)
　　　　（二）兜底采购模式：以企业采购 PTA 为例 ………………… (329)
　　六、含权贸易中的风险控制和期权策略选择 ……………………… (331)
　　　　（一）含权贸易中的风险控制 ………………………………… (331)
　　　　（二）不同期权策略的比较 …………………………………… (331)
　　七、结论 ……………………………………………………………… (332)
　　　　（一）含权贸易模式在企业风险管理中具备多个优点 ……… (332)
　　　　（二）开展含权贸易模式的挑战 ……………………………… (333)
　　参考文献 ……………………………………………………………… (333)

玉米"保险+期货"模式财政补贴规模测算及应用研究

　　一、引言 ……………………………………………………………… (336)
　　　　（一）研究背景 ………………………………………………… (336)
　　　　（二）问题的提出 ……………………………………………… (337)
　　　　（三）研究意义 ………………………………………………… (339)
　　　　（四）研究内容、方法和技术路线 …………………………… (340)
　　　　（五）创新点 …………………………………………………… (341)
　　二、玉米"保险+期货"模式实践和财政补贴规模理论基础综述 … (343)
　　　　（一）我国玉米"保险+期货"模式试点实践总结 …………… (343)
　　　　（二）美国政策性农产品价格保险实践总结 ………………… (348)
　　　　（三）玉米"保险+期货"模式财政补贴规模理论综述 ……… (352)
　　　　（四）小结 ……………………………………………………… (355)
　　三、玉米"保险+期货"模式财政补贴规模测算理论与模型 ……… (356)
　　　　（一）玉米"保险+期货"模式财政补贴规模测算思路 ……… (356)
　　　　（二）玉米期货市场流动性约束下的可承载极限容量测算模型 … (357)
　　　　（三）玉米"保险+期货"模式场外复制期权费率厘定和期货
　　　　　　　对冲组合 Delta 策略测算模型 ………………………… (359)

（四）玉米"保险+期货"模式可承保极限容量和财政补贴规模
　　　　测算模型 …………………………………………………………（363）
　　（五）小结 …………………………………………………………………（364）
四、我国玉米"保险+期货"模式财政补贴规模实证分析………………（365）
　　（一）实证数据和相关参数假设 …………………………………………（365）
　　（二）实证过程 ……………………………………………………………（369）
　　（三）实证结果讨论 ………………………………………………………（379）
　　（四）小结 …………………………………………………………………（380）
五、玉米"保险+期货"模式财政补贴政策建议 …………………………（381）
　　（一）玉米"保险+期货"模式财政补贴政策的定位设计 ……………（381）
　　（二）玉米"保险+期货"模式财政补贴政策实施的路径设计 ………（382）
　　（三）玉米"保险+期货"模式财政补贴政策实施的责任设计 ………（383）
　　（四）小结 …………………………………………………………………（385）
六、主要结论与展望 …………………………………………………………（386）
　　（一）主要结论 ……………………………………………………………（387）
　　（二）研究展望 ……………………………………………………………（388）
参考文献 ………………………………………………………………………（389）

"保险+期货"试点项目的效果评价及可持续性研究

一、引言 ………………………………………………………………………（394）
　　（一）研究背景与意义 ……………………………………………………（394）
　　（二）研究内容与技术路线 ………………………………………………（396）
　　（三）模型选择和数据来源 ………………………………………………（398）
　　（四）创新与不足 …………………………………………………………（399）
二、国内外相关研究综述 ……………………………………………………（400）
　　（一）各国农业风险管理策略 ……………………………………………（400）
　　（二）我国"保险+期货"模式研究进展 ………………………………（402）
　　（三）风险管理效果评估方法 ……………………………………………（404）
　　（四）国内外有关研究评述 ………………………………………………（406）
三、"保险+期货"模式管理农业风险的理论框架 ………………………（406）
　　（一）农业风险管理的含义与相关理论 …………………………………（406）
　　（二）工具组合形式管理农业风险的基本原理 …………………………（409）
　　（三）我国"保险+期货"模式管理农业风险的运作机理 ……………（410）
四、"保险+期货"模式保障农民收入的效果分析 ………………………（410）
　　（一）"保险+期货"组合模式对农民收入影响的实证研究 …………（410）

（二）不同分组下"保险+期货"模式影响农民收入的效果对比 …………………………………………………………………………（417）
（三）"保险+期货"模式保障农民收入的效果总结 …………（419）
五、"保险+期货"模式提高农民种粮积极性的效果分析 ……………（419）
（一）参加"保险+期货"模式对农民种粮积极性影响的实证研究 …………………………………………………………………………（420）
（二）"保险+期货"模式影响农民种粮积极性的内在机制探讨 …（425）
（三）"保险+期货"模式提高农民种粮积极性的效果总结 ………（430）
六、"保险+期货"试点保险与传统农业保险降低农民收入风险的效果比较 ……………………………………………………………………（431）
（一）"保险+期货"试点保险及传统农业保险的费率厘定 ………（431）
（二）数值模拟法下各保险产品降低农民收入风险的效果 ………（437）
（三）"保险+期货"模式与传统农业保险降低农民收入风险的效果总结 ……………………………………………………………（440）
七、推动"保险+期货"模式持续运行的政府—金融机构—农户关系构建 ……………………………………………………………………（441）
（一）我国"保险+期货"试点阶段的政府—金融机构—农户关系 …………………………………………………………………………（441）
（二）美国发展市场性工具管理农业风险中的政府—金融机构—农户关系 ……………………………………………………………（442）
（三）欧盟发展市场性工具管理农业风险中的政府—金融机构—农户关系 ……………………………………………………………（445）
（四）我国推动"保险+期货"模式可持续运行的政府—金融机构—农户关系构建 ……………………………………………（446）
八、"保险+期货"模式持续运行的改进与思考 …………………………（448）
（一）基于保险产品设计角度的改进 …………………………………（448）
（二）基于期货市场功能提升角度的改进 ……………………………（448）
（三）"保险+期货"未来可持续性推广的关键问题总结 ……………（449）
九、结论与建议 ……………………………………………………………（450）
（一）主要结论 …………………………………………………………（450）
（二）政策建议 …………………………………………………………（451）
（三）研究展望 …………………………………………………………（452）
参考文献 ……………………………………………………………………（453）

发挥专业投资优势,以 FOF 模式寻求期货资管发展

一、研究背景 ……………………………………………………………… (462)
    (一) 国内期货资产管理行业发展现状 ………………………………… (462)
    (二) 期货资产管理业务发展突破口的思考 …………………………… (462)

二、FOF 业务的本土化进程 ……………………………………………… (463)
    (一) 海外公募 FOF 发展 ……………………………………………… (463)
    (二) 海外私募 FOF 变迁 ……………………………………………… (464)
    (三) 国内 FOF 发展情况 ……………………………………………… (465)
    (四) 境内资产管理机构发展 FOF 的有益尝试 ……………………… (465)

三、以 FOF 模式作为期货资管的突破口 ………………………………… (466)
    (一) 期货资管发展 FOF 业务的现状与问题 ………………………… (466)
    (二) 期货资管业务对 FOF 类产品的需求分析 ……………………… (467)
    (三) 期货资管发展 FOF 业务的潜力 ………………………………… (467)
    (四) 期货资管 FOF 模式的实施要点 ………………………………… (468)

四、关于 FOF 资产配置模型的实证研究 ………………………………… (468)
    (一) 研究的数据选择 …………………………………………………… (468)
    (二) 资产配置模型的选择及构建 …………………………………… (468)
    (三) 各模型实证的结果 ……………………………………………… (469)

五、期货资管的 FOF 模式规划及政策建议 ……………………………… (471)
    (一) 以期货公司能力建设驱动资管的 FOF 模式应用 ……………… (471)
    (二) 相关行业政策的建议 ……………………………………………… (472)

六、研究结论 ……………………………………………………………… (473)

通过指数化投资改善期货市场流动性结构的研究

一、引言 …………………………………………………………………… (476)
    (一) 简述指数化投资体系 ……………………………………………… (476)
    (二) 文献综述 …………………………………………………………… (477)
    (三) 研究目的与创新点 ………………………………………………… (478)

二、海外商品指数化投资现状 …………………………………………… (479)
    (一) 三代商品指数 ……………………………………………………… (479)
    (二) 商品指数基金现状 ………………………………………………… (480)
    (三) 商品 ETF 展望影响 ……………………………………………… (482)
    (四) 知名指数设计 ……………………………………………………… (483)

三、国内商品指数化投资现状 …………………………………………… (488)

（一）商品公募基金现状 …………………………………………（488）
　　（二）国内商品指数设计 …………………………………………（490）
四、数据分析 ……………………………………………………………（494）
　　（一）期货合约流动性结构 ………………………………………（494）
　　（二）非主力合约替代可行性 ……………………………………（499）
　　（三）多月合约指数编制 …………………………………………（501）
五、总结 …………………………………………………………………（508）
　　（一）结论 …………………………………………………………（508）
　　（二）有待进一步研究的方向 ……………………………………（508）
参考文献 …………………………………………………………………（509）

境外期货业协会组织模式和职能研究

一、引言 …………………………………………………………………（512）
　　（一）研究背景及意义 ……………………………………………（512）
　　（二）研究基础和概念定义 ………………………………………（512）
　　（三）研究思路和目标 ……………………………………………（514）
二、美国国家期货协会组织模式和职能 ………………………………（516）
　　（一）NFA 的成立和发展 …………………………………………（516）
　　（二）NFA 的组织模式 ……………………………………………（518）
　　（三）NFA 的职能设置 ……………………………………………（526）
　　（四）NFA 自律管理与行政监管关系的特点及影响 ……………（531）
三、全球期货业协会组织模式与职能 …………………………………（534）
　　（一）FIA 的成立和发展 …………………………………………（534）
　　（二）FIA 的会员类型及会员权益 ………………………………（535）
　　（三）FIA 的组织架构 ……………………………………………（536）
　　（四）FIA 的职能设置 ……………………………………………（542）
　　（五）FIA 自律管理与行政监管关系的特点及影响 ……………（543）
四、美国管理基金协会组织模式与职能 ………………………………（544）
　　（一）MFA 的成立与宗旨 …………………………………………（545）
　　（二）MFA 的治理架构 ……………………………………………（545）
　　（三）MFA 的职能设置 ……………………………………………（547）
　　（四）MFA 自律监管与行政监管关系特点及影响 ………………（549）
五、印度商品参与者协会组织模式与职能 ……………………………（551）
　　（一）CPAI 的建立与宗旨 ………………………………………（551）
　　（二）CPAI 的组织架构 …………………………………………（551）

（三）CPAI 的职能设置 …………………………………………（552）
　　（四）CPAI 自律管理与行政监管关系的特点及影响 ……………（553）
六、印度固定收益货币市场和衍生品协会组织模式与职能 ………………（554）
　　（一）FIMMDA 的建立发展与宗旨 ……………………………（554）
　　（二）FIMMDA 的组织模式 ……………………………………（555）
　　（三）FIMMDA 的职能设置 ……………………………………（556）
　　（四）FIMMDA 自律管理与行政监管关系的特点及影响 ………（557）
七、新加坡证券业协会组织模式与职能 ……………………………………（558）
　　（一）SAS 的建立与宗旨 ………………………………………（559）
　　（二）SAS 的组织架构 …………………………………………（559）
　　（三）SAS 的职能设置 …………………………………………（560）
　　（四）SAS 自律管理与行政监管关系的特点及影响 ……………（560）
八、台湾期货公会组织模式与职能 …………………………………………（561）
　　（一）台湾期货公会的发展概况 ………………………………（561）
　　（二）台湾期货公会的组织架构 ………………………………（562）
　　（三）台湾期货公会的职能设置 ………………………………（564）
　　（四）台湾期货业公会自律管理与行政监管关系的特点及影响 …（568）
九、香港证券业协会组织模式与职能 ………………………………………（569）
　　（一）HKSA 的建立发展与宗旨 …………………………………（569）
　　（二）HKSA 的组织架构 …………………………………………（570）
　　（三）HKSA 的职能设置 …………………………………………（571）
　　（四）HKSA 自律监管与行政监管关系的特点及影响 …………（573）
十、研究主要结论与相关政策建议 …………………………………………（574）
　　（一）期货行业自律组织的组织模式 …………………………（574）
　　（二）期货行业自律组织的主要职能 …………………………（576）
　　（三）自律管理与行政监管关系特点及影响 …………………（577）
　　（四）对我国期货业协会组织模式及职能完善的建议 ………（580）
参考文献 …………………………………………………………………………（582）

原油期货功能发挥情况及服务能化产业效果评估

一、绪论 …………………………………………………………………………（584）
　　（一）研究背景和意义 …………………………………………（584）
　　（二）文献综述 …………………………………………………（585）
　　（三）研究内容和创新点 ………………………………………（585）
　　（四）行文逻辑与研究目标 ……………………………………（587）

二、我国原油期货功能发挥情况分析 ……………………………………… (587)
　　（一）价格发现功能发挥情况和流动性情况分析 ………………… (587)
　　（二）作为套期保值工具功能发挥情况分析 ……………………… (597)
三、我国原油期货推出的意义与影响 ……………………………………… (608)
四、总结及建议 ……………………………………………………………… (610)
　　（一）品种体系完善工具丰富 ……………………………………… (611)
　　（二）期现关联度提升 ……………………………………………… (611)
　　（三）做市商增加，流动性进一步加强 …………………………… (611)
　　（四）期货公司积极提供支持 ……………………………………… (611)
参考文献 ……………………………………………………………………… (613)

期货量化 CTA 交易策略——基于传统技术指标 RSI 增强改进研究

一、引言 ……………………………………………………………………… (616)
　　（一）选题背景及意义 ……………………………………………… (616)
　　（二）国内外研究现状 ……………………………………………… (617)
　　（三）研究内容和组织安排 ………………………………………… (619)
　　（四）研究方法和创新点 …………………………………………… (620)
二、传统技术指标 RSI 原理及假说 ………………………………………… (621)
　　（一）RSI 原理剖析 ………………………………………………… (621)
　　（二）RSI 缺陷 ……………………………………………………… (625)
　　（三）假说与补充 …………………………………………………… (625)
三、基于传统技术指标 RSI 的外部增强研究 ……………………………… (626)
　　（一）常用外部增强方法 …………………………………………… (626)
　　（二）基于大周期瀑布线过滤的外部增强方法 …………………… (627)
　　（三）基于 RSI 的外部增强方法的实证研究 ……………………… (629)
四、基于传统技术指标 RSI 的内部增强及实证研究 ……………………… (638)
　　（一）参数 N 的常用获取方法 ……………………………………… (638)
　　（二）基于 ATR 的自适应迭代 N …………………………………… (638)
　　（三）基于 ATR 的 RSI 自适应增强策略实证 ……………………… (640)
　　（四）RSI 模型内外双增强模型的推广 …………………………… (642)
五、总结与展望 ……………………………………………………………… (645)
　　（一）绪论 …………………………………………………………… (645)
　　（二）不足与展望 …………………………………………………… (647)
参考文献 ……………………………………………………………………… (648)

中期协联合研究计划（第十三期）项目

金融期货在金融供给侧结构性改革中的地位与作用

课题负责单位：中国金融期货交易所
课题研究编号：201921012
课题负责人：黄小龙
课题组成员：周强龙　常鑫鑫　郑丽婷　冯波　杨瑞杰

一、引言

(一) 研究背景与意义

金融是现代经济的核心,金融发展与实体经济的成长变革存在密切关系。改革开放以来,随着实体经济领域的制度转轨,我国金融体制的市场化、法治化改革也不断推进,金融发展取得了巨大成绩,已建立起较为完备的金融机构体系、金融市场服务体系、金融监管制度体系、金融宏观调控体系,行业和市场规模持续增长,在国民经济中的地位和影响日益凸显,对外开放也不断深化。从存量看,2018年末,我国银行业、保险业、证券业资产规模分别为268.24万亿元、18.33万亿元、6.27万亿元;境内上市公司A股总市值和债券市场托管余额分别为43.41万亿元、86.39万亿元。从流量看,2018年,我国实现金融业增加值6.91万亿元,同比增长4.4%,占GDP的比重为7.7%;实现社会融资增量达到19.26万亿元。

但在体量规模迅速扩大的同时,我国金融服务与实体经济发展和转型需求不匹配的结构性矛盾也十分突出,金融发展中存在的不平衡、不充分问题正对中国经济实现质量变革、效率变革、动力变革形成制约,这既削弱了金融服务实体经济的有效性,也加大了潜在的金融风险隐患。具体来看,突出反映在以下四个方面的不均衡上:

1. 融资结构不均衡

我国社会融资活动高度集中于银行体系,直接融资占比较低;直接融资高度集中于债券融资,股权融资占比较低。以2018年为例,当年银行体系对实体经济发放的人民币贷款占同期社会融资增量规模的比例达到81.4%,而非金融企业境内股票融资则仅占1.9%(见图1)。如果考察整个债券市场,低风险的国债、政金债等占比较大,公司债、企业债占比较小。从整体看,市场机制在我国金融资源配置中的作用还有待提升,金融抑制程度长期处于较高水平(中国金融四十人论坛课题组,2018)。

2. 金融资源配置对象不均衡

金融机构配置资源存在高度同质化倾向。从企业类型看,静态视角下,金融资源投向对象以大型企业、国有企业为主,中小微企业"融资难、融资贵"的麦克米伦缺口较为明显。以贷款为例,据不完全统计,2018年下半年,银行业贷款余额中

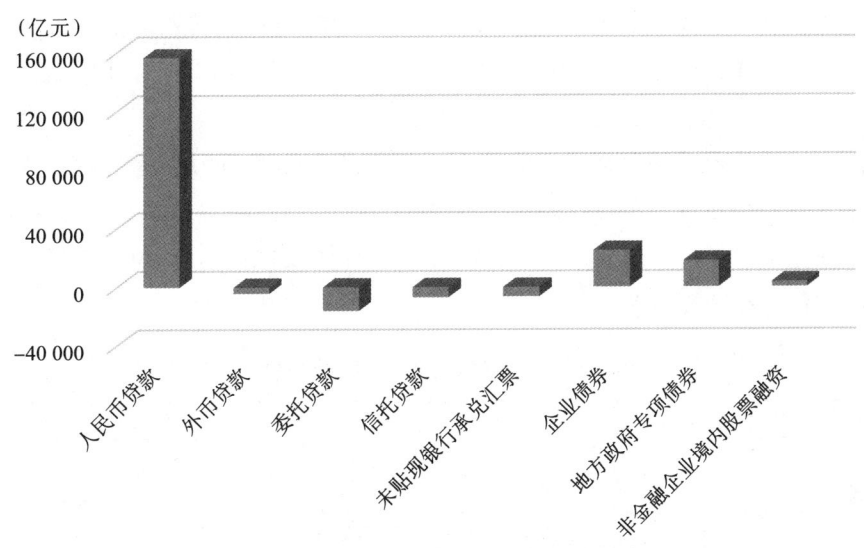

图 1　2018 年我国社会融资增量情况

民营企业贷款占 25%①；动态视角下，在经济面临下行压力时，金融机构也更倾向于收紧民营和中小企业融资②。从投向领域看，金融资源较多地集中于房地产和基础设施建设，对创新创业的支持不足，即现有金融体系有助于支持要素驱动型的经济增长，但与创新驱动型经济增长的要求尚不匹配。

3. 金融业态发展与风险防控不均衡

由于家庭部门对财产性收入的追求日益增强，叠加现有金融体系在服务实体经济方面存在缺陷等影响。在过去一个时期里，我国影子银行等业务模式发展迅猛，部分新兴金融或类金融业态也呈现快速扩张态势。这些模式和业态，在起到一定的资金融通作用的同时，也表现出治理不完善、管理不规范、发展无秩序的特点。创新刻意回避和绕开监管、监管不能及时跟进创新的问题比较突出，个别领域和地方的金融风险防控与处置面临较大压力。

4. 金融开放水平与其国际影响和地位不均衡

我国银行业资产规模目前是全球第一，保险业保费收入居全球第二，资本市场规模排名稳居全球前三，各项业务开展空间广阔，潜力巨大，国际投资者参与我国金融体系特别是金融市场的需求也十分迫切。尽管近年来金融开放进程不断深化，

---

① 参见中国人民银行党委书记、中国银保监会主席郭树清 2018 年 11 月 7 日接受《金融时报》记者采访时的讲话。

② 我国 PMI 与信用利差呈现明显的负相关，当经济景气下降时，民营企业信用债与国有企业信用债之间，或高等级信用债与低等级信用债之间的利差明显上升。

但机构股比限制放开快于市场投资限制放开,现货市场开放领先衍生品市场开放的不平衡性仍然存在,离充分实现外资"走进来"、中资"走出去",以开放促改革,提升金融市场自身竞争力的目标还有一定差距。

上述不均衡及矛盾的存在,使我国金融体系的总体竞争力远远落后于成熟经济体。根据世界经济论坛(World Economic Forum)发布的数据,2018年,我国金融体系的发展竞争力指标在进入统计的140个经济体中仅排在第30位,与经济绝对体量和全球地位不相匹配(见表1)。

表1　　　　　　　　　主要经济体金融体系竞争力排名情况

经济体	总排名	综合得分	经济体	总排名	综合得分
美国	1	92.1	中国	30	71.9
英国	8	87.8	中国香港	2	90.1
日本	10	86.4	中国台湾	7	87.9
德国	21	80.2	新加坡	5	89.3
法国	17	82.9	韩国	19	81.4
加拿大	11	86.1	意大利	49	64.3
澳大利亚	13	85.6	俄罗斯	86	54.8
巴西	57	63.2	印度	35	69.5

资料来源:World Economic Forum, The Global Competitiveness Report 2018。

在这样的背景下,2019年2月,习近平总书记在十九届中央政治局第十三次集体学习时指出,要深化金融供给侧结构性改革,增强金融服务实体经济的能力,并在这一高度对资本市场改革发展给出了高瞻远瞩的战略谋划,进一步强调要打造一个规范、透明、开放、有活力、有韧性的资本市场。习近平总书记的论断坚持问题导向,思想精深,观点精辟,描述精准,既富有全局性,又不乏侧重性,不仅从宏观上揭示了我国当前经济发展的内在需要和金融发展的潜在规律,也反映了党中央对包括资本市场在内的整个金融体系下一步发展的殷切期望与责任要求,是习近平新时代中国特色社会主义思想在金融领域的最新具体体现,是党中央对我国金融建设长期实践经验的系统科学总结,是未来做好金融工作必须遵循的根本导向指针。

理论和实践表明,金融期货是现代金融体系不可或缺的部件。从全球发展历程来看,金融期货市场是市场经济发展到一定阶段的产物,是社会分工深化的必然结果,是金融要素市场价格波动等风险再分配的重要场所,已成为主要经济体的标准配置。从我国实践来看,金融期货市场的起步既遵循了基础资产市场发展需求激发和催生了风险管理供给的一般规律,又具有自身的独特意义。作为资本市场改革深化的重要体现,作为服务资本市场进一步发展的重要助推器,金融期货不仅是中国资本市场的一分子,更是中国特色社会主义事业的重要组成部分。面临金融供给侧结构性改革的重大历史性命题,金融期货大有可为,也应当大有作为。基于此,在提炼总结金融供给侧结构性改革理论脉络和内涵的基础上,结合金融期货工具特点,梳理和把握了金融期货服务金融供给侧结构性改革的功能作用和机制路径,将自己"摆进去",为自己"把好脉""定准位",不仅对深化完善金融期货领域基础研究具有重要的理论价值,而且对指导金融期货市场下一步补齐短板、提升效率,以增加自身有效供给为抓手,更好地服务资本市场、金融体系和实体经济高质量发展,具有较大的现实意义。

(二) 研究基本思路和内容安排

本课题的总体研究思路是,以对金融供给侧结构性改革理论内涵的分析挖掘,即搞清楚金融供给侧结构性改革"要干什么"为中心,以对金融期货市场经济功能的理论阐述和实际发挥情况总结,即金融期货在金融供给侧结构性改革中"能干什么"为主线,系统梳理金融期货服务金融供给侧结构性改革的具体路径,并立足我国金融期货市场现状,为其未来进一步发展完善,即"还要怎么干"提供启示和建议。

根据以上基本思路,本课题后续内容的具体安排如下:第二部分从实体经济部门供给侧结构性改革和近年来金融去杠杆的实践出发,梳理金融供给侧结构性改革这一命题提出的理论脉络,在此基础上,进一步以习近平总书记有关论述为指导,提炼金融供给侧结构性改革的基本内涵,并建立起金融期货与金融供给侧结构性改革的理论联系。第三、第四部分根据第二部分有关金融体系的总结,分别从完善金融市场(细分为内在质量和定价效率维度)和促进资本形成(细分为金融机构和融资主体维度)两大方面,探讨金融期货服务金融供给侧结构性改革的作用路径和功能效果。第五部分分析了目前我国金融期货市场发展过程中存在的主要不足,并简要提出了下一步发展的政策建议。基于上述安排,本报告的基本框架如图2所示。

根据研究主题和基本内容的界定,本课题研究参考一般应用研究和政策研究范式,兼顾国际和国内情况,采用理论分析(规范分析)和实证分析相结合的总体方法论,并以经验文献、数量统计、实践案例和计量分析作为具体工具。具体而言,我们通常从已有的经验研究文献出发总结金融期货在国际市场上发挥作用的情况,并得到其功能的一般性表述,而以具体的市场数据、调研案例和计量分析等为依托,对其在我国的功能发挥进行检验。

二、金融供给侧结构性改革的理论脉络与内涵

(一) 金融供给侧结构性改革提出的理论脉络

作为金融领域的重大课题,金融供给侧结构性改革的提出不仅具有突出的现实

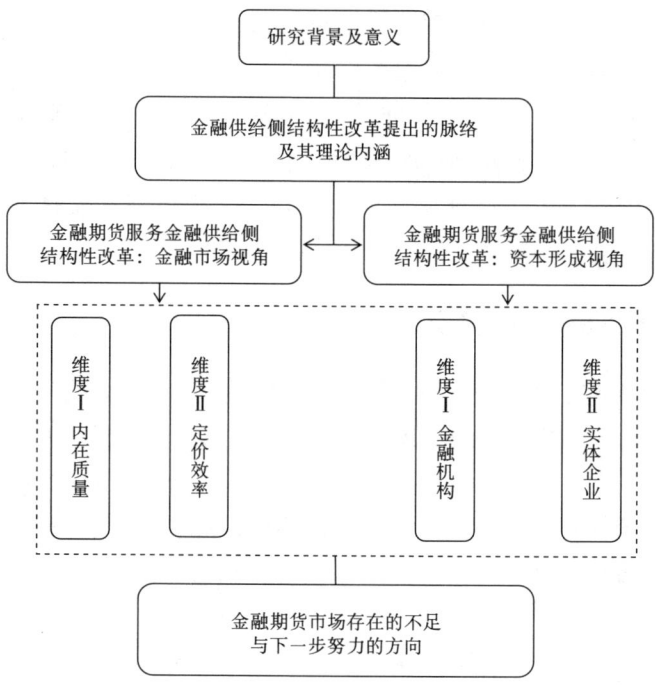

图 2　课题研究内容基本框架

问题导向，更与我国近年来经济金融领域的一系列理论发展和实践活动紧密相连。从经济金融的关系来看，金融供给侧结构性改革反映了供给侧结构性改革向纵深推进的内在要求；从理论体系的形成过程看，金融供给侧结构性改革是党中央基于对我国经济发展阶段与形势的最新判断，在金融领域不断积累理论创新的系统性总结；从金融工作自身角度看，金融供给侧结构性改革则是对前一阶段金融去杠杆实践的进一步发展与提升。

1. 供给侧结构性改革需要实体经济和金融体系两头发力、相互策应

2015 年以来，受到人口结构变化、资源供求变化以及国际局势变化等因素的共同影响，我国经济逐步步入新常态，即从相对粗放的"增量时期"向更加追求精细的"存量时期"过渡。这是中国经济在经历长期高速增长后的必然趋势，也与多数工业化经济体的历史经验相吻合。新常态的"新"，从表面看体现在常见宏观经济指标的数量增减上，体现在需求端政策边际效应的衰减上，其深层内涵则在于经济总需求从"扩量"转变为"扩量"与"提质"并重的结构变化，在于经济发展阶段、增长方式、增长动力、产业结构的转换与变动。为适应新常态，中央在宏观管理政策层面提出了供给侧结构性改革的创新命题，并将"三去一降一补"作为具体内容。

从实施效果看，供给侧结构性改革中以"去产能、去库存、去杠杆"为主要内

容的相对狭义、短期的方面,已经取得了阶段性突破与进展,政策目标实现效果较好,对防范化解经济运行中的风险积累起到了积极作用。伍戈等(2018)从数据量化统计的角度系统回顾了以上三者的结果。具体看:

(1)钢铁、煤炭等行业过剩产能加快出清,产能利用率回升。2017 年底,钢铁行业、煤炭行业产能利用率达到 77%、70%,较 2016 年分别上升 5 个百分点、12 个百分点。船舶、玻璃、电解铝、水泥等行业过剩产能化解也取得积极进展。

(2)房地产去库存化明显。2017 年底,全国整体商品去库存化已到 2012 年左右的水平,三四线城市整体库存水平也有效降低了。

(3)宏观杠杆率增速放缓。根据 BIS 统计数据,从 2016 年开始,中国非金融部门债务与 GDP 的比值停止上涨,非金融企业债务与 GDP 的比值则出现一定回落。此外,也有研究表明,去产能在不同行业中产生了经营收益"重分配"的效应。徐奇渊、张斌(2017)发现,中下游行业的生产成本提高,上游的矿产资源开采、冶炼和加工行业等 PPI 大幅上升,利润迅速提高,为降低产能过剩行业的微观杠杆率提供了条件。基于非金融上市公司的分析显示,2016 年后,受供给侧结构性改革的影响,部分上游企业①的收入、盈利迅速改善,营收增速一般高于营业成本增速,而处于下游的"非供给侧"行业企业则在 2017 年出现了明显的营业成本增速与营业收入增速倒挂现象(见表 2)。由于营业成本在收入抵减项目中占比最大②,这一相对增速的变化对公司利润的影响十分突出。

表 2　　2014—2018 年不同行业属性非金融上市公司营业收入、净利润及营业成本同比增速

		2014 年(%)	2015 年(%)	2016 年(%)	2017 年(%)	2018 年(%)
营业收入	供给侧行业	-0.33	-19.79	3.53	27.76	13.90
	非供给侧行业	5.81	3.61	12.13	19.61	13.62
	差值	6.14	23.40	8.60	-8.15	-0.28
归母净利润	供给侧行业	-26.97	-102.75	1582.66③	289.32	30.47
	非供给侧行业	10.08	7.71	19.23	19.30	-10.63
	差值	37.05	110.46	-1563.43	-270.02	-41.10
营业成本	供给侧行业	-0.01	-18.34	1.86	25.27	12.61
	非供给侧行业	5.15	1.92	12.20	20.38	13.66
	差值	5.16	20.26	10.34	-4.89	1.05

资料来源:Wind 资讯。

---

① 我们将申万一级行业分类中的采掘、钢铁、有色金属、建材近似定义为供给侧行业,相应的,其他行业则为非供给侧行业。
② 以 2018 年全部非金融上市公司为例,这一比例约为 80%。
③ 该年"供给侧行业"整体扭亏为盈。

但从更长期的视角看，供给侧结构性改革的最终目标是通过制度供给改革带动经济供给质量提升与经济结构优化，在降低微观主体成本的同时，推动我国经济由要素驱动向创新驱动转变。相较于容易通过行政手段达成的短期政策目标，长期目标的实现，既需要政府财税等政策的配合，更迫切地需要金融体系做出相应的变革和呼应。

经济与金融是共生共荣的关系。随着生产力的发展，资本市场、金融市场在社会资源配置中的作用不断增强，经济和金融体系的耦合程度愈发提高，金融要素价格波动和金融资源配置方向变化带来的影响也越来越大。一国或地区的禀赋结构、产业结构和金融结构往往呈现出动态、螺旋的相互制约和推动关系。

从实践看，实体经济和金融体系的问题、变化和表现，无论是正面的还是负面的，往往都互为镜像关系。例如，过去一个时期我国部分企业盲目加杠杆，盲目多元化，盲目扩张，以至于多个行业出现产能过剩，就与宽松信用环境下"廉价"信贷资源集中于上述企业存在密切关系。陈晓珊和刘洪铎（2016）通过实证研究表明，我国金融发展效率与行业产能利用率呈现负相关关系，在金融发展效率较低的情况下，金融发展规模越大，产能过剩越严重；贺京同与何蕾（2016）分析2000—2011年我国36个工业行业的数据发现，过量的信贷资源集中于国有企业，为其低成本产能扩张提供了外部激励和支持，提高了产能过剩风险，且这一效应在政府应对2008年全球金融危机的冲击后更明显。再比如，一些低效企业在几乎没有业务的情况下仍维持运转，长期占用土地、资金、劳动力等资源却无法出清，成为所谓的"僵尸企业"，金融机构持续输血和资源错配也难辞其咎。谭语嫣等（2017）发现，金融资源配置扭曲程度越高，金融体系就越倾向于给"僵尸企业"放款，并导致对其他企业的投资挤出效应。吕江林、陈建付（2018）研究发现，我国"僵尸企业"的形成概率与信贷失衡程度呈现明显的正相关关系。王永钦等（2018）则提出，"僵尸企业"的存在加剧了资源约束，扭曲了信贷配置，也损害了行业公平竞争。此外，金融体系的扭曲，还严重抑制了国家创新能力的培育和技术进步效率的提升。李晓龙等（2017）从融资约束的角度考察了金融要素扭曲对高科技企业创新投资的冲击，发现金融要素扭曲显著抑制了中国高科技企业创新投资的增长，且这种创新抑制效应在金融要素扭曲程度较高的地区更明显。李晓龙和冉光和（2018）实证考察了中国金融抑制、资本扭曲及其交互作用对技术创新效率的影响，他们进一步发现资本扭曲显著抑制了中国技术创新效率的提升，且金融抑制加剧了资本扭曲对技术创新效率的负面影响。

反过来，金融领域适应经济长期发展需求的政策和做法，也会对推动产业、企业达到合意的目标产生积极影响。例如，2016年，我国金融监管部门出台了《关于支持钢铁煤炭行业化解过剩产能实现脱困发展的意见》，要求对钢铁、煤炭行业实施差别化的信贷政策,对违规新增产能的企业停止贷款,对落后产能和其他不符合产业政策的产能压缩退出相关贷款,有效促进了过剩产能出清。同年,在房地产信贷政策调整的作用下,个人购房贷款快速增长,带动商品房销售回暖,为去库存打下了良好基础(孙国峰,2017)。从境外经济体来看,金融体系通过创新支持产业结构实现升级并占据国际分工高端地位的案例也屡见不鲜。譬如,1980—2000 年,美国纽交所和纳斯达克市场多次调整上市标准,对企业的评价从侧重盈利能力向兼顾成长性转变,逐步形成了内容丰富多样、适应创新行业企业的多套财务指标体系(见表3),期间,共分别有 1 619 家和 5 191 家公司在上述两处通过 IPO 获得助力,融资额合计超过 6 000 亿美元,其中信息技术公司就有 1 200 多家(周强龙、常鑫鑫,2018),更涌现出苹果、微软、甲骨文、谷歌等头部企业,成为美国在科技创新等领域赢得全球领先优势的重要来源。

表 3　1980—2000 年纽交所与纳斯达克市场上市标准体系变化

时段	纽交所	纳斯达克	
		全国市场	常规及小型市场
1980—1990 年	标准:税前利润	标准:有形资产净值+股本及资本公积	标准:总资产+股本及资本公积
1991—1997 年	标准1:税前利润 标准2:调整后净利润+市值+收入 标准3:市值+收入	标准1:有形资产净值+利润 标准2:有形资产净值+经营年限	
1998—2000 年	标准1:税前利润 标准2:调整后净利润+市值+收入 标准3:市值+收入 标准4:市值+收入(不设硬性财务要求)	标准1:股东权益+经营年限 标准2:股东权益+净利润 标准3:市值 标准4:总资产+总收入	标准1:有形资产净值+经营年限 标准2:市值 标准3:净利润+经营年限

综上所述,供给侧结构性改革的最终落脚点虽在实体经济上,但无论是巩固既有成效,还是进一步向优化供给体系、增强经济内生创新动力的长远目标纵深推进,都不可能脱离金融领域的有效支持而单兵突进。推进金融供给侧结构性改革,实现金融端和实体端的有效协同,是供给侧结构性改革持续深化的重要保障、内在要求和应有之意,两者互为表里,一脉相承。

2. 近年来党中央在金融领域的理论创新为金融供给侧结构性改革的提出奠定了扎实基础

近年来，根据经济金融形势、金融发展特点的具体变化，以习近平同志为核心的党中央在金融发展方面提出了一系列重要论述，既立足国内又放眼世界，既立足当前又着眼长远，在充分全面把握我国现阶段经济发展特点的基础上，深化了对金融发展主要矛盾的认识，深化了对金融工作重心的认识，为金融供给侧结构性改革命题的提出规划了框架和蓝图，为解决当前我国金融领域突出问题提供了根本性战略指引。

具体来看，在金融供给侧结构性改革命题正式提出前，中央关于金融的理论创新发展已突出表现在三个"更加"上。

（1）将金融工作摆到更加重要的高度。2017年4月25日，习近平总书记在主持中共中央政治局第四十次集体学习时指出，金融是现代经济的核心，金融安全是国家安全的重要组成部分。必须充分认识金融在经济发展和社会生活中的重要地位和作用，切实把维护金融安全作为治国理政的一件大事，扎扎实实把金融工作做好。同年7月，在第五次全国金融工作会议上，习总书记再次指出，金融是实体经济的血脉，为实体经济服务是金融的天职，是金融的宗旨，也是防范金融风险的根本举措，并强调金融是国家重要的核心竞争力，金融安全是国家安全的重要组成部分，金融制度是经济社会发展中的重要基础性制度。上述论断将金融提升到国家治理、国家制度、国家安全的前所未有的高度，反映出了中央对金融工作的极端重视，也是中央坚持并进一步发展对金融实质、对经济金融关系理论认识的集中体现。

（2）将防范化解金融风险作为更加重要的任务。金融体系自身风险可控是其平稳运行、功能有效发挥的前提。从理论认识看，中央始终高度重视金融风险监测与防控，并将其与金融发展有机结合起来。2017年4月，习总书记提出，"准确判断风险隐患是保障金融安全的前提"，要求增强风险防范意识，不忽视一个风险，不放过一个隐患，并将"加强金融监管"和"采取措施处置风险点"作为维护金融安全的重要具体任务。同年7月，"防控金融风险""强化监管，提高防范化解金融风险能力"被分别明确到"三位一体"的金融工作主题和做好金融工作四项重要原则中。

（3）将资本市场作为金融体系中更加重要的部分。2015年开始，资本市场的改革发展受到中央的重点关注。经过持续探索，习总书记关于"发展资本市场是中国的改革方向"的论述日益丰满，对资本市场发展的要求也愈加系统，深刻回答了新时代需要什么样的资本市场、怎样建设好资本市场的重大课题。2015年11月和2016年4月，习总书记就对股票市场发展提出了"融资功能完备、基础制度扎实、市场监管有效、投资者权益得到充分保护"的基本要求；2017 年开始，上述论述进一步被拓展到整个资本市场体系。2017 年 7 月的第五次全国金融工作会议上，总书记明确要把发展直接融资放在重要位置，形成融资功能完备、基础制度扎实、市场监管有效、投资者合法权益得到有效保护的多层次资本市场体系；同年召开的党的十九大则将"提高直接融资比重，促进多层次资本市场健康发展"作为增强金融服务实体经济能力的重要内容；2018 年之后，资本市场的功能、定位、意义、目标得到进一步明晰。2018 年 12 月的中央经济工作会议明确"资本市场在金融运行中具有牵一发而动全身的作用"，明确了"规范、透明、开放、有活力、有韧性"的十二字要求，并从上市公司质量、市场交易制度、中长期资金入市、科创板设立等方面给出了具体任务。

将以上几个方面内容与金融供给侧结构性改革基本要点内容（可参见表 4）进行比较，发现两者具有高度的同源性和相似性。由此可见，金融供给侧结构性改革命题并不是突然"从天而降"的产物，而是在中央关于金融工作理论认识持续深化的过程中逐步孕育和成熟起来的。

3. 金融供给侧结构性改革是对前期金融去杠杆实践的创造性发展与提升

在供给侧结构性改革推进的同时，随着中央对金融工作理论认识和具体要求的演进，我国监管决策部门在实践中实施了一系列金融去杠杆政策，以增强金融体系稳健性。具体来看，2016 年 7 月的中央政治局会议正式提出要注重抑制资产泡沫，这标志着我国正式进入"货币政策收紧 + 严监管"的金融去杠杆周期（蔡庆丰，2019）。在此之后，一系列涉及监管、业务的具体措施先后出台。

（1）在监管制度方面。一是完善金融监管机构设置。2017 年 7 月，第五次全国金融工作会议决定设立国务院金融稳定发展委员会，将"统筹协调金融监管重大事项""研究系统性金融风险防范处置和维护金融稳定重大政策"等纳入其职责。二是完善宏观审慎监管框架。2017 年第一季度起，商业银行表外理财被纳入广义信贷考核内容。2017 年第三季度，人民银行明确规定同业存单期限不得超过 1 年，开始推动将同业存单纳入宏观审慎评估体系（MPA）准备工作。2018 年第一季度，资产规模在 5 000 亿元以上的银行发行同业存单被正式纳入 MPA 考核。三是完善业务监管标准。2017 年 2 月，旨在统一同类资管产品的监管标准、消除监管套利的《关于规范金融机构资产管理业务的指导意见（征求意见稿）》开始起草。在征求意见和报请审议后，2018 年 4 月，《关于规范金融机构资产管理业务的指导意见》正式发布，相关补充文件和配套细则也先后进入意见征求和发布阶段。

（2）在业务规范方面。2017 年 3 月，原中国银监会通过打击"三违反、三套利、四不当"对银行违规业务进行整改；4 月发布《关于银行业风险防控工作的指导意见》《关于切实弥补监管短板提升监管效能的通知》《关于开展银行业"监管套利、空转套利、关联套利"专项治理工作的通知》等文件；2018年1月发布《关于进一步深化整治银行业市场乱象的通知》。《证券期货投资者适当性管理办法》《信托业务监管分类试点工作实施方案》等涉及非银金融领域业务规范的文件也先后发布实施。

在监管政策和中性货币政策的配合作用下，金融去杠杆效果逐渐显现。从各类有关杠杆率的数据来看，以2017年为例，年末银行理财产品资金余额合计29.54万亿元，同比增长1.69%，增速较2016年下降21.93个百分点；同业存单托管余额8.01万亿元，同比增长27.55%，增速较2016年下降79.76个百分点；银行业对金融机构股权及其他投资（主要是商业银行购买的非银行金融机构资管信托计划）合计21.76万亿元，同比减少1.46%，增速较2016年下降65.85个百分点（徐枫等，2018）。从社会融资增量数据来看，表外融资科目大幅减少。2018年，委托贷款、信托贷款和未贴现的银行承兑汇票三项表外融资科目合计净增加-2.93万亿元，比2017年少增6.5万亿元。

从上述内容可以看出，2016—2018年，金融领域监管围绕高杠杆这一关键点，着重强调去除无效低效（违规）的金融服务供给；从方式特别是短期政策的方式上看，则以行政式管理为主。这与实体经济领域供给侧结构性改革的早期政策实践存在一定的相似性。总体来说，金融去杠杆实践对抑制金融机构监管套利和规模的无序扩张起到了积极作用，但在国际形势不确定性上升、国内经济短期面临一定下行压力的背景下，也容易对部分企业主体融资产生"挤出效应"。在实体经济供给侧结构性改革向长期目标转换的同时，推动金融领域从短期偏重行政方式的外生性管理向长期侧重市场方式的内生性发展转变、从去除无效、低效服务供给向增加有效、高效服务供给转变，从侧重"毁灭"向侧重"重塑"转变、从关注总量调控向关注结构优化转变的重要性日益加强。从这个角度来说，金融供给侧结构性改革的提出，也是在金融去杠杆工作取得阶段性成果的背景下，在对其内容进行系统总结基础上的进一步提升和创造性发展，两者构成实践促进理论、理论指导实践的"前半场"与"后半场"的关系。

（二）金融供给侧结构性改革的基本内涵

习近平总书记在阐述金融供给侧结构性改革时特别指出，要以金融体系结构调整优化为重点，优化融资结构和金融机构体系、市场体系、产品体系，为实体经济发展提供更高质量、更有效率的金融服务。同时，习近平总书记还专门强调了防范化解金融风险、把金融改革开放任务落实到位两大要求。对相关内容的梳理总结见表4。

表 4	金融供给侧结构性改革的要点梳理
对金融的整体定位	※金融是国家重要的核心竞争力 ※金融安全是国家安全的重要组成部分 ※金融制度是经济社会发展中重要的基础性制度
对金融的功能定位（金融与实体经济关系）	※金融要为实体经济服务，满足经济社会发展和人民群众需要 ※金融活，经济活；金融稳，经济稳。经济兴，金融兴；经济强，金融强 ※经济是肌体，金融是血脉，两者共生共荣
改革基本原则	必须贯彻落实新发展理念，强化金融服务功能，找准金融服务重点，以服务实体经济、服务人民生活为本
改革总体内容	要以金融体系结构调整优化为重点，优化融资结构和金融机构体系、市场体系、产品体系，为实体经济发展提供更高质量、更有效率的金融服务
两大要求	※防范化解金融风险特别是防止发生系统性金融风险 ※把金融改革开放任务落实到位，同时根据国际经济金融发展形势变化和我国发展战略需要，研究推进新的改革开放举措

习近平总书记的阐述为我们从更深层次进一步理解和把握金融供给侧结构性改革的重要内涵提供了根本依据。我们认为，从这一论述出发，结合经典的金融理论框架，金融供给侧结构性改革在总体上可以概括为"一个核心目标、两大基本支点、一条基本路径、一种关键能力"。

1. 一个核心目标：促进资本形成，提升金融与实体经济的适配性

经济是肌体，金融是血脉。金融活，经济活；金融稳，经济稳。经济兴，金融兴；经济强，金融强。历史和国际经验都表明，金融因经济需要而起，因支持经济而兴，一旦脱离实体经济需要，则两者必然同落。从具体内容和发展阶段看，金融活动可以划分为货币金融、资本金融、交易金融三大主要领域，其中，货币金融主要对应日常交易结算（划汇），资本金融主要对应市场主体投融资，交易金融则为资本金融实现精准和可持续定价提供有效保障，三者相互关联、相互促进。但从目前来看，我国资本金融和交易金融发展，特别是资本金融的发展还存在较大短板，经济体系内资金多，而真正承担风险特别是承担中长期风险的资本少，金融市场交易活跃，但在促进资金有效向资本转化方面还存在效率、质量上的重大缺陷。徐忠（2018）也提出，我国经济高质量发展对金融服务的需求与金融有效供给不足存在矛盾，短期投资多，长期投资少，社会融资规模不小但有效引导资金流向的机制欠缺。以上缺陷，在宏观上表现为融资结构（金融资源配置）的不均衡、金融对代表未来的创新产业和对广大中小微企业的支持不足，在微观上则形成了"以钱生钱""资金空转""层层嵌套"等套利和金融规模急速放大的基础。要解决这一矛盾，根本上需要实现使金融资源可以且有充分意愿配置到有利于国家经济长期增长动力孕

育、产业结构升级的领域的转变，即提升资本形成效率和金融与经济的动态适配性。

2. 两大基本支点：金融机构与实体企业

金融活动特别是资本金融活动，主要解决的是货币向资本转变的资金融通和跨时空配置问题，即资金所有权和使用权的分离问题。金融机构作为社会资金的重要汇聚者，实体企业作为社会资金的最终需求方，在资本形成过程中构成代表供求双方的两大基本支点。在这两者之间形成具体联系的，则是形式多样的金融产品，即描述投资方、融资方和中介方权利义务的金融契约的集中体现。由此，资本形成的过程，就是两大支点互动作用的过程，也是金融契约达成和金融产品产出的过程。很显然，要最终实现资本形成并在实践过程中不断提升资本形成的效率。一方面离不开金融机构创新和提供产品服务的能力和意愿；另一方面也离不开实体企业自身质地和吸引资本能力的增强。从这个角度来说，金融供给侧结构性改革在强调金融端（机构、产品端）结构体系优化外，也应充分关注金融端结构优化对企业端的影响与作用。

3. 一条基本路径：金融市场

在金融体系这一复杂生态系统中，除金融机构和实体企业外，金融市场也是资本形成基础媒介和微观基础不可或缺的重要组成部分。从现实来看，各类金融市场的存在与发展状况直接决定了金融机构参与金融活动的能力和意愿。无论是银行还是非银机构，其业务活动或是需要依赖货币市场，或是需要依赖股票、债券等资本市场。这一方面要求各类金融市场具有良好的内在运行质量，即充分的稳定性和足够的流动性，以满足机构业务活动持续开展的需要；另一方面要求金融市场具有良好的信息反映效率，即金融市场的交易能高效、完整地反映各类信息和主体预期，为金融资源的定价提供准确的"信号"而非"噪音"。同时，金融产品这一金融活动直接"商品"的产出，也不可能脱离金融市场而孤立发生。例如，各类资产管理产品的发行，就必须以丰富多样的金融与投资工具存在为前提。

4. 一种关键能力：风险定价与风险管理能力

王永钦（2019）提出，金融体系由两个维度决定，其一是能生产出什么样的承诺，其二是能用什么做抵押品来支持这种承诺。这一论述从较为抽象的角度阐述了金融产品和风险管理之间的关系，即无论金融风险主要来自信用、外部和道德等不确定性，还是来自要素市场价格变动的不确定性，金融活动都建立在对风险开展定价与管理的基础上，或者说金融活动本身便是风险定价与管理活动。譬如，在间接融资情景下，要由银行吸收存款、发放贷款，承担流动性管理、信用风险管理的职能；在直接融资情景下，需要具备足够资产定价估值能力的投资银行充当中间人；

当金融机构直接"受托理财"时，则需要其能够科学甄别和选择资产投向。在这一逻辑下，金融机构是定价与管理的主体，金融市场是定价与管理的载体，实体经济资产（企业）等则是被定价和管理的客体。要优化金融服务的基础支点和路径，实现提升金融经济适配性的总体目标，就离不开培育扎实的风险定价与风险管理能力。从实践出发，金融与实体经济发展需要脱节，甚至陷入"自娱自乐"的空转，往往就是风险定价能力不充分、风险管理能力缺失的结果。从市场、机构和企业的微观视角看，错误或无效定价对金融资源配置的负面影响巨大。例如：我国股票市场因内生风险管理能力缺乏，长期处于频繁波动运行状态，"牛短熊长"特征明显，不利于功能有效持续发挥，因无法对处于成长早期、技术和商业模式尚未成型、特征与传统企业差异明显、未来不确定性较大的企业进行合理定价，导致其服务科技创新的能力不足；金融机构长期依赖实物资产（房地产等不动产）抵押、政府担保等较为单一的模式管理信用风险，广义抵押品范围狭窄，导致融资服务难以有效下沉到广大中小微企业和民营企业；企业往往因资本市场错误定价的干扰，在融资、投资、现金持有等各环节产生偏差，降低了经营效率（李君平和徐龙炳，2015；汪玉兰和周守华，2018；邹玲和程德巧，2018）。从更加宏观的视角看，正是高储蓄率带来的充沛资金叠加风险管理能力的缺位，导致大量实体经营资产无法证券化，资金则追逐和高度集中于所谓"安全资产"，导致"资产荒"频繁出现。根据长江证券宏观研究团队的分析，2015年下半年至2016年、2018年下半年以来，我国已出现两轮"资产荒"现象，在金融机构资产负债表和市场交易行为上均有突出表现。比如，代表金融机构中长期资产增长的有效社会融资增速明显下降，与代表中长期负债的银行对非金融部门负债增速出现明显背离；再比如，在利率债和高评级信用债收益率下行的背景下，机构为增加收益，普遍利用"滚隔夜"加杠杆等方式，质押回购隔夜成交占比明显上升。这种资金和资产不匹配的矛盾，强化了前者绕开监管、层层嵌套、反复循环的动机，反而积累了金融脆弱性和不稳定性，进而对金融监管产生巨大压力。

金融体系与实体经济作用关系见图3。

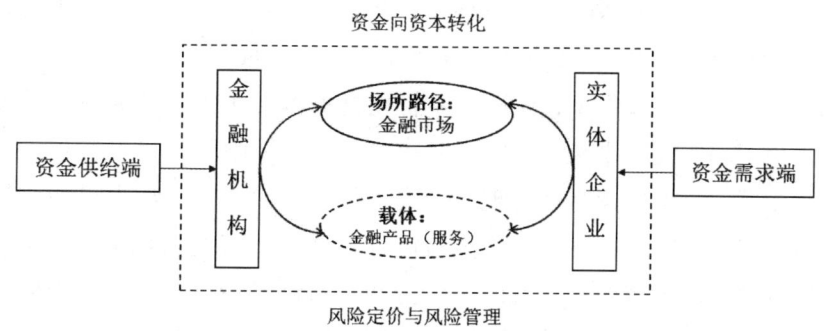

图3　金融体系与实体经济作用关系

(三) 金融期货市场与金融供给侧结构性改革的理论联系

从以上讨论可以发现，要通过金融供给侧结构性改革提升金融活动的效率，实现金融与实体经济的更好结合，特别是实现其与具有差异风险属性特征的各类实体部门的匹配，促进资本形成，实际上就是要通过提升金融市场特别是资本市场的质量，增强金融机构汇聚社会资金、丰富金融产品尤其是资本金融产品的能力，并对实体企业增强融资能力产生积极影响。在这个过程中，选择合宜的抓手和路径，切实提升金融体系的风险定价和管理能力，具有重要的地位和意义，也是关系到金融供给侧结构性改革能否取得预期成效的重要因素。

根据作用场景的不同，现代金融市场的风险防控总体上可以分为交易制度、风险管理工具和应急处置措施三个维度。在这三者当中，以金融期货为代表的风险管理工具又是通过市场化方式转移和化解风险的主要手段。相较于微观、具体的交易制度或需要耗费大量社会和行政资源的应急处置措施（"救市"），市场化风险管理工具不仅能帮助运用主体实现对风险的控制，其被运用的过程也是对风险进行重新配置、重新转移的过程，风险的定价和管理合二为一，效率高、成本低。

从更深层次的理论来说，现代金融学将市场中收益呈现非线性相关的证券（资产）数量等于未来不确定状态数量定义为市场完备状态，并将市场完备性的高低视为资源配置效率的重要影响因素，认为金融市场的完备性越高，则资源配置越接近帕累托最优。金融期货等衍生品通过将风险剥离出来进行分配和转移，拓宽了市场主体之间风险分担交易的可行空间，提高了整个金融市场的完备性，有助于增进参与主体的福利。这一风险重配置和市场完备性提升的过程，类似于衍生品使用主体参加"保险"，但其意义并不仅仅局限于简单的"保险"活动。从宏观视角来看，金融期货等衍生品将以个体避险为基础，对相关投融资主体行为及其所处的市场体系产生全局性影响，正如诺贝尔经济学奖获得者莫顿·米勒指出的，"期货与期权合约及其交易市场，无论是正式的还是非正式的，组成一个系统，恰好类似于一个巨大的保险公司。有效的风险分担正是多数期货和期权交易诞生的全部意义所在"，"（金融衍生品）在本质上降低了众多金融活动的交易成本"。

从国际上已有的实践来看，金融体系特别是资本市场体系较为发达的美国等经济体都已形成了一级发行市场、二级交易市场、三级风险管理市场有机协调、相伴共生的统一整体。金融期货市场的现实价值也得到了包括理论学术界和政策实务界在内的多方认可。美联储前主席艾伦·格林斯潘曾言，"（金融期货）化解和转移风险的过程改善了市场形成各种金融产品价格和资产价格的机制。有利于促进企业家更合理地分配实物资产资源"；美国前财政部长劳伦斯·萨默斯也说，"在美国经济过去10年的成功发展中，期货业发挥了关键的作用……作为广义金融市场的核心，金融衍生品市场在促进价格的有效发现和分散风险方面发挥着关键的作用。金融衍生品市场是改革的一个重要标志,是促进美国金融体系达到目前健全水平的有力工具"。

从这个角度来讲,发展金融期货市场,就是在发展风险管理和定价市场,这既是发展整个资本市场和金融体系的必由之路,也是金融供给侧结构性改革中不可或缺的基本环节。

三、金融期货[①]服务金融供给侧结构性改革的金融市场视角

(一)提升金融市场内在质量,促进金融市场宏观稳定

股票、债券等资本市场是金融市场交易的基本场所。在这些市场中,投资者开展和完成资产配置,并由此实现资金向实体经济的流动。若将整个金融体系看作一个巨大的生态系统,则市场运行的内在质量就好比是影响整个系统的"温度""湿度"及土壤肥力条件。从这个角度看,相对稳定、富有韧性的运行环境和较高的运行质量,对金融市场持续发挥功能具有至关重要的基础性意义。

金融期货等衍生品是现代金融市场波动风险催生的产物,其主要经济学意义在于将风险剥离出来单独交易、转移和配置,从而实现风险实际承担者与风险偏好者的匹配。这一"各得其所"的过程深刻影响了金融市场交易各方的微观行为模式,在整体上减轻了投资者"追涨杀跌"的倾向,提升了投资者稳定持有金融资产头寸的意愿,从而对基础金融市场的内在运行质量产生积极影响。

1. 增强金融市场内生稳定性,降低金融市场过度波动

不确定性是金融市场的基本特征,而衡量不确定性的波动性则是金融资产的天然属性之一。缺乏波动的市场宛如一潭死水,但过度的非理性波动也会变成财富的"绞肉机",反过来影响市场功能的发挥。这一特征在股市等波动幅度相对较大的资产市场体现得尤其鲜明。例如,我国股市自起步以来,长期存在波动频率高、幅度大的特征,"过山车"式的行情多次出现,数十万亿元的市值可能在短短几个月内便损失殆尽,由此多次造成股市首发暂停,不利于维护金融稳定和实现资源的可持续配置。

基于此,金融期货对基础金融资产市场特别是高风险资产市场波动的影响,就成为各方关注的重点问题。从整体上看,国际市场的经验一般表明,金融期货的推出对基础资产市场波动具有降低或中性作用。

---

① 由于场外金融衍生品市场交易分散、条款多样、数据获得困难,而标准化的金融期货则具有集中交易市场和明确的推出时间,目前关于金融衍生品对基础金融市场整体宏观影响的研究,主要都依托场内的金融期货等市场展开。鉴于此,本部分的讨论也主要围绕股指、利率等期货市场进行。

股指期货方面，Sutcliffe（1997）统计了46项有关股指期货的研究结论，其中，认为期指降低或没有额外增加股市波动的结论有38个，占比达到82.61%；蔡向辉和杨嘉文（2010）对美国、英国、法国、日本、俄罗斯、韩国等12个国家和地区的检验发现，股指期货的推出有利于稳定股票市场，且这一效果在新兴市场更为明显；针对股灾的数量统计也表明衍生品的存在有助于缓解危机冲击。1987年全球股市崩盘期间，对23个主要市场数据进行回归分析发现，股指期货和期权衍生品这一变量对指数回报的回归系数显著为正（Roll，1988）。2008年金融危机期间，当时全球30个主要市场中，22个有股指期货的市场最大跌幅平均值为46.91%，而没有股指期货的8个市场最大跌幅的平均值则达到了63.15%。

国债期货方面，Joocheol（2005）研究了韩国国债期货市场交易量、持仓量和投机比率与标的债券市场波动性之间的动态相互作用，认为国债期货市场具有套期保值功能，会抑制国债现货市场波动风险。张晟畅（2017）梳理了关于美国国债期货等上市后对现货市场波动影响的11篇文献，发现其中认为引入利率期货（期权）可降低基础资产波动的达到8篇，而明确认为其会加剧波动的则仅有1篇。

外汇期货方面，温博慧（2009）、陶照等（2014）以韩国、巴西、印度等为例，检验新兴市场国家推出外汇期货对即期外汇市场（现货市场）的影响，总体认为，外汇期货有助于减轻现货市场的波动性干扰。

我国境内目前已经上市的股指期货和国债期货两大类产品，也被证明具有稳定现货市场的功能。

股指期货方面，其降低现货波动的效果除可通过简单对比股市年化波动率、日均波幅和日均涨跌幅变化情况（见表5、表6和表7）得知外，大量学术研究也支持了该观点：陈海强等（2012）运用基于面板数据的政策评估研究方法，在排除影响股市收益率的主要宏观因素变动后发现，沪深300股指期货仅在上市后两年多时间内，就促进标的现货指数波动率下降了约25%；郦金梁等（2012）考察了2008年初至2011年10月股指期货的日内、跨日交易数据，发现股指日内5分钟波动率在股指期货推出后下降了37%，股指日回报率的条件方差下降了约40%；陈海强和张传海（2015）基于5分钟高频数据研究了股指期货交易对股市跳跃风险的影响，认为股指期货交易不会增加大跳强度，相反，会平抑大跳幅度，从而减少现货市场大跳风险，缓解股市的风险集聚；沈银芳和严鑫（2018）也发现股指期货推出后现货市场收益率波动性趋缓，证实了沪深300股指期货对现货市场的积极作用。

表5　　　　　　　　股指期货推出前后9年股市波动率比较

比较	无期指前9年	有期指后9年	推出股指期货后的变化
年化波动率	29.65%	23.51%	降低20.71%

注：由于数据可得性，无期指前9年沪深300指数收益率数据实际计算区间为2002年1月7日至2010年4月15日。

表6　　　　　　　股指期货推出前后9年股市日均波幅比较

比较	无期指前9年	有期指后9年	推出股指期货后的变化
日均波幅	2.55%	1.73%	降低32.16%

注：由于沪深300指数于2005年4月8日起发布，2005年4月8日前只有收盘价数据，股市波幅的计算需最高价和最低价数据，无法计算2005年4月8日之前的股市波幅。因此，无期指前9年日均波幅计算区间实际为2005年4月15日至2010年4月15日。

表7　　　　　　股指期货推出前后9年股市涨跌超1%—9%的天数比较

比较	涨跌大于1%天数	涨跌大于2%天数	涨跌大于3%天数	涨跌大于4%天数	涨跌大于5%天数	涨跌大于6%天数	涨跌大于7%天数	涨跌大于8%天数	涨跌大于9%天数
无股指期货前9年	954	434	193	98	47	26	15	7	4
有股指期货后9年	804	297	120	50	26	16	6	2	0
减少百分比	15.72%	31.57%	37.82%	48.98%	44.68%	38.46%	60%	71.43%	100%

注：由于数据可得性，无期指前9年沪深300指数收益率数据实际计算区间为2002年1月7日至2010年4月15日。

国债期货方面，张宗新和张秀秀（2019）通过信息传递机制和交易者行为两个角度分析了国债期货市场发挥稳定功能的机制，并以5年期国债期货作为主要对象进行了检验。研究发现：从微观路径上看，国债期货市场增进了国债市场预期交易量的流动性，同时减弱了非预期交易量的干扰，通过改善现货市场深度和套保交易发挥了稳定作用；从结果上看，国债期货合约引入后，国债市场波动程度显著降低，国债期货市场明显缓解了金融周期波动对现货市场波动的冲击。

2. 提升金融市场流动性，优化金融市场运行质量

流动性是与波动性密切相关的另一微观结构指标，代表了金融市场应对冲击的能力和韧性。较高的流动性在微观上可以为投资者以低成本进出市场提供保障，在宏观上可以促进市场平稳吸收政策、经济等新信息，降低波动带来的负面影响，而一旦流动性枯竭或者丧失，则会不可避免地引发市场恐慌和崩盘。基于此，全球各市场普遍重视市场流动性的吸引和维护，有观点甚至认为，流动性是市场的一切（Amihud和Mendelson，1988）。

国际监管机构和学术界已就金融期货有助于提升相应现货市场流动性水平基本达成共识。政策层方面，国际证监会组织（IOSCO）技术委员会2003年在总结指数化投资时，就提出引入股指期货合约给证券市场提供了流动性和市场深度。该组织的新兴市场委员会在2006年组织的一次调查结果中列举了可为市场增强流动性的产

品，明确指出包括衍生产品、单一股票期货等。世界银行 2007 年的一项研究也显示，2000—2004 年，通过引入股指期货等制度改革，东亚地区证券市场交易成本显著下降，效率明显提高。学术界方面，Pilar 和 Rafael（2002）、Robbani 和 Bhuyan（2004）、Chau et al.（2008）等针对全球多个市场的实证研究都认为期货的推出对市场效率的提高有正面的影响，有助于维护现货市场的流动性。

我国金融期货市场的实践也表明，集中连续交易的金融衍生品上市，可以积极促进和改善相应标的现货市场的流动性水平。

股指期货方面，罗洎和王莹（2011）、闻岳春和王泳（2012）等均发现股指期货在上市一段时间后，对现货市场流动性状况的改善起到了较为积极的作用。姚亚伟和廖士光（2011）利用模拟生态学中种群间动态关系的 Lotka – Volterra 模型，对沪深 300 股指期货同股票现货市场的关系进行了实证分析，认为随着股指期货市场相关规则的不断健全和完善，股指期货市场与股票现货市场之间出现了较稳定的共存关系，流动性水平相互促进。从更为直观并基于 Amivest 指标构建思想的市场统计来看，无论是以日交易额与日内振幅之比，还是以日交易额与 GK 值[①]之比衡量，股指期货上市后，现货市场流动性均有明显改观，且在统计学意义上显著（见表8）。从特定时间阶段特别是现货市场剧烈波动时段来看，股指期货分流抛压、为现货市场提供额外流动性的作用也得到了显著发挥。据有关估计，2015 年 6 月 15 日至 7 月 31 日我国股市大幅下跌期间，股指期货日均吸收股票市场卖压达到 3 600 亿元。

表8　　　　沪深 300 指数期货上市前后 6 年标的指数流动性比较

比较		前后 1 年	前后 2 年	前后 3 年	前后 4 年	前后 5 年	前后 6 年
日交易额/ 日内振幅	上市前	59 245.12	39 784.73	39 477.14	34 006.78	28 482.29	27 218.66
	上市后	54 916.64	46 035.96	43 230.06	43 670.3	57 663.57	69 582.34
	变化	-0.0731	0.1571	9.51%	28.42%	102.45%	155.64%
	T检验	0.1199	0.0009	0.008	0.0000	0.0000	0.0000
日交易额/GK	上市前	1.09	0.75	0.58	0.71	0.92	0.92
	上市后	1.10	1.07	1.2	1.34	1.73	1.64
	变化	0.0096	0.4369	104.97%	89.82%	87.84%	78.17%
	T检验	0.9071	0.0000	0.0000	0.0000	0.0000	0.0000

国债期货方面，尽管既有的学术性文献较少，但运行实践特别是个券交易情况的变化都为其改善现货流动性提供了扎实的依据。

---

① GK 值是一种波动衡量方式，在给定每个交易日开盘价、收盘价、最高价和最低价的情况下，这一估计方式较仅基于收盘价对收盘价收益率的波动估计效率高 8 倍。

一是最便宜可交割国债流动性明显提高。国债期货上市以来，最便宜可交割国债对应期限的国债持续成为市场交易最为活跃的券种。2013年9月6日，5年期国债期货上市。此后1年内（2013年9月至2014年9月），7年期国债为最便宜可交割国债，其成交量是10年期国债成交量的3.77倍。2015年3月20日，10年期国债期货上市。此后1年内（2015年3月至2016年3月）10年期国债为最便宜可交割国债，7年期国债成交量仅为10年期的43.7%。

二是其他可交割国债现券的流动性同步改善。例如2016年12月15日，当年发行的19期国债（160019）和第10期国债（160010）成交分别为8.9亿元和15.3亿元，成交较为接近，但2016年19期国债不是国债期货的可交割券，而2016年第10期国债则是10年期国债期货合约的可交割券，这使得两只债券的流动性出现了很大差异。160019在当日只有7笔电子报价，买卖价差一直维持在49基点，而160010当天共有79笔电子报价，并且买卖价差从上午最高的41基点逐渐下降到下午的26个基点。

三是在市场剧烈波动时，国债期货有效改善现货市场流动性。2016年年末，受多种因素作用，我国债券市场出现明显的持续调整。2016年12月15日，受美联储公布加息结果等国际国内事件影响，我国债券和期货市场再次出现大跌，5年期、10年期国债期货当月合约价格分别下跌1.08%、1.73%；5年期国债和10年期国债的到期收益率分别上涨5.65%、4.82%。为了防止损失进一步扩大，市场机构开始抛售持有的国债，导致流动性紧张。当日国债成交量虽高达847.2亿元，但银行间市场国债买卖价差显著扩大。此后，金融机构使用标准化、更易汇聚流动性的国债期货来对冲继续持有国债带来的市场风险，国债市场的交易流动性开始逐渐恢复。2016年12月15日至2016年12月21日，银行间市场的国债报价买卖价差从43基点逐渐下降至35基点。此外，统计2016年12月整月的交易数据可以发现，当月国债期货交易总面值较前一月增加了116%，而银行间市场的债券借贷、利率互换交易面值环比只增加了不到7%，充分说明，相较于场外风险管理工具，国债期货在市场极端波动时刻承担现货市场卖压具有明显的优势。

（二）提高金融市场信息反映能力，助力宏观政策传导实施

金融资产的价格变化过程，实际上也是投资者通过交易将自身预期和各类信息融入市场的过程。如本篇第二部分所言，与内在运行质量一样，金融市场对信息的反映和定价也是决定其功能发挥的重要因素。从理论上说，金融期货作为衍生于特定现货市场的风险管理工具，其价格和现货价格均由经济和金融基本面决定，但由于期现货市场的品种属性与交易机制并不完全相同，期现货价格对信息的反映与揭示速度往往存在一定差异。金融期货因其机制优势，能够提升现货市场价格的发现效率和政策、经济信息的传递效率，从而增强了现货市场服务实体经济的能力。

1. 完善现货市场交易机制，补充现货市场定价

在做空机制缺乏或不完善的市场中，投资者只能通过简单的加减仓来表达看法，客观上导致市场异质性预期特别是谨慎悲观预期无法得到充分反映。在这种情况下，证券及各类金融资产的定价将由乐观的投资者主导，容易造成价格被高估和市场泡沫。金融期货作为具有双向交易、保证金杠杆交易、多合约同时交易、场内集中连续交易等机制特点的产品，有利于不同预期主体以较低成本完整表达自己对市场未来变化的见解，从而通过充分博弈提高资产价格反映信息的效率。

针对海外市场的大部分研究认为，尽管并没有额外"创造"出价格，但作为集中化的交易品种，相较于现货市场，股指期货等衍生品的价格变化通常会表现出更高的效率和信息含量（例如 Hasbrouck，2003；Ryoo 和 Smith，2004）。从信息传递的角度而言，信息特别是宏观层面的信息通常都会先在股指期货、国债期货等市场上及时、高效地反映，通过加快信息吸收，避免了投资者"跟风"交易而形成趋势，从而减轻了信息对现货市场的直接和长期持续冲击（见图4）。相对平时，这一效应在危机时刻表现得可能更为显著（Chan，1992；Vrolijk，1997；Abhyabkar，1998；Frino 和 West，2000；张宗新等，2008；Fricke 和 Menkhoff，2011）。

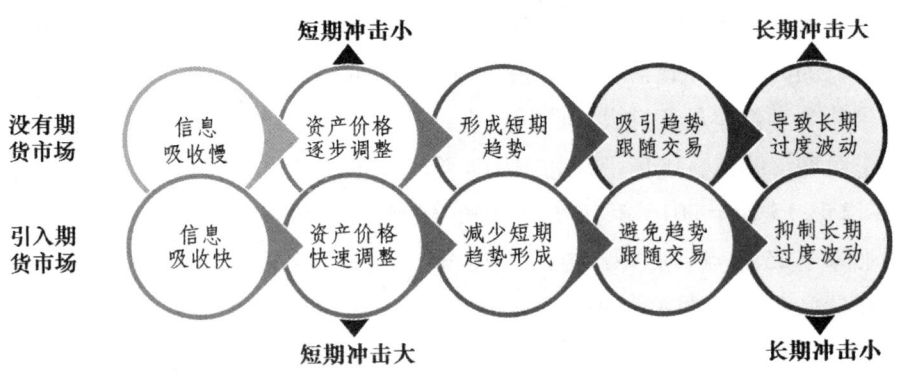

图4　金融期货高效反映信息，减轻现货长期冲击影响

我国金融期货上市后，也有诸多文献讨论了其对现货市场价格形成的影响，总体上均认为金融期货的出现提升了现货定价质量，促进现货市场价格更趋理性。王宇超（2013）从理论模型和实证角度检验了金融期货交易对市场的信息传递效率和定价准确性的影响，结果显示，只要金融期货市场的噪声水平没有大幅高于现货市场，则其对金融现货市场的信息传递效率就具有促进作用，进一步的机制研究表明，金融现货市场的定价效率提升主要源于金融期货交易所起到的价格引导作用。李彤彤（2017）的研究结果表明，在限制股指期货交易期间，所有股票的信息反应速度和信息含量均出现了显著下降，并且股指期货交易品种所对应的指数成分股的定价效率下降得更为明显，反过来证明了股指期货交易对于现货市场的定价效率具有积极意义。许荣和刘成立（2018）也利用股指期货实施管制措施的自然实验，发现限制交易措施实施后，在下跌行情中，来自美国市场的负面冲击对中国期指市场的影响明显扩大，显示股指期货的常态化运行有利于提升本土市场运行的独立性。郭彦峰等（2016）考察了国债期货在期货—ETF—现货三者关系中的角色，发现尽管商业银行等机构尚未参与，但国债期货市场仍具有领先国债 ETF 和国债现货吸收新信息的能力；张宗新和张秀秀（2019b）以 10 年期国债期货及相应现券为对象进行检验后发现，国债期货上市后，通过价格和套期保值者行为两个渠道，增加了现货市场的信息含量。

观察部分特定阶段或时点也可以发现，我国金融期货因其较强的吸收和反映信息的能力，可以为市场提供预警和提示信号。这在国债期货市场上表现得尤其突出。相比于总体属于场外交易的国债现货市场和银行间利率互换、债券远期等衍生品，国债期货在交易机制上具有杠杆交易、采用中央对手方和逐日盯市制度、采用集中连续双向拍卖方式交易的基本特点，能有效控制交易对手风险和市场整体风险，并能随时吸收消化最新的信息，随时使市场出清。比如，2016 年底，受美国国债收益率上行、金融市场去杠杆、国海证券"债券代持"等因素的影响，债券期现货市场同步大幅下跌。在债市大规模下跌的早期，2016 年 12 月 15 日，国债期货盘中大幅下跌，5 年期、10 年期品种主力合约盘中皆触及跌停，第一时间发出了债券市场险情的信号。这既对当时债券市场变化趋势做出了敏锐反应，也暴露了债券市场杠杆过高等结构性问题，成为监管部门科学决策和快速应对的重要参考。

2. 提升货币政策传导与实施效果，服务宏观审慎监管框架建立健全

金融期货较高的信息反映效率，不仅在微观上为市场投资者提供了参考，促进了现货市场合理定价，在宏观上对监管决策和政策传导也有很大意义，客观上提升了金融体系的风险预研预判和防范化解能力。从现实情况看，突出反映在以下两个方面：

（1）有助于提升货币政策的传导效率。国际实践中，以美国为例，3 个月国库券利率、5 年期国债利率、10 年期国债利率、10 年期 BBB 企业债利率、30 年期抵押贷款利率均为美联储货币政策操作的重要信号。美国拥有全球最发达的利率期货市场，欧洲美元期货、5 年期国债期货、10 年期国债期货等利率期货产品成交量均位居世界前列。由于包含了市场对未来利率走势的预期，期货价格已成为美国乃至全球主要金融机构判断美联储基准利率（也是全球各类金融资产定价的重要基准）走势的前瞻性指标，对当局开展货币政策的调控也显示出了较强的信号指示作用。比如，美国 30 天期联邦基金利率期货被普遍用于预测联邦基金利率变化。与其他预测方法相比，运用该指标具有预测过程简单，预测结果直接、系统且易于获取等特点。以 2019 年 9 月 22 日为例，根据 CME 的 Fed Watch 数据，可直接推算出市场预

计当年 10 月、12 月和次年 1 月联储放松货币政策的概率分别为 44.9%、62.8% 和 73.1%①。从应用效果看，这一指标的准确性得到了各界的普遍认可。Swanson（2006）认为，在货币政策沟通透明度较高的情况下，联邦基金利率期货是预测美国货币政策的最好工具；Gurkaynak et al.（2007）则提出，在预测 6 个月以内的货币政策方面，联邦基金利率期货要显著优于定期联邦基金存款、定期欧洲美元存款、欧洲美元利率期货、短期国债等金融工具。

我国正处在货币政策调控框架逐步从数量型向价格型转变的重要时期，国债收益率曲线在货币政策传导中的地位日益提升，国债期货等利率衍生品在促进货币政策传导中的作用也已得到初步体现并日益受到重视。从现实情况看，国债期货能够为市场提供避险工具，从而丰富投资者的交易策略，避免大量债券仅被持有至到期，还可通过期现货之间的套保、套利交易以及期货市场的实物交割，共同促进国债二级市场活跃度与流动性的提升。以我国 10 年期国债为例，在其于 2015 年上市后的第一个月，10 年期国债现券日均成交就达 81 亿元，比期货上市前一个月提升了 113%。以上变化有利于夯实国债收益率曲线编制的基础，健全反映市场供求关系的国债收益率曲线，为货币政策取向变化从短端利率向长端利率的有效传递打通市场化渠道。经验研究方面，马骏等（2016）经研究测算发现我国短期利率变化对中长期收益率的影响程度比美国、英国等国家低约 25% 左右，并提出国债期货市场发展不完善是导致国债收益率曲线不健全和货币政策传递速度及效果不佳的重要原因；吴长凤等（2017）实证分析发现，5 年期国债期货上市以后，短期市场利率向中长期利率的传导效率有所提高，影响也有所增大；刘玄和张黎（2019）也认为利率衍生品市场可以快速反映货币政策信息，提升货币政策的传导效率；张成思和计兴辰（2019）选取国债期货价格和沪深 300 指数，研究了市场预期与资产价格的关系，发现在公开市场操作工具创新的背景下，市场预期对资产价格表现出更明显的引导作用，表明在传统货币政策向前瞻性货币政策转型过程中，应更多利用和发挥国债期货等利率衍生品市场的功能。

（2）提升宏观审慎监管框架效能。2008 年全球金融危机以来，在传统的货币政策基础上引入宏观审慎政策，从而加强系统性风险防控、保障金融体系稳定，已经成为世界各国央行的基本共识。我国央行也积极跟进国际动态，并将这一概念运用到自身的政策实践当中。在 2016 年第四季度的《中国货币政策执行报告》中，中国人民银行首次提出了包含货币政策和宏观审慎政策在内的"双支柱"调控框架。党的十九大报告则进一步要求，要健全货币政策与宏观审慎政策"双支柱"调控框架。

从国际监管机构的实践做法来看，金融期货与宏观审慎政策密切相关（张星，

---

① 数据参见 https：//www.cmegroup.com/cn-s/trading/interest-rates/countdown-to-fomc.html。

2019），基于金融期货（期权）的价格指标已成为重要的系统性金融风险观测标尺。例如，由利率期货提前揭示的各类长短期利率，是英美央行重要的监测指标。再比如，由股指期权这一股市的"保险"产品计算得到的波动率指数，可以有效反映市场情绪。自 1993 年美国芝加哥期权交易所推出全球首个波动率指数（VIX）以来，这一指标及相应衍生品已遍及欧洲、印度、韩国、日本、中国台湾、中国香港等主要市场。当前，国际货币基金组织、国际清算银行、欧洲央行、英国央行、美联储、美国财政部以及欧洲系统性风险管理委员会等机构都将其作为宏观决策的重要参考依据（见表9、表10）。在 2008 年美国次贷危机和 2010 年欧债危机期间，波动率指数为监管部门提供了监控市场情绪的指示器作用，是政府及时实施宏观调控的重要参考指标。

表 9　　　　　　　　　　　　美联储的主要监测指标

类别	内容	具体指标
国内经济变量	经济行为和价格	实际 GDP、名义 GDP、16 岁以上居民失业率、实际个人可支配收入、名义个人可支配收入、CPI
	资产价格或金融条件	房屋价格指数、商业地产价格指数、股票价格指数（Dow – Jones）、美国股市波动率指数（VIX）
	利率水平	3 个月国库券利率、5 年期国债利率、10 年期国债利率、10 年期 BBB 企业债利率、30 年期抵押贷款利率
国际经济变量	欧元区国家	年度 GDP 变化、年度 CPI 变化、美元兑欧元汇率
	英国	年度 GDP 变化、年度 CPI 变化、美元兑英镑汇率
	发展中亚洲（中国、印度、香港地区、台湾地区名义 GDP 加权）	年度加权 GDP 变化、年度 CPI 变化、美元兑主要货币的汇率
	日本	年度 GDP 变化、年度 CPI 变化、美元兑日元汇率

资料来源：美国联邦储备网站。

表 10　　　　　　　　　　　英格兰银行的主要监测指标

类别	具体指标
物价和经济活动周期指标	名义 GDP 增长率
	名义 GDP 预期差
实际经济活动周期指标	失业率
物价稳定指标	短期 CPI 预期
	中期 CPI 预期
	美林期权波动率估计指数（MOVE）
	标普 500 波动率指数（VIX）
	长期实际利率

资料来源：英格兰银行网站。

国内近几年的理论研究也认为，对金融期货市场的各项指标（尤其是波动率、流动性和成交、持仓量）进行实时、有效监测不仅对于金融期货市场具有积极意义，对于相应的标的市场也具有重要意义（项歌德，2018），基于股指期权的"中国波指"能够较好地满足我国宏观审慎监管框架的需要，并成为我国宏观审慎监管的重要指标之一（李丰杉和成思思，2018）。

四、金融期货[①]服务金融供给侧结构性改革的资本形成视角

（一）增强金融机构产品与服务创新能力，促进资本集聚

各类金融机构是汇聚社会闲置资金、创设金融产品、提供金融服务的重要主体，也是金融供给侧结构性改革的重要环节。让金融机构更具抗风险能力（"活得好、活得久"）、更有金融服务意愿（"愿意干、干得多"）和能够提供层次种类更加丰富的金融产品（"干得好、干得巧"），是促进资本形成的基础前提条件，是金融体系得以持续、稳定、有效向实体经济输送养分的基本保障。在实现上述保障的过程中，金融期货具有其独特的意义和优势：一是基于自身风险管理的天然属性，提升金融机构自身的风险管理水平和经营质量；二是进一步增强金融机构服务实体经济意愿，推动金融机构更好地为投资者提供各类创新产品及服务。从国际国内实践来看，通过运用金融期货，无论是银行类金融机构，还是作为资本市场主要参与者的各类非银机构特别是资产管理机构都收益颇丰，并对其充分发挥资金集聚功能起到了积极的促进作用。

1. 提升金融机构风险管理水平，增强金融机构运营的稳健性

"经营"风险是金融机构经营活动的本质，金融机构必须在承担风险、管理风险、控制风险之间求得适当平衡，才能保证自身的稳健性和业务的持续性。金融要素，如利率、汇率、股价等的波动，是金融机构配置资产后的重要风险来源，也是金融机构业绩的重要影响因素。利用金融期货等衍生品将这类风险进行剥离和转移，是金融机构利用市场化方式提升风险管理水平的基本方式，对其实现稳健可持续经营具有积极的促进作用。

（1）帮助银行类机构灵活管理自身巨大的利率、汇率风险敞口。银行类金

[①] 与市场视角不同，由于数据信息披露的原因，一般无法精确区分企业或机构持有金融衍生品的具体品种类型。因此，第四部分的讨论中，金融期货的范围并不一定仅限于期货类工具，也可能包含了远期、互换等衍生品。考虑到金融衍生品均具有风险管理功能，我们认为这一范围界定的差异并不会对一般性的分析结论产生影响。特此说明。

融机构配置大量贷款和债券类资产，并通过拆借和吸收存款获得资金来源，其业绩对利率波动具有极强的敏感性，利率风险管理需求巨大。以上特点使银行业机构与利率期货等衍生品在实践中形成了紧密的联系，并在不同角度下均有鲜明体现：

一是从衍生品的发展历史来看，以国债期货为代表的标准化利率期货合约的出现，正是由对银行影响巨大的利率市场化浪潮所激发和推动的。20世纪70年代以后，由于石油危机等事件的冲击，美国经济面临持续的高通胀环境，为绕开传统的利率管制（以Q条例为代表），金融机构推出了货币基金等一系列金融创新。嗣后，金融产品收益率随行就市，银行各类存款利率却仍被严格管制，导致后者竞争力大幅被削弱，存款大量流失。资金"脱媒"现象严重，迫使美国启动和加快利率市场化进程。宏观经济运行和金融监管变化相互作用，使得市场利率波动频繁、幅度加大、风险激增。在这样的局面下，政府国民抵押贷款协会抵押凭证期货（1975）、90天国库券期货（1976）、30年期国债期货（1977）、1年期国库券期货（1978）、10年期国债期货（1982）等先后被推出，并逐步走向成熟。在美国成功推出国债期货后，面临相似环境的英国、澳大利亚等工业化国家，也在20世纪80年代及之后陆续推出了各自的国债期货产品，国债期货市场逐渐形成了包括我国[①]在内的在全球落地生根、蓬勃发展的格局。

二是从银行业机构参与利率期货等衍生品的情况和效果看，前者态度踊跃，获益巨大。以美国为例，根据货币监理署（OCC）发布的报告，利率类衍生品在美国商业银行（存款类机构）持有的衍生品中占据绝对的主导地位。2019年第一季度末，按名义价值计算，美国商业银行持有利率类衍生品规模约为149.2万亿美元，占比高达74.1%（见图5）；若以集中清算的衍生品为统计基准，则利率类在其中占比也达到54.0%。另据美国商品期货交易委员会（CFTC）发布的商业银行期货与期权月度持仓统计数据，2015—2018年，在美国商业银行持有的各类场内期货产品中，利率类持仓规模仅次于工业品类，排名第二；在期权产品中，则利率类持仓规模稳居第一（见表11）。从整体持仓的方向变动看，近年来在美国加息预期上行、美元利率上升的背景下，美国商业银行类机构总体做空美元利率，反映其策略以套期保值、风险对冲为主。

对包括期货在内各类利率衍生品的广泛运用，有效地改善了美国商业银行机构的利率风险管理效果，对其盈利能力构成有力的支持（Hirtle，1997；Shen和Hartarska，2013）。交通银行上海市分行课题组（2013）研究了美国银行业运用利率期

---

① 20世纪90年代，我国曾进行过国债期货的实践探索，但由于监管不到位等多种因素产生巨大风险，被迫中止。我国现有的3个国债期货均在2013年之后上市，在产品和制度设计上既充分考虑了国际经验和我国特点，也深刻汲取了过去的教训，风控稳健、运行平稳。

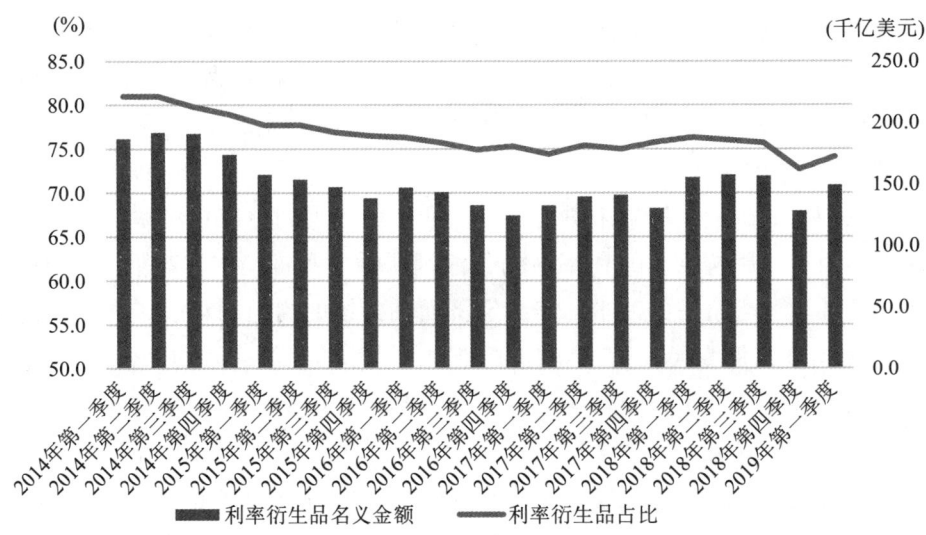

图5　美国商业银行使用利率衍生品情况（2014年第一季度—2019年第一季度）

表11　近年来美国商业银行类机构场内期货和期权持仓变化

种类	期货类				期权类			
年份	2015	2016	2017	2018	2015	2016	2017	2018
利率类	517	489.4	595.7	635.5	357.9	378.8	382.7	501.1
外汇类	36.7	21.3	23	19.3	2.8	3.7	5	5
股指类	29.9	32.5	50.5	65.8	5.1	3.7	4.8	10.1
工业品	445.6	519.8	594.5	678.1	391.3	314.8	252.8	227.5
农业品	49.4	47.7	51.9	62.4	0	0.7	1.1	5

注：数据为各年月度持仓中位数，单位为万手，数据来源为CFTC。

货等避险的情况，结果也显示若策略模型得当，则银行绩效将显著提升。从国内来看，虽然商业银行尚不能直接进入国债期货市场，但运用其他利率衍生品的作用也逐步显现。徐鹤龙（2017）基于2006—2015年的数据，系统分析了16家上市银行的利率敏感性缺口情况，并经进一步考察发现，银行利率衍生品持有头寸的增加有助于降低利率风险，从而提升银行的股价超额收益率。

除利率风险外，银行在日常经营中还往往因代客买卖外汇、自营外汇交易业务，持有非人民币计价贷款和垫款、同业款项、投资以及吸收存款等，形成较大的汇率风险敞口，而运用汇率类衍生品则能在一定程度上抵补汇率变动带来的损失。尽管学术界认为银行在外汇衍生品市场上一般同时充当供给者和需求者的角色，交易动机较为复杂、多元，对其专门讨论的较少，但仍有证据表明，汇率衍生品在降低风险、提升业绩稳健性方面具有较突出的作用。从经验研究来看，斯文（2015）发现，美元汇率风险较高的境内商业银行更倾向于使用汇率衍生品，且后者的运用抑制了银行风险，提升了银行价值。王琰和封思贤（2019）基于我国16家上市银行的研究发现，银行通过使用利率、汇率金融衍生品可以调控现金流波动，进而提升绩效，其中汇率衍生品的作用更加突出。从具体个体来看，以境内上市的H银行为例，其2016年末汇率类衍生品资产规模9.95亿元（占其同期衍生品资产规模的83.2%），该年度利用衍生品产生盈利6.45亿元，占净利润的16.2%，而同期汇兑损失为9.08亿元，利用衍生品减损的效果明显。

（2）为各类资管机构稳定投资业绩提供保障。除商业银行外，更倾向于参与资本市场（特别是二级市场）的各类资产管理机构，尤其是注重价值投资的各类中长期资金也有利用金融期货等工具规避利率、股价等波动影响的强烈动机。

从美国等境外市场来看，共同基金（公募基金）、养老金、保险资金等中长期机构投资者在实践中普遍运用金融期货等衍生品进行套期保值、资产配置和流动性管理，对冲风险的预期效果发挥良好。

共同基金方面：从使用广度看，1999年就有相关调研显示，在675只美国股票型共同基金样本中，有20.7%的基金不同程度上使用了金融衍生品（Koski和Pontiff，1999）；加拿大、西班牙共同基金使用金融衍生品的比例则分别为21.36%和40%（Johnson和Yu，2004；Jose和Rangel，2006）；2015年，美国证监会经济与风险分析部的报告表明，在2014年美国的所有12 360只基金中，有32%的基金持有一种或多种衍生品，使用股指期货的基金占到12.86%，同时，有76.2%的基金投资策略允许使用股指期货。从使用效果看，由于多数基金将股指期货等金融衍生品作为风险管理工具而非投机工具，一般情况下金融衍生品的使用不会显著增厚基金业绩的绝对水平，但通常有助于提升业绩的稳定性，降低资金申购赎回带来的冲击。Cao et al.（2011）利用共同基金报表信息的研究则发现，在金融危机时期衍生品稳定基金绩效的特征较为显著。

养老金方面：作为成熟市场重要的长期机构投资者和社会保险体系的基本支柱，养老金以长期稳健增值作为最基本的投资和运营目标，对风险管理的精细化要求较高。许多调查显示，发达国家养老金机构普遍运用金融衍生品对资产负债进行管理，提升风险收益比（见表12）。较为具体的分析显示，金融衍生品助力养老金避险和平抑收益波动的作用发挥良好。以信息披露较为齐全的美国前三十大养老金管理机构2008—2017年数据为样本，选取使用衍生品最多的五家机构（即衍生品风险敞口占总资产比例最高的五家机构）和未使用衍生品的五家机构进行对比分析后发现，使用衍生品养老金管理机构的收益分布比未使用衍生品的机构更加稳定（见图6与图7）。挪威政府全球养老基金的金融衍生品运用则具有很强的逆周期特征，即在金融市场剧烈波动时对冲风险的衍生品敞口明显放大，而其余时期则较为稳定。具体而言，2007—2008年全球金融危机期间，其衍生品风险敞口占总资产的比例高达

81.43%、38.4%，而后则长期稳定在5%左右。从结果看，挪威政府全球养老基金的绩效表现优良，2008—2018年，其平均年收益率为9.81%，夏普比例为1.22。

表12　近年来针对成熟市场养老金管理机构运用金融衍生品情况的调查汇总

调查国家（年份）	运用情况	运用目的
英国（2012）	在过去10年中，英国养老基金对衍生品运用的程度不断提高。2012年，有57%的养老金计划使用衍生品	主要用于管理负债风险
加拿大（2016）	2008年全球金融危机以来，8家最大的公共养老金均提高了对金融衍生品的运用	增强收益、降低风险
澳大利亚（2017）	79%的养老基金"总是"或"经常"利用衍生品。在更换投资经理的过渡阶段，几乎全部基金均会运用衍生品	以风险对冲为主，部分用于动态资产配置（替代）。绝大多数不用于投机。有85%的基金表示，从不运用金融衍生品提高杠杆
美国（2017）	前三十大养老金管理机构中有25家长期运用金融衍生品。其中运用规模最大者（加州公职职工退休金系统）2017年末金融衍生品敞口的名义本金达2 450亿美元，内含股指期货83.37亿美元、股指期权50亿美元、国债期货2 092亿美元、外汇远期146亿美元、利率掉期6.15亿美元	基本用于风险对冲，6家养老金管理机构提出有增强收益或增加组合回报目的，4家机构提出利用衍生品进行现货替代，6家机构称利用衍生品调整投资组合的久期，4家机构提出利用衍生品再平衡投资组合
挪威（2018）	挪威政府全球养老基金运用外汇合约、股指期货、利率期货和利率掉期较多，2018年末，其持有金融衍生品名义本金超过500亿美元	监管规定，可运用金融衍生品以管理风险、降低交易成本、平衡资产配置，但不可用于投机

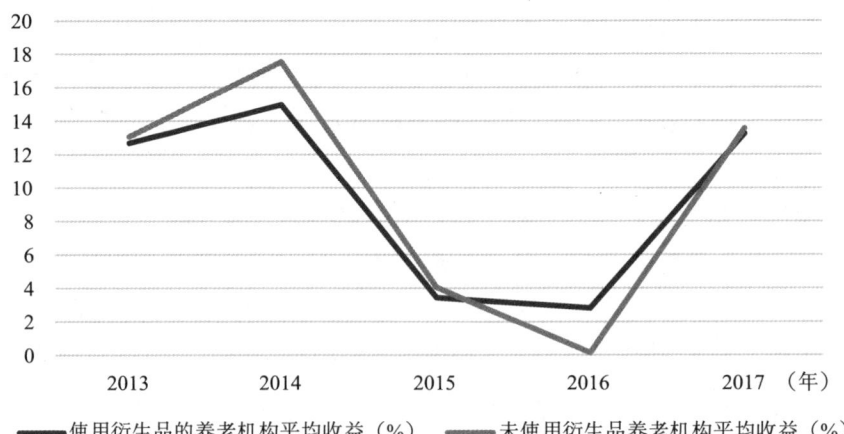

图6　使用/未使用衍生品的五家机构2013—2017年收益率对比分析

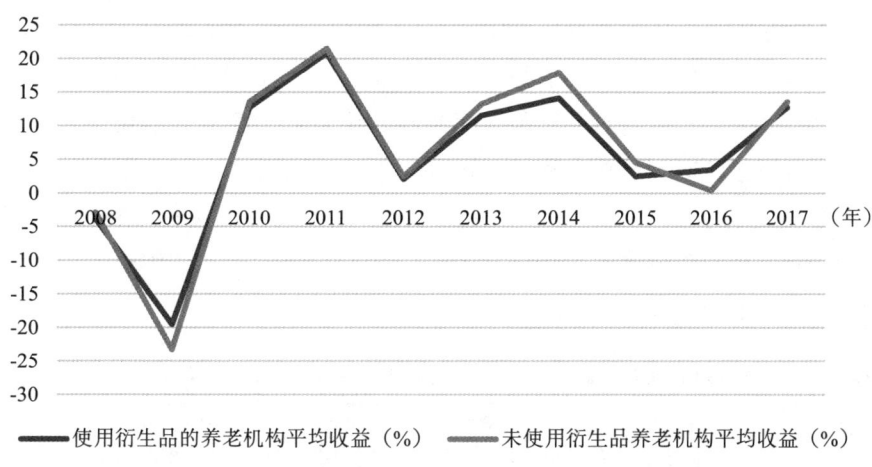

图 7　使用/未使用衍生品的五家机构 2008—2017 年收益率对比分析

保险资金方面：根据国际保险监管协会发布的全球保险市场报告，各地区保险业机构普遍运用衍生品，且主要用于套期保值管理。具体来看，以美国为例，根据全美保险监管协会（NAIC）的定期报告数据，截至 2017 年底，美国共有 311 家保险公司报告了其持有金融衍生品的头寸，虽与 2016 年的 310 家数量相差无几，但较 2015 年的 208 家显著增长。名义价值方面，2010—2017 年，美国保险公司所持有的金融衍生品名义价值从 1.1 万亿美元增长至 2.4 万亿美元。从用途和效果看，美国保险公司主要通过金融衍生品对冲各种风险（信用风险、利率风险、汇率风险以及股票风险），只有极少数用于重置资产（仅占 2%）以及赚取额外利润（仅占 1%）。

与成熟经济体相比，我国境内金融期货市场起步较晚，资本市场参与者的机构化程度也较低，但机构运用股指、国债期货程度的上升趋势明显，金融期货市场机构账户数量已从 2010 年的 68 户增长至 2018 年的 4 万户。截至 2019 年 6 月，股指期货市场中法人机构日均持仓占比约为 51.4%，国债期货机构投资者的持仓占比则达到 86.39%。金融期货对各类机构（产品）业绩的积极作用也逐步体现。比如，部分公募基金产品（主要是增强指数型基金与被动指数型基金）在股指期货相对现货出现较大贴水的时期利用期指合约进行替代，其相对业绩[①]明显优于不使用股指期货的同类产品（见表 13）；对沪深 300ETF 基金运用期指多头替代策略的简单模拟结果（见图 8）也显示，这一做法除降低跟踪误差、提高交易效率外，能帮助基金管理者获得显著的超额收益。再比如，部分头部券商在证券自营业务中利用股指期货为其权益类资产进行套期保值，有效控制了市场波动风险。以某大型券商 H 证券为例，自股指期货上市以来，通过使用股指期货套期保值，其始终维持权益类及衍生品资产风险价值与净资本之比在 0.3%—1%。与此同时，自 2010 年来其股指期

---

① 以其各季度净值变化超过自身业绩比较基准变化的部分进行衡量。

货套期保值业务持续保持较为稳定的盈利（见表14），特别是2015年股市异常波动期间，股指期货套期保值仍然对业绩做出了正向贡献。私募机构也通过期指对冲风险提升了产品吸引力。国内对冲产品管理规模位列行业前列的F投资，在2014年至2015年上半年主要进行期现套利及Alpha对冲，收益稳定、回撤小、风险较低，2015年6月后，股市出现大幅波动，该公司的对冲产品由于保持市场中性，即持有股票的同时也持有同等市值的股指期货仓位，未受明显影响，整体表现也较为平稳，客户申购积极性更加大。

表13 季末持有期指基金产品与同类整体季度业绩表现均值差（%）

时间	被动指数	股票多空	偏股混合	偏债混合	灵活配置	普通股票	增强指数
2015年第二季度	3.38	0.42	-0.26	-0.55	4.44	-4.02	5.01
2015年第三季度	3.12	0.27	-0.07	-0.24	-2.63	2.41	0.59
2015年第四季度	-1.72	-0.14	-7.15	-0.1	5.69	-0.19	0.58
2016年第一季度	0.48	-0.04	5.59	0.53	-0.96	0.46	1.64
2016年第二季度	0.36	0.02	1.1	-0.62	1.05	-0.86	2.97
2016年第三季度	0.50	-0.01	4.20	0.59	1.73	2.49	2.17
2016年第四季度	0.34	-0.01	1.97	1.15	1.34	2.22	0.55
2017年第一季度	0.28	-0.04	0.38	0.48	-0.2	-2.12	0.70
2017年第二季度	0.65	0.08	0.67	0.14	-2.21	-3.62	0.92

注：数值为持有期指基金与整体数之差，数据来源为Wind数据库。

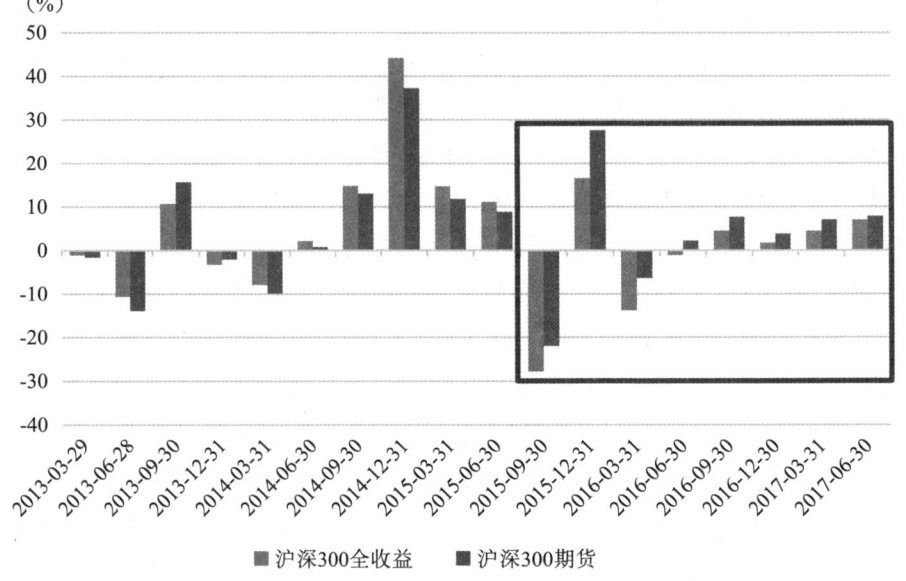

图8 沪深300期货多头模拟策略与沪深300全收益指数收益率对比（2013—2017年）

注：此处模拟测算中假设在股指期货交割日将当月合约移仓至次月合约，移仓按照结算价成交，且未考虑债券收益、交易成本、冲击成本等因素影响；数据来源为Wind数据库和华夏基金数量投资部。

表 14　　　　　　　　2010—2018 年 H 证券使用股指期货情况　　　　　　　单位：百万元

年份	2018	2017	2016	2015	2014	2013	2012	2011	2010
衍生金融资产	1 780.8	2 610.6	3 935.1	3 428.2	642.2	47.7	31.9	100.5	NA
衍生金融工具净损益	-55.0	-16.3	496.8	874.7	-1718.1	1671.3	717.2	919.7	23.2
衍生金融工具公允价值变动损益	88.3	-1007.1	2143.6	-1133.1	-141.4	131.4	-141.6	105.0	99.3
衍生金融资产对净利润影响	33.2	-1 023.3	2 640.4	-258.3	-1 859.5	1 802.6	575.6	1 024.7	122.5
套期保值工具	N/A	N/A	N/A	N/A	2 042.5	2 186.2	N/A	100.5	N/A
非套期保值工具	43 057.3	196 246.5	508 666.6	260 554.2	5 569.6	4 405	N/A	N/A	N/A
股指期货套期保值公允价值变动损益	N/A	N/A	N/A	104.5	401.4	28.7	11.5	-29.4	2.5
股指期货套期保值投资收益	N/A	N/A	N/A	-92.7	-365.2	24.9	N/A	63.5	51.2
股指期货套期保值对利润的贡献	N/A	N/A	N/A	11.8	36.1	53.5	11.5	34.1	53.8

注："N/A"表示数据未披露；数据来源为 Wind 数据库。

2. 增强金融机构产品创新和服务能力，有效汇聚社会公众资金，夯实实体企业资本形成的供给基础

金融期货等衍生品的运用，在提升金融机构风险管理能力的同时，也积极提升了其风险承受能力，在推动银行向实体经济提供贷款和激励资产管理机构（证券经营机构）开展产品服务创新方面起到了重要作用，这不仅有效满足了广大公众的理财需求，也为实体经济和社会中长期资本的最终形成奠定了基础。

（1）提升商业银行贷款投放意愿。从理论上讲，将国债期货等利率衍生品用于风险管理，可使商业银行在一定程度上获得对利率波动的"免疫"，有助于提高其利率风险承担水平，减轻贷款发放的周期性特征，稳定向实体企业进行融资供给，保障融资中介功能的持续发挥。这一结论得到了国际上诸多经验研究的证实：Brewer et al.（2001）发现，使用衍生品的银行，其贷款扩张速度比不持有衍生品的银行更高，且可节约资本；Purnanandam（2007）发现，在美联储货币政策发生变动时，不持有衍生品的美国银行一般采用较为保守的资产负债法管理利率风险，其贷款投放数量波动较大，而使用衍生品的商业银行的贷款投放量则较为稳定；Zhao 和 Moser（2017）运用美国银行业 1996—2004 年的数据分析发现，使用利率期权、利率远期和利率期货合约期间，银行的工商业贷款快速扩张，两者存在正相关关系。

衍生品运用促进放贷的效应在国内商业银行当中也有体现。课题组对境内上市银行样本数据进行回归分析后发现，无论是采用公允价值（合约市值）还是名义金额（账面价值）来计量金融衍生品规模，银行使用金融衍生品对其发放贷款总数量和企业贷款数量都有显著的正向作用（见表15）。这一结果与前述国际经验研究的结论基本一致。

表 15 银行衍生品使用对其发放贷款的影响结果

变量	总贷款额		企业贷款额	
	公允价值	名义金额	公允价值	名义金额
衍生品	0.0346 *	0.0090	0.2254 ***	0.6131 ***
	(1.69)	(0.48)	(2.85)	(6.38)
资产规模	0.1428	0.1706 ***	2.8624 ***	2.4882
	(0.41)	(0.48)	(1.12)	(1.06)
净利润	0.0003 ***	0.0003 ***	-0.0000	-0.0001
	(13.73)	(13.66)	(-0.22)	(-0.57)
资产负债率	-2.2678 ***	-1.7045 ***	3.4617 ***	6.0320
	(-1.56)	(-1.20)	(0.36)	(0.69)
增长率	-0.7589 **	-0.8486 ***	1.7693 ***	0.3775
	(-2.37)	(-2.59)	(0.85)	(0.21)
账面市值比	2.7763	4.1673 **	-12.6487 ***	-0.2728
	(1.46)	(2.42)	(-1.09)	(-0.03)
资产收益率	42.3901	51.0741 *	70.1636	31.2176
	(1.55)	(1.89)	(0.36)	(0.18)
常数项	3.9441	10.2422 ***	-28.4755	-40.6347
	(0.67)	(88.26)	(-0.70)	(-1.09)
行业	控制	控制	—	—
时间	控制	控制	控制	控制
R^2	0.8306	0.8276	0.4163	0.5092

注：*** 代表1%的显著性水平；** 代表5%的显著性水平；* 代表10%的显著性水平。

（2）推动资产管理等金融机构产品与服务创新，集聚和服务资金进入资本市场。与商业银行运用衍生品降低实际风险水平的逻辑相似，各类资产管理和证券中介机构通过使用金融期货等，实现了风险配置和策略创新空间的扩大，从多种形式、不同维度支持了实体经济发展。

从相对间接的角度看，金融期货等发展有力地促进了机构产品创新，更好地匹配了不同风险偏好的投资者需求，吸引了更多社会闲置资金进入资本市场，在扩大资本市场广度与深度的同时，也为增量资金最终配置到实体企业和实体经济创造了基础和前提。从总体上来讲，仅以股指期货为例，通过对冲大盘风险，即可开发出可转移

Alpha 产品、多空策略产品、结构化保本型产品、绝对收益型产品、挂钩收益产品等；直接多头买入，则能促进指数基金、指数增强基金、创新性 ETF 等的快速发展。

我国市场实践已初步证明金融期货助力机构集聚资金的积极作用。例如，指数期货工具能有效促进指数化投资的发展。对比跟踪几大指数的基金产品规模变化数据（指数公司统计）可以发现，拥有对应期货的指数基金产品规模不仅绝对数较大，从变化看总体也呈增加态势，而深 100 指数虽是一只定位于投资功能的指数，但未有对应的场内衍生品上市，近年来规模反而出现萎缩。2017 年末，跟踪沪深 300、上证 50、中证 500 的被动指数型基金规模分别为 857.20 亿元、395.26 亿元、248.40 亿元，较 2010 年末分别增加 98.37%、98.16% 和 1 901.61%；而跟踪深 100 指数的被动指数型基金规模为 79.80 亿元，较 2010 年末下降近 73%。从更加微观具体的角度看，经验案例也层出不穷。比如，2014 年开始，D 证券就通过运用股指期货套期保值，构建保本浮动型收益凭证产品，其最低投资门槛为人民币 5 万元，大大便利了普通投资者。中国保监会首批批准设立的保险资产管理公司之一——H 资产，借助股指期货对冲股价风险，大力发展权益投资产品和量化产品，截至 2018 年 6 月，公司量化产品规模达 6.8 亿元，其余 17 个采用股指期货进行套期保值的权益投资产品规模总计也达 84 亿元，较好地满足了企业年金等投资人对资产安全性和收益稳健性的需要；Y 基金自境内股指期货上市后，在业内推出了首批利用股指期货进行对冲的绝对收益基金专户产品，通过市场中性策略等获得超额收益，受到机构投资者和高净值个人客户的欢迎；H 基金作为境内公募基金行业的领先者，自 2010 年开始就探索和逐步建立了股指期货多头替代交易及管理流程，根据市场具体情况在自身管理的指数 ETF 产品中加以运用，促进指数 ETF 规模扩大。根据调研数据，2013—2017 年，其旗下的指数基金产品净值占行业全部指数产品净值的比例均超过 12%，排名行业前两位。截至 2017 年 6 月底，其上证 50ETF 及联接基金、沪深 300ETF 及联接基金的持有人户数分别达到约 13 万户和 23 万户，合计规模分别达到 309 亿元、278 亿元，在行业中排名靠前。

在产品创新的同时，对冲工具的存在也提升了机构参与特定品种市场做市业务的积极性，为市场发展创造了良好条件。例如，Y 证券作为国内首批从事股票 ETF 做市的证券公司之一，长期为华夏沪深 300ETF、华夏中证 500ETF、南方中证 500ETF、华安上证 180ETF、华安创业板 50ETF 等品种提供流动性服务，通过利用股指期货对冲 ETF 做市双边报价的隔夜持仓风险，调节 ETF 做市的日内风险头寸等，实现了做市业务的风险中性化和收益稳定化，并为公司认购部分初始份额以协助产品顺利发行打下了基础。其相关业务规模最大突破 18 亿元，仅 2017 年，该项业务就产生超过 5 000 万元的收入。

除了以上丰富资本市场金融产品的途径外，实践中，金融期货的应用也通过优化定增业务的方式，直接服务企业股权融资，降低企业融资成本。例如 R 投资控股集团有限公司通过引入股指期货对冲股票市场系统性风险，将定向增发投资由过去的单项目定向增发发展到针对一揽子项目发行定向增发产品，不仅项目覆盖面广，筹资效率高，也有效控制了产品收益的回撤程度（见表16），同时还显著降低了融资方付出的资金成本。根据该公司提供的数据，其定向增发项目超额收益（即定向增发项目的收益率减去沪深 300 指数的收益率，同时也代表了定向增发融资方的平均融资成本）由 2010 年 40% 左右降低到 2016 年的 12% 左右（见图9）。

表 16　R 投资公司 2014 年发行的 2 只定向增发产品与市场指数风险收益对比

比　较	A 产品	B 产品	沪深 300 指数
日均收益率（%）	0.065	0.076	0.087
标准差（%）	1.57	1.69	2.30
极差（%）	12.52	13.63	15.46
夏普比率	0.041	0.05	0.037

资料来源：R 投资公司。

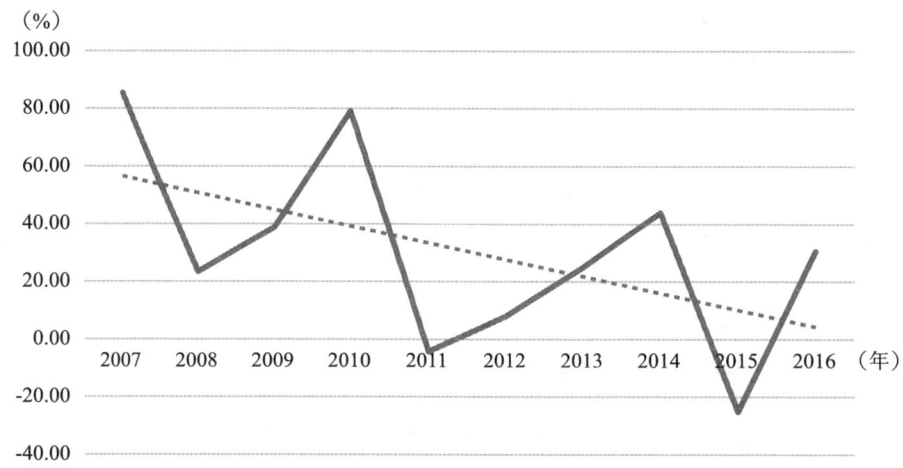

图 9　R 投资公司定向增发产品的超额收益

（二）提高实体企业财务稳健性，增强潜在融资能力

实体企业是最主要的市场经济微观主体，金融服务实体经济的效果在很大程度上取决于能否满足非金融企业合理的融资需求。从资本形成的供求匹配角度而言，金融体系能否适应企业发展需要，既要看金融的服务供给端，即从事风险定价的主体的能力，也要看金融的服务需求端，即被风险定价的客体的质地。仅有金融机构集聚资金之努力而无实体企业吸引资金之能力，则势必产生"有来无去""有本无木"的情形，资本形成过程也将被打断。实践中，以金融期货为代表的金融衍生

品、金融风险管理工具，除了直接被金融市场的投资者和金融机构运用，从而起到提升金融体系服务实体经济的能力以外，也可以被企业主体用于自身经营与财务风险的管理，从而平滑和减缓不确定性对企业的影响和冲击，进而提升企业融资潜力。

现实中，随着金融期货等衍生品市场的发展，企业特别是大型企业、跨国企业、上市公司参与衍生品交易的程度不断增强。Bartram et al.（2009）以来自50个国家的7 319家上市公司为样本，发现其中有超过60%的个体使用衍生工具来管理汇率、利率、商品价格变动等方面的风险。根据国际掉期与衍生工具协会（ISDA）2009年的调查报告，超过94%的世界五百强企业使用衍生品进行风险管理，其中，运用外汇衍生品、利率衍生品、商品衍生品、权益衍生品和信用衍生品的企业占比分别为93.6%、88.8%、50.9%、30.3%和21.4%。Prabha et al.（2014）发布报告（即一般所称的米尔肯报告）的数据则显示，从2003年到2012年，标普500指数的非金融公司中使用衍生品的公司数量从307家增长到360家，增长了17.3%。

与美国等成熟经济体相比，我国金融衍生品市场起步较晚，但企业使用金融衍生品的范围和广度也呈持续扩大趋势。根据上市公司定期报告的披露信息统计，我国使用金融衍生品的上市公司数量（以期末账面上拥有金融衍生资产计）从2006年的9家增加至2018年的160家，相应确认的金融衍生资产规模则从357.61亿元上升至6 592.28亿元（见图10）。

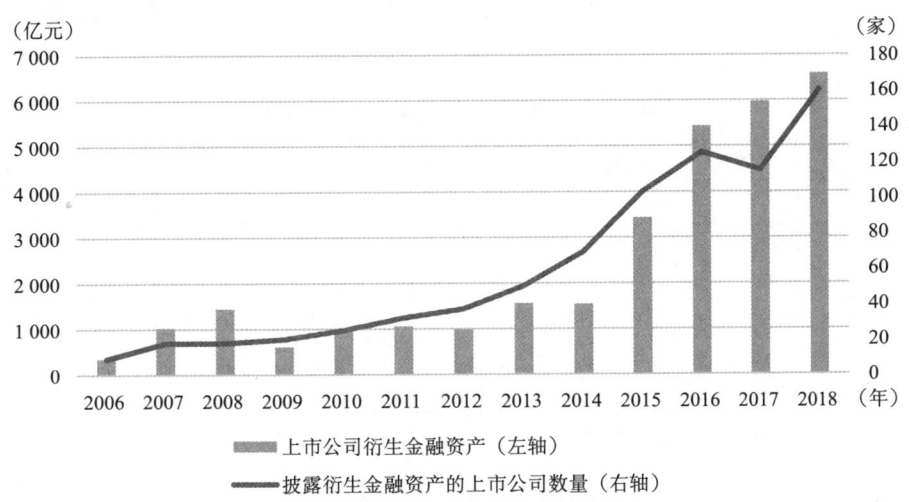

图10　2006—2018年我国上市公司使用金融衍生品情况

在这一背景下，企业运用金融衍生品的经济后果已成为重要的研究话题。从整体上看，理论分析和经验证据均表明，金融期货等衍生品的应用，主要可以从财务稳健性和企业价值及成本两大渠道，对企业质量及其潜在的融资能力形成正面影响，带来"稳绩效""降成本""提价值""促融资"的积极效应。

1. 有助于企业应对金融要素市场价格波动的冲击，降低经营的不确定性，增强财务韧性

随着金融要素市场价格形成机制改革的深化和我国企业融入全球产业链程度的提高，利率、汇率等金融要素价格变动对利润和现金流等企业生产经营结果的影响日益显著。

以汇率因素对我国上市公司的影响为例：从利润表角度看，上市公司汇兑损益在不同年份间波动明显。仅以2014—2018年为例，我国境内上市公司分别发生汇兑净收益195.15亿元、-158.26亿元、339.70亿元、194.03亿元和57.46亿元。不同上市公司的汇兑损益情况有极大差别，如2016年共有2 831家上市公司披露自身产生汇兑损益，其中取得汇兑净收益公司2 060家，共收益712.70亿元；遭受汇兑损失的公司有771家，共损失373.00亿元。2018年共3 006家上市公司披露自身汇兑损益，其中遭受汇兑净损失的上市公司有2 014家，共损失270.79亿元；取得汇兑净收益上市公司992家，共收益328.25亿元（见表17）。2018年汇兑损失与营业收入之比超过1%的上市公司就有近200家，其中比例最高者的汇兑损失甚至超过其营业收入，考虑到当年上市公司净利润与营业收入之比的均值仅为4%，汇兑损失对部分公司盈利的影响相当可观。同时，汇率变动对企业现金流量表的影响也十分明显。2018年，上市公司汇率变动对现金及现金等价物的影响金额总计为1 430.96亿元，占企业当年经营活动产生现金流量净额之比为3.1%。

表17　　2014—2018年境内上市公司汇兑净收益情况

年份	发生汇兑损益公司数量（家）	汇兑收益公司数量（家）	汇兑损失公司数量（家）	汇兑净收益金额（亿元）	汇兑收益金额（亿元）	汇兑损失金额（亿元）
2014	2 695	1 275	1 420	195.15	349.24	-154.09
2015	2 801	1 901	900	-158.26	483.35	-641.61
2016	2 831	2 060	771	339.70	712.70	-373.00
2017	2 957	2 278	679	194.03	438.82	-244.79
2018	3 006	992	2014	57.46	328.25	-270.79

资料来源：Wind资讯和CSMAR数据库。

从理论上说，作为管理金融资产价格变动风险的高效工具，企业合理运用金融期货等衍生品，将有利于自身对冲利率、汇率变动带来的负面影响，减少不合意的现金支出，从而平滑财务表现，使资产负债表、利润表与现金流量表更加稳健。实证研究[①]也表明，无论是国际还是国内，金融期货等衍生品工具的使用，可以有效

---

① 从目前情况看，这一领域的相当一部分研究都不对衍生工具的具体品种进行区分，而主要探讨企业运用某一类衍生品（例如外汇衍生品）或运用衍生品带来的宏观结果。

降低企业现金流和利润的波动性，增强其财务韧性。

从前者来看，Smith 和 Stulz（1985）的理论分析认为，企业可以通过风险管理手段降低现金流波动水平，减少财务危机发生概率；Géczy et al.（1997）使用 1990 年 372 家财富 500 强企业的年报数据分析后发现，面临较高融资约束但又具有较好发展前景的企业更倾向于使用（汇率）衍生工具，以提高其内生现金流对未来投资需求的覆盖能力。Bartram et al.（2011）使用 47 个国家（几乎涵盖了所有发达经济体国家和部分新兴市场国家）6 888 家非金融企业 1998—2003 年的数据进行了实证分析，结果表明，使用衍生品进行风险管理的企业，其现金流风险、总风险和系统性风险都有显著降低，这一结果在考虑不同企业特征、所在不同国家和不同行业属性之后也仍然成立。黄世忠和王晓珂（2016）以 A 股非金融类上市公司为样本，讨论了企业使用衍生工具（含外汇、商品和利率类）的动机和风险管理效果，发现现金流波动性较大的企业更倾向于使用衍生工具，非国有企业使用衍生工具后现金流波动性显著下降。

由于企业利润是现金流和应计项目[①]的加总，金融衍生品的运用还会基于现金流等渠道进一步影响企业利润的稳定性。Nancy（2013）选取了美国上市公司 2003—2010 年的数据进行回归分析，发现公司使用衍生品对冲风险能有效降低自身收益的波动性；Choi et al.（2015）利用标普 500 指数成分股中非金融上市公司 1996—2006 年的数据，讨论了运用衍生品对冲风险以降低公司利润波动的作用机制，发现其效果与衍生品的会计处理方法有关；郭飞等（2017）依据境内国有上市公司 2012—2015 年的数据，将企业细分为使用期货衍生工具、使用非期货衍生工具和未使用衍生工具三类，发现运用衍生工具可以通过影响会计上的应计科目而降低企业利润的波动性。

除去一般性的经验研究，企业运用金融期货等衍生品，特别是汇率类衍生品灵活管理业绩波动风险的具体案例也很多见。例如，成立于 1984 年的阿布扎比国际石油投资公司（IPIC）长期从事阿布扎比酋长国以外地区能源领域的投资。2012 年向日本出口一批货值 1.4 亿日元的原油，在订单确认和日方支付货款前面临日元贬值的巨大风险。为此，IPIC 买入美元兑日元期货合约 1 800 手并持有至 2013 年 4 月。2013 年 4 月日元兑美元贬值至 100 日元/美元，导致 IPIC 在现货市场损失近 39.48 万美元，而对冲后公司利用期货市场盈利 40.50 万美元，期现货市场总体共实现净收益 1.01 万美元。目前我国境内虽无外汇期货，但企业运用外汇类衍生品的效果也逐渐显现。例如某通信行业上市公司 2016 年和 2015 年外汇类衍生品期末资产规模分别为 0.55 亿元、0.10 亿元，该类衍生产品当期所产生的盈亏分别为 -1.15 亿元、

---

① 应计项目包括应计、递延、摊销和估计等类型会计科目，其存在或变动不会导致当期现金的流入或流出，但可能会影响当期利润。

1.10亿元,而同期汇兑净收益则分别为6.19亿元、-2.67亿元。从不同年度来看,恰当使用外汇衍生品套期保值帮助其避免了因汇率变化导致的净利润大幅波动,有效平滑了企业净利润。

2. 降低企业税务成本,提升公司内在价值和融资潜力

金融期货等衍生品稳定企业现金流和利润等产出绩效指标的作用,为降低企业税务成本,提升企业价值打下了坚实基础。在现实经济活动中,由于累进税率制、税收优惠政策等的存在,企业的实际税收函数通常会表现出一定的凸性(Smith和Stulz,1985),使用金融期货进行风险对冲可以通过减少企业税前利润的波动,降低其落在高税收区间的可能性,从而达到减少预期税收支出和提升绩效的目的。Graham和Smith(1999)使用美国1980—1994年84 200家次公司的数据发现,使用金融衍生品使得应税收入的波动平均每下降5%就会使企业的税收成本下降5.4%,在较为极端的情况下,这一下降幅度可以达到40%。

更进一步看,金融期货等衍生品带来的稳定财务绩效、降低税务成本等效果,也对提升企业潜在融资能力起到了积极作用。

从具体方式来讲:

一是直接增强了企业债务融资能力。Graham和Rogers(2002)发现美国公司通过利用衍生品套期保值,可以提升其举债能力,且因此增强债务利息的税盾效应(大约相当于企业价值的1.1%),反过来进一步降低有效税率。邱琼等(2016)以2010—2014年境内123家连续5年使用衍生金融工具(含场内和场外各类衍生品)的上市公司和812家没有运用衍生金融工具的上市公司为研究对象,发现使用衍生金融工具的上市公司总负债水平和短期负债水平均比未使用者更高,但其财务风险水平却较后者更低,即合理规范运用金融衍生品实质上提升了公司对负债的承受度。

二是通过提高企业价值,增强了企业的权益融资潜力。从理论上说,企业风险与其价值息息相关,估值本身就是未来产生现金流经风险调整贴现后的结果。因此,企业运用衍生品管理自身运营或财务风险的过程,实际上也是为投资者给出企业更高市场估值创造条件的过程。现有理论研究多数都支持金融期货等衍生品对企业价值存在正效应。Allyayannis和Weston(2001)以托宾Q衡量公司价值,对拥有汇率风险敞口并使用汇率衍生品对冲风险的美国非金融上市公司进行了考察,发现使用金融衍生工具的确能够提升公司的价值,平均溢价幅度约为5%,且企业规模或汇率风险暴露越大,这种价值提升效应就越显著。郭飞(2012)基于2007—2009年968家中国跨国公司的数据,实证检验了外汇衍生品使用和公司价值的关系,发现外汇衍生品的使用会为公司带来约10%的估值溢价。斯文(2013)以境内制造业上

市公司为样本，考察使用不同类型衍生品对企业价值的影响，发现其具有明显的异质性，使用外汇衍生品带来的溢价效应较为显著，溢价水平超过20%；杜剑等（2019）对我国采矿、石油以及化工行业286家境内上市公司2008—2017年使用金融衍生工具（全部类别）的情况进行了实证分析，证明企业使用金融衍生工具的确可以获得一定的市场估值溢价。

本课题组利用2006年以来十余年间所有披露衍生金融资产的境内上市非金融企业数据开展的实证研究，也得出了和国内外学术理论文献基本一致的结论。通过收集和手工整理相关企业季度、半年度和年度财务报表数据后，本课题组利用回归模型分析检验了[①]汇率类、利率类、商品类和权益类四大主要金融衍生品的运用（以报告期末持有相应类别衍生品计，回归中采用虚拟变量表示）对企业价值的影响。结果（见表18）显示，运用汇率类和利率类衍生品对企业价值的回归系数均为正，且在1%的置信水平上显著。

表18　　各类衍生品使用对企业的影响结果

变量	企业价值（托宾Q值）			
汇率类	0.0334 *** (2.56)			
利率类		0.0400 *** (3.02)		
商品类			0.0252 (1.27)	
权益类				0.0032 (0.20)
控制变量	控制	控制	控制	控制
行业	控制	控制	控制	控制
时间	控制	控制	控制	控制
R^2	0.5685	0.5981	0.6012	0.5946

注：*** 代表1%的显著性水平。

五、金融期货市场在服务金融供给侧结构性改革中面临的挑战及下一步努力方向

（一）我国金融期货市场发展存在的不足

某一金融市场能否充分发挥其作用，与该市场自身的产品丰富程度、参与者运

---

① 为避免异常值的影响，对所有连续变量进行了1%的缩尾处理。同时，回归模型中控制了行业和时间的固定效应。

用程度等密切相关。尽管我国金融期货市场在过去已取得一定发展，对资本市场和金融体系的完善也起到了一定作用，但总体来说，我国金融期货市场仍处于发展的初级阶段，其深度、广度尚不能满足各类市场主体金融风险管理的需要，与配合长期资金入市、服务资本市场进一步深化改革开放的要求相比还有很大差距。同时，社会各方特别是中小投资者对于金融期货市场的了解和认识也仍显不足，对金融期货市场的发展形成了一定制约。可以说，资本市场是我国金融体系的短板，而风险管理市场则是资本市场的短板。要适应和匹配金融供给侧结构性改革提出的新要求，金融期货市场任重道远。

具体而言，从市场自身角度看，存在的不足主要包括：

1. 产品供给不足，金融期货的发展远远跟不上资本市场和实体经济发展需要

从数量和种类看，在我国期货市场，商品期货多、金融期货少，期货品种多、期权品种少的问题非常突出。到 2019 年 8 月底，我国共有商品期货、期权品种 61 个。与此同时，尽管我国股票、债券市场规模在全球名列前茅，但包括上证 50ETF 期权在内，我国目前也只有 7 个金融期货和期权产品，股指期权、利率期权等产品都还是空白。尽管 2018 年我国进出口贸易总额达 30.51 万亿元人民币，是世界第一贸易大国，各类企业汇率风险暴露突出，但却没有高效率、场内标准化的外汇期货，造成企业汇率避险成本高企。

从交易的规模看，根据 FIA 的统计，2018 年全球场内期货共计成交 171.5 亿手，其中权益类、个股类、利率类和汇率类期货成交量分别为 34.3 亿手、15.4 亿手、36.8 亿手和 27.6 亿手，合计占比达 66.53%。金融期货成交量已是商品期货的两倍，规模上占据主导地位，而同年我国金融期货在期货市场中交易量的占比则仅为 0.90%。

从产品的风格看，我国金融期货产品主要是基准利率产品和宽基指数产品，不仅数量较少，而且风格单一，例如，经量化分析，股指期货目前对应的上证 50、沪深 300 以及中证 500 指数，其波动仅能较好地反映市场因子与市值因子的影响，对价值、盈利能力和投资等经典定价因子的影响覆盖不足，与公募基金[①]等资管产品已日益多元的投资风格偏好不相匹配（见表 19 和图 11）。

表 19　境内现有股指期货标的指数 Fama – French 五因子风险敞口情况

比　　较	上证 50 指数	沪深 300 指数	中证 500 指数
市场因子	✓	✓	✓
市值因子		✓	✓

---

① 此处量化分析对象具体为 2018 年 9 月底处于正常运营状态且上市已满一年的中国证监会分类股票型基金产品。数据跨度为 2005 年 1 月至 2018 年 9 月，频率为月度。

续表

比　较	上证 50 指数	沪深 300 指数	中证 500 指数
价值因子	✗	✗	✗
盈利能力因子	✗	✗	✗
投资因子	✗	✗	✗

注：1. ✓与✗分别表示参数估计值在5%的水平上统计显著、不显著；2. 表中的统计推断皆基于 Newey – West 异方差 – 自相关稳健（HAC）估计量。数据来源为国泰安数据库。

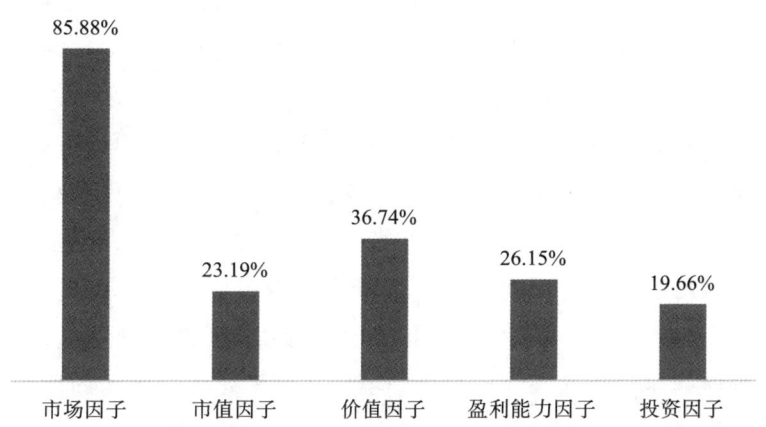

图 11　公募股票型基金投资风格（5%水平上统计显著的基金占比）

相比之下，国际市场产品设计风格已体现出鲜明的"行业化""精细化"特征。仅以权益类产品为例，2017 年底，Eurex 除各类宽基指数期货外，还有红利指数期货 198 只，行业指数期货 43 只，MSCI 指数期货 89 只，迷你指数期货 2 只；CME、ICE 的行业指数期货分别达到 11 只、17 只，迷你指数期货分别达到 11 只、21 只；HKEX 有行业指数期货 5 只，迷你指数期货 4 只，红利指数期货 2 只；SGX 有行业指数期货 2 只，红利指数期货 1 只，迷你指数期货 1 只；NSE 有行业指数期货 8 只；B3 有迷你指数期货 3 只。

2. 投资者结构有待改善，机构参与不够充分，市场仍需引入更多中长期资金

一些重要的机构投资者和中长期资金还不能参与或不能充分参与股指期货和国债期货交易。比如，作为我国债券市场现券持有主体的商业银行、保险公司等目前尚未进入国债期货市场，其预期不能直接反映到国债期货市场的定价中，在一定程度上制约了国债期货功能的发挥。再比如，在成熟市场中，资产管理公司已成为股指期货最主要的参与者。2018 年，资管公司在迷你标普 500 期指多头与空头持仓中占比分别约 60%、35%；相比之下，受到指引规则限制较严等多方面因素的影响，我国公募基金、保险等各类中长期资金参与股指期货市场的程度还明显不足。2018 年全年，公募基金在沪深 300、上证 50 和中证 500 股指期货中持仓占比仅为

2.11%、0.78% 和 2.84%，保险资管在以上三者中的持仓占比也仅为 1.35%、3.34% 和 1.53%。

3. 对外开放水平有待提高

近年来，我国债券和股票市场对外开放取得了显著进展。根据人民银行数据，截至 2019 年 6 月底，境外机构和个人持有境内人民币股票和债券资产数额已分别达到 1.65 万亿、2.01 万亿元，外资增持趋势明显。但与股票、债券等现货市场相比，金融期货市场的开放步伐明显滞后，在为国际投资者提供避险工具、服务现货市场对外开放，进而在有效应对离岸市场竞争、巩固本土市场优势方面还有很大优化空间。在债券市场方面，境外投资者可以通过 QFII/RQFII、银行间市场直接投资、内地和香港"债券通"等多种渠道进入债券市场，不仅可以从事现券交易，还可以从事外汇和利率衍生品交易。相比之下，境外投资者使用国债期货进行风险管理的需求还无法得到满足。在股票市场方面，境外投资者可以通过 QFII/RQFII、沪港通、深港通渠道进入股票市场，但只有 QFII 和 RQFII 的投资者可以进入股指期货市场，大量通过沪港通和深港通进入 A 股市场的境外投资者还无法进入内地的股指期货市场。同时，随着 A 股纳入 MSCI 等相关指数及其纳入因子逐步提升，全球各大交易所上市中国 A 股相关指数期货的竞争也更趋激烈，对维护境内金融衍生品流动性主导地位形成较大压力。例如，目前新加坡富时 A50 指数期货已较为活跃，其持仓水平甚至一度高于境内沪深 300 股指期货（见表 20）。2019 年 3 月 11 日，香港交易所也宣布将推出 MSCI 中国 A 股指数期货。

表 20　　近年来 A50 与沪深 300 股指期货日均成交持仓水平　　（单位：万手）

比较		成交	持仓	成交（调整后）	持仓（调整后）	成交	持仓
2019 年	8 月	40.28	74.07	3.38	6.21	9.61	11.65
	7 月	31.52	83.36	2.57	6.80	9.80	11.62
	6 月	38.35	83.39	3.28	6.84	11.94	12.26
	5 月	49.48	86.72	4.49	6.95	13.70	12.39
	4 月	47.96	97.33	3.82	7.43	11.53	12.24
	3 月	54.47	98.34	4.11	7.42	11.02	11.01
	2 月	43.12	94.96	4.26	7.50	8.14	8.86
	1 月	33.99	88.34	2.68	6.96	6.33	8.09
2018 年		36.27	79.49	2.73	5.97	3.12	5.12
2017 年		26.06	68.71	1.80	4.85	1.68	4.25
2016 年		25.52	63.93	1.75	4.26	1.73	4.35

续表

比较	成交	持仓	成交（调整后）	持仓（调整后）	成交	持仓
2015 年	38.86	57.20	2.17	3.44	113.57	13.77
2014 年	13.35	38.19	0.84	2.40	88.43	16.43
2013 年	8.15	23.63	0.53	1.53	81.19	10.64
2012 年	3.76	14.87	0.25	0.99	42.93	7.66

注：调整后成交量 = A50 点数×调整前成交量×美元兑人民币汇率/（IF 点数×300）；调整后持仓量 = A50 点数×调整前持仓量×美元兑人民币汇率/（IF 点数×300）。

（二）推动我国金融期货市场发展，更好地服务金融供给侧结构性改革的若干建议

基于课题的基本研究结论和市场发展现状，建议未来以产品体系、参与者结构等为重点推进金融期货市场自身的供给侧改革，促进其在服务金融供给侧结构性改革中发挥更大更积极的作用，具体如下：

一是补齐金融期货产品体系的短板，加快金融期货新产品供给。适应市场风险管理精细化需求，研发并推动上市其他规模指数、行业指数期货产品；研发并推动上市其他期限利率类期货产品；研发推出人民币外汇期货产品；研发推出股指期权、国债期权、人民币外汇期权产品。努力建立健全与我国经济地位相适应、与金融市场发展进程相匹配、与资本市场改革和建立良好生态要求相配套的衍生品体系。

二是优化市场参与者结构，吸引长期资金入市。进一步评估和优化长期资金参与金融期货的政策，便利长期资金运用金融期货保值增值，推动商业银行、保险等各类机构投资者进入国债期货市场，提升公募基金、保险等各类中长期资金参与股指期货市场程度，进一步优化金融期货市场的投资者结构，并以此带动和促进股票等现货市场投资者结构完善。

三是稳步推动金融期货市场高水平开放。在科学论证路径规则、扎实做好风险安排的基础上，积极促进金融期货市场与债券和股票市场开放步伐相协调、相适应，改善我国债券和股票市场投资的软环境，满足境外参与者投资中国金融资产过程的风险管理需要，提高我国债券和股票市场的国际影响力、综合竞争力及对境外投资者的吸引力。

参考文献

[1] Abhyankar A. Linear and Nonlinear Granger Causality: Evidence from the U. K. Stock Index Futures Market, in *Journal of Futures Markets*, 1998, Vol. 18, No. 5.

[2] Amihud Y, Mcndelson H., 1988, Liquidity and Asset Prices: Financial Man-

agement Implications, in *Financial Management*, Vol. 17, No. 1.

[3] Bartram S M, Brown G W, Conrad J., 2011, The Effects of Derivatives on Firm Risk and Value, in *Journal of Financial and Quantitative Analysis*, Vol. 46, No. 4.

[4] Bartram S M, Brown G W, Fehle F R., 2009, International Evidence on Financial Derivatives Usage, in *Financial Management*, Vol. 38, No. 1.

[5] Brewer Iii E, Jackson Iii W E, Moser J T., 2001, The Value of Using Interest Rate Derivatives to Manage Risk at U. S. Banking Organizations, in *Economic Perspectives*, Vol. 25, No. 9.

[6] Cao C, Ghysels E, Hatheway F., 2011, Derivatives do Affect Mutual Fund Returns: Evidence from the Financial Crisis of 1998, in *Journal of Futures Markets*, Vol. 31, No. 7.

[7] Chan K A., 1992, Further Analysis of the Lead – Lag Relationship Between the Cash Market and Stock Index Futures Market, in *The Review of Financial Studies*, Vol. 5, No. 1.

[8] Chau F, Holmes P, Paudyal K., 2008, The Impact of Universal Stock Futures on Feedback Trading and Volatility Dynamics, in *Journal of Business Finance and Accounting*, Vol. 35, No. 1.

[9] Choi J J, Mao C X, Upadhyay A D., 2015, Earnings Management and Derivative Hedging with Fair Valuation: Evidence from the Effects of FAS 133, in *Accounting Review*, Vol. 90, No. 4.

[10] Fricke C, Menkhoff L., 2011, Does the " Bund" Dominate Price Discovery in Euro Bond Futures? Examining Information Shares, in *Journal of Banking and Finance*, Vol. 35, No. 5.

[11] Frino A, Walter T, West A., 2000, The Lead – lag Relationship between Equities and Stock Index Futures Markets around Information Releases, in *Journal of Futures Markets*, Vol. 20, No. 5.

[12] Allayannis G S, Weston J P., 2001, The Use of Foreign Currency Derivatives and Firm Market Value, in *Review of Financial Studies*, Vol. 14, No. 1.

[13] Géczy C, Minton B A, Schrand C., 1997, Why Firms use Currency Derivatives, in *Journal of Finance*, Vol. 52, No. 4.

[14] Graham J R, Smith C W., 1999, Tax Incentives to Hedge, in *The Journal of Finance*, Vol. 54, No. 6.

[15] Graham J R, Rogers D A., 2002, Do Firms Hedge in Response to Tax Incentives?, in *Journal of Finance*, Vol. 57, No. 2.

[16] Gurkaynak R, Sack B P, Swanson E T., 2007, Market-based Measures of Monetary Policy Expectations, in *Journal of Business & Economic Statistics*, Vol. 25, No. 2.

[17] Hasbrouck J., 2003, Intraday Price Formation in US Equity Index Markets, in *The Journal of Finance*, Vol. 58, No. 6.

[18] Hirtle B J., 1997, Derivatives, Portfolio Composition, and Bank Holding Company Interest Rate Risk Exposure, in *Journal of Financial Services Research*, Vol. 12, No. 2-3.

[19] Johnson L D, Yu W W., 2004, An Analysis of the Use of Derivatives by the Canadian Mutual Fund Industry, in *Journal of International Money and Finance*, Vol. 23, No. 6.

[20] Joocheol K., 2005, An Investigation of the Relationship between Bond Market Volatility and Futures, in *Applied Economics Letters*, Vol. 12, No. 11.

[21] Jose M, Thomas A R., 2006, The Use of Derivatives in the Spanish Mutual Fund Industry, *Universitat Pompeu Fabra*.

[22] Koski J L, Pontiff J., 1999, How are Derivatives used? Evidence from the Mutual Fund Industry, in *Journal of Finance*, Vol. 54, No. 2.

[23] Nancy B., 2013, The Impact of Hedging with Derivative Instruments on Reported Earnings Volatility, in *Applied Financial Economics*, Vol. 23, No. 2.

[24] Pilar C, Rafael S., 2002, Does Derivatives Trading Destabilize the Underlying Assets? Evidence from the Spanish Stock Market, in *Applied Economics Letters*, Vol. 9, No. 2.

[25] Prabha A, Savard K, Wickramarachi H., 2014, Deriving the economic impact of derivatives, *Milken Institute*.

[26] Purnanandam A., 2007, Interest Rate Derivatives at Commercial Banks: An Empirical Investigation, in *Journal of Monetary Economics*, Vol. 54, No. 6.

[27] Robbani M G, 2004, Bhuyan R. Introduction of Futures and Options on a Stock Index and Their Impact on the Trading Volume and Volatility: Empirical Evidence from the DJIA Components, in *Derivatives Use Trading & Regulation*, Vol. 11, No. 3.

[28] Roll R, 1988, The International Crash of October 1987, in *Financial Analysts Journal*, Vol. 44, No. 5.

[29] Ryoo H J, Smith G., 2004, The Impact of Stock Index Futures on the Korean Stock Market, in *Applied Financial Economics*, Vol. 14, No. 4.

[30] Shen X, Hartarska V., 2013, Derivatives as Risk Management and Perform-

ance of Agricultural Banks, in *Agricultural Finance Review*, Vol. 73, No. 2.

[31] Smith C W, Stulz R M., 1985, The Determinants of Firms' Hedging Policies, in *Journal of Financial and Quantitative Analysis*, Vol. 20, No. 4.

[32] Swanson E T., 2006, Have Increases in Federal Reserve Transparency Improved Private Sector Interest Rate Forecasts?, in *Journal of Money, Credit and Banking*, Vol. 38, No. 3.

[33] Sutcliffe C M S., 1997, Stock Index Futures: Theories and International Evidence, *International Thomson Business Press*.

[34] Vrolijk C., 1997, Derivatives Effect on Monetary Policy Transmission, in *IMF Working Papers*.

[35] Zhao F, Moser J., 2017, Bank Lending and Interest – Rate Derivatives, in *International Journal of Financial Research*, Vol. 8, No. 4.

[36] 蔡庆丰,"金融供给侧结构性改革：发展历程与趋势",《国家治理》,2019年第27期。

[37] 蔡向辉、杨嘉文,"股指期货如何影响股市稳定性？——对全球主要市场的三角度实证检验",《财贸研究》,2010年第3期。

[38] 蔡向辉,《股指期货：风险管理的金融逻辑》,东方出版社2017年版。

[39] 陈海强、张传海,"股指期货交易会降低股市跳跃风险吗？",《经济研究》,2015年第1期。

[40] 陈海强、韩乾、李迎星、吴锴,"从面板数据的评估方法看期指对股市波动性的影响",《期货日报》,2012年11月12日。

[41] 陈晓珊、刘洪铎,"对外开放、金融发展与产能过剩化解——基于我国国有企业供给侧结构性改革的视角",《财经科学》,2016年第10期。

[42] 杜剑、楚琦、杨杨,"金融衍生工具、有效税率与公司价值",《现代财经（天津财经大学学报）》,2019年第9期。

[43] 郭彦峰、魏宇、肖倬,"交易不活跃影响了国债期货的价格发现吗？——来自中国国债市场的经验证据",《系统工程》,2016年第12期。

[44] 郭飞、郭慧敏、张桂玲,"利润波动性与衍生工具使用：基于国有上市公司的实证研究",《会计研究》,2017年第3期。

[45] 郭飞,"外汇风险对冲和公司价值：基于中国跨国公司的实证研究",《经济研究》,2012年第9期。

[46] 贺京同、何蕾,"国有企业扩张、信贷扭曲与产能过剩——基于行业面板数据的实证研究",《当代经济科学》,2016年第1期。

[47] 黄世忠、王晓珂,"衍生工具和企业风险管理——基于A股非金融类上市

公司的实证研究",《厦门大学学报（哲学社会科学版）》, 2016 年第 1 期。

[48] 交通银行上海市分行课题组,"利率市场化下国债期货在商业银行利率管理中的应用",《上海金融》, 2013 年第 11 期。

[49] 李晓龙、冉光和、郑威,"金融要素扭曲如何影响企业创新投资——基于融资约束的视角",《国际金融研究》, 2017 年第 12 期。

[50] 李晓龙、冉光和,"中国金融抑制、资本扭曲与技术创新效率",《经济科学》, 2018 年第 2 期。

[51] 李君平、徐龙炳,"资本市场错误定价、融资约束与公司融资方式选择",《金融研究》, 2015 年第 12 期。

[52] 郦金梁、雷曜、李树憬,"市场深度、流动性和波动率沪深：300 股票指数期货启动对现货市场影响",《金融研究》, 2012 年第 6 期。

[53] 李彤彤,"限制股指期货交易对股票市场定价效率的影响——基于我国资本市场的自然实验",《南方金融》, 2017 年第 5 期。

[54] 李丰杉、成思思,"VIX 指数的宏观审慎监管功能研究",《环渤海经济瞭望》, 2018 年第 11 期。

[55] 刘玄、张黎,"利率衍生品与货币政策传导的关系",《债券》, 2019 年第 2 期。

[56] 罗洎、王莹,"股指期货对证券市场波动性和流动性的影响：基于中国市场的经验研究",《宏观经济研究》, 2011 年第 6 期。

[57] 吕江林、陈建付,"信贷失衡、企业效率异质性与僵尸企业的形成",《当代财经》, 2018 年第 8 期。

[58] 马骏、洪浩、贾彦东、张施航胤、李宏瑾、安国俊,"收益率曲线在货币政策传导中的作用",《中国人民银行工作论文》, 2016 年 2 月 23 日。

[59] 邱琼、顾晓安、李文卿,"使用衍生金融工具会增加企业财务风险吗?",《上海金融》, 2016 年第 8 期。

[60] 沈银芳、严鑫,"沪深 300 股指期货对现货市场的影响研究",《经贸实践》, 2018 年第 22 期。

[61] 孙国峰,"推进金融业供给侧结构性改革",《清华金融评论》, 2017 年第 7 期。

[62] 斯文,"我国外汇衍生品市场的研究——基于微观动机、经济效应及政府监管的视角",《上海社会科学院博士学位论文》, 2015 年。

[63] 斯文,"衍生品使用与企业价值——来自我国制造业上市公司的经验证据",《投资研究》, 2013 年第 7 期。

[64] 陶照、李莹、刘文财,"印度外汇期货推出对即期外汇市场的影响研究",

《上海金融》，2014 年第 1 期。

[65] 谭语嫣、谭之博、黄益平、胡永泰，"僵尸企业的投资挤出效应：基于中国工业企业的证据"，《经济研究》，2017 年第 5 期。

[66] 闻岳春、王泳，"股指期货推出对股票市场流动性影响分析"，《金融理论与实践》，2012 年第 7 期。

[67] 许荣、刘成立，"股指期货限制交易对定价效率影响研究——基于跨市场信息传递视角的实证"，《经济理论与经济管理》，2018 年第 1 期。

[68] 徐鹤龙，"利率衍生品与商业银行利率风险管理研究"，对外经济贸易大学博士学位论文，2017 年。

[69] 徐奇渊、张斌，"中国经济：新常态下的非常态回暖及行业分化"，《中国金融四十人论坛工作论文》，2017 年第 22 期。

[70] 汪玉兰、周守华，"股票错误定价对上市公司投资效率的影响——基于中国证券市场的实证研究"，《当代财经》，2018 年第 6 期。

[71] 王永钦，"撬动制度的杠杆：金融是一种国家能力"，在上海金融与法律研究院的演讲稿，2019 年。

[72] 王永钦、李蔚、戴芸，"僵尸企业如何影响了企业创新——来自中国工业企业的证据"，《经济研究》，2018 年第 11 期。

[73] 王宇超，"金融期货交易对现货市场信息效率和市场波动的影响研究"，南京大学博士学位论文，2013 年。

[74] 王琰、封思贤，"金融衍生品交易对银行绩效的影响研究——基于中国 16 家上市银行数据的分析"，《西南金融》，2019 年第 2 期。

[75] 温博慧，"新兴市场国家外汇期货推出对现货市场风险的影响——基于韩国和巴西数据的实证分析"，《亚太经济》，2009 年第 2 期。

[76] 伍戈、宋陕珊、唐心怡，"供给侧改革：回顾与展望"，《中国金融四十人论坛工作论文》，2018 年第 9 期。

[77] 吴长凤、鲍思晨、郭孟旸，"利率期货在货币政策利率传导中的作用"，《债券》，2017 年第 9 期。

[78] 项歌德，"中国期货市场运行质量监测与评估研究"，《合作经济与科技》，2018 年第 22 期。

[79] 徐枫、姚云、郭楠，"金融去杠杆缘起与进展"，《中国金融》，2018 年第 7 期。

[80] 徐忠，"新时代背景下中国金融体系与国家治理体系现代化"，《社会科学文摘》，2018 年第 9 期。

[81] 姚亚伟、廖士光，"股指期货与股票现货市场竞争关系研究——来自中国

的经验证据",《证券市场导报》,2011 年第 9 期。

[82] 张成思、计兴辰,"前瞻性货币政策转型与资产价格预期管理效果评估",《国际金融研究》,2019 年第 5 期。

[83] 张星,"提升宏观审慎政策效果 金融期货市场意义重大",《证券日报》,2019 年 3 月 28 日。

[84] 张宗新、丁振华、冯亦东,"利率期货推出对现货市场的冲击效应——基于香港市场的经验证据",《中国管理科学》,2008 年第 3 期。

[85] 张宗新、张秀秀,"引入国债期货合约能否发挥现货市场稳定效应?——基于中国金融周期的研究视角",《金融研究》,2019 年第 6 期。

[86] 张宗新、张秀秀,"引入国债期货合约能否提升债券市场信息效率?",《衍生品评论》,2019 年第 4 期。

[87] 赵伟、杨飞、代小笛,"三论"资产荒":成因、影响,及未来推演",《长江证券研究所宏观研究报告》,2019 年 9 月 10 日。

[88] 中国金融四十人论坛课题组,"强化市场机制 构建现代金融体系",《径山报告》,2018 年。

[89] 周强龙、常鑫鑫,"积极发展金融期货市场 推动资本市场强国建设",《中国期货》,2018 年第 2 期。

[90] 邹玲、程德巧,"股票定价偏误与现金持有水平",《当代财经》,2018 年第 11 期。

中期协联合研究计划（第十三期）项目

期货公司经纪业务手续费规范研究

课题负责单位：新湖期货有限公司
课题研究编号：201921064
课题负责人：马文胜
课题组成员：余晓东　陈太康　杨坤沂　刘毓明　靳国奇
　　　　　　苏娟华　王志萍　赵　曼　黄小燕　王　纯
　　　　　　谢银珍　顾　琛　吴濛旸　赵冬云　盛　萍
　　　　　　何　佳　丁晓琴　邵邱静　陈淑辉

一、引言

（一）研究背景

期货市场作为中国金融体系的核心基础之一，是我国资本市场定价、投资、融资和资源配置的重要平台，促进了金融开放和全球经济一体化的发展，提高了资本市场的核心竞争力，对于改善我国投融资环境，调整经济结构，推动市场经济的持续健康发展具有举足轻重的作用和意义。

近年来，国内期货市场总体交易规模保持了高速增长，期货市场品种不断扩容，期货市场的国际影响力显著增强，逐渐成为全球重要的商品期货交易市场，螺纹钢、煤炭、铜、黄金、油脂、软商品以及众多能源化工等品种具有较高的国际影响力，一些较为成熟品种的期货价格已经成为国内外贸易的重要定价参考。中国期货市场已成为全球最重要的价格传导中心之一。与此同时，期货市场的功能稳步发挥，在完善价格形成机制、提供风险管理手段、服务实体经济、助力供给侧结构性改革方面发挥了显著作用。

近年来，随着创新业务的持续推进，在一定程度上改变了一直以来期货公司收入单一、竞争同质化的困境，但是行业整体的盈利能力仍无明显改观。我国期货行业发展进入瓶颈期，期货公司数量众多并且两极分化仍然较为严重。经纪业务市场饱和，期货公司竞争已趋于白热化，整体面临利润下滑的局面。根据中国期货业协会的数据，2018年全国期货市场累计成交额为210.82万亿元，同比增长12.2%，但是期货行业整体净利润不足13亿元，相比2017年的79.45亿元减少83.65%；营业收入比2017年下降4.72%；作为核心的经纪业务，同期全行业手续费收入为132.41亿元，同比减少9.25%。从手续费费率来看，期货公司经纪业务的手续费费率近年来也呈现下降趋势，导致期货公司整体的经纪业务收入和净利均出现减少。2007—2017年我国期货公司利润情况及同比变化情况见图1。

当前，我国期货市场形成了全面开放的格局，对期货公司继续夯实经纪业务和创新业务的基础提出了更高的要求。一方面，原油、铁矿石、PTA等特定期货品种逐渐国际化，期货行业国际化品种阵营不断扩容，境外机构参与国内期货的参与度持续提升；另一方面，我国正在加快境外金融机构进入中国期货市场的步伐，期货公司将面临境外同行的竞争。当前，期货公司外资股比放宽至51%的政策已落实落地，2020年期货公司外资股比的限制将取消。在放宽外资持股比例限制和准入门槛、缩短外资持股比例限制过渡期的背景下，境外金融机构进入中国期货市场的步伐将加快，国内期货公司必将与跨国金融机构形成竞争。目前，国外成熟市场的衍

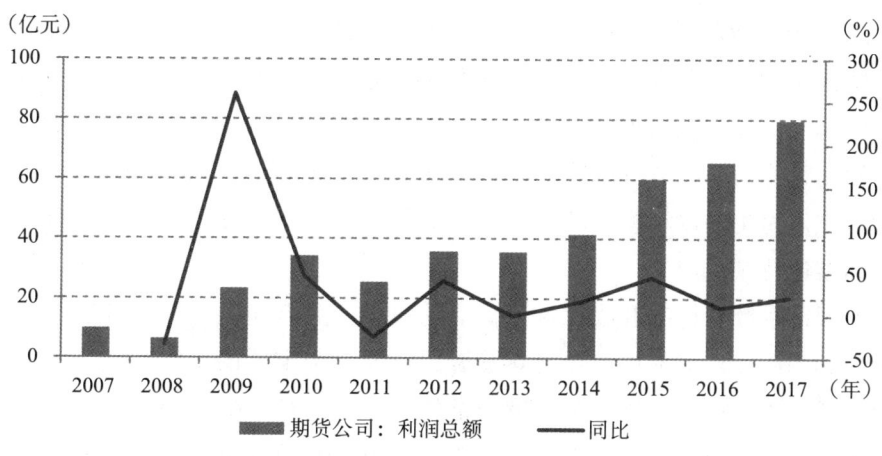

图 1　国内期货公司利润情况及同比变化

资料来源：Wind 资讯。

生品工具更加丰富，境外期货公司在资金实力、管理经验上更加具备优势，而国内期货公司与跨国金融机构在资金实力、抗风险能力上整体存在明显差距，期货公司在衍生品市场中将面临外资系期货公司全方位的挑战和压力。期货公司不仅需要在传统经纪业务上与外资系期货公司竞争，同时在资管、场外衍生品等业务上也要进行全方位的竞争。预计未来期货公司的竞争会更加激烈。

（二）研究目的及意义

中国期货市场经历了 20 余年的发展，期货公司数量达到了 149 家，其中，风险管理子公司有 70 余家，涉及的交易品种占据国内经济发展的主要基础生产资源和消费产品，国内衍生品市场场内品种已达到 70 多个，总成交量快速增长。中国期货行业总体发展趋势看好，但是当前期货行业的发展也遇到了瓶颈，特别是期货市场的存量资金规模和经纪业务的经济价值在下降。

目前，期货公司主要的经纪业务收入来自手续费收入、交易所减收以及保证金利息收入这三大块。作为期货行业的重要交易成本，期货经纪业务手续费费率对于期货行业的健康发展起到了关键性的作用，是调节期货市场的一项重要工具。期货交易成本的升降，一定程度上决定了投资者的信心、资本市场的运行以及资产配置的效率。所以制定一个全行业合理的手续费制度，有利于期货市场的繁荣和期货市场综合竞争力的提高，对于期货行业的可持续发展至关重要。

近年来，随着银行利率的回落，保证金利息收入占总收入的比重已经大幅降低。我国期货公司产品存在区别化不高、业务性质趋同、盈利模式较为单一等问题，所以期货公司之间大多采用手续费价格竞争策略为主，但这种手续费的竞争比较容易形成"期货公司盈利能力下降—投研以及技术的投入减少—核心竞争力减少—盈利能力下降"的恶性循环。一方面,零手续费、返佣等现象持续加剧将导致期货行业竞争环境持续恶化,期货公司经纪业务手续费费率进一步下降,从而影响期货公司客户流失和经纪业务收入水平下降;另一方面,由于低手续费导致的经纪业务的低收入,使期货公司的财务资源较弱,公司较难对新业务持续投入足够的资源。因此,以手续费收入为主的盈利模式已经成为各期货公司的发展瓶颈,有必要对行业手续费收取标准进行规范。

如何规范手续费标准和收取行为,鼓励期货行业有序竞争,使各期货公司在保证自身盈利的同时还能促进行业健康发展,成为一个重要的现实问题。本篇将通过研究分析期货市场风险传导机制、触发条件和影响路径,探索建立衡量国内期货公司手续费的指标评价体系,试图寻找一个可行的最低经纪业务佣金费率水平(剔除变相返佣的实际佣金费率水平),可以达到防范风险,推动期货公司功能充分发挥的目的。这对于中国期货市场建立健全为一个成熟有效、长远稳定运行的市场的意义十分重大。

第一,规范期货公司手续费标准有助于保证期货市场的规模,维持期货公司收入的稳定性,帮助期货公司在清晰的竞争规则下公平竞争,终结"佣金战",开启"品牌战"和"服务战"。同时,规范期货公司手续费标准有利于期货公司的正常运营及发展,可提高市场的集中度,通过规范期货公司的服务价格,避免以数量换取质量情况的发生,使期货公司能够更好地生存和发展。将手续费标准统一,有助于改变期货公司的经营理念,引导期货行业的良性发展,改变期货公司的竞争方式,形成一个良好的市场价格机制,有助于期货行业和期货公司的可持续发展。对期货公司经纪业务收入和支出进行全面梳理,确定较为合理的期货行业手续费费率收取最低标准,规范期货公司手续费,有利于行业有序竞争和发展,避免期货行业恶性竞争和过度竞争,保障期货业合规、有序的发展氛围。

第二,规范期货公司手续费标准可以有效地解决市场秩序混乱、收入分配严重不合理等问题,大大提高了市场的流通效率。稳定的手续费收入可以增加期货公司的利润,使期货公司能更好地将资源投入到研发和服务的升级中,改善投资环境和硬件设施,拓展新业务,并吸引更多优秀的人才进入这个市场,创造出更大的利润和效益,形成一个良性循环,从而助力期货市场的市场化改革,推动期货市场加速发展。

第三,规范期货公司手续费标准有助于期货市场的发展。与证券行业相比,目前国内期货公司数量众多,但受制于对高杠杆期货业务的理解及恐惧,以及以往中航油、国内三大主流航空公司原油套期保值出现损失的因素,社会自然人、企业总体参与期货交易的很少,导致行业收入较低,致使从业人员一直停留在3万人左右。通道业务客户黏性低下叠加有限的客户资源,使低佣金率成为行业恶性竞争的主要途径，其最终结果导致期货公司净资产收益率驻足不前，更加深了社会投资期货业务的顾虑。因而，适时规范期货公司手续费标准，尽管有违于市场竞争的普世规则，但为了中国期货业的健康发展，警示行业参与成员注意必要的佣金自律措施已经成为必然。

第四，规范期货公司手续费标准有助于保护期货市场，提高抵御国际金融风险的能力。手续费收入是部分中小期货公司的主要收入来源，规范期货行业手续费制度有助于保证期货市场规模和容量，帮助期货公司尽快调整收入结构，避免大规模亏损。在全球经济面临下行压力的当下，能更好地抵御金融风险的冲击。

本篇的主要研究目的是在兼顾期货公司发展投入需求的基础上，依据期货经纪业务实质与风险特性，剖析期货行业内各公司的运营数据，在期货行业内寻找一个可行的最低经纪业务佣金费率水平，避免为争夺客户资源而产生的手续费费率恶性竞争的现象，使行业经纪业务总收入与期货交易量一同增长。

（三）研究方法

本篇采用的主要研究方法为：定性和定量相结合分析法、实证回归分析法。其中，定性和定量结合分析法贯穿于全篇。在对期货公司经纪业务的盈利模式以及经纪业务收入和成本等进行一定的定性分析之后，再根据行业数据及调研资料进行定量分析，以支持定性的论点。在经纪业务成本估算时，主要归集业务及管理费、税金及附加等，并扣除相应的资管业务成本和投资咨询业务成本。在进行收入估算时，应主要考虑经纪业务的手续费净收入、交易所减收、保证金利息收入等。在综合考虑上述因素的情况下，考虑增值税、风险净资本合理收益率等因素，确认经纪业务收入和成本，提出期货经纪业务盈亏平衡的估算模型，并结合实际统计数据，运用敏感性分析进行测算最低手续费费率对行业和各分类评级期货公司的影响，并从经纪业务的重要性、最低手续费费率、行业手续费自律等方面提出建议。

二、期货公司经纪业务价值

（一）经纪业务是期货公司重要的卖方业务

从母公司角度看，期货公司业务范围主要包括经纪业务、投资咨询和资产管理三大块。从发展历程上看，经纪业务是期货公司最早开展的业务，同时也是最为成熟的业务。投资咨询和资产管理业务是期货公司的创新业务，但是由于这两类业务需要期货公司满足净资本、分类评级、合规状况以及人员配备等诸多条件，才能从事相应的投资咨询和资产管理业务，其业务开展的门槛相对较高，并非所有的期货公司都能开展投资咨询和资产管理业务。另外，参与期货公司投资咨询和资产管理业务的投资者也需要满足投资者适当性等条件，因此投资者参与这两项业务的门槛也较高。

从业务性质上看，经纪业务、投资咨询业务属于卖方业务，而资产管理业务属于典型的买方业务。卖方业务是期货公司获取客户资源的有效手段，但是在当前投资咨询高门槛的情况下，投资咨询业务获取客户资源以及对公司的收入贡献等方面较为有限，因此，期货公司在通过经纪业务积累客户资源的基础上，依托风险管理等创新业务，帮助客户创造核心价值，形成利润新增长点，进而反哺经纪业务。另外，期货经纪业务是期货公司的基础性业务，同时也是期货公司逐步提升其他业务的必经之路。以经纪业务为代表的卖方业务的多年积累也为期货公司买方业务储备了庞大的资金与人才基础。因此，经纪业务是期货公司重要的卖方业务，具有不可替代的作用。

（二）经纪业务在期货公司业务体系中不可或缺

从收入占比来看，近年来，随着创新业务的发展，经纪业务占期货公司营业收入的比重有所下降，但期货公司的经纪业务收入仍是收入的主要来源。从近几年期货公司经纪业务收入占比变化上看，2014年之前，期货公司经纪业务占期货公司营业收入的比重达50%以上，而2015年以来，期货公司经纪业务占期货公司营业收入的比重开始出现波动，但总体上仍占据较高比重。

期货公司经纪业务的客户群体涵盖了机构投资者、产业客户和个人投资者。期货公司开展创新业务时，经纪业务的客户可以为期货公司募集资金、投资顾问业务、投资咨询服务提供重要的客户来源。经纪业务可以帮助其他创新业务进行客户分类分级，使期货公司的营销和服务更有针对性。

当前，我国期货还有众多品种有待开发，未来随着期货市场更多新品种的出现，将会带来更多的经纪业务资源。这些客户群体不仅能够为期货公司交易额的稳定提供保证，而且也能为其他创新业务开拓潜在客户资源。期货公司经纪业务收入占比变化情况见图2。

（三）期货公司对经纪业务的投入具有价值

期货经纪业务不仅是期货公司的基础性和核心主业，而且是期货公司所有业务的纽带和流量入口，是期货公司开展资产管理、投资咨询等业务的平台。对期货公司而言，做优做强中介服务是根本。经纪业务作为期货公司的传统业务，为期货公司积累了广泛的客户资源，同时，经纪业务已成为期货公司为实体企业提供风险管理服务的重要方式之一。期货公司经纪业务具有不可替代的平台价值，即经纪业务

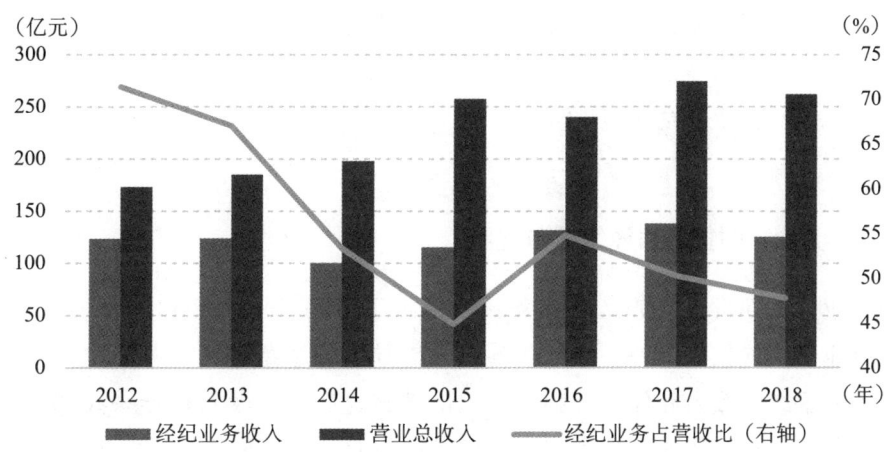

图 2 期货公司经纪业务收入占比变化

资料来源：中国期货业协会。

可成为期货公司客户流、资金流、信息流的基础平台。期货公司从事经纪业务时，需要付出更多的精力和成本。

1. 期货公司对人才知识水平要求更高

期货行业属于知识密集型行业，其专业化服务水平从根本上取决于从业人员的专业能力和专业素质，同时各项创新业务也给从业人员的专业素养带来极大挑战，这对期货行业从业人员的专业知识、专业技能、职业素质都提出了较高的要求。期货的交易、经纪以及管理等方面均对人才提出了更高要求。因此，期货公司从事经纪业务，需要持续投入。

2. 期货公司对风险管理水平要求更高

期货是杠杆型资产，采取逐日盯市交易，同时，期货价格变化速度快、幅度大。为防范客户保证金风险，期货公司需要配备专门的人员和系统，还要维护夜盘运行等，与此同时还需要承担客户穿仓风险和追保强平的法律风险。

3. 期货公司从事经纪业务，需要持续对投资者教育进行投入

期货合约相对复杂，需要对期货市场投资者揭示期货市场风险，开展期货知识普及、信息服务等教育。

4. 期货行业的发展需要期货公司的发展

当前，实体经济发展需求对期货市场改革创新提出了更高要求，而我国期货市场承担着服务实体经济的重要职能，而期货公司中介业务是实现这一职能的重要抓

手。只有期货公司发展,才能促进整个行业的健康发展。

三、期货公司经纪业务收入现状

(一)现阶段期货公司经纪业务现状

经纪业务是期货公司的基础业务,但是由于市场发展水平和监管环境的影响,期货公司业务模式较为单一,经纪业务仍是以单一通道型经纪业务为主,对经纪业务所带来的手续费收入和保证金利息收入的依赖比较大。尽管近年来大部分期货公司开展了财富管理、风险管理和咨询业务等创新业务,但是这些创新业务发展缓慢,其占期货公司营业收入的比重仍然较小。近年来,期货公司经纪业务呈现以下几个特点。

1. 期货经纪业务竞争激烈

近十年来,行业内期货公司数量虽然减少了一些,但是减少速度非常缓慢,期货公司数量由原来的160多家,减少为目前的149家,营业部1901家,行业集中度较低。由于期货公司数量过多,期货行业各类传统业务日益同质化,导致行业内期货公司经纪业务竞争激烈,并且存在一定程度的恶性竞争,比如零手续费、返佣、返息等不正常经营行为,扰乱了整个市场经营状况,也导致费率不高带来收益不高的问题。

2. 期货公司经纪业务收入占期货公司营业收入的比重逐步下降,但期货公司对期货经纪业务存在较高的依赖性

近年来,随着创新业务的不断发展,经纪业务收入占期货公司的营业收入比重逐步下降。永安期货、上海中期等规模较大的期货公司的经纪业务收入占营收的比重均不到10%。而一些中小型期货公司,目前仍依赖经纪业务收入,部分期货公司的经纪业务收入占比超过50%。

3. 期货公司经纪业务手续费费率下降较快

从我们收集的数据来看,期货公司经纪业务费率下降较快。期货公司为了开发客户而不断降低留存手续费,期货手续费从以前的交易所3倍手续费、交易所2倍手续费、交易所1.5倍手续费、交易所1.2倍手续费到现在的交易所加1角、2角,有的甚至出现交易所加1分的手续费。2018年及之前,大部分期货公司的交易所减收以及保证金利息收入大于经纪业务成本,所以手续费收入即使为零,这部分期货

公司依然有盈利。但是 2019 年以来，相当一部分期货公司已经收不抵支。

4. "返佣""返息"现象进一步降低了期货公司经纪业务收入

尽管交易所规定手续费不能返还给客户，但部分期货公司为了留住客户，变相地以咨询费、劳务费等形式给客户"返佣"，相当于变相进一步降低客户的手续费，从而导致期货公司之间的"价格战"等恶性竞争。近年来，期货公司"返佣"呈现两个特点：一是"返佣"的客户范围扩大，期货公司不仅对大客户或者专业炒手进行"返还"，甚至有期货公司在客户不知情的情况下按手续费比例"返佣"给居间人；二是"返佣"的比例不断提高，甚至有期货公司对客户实行接近全额的"返佣"。同时，客户对期货公司要求"返息"的比例也在不断加大，进一步降低了期货公司的收入水平。在手续费以及保证金利息收入双双下降的背景下，期货公司通过交易所减收已不足以对冲公司日常运营成本。

近年来，虽然期货公司积极开展创新业务和资管业务，但是由于市场竞争日趋激烈，期货公司经纪业务整体手续费费率呈现持续下降的趋势，并且趋势日益明显。2018 年，在监管趋严、去通道的大环境下，资管新规落地使期货公司资管业务规模萎缩，业务收入下滑明显，而期货公司传统的经纪业务手续费费率也持续下降，导致期货公司整体的经纪业务收入减少。

（二）期货公司经纪业务收入结构及趋势

从目前期货公司经纪业务收入结构来看，手续费收入、保证金利息收入、交易所减收基本构成了期货公司经纪业务的全部收入来源（见图3）。从近三年期货公司经纪业务收入来看，手续费收入占比出现明显下降，交易所返还占比提升，而保证金利息收入占比基本保持在 40% 左右。

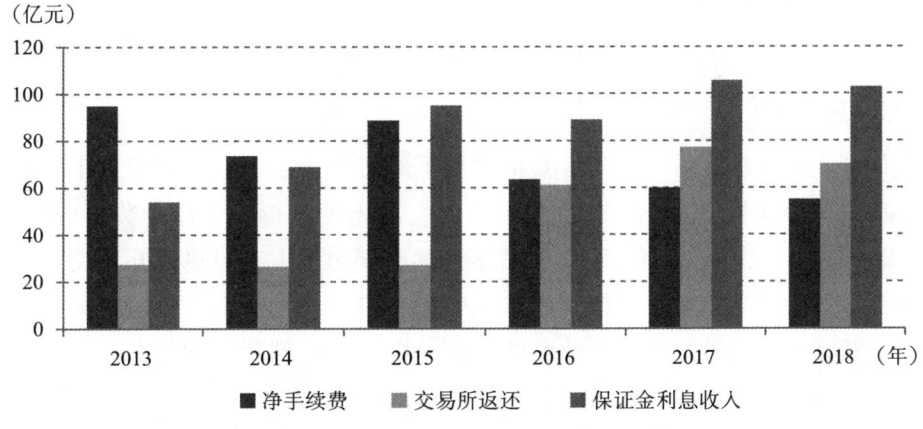

图3　期货公司经纪业务收入变化趋势

资料来源：中国期货业协会。

1. 期货公司经纪业务手续费收入

经纪业务的手续费费率直接关系到期货公司的经纪业务收入。对于规模较大的期货公司来说，虽然其营收结构中手续费收入占比稍低，但手续费收入仍是其经纪业务收入的主要构成部分；而对于中小型期货公司来说，手续费收入占总收入的比重可以达到六七成以上。

近年来，虽然期货公司积极开展创新业务和资管业务，但是由于市场竞争日趋激烈，期货公司手续费收入的增长速度远远落后于期货行业规模的增长速度。近十年来，期货行业的成交额增加了20多倍，但是期货行业手续费收入只增长了4倍。从经纪业务手续费收入来看，2016—2018年期货行业手续费收入分别为138.91亿元、145.90亿元和132.41亿元，同比分别为增长12.94%、5.03%和减少9.25%。而2019年上半年，期货行业手续费收入为56.34亿元，不及2018年全年的一半。由此看出，自2016年以来，期货行业手续费收入出现持续下降趋势（见图4）。

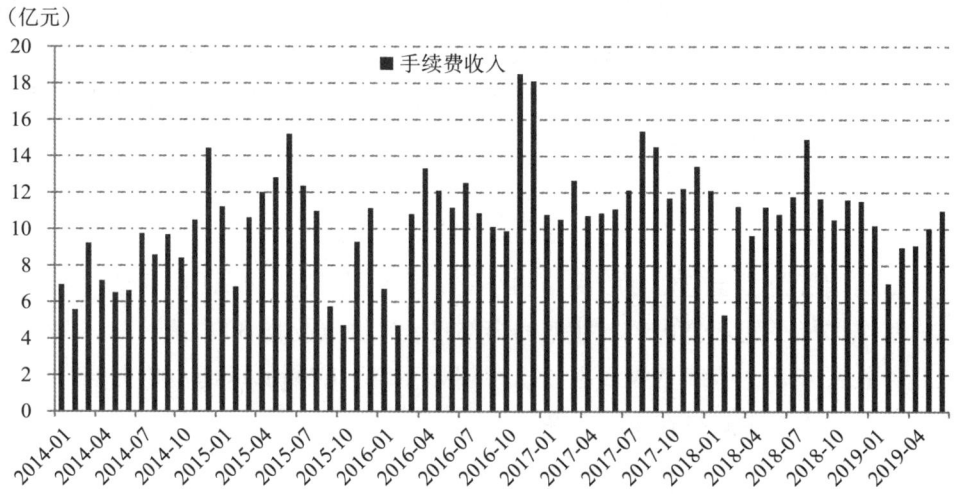

图4　国内期货行业手续费收入变化

资料来源：中国期货业协会。

期货行业手续费收入下降与手续费费率下降有着直接关系。观察近十年期货行业手续费费率变化可以看出，2011—2015年，国内期货行业手续费费率一路下滑。2016—2017年，国内期货行业手续费费率连续两年出现上升，这期间市场成交结构的变化是行业手续费费率止跌回升的直接推手。2016年由于股指期货受限，同时商品期货活跃，而我国商品期货手续费费率普遍高于金融期货，期货行业手续费费率回升。2016年商品期货代理交易额占全市场的份额超过了九成（见图5）。此后2017年，交易所为保证市场稳定，对各期货品种手续费费率进行调整，期货公司也相应调整了对应期货品种的手续费收取标准。在此阶段，期货行业手续费费率虽然出现下降，但是仍保持偏高水平。

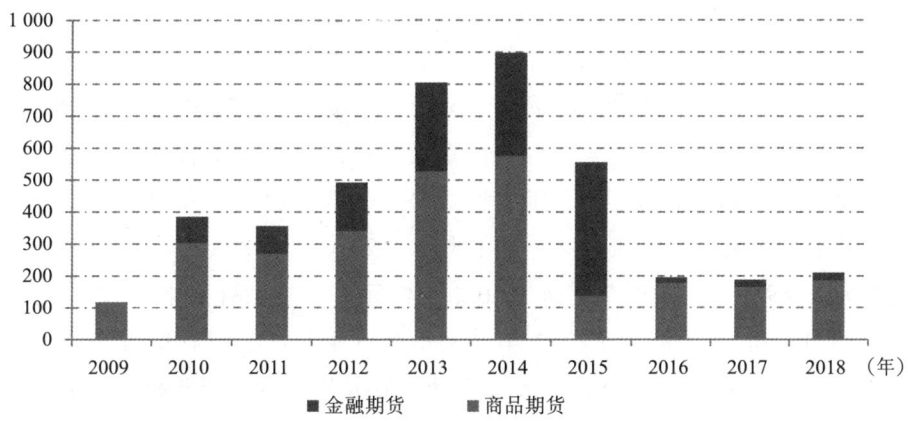

图5　国内期货商品期货和金融期货代理交易额变化

资料来源：中国期货业协会。

2018年，期货公司经纪业务整体手续费费率重新呈现下降的趋势，并且趋势明显。这一时期商品期货代理交易额仍占全市场的87%，但是期货公司手续费费率出现比较明显的下降。部分期货公司在交易所收取的基础上象征性地加1分钱，以此抢夺客户资源，导致所谓的"零手续费"，期货业手续费已经降无可降。由于行业竞争激烈，加上为了抢占市场份额，不仅头部期货公司跟随下调手续费，缺乏研发、通道优势的小型期货公司也只能依靠降低手续费来争取客户资源。随着期货行业竞争的加剧和手续费费率的持续下降，期货业经纪业务的竞争更加激烈，从而导致期货公司之间的"价格战"等恶性竞争，低手续费甚至"零手续费"已经成为全行业普遍现象。根据中期协数据，2017年期货行业平均手续费费率为0.32‰，2018年期货行业平均手续费费率为0.21‰，而2019年上半年期货行业平均手续费费率下降至0.13‰，下降趋势比较明显（见图6）。

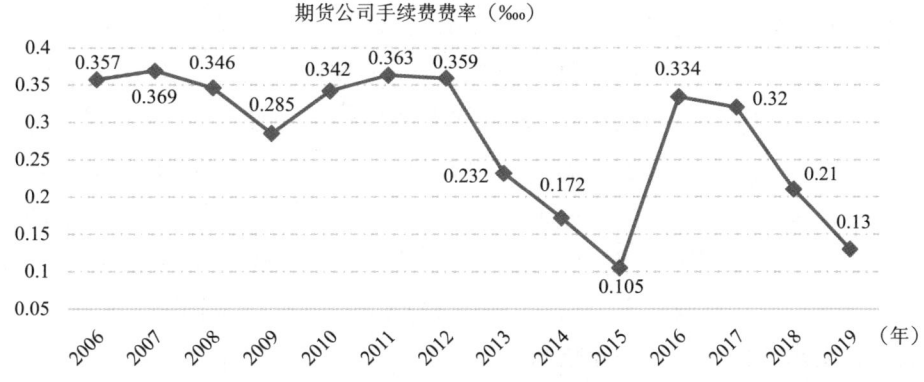

图6　国内期货行业手续费费率变化

资料来源：中国期货业协会。

2. 期货公司经纪业务保证金利息收入

期货公司手续费竞争趋向白热化的同时，作为期货公司经纪业务收入结构中另外两大重要来源，即保证金利息收入和交易所手续费减收，也出现大幅下降。

利息收入是国内期货公司营业收入的重要来源之一，包括客户保证金存款和自有资金存款产生的利息。近年来，随着期货公司的客户保证金和自有资金规模的逐年上升，利息收入在主营业务收入中占比较大。2016—2018 年，全行业期货公司利息收入分别是 89 亿元、105.7 亿元和 102.7 亿元，在主营业务收入中占比分别为 37.1%、38.4% 和 39.2%，而 2019 年上半年全行业期货公司利息收入为 49 亿元，在主营业务收入中占比为 38.6%。可以看出，2018 年期货行业利息收入下降，但是因为期货公司营业收入也下降，并且降幅高于利息收入的下降幅度，所以导致利息收入在主营业务收入中的占比出现回升。2019 年上半年期货公司利息收入在主营业务收入中的占比下降，主要原因在于利息收入的减少。这是因为 2019 年上半年期货公司营业收入与 2018 年上半年基本持平，而利息收入出现减少，导致占比下降。

从影响因素上看，利率水平、客户保证金规模和自有资金规模是影响利息收入的三大因素。除此之外，期货公司向客户返息也是影响利息收入的重要因素。

从利率水平来看，近年来，随着资金利率水平的下行，期货公司保证金的利息收入大幅减少，对国内期货公司产生了很大冲击。保证金所产生的收入分成两部分，一部分是期货公司存放在保证金专用账户的利息收入，另一部分是交易所与期货公司结算的利息，这两部分收入均与市场利率水平挂钩，区别在于前者利率调整频率较高，而后者调整频率较低。2018 年以来，中国人民银行共 6 次降准以及不时定向降息，银行理财总体预期收益率持续下滑，传统预期收益型理财产品的收益率（年化）基本都在 3% 左右，比房贷利率还低。2019 年 7 月份，银行理财平均预期收益率跌至 4.16%。交易所与期货公司结算的计息标准也降至 1.95% 左右。

从期货市场客户权益规模来看，根据中国期货业协会的数据，2012—2016 年，国内期货行业客户权益呈现稳步增长态势，但是从 2017 年开始，期货行业客户权益开始出现下降。2017 年期货行业客户权益规模为 4 016 亿元，相比 2016 年下降 8.07%；2018 年期货行业客户权益规模为 3 894 亿元，下降 3.05%。期货市场客户权益规模的下降，在一定程度上造成期货公司经纪业务保证金利息收入的下降。

而自有资金方面，尽管期货公司自有资金允许投资于各类金融资产，但是由于股票、基金等产品收益波动大，期货公司多倾向于将自有资金投资于能够满足安全性和流动性要求的协议存款和固收产品等理财产品。在利率水平不变的情况下，期货公司自有资金越多，其产生的利息收入一般也会越多（假设期货公司自有资金主要投向协议存款和固收产品）。近年来，随着期货公司自有资金规模逐年上升，但是利息收入下降，这和利率水平下降有直接关系。

影响期货公司利息收入的另一因素是期货公司对客户的返息。期货行业对客户的返佣返息，最终会影响期货行业的整体利润。从我们收集的信息来看，近年来期货公司对大客户专业炒手的返息力度不断加大。在期货公司利息收入减少的背景下，对客户的返息进一步侵蚀了期货公司的利润。

2013—2019 年，我国期货行业客户权益变化见图 7。

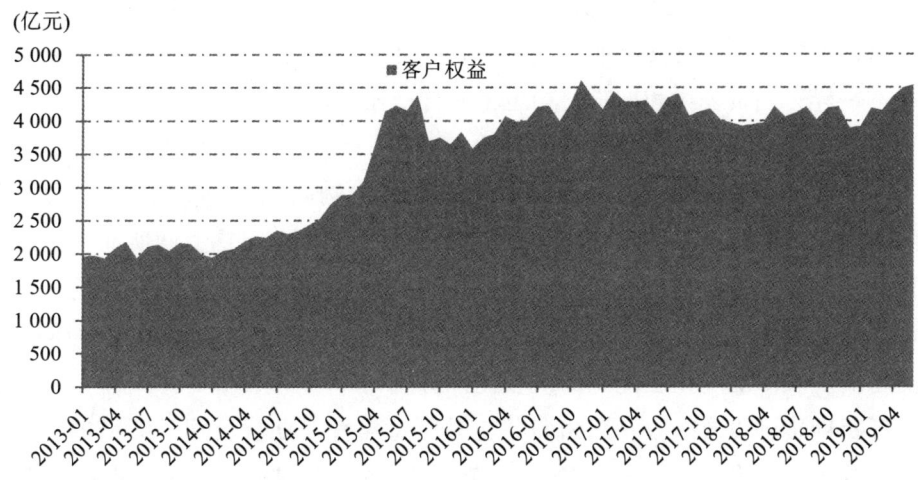

图 7　我国期货行业客户权益变化

资料来源：中国期货业协会。

3. 交易所减收

交易所手续费全额划入期货公司自有资金账户并计入公司财务收入，其初衷是帮助期货公司应对经营困境，提升期货公司的结算和风控能力，支持期货公司进行 IT 建设和业务创新。

交易所规定手续费不能返还给客户，尤其是"炒手"，必须全额划入期货公司自有资金账户并计入期货公司财务收入。但近年来，随着期货公司留存手续费越来越低，部分期货公司利用交易所"手续费减收"政策，以交易所手续费返还吸引居间人或客户。具体表现为直接以期货账户"入金"的形式"返还"至客户期货账户，或以"咨询费""劳务费"等形式变相向客户"返还"等。部分期货公司将交易所减收的手续费直接或间接返给客户，相当于变相降低客户手续费，从而导致"价格战"等恶性竞争，同时相当于期货公司将原本交易所交返给期货公司的利润收入让出去给居间人或客户，不利于保护期货公司利益及规范行业发展。

从近年来国内期货交易所对会员期货公司的手续费减收变化来看，各交易所对期货公司的手续费减收政策一直处在不断变化中。各期货交易所对手续费减收并无相关的明文规定或政策,期货公司事先也无从得知交易所手续费减收比例。2010年国内三大商品期货交易所取消了对会员期货公司佣金减收,随后2011年重新启动减收手续费措施。从近十年来国内三大商品交易所对会员期货公司的手续费减收上看,2009—2017年,交易所对期货公司的手续费减收力度稳中有升,特别是2016年和2017年这两年,交易所对期货公司的手续费减收金额分别达62亿元和77亿元。而2018年,交易所对期货公司的手续费减收金额下降至70亿元,下降幅度达9%。2019年上半年,交易所对期货公司的手续费减收金额仅为23亿元,不及2018年全年的一半。

目前,国内三大期货交易所对期货公司的手续费减收的不确定性表现在:各家交易所不一样;期货公司和期货公司也不一样;不同时期也不一样。

首先,三家期货交易所的手续费减收标准不一样。上海期货交易所手续费减收比例不固定,一般在40%左右,有的月份返佣比例高的在50%,最高时出现过60%的减收。上期所手续费减收比例是根据期货公司客户交易上期所品种的权重来定的比例,例如,橡胶期货的减收比例权重较高,而螺纹钢期货的减收比例权重较低;大连商品交易所对期货公司的手续费减收比例是固定的。以2018年为例,大连商品交易所对农产品和化工能源的减收比例分别为40%和30%,但鸡蛋期货、胶板期货、纤板期货则没有减收;郑州商品交易所每年针对期货公司手续费的减收政策均有所不同,2016年年初只针对资管、特法等三类客户减收上交手续费的50%,而2016年年中不断减少减收品种和减收比例,到2016年11月份则取消了三类客户手续费减收。而进入2017年,郑商所出台新的减收政策,规定每月达标完成任务的期货公司将会奖励减免20%的交易手续费。郑州商品交易所给期货公司的手续费减收比例也是固定的,减收比例为35%;上海国际能源交易中心返还手续费的20%;中金所则一直没有减收政策。

其次,不同期货公司之前享受的交易所手续费减收政策不一样。表现在交易所根据各期货公司当月的品种成交量按照一定的权重来计算手续费减收比例,不同的期货品种减收比例不一样,而每家期货公司在各品种上的成交量大小不一,另外,交易所还有持仓要求,因此各家期货公司能享受的手续费减收力度不一。

最后,不同时期交易所对期货公司的减收政策也不一样,表现在行情低迷时期交易所往往倾向于通过加大对期货公司的减收来提升市场的交易活跃度,而在行情火爆时交易所往往倾向于降低减收来抑制投机。

近年来,交易所手续费减收存在不确定性,导致期货公司经纪业务收入受到影响。交易所减收政策出现了多次变化,导致期货公司手续费收入及净利润经历了几次大幅波动。目前,期货公司收到的交易所手续费减收在收入的占比较高,但各交易所未就手续费减收的标准颁布明确规则,造成现行优惠政策具有不确定性,存在降低手续费返还(减收)比例甚至被取消的风险。若未来期货交易所降低手续费减收比例或暂停手续费的减收，期货公司盈利水平存在大幅波动的风险。

从近三年来交易所手续费减收数据来看，2016年全年交易所手续费减收62亿元，其中A类、B类、C类期货公司占比分别为65.3%、29.5%、5.1%，而D类减收金额为零；2017年交易所减收77亿元，其中A类、B类、C类期货公司占比分别为61.4%、37.4%、0.7%，而D类虽然有四家期货公司获得交易所减收，但其比例仍接近于零；2018年交易所减收70亿元，其中A类、B类、C类期货公司占比分别为60.3%、34.3%、5.2%，而D类虽然有两家期货公司获得交易所减收，但其比例同样接近于零。从数据上看，A类期货公司占据交易所减收的绝对份额，而B类期货公司虽然从数量上多于A类期货公司，同时在交易所减收金额上也占据一定份额，但是其交易所减收金额与A类期货公司的差距仍较大，而C类期货公司获得的交易所减收比例均低于10%，D类期货公司则可以忽略不计（见图8）。

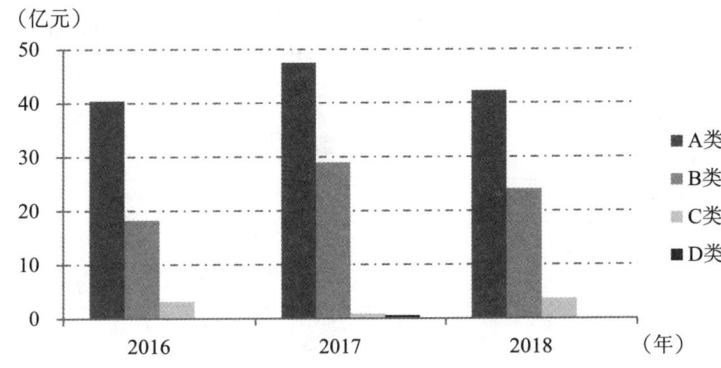

图8 各分类评级期货公司的交易所减收金额

资料来源：中国期货业协会。

（三）期货行业经纪业务手续费收入下降的结果分析

1. 定性分析

在中国期货市场中，经纪业务一直为期货公司贡献着稳定的盈利来源，但在竞争存量和新客户的过程中，由于经纪业务服务的同质性，各家期货公司纷纷下调佣金费率以抢占市场，其中不乏部分期货公司为了留住大客户采取"零佣金"的手段。一旦行业内有公司采取"零佣金"策略，其他期货公司也将迫于压力不得不降低手续费费率。在期货交易量不断创新高的背景下，期货行业整体手续费费率的下降引发了行业经纪业务净利润同比不断走低的现象。

从行业的角度而言，期货公司对客户的返佣返息可以看作行业缺乏核心竞争力的体现。国内期货公司的经纪业务是非常标准化的业务，从开户、风控，到结算，效率是很高的。因此，如果不进行自律，即使行业只剩下几家期货公司，一样会发生恶性竞争。2018年以及之前，大部分期货公司的交易所减收以及保证金利息收入大于经纪业务成本，所以手续费收入即使为零，这部分期货公司依然盈利。但是目前，相当一部分期货公司已经收不抵支。虽然有很多期货公司的利润还可以，但是从资管、子公司利润来弥补经纪业务产生的亏损的，这些问题应引起行业的重视。

2. 敏感性分析

表1测算了期货行业手续费费率水平下滑对期货公司营业收入和净利润的影响情况。

表1　　　　　　　　　　手续费费率下降的敏感性分析

项 目		2019年1—6月	2018年	2017年	2016年
成交金额（万亿元）		127.87	210.82	187.9	195.63
手续费费率（%）		0.0013	0.0021	0.0032	0.00334
经纪业务手续费收入（亿元）		56.35	132.41	145.9	138.91
营业收入（亿元）		126.97	261.75	274.73	239.95
营业利润（亿元）		44.68	17.32	105.93	87.80
净利润（亿元）		33.51	12.99	79.45	65.85
敏感性分析（%）					
手续费费率下降对营业收入的影响比例	-5	-0.65	-0.85	-1.09	-1.36
	-10	-1.31	-1.69	-2.19	-2.72
	-15	-1.96	-2.54	-3.28	-4.08
手续费费率下降对净利润的影响比例	-5	-2.48	-17.04	-3.78	-4.96
	-10	-4.96	-34.08	-7.57	-9.92
	-15	-7.44	-51.12	-11.35	-14.88

资料来源：中国期货业协会。

根据上述敏感性分析，在假设其他条件不变的情况下，期货手续费费率下降5%时，各统计期的期货行业营业收入将分别下降1.36%、1.09%、0.85%和0.65%；净利润将分别下降4.96%、3.78%、17.04%和2.48%。在期货手续费费率下降10%和15%的情况下，各统计期的期货行业营业收入将会下降1.31%至4.08%，而净利润会下降2.48%至51.12%。从以上统计分析可以看出，手续费费率下降对2018年期货公司净利润影响比较大。

四、期货公司经纪业务成本分析

（一）期货经纪业务成本构成

成本方面，期货公司的经纪业务成本主要由营业税金及附加、管理费用、资产减值损失等组成。

1. 营业税金及附加

期货公司营业税金及附加主要由营业税、城市维护建设税、教育费附加构成（见图9）。

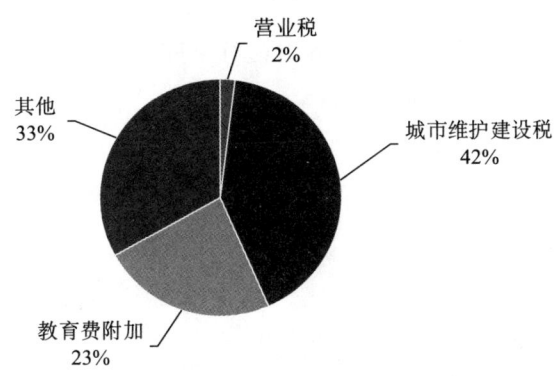

图9　2018年期货公司营业税及附加构成

资料来源：中国期货业协会。

2016—2018年，全行业期货公司营业税金及附加分别为3亿元、0.85亿元和0.7亿元，营业税金及附加呈现逐年减少态势，其原因主要在于营业税大幅下降。2016年5月，我国全面取消营业税，所有行业统一征收增值税，"营改增"政策使得期货公司营业税的"价内税"变成了增值税的"价外税"。从占比来看，2016年营业税在营业税及附加中的占比达63%，而从2017年开始，营业税在营业税及附加中的占比下降至1%左右。分公司来看，2018年有101家期货公司营业税及附加出现减少，有48家期货公司营业税及附加出现增加。

2. 业务及管理费

期货公司业务及管理费主要由运营费用、物业及设备费用、人工费用以及期货投资者保障基金构成。

根据中期协数据，2016—2018年，全行业期货公司业务及管理费分别为139亿元、163.7亿元和169.8亿元；2019年上半年，全行业期货公司业务及管理费为85.6亿元，超过2018年全年一半的水平。全行业期货公司业务及管理费呈现逐年增长的趋势。

分项来看，人工费用在业务及管理费中的占比最大，比重将近一半（见图10）。2016—2018年期货公司人工费用分别为67.7亿元、77.8亿元和77.6亿元；运营费用占比在业务及管理费中的占比居第二位，2016—2018年期货公司运营费用分别是

37.8 亿元、46.3 亿元和 50 亿元，占期货公司业务及管理费的比重分别为 26.9%、28.3% 和 29.5%；2019 年上半年期货公司运营费用达 27.3 亿元，超过 2018 年一半水平，占比为 31.9%。期货公司运营费用逐年提升（见图 11），主要是其他运营费用增加导致，其占运营费用的比重将近九成。差旅费和业务招待费占比均只有 5% 左右，2017—2018 年期货公司差旅费连续两年上升，而业务招待费在 2018 年出现下降，但下降幅度不明显；物业及设备费用和其他营业费用占业务及管理费的比例只有 10% 左右，2017—2018 年这两项费用均有不同程度的增加，特别是 2018 年期货公司物业及设备费用增加 1.03 亿元。

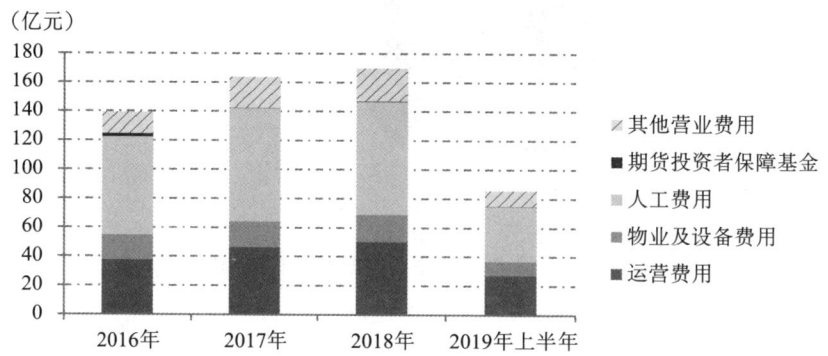

图 10　2016 年—2019 年上半年期货公司业务及管理费构成及变化

资料来源：中国期货业协会。

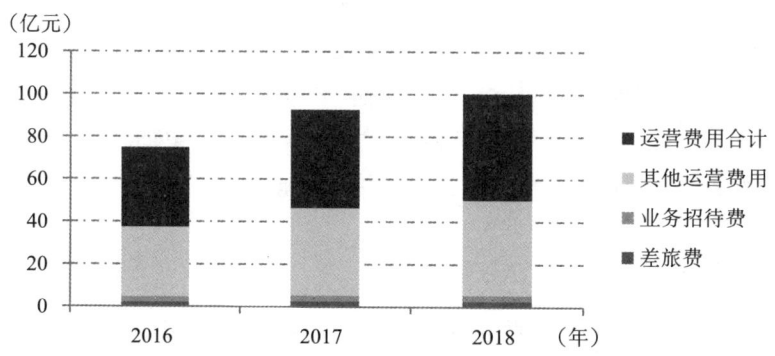

图 11　2016—2018 年期货公司运营费用构成及变化

资料来源：中国期货业协会。

（二）总结

从期货公司经纪业务成本构成及趋势来看，期货公司的经纪业务成本呈现逐年攀升的状态，管理费用占比将近 90%，而员工薪酬支出和营业网点租赁成本是管理费用的主要组成部分；营业税金及附加减少，税制改革在一定程度上减轻期货公司的税负，但由于营业税费用在经纪业务成本中占比最小，对于减轻经纪业务成本压力的作用有限；另外运营费用上升也是值得注意的现象。

综合来看，期货行业属于典型的服务业，变动成本占比较高，其中主要由人工成本构成。未来，随着社会平均工资、物价水平、商业租金等成本的上升，预计期货公司业务及管理费用将居高不下。

五、期货公司经纪业务最低手续费费率研究

（一）期货经纪业务手续费费率自律标准的目的及原则

经纪业务作为期货公司的基础业务，其手续费费率如果过低必然引发诸多问题。因此，有必要从实务角度归集影响期货经纪业务的盈亏因素，探索适用于期货行业的经纪业务盈亏分析方法，通过测算出期货经纪业务的盈亏平衡点，并分析其影响因素，以便采取有针对性的策略和政策支持。

我们认为，期货经纪业务手续费费率自律标准的确立原则应包括：一是公允性。期货经纪业务手续费费率自律标准应能够得到行业普遍认可。二是可操作性。期货经纪业务手续费费率自律标准具体执行过程则应该强调具体性、可理解性、可操作性。三是可靠性。期货经纪业务手续费费率自律标准所选取的指标应具有可靠性和可信性。四是灵活性。期货经纪业务手续费费率自律标准应考虑不同时期的情况，灵活、动态调整期货经纪业务手续费费率自律标准。

（二）期货经纪业务手续费费率自律标准的确定方法和过程

在此，结合期货行业实际，初步考虑以下方法确定期货经纪业务手续费费率的自律标准。

方法一：按期货公司净手续费收入（留存手续费）口径确定手续费费率自律标准。

确定原则：在不考虑期货公司除期货经纪业务以外的其他业务板块利润的前提下，使期货经纪业务留存手续费收入和剔除利息收入及交易所减收后的经纪业务成本达到盈亏平衡。

期货经纪业务盈亏平衡情形下净手续费费率计算公式：

（1）期货经纪业务收入 = 期货经纪业务成本

（2）手续费净收入 + 交易所减收 + 经纪业务利息收入 = 业务及管理费 + 提取期货风险金 + 税金及附加 − 资管业务成本 − 投资咨询业务成本

（3）手续费净收入 = 业务及管理费 + 提取期货风险金 + 税金及附加 − 资管业务

成本－投资咨询业务成本－交易所减收－经纪业务利息收入

（4）盈亏平衡净手续费费率＝手续费净收入／成交金额　　　　　　（公式1）

因为上述公式中手续费净收入没有考虑应交增值税，所以上述推算公式手续费净收入需乘1.06（现存增值税税率6%），以保证增值税成本得到来源补偿，即上述公式应为：

盈亏平衡净手续费费率＝手续费净收入×1.06／成交金额　　　　　　（公式2）

需要说明的事项：

①经纪业务利息收入＝封闭圈利息收入－封闭圈自有资金利息收入

其中：封闭圈自有资金利息收入＝封闭圈分离资产中自有资金期末余额12个月平均数×交易所计息标准1.95%。

②资管业务成本指期货公司资管业务的人员薪酬福利、软硬件设备支出等及其他资管业务的所有支出，口径同FISS资产管理业务月报表。

③投资咨询业务成本指期货公司投资咨询业务的人员薪酬福利、软硬件设备支出等及其他投资咨询业务的所有支出，口径同FISS业务分部表。

（5）若考虑经纪业务客户权益占用期货公司的风险净资本，为保证期货公司该项净资本获取合理的收益回报（建议5%），上述盈亏平衡手续费费率计算公式调整为：

盈亏平衡净手续费费率＝（手续费净收入×1.06＋经纪业务客户权益占用净资本收益回报）／成交金额　　　　　　（公式3）

其中：经纪业务客户权益占用净资本收益回报＝经纪业务风险资本准备12个月平均数×120%×5%

说明：经纪业务风险资本准备×120%，为自有资金达监管预警标准的金额，5%为建议的最低自有资金资本回报率。

方法二：按期货公司净手续费收入（留存手续费）加交易所减收口径确定手续费费率自律标准。

确定原则：在不考虑期货公司除期货经纪业务以外的其他业务板块利润的前提下，使期货经纪业务留存手续费加交易所减收收入和剔除利息收入后的经纪业务成本能达到盈亏平衡。

期货经纪业务盈亏平衡情形下的手续费费率自律标准计算公式：

（1）期货经纪业务收入＝期货经纪业务成本

（2）手续费收入＋经纪业务利息收入＝业务及管理费＋提取期货风险金＋税金及附加－资管业务成本－投资咨询业务成本

（备注：手续费收入＝手续费净收入＋交易所减收）

（3）手续费收入＝业务及管理费＋提取期货风险金＋税金及附加－资管业务成本－投资咨询业务成本－经纪业务利息收入

（4）盈亏平衡手续费费率 = 手续费收入/成交金额 　　　　　　　（公式4）

（5）因为上述公式中手续费收入没有考虑应交增值税，所以上述推算公式手续费收入需乘1.06（现存增值税税率6%），以保证增值税成本得到来源补偿，即：

盈亏平衡手续费费率 = 手续费收入×1.06/成交金额 　　　　　　　（公式5）

（6）若考虑经纪业务客户权益占用期货公司的风险净资本，为保证期货公司该项净资本获取合理的收益回报（建议5%），上述盈亏平衡手续费费率计算公式调整为：

盈亏平衡手续费费率 = （手续费收入×1.06 + 经纪业务客户权益占用净资本收益回报）/成交金额 　　　　　　　（公式6）

方法三和方法四：除上述两种方法外，还可以采用：

（1）选择留成手续费加交易所减收和利息收入作为盈亏平衡手续费费率口径；

（2）选择留成手续费和利息收入，剔除交易所减收后作为盈亏平衡手续费费率口径。

选择留成手续费加交易所减收和利息收入以三项收入的全口径作为收入标准，费率会明显偏高，且利息收入来源不稳定，FISS系统没有相关对标的实际费率作为参照，该口径考核意义不大。

同理，由于利息收入来源不稳定且利息收入与费率相关性不高，同时FISS系统没有相关对标的实际费率作为参照，选择留成手续费和利息收入，剔除交易所减收后作为盈亏平衡手续费费率口径意义也不大。

最终，我们认为以上述方法一和方法二作为盈亏平衡测算手续费费率的方法比较科学并符合实际。

（三）期货经纪业务手续费费率自律标准测算具体步骤

以留存手续费和留存手续费加交易所减收二种手续费收入为口径标准，以期货经纪业务收入、成本达到盈亏平衡为假设条件，按以下步骤测算出全行业和四大类评级板块的平均手续费费率。

一是以留存手续费口径，分两种情况考虑。

（1）不考虑经纪业务客户权益占用风险净资本应获取合理回报的情况下：

①按上述公式2以每家期货公司的数据测算个体期货公司达到盈亏平衡条件的留存手续费费率，并与个体实际费率比较，分析其影响；

②按上述公式2以行业所有期货公司的汇总数据测算全行业达到盈亏平衡条件的留存手续费费率，并与个体实际费率比较，分析其影响；

③按上述公式2以四大类评级板块的汇总数据测算四类板块达到盈亏平衡条件的留存手续费费率，并与板块实际费率比较，分析其影响。

（2）考虑经纪业务客户权益占用风险净资本应获取合理回报的情况下：

①按上述公式3以每家期货公司的数据测算个体期货公司达到盈亏平衡条件的留存手续费费率；

②按上述公式3以行业所有期货公司的汇总数据测算全行业达到盈亏平衡条件的留存手续费费率；

③按上述公式3以四大类评级板块的汇总数据测算四类板块达到盈亏平衡条件的留存手续费费率。

二是以留存手续费加交易所减收口径。测算方法同上，按公式5、公式6分别测算期货公司个体、全行业、四类板块的留存手续费加交易所减收的手续费费率，并与实际费率比较，分析其影响。

三是在上述二类口径二类假设条件下经评议确定一个全行业都能认可的手续费费率指标，以此为基础，上调或下调一定比例确定最终的手续费费率作为行业自律标准。

（四）相关指标定义及数据来源和出处

（1）业务及管理费，是指期货公司经营过程中产生的运营费用、物业及设备费用以及期货投资者保障基金和其他营业费用，该数据来源于FISS年报利润表；

（2）提取期货风险金，是指期货公司按照国务院期货监督管理机构、财政部门的规定提取的风险准备金，数据来源于FISS年报利润表；

（3）税金及附加，是指期货公司经营活动中产生的营业税、城市维护建设税、教育费附加及其他，数据来源于FISS年报利润表；

（4）资管业务成本，是指期货公司资管业务的人员薪酬福利、软硬件设备支出等及其他资管业务的所有支出，数据来源于FISS年报资产管理业务表；

（5）投资咨询业务成本，是指期货公司投资咨询业务的人员薪酬福利、软硬件设备支出等及其他投资咨询业务的所有支出，数据来源于FISS年报业务分部表；

（6）交易所减收，是指各交易所对期货公司的手续费返还，该数据来源于FISS年报SR4表63行次；

（7）封闭圈利息收入，是指与经纪业务利息收入相关的利息收入，该数据来源于FISS年报SR4表64行次；

（8）自有资金期末余额，是指与封闭圈自有资金利息收入相关的封闭圈分离资产中的自有资金期末余额，该数据的12个月平均数来源于FISS月报SR4表81行次数据12个月的平均；

（9）交易所计息标准按交易所与期货公司会员利息结算的年利率1.95%计算；

（10）风险资本准备，是指与经纪业务客户权益占用净资本收益回报相关的经纪业务风险资本准备，该数据的12个月平均数来源于FISS月报SR3表1行次数据

12个月的平均;

(11) 成交金额指期货行业全年累计成交金额,数据来源于FISS年报SR6表;

(12) 手续费净收入/成交金额指标即留存手续费费率,数据来源于FISS月报SR6表;

(13) 分类评级来源于中国证监会信息披露。

(五) 期货经纪业务手续费费率自律标准测试结果及行业影响分析

测算结果如下:

1. 全行业汇总比较分析表

(1) 以留存手续费口径的全行业费率比较分析。

①个体公司实际费率与个体公司自身盈亏平衡点费率比较(见表2)。

表2　　　　留存手续费口径费率比较(以个体公司实际费率与自身盈亏平衡点费率比较)

范围	时间	实际费率	测算费率（不考虑净资本回报）	不考虑净资本回报		测算费率（考虑净资本回报）	考虑净资本回报	
				实际费率高于测算费率家数(家)	实际费率低于测算费率家数(家)		实际费率高于测算费率家数(家)	实际费率低于测算费率家数(家)
全行业	2019年1—6月	0.1205	0.0824	54	95	0.1141	42	107
全行业	2018年	0.1470	0.0104	96	53	0.0298	91	58

资料来源:根据中国期货业协会数据整理测算。

一是不考虑净资本回报率。以留存手续费口径测算,在不考虑净资本回报率的情况下,以个体公司实际费率与个体公司自身盈亏平衡点费率比较,2018年全行业有96家期货公司实际手续费费率高于自身盈亏平衡点费率,53家期货公司实际手续费费率低于自身盈亏平衡点费率;2019年1—6月全行业有54家期货公司实际手续费费率高于自身盈亏平衡点费率,95家期货公司实际手续费费率低于自身盈亏平衡点费率。

二是考虑净资本回报率。以留存手续费口径测算,在考虑净资本回报率为5%的情况下,以个体公司实际费率与个体公司自身盈亏平衡点费率比较(见表3),2018年全行业有91家期货公司实际手续费费率高于自身盈亏平衡点费率,58家期货公司实际手续费费率低于自身盈亏平衡点费率;2019年1—6月全行业有42家期货公司实际手续费费率高于自身盈亏平衡点费率,107家期货公司实际手续费费率低于自身盈亏平衡点费率。

②个体公司实际费率与全行业盈亏平衡点费率比较。

表3　　留存手续费口径费率比较（以个体公司实际费率与
全行业盈亏平衡点平均费率比较）

范围	时间	实际费率	不考虑净资本回报			考虑净资本回报		
			测算费率（不考虑净资本回报）	实际费率高于测算费率家数（家）	实际费率低于测算费率家数（家）	测算费率（考虑净资本回报）	实际费率高于测算费率家数（家）	实际费率低于测算费率家数（家）
全行业	2019年1—6月	0.1205	0.0824	106	43	0.1141	80	69
全行业	2018年	0.1470	0.0104	148	1	0.0298	147	2

资料来源：根据中国期货业协会数据整理测算。

一是不考虑净资本回报率。同样以留存手续费口径测算，在不考虑净资本回报率的情况下，以个体公司实际费率与全行业盈亏平衡点费率比较，2018年全行业盈亏平衡点费率0.0104，有148家期货公司实际手续费费率高于全行业盈亏平衡点费率，1家期货公司实际手续费费率低于全行业盈亏平衡点费率；2019年1—6月全行业盈亏平衡点费率0.0824，全行业有106家期货公司实际手续费费率高于全行业盈亏平衡点费率，43家期货公司实际手续费费率低于全行业盈亏平衡点费率。

二是考虑净资本回报率。以留存手续费口径测算，同样在考虑净资本回报率为5%的情况下，以个体公司实际费率与全行业盈亏平衡点费率比较，2018年全行业盈亏平衡点费率0.0298，有147家期货公司实际手续费费率高于全行业盈亏平衡点费率，2家期货公司实际手续费费率低于全行业盈亏平衡点费率；2019年1—6月全行业盈亏平衡点费率0.1141，全行业有80家期货公司实际手续费费率高于全行业盈亏平衡点费率，69家期货公司实际手续费费率低于全行业盈亏平衡点费率。

（2）以留存手续费加交易所减收口径的全行业费率比较分析

①个体公司实际费率与个体公司自身盈亏平衡点费率比较（见表4）。

表4　　留存手续费加交易所减收口径费率比较（以个体公司实际手续费率与
自身盈亏平衡点费率比较）

范围	时间	实际费率	不考虑净资本回报			考虑净资本回报		
			测算费率（不考虑净资本回报）	实际费率高于测算费率家数（家）	实际费率低于测算费率家数（家）	测算费率（考虑净资本回报）	实际费率高于测算费率家数（家）	实际费率低于测算费率家数（家）
全行业	2019年1—6月	0.2121	0.1794	52	97	0.2111	38	111
全行业	2018年	0.3246	0.1987	92	57	0.2181	87	62

资料来源：根据中国期货业协会数据整理测算。

一是不考虑净资本回报率。以留存手续费加交易所减收口径测算，在不考虑净资本回报率情况下，以个体公司实际费率与个体公司自身盈亏平衡点费率比较，2018年全行业有92家期货公司实际手续费费率高于自身盈亏平衡点费率，57家期货公司实际手续费费率低于自身盈亏平衡点费率；2019年1—6月全行业有52家期货公司实际手续费费率高于自身盈亏平衡点费率，97家期货公司实际手续费费率低于自身盈亏平衡点费率。

二是考虑净资本回报率。以留存手续费加交易所减收口径测算，在考虑净资本回报率为5%的情况下，以个体公司实际费率与个体公司自身盈亏平衡点费率比较，2018年全行业有87家期货公司实际手续费费率高于自身盈亏平衡点费率，62家期货公司实际手续费费率低于自身盈亏平衡点费率；2019年1—6月全行业有38家期货公司实际手续费费率高于自身盈亏平衡点费率，111家期货公司实际手续费费率低于自身盈亏平衡点费率。

②个体公司实际费率与全行业盈亏平衡点费率比较（见表5）。

表5 留存手续费加交易所减收口径费率比较（以个体公司实际手续费费率与全行业盈亏平衡点平均费率比较）

范围	时间	实际费率	不考虑净资本回报			考虑净资本回报		
			测算费率（不考虑净资本回报）	实际费率高于测算费率家数（家）	实际费率低于测算费率家数（家）	测算费率（考虑净资本回报）	实际费率高于测算费率家数（家）	实际费率低于测算费率家数（家）
全行业	2019年1—6月	0.2121	0.1794	108	41	0.2111	93	56
全行业	2018年	0.3246	0.1987	134	15	0.2181	129	20

资料来源：根据中国期货业协会数据整理测算。

一是不考虑净资本回报率。以留存手续费加交易所减收口径测算，在不考虑净资本回报率的情况下，以个体公司实际费率与全行业盈亏平衡点费率比较，2018年全行业盈亏平衡点费率0.1987，有134家期货公司实际手续费费率高于全行业盈亏平衡点费率，15家期货公司实际手续费费率低于全行业盈亏平衡点费率；2019年1—6月全行业盈亏平衡点费率0.1794，全行业有108家期货公司实际手续费费率高于全行业盈亏平衡点费率，41家期货公司实际手续费费率低于全行业盈亏平衡点费率。

二是考虑净资本回报率。以留存手续费加交易所减收口径测算，在考虑净资本回报率为5%的情况下，以个体公司实际费率与全行业盈亏平衡点费率比较，2018年全行业盈亏平衡点费率0.2181，有129家期货公司实际手续费费率高于全行业盈亏平衡点费率，20家期货公司实际手续费费率低于全行业盈亏平衡点费率；2019年1—6月全行业盈亏平衡点费率0.2111，全行业有93家期货公司实际手续费费率高于全行业盈亏平衡点费率，56家期货公司实际手续费费率低于全行业盈亏平衡点费率。

全行业手续费费率自律标准测试结果见图12。

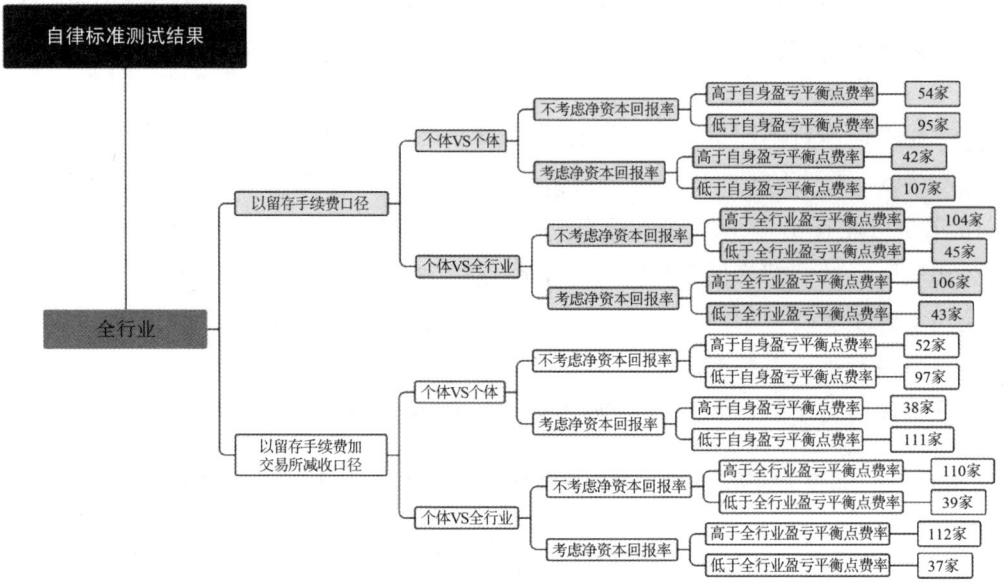

图12　手续费费率自律标准测试结果（全行业）

资料来源：据中国期货业协会数据整理测算。

2. 按期货公司分类评级分板块比较分析

（1）以留存手续费口径的分板块及行业费率比较分析（见表6）。

①个体公司实际费率与个体公司自身盈亏平衡点费率比较。

一是不考虑净资本回报率。以留存手续费口径测算，在不考虑净资本回报率情况下，以个体公司实际费率与个体公司自身盈亏平衡点费率比较，2019年1—6月实际手续费费率高于自身盈亏平衡点费率0—50%的期货公司有17家，实际手续费费率高于自身盈亏平衡点费率50%—100%的期货公司有5家，实际手续费费率高于自身盈亏平衡点费率100%的期货公司有32家，实际手续费费率低于自身盈亏平衡点费率0—50%的期货公司有33家，实际手续费费率低于自身盈亏平衡点费率50%—100%的期货公司有62家，没有实际手续费费率低于自身盈亏平衡点费率100%的期货公司；2018年实际手续费费率高于自身盈亏平衡点费率0—50%的期货公司有20家，实际手续费费率高于自身盈亏平衡点费率50%—100%的期货公司有6家，实际手续费费率高于自身盈亏平衡点费率100%的期货公司有70家，实际手续费费率低于自身盈亏平衡点费率0—50%的期货公司有29家，实际手续费费率低

表6 以留存手续费口径的分板块及行业费率比较分析（以个体公司实际费率与自身盈亏平衡点费率比较）

分类评级	时间	家数(家)	实际费率	测算费率(不考虑净资本回报)	不考虑净资本回报					测算费率(考虑净资本回报)	考虑净资本回报				
					实际费率高于自身盈亏平衡点测算费率0—50%家数(家)	实际费率高于自身盈亏平衡点测算费率50%—100%家数(家)	实际费率高于自身盈亏平衡点测算费率超过100%家数(家)	实际费率低于自身盈亏平衡点测算费率0—50%家数(家)	实际费率低于自身盈亏平衡点测算费率50%—100%家数(家)	实际费率低于自身盈亏平衡点测算费率超过100%家数(家)		实际费率高于自身盈亏平衡点测算费率0—50%家数(家)	实际费率高于自身盈亏平衡点测算费率50%—100%家数(家)	实际费率高于自身盈亏平衡点测算费率超过100%家数(家)	实际费率低于自身盈亏平衡点测算费率0—50%家数(家)	实际费率低于自身盈亏平衡点测算费率50%—100%家数(家)	实际费率低于自身盈亏平衡点测算费率超过100%家数(家)
A	2019年1—6月	37	0.0733	−0.0220	4	3	24	3	3	0	0.0093	5	5	16	8	3	0
B	2019年1—6月	94	0.2165	0.2922	12	2	6	24	50	0	0.3248	9	1	3	25	56	0
C	2019年1—6月	16	0.2163	0.3123	1	0	1	6	8	0	0.3427	2	0	0	4	10	0
D	2019年1—6月	2	0.1341	0.0221	0	0	1	0	1	0	0.0732	0	0	1	0	1	0
全行业	2019年1—6月	149	0.1205	0.0824	17	5	32	33	62	0	0.1141	16	6	20	37	70	0
A	2018年	37	0.1083	−0.0775	0	1	36	0	0	0	−0.0577	2	1	34	0	0	0
B	2018年	94	0.2273	0.1789	17	4	28	24	21	0	0.1975	17	3	24	27	23	0
C	2018年	16	0.1805	0.1727	3	1	4	5	3	0	0.1908	3	3	2	4	4	0
D	2018年	2	0.1643	−0.1071	0	0	2	0	0	0	−0.0805	0	0	2	0	0	0
全行业	2018年	149	0.1470	0.0104	20	6	70	29	24	0	0.0298	22	7	62	31	27	0

资料来源：根据中国期货业协会数据整理测算。

于自身盈亏平衡点费率50%—100%的期货公司有24家，没有实际手续费费率低于自身盈亏平衡点费率100%的期货公司。

按分类评级类别，2018年A类公司有37家实际手续费费率高于自身盈亏平衡点费率，没有低于自身盈亏平衡点费率的公司；B类公司有49家实际手续费费率高于自身盈亏平衡点费率，45家低于自身盈亏平衡点费率；C类公司有8家实际手续费费率高于自身盈亏平衡点费率，8家低于自身盈亏平衡点费率；D类公司有2家实际手续费费率高于自身盈亏平衡点费率，没有低于自身盈亏平衡点费率的公司。

按分类评级类别①，2019年1—6月A类公司有31家实际手续费费率高于自身盈亏平衡点费率，6家低于自身盈亏平衡点费率；B类公司有20家实际手续费费率高于自身盈亏平衡点费率，74家低于自身盈亏平衡点费率；C类公司有2家实际手续费费率高于自身盈亏平衡点费率，14家低于自身盈亏平衡点费率；D类公司有1家实际手续费费率高于自身盈亏平衡点费率，1家低于自身盈亏平衡点费率。

二是考虑净资本回报率。以留存手续费口径测算，在考虑净资本回报率为5%的情况下，以个体公司实际费率与个体公司自身盈亏平衡点费率比较，2019年1—6月实际手续费费率高于自身盈亏平衡点费率0—50%的期货公司有16家，实际手续费费率高于自身盈亏平衡点费率50%—100%的期货公司有6家，实际手续费费率高于自身盈亏平衡点费率100%的期货公司有20家，实际手续费费率低于自身盈亏平衡点费率0—50%的期货公司有37家，实际手续费费率低于自身盈亏平衡点费率50%—100%的期货公司有70家，没有实际手续费费率低于自身盈亏平衡点费率100%的期货公司；2018年实际手续费费率高于自身盈亏平衡点费率0—50%的期货公司有22家，实际手续费费率高于自身盈亏平衡点费率50%—100%的期货公司有7家，实际手续费费率高于自身盈亏平衡点费率100%的期货公司有62家，实际手续费费率低于自身盈亏平衡点费率0—50%的期货公司有31家，实际手续费费率低于自身盈亏平衡点费率50%—100%的期货公司有27家，没有实际手续费费率低于自身盈亏平衡点费率100%的期货公司。

按分类评级类别，2018年A类公司有37家实际手续费费率高于自身盈亏平衡点费率，没有低于自身盈亏平衡点费率的公司；B类公司有44家实际手续费费率高于自身盈亏平衡点费率，50家低于自身盈亏平衡点费率；C类公司有8家实际手续费费率高于自身盈亏平衡点费率，8家低于自身盈亏平衡点费率；D类公司有2家实际手续费费率高于自身盈亏平衡点费率，没有低于自身盈亏平衡点费率的公司。

按分类评级类别，2019年1—6月A类公司有26家实际手续费费率高于自身盈亏平衡点费率，11家低于自身盈亏平衡点费率；B类公司有13家实际手续费费率

---

① 课题结稿时暂未拿到最新的2019年上半年期货公司分类评级，因此2019年上半年期货公司分类评级暂时延用2018年结果。

高于自身盈亏平衡点费率，81家低于自身盈亏平衡点费率；C类公司有2家实际手续费费率高于自身盈亏平衡点费率，14家低于自身盈亏平衡点费率；D类公司有1家实际手续费费率高于自身盈亏平衡点费率，1家低于自身盈亏平衡点费率。

②个体公司实际费率与全行业盈亏平衡点费率比较（见表7）。

一是不考虑净资本回报率。以留存手续费口径测算，在不考虑净资本回报率的情况下，以个体公司实际费率与全行业盈亏平衡点费率比较，2019年1—6月全行业盈亏平衡点费率为0.0824，实际手续费费率高于全行业盈亏平衡点费率0—50%的期货公司有31家，实际手续费费率高于全行业盈亏平衡点费率50%—100%的期货公司有24家，实际手续费费率高于全行业盈亏平衡点费率100%的期货公司有51家，实际手续费费率低于全行业盈亏平衡点费率0—50%的期货公司有23家，实际手续费费率低于全行业盈亏平衡点费率50%—100%的期货公司有20家，没有实际手续费费率低于全行业盈亏平衡点费率100%的期货公司；2018年全行业盈亏平衡点费率为0.0104，实际手续费费率高于全行业盈亏平衡点费率0—50%的期货公司有1家，没有实际手续费费率高于全行业盈亏平衡点费率50%—100%的期货公司，实际手续费费率高于全行业盈亏平衡点费率100%的期货公司有147家，实际手续费费率低于全行业盈亏平衡点费率0—50%的期货公司有1家，没有实际手续费费率低于全行业盈亏平衡点费率50%—100%的期货公司，也没有实际手续费费率低于全行业盈亏平衡点费率100%的期货公司。

按分类评级类别，2018年A类公司有37家实际手续费费率高于全行业盈亏平衡点费率，没有低于全行业盈亏平衡点费率的；B类公司有94家实际手续费费率高于全行业盈亏平衡点费率，没有低于全行业盈亏平衡点费率的；C类公司有15家实际手续费费率高于全行业盈亏平衡点费率，1家低于全行业盈亏平衡点费率；D类公司有2家实际手续费费率高于全行业盈亏平衡点费率，没有低于全行业盈亏平衡点费率的公司。

按分类评级类别，2019年1—6月A类公司有23家实际手续费费率高于全行业盈亏平衡点费率，14家低于全行业盈亏平衡点费率；B类公司有70家实际手续费费率高于全行业盈亏平衡点费率，24家低于全行业盈亏平衡点费率；C类公司有11家实际手续费费率高于全行业盈亏平衡点费率，5家低于全行业盈亏平衡点费率；D类公司有2家实际手续费费率高于全行业盈亏平衡点费率，没有低于全行业盈亏平衡点费率的公司。

二是考虑净资本回报率。以留存手续费口径测算，在考虑净资本回报率为5%的情况下，以个体公司实际费率与全行业盈亏平衡点费率比较，2019年1—6月全行业盈亏平衡点费率为0.1141，实际手续费费率高于全行业盈亏平衡点费率0—50%的期货公司有33家，实际手续费费率高于全行业盈亏平衡点费率50%—100%

表7 以留存手续费口径分板块及行业费率比较分析（以个体公司实际费率与全行业盈亏平衡点平均费率比较）

分类评级	时间	家数（家）	实际费率	测算费率（不考虑净资本回报）	不考虑净资本回报							测算费率（考虑净资本回报）	考虑净资本回报					
					实际费率高于全行业盈亏平衡点测算费率 0—50% 家数（家）	实际费率高于全行业盈亏平衡点测算费率 50—100% 家数（家）	实际费率高于全行业盈亏平衡点测算费率 超过100% 家数（家）	实际费率低于全行业盈亏平衡点测算费率 0—50% 家数（家）	实际费率低于全行业盈亏平衡点测算费率 50—100% 家数（家）	实际费率低于全行业盈亏平衡点测算费率 超过100% 家数（家）		实际费率高于全行业盈亏平衡点测算费率 0—50% 家数（家）	实际费率高于全行业盈亏平衡点测算费率 50—100% 家数（家）	实际费率高于全行业盈亏平衡点测算费率 超过100% 家数（家）	实际费率低于全行业盈亏平衡点测算费率 0—50% 家数（家）	实际费率低于全行业盈亏平衡点测算费率 50—100% 家数（家）	实际费率低于全行业盈亏平衡点测算费率 超过100% 家数（家）
A	2019年1—6月	37	0.0733	−0.0220	13	6	4	6	8	0	0.0093	9	1	2	15	10	0
B	2019年1—6月	94	0.2165	0.2922	14	17	39	13	11	0	0.3248	21	10	27	18	18	0
C	2019年1—6月	16	0.2163	0.3123	4	0	7	4	1	0	0.3427	2	1	5	6	2	0
D	2019年1—6月	2	0.1341	0.0221	0	1	1	0	0	0	0.0732	1	1	0	0	0	0
全行业	2019年1—6月	149	0.1205	0.0824	31	24	51	23	20	0	0.1141	33	13	34	39	30	0
A	2018年	37	0.1083	−0.0775	1	0	36	0	0	0	−0.0577	2	6	28	0	1	0
B	2018年	94	0.2273	0.1789	0	0	94	0	0	0	0.1975	3	2	89	0	0	0
C	2018年	16	0.1805	0.1727	0	0	15	1	0	0	0.1908	0	0	15	0	1	0
D	2018年	2	0.1643	−0.1071	0	0	2	0	0	0	−0.0805	0	0	2	0	0	0
全行业	2018年	149	0.1470	0.0104	1	0	147	1	0	0	0.0298	5	8	134	0	2	0

资料来源：根据中国期货业协会数据整理测算。

的期货公司有13家，实际手续费费率高于全行业盈亏平衡点费率100%的期货公司有34家，实际手续费费率低于全行业盈亏平衡点费率0—50%的期货公司有39家，实际手续费费率低于全行业盈亏平衡点费率50%—100%的期货公司有30家，没有实际手续费费率低于全行业盈亏平衡点费率100%的期货公司；2018年全行业盈亏平衡点费率为0.0298，实际手续费费率高于全行业盈亏平衡点费率0—50%的期货公司有5家，实际手续费费率高于全行业盈亏平衡点费率50%—100%的期货公司有8家，实际手续费费率高于全行业盈亏平衡点费率100%的期货公司有134家，没有实际手续费费率低于全行业盈亏平衡点费率0—50%的期货公司，实际手续费费率低于全行业盈亏平衡点费率50%—100%的期货公司有2家，没有实际手续费费率低于全行业盈亏平衡点费率100%的期货公司。

按分类评级类别，2018年A类公司有36家实际手续费费率高于全行业盈亏平衡点费率，1家低于全行业盈亏平衡点费率；B类公司有94家实际手续费费率高于全行业盈亏平衡点费率，没有低于全行业盈亏平衡点费率的公司；C类公司有15家实际手续费费率高于全行业盈亏平衡点费率，1家低于全行业盈亏平衡点费率；D类公司有2家实际手续费费率高于全行业盈亏平衡点费率，没有低于全行业盈亏平衡点费率的公司；

按分类评级类别，2019年1—6月A类公司有12家实际手续费费率高于全行业盈亏平衡点费率，25家低于全行业盈亏平衡点费率；B类公司有58家实际手续费费率高于全行业盈亏平衡点费率，36家低于全行业盈亏平衡点费率；C类公司有8家实际手续费费率高于全行业盈亏平衡点费率，8家低于全行业盈亏平衡点费率；D类公司有2家实际手续费费率高于全行业盈亏平衡点费率，没有低于全行业盈亏平衡点费率的公司。

（2）以留存手续费加交易所减收口径的分板块及行业费率比较分析。

①个体公司实际费率与个体公司自身盈亏平衡点费率比较（见表8）。

一是不考虑净资本回报率。以留存手续费加交易所减收口径测算，在不考虑净资本回报率情况下，以个体公司实际费率与个体公司自身盈亏平衡点费率比较，2019年1—6月实际手续费费率高于自身盈亏平衡点费率0—50%的期货公司有26家，实际手续费费率高于自身盈亏平衡点费率50%—100%的期货公司有7家，实际手续费费率高于自身盈亏平衡点费率100%的期货公司有19家，实际手续费费率低于自身盈亏平衡点费率0—50%的期货公司有62家，实际手续费费率低于自身盈亏平衡点费率50%—100%的期货公司有35家，没有实际手续费费率低于自身盈亏平衡点费率100%的期货公司；2018年实际手续费费率高于自身盈亏平衡点费率0—50%的期货公司有40家，实际手续费费率高于自身盈亏平衡点费率50%—100%的期货公司有12家，实际手续费费率高于自身盈亏平衡点费率100%的期货

表8 以留存手续费加交易所减收径口下分板块及行业费率比较分析（以个体公司实际手续费率与自身盈亏平衡点费率比较）

分类评级	时间	家数（家）	实际费率	测算费率（不考虑净资本回报）	不考虑净资本回报					测算费率（考虑净资本回报）	考虑净资本回报				
					实际费率高于自身盈亏平衡点测算费率 0~50% 家数（家）	实际费率高于自身盈亏平衡点测算费率-50%~100% 家数（家）	实际费率高于自身盈亏平衡点测算费率超过100% 家数（家）	实际费率低于自身盈亏平衡点测算费率 0~50% 家数（家）	实际费率低于自身盈亏平衡点测算费率-50%~100% 家数（家）	实际费率低于自身盈亏平衡点测算费率超过100% 家数（家）		实际费率高于自身盈亏平衡点测算费率 0~50% 家数（家）	实际费率高于自身盈亏平衡点测算费率-100%~50% 家数（家）	实际费率高于自身盈亏平衡点测算费率超过100% 家数（家）	实际费率低于自身盈亏平衡点测算费率 0~50% 家数（家）	实际费率低于自身盈亏平衡点测算费率-50%~100% 家数（家）	实际费率低于自身盈亏平衡点测算费率超过100% 家数（家）
A	2019年1-6月	37	0.1559	0.0656	12	4	15	6	0	0	0.0968	9	5	11	11	1	0
B	2019年1-6月	94	0.3282	0.4106	12	3	3	48	28	0	0.4432	8	0	2	47	37	0
C	2019年1-6月	16	0.3131	0.4150	2	0	0	8	6	0	0.4454	2	0	0	7	7	0
D	2019年1-6月	2	0.2370	0.1312	0	0	1	0	1	0	0.1822	0	0	1	0	1	0
全行业	2019年1-6月		0.2121	0.1794	26	7	19	62	35	0	0.2111	19	5	14	65	46	0
A	2018年	37	0.2720	0.0960	5	7	25	0	0	0	0.1158	5	9	22	1	0	0
B	2018年	94	0.4338	0.3977	28	4	13	38	11	0	0.4163	26	5	10	41	12	0
C	2018年	16	0.3680	0.3715	7	0	1	6	2	0	0.3896	7	1	0	6	2	0
D	2018年	2	0.3821	0.1238	0	1	1	0	0	0	0.1505	0	1	1	0	0	0
全行业	2018年		0.3246	0.1987	40	12	40	44	13	0	0.2181	38	16	33	48	14	0

资料来源：根据中国期货业协会数据整理测算。

公司有 40 家，实际手续费费率低于自身盈亏平衡点费率 0—50% 的期货公司有 44 家，实际手续费费率低于自身盈亏平衡点费率 50%—100% 的期货公司有 13 家，没有实际手续费费率低于自身盈亏平衡点费率 100% 的期货公司。

按分类评级类别，2018 年 A 类公司有 37 家实际手续费费率高于自身盈亏平衡点费率，没有低于自身盈亏平衡点费率的公司；B 类公司有 45 家实际手续费费率高于自身盈亏平衡点费率，49 家低于自身盈亏平衡点费率；C 类公司有 8 家实际手续费费率高于自身盈亏平衡点费率，8 家低于自身盈亏平衡点费率；D 类公司有 2 家实际手续费费率高于自身盈亏平衡点费率，没有低于自身盈亏平衡点费率的公司。

按分类评级类别，2019 年 1—6 月 A 类公司有 31 家实际手续费费率高于自身盈亏平衡点费率，6 家低于自身盈亏平衡点费率；B 类公司有 18 家实际手续费费率高于自身盈亏平衡点费率，76 家低于自身盈亏平衡点费率；C 类公司有 2 家实际手续费费率高于自身盈亏平衡点费率，14 家低于自身盈亏平衡点费率；D 类公司有 1 家实际手续费费率高于自身盈亏平衡点费率，1 家低于自身盈亏平衡点费率。

二是考虑净资本回报率。以留存手续费加交易所减收口径测算，在考虑净资本回报率为 5% 的情况下，以个体公司实际费率与个体公司自身盈亏平衡点费率比较，2019 年 1—6 月实际手续费费率高于自身盈亏平衡点费率 0—50% 的期货公司有 19 家，实际手续费费率高于自身盈亏平衡点费率 50%—100% 的期货公司有 5 家，实际手续费费率高于自身盈亏平衡点费率 100% 的期货公司有 14 家，实际手续费费率低于自身盈亏平衡点费率 0—50% 的期货公司有 65 家，实际手续费费率低于自身盈亏平衡点费率 50%—100% 的期货公司有 46 家，没有实际手续费费率低于自身盈亏平衡点费率 100% 的期货公司；2018 年实际手续费费率高于自身盈亏平衡点费率 0—50% 的期货公司有 38 家，实际手续费费率高于自身盈亏平衡点费率 50%—100% 的期货公司有 16 家，实际手续费费率高于自身盈亏平衡点费率 100% 的期货公司有 33 家，实际手续费费率低于自身盈亏平衡点费率 0—50% 的期货公司有 48 家，实际手续费费率低于自身盈亏平衡点费率 50%—100% 的期货公司有 14 家，没有实际手续费费率低于自身盈亏平衡点费率 100% 的期货公司。

按分类评级类别，2018 年 A 类公司有 36 家实际手续费费率高于自身盈亏平衡点费率，1 家低于自身盈亏平衡点费率；B 类公司有 41 家实际手续费费率高于自身盈亏平衡点费率，53 家低于自身盈亏平衡点费率；C 类公司有 8 家实际手续费费率高于自身盈亏平衡点费率，8 家低于自身盈亏平衡点费率；D 类公司有 2 家实际手续费费率高于自身盈亏平衡点费率，没有低于自身盈亏平衡点费率的公司。

按分类评级类别，2019 年 1—6 月 A 类公司有 25 家实际手续费费率高于自身盈亏平衡点费率，12 家低于自身盈亏平衡点费率；B 类公司有 10 家实际手续费费率高于自身盈亏平衡点费率，84 家低于自身盈亏平衡点费率；C 类公司有 2 家实际手续费费率高于自身盈亏平衡点费率，14家低于自身盈亏平衡点费率；D类公司有1家实际手续费费率高于自身盈亏平衡点费率，1家低于自身盈亏平衡点费率。

②个体公司实际费率与全行业自身盈亏平衡点费率比较（见表9）。

一是不考虑净资本回报率。以留存手续费加交易所减收口径测算，在不考虑净资本回报率的情况下，以个体公司实际费率与全行业盈亏平衡点费率比较，2019年1—6月全行业盈亏平衡点费率为0.1794，实际手续费费率高于全行业盈亏平衡点费率0—50%的期货公司有42家，实际手续费费率高于全行业盈亏平衡点费率50%—100%的期货公司有30家，实际手续费费率高于全行业盈亏平衡点费率100%的期货公司有36家，实际手续费费率低于全行业盈亏平衡点费率0—50%的期货公司有29家，实际手续费费率低于全行业盈亏平衡点费率50%—100%的期货公司有12家，没有实际手续费费率低于全行业盈亏平衡点费率100%的期货公司；2018年全行业盈亏平衡点费率为0.1987，实际手续费费率高于全行业盈亏平衡点费率0—50%的期货公司有18家，实际手续费费率高于全行业盈亏平衡点费率50%—100%的期货公司有36家，实际手续费费率高于全行业盈亏平衡点费率100%的期货公司有80家，实际手续费费率低于全行业盈亏平衡点费率0—50%的期货公司有14家，实际手续费费率低于全行业盈亏平衡点费率50%—100%的期货公司有1家，没有实际手续费费率低于全行业盈亏平衡点费率100%的期货公司。

按分类评级类别，2018年A类公司有30家实际手续费费率高于全行业盈亏平衡点费率，7家低于全行业盈亏平衡点费率；B类公司有87家实际手续费费率高于全行业盈亏平衡点费率，7家低于全行业盈亏平衡点费率；C类公司有15家实际手续费费率高于全行业盈亏平衡点费率，1家低于全行业盈亏平衡点费率；D类公司有2家实际手续费费率高于全行业盈亏平衡点费率，没有低于全行业盈亏平衡点费率的公司。

按分类评级类别，2019年1—6月A类公司有22家实际手续费费率高于全行业盈亏平衡点费率，15家低于全行业盈亏平衡点费率；B类公司有72家实际手续费费率高于全行业盈亏平衡点费率，22家低于全行业盈亏平衡点费率；C类公司有12家实际手续费费率高于全行业盈亏平衡点费率，4家低于全行业盈亏平衡点费率；D类公司有2家实际手续费费率高于全行业盈亏平衡点费率，没有低于全行业盈亏平衡点费率的公司。

二是考虑净资本回报率。以留存手续费加交易所减收口径测算，在考虑净资本回报率为5%的情况下，以个体公司实际费率与全行业盈亏平衡点费率比较，2019年1—6月全行业盈亏平衡点费率为0.2111，实际手续费费率高于全行业盈亏平衡点费率0—50%的期货公司有46家，实际手续费费率高于全行业盈亏平衡点费率50%—100%的期货公司有21家，实际手续费费率高于全行业盈亏平衡点费率100%

表9 以留存手续费加交易所减收口径下分板块及行业费率比较分析（以个体公司实际手续费率与全行业盈亏平衡点平均费率比较）

分类评级	时间	家数（家）	实际费率	测算费率（不考虑净资本回报）	不考虑净资本回报					测算费率（考虑净资本回报）	考虑净资本回报				
					实际费率高于全行业盈亏衡点测算费率0—50%家数（家）	实际费率高于全行业盈亏衡点测算费率50—100%家数（家）	实际费率高于全行业盈亏衡点测算费率超过100%家数（家）	实际费率低于全行业盈亏衡点测算费率0—50%家数（家）	实际费率低于全行业盈亏衡点测算费率50—100%家数（家）	实际费率低于全行业盈亏衡点测算费率超过100%家数（家）	实际费率高于全行业盈亏衡点测算费率0—50%家数（家）	实际费率高于全行业盈亏衡点测算费率50—100%家数（家）	实际费率高于全行业盈亏衡点测算费率超过100%家数（家）	实际费率低于全行业盈亏衡点测算费率0—50%家数（家）	实际费率低于全行业盈亏衡点测算费率50—100%家数（家）	实际费率低于全行业盈亏衡点测算费率超过100%家数（家）
A	2019年1—6月	37	0.1559	0.0656	10	7	5	9	6	0	12	4	1	12	8	0
B	2019年1—6月	94	0.3282	0.4106	24	22	26	17	5	0	28	15	22	24	5	0
C	2019年1—6月	16	0.3131	0.4150	6	1	5	3	1	0	4	2	3	6	1	0
D	2019年1—6月	2	0.2370	0.1312	2	0	0	0	0	0	2	0	0	0	0	0
全行业	2019年1—6月		0.2121	0.1794	42	30	36	29	12	0	46	21	26	42	14	0
A	2018年	37	0.2720	0.0960	7	9	14	7	0	0	8	9	11	8	1	0
B	2018年	94	0.4338	0.3977	9	21	57	7	1	0	12	20	52	8	2	0
C	2018年	16	0.3680	0.3715	2	4	9	0	1	0	4	3	8	0	1	0
D	2018年	2	0.3821	0.1238	0	2	0	0	0	0	0	2	0	0	0	0
全行业	2018年		0.3246	0.1987	18	36	80	14	1	0	24	34	71	16	4	0

资料来源：根据中国期货业协会数据整理测算。

的期货公司有 26 家，实际手续费费率低于全行业盈亏平衡点费率 0—50% 的期货公司有 42 家，实际手续费费率低于全行业盈亏平衡点费率 50%—100% 的期货公司有 14 家，没有实际手续费费率低于全行业盈亏平衡点费率 100% 的期货公司；2018 年全行业盈亏平衡点费率为 0.2181，实际手续费费率高于全行业盈亏平衡点费率 0—50% 的期货公司有 24 家，实际手续费费率高于全行业盈亏平衡点费率 50%—100% 的期货公司有 34 家，实际手续费费率高于全行业盈亏平衡点费率 100% 的期货公司有 71 家，实际手续费费率低于全行业盈亏平衡点费率 0—50% 的期货公司有 16 家，实际手续费费率低于全行业盈亏平衡点费率 50%—100% 的期货公司有 4 家，没有实际手续费费率低于全行业盈亏平衡点费率 100% 的期货公司。

按分类评级类别，2018 年 A 类公司有 28 家实际手续费费率高于全行业盈亏平衡点费率，9 家低于全行业盈亏平衡点费率；B 类公司有 84 家实际手续费费率高于全行业盈亏平衡点费率，10 家低于全行业盈亏平衡点费率；C 类公司有 15 家实际手续费费率高于全行业盈亏平衡点费率，1 家低于全行业盈亏平衡点费率；D 类公司有 2 家实际手续费费率高于全行业盈亏平衡点费率，没有低于全行业盈亏平衡点费率的公司。

按分类评级类别，2019 年 1—6 月 A 类公司有 17 家实际手续费费率高于全行业盈亏平衡点费率，20 家低于全行业盈亏平衡点费率；B 类公司有 65 家实际手续费费率高于全行业盈亏平衡点费率，29 家低于全行业盈亏平衡点费率；C 类公司有 9 家实际手续费费率高于全行业盈亏平衡点费率，7 家低于全行业盈亏平衡点费率；D 类公司有 2 家实际手续费费率高于全行业盈亏平衡点费率，没有低于全行业盈亏平衡点费率的公司。

手续费费率自律标准测试结果（分板块）见图 13。

（六）期货经纪业务手续费费率自律标准两种确定方法的利弊分析

1. 按净手续费收入口径确定手续费费率的优缺点

（1）优点。

①上述平衡式全面考虑了现有经纪业务收入主要的三种来源，即留存手续费收入、交易所减收、客户保证金存款利息收入，比较符合当下不同类型盈利模式的期货公司三种收入来源的实际情况。

②留存手续费费率比留存加交易所减收的费率更加直观，使采取以极低费率吸引客户保证金以谋取利息收入或交易所减收的低费率恶性竞争不能隐藏，对保护行业正常的手续费费率有较大好处。

③留存手续费费率在 FISS 报表上有公开数据，便于监管部门比较核查或者作为

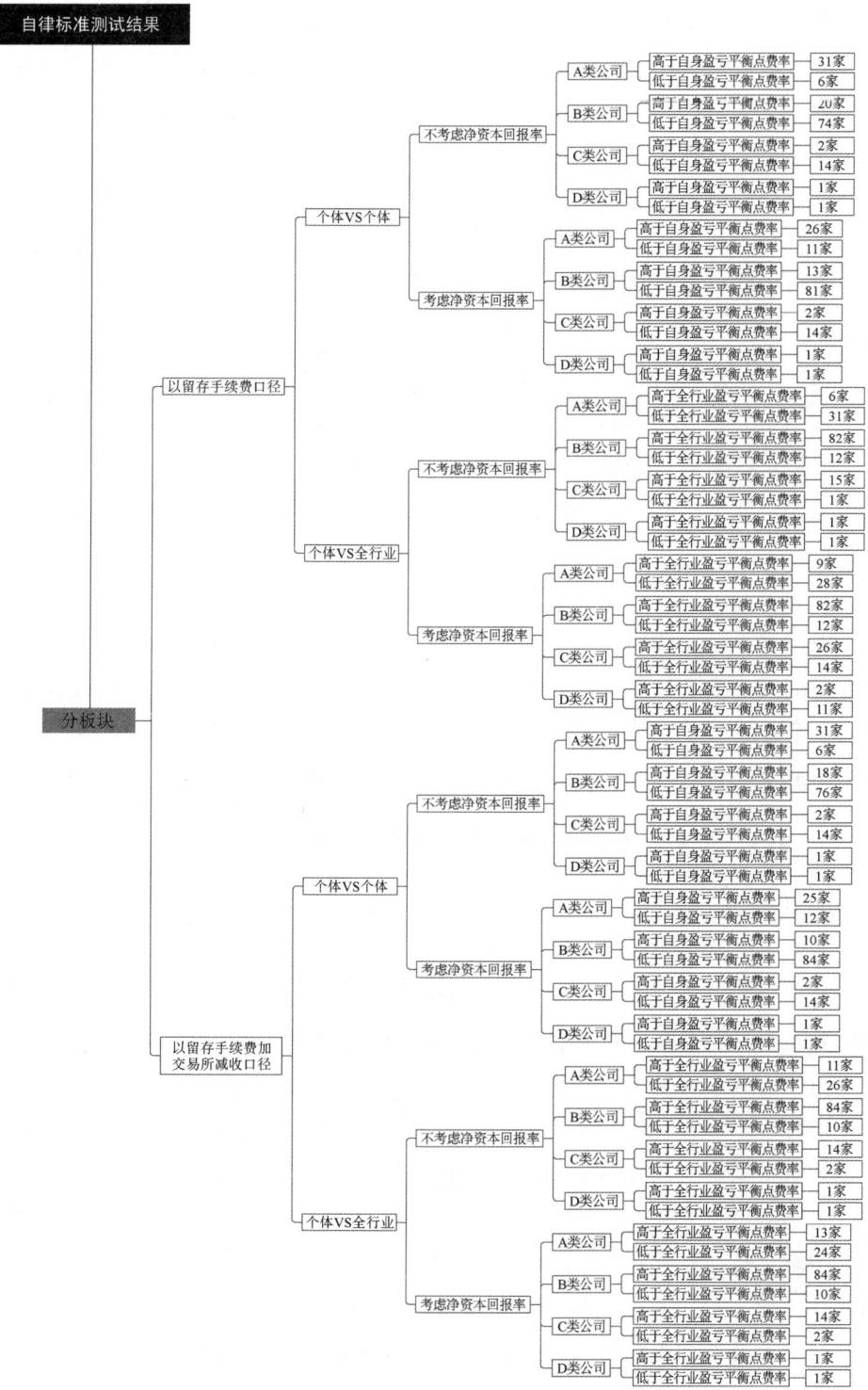

图 13　手续费费率自律标准测试结果（分板块）

资料来源：据中国期货业会数据整理测算。

鼓励和处罚依据。如果极低的留存手续费费率长期存在，对行业的客户资源是一种极大的浪费，给期货公司的生存带来考验，行业的优秀人才会流失，对行业的发展极为不利。

④以净手续费收入口径确定手续费费率可能不会给将实施的调整交易所减收改为结算手续费等政策带来影响。

⑤利息收入和交易所减收是偏被动性的收入，留存手续费是一项偏主动性收入，制定费率自律标准并相互遵守主要来自主观能动性，所以留存手续费相对较容易实现。

⑥相对于留存加交易所减收的费率，留存手续费费率因剔除了交易所减收的不可控变化因素等较多的影响，费率标准相对简单且稳定，比较容易执行。

⑦保持正常的留存手续费费率标准，可以保护优秀的期货公司较稳定的收入来源以覆盖经营成本，有利于期货公司培养专业人才更好地服务实体经济，减少公司为生存去冒险。

（2）缺点。

①以留存手续费费率自律标准作为奖惩依据，可能会加大活跃市场的量化对冲、套利客户的交易成本，不利于客户频繁交易扩大市场交易量，会给市场活跃度带来影响。

②不利于期货公司开展差异化竞争，如发展高频客户等。

2. 以留存手续费加交易所减收口径确定手续费费率的优缺点

（1）优点。

①有利于期货公司综合考虑两项收入对公司的盈利贡献来开发客户，灵活经营，如果交易所减收较高，能弥补手续费所受影响，期货公司可以用适当降低留存手续费的形式减少客户的交易成本，有利于吸引、开发客户。

②由于有两项收入合并计算，给期货公司留出了留存手续费的弹性空间，有利于量化对冲、套利客户的交易，扩大市场交易量，会给活跃市场带来积极影响。

③有利于期货公司开展差异化竞争的经营策略，如发展高频客户等。

（2）缺点。

①留存手续费加交易所减收口径的手续费实际费率目前没有要求期货公司在FISS报表上报，故没有公司的公开数据可以与自律标准对照。

②留存手续费加交易所减收口径的手续费费率受交易所减收的不可控因素影响较大，费率标准不容易执行。

③以该口径确定手续费费率自律标准，如果将来政策调整了（交易所减收改为结算手续费），则可能会带来无法执行的问题。

(七) 期货经纪业务手续费费率自律标准建议

综合以上分析，我们建议：

1. **建议以留存手续费口径确定期货经纪业务手续费费率自律标准**

以留存手续费口径为标准主要是权衡了上述两种口径不同优缺点。目前，行业内所有期货公司均有留存手续费收入、交易所减收和利息收入三项收入来源，尽管后两项收入具有被动性和高波动性的特征，但我们从上述期货公司留存手续费口径计算费率的公式看，上述后两项收入的减少或增加，完全可以用提高或降低行业净手续费费率自律标准的方法来调节，最终使整个行业经纪业务的收入和支出达到盈亏平衡。

2. **建议考虑净资本回报确定全行业期货经纪业务手续费费率自律标准**

基于上述分析，目前建议以2019年1—6月全行业净手续费（留存手续费）费率0.0824‰作为自律标准的基础费率比较科学，今后随行业和市场的变化进行适当调整。同时，考虑到期货公司经纪业务应使股东投入的净资本获得合理回报，建议增加经纪业务客户权益占用期货公司风险净资本5%的收益回报，故作为自律标准的基础费率可以从0.0824‰调整到0.1141‰。

3. **建议确定一个全行业能认可的手续费费率指标，并以此为基础下调一定比例确定最终的手续费费率作为行业手续费费率自律标准**

建议按上述建议1和建议2确定标准，以行业最近半年度或年度运营数据确定全行业手续费费率指标。在上述基础费率0.1141‰基础上，建议（2选1）：(1) 下调比例70%，费率为0.08‰（保留小数点后五位数为0.07987‰）；(2) 下调比例60%，费率为0.07‰（保留小数点后五位数为0.06846‰），作为最终的净手续费费率，即最低行业自律标准。除此之外，建议在有关公式中，增加"其他调整项"等兜底性条款，可以根据实际情况通过程序审核确定后进行临时性调整，以确保公式的前瞻性和灵活性。

基于以上建议，对手续费费率自律标准的敏感性结果如下：

(1) 手续费费率标准调整为0.08‰的情况下，2018年全行业期货公司高于手续费费率自律标准的有123家，占比82.55%，低于手续费费率自律标准的有26家，占比17.45%；2019年1—6月，全行业期货公司高于手续费费率自律标准的有109家，占比73.15%，低于手续费费率自律标准的有40家，占比26.85%（见表10、表11）。

表 10　　　　　　　手续费费率自律标准的敏感性分析

分类评级	时间	实际费率小于0.08‰	实际费率小于0.07‰
A	2019年1—6月	14	14
B	2019年1—6月	21	20
C	2019年1—6月	5	4
D	2019年1—6月	0	0
全行业	2019年1—6月	40	38
A	2018年	10	9
B	2018年	13	10
C	2018年	3	2
D	2018年	0	0
全行业	2018年	26	21

资料来源：根据中国期货业协会数据整理测算。

表 5-11　　　自律标准 0.08‰情况下的自律标准的敏感性分析

时间	高于自律标准家数（家）	占比（％）	低于自律标准家数（家）	占比（％）
2019年1—6月	109	73.15	40	26.85
2018年	123	82.55	26	17.45

资料来源：根据中国期货业协会数据整理测算。

（2）手续费费率标准调整为 0.07‰的情况下，2018 年全行业期货公司高于手续费费率自律标准家的有 128 家，占比 85.91％，低于手续费费率自律标准的有 21 家，占比 14.09％；2019 年 1—6 月全行业期货公司高于手续费费率自律标准的有 111 家，占比 74.5％；低于手续费费率自律标准的有 38 家，占比 25.5％（见表12）。

表 5-12　　　自律标准 0.07‰情况下的自律标准的敏感性分析

时间	高于自律标准家数（家）	占比（％）	低于自律标准家数（家）	占比（％）
2019年1—6月	111	74.50	38	25.50
2018年	128	85.91	21	14.09

资料来源：根据中国期货业协会数据整理测算。

六、总结及建议

（一）总结

当前中国期货市场发展迅速，期货公司数量扩张速度较快，市场饱和度逐渐提高，期货行业面临手续费竞争的问题。因此，在这个关键的时刻，更要吸取当年境外期货市场改革的教训，特别是佣金制度的快速市场化可能会给期货市场带来冲击。如果过于盲目和激进地对市场进行改革，可能会造成不可逆的打击。所以我们应该紧密结合中国期货市场的实际情况，保证期货市场的发展以及存量规模。所以，当前急需拟定一个适合全市场期货公司的佣金制度的标准，这是当前中国期货市场得以生存和发展的根本所在，是期货市场得以生存的原动力。在保证良好的市场规模的前提下，期货市场才能更好地发挥其价格发现及风险管理等功能，更好地服务实体经济。

1. 经纪业务仍是期货公司不可替代的基础性业务

中国期货公司和国外期货经纪商在机制和收入来源上有着明显不同。首先，中国期货公司采取牌照制，而国外期货经纪业务多是采取注册制。在当前期货牌照制下，由于监管层多年未发放新的期货牌照，使得期货牌照成为稀缺资源。其次，中国期货公司收入主要来源是经纪业务、投资咨询和资产管理业务，而国外期货经纪商的收入来源比中国期货公司更为广泛，不仅包括传统的经纪业务，还包括利息收入和财富管理等。即使国外期货经纪商采取零佣金，但是仍可以从机器人咨询服务、自营投资产品等获得收入，并且从保管的资金中收取利息收入。

在当前期货公司收入体系下，中国期货公司的投资咨询业务虽然也属于期货公司传统的卖方业务，但是由于其门槛高等问题，导致期货公司投资咨询业务基本上很难做起来。而资产管理业务则属于买方业务，如果期货公司都去做买方业务，那么传统的卖方业务由谁来做以及期货公司如何服务实体经济将变成难题。如果期货公司经纪业务手续费费率不加以自律，期货公司的选择一定是萎缩经纪业务的投入，转而加大资管和风险管理业务的投入。期货公司的选择是对的，但这对行业来说是很大的问题。

从未来我国期货市场发展的整体战略以及实际情况出发，借鉴境外期货公司的发展经验，未来我国期货公司仍以经纪业务为核心中介业务，以资产管理等卖方业务，以及仓单质押、做市商、场外业务等资本型中介业务为补充业务。期货市场将致力于服务实体经济，迎接期货市场全面对外开放的新格局。

2. 期货行业经纪业务新变化值得行业关注

2018年以来，期货市场整体保持发展，但是期货行业经纪业务的一些新变化、新趋势值得行业关注和反思。首先，期货行业整体净利润出现下滑，从经营指标上看期货公司各指标均有下滑的迹象，同时行业内期货公司发展仍比较分化；其次，在收入端，期货公司经纪业务收入明显减少，经纪业务手续费费率下降过快的问题比较突出，交易所减收的不确定以及保证金利息收入的减少进一步加大了期货经纪业务的压力，期货公司卖方业务的发展出现瓶颈，期货公司经纪业务的价值没有完全体现；最后，在成本端，期货公司经纪业务的成本仍然居高不下，并且未来期货公司经纪业务的成本仍有可能继续上升，将进一步限制期货公司的整体发展。

3. 规范经纪业务手续费费率是期货行业发展的内在诉求

近年来，伴随着期货市场规模持续增大，投资者结构也在不断优化，期货市场的功能也在不断强化。但是当前我国期货行业竞争日趋激烈，期货公司整体实力不强，期货从业人员薪资水平难以有效提升，进而难以吸引高层次人才，是行业发展的瓶颈。另外，期货公司需要对经纪业务不断地进行人员、技术系统等方面的投入，并且还需要承担清算等职能，因此需要有产出效应才能让期货公司继续对经纪业务投入和承担相应职能，更好地发挥期货市场的中介职能。特别是在当前期货行业已经进入全面开放的时代，期货公司经纪业务更需要加强。

经纪业务是期货公司的传统业务，是期货公司经营的根本，也是获取客户资源的最有效手段。经纪业务的重要性决定了期货公司需要加强经纪业务在公司发展中的战略地位。收支平衡分析是判断期货经纪业务能否可持续发展的一个基本经济问题，而经纪业务手续费费率作为影响期货公司经纪业务收入的关键因素，决定了期货公司乃至全行业在业务上能否收支平衡。只有达到收支平衡，期货公司才能积累更多的资源和资金，进而更好地发展其他业务。

4. 期货公司经纪业务盈亏平衡需考虑的问题

如何确立期货公司经纪业务最低手续费费率，是一个难点问题。最低手续费费率能否具有可操作性、公允性和可靠性等，这不仅影响最低费率标准能否被期货公司普遍接受，同时也将影响费率标准在行业内的最终执行效果。因此 M，需要在指标选取、统计口径等方面进行详细研究，同时征求行业意见，最终得出期货公司普遍认可的最低手续费费率计算公式，并在全行业自律执行。

从实务角度看，期货公司盈亏平衡手续费费率的口径选择分别有以留存手续费口径、以期货公司留存手续费加交易所减收口径、以留存手续费加交易所减收和利息收入口径及留存手续费和利息收入并剔除交易所减收口径这四种口径，不同口径具有各自的优缺点。在实际测算过程中，需要权衡不同口径的优缺点并结合期货行业特点，同时要考虑净资本回报、增值税等因素，从而更贴近实际情况。

(二) 建议

这里，我们建议如下：

1. 期货公司经纪业务要回归传统定位，更好地服务实体经济和顺应对外开放新格局

服务实体经济是期货行业发展之本，而服务实体经济职能的发挥离不开期货公司中介职能的发挥。经纪业务是期货公司的基础业务，也是期货公司重要的中介型业务。当前，我国期货市场服务实体经济功能的发挥需要期货公司有完善的中介服务，而经纪业务是期货公司服务实体经济的重要抓手，是期货公司中介职能发挥的重要基础性业务。另外，我国期货市场处于对外开放的重要时期，期货市场对外开放的步伐不断加快，不仅国内期货品种将要引入境外交易者，而且越来越多的境外机构要进入中国，期货公司也需要进一步引进外资。在这样的背景下，期货公司更需要加强对经纪业务的重视，期货市场社会功能才能更好地得到社会认可，同时才能更好地迎合期货市场对外开放的新格局；

2. 制定自律的期货行业最低手续费费率

随着期货业的发展，期货公司经纪业务竞争加剧，手续费费率快速下降并逼近成本。期货经纪业务手续费费率对于期货行业的健康发展起到了关键性的作用，是调节期货市场的一项重要工具。现阶段期货行业对手续费的过度竞争，需要自律管理，特别是对于低于成本价的过度竞争，更是需要加强期货公司经纪业务的自律管理。制定一个全行业合理的手续费制度，有利于期货市场的繁荣和期货市场综合竞争力的提高，对于期货行业的可持续发展至关重要。为防止持续的恶性竞争，建议相关机构确定一个手续费费率下限作为"保护线"，制定配套的标准，促进行业的合理竞争。期货行业应考虑行业自身的实际情况，推出一套自律的行业最低手续费费率，即不低于成本价的计算方法，同时全行业也应自律执行。

3. 建议按照留存手续费口径确定留存手续费最低费率

综合不同口径的优缺点，并结合期货行业实际，我们认为手续费最低费率自律性措施以期货公司留存手续费费率口径为核定标准较为科学，同时考虑净资本回报、增值税等情况。建议按照以下公式执行：盈亏平衡净手续费费率 =（手续费净收入 × 1.06 + 经纪业务客户权益占用净资本收益回报）/ 成交金额。另外，还要考虑净资本回报，确定一个全行业能认可的手续费费率指标，并以此为基础下调一定比例确定最终的手续费费率作为行业手续费费率自律标准。

参考文献

[1] 王万洲、许余洁，"中国期货行业交易手续费竞争经济学分析"，《江淮论

坛》，2009 年。

[2] 胡哲宁，"期货公司的业务发展、盈利模式与风控研究"，厦门大学，2017 年。

[3] 张瑞，"基于动态博弈期货交易手续费确定机制研究"，《重庆文理学院学报（自然科学版）》，2012（03）：15—19 页。

[4] 张瑞，"期货交易中手续费博弈"，电子科技大学，2011 年。

[5] 章孜海，"非券商系期货公司盈利模式探讨"，上海期货交易所，2011 年。

[6] 周波、刘中显，"金融期货交易费用的市场影响分析"，《中国物价》，2006 年。

[7] 冯凯，"我国期货经纪业的结构、行为与绩效研究"，厦门大学，2008 年。

[8] 中国人民银行金融稳定分析小组，"中国金融稳定报告"，2018 年。

[9] 杨琪，"2018 年美国期货佣金商发展概况"，《中国期货业协会》，2019 年。

[10] 李军，《期货会计实务》，中国财政经济出版社 2016 年版。

[11] 王晓珑，"期货公司收入构成与影响因素研究"，《现代商贸工业》，2016 年第 17 期。

[12] 王聪、段西军，"中国证券市场佣金制度研究"，《经济研究》，2002 年第 5 期。

[13] 田晓军，"券商佣金制度设计分析"，《证券市场导报》，2002 年第 6 期。

[14] 李孝鹏、李丹丹，"我国股票佣金收入实证研究"，《合作经济与科技》，2011 年第 15 期。

[15] 王晓东，"证券公司盈利模式优化研究"，江苏科技大学 2018 年版。

[16] 陈凯麟、蒋伏心，"我国证券行业佣金管理现状及存在的问题"，《中国商论》，2017 年第 29 期。

[17] 张秀青，"国际期货与期权市场发展新趋势及对我国的启示"，《全球化》，2018 年第 7 期。

[18] 理泽中，"关于投资银行经纪业务转型发展的若干思考"，《新经济》，2016 年第 23 期。

[19] 陈琳、励行、宋明庆，"中国证券行业未来十年转型之路"，IBM 商业价值研究院。

[20] 郭晓利、刘岩，"日本商品期货市场近年衰落的原因和思考"，《证券市场导报》，2010 年第 11 期。

[21] 李强，"境外一流期货公司研究与借鉴"，中国期货业协会，2014 年。

[22] 胡翰华，"中国与美国期货公司业务范围与盈利模式对比分析"，《时代金融》，2019 年第 14 期。

中期协联合研究计划（第十三期）项目

提升期货经营机构跨境服务能力的研究

课题负责单位：申银万国期货有限公司
课题研究编号：201921001
课题负责人：袁万勇
课题组成员：项歌德　汪　洋　王　帅　何雄就　董　超
　　　　　　唐广华　邱亲伟　金　硕　陶雅婷

一、引言

为了适应新时期的发展要求，中国期货市场有必要进一步提高国际化程度。在新的机遇和挑战面前，期货经营机构有必要完善提高自身的跨境交易服务能力，以适应期货市场的不断发展壮大。为此，本书围绕跨境交易服务，立足于期货经营机构的视角，从典型案例、跨境交易参与者行为等角度出发，研究和分析当前期货市场跨境交易过程中存在的风险、问题和瓶颈，进行有效的识别和分类，并通过构建指标体系为监管机构和经营机构改进跨境交易服务能力提供参考的方向。本文主要开展了如下工作。

一是整理和分析典型案例，理解跨境交易的内在逻辑。根据文献调查结果来看，现有文献缺乏对跨境交易服务的相关案例分析，为此我们以典型的跨境交易服务案例作为研究的出发点，我们认为，要真正地理解和提升跨境交易服务，必须从已发生的案例着手，着重从具体情形分析当前跨境交易存在的风险、问题和瓶颈。从案例的角度入手，也能使研究具备较为可信的微观基础，本文结论更具备指导实践的现实意义，本文总结出跨境服务的部分特点和需求：

（1）跨境交易面临文化和制度差异，考验期货经营机构的运营服务能力。
（2）跨境交易客户关注期货公司的资金实力和风控能力。
（3）市场流动性、多样性是跨境交易开展的重要原因。
（4）市场流动性、多样性不足，影响跨境交易规模扩大和内容深化。
（5）跨境交易需要期货经营机构拥有较强的硬件和系统服务能力。
（6）期货经营机构需具备完善的网络、互联网线路系统以满足跨境交易。
（7）懂得国内外相关政策、交易流程的差异才能获得运营服务的认可。
（8）针对企业的特点制定策略能提高企业参与积极性。

二是通过问卷调查，聚焦交易主体，了解投资者参与原油跨境交易的原因。我们设计了"跨境交易服务调查问卷"，目标样本为期货跨境交易现有客户、潜在客户及境外中介，就投资者类型、参与意愿、参与目的、途径、可改进的地方等方面征询了意见和建议。在问卷调查的基础上，我们进一步访谈了境外投资者，了解客户需求，增强本文的实用性；同时，根据问卷调查的结果，我们总结出目前跨境交易服务的主要特征，进一步评价跨境交易服务的现状。根据原油期货问卷调查我们得到以下统计结论：（1）个人投资者占国际客户的多数（76%）；（2）大多数客户通过境内期货公司而非通过境外中介机构参与原油期货（80%）；（3）绝大多数客户以投机交易为主（90%）；（4）参与原油交易的客户的理由包括在中国境内有原油相关业务（40%）、在中国境内有广泛的投资业务（66%）、希望通过原油期货的参与打开中国市场（54%）等；（5）对于没有参与原油交易的客户，主要原因在于原油期货采用人民币结算（35%）、缺乏成品油相关的裂解价差合约和裂解价差期权以及与国际其他期货合约的跨市价差（56%）、开户流程烦琐（26%）、已在其他交易所进行原油期货交易（66%）。

三是构建跨境交易服务评价体系，研判国内跨境交易服务能力。为了充分了解跨境交易服务的内涵，有针对性地提升期货经营机构的服务能力，我们创新性地构建期货经营机构跨境交易服务评价体系。该体系对期货经营机构的跨境交易服务能力进行了层层分解，这种分解使我们能够对跨境交易服务的内涵有更为深入的理解，也为监管机构和经营机构评价跨境交易服务能力提供了一个可选择的工具。经过典型案例分析、文献调查总结和客户问卷调查，我们认为，跨境交易服务能力总体上可分解为三大基础能力和八大考核维度。三大基础能力是指技术服务能力、投资服务能力和管理服务能力。从三大基础能力衍生出的八大考核维度为：系统支持能力、运营服务能力、产品开发能力、策略研发能力、机构资金实力、公司治理能力、风险管理能力和人力资源能力。

综合案例分析、问卷调查和指标体系的分析，我们得出如下结论建议。

一是跨境服务能力的提升势在必行，是期货市场国际化的重点。金融市场的有效开放，必然要求中国市场提供更多、更丰富的对冲工具。如何满足这些交易需求，关系到中国期货市场能否有效国际化，以及我国在衍生品市场的国际话语权。而跨境交易需求的有效满足，离不开跨境服务能力的提升。若中国期货市场缺乏相应服务能力，这些需求将不能转化为现实需求；同时，期货经营机构若能提高跨境服务能力、有效满足客户需求，将能获得更多拥有市场交易机会的潜在客户，增强现有客户黏性，提升自身竞争能力。

二是期货经营机构跨境服务仍存不足，须全面提升跨境服务能力。我国期货经营机构跨境交易服务能力仍存在较多短板，包括对接现货市场缺乏主动性，制度设计不完善，交割、物流、金融、信息等现货市场服务能力不强等；同时，期货公司境外业务模式单一，整体上缺乏为投资者提供国际化服务的核心竞争能力。要实现期货市场国际化的战略目标，必须从提升跨境交易服务能力着手，内容包括系统支持能力、运营服务能力、产品开发能力、策略研发能力、机构资金实力、公司治理能力、风险管理能力和人力资源能力。

三是期货市场有待进一步开放，监管机构须积极推进各项措施。中国期货市场跨境服务能力的提升，需要从市场整体层面着力，如进一步放开相关管制，加快资金的流通，创造一个更优的期货市场交易环境，才能更好地吸引境内外交易主体参与期货市场跨境交易，只有交易更加活跃，才能使期货市场更具备活力。

二、绪论

（一）研究背景及意义

1. 本篇研究的目的

本篇对跨境交易服务进行研究，目的如下：一方面希望通过对当前期货市场跨境交易过程中存在的风险、问题和瓶颈进行有效的识别和分类，帮助期货经营机构提高跨境服务能力，使其运营管理水平向国际成熟期货经营机构看齐；另一方面，希望为监管机构制定相关的法律法规提供有价值的参考，从而激发境外投资者参与热情，提升市场参与主体的多样化和市场的国际化，推动中国期货市场逐步成为区域性定价中心。此外，本篇希望通过深入研究跨境交易服务能力的内涵，将期货经营机构跨境交易服务能力分解为不同的维度、具体的能力和细化的指标，以此构建跨境服务能力评价体系，为期货经营机构提升自身跨境交易服务能力提供有效的评价和明确的方向。

2. 本篇研究的意义

（1）期货市场国际化是中国期货业总体发展趋势。近年来期货市场平稳快速发展，期货作为价格发现和风险规避的工具，在国民经济发展过程中的作用越来越重要。为了适应新时期的发展要求，中国期货市场有必要进一步提高国际化程度。在国际化的过程中，随着国内企业"走出去"和境外投资者"引进来"，期货经营机构面临着更加庞大的市场需求和愈发激烈的竞争氛围。在新的机遇和挑战面前，期货经营机构有必要完善、提高自身的跨境交易服务能力，以适应期货市场的不断发展壮大。

（2）跨境交易服务能力还存在较大的提升空间。目前，我国期货经营机构跨境交易服务能力仍存在较多短板，包括对接现货市场缺乏主动性，制度设计不完善，交割、物流、金融、信息等现货市场服务能力不强等；同时，期货公司境外业务模式单一，整体上缺乏为投资者提供国际化服务的核心竞争能力。本篇认为，要实现期货市场国际化的战略目标，必须从提升跨境交易服务能力着手。

（3）期货经营机构提升跨境交易服务能力亟须相关研究指导。国内当前公开发表的文献当中，专门研究期货经营机构跨境服务的内容还比较少，原因如下：一方面可能由于期货跨境交易尚属较新的领域，关注度较低；另一方面，可能是缺乏可供研究的资料和数据。研究成果的缺乏，使期货经营机构在提升跨境服务能力方面缺少足够的理论支持。作为期货经营机构，有必要充分利用自身的各类资源和业务一线的优势，开展相关主题研究，总结跨境交易服务当前的瓶颈、问题和风险，为广大同行提供理论和实践的参考，为整体期货市场提升跨境交易服务能力提供可参考的研究和建议。

（二）文献综述

国内当前公开发表的文献资料中，与期货经营机构跨境服务相关的系统、专门的论述较为罕见，观点散见于对各相关主题的讨论中。现有文献涵盖国内期货市场的国际化进程、中国期货公司业务创新路径、涉外衍生品风险监管等主题，可归为三类。

第一类关注期货经营机构跨境服务的必要性，如许弘林（2007）利用 QFII 中国重仓股指数实证分析了我国 QFII 的投资绩效，认为 QFII 强调资产的稳定性和安全性，对作为避险工具的期货产品有很强的需求；陆丰等（2017）提出，中国期货市场国际化要求设立国际化期货交易平台，并推出原油期货等适合境外投资者参与的特定品种，要求推进配套的资本市场及金融市场基础设施创新；李颖（2011）提出，国内期货公司开展境外期货代理业务具有充分的必要性和可行性，并针对代理主体的认定与准入制度、代理业务的运营模式与流程、境外期货的风险控制体系等问题提出具体政策建议。第二类涉及现有跨境交易服务中的问题，如刘运之等（2012）探讨了境外期货代理业务中客户保证金的缴纳与划转、外汇汇兑办理等财务问题，建议期货公司关注期货合同设计、从严审查客户交易资格，并负责交易中的外币兑换；胡俞越（2017）提出，要推进原油期货国际化，需要配套推出外汇期货等产品，服务境外投资者降低汇率波动风险的需求。第三类分析讨论跨境交易过程的法规与监管问题。罗剑（2013，2014）着重讨论剖析了原油期货跨境监管的重点和相关难点，分析了发达市场经济体金融领域跨境监管现状，为如何完善原油期货跨境监管提供有益的思路。李铭（2018）提出，原油期货交易主体和资金两头涉外，建议推进《期货法》立法，推动与境外监管机构监管互认，创新跨境监管合作机制。此外，邱润根（2006）、王克玉（2017）、何仲新（2017）等众多学者从证券的角度讨论了跨境交易服务的监管模式，为期货跨境交易监管提供一定的参考内容。

总体来说，关于期货经营机构跨境交易服务的研究内容相对较少，主要集中在跨境交易服务的必要性，改善现有跨境交易产品的方法，或监管水平的提升路径，缺乏对已发生案例的分析和服务能力的评价方式等方面的具体化、可操作性强的研究成果，也没有对跨境交易服务能力的内涵进行深入讨论。因此，我们认为，有必要对如何提高跨境交易服务能力进行研究，帮助期货经营机构提升相关服务能力，弥补该研究空白。

(三) 研究创新点

1. 从微观案例着手，理解跨境交易的内在逻辑

根据文献调查结果来看，发现现有文献缺乏对跨境交易服务的相关案例分析，为此我们选取典型的跨境交易服务案例作为研究的出发点。我们认为，要真正地理解和提升跨境交易服务，必须从已发生的案例着手，着重从具体情形分析当前跨境交易存在的风险、问题和瓶颈。从案例的角度入手，也能使研究具备较为可信的微观基础，本篇结论更具备指导实践的现实意义。

目前，我们已对路易达孚、江西铜业等具体企业，QFII 和 QDII 等具体产品，以及新加坡等国外期货市场进行初步的研究。经过对具体案例的分析，我们总结出跨境交易服务的部分特点和需求。

（1）机构投资者的力量日益壮大，跨境投资需求不断增加。

（2）企业对金融衍生品的需求比较高。由于商品价格不断波动，企业在并购矿山和日常的产销中面临风险，如果能够提供虚拟矿山等衍生品服务，将更多地吸引企业参与期货交易。

（3）人民币汇率是企业交易中较为关心的问题。如能推出一些衍生品给企业参与保值，也能提升境内企业"走出去"、境外企业"走进来"的积极性。

（4）应该尝试在境外建立交割仓库，方便国内、外企业的交割。

（5）期货经营机构需要进一步提高防控和监控技术。信息技术的进步使投资者在多个市场和跨国界的交易策略更加复杂，交易策略的复杂化使欺诈行为发生的可能性大大增加。

（6）经营机构需要更新交易系统以支撑跨境交易。

（7）人才不足的问题仍然严峻。目前经营机构在国际化、专业化人才的引进方面仍然不足，亟须提升专业人员的素质及国际化对接能力。

2. 从交易主体出发，刻画跨境交易服务特征

为了研究跨境交易服务中存在的问题，我们设计了跨境交易服务调查问卷，目标群体为期货跨境交易现有客户、潜在客户及境外中介，就投资者类型、参与意愿、参与目的、途径、可改进的地方等方面征询了意见和建议。我们在问卷调查的基础上，进一步访谈境外投资者，了解客户需求，增强本书的实用性；同时，根据问卷调查的结果，我们总结出目前跨境交易服务的主要特征，进一步评价跨境交易服务的现状。我们主要对参与原油期货交易的客户进行了问卷调查，具体形式见表1。

表 1　　　　　　　　　　　　　　原油期货问卷调查

原油期货问卷调查

尊敬的投资者：

您好！诚挚欢迎您参加申银万国期货公司的问卷调查。您所填写的信息有助于公司更准确地把握原油期货市场的跨境交易运行状况，是进行期货市场跨境交易行为研究的重要依据，对于促进中国期货市场的国际化具有重要的意义。请根据您的判断填写本问卷，本问卷仅供研究使用，不对外公开发布，我们将对您填写的所有信息予以保密，并将汇总分析结果反馈给您，为贵公司经营决策提供参考。谢谢您的合作！

申银万国期货
2019 年 5 月

1. 您是哪种类型的投资者 _____
   A. 个人投资者　　　　　　B. 机构投资者

2. 您是否已经参与或者有意愿参与原油期货交易（选择 A 请填写第 3、第 9-11 题，选择 B 请填写后续题目）_____
   A. 否　　　　　　　　　　B. 是

3. 您不参与原油期货的原因有哪些？（多选）_____
   A. 原油期货采用人民币结算
   B. 《期货法》等相关法律的缺位
   C. 缺乏成品油相关的裂解价差合约和裂解价差期权、与国际其他期货合约的跨市价差
   D. 原油期货市场容量较小
   E. 交割成本较高
   F. 在岸人民币外汇期货的缺位
   G. 远月合约流动性严重不足
   H. 开户流程烦琐
   I. 不感兴趣
   J. 不了解相关信息
   K. 已在其他交易所进行原油期货交易
   L. 其他 _____

4. 您参与原油期货的途径 _____
   A. 直接通过境内期货公司
   B. 通过境外期货公司
   C. 境外其他中介机构

5. 您主要参与哪些类型的交易（多选）_____
   A. 套期保值　　　B. 套利交易　　　C. 投机交易

6. 满足套保需求，您认为有哪些方面需要改进（如没有套保需求可不填）（多选）_____
   A. 原油期货品种的整体交易量需要提高
   B. 远月合约流动性需要大幅提高
   C. 交割成本需要大幅降低
   D. 交割流程需要改善
   E. 交割库需要在您所在国家设置

续表

> F. 交割品升贴水设置需要优化
> G. 原油产业链相关品种需要开放
> H. 其他_____
> 7. 满足套利和投机需求,您认为有哪些方面需要改进(多选)_____
> A. 成品油相关的裂解价差合约和裂解价差期权、与国际其他期货合约的跨市价差
> B. 上线在岸人民币外汇期货
> C. 手续费设置过高
> D. 外汇保证金折扣率较高
> E. 允许更多货币币种充当保证金
> F. 其他_____
> 8. 中国原油期货市场有哪些方面吸引您来参与(多选)_____
> A. 您在中国境内有原油相关业务
> B. 您在亚太地区有原油相关业务
> C. 中国原油期货的交割品满足了您的需求
> D. 您在中国境内有广泛的投资业务
> E. 您希望通过原油期货的参与打开中国市场
> F. 参与中国原油期货的成本低于您参与其他市场原油期货的成本
> G. 中国越来越开放的宏观经济政策
> H. 您认为在中国市场您有信息优势等比较优势
> I. 其他_____
> 9. 您身边想参与中国原油期货市场而没有参与的朋友,他们的顾虑是什么?
> 10. 您平常通过哪些渠道了解原油期货的信息?(多选)_____
> A. 中国网站
> B. 国际网站
> C. 微信公众号
> D. 交易所官网
> E. 期货公司、代理公司
> F. 朋友
> G. 其他_____
> 11. 您认为国内原油期货市场还有哪些可以改进的地方?

3. 构建跨境交易服务评价体系,研判国内跨境交易服务能力

(1)技术服务能力。技术服务能力主要由系统支持能力和运营服务能力组成,主要反映公司在交易服务方面的软、硬件情况。

A. 系统支持能力:期货经营机构服务跨境交易客户需要有国际一流水平的系统支持。对于客户而言,经营机构提供的服务系统是关键之一,对跨境交易客户来说

更是如此。通过在技术、管理、研发上对系统的持续投入，提高系统的低延时、稳定性、兼容性、高速高效、应急处理、多功能、可扩展性等多方面性能，期货经营机构才能满足跨境交易客户对经纪商系统的需求。我们认为，考察系统支持能力工作有如下方面：一是可以统计跨境交易的平均延时率等系统硬性指标；二是可以邀请专家评价期货经营机构的信息管理系统的先进性，如信息管理人才储备情况、系统新功能开发使用情况、系统突发事件应急方案等内容。此外，期货经营机构的交易系统在功能和设备上的创新程度也是评价的加分项之一。

B. 运营服务能力：跨境交易过程涉及不同的行政管理体系，客户难以充分了解国内外相关政策、交易流程的差异。因此，跨境交易相对于一般交易而言更具复杂性，从而催生了客户对高质量、便捷、一体化交易服务的需求。考察期货经营机构的服务便利程度表现如下：一是可以分析该机构跨境交易开户所需流程数量，以及开户总耗时；二是可以观察该经营机构就跨境交易提出的便捷服务数量和质量等情况；三是可以研究跨境交易客户在期货经营机构交易所需的各项成本等。

（2）投资服务能力。投资服务能力主要由产品开发能力、策略研发能力和机构竞争能力组成，反映期货经营机构为跨境交易客户带来的核心服务价值。

A. 产品开发能力：与国内投资者不同，国际投资者更偏向于购买专业投资机构的产品，而非依赖自身的判断入市操作；同时，由于对跨境交易品种熟悉度不足等问题，国际投资者在参与国内期货交易时一般更为依赖专业的投资机构。该情况的存在，对期货经营机构提出较高的服务要求。为了充分理解和刻画该能力，我们认为，可以从交易的产品数量、产品规模、产品延续时间和产品收益率等方面进行评价。

B. 策略研发能力：策略研发能力，是指期货服务机构通过自身的专业能力、行业敏感度及数据搜集能力为投资者提供专业投资建议的能力。主要分为两个部分：一是期货经营机构尽可能搜集完整、全面的数据，方便投资者做出正确的决策；二是经营机构在现有数据的条件下，构建相关品种的逻辑框架，做出行情判断、投资建议。关于策略研发能力，我们认为，可以通过公司的研究团队实力，如"最佳分析师"等获奖情况、团队承接的课题情况和学术研究成果等内容进行测评。

C. 机构竞争能力：跨境交易服务能力，与期货公司自身竞争能力紧密相关。在对典型案例的研究中，我们发现，外汇额度是跨境交易机构重要考虑的因素。跨境期货交易过程中，无论是境外机构参加境内市场，或是境内机构参加境外期货市场，必然面临着汇率风险。从这个角度看，期货经营机构的竞争能力越强，资金实力更雄厚，其将更有能力应对汇率风险，越能为跨境交易机构提供多样化的服务。我们认为，可以从资本水平、业务收入水平、净利润水平等指标考核期货经营机构的资金实力。

（3）管理服务能力。管理服务能力由公司治理能力、人力资源能力和风险管理能力组成，反映期货经营机构自身内部建设水平，是其跨境服务能力的根源。

A. 公司治理能力：通过调查发现，海外客户对期货经营机构的制度完善程度有较高要求。政策法规履行充分、风险审核完善、控制良好的期货经营机构，更受境外客户的青睐；同时，境内外监督机构法律法规的差异，也对期货经营机构的跨境交易服务的制度化水平提出更高的要求。由于本部分缺少具体的量化指标，为了充分考察期货经营机构的治理水平，我们将采取专家评分法进行综合评价，主要从内部制度体系情况、贯彻履行监管法律法规情况、针对跨境交易制定管理制度情况等方面进行考察。

B. 风险管理能力：通过案例分析发现，国际上较为成功的期货经营机构一般均为比较熟悉市场运作、具有很强的风险控制能力和运营规范的金融机构。由于跨境交易存在交易链条更长、交易流程更复杂、交易对手和客户的真实情况更难把握等特点，对期货经营机构来说风险管理能力可能更为重要。为此，我们主要从三个角度去考察：一是分类监管考核情况，主要是根据监管机构每年度对期货经营机构的分类监管情况，该指标能够从总体上考察期货经营机构的风险管理能力；二是经营机构内部各类制度完备情况，在满足各类监管要求的基础上，考察经营机构是否根据跨境交易的特定情形，制定相应的制度，以及时应对跨境交易可能出现的各种突发事件；三是期货经营机构的汇率风控情况，汇率问题是跨境交易中的重点问题，经营机构是否制定有效措施防控该类风险，关系跨境交易能否安全、可持续地推进。

C. 人力资源能力：期货跨境交易往往涉及国际客户，语言障碍、文化差异等问题是期货经营机构提升跨境交易服务质量时需要特别考虑的问题。因此，期货经营机构需要储备具有良好外语沟通能力的人才，以及具备了解东西方文化、国际衍生品市场格局、国际期货主流规则、国际一流经纪商相关服务等内容的从业者，才能全面提升机构的跨境交易服务能力。为了更好地测评期货经营机构的人力资源能力，我们初步计划选取的指标为：硕、博士等高层次人才占比，具有海外背景的人才占比，期货投资咨询资格持证人占比，具有丰富金融工作经验的人才占比。

具体的评价体系见表2。

4. 构建跨境交易服务宏观环境指标系统，综合反映跨境交易的外部环境

期货经营机构要提升跨境交易服务水平，除了准确评价自身能力现状，从而弥补"短板"外，还必须密切关注国内期货市场与跨境交易服务有关的外部宏观环境。只有切实地结合国内具体情况，期货经营机构跨境服务能力的建设才能更好地为中国期货市场进一步国际化服务。为了更加客观地反映期货经营机构的跨境交易服务所处的外部环境，我们尝试建立反映跨境交易服务外部宏观环境的指标系统，

表 2　　　　　　　　　　　　　跨境交易服务评价体系

主要维度	维度权重	具体能力	能力权重	评估类别	评价内容	指标权重
技术服务能力	20	系统支持能力	75	技术水平	是否能为跨境交易提供安全的交易服务	30
					能否及时排除软、硬件技术问题，确保跨境交易不受影响	
				交易延时	是否能为跨境交易客户提供稳健的实时交易环境	70
		运营服务能力	25	基础服务	开户过程安全性是否得到充分保障	50
					能否为跨境交易客户提供快捷的开户服务	
					手续费总体水平如何	
				便捷服务	是否有方便境外客户的相关便捷服务流程	50
投资服务能力	50	产品开发能力	40	产品种类	是否有设计国际化的品种	20
				盈利水平	产品是否能为跨境客户提供有效的风险转移功能？能否优化其投资结构	50
				产品规模	涉及国际化资产的产品规模多大	30
		策略研发能力	20	研发流程	是否有针对跨境交易客户特点进行研究、开发交易策略	30
				投资过程	是否针对跨境客户制定产品、策略等投资说明	40
				研究资源	经营机构自身研究水平如何	30
		机构竞争能力	40	境外机构	经营机构在境外经营情况	10
				资本实力	在同业中排名情况	30
				资产收益	在同业中排名情况	30
				权益总额	在同业中排名情况	30
管理服务能力	30	公司治理能力	45	治理结构	公司股权结构是否能有效激励	30
				组织完备	公司是否有员工持股计划	30
				合规经营	经营机构在合规经营等方面情况	50
		风险管理能力	45	分类监管	分类监管评级情况	70
				制度完备	跨境交易安全管理措施和机制	20
				汇率风控	跨境交易汇率风险控制情况	10
		人力资源能力	10	知识储备	高层次人才的储备能否满足发展跨境服务需求	50
				国际视野	人力资源是否拥有对接跨境交易，特别是境外客户的能力	30
				研究力量	研究人员储备是否产出符合跨境交易客户需求的内容	20

拟包括 4 大维度、12 个大类。

(四) 研究思路与技术路线图

1. 研究思路

(1) 问题的提出与确定。中国期货市场国际化与期货经营机构跨境交易服务能力息息相关。根据文献调查，我们发现关于跨境服务能力的研究和理论较少，对该问题进行研究不仅具有现实意义，还具备一定的理论价值。

(2) 研究与分析的方法。要提升跨境交易服务能力，必须着眼于参与跨境交易的主体，即参与跨境交易中的各类客户。只有识别交易主体的行为特征，才能提出优化跨境交易服务的有效建议，采用案例分析和问卷调查可能较为合适。

(4) 跨境交易服务现场调研。在研究方法确定后，我们计划编制合理的问卷，并到跨境交易机构进行实地考察，形式包括面对面访谈、问卷调查等。

(5) 构建跨境交易服务的评价体系。经过调查和研究后，我们总结出跨境交易服务的主要特征，并选择合适的指标对跨境交易服务能力进行初步测评。

(6) 提出升级跨境交易服务能力的相关建议。根据上述研究结果，我们将结合中国期货市场实际，提出期货经营机构升级跨境交易服务能力的相关建议。

2. 技术路线图

图 1 为本书研究思路的路线图。

三、期货经营机构跨境服务的发展现状

中国金融市场近数十年取得了长足发展，期货行业作为金融行业的重要组成部分，自身服务实体经济的能力也在不断提升。本部分将介绍整体金融市场、期货行业的国际化发展历程和现状，并重点介绍在此背景下期货经营机构在进行跨境服务方面取得的进展，以及机遇和挑战。

(一) 中国金融市场国际化的历程及现状

改革开放以来，中国金融领域的开放程度不断提高，根据我国金融业的基本功能把这一进程分为前后两个时间段：第一阶段为 1978—2001 年，这段时间中国经济处于由计划经济向市场经济转变的时期，金融业主要服务于国内经济建设，金融开放主要以吸引外资为主；第二阶段为 2001 年以来，金融开放不再把侧重点放在吸引外资上，而逐渐开始强调真正的金融业开放，并提高我国金融机构的国际化水平，

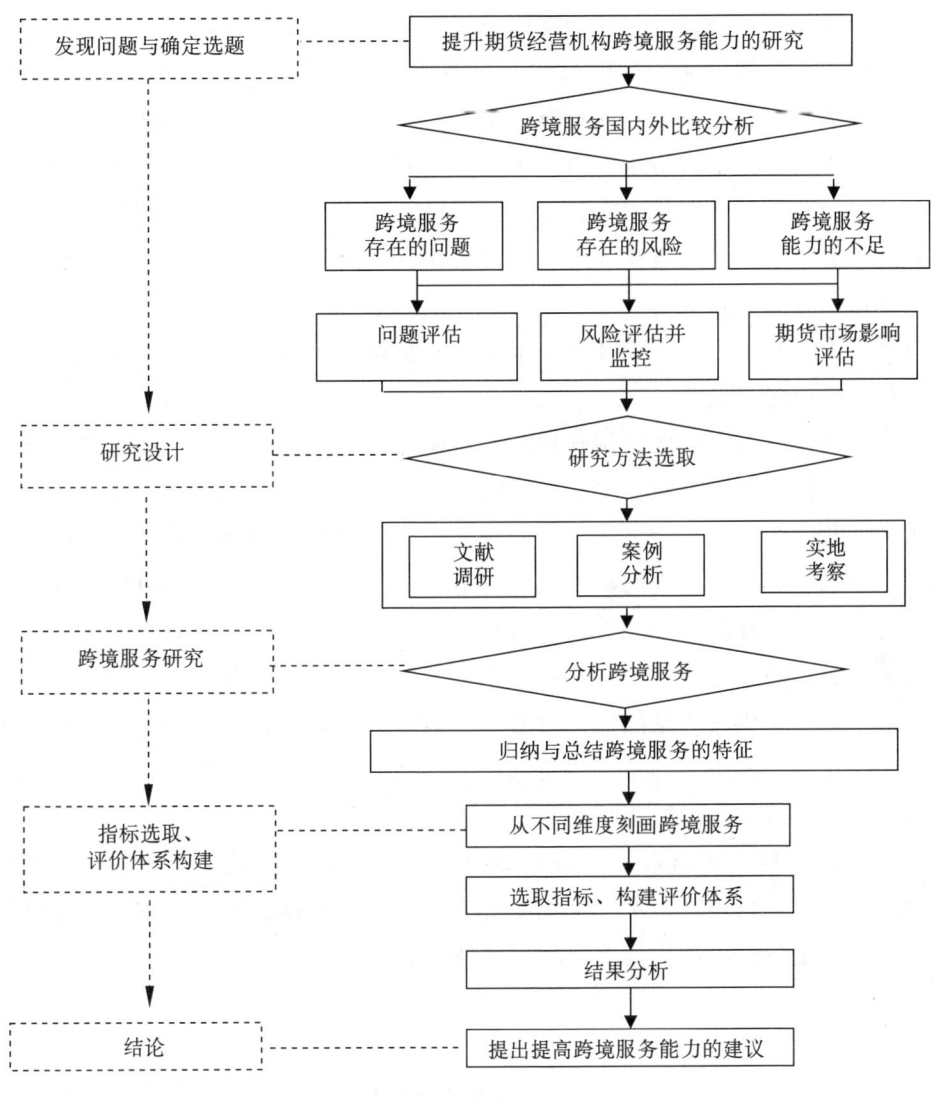

图 1　技术路线

"走出去"和"引进来"相结合。在这个过程中,我国金融业的竞争力得到提高,同时利率市场化和汇率市场化的进程也逐渐加快,人民币资本项目可兑换程度逐渐提高。

可以看到,在第一阶段中,我国金融业开放在"引进来"方面有所进展,但金融企业和金融市场的对外开放程度仍然比较低。进入第二阶段,金融业开放才真正迎来快速发展时期。在这段时期,外国金融机构以各种形式不断参与我国金融市场,行业竞争大幅增加,但金融资源的配置效率也得到充分提升,金融机构的创新能力和风险控制能力得到进一步提高。一些创新业务,如无担保的信用贷款、新型村镇银行等业务都是从外资金融机构中引入。另外,外资金融机构丰富的公司治理经验也为我国金融机构提升自身公司治理能力提供了很好的借鉴；同时，在跨境资本流动方面，资本项目的可兑换程度也在不断提高。2016年年底，已有37项项目实现完全可兑换或部分可兑换，目前只有衍生品业务、货币市场工具和居民境内发行股票不可兑换项目。在金融市场方面，QFII、RQFII、沪港通、深港通等机制的设立既参考了国外经验，又从国情出发进行设计，目前已成为外资参与国内资本市场的重要方式。债券市场的开放近年来进展也很快，合格的境外投资者可以在银行间市场发行人民币债券或进行交易。

整体而言，我国金融市场开放的水平仍有待提高，但已取得不少进展，有些领域的开放程度已经不低。

第一，汇率、利率形成机制渐趋灵活，利率市场化稳步推进。在汇率方面，我国的汇率形成机制进行过数次改革和调整。从近十年的发展来看，汇率形成机制有两次重大变化。第一次是在金融危机期间，我国为了稳定经济，基本采用盯住美元的固定汇率制度，这是特殊时期的临时之举。第二次重大变化为2015年的8月11日，人民币汇率不在盯住单一美元，而是选择"一篮子"货币进行参考，以决定汇率。实际上，2005年之后，我国就正式进入汇率制度改革的探索期。这一阶段，我国逐步形成以市场供求为基础的，参考"一篮子"货币的，有管理的浮动汇率形成机制。但在这个过程中，汇率仍然受到较为严格的管理，央行在一些特定时期，也会对外汇市场进行干预以抑制汇率的过度波动。如2010—2013年人民币面临单边升值的情况，而2014—2016年，尤其是2015年"811汇改"之后，人民币又面临单边贬值的情况，央行均进行了一定程度的干预。但是总体而言，我国的汇率弹性越来越大，汇率定价的市场化程度也越来越高（见图2）。

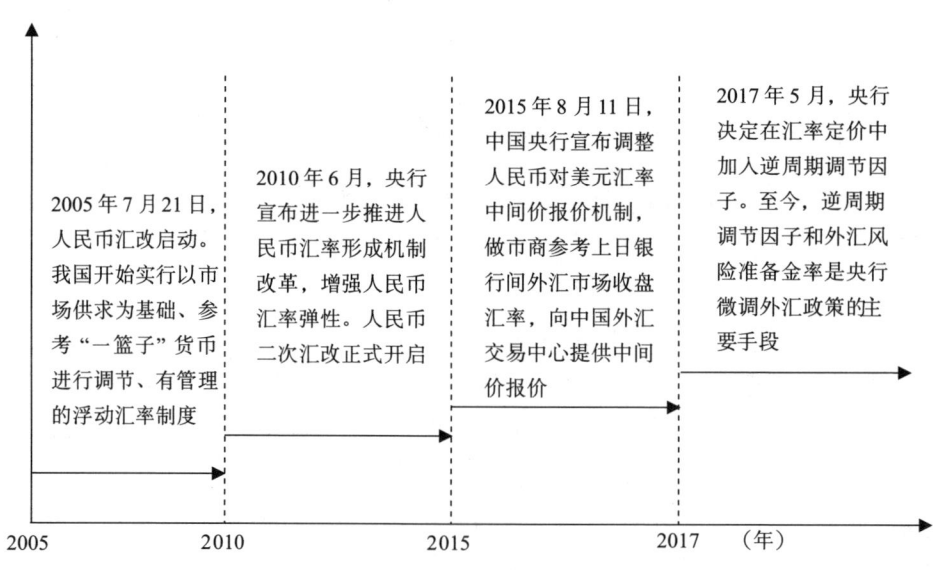

图2　汇率改革历程

在利率市场化改革方面，我国也经历了探索到逐步市场化的过程。2004年以前，我国探索并基本实现了货币市场、债券市场、外币存贷款利率的市场化。2013年7月，贷款利率的管制被放开，2015年10月央行又放开了存款利率的上限。从理论上讲，这基本可以认为利率实现了市场化。但是在实际中，存贷款利率都有隐性的行业自律性约束，与存贷款基准利率的偏差在一定范围内，利率市场化程度仍然有限。

2019年以来，利率市场化又迎来重大进展。2019年8月20日，为深化利率市场化改革、提高利率传导效率、推动降低实体经济融资成本，央行决定改革完善贷款市场报价利率（LPR）形成机制。完善贷款市场报价利率（LPR）形成机制的原因主要是解决贷款基准利率和市场利率并存的"利率双轨"问题。2018年以来，市场利率大幅下行，但实体经济的贷款利率仅小幅下行约5bp。市场利率向实体经济传导遇到了一定的阻碍，实体经济感受不足。LPR改革的主要目的是要提高利率传导效率，推动降低实体经济融资成本。

第二，资本账户开放和人民币国际化持续推进。在资本账户方面，2002年党的十六大上提出"走出去"的发展战略，意在支持我国企业合理开展对外直接投资活动，同时对资本项目兑换的基本原则是总体遵循"先流入后流出、先直接后间接、先机构后个人、先试点后扩展"的顺序逐步放开管制。对于直接投资项，可按照情况逐步实现基本的可兑换，对于间接投资则按照QFII的制度，有序提高可兑换的程度。目前来看，仅有非居民在境内发行股票、货币市场工具和衍生品三项业务为完全的不可兑换项目。当然，相比于发达经济体和一些开放程度较高的新兴市场经济体，我国的资本账户开放程度仍有一定的差距。

在人民币国际化方面，我国进展较大。人民币离岸中心、双边本币互换、人民币跨境支付系统（CIPS）等各项制度已经基本确立。截至2017年，与我国建立双边本币互换协议的国家有36个，CIPS的参与国有31个，间接参与者多达745家。2016年10月，人民币以权重10.92%的较高比例正式纳入SDR"货币篮子"，表明人民币国际化迈上了新的台阶。近年来，我国在"一带一路"倡议的大框架下，人民币国际化程度不断提高，"一带一路"沿线国家对于人民币的接受度和使用度在持续提升。根据IMF的数据显示，到2019年第一季度，人民币资产占比为1.89%，高于澳元和加元的比重。

第三，金融市场对外开放程度持续提升。加入WTO后，为履行入世承诺，我国在银行、保险、证券等领域逐步放开了对外资的限制，并引入外资持股中资机构，放开业务的地域限制和业务范围限制。另外，四大行、三家保险机构进行了股份制改革，纷纷引入外资并先后上市。目前，在我国展业的外资法人银行有39家、保险机构约57家。目前，我国对金融机构的外资持股比例有较为严格的限制，对于银行，单个境外机构的持股比例需低于20%，累计持股比例需低于25%；对于保险，非寿险公司不存在持股比例限制，寿险公司外资持股比例需低于50%；对于证券、期货公司，上市的公司外资持股比例需要低于25%，非上市公司低于49%。此外，外资金融机构在业务范围和牌照发放上也面临约束。例如，外资银行申请办理人民币业务时，需要有较长的等待期，对进入国内的外资银行的总资产规模也有较高的要求；外资保险机构申请国内业务则有严格的审批程序和牌照的总量控制；外资证券机构的业务也有限制，其必须与国内证券公司组建合资公司，并且只能从事有限的业务，如证券承销、外资股和债券的经纪业务等。

在以上因素的约束下，外资金融机构进入我国市场的动机并不是很强，其资产规模占相关行业的比重从未超过10%。尤其2008年金融危机后，外资机构面临较大的市场波动环境，倾向于出售部分海外资产；同时，我国也逐步加强管制，对外资的银行业务审批更为严格，并暂停新的证券经纪业务牌照的发放，外资银行和证券机构占比进一步下降。2018年，金融业对外开放的步伐明显加快。2019年7月22日，国务院金融稳定发展委员会办公室宣布，按照"宜快不宜慢、宜早不宜迟"的原则，推出了11条金融业进一步对外开放的政策措施。从鼓励境外金融机构参与设立、投资入股商业银行理财子公司，到允许境外金融机构投资设立、参股养老金管理公司，再到"外资人身险公司外资股比限制从51%提高至100%的过渡期"提前至2020年等，都彰显了我国推进金融业对外开放的坚定决心和充足信心。我国金融业对外开放明显提速。

第四，越来越多的境外机构参与国内金融市场，跨境资本双向流动不断扩大。其中，债券市场开放的步子最大，目前境外机构已可以参与银行间债券市场。截至2019年6月末，中债登和上清所托管的合计数据显示，境外机构持有国内债券的规模达到1.95万亿元，是2017年6月末的2倍。股票市场则通过各种通道实现境外机构的进入，资金的双向流动也在不断扩大。自2002年后，我国先后推出QFII、QDII、RQFII、QDLP、RQDII、沪港通、QDIE、深港通等制度，扩大了外资参与国内市场的数量和规模，双向互通机制不断完善，海外机构对国内市场兴趣愈发浓厚，国际上较为流行的指数公司也纷纷把A股纳入其覆盖范围。截至目前，QFII机构已达290家，额度为1070亿美元；QDII机构已达152家，额度为1039亿美元。

（二）中国期货市场国际化的历程及现状

中国期货发展至今已经经历了30个年头，大致来说走过了从初创到成熟的四个发展阶段，但总体而言，我国期货市场的国际化程度仍处于较为初始的阶段（见图3）。

第一阶段（1990—2001年），探索期：1990年10月，郑州粮食批发市场成立并引入期货交易机制，此举打开了中国期货市场之门。随后，在利益驱动下，各地纷纷创办期货交易所和期货经纪机构，投机者参与期货市场交易比较盲目，并且当时法律和监管比较滞后，市场上出现过度投机、操纵市场、交易欺诈的行为。1993年开始，期货市场受到监管部门的全面整顿。1994年，国务院发文禁止国内期货公司的境外期货代理业务，此举被认为是这一时期的标志性事件。这一禁就是7年，直到2001年的《国有企业境外期货套期保值业务管理办法》发布，境内投资者才终于有了新的参与国际期货市场渠道，但这也只限于参与境外套保的国有企业。

第二阶段（2002—2006年），开拓期：2002年，国家计委、经贸委和外经贸部发布新的《外商投资产业指导目录》，"期货公司"属于外资禁投行业。2005年，中国为落实内地与香港、澳门签订的《关于建立更紧密经贸关系的安排》（CEPA），部分放开了对外资的限制，借道香港成立合资公司得到允许，但境外机构的持股比例仍有49%的上限。2006年5月22日，中国银河证券、银河期货与荷兰银行正式签约成立合资公司，这是第一家中外合资的期货公司。在期货公司"走出去"的方面，我国也在一定程度上放宽了限制。从2006年起，符合条件的内地公司可以到香港设立分支机构。此后，证监会先后批准南华期货、格林期货、永安期货、广发期货、中国国际期货等6家期货公司在香港设立分支机构。

第三阶段（2007—2017年），准备期：2007年，新修订的《期货交易管理条例》规定，期货公司可以申请境外经纪业务。2011年，《合格境外机构投资者参与股指期货交易指引》正式发布，QFII可以参与股指期货交易，但只能进行套期保值，并明确提出QFII不能以股指期货为标的在境外发行衍生产品。2016年，原油期货上市进入议程，同时展开铁矿石期货等成熟期货品种国际化的研究，期货交易所境外并购业务也受到支持。2016年12月，中国金融期货交易所、上海证券交易所、深圳证券交易所联合竞标，并成功收购巴基斯坦唯一一家证券交易所（PSX）30%的股份，上海期货交易所在新加坡成立办事处。

第四阶段（2018年以来），突破期：2018年以来，期货市场对外开放迈出实质性步伐，原油、铁矿石期货顺利引入境外交易者，上海原油期货上市不到3个月，但交易量和持仓量均已超过迪拜原油期货，稳步迈入世界前三的行列。期货市场要服务国家"一带一路"建设，以特定品种的方式逐步引入境外投资者。未来，棕榈油、黄大豆2号、塑料、燃料油、铜、螺纹钢等品种将加快对外开放。证监会副主席方星海在大商所铁矿石期货引入境外交易者启动仪式上表示，要加快引入国际投资者，所有条件成熟的期货品种都要国际化，都要发挥与中国经济相称的影响力。中期协表示，下一阶段，中期协也将推动加快期货公司国际化步伐，鼓励期货公司在全球视野下发挥专长，围绕风险管理和财富管理打造核心竞争力，打造国际化专业衍生品服务商，不断提升服务实体经济范围和效果。

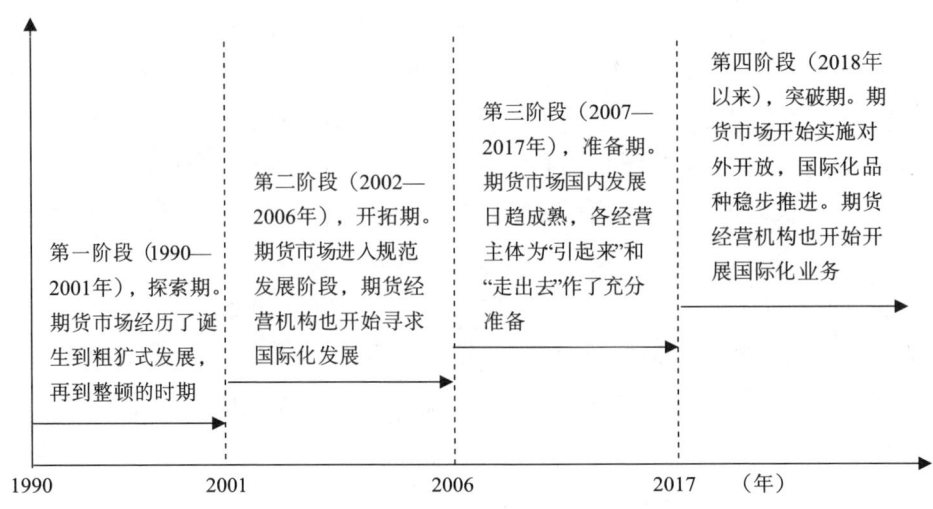

图 3　期货市场国际化历程

但是也应看到，整体上我国期货市场的对外开放程度仍处于比较初级的阶段，具体体现在交易限制上比较严格、品种的国际化程度和全球定价权地位与我国经济体量不相称、相关理论研究和实践经验相对均较为匮乏等几个方面。

一是居民参与境外期货交易的渠道严格受限。目前，境内机构参与境外期货市场可通过 QDII、QDLP 或 QDIE 的方式直接或间接进行交易，不过外汇局对买卖境外期货合约的额度有一定限制。居民可通过期货公司代理境外期货合约交易；拥有外债的企业对其外债风险敞口开展套期保值；央企可直接开展境外期货交易；获证监会批准的国企可开展境外商品期货套期保值；商业银行可在境外从事（含代客）期货等衍生品交易。

二是非居民参与境内期货市场渠道有限。目前，非居民参与境内期货交易主要有两个渠道，特定的国际化品种设计了相应的境外客户交易机制，境外机构可在规则框架下进行境内品种交易；另外，境外机构也可通过 QFII/RQFII 的方式参与国内的股指期货套保。境外机构受制于实需对冲原则无法在境内发行期货产品。

三是目前国际化的品种尚不具备定价权上的全球影响力。具体而言，天然橡胶、铁矿石、白糖、铜等期货品种在国内基本为现货贸易的定价参考基准，但在全球贸易中，尚未具有如此的影响力。一些主要的大宗商品，如原油、有色金属、大豆、棉花等的定价权仍也主要被以 ICE 和 CME 为主的交易所集团掌控。

四是专业度高、实践性强的理论创新研究尚显不足。衍生品研究在境内学术界中还没有成为主流，而国外形成了专业度较高的核心刊物如 Journal of Futures Market、Journal of Derivatives 等，这些刊物都将衍生品作为专门研究方向。

（三）期货经营机构跨境服务客户的现状

目前，国内排名靠前的综合期货经纪商均不同程度地开展了国际业务。就业务性质而言，可分为"引进来"和"走出去"两个部分。在"引进来"方面开展的国际业务主要与部分国际化期货品种有关。首个引入境外投资者的品种为原油期货，其在2018年上市后，境内外投资者参与广泛，期货公司亦为更好服务客户展开竞争；如申银万国期货，成立了专门的国际部对接国际客户和跨境业务；方正中期期货公司设立专门的国际原油部对接境外机构，并成立能化产业委员会，作为公司投研一体化的跨部门组织，专门为公司拓展和服务原油产业客户提供专业支持与服务。由于境外投资者直接在境内期货公司开户存在法律及资金安全方面的疑虑，故其更偏好采用境外中介机构代理开户的模式；因此，目前期货公司的业务重心一般在开发境外中介机构上。

除引进境外投资者外，引进外国资本参股境内期货公司亦值得关注。目前对境内期货公司的外资投资限制已逐步放开，符合条件的境外投资者申请持有境内期货公司股比最高可达51%，2020年以后将不受限制。现已有两家外资参股的境内期货公司，分别为银河期货有限公司和摩根大通期货有限公司。

在"走出去"方面，截至2019年年初，境内有21家期货公司获批在境外设立子公司，已有15家子公司在中国香港完成注册正常营业（大有香港于2019年停止期货业务），鲁证期货和弘业期货已经在香港上市。具体情况见表3。

表3　　　　　　　　　　境内期货公司在境外设立子公司情况

序号	期货公司名称	时间（年）	地点	设立或收购公司情况
1	南华期货	2014	美国	南华期货美国有限公司（取得CME、COMEX、CBOT交易所的全面活跃清算会员资格）
1	南华期货	2007	香港	横华国际有限公司
1	南华期货	2014	新加坡	设立办事处
1	南华期货	2014	迪拜	设立办事处
1	南华期货	2018	新加坡	横华国际金融（新加坡）有限公司
1	南华期货	2019	英国	南华金融（英国）有限公司
2	广发期货	2006	香港	广发期货（香港）有限公司
2	广发期货（香港）	2013	英国	收购英国NCM期货
3	永安期货	2006	香港	中国新永安期货有限公司
3	永安期货	2019	新加坡	永安国际金融（新加坡）有限公司、永安（新加坡）国际贸易有限公司
4	中国国际期货	2006	香港	收购香港期货公司
5	格林大华期货	2006	香港	格林大华期货（香港）有限公司
6	金瑞期货	2006	香港	金瑞期货（香港）有限公司
7	中信期货	2015	香港	中信期货国际（香港）有限公司
8	新湖期货	2015	香港	新湖期货（香港）有限公司

续表

序号	期货公司名称	时间（年）	地点	设立或收购公司情况
9	弘业期货	2015	香港	收购弘苏期货（香港）100%股权
10	浙商期货	2015	香港	浙商期货（香港）有限公司
11	混沌天成期货	2015	香港	收购英美商品期货100%股权
12	华泰期货	2015	美国	华泰（美国）期货有限公司
12	华泰期货	2015	香港	华泰（香港）期货有限公司（70%股权）
13	中大期货	2015	香港	中大（香港）期货有限公司
14	海通期货	2015	香港	海通期货（香港）有限公司
15	徽商期货	2015	香港	徽商期货国际（香港）有限公司
16	瑞达期货	2015	香港	收购运筹国际投资控股（香港）100%股权
17	大有期货	2015	香港	大有期货（香港）有限公司
18	国贸期货	2016	香港	国贸期货（香港）有限公司
19	大地期货	2017	香港	大地（香港）金融服务有限公司
20	五矿经易期货	2017	香港	五矿经易金融服务有限公司
21	东证期货	2019	新加坡	东证期货国际（新加坡）私人有限公司

由表3可见，大多数期货公司选择在香港开设分支机构。这些香港子公司均持有2号牌照，即期货合约交易牌照，主营国际期货尤其是香港期货的经纪业务。其中约一半公司亦有资格从事第五类受规管活动（就期货合约提供意见），提供期货相关的投资咨询服务；约1/3建立了业务范围广泛的金融集团，除期货外亦有主营资产管理、外汇、证券等业务的子公司，这些子公司业务彼此联系紧密，可望为客户提供全方位风险管理解决方案和一站式的证券投资交易平台。这类公司（如南华、永安、格林大华、混沌天成和浙商等）一般也拥有香港1、4、9类金融牌照（分别为提供证券交易、就证券提供意见、提供资产管理）。

总体来看，国内期货公司的境外子公司业务开展顺利、经营情况良好。母公司借此不仅打开了境外主要交易所的会员资格通道，更取得可观的经济收入。例如，南华期货香港子公司已取得多地境外交易所的会员资格，如伦敦国际金融交易所、新加坡交易所、欧洲期货交易所等；永安香港子公司自2006年创办以来发展稳健，近年业绩保持在10%以上的增速。

需要注意的是，由于外汇政策的限制，一般的国内投资者和企业目前仍然难以直接通过香港渠道参与国际市场，而国内期货公司的外盘代理业务起步较迟，关停17年后方于2011年开始筹备试点。对于未提前布局海外经纪通道的期货公司而言，在不具备境外交易所交易会员和结算会员资格的情况下，只能采用二级代理的模式，借道国外经纪商开展境外期货代理业务，其中存在诸多问题，如代理费用成本高昂、期货公司与经纪商而非交易所沟通，易造成信息不对等、代理机构实力参差不齐、风险难以控制等,须在日后予以克服。

此外,随着自贸区自由贸易账户、人民币可自由兑换等政策的逐步推进,中国衍生品市场对外开放程度加深,境内外不同机构间的发展合作日益成熟,部分期货公司还与QDII基金平台合作,开展期货内外盘套利业务。在该业务模式下,由基金公司负责QDII专户产品的申请报备,期货公司在跨境套利业务中提供交易平台、风控预案,私募机构则充当基金产品的投资顾问,提供交易策略。如中信期货与招商基金合作推出的跨境商品套利产品,据称反响良好,专户资金在T+2交易日可实现境内外的调拨,且支持多家经纪商接入。

(四)期货经营机构跨境服务的典型模式

国际上成熟的优秀期货公司各有各的优势,他们在自身擅长的领域进行深入"耕耘",为客户提供差异化的优质服务。经过广泛而深入的分析,我们大致总结出以下三种典型模式,分别为以追求低价为主的纯交易中介模式、以追求咨询服务业务为主的期现结合模式,以及以追求全面服务为主的资本中介模式(见图4)。

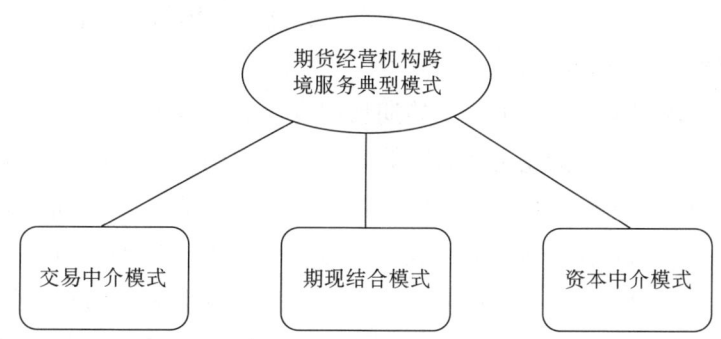

图4 期货经营机构跨境服务的典型模式

第一,以追求低价为主的纯交易中介模式。该模式指的是以传统的经纪业务为中心,构建覆盖全球市场交易系统和24小时不间断的交易时间保证,并通过现代化的技术手段和流程优化不断降低成本,从而在竞争激烈的经纪业务中获得价格优势和服务优势,并构建企业的核心竞争力。这方面比较典型的例子是美国新际集团。

美国新际集团成立于2008年1月2日,由前东方汇理金融和飞马(FIMAT)合并而成。东方汇理金融以及飞马金融都是成立超过20年的具有丰富经验的专业经纪业务提供商。当今的新际集团可以提供全球性的场内和场外的衍生品经纪服务,也包括一些证券产品的经纪业务服务。新际集团的业务特点与盈利模式较为典型,主要包括两点。

一是非常专注于期货经纪业务。新际集团把自己定位为一家纯粹的、独立的经纪商,这一明确的定位使其能够一直专注于相关业务的发展;同时,专注于经纪业务本身既能够保证自身经营风险较小,又可以在撮合客户的交易时保持中立,消除不必要的利益冲突。从新际集团的收入构成也能看出这家公司对于业务的极致追求。新际集团最主要的收入来源就是客户的手续费,而且几乎没有其他的收入来源。因此,为客户提供最优质的经纪服务就是新际集团的根本所在。在进行客户服务时,新际集团尽量追求中立,以帮助客户选择最为安全可靠的系统、为客户提供稳定快速的经纪通道为己任;同时,其也会根据客户的需求提供相应的高端个性化服务。这种充分以客户为中心的服务模式,得到了广大客户的认可并取得了巨大的成功。

二是不断投入资源构建覆盖广泛的全球性交易网络和交易系统。世界各大洲的主要期货交易市场,新际集团都参与其中,并且积累了较为丰富的交易和结算经验。新际集团是全球85家交易所的会员。目前在美国、加拿大、英国、西班牙、法国、日本、澳大利亚、新加坡、巴西、印度、中国香港、中国境内等22个国家或地区设立了子公司或参股当地公司,并在全球多个地点都设有办公室或者代表处,覆盖了全球所有的交易时段,在某些地区甚至可以提供多语言服务。新际集团提供交易和清算全球场内交易的金融和商品衍生品、客户端电子交易平台、全球化结算、电子账单等。以此为基础,新际集团不仅能为客户提供全球化的、覆盖广泛的优质服务,而且还使其业务成本越来越低。

第二,以追求咨询服务业务为主的期现结合模式。该模式指的是以风险管理咨询服务为中心,构建专业的期现货研究体系和及时准确的全球信息搜集能力和数据分析能力,并搭建完善的服务人员队伍,为客户提供专业、高效的风险管理咨询服务和期、现业务咨询服务。这方面比较典型的例子是富士通期货公司。

富士通期货公司是一家提供广泛的商品交易风险管理服务的专业公司,公司历史悠久,最早可追溯至1968年,由粮食仓储商发起成立,以会员制方式运作,初期业务主要为会员和其他客户提供大宗商品营销和交易风险管理咨询服务。在会员需求的推动下,公司的风险管理业务逐步得到发展,其涵盖的品种领域也不断拓展,从最初的农产品拓展到能源、林业和食品等商品期货、期权。2000年,公司收购了Saul Stone期货经纪公司,公司商品交易和结算平台得到进一步扩展,从而使公司获得了美国各主要商品期货期权交易所的结算会员资格。2007年,公司首次公开发行股票,成为上市公司。富士通期货公司业务模式有以下特点。

一是专注于风险管理业务专长的发挥和构建,非常重视客户服务关系。富士通期货公司的客户服务理念明确而先进,它强调"以客户为中心,关注和满足客户需求,给客户带来更大的价值"。首先,富士通期货公司通过培训等方式,引导基础薄弱的客户认识市场、熟悉规则,明白交易中利润和风险的平衡点,并不断探索市场机会。其次,公司按照各项指标对客户进行了细分,并根据客户风险承受度和风险管理能力提供分类服务和分类收费的经营模式。由于其客户培训服务较为专业,服务体系标准化和系统化，使其区别于其他期货公司而形成自身的核心竞争力，而且客户交易稳定性和忠诚度都相当高。为提供更好的服务，富士通期货公司构建了全球客户服务网络，具体工作如下：一方面，遍布全球的分公司不断反馈客户需求；另一方面，公司业务团队也会对客户需求进行汇总和分类，并安排专门的相应团队进行跟踪服务。具体而言，客户开始套期保值操作后，咨询服务团队每月会对客户的套期保值户头和现有头寸以及运行绩效进行动态跟踪，在这个过程中，服务团队从客户角度提供咨询服务，和客户的利益完全一致，客户相当于自身拥有一支专业的交易团队。

二是服务咨询顾问团队的全球化建设。由于富士通期货公司的核心竞争力即为其咨询服务，因此，其非常重视风险管理专业咨询顾问团队建设。目前该公司在全球拥有1700人，其中专业的咨询顾问团队可能超过200人，而且经验丰富，平均工作年限达13年左右。公司对于新入职的咨询顾问，为其提供全方位的培训，每个新咨询顾问配备有经验的咨询顾问，并在其指导下工作两年才能独立开展风险管理咨询业务。专业化的咨询顾问团极大地增强了公司的竞争优势，是其业务不断开拓的动力之源。

三是全球化网络布局。公司在美国、澳大利亚、英国、新西兰、新加坡、中国等地均设有代表处。公司可以根据不同地区客户的风险管理需求，为其提供量身定制的风险管理服务，并根据市场条件不断优化其服务的策略，以为客户带来更大的价值。

四是重视专业经纪服务团队建设。公司同样建立了优秀的经纪队伍来辅助咨询业务的开展。在富士通每一个经纪业务团队都是互补的，既有分工又有合作，他们肩负了市场开发、风险控制以及提供专业培训的不同职责。在营销层面，公司根据行业和区域的不同把客户分成几个类别，如谷物行业客户，公司为其谷物仓储、贸易、加工以及最终用户等提供专业服务。

五是建立严密的风险控制体系。公司以经纪人作为控制客户风险的第一道防线，在进行客户开发前，经纪人必须先对客户进行风险评估，形成一个自下而上的反馈风险控制体系，以确保从源头上控制风险。在较高层面，公司还成立了一个由风险监管部门具体执行的风险监管团队，团队成员包括CFO、总裁、首席执行官等。该部门具体由风险监管部门执行，并通过监控系统精确对每个客户每手单子实行24小时不间断的动态监控。另外，公司还设计了独特的IRMP（整合风险计划）用于对客户的培训，以便客户更进一步了解自己可能面临的风险。

第三，以追求全面服务为主的资本中介模式。资本中介型业务是指占用资本金、主要以服务客户为目的、风险暴露较高的业务，如仓单质押融资、做市商、对手交易等。这方面比较典型的代表是美国高盛交易清算公司。

美国高盛交易清算公司的母公司为美国高盛集团，是高盛集团场外衍生品交易的主要平台，目前公司的市场规模与净利润在美国市场排名第一。高盛集团是全球知名的跨国银行控股集团，资本实力极为雄厚，是世界领先的投资银行、证券和投资管理公司，其客户遍布企业、金融机构、政府、个人等几乎所有领域，并提供全方位的金融服务。高盛交易清算公司以商品期货市场做市业务为主营业务，与企业、金融机构、投资基金及政府广泛合作，向遍布全球的主要期权及期货交易所提供做市服务，同时也提供融资和经纪业务。由于与母公司具有较高的协同性，该公司与高盛集团的业务往来比较频繁，并为其投资银行、证券交易、融资借贷、投资管理业务产生的衍生服务提供支持。其收入来源也多为资本中介型的收入，如抵押贷款交易收入、利息收入以及外汇业务收入等。资本中介业务对于机构的要求较高，不仅需要资本实力较为雄厚，风险控制能力较强，同时也需要有完备的人才队伍和多方位的业务资源优势，普通的期货公司难以满足如此苛刻的要求。而高盛交易清算公司恰好拥有这样的优势，其强大的股东背景、广泛的政府及社会资源、汇集了全球的顶尖人才，以及强大的投融资能力都支撑起其该类业务的发展。

（五）期货经营机构跨境服务的机遇和挑战

期货业务本就具有高杠杆的特点。根据全球金融市场的开放经验，衍生品市场开放往往是各国资本项目开放的最后环节。当前我国期货市场推进双向开放，既有机遇，又带来挑战。期货公司必须充分认识其中存在的潜在风险，才能在获取改革红利的同时作好风险管理工作，并谋求各方利益的最大化。

挑战首先源于国内期货市场参与主体的综合素质，尤其是期货经营机构自身业务能力的相对不足。目前国内期货市场的参与主体，无论是交易所等自律监管部门还是经纪机构和投资者，相对境外市场参与者而言，在交易层面和风险管理层面均存在缺陷。

具体来说，其一，境外期货公司拥有多年在成熟期货市场中的经营经验，其对冲手段多样，风险控制体系成熟稳健。相较而言，目前国内交易者对新兴交易技术的掌握尚不够熟悉，期货公司在风险合规方面仍有待改进，且其服务和管理意识相对薄弱。

其二，境外的期货交易平台一般具有较之国内更为全面的品种体系、更为市场化的运作机制和更为专业且国际化的人才队伍，具体的例子如洲际交易所集团（ICE）和芝加哥商品交易所集团（CME），而境内的交易所目前仍存在同质化程度高、市场化程度弱的问题。

其三，境外的法制体系对关联交易、违规处罚、投资者保护偿付等都有严格的规定，而国内相关立法相对滞后。因此，在当前竞争激烈的国际市场上，我国期货市场各参与主体目前竞争力都有待提高。

挑战也来源于信息和知识的不对称。国内期货市场参与主体对国际市场目前仍不够熟悉,在估量国际市场风险时面临较大困难。大部分国内企业与个人目前对结构性衍生产品的认识不深刻,对国际期货市场的认识了解也有待提高。就以往经验而言,在境内投资者赴境外参与跨境期货交易的案例中,有许多因投资者对产品和市场的认识不足导致判断失误,进而引起重大投资风险或敞口风险的例子。其中有相当一部分最终造成企业自身乃至国有资产的巨额损失。若中资企业赴境外参与期货交易由期货公司经纪,相关的投资风险可能通过溢出/贷款人效应转化为期货公司的承兑风险,在极端情况下甚至可能因风险传染最终导致系统性的金融风险,故期货公司一方面有必要加强对客户的知识教育和风险提示,另一方面也须对国际市场有更加深刻的理解与认识。

期货经营机构提高自身跨境服务能力挑战艰巨,但若能有效应对,妥善处理风险,其中也蕴藏着巨大的发展机遇。在期货公司层面,目前国内期货公司数量众多,经纪业务市场饱和,佣金竞争激烈,若能通过跨境服务扩大业务面,不仅可以积累风险控制、资产管理、量化交易等方面的国际经验,有利于将现有业务做精做深,也将使公司得以在境外业务板块上创收,改善盈利模式单一的现状。另外,随着全球一体化的发展,大宗商品国际化趋势愈加明显,内地客户通过国际期货市场进行套利套保的风险管理需要日益增强,期货公司若能满足客户外盘操作需求,将可以吸引希望获得更多市场交易机会的潜在客户,并增强现有客户黏性。再则,随着国内期货市场逐步向境外投资者开放,期货公司提高自身跨境服务能力,可成为发展境外投资者参与国内期货市场的有益合作伙伴。

在国家战略层面,期货经营机构谋求"出海"可为我国金融机构在国际市场上树立影响力,从而服务"一带一路"建设。作为我国期货市场的重要参与主体,期货公司提升自身服务水平和竞争能力将促进市场的发展,并进一步为我国在国际市场中争夺大宗商品定价权打下基础。通过设立海外分支机构,开展海外业务,期货经营机构应当主动利用境外期货市场为国内企业服务,积累代理境外业务的经验,培养熟悉境外业务的人才,主动向欧美竞争力强的期货公司学习。与欧美成熟期货公司的竞争更为我国期货经营机构增强自身实力提供了机会,这将使中国在国际大宗商品市场上拥有更多发言权,并最终促进金融强国目标的实现。

(六) 小结

本篇详细介绍了当前金融市场国际化、期货行业国际化的进程和现状,并重点介绍了期货经营机构的跨境服务的现状及机遇和挑战。具体来看:第一、二部分总结了我国金融市场、期货市场国际化的历程和现状;第三部分介绍了国内期货经营机构跨境服务的现状;第四部分介绍了国际成熟期货经营机构跨境服务的模式;最后一部分总结了目前我国期货经营机构跨境服务方面的机遇和挑战。

整体而言,通过本篇的梳理基本摸清了我国金融市场、期货行业国际化的程度和现状,较为全面而深入地了解了国内期货经营机构跨境服务的现状,并对比国际成熟期货经营机构跨境服务的模式最终得出结论,当前我国期货经营机构在跨境服务方面所面临的机遇和挑战,为后续对提高期货经营机构跨境服务能力的方法的研究和分析打下坚实的基础。

四、跨境交易典型案例分析

为了解主要企业跨境参与套期保值交易的行为,我们选取部分具有行业代表性的企业作为研究对象,通过对其参与跨境套保行为的案例分析,结合对境外客户现场访谈等方式,总结境外客户在套期保值交易行为中的目标和特点,并对境内部分跨境业务服务走在前列的证券期货经营机构的交易系统、运营、人力、风险管理、投资服务等能力进行分析。

(一) 境内投资者参与境外期货市场案例

1. 江西铜业跨境套保成功案例

从国内的企业来看,国内参与境内外套期保值代表性比较强的企业可以参考江西铜业。

(1) 江西铜业介绍。江西铜业集团有限公司成立于1979年,受益于改革开放后国家经济持续快速增长,结合自身的专业与专注,目前已经成为国内大型阴极铜生产商和品种齐全的铜加工产品供应商。

公司致力于持续发掘资源价值,恪守可持续发展承诺,满怀感恩和敬畏之心发掘矿产资源价值,追求人与自然的和谐共生。公司业务包括铜、铅、锌、金、银、稀土、铼、碲等多个品种矿业开发,在国内及阿尔巴尼亚、秘鲁、阿富汗等国都建立了矿业基地,此外业务还涉及支持矿业发展的金融、投资、物流、贸易、技术等增值服务体系。公司旗下江西铜业股份有限公司1997年在香港完成H股上市,随后于2001年在上海完成A股上市,并于2008年实现江铜集团整体上市。2017年,江铜集团完成公司制改革,成为国有独资公司。

(2) 江西铜业套期保值操作。江西铜业对主要业务中的各个风险敞口都制定了相应的套期保值策略。在原材料铜精矿和粗杂铜等进口环节,根据公司的年度生产经营计划,得出原材料年度计划耗用总量,再除以期货交易的天数,计算出平均每日的虚拟销售规划量。销售规划量减掉每日原材料到货后的差额,即可得出每日在LME或者SHFE进行铜期货买(卖)开仓的数量。当供应商供货后且在点价期内点价时,江铜会根据点价指令和数量,将期货市场的套保头寸进行平仓。按照这样每日建仓的套期保值方式,使江西铜业的原料采购成本基本接近了市场的年度平均价,有效避免了铜价剧烈波动所带来的风险。

在阴极铜的销售环节江铜套期保值工具运用较少,主要是因为市场风险较小。不过若现货市场出现贴水现象,江铜就把当天的现货计划销售量在期货市场上卖出,然后待期货到期后交割获得相应现货,实现较高的现货销售价格,增加企业利润。在铜杆线的销售环节江铜为了规避客户远期点价所带来的风险,当客户进行远期点价时,公司会在期货市场上买入相应的期货合约保值,待现货交货后则平仓保值的期货头寸,有效避免远期销售价格锁定后,铜价上涨导致原料成本上升所带来的风险。

江西铜业充分利用套期保值工具的优势,处理好各个业务板块的原材料采购和销售工作,既实现了规避风险又赢得了市场份额。在参与境外交易方面,目前江铜公司主要在有境外矿石保值需求或者境内外价差明显不合理时才会参与,企业更多的交易仍是以境内为主。

以极端行情为例:2008年金融危机时期,大多数有色金属的价格都出现了下降趋势。自2008年6月开始,铜价的下跌幅度累计达到了60%。当年江西铜业营业收入为536.9亿元,同比增长了24.4%,公司的综合毛利率为11.7%,同比下降了4.4%。2008年第4季度铜价下跌幅度累计接近50%,使江西铜业2008年存货跌价计提了5.8亿元,而且期货套期保值损失达到13.6亿元,存货跌价损失和期货套保损失合计超过19亿元,不过江西铜业当年的营业收入依然同比增长达24%,至539.72亿元,保持了较快的增长速度。江铜在现货市场100%的履约抵消了期货市场的损失。江铜套期保值的目标主要是降低风险,而不是赚钱,虽然在2008年铜价大幅下跌的时候公司在期货市场上损失惨重,但是通过套期保值大大降低了铜价上升而导致的公司成本上升。

(3)江西铜业套保案例启示。以江铜来看,其参与境外交易的出发点首先在于对于部分原材料的保值需要,原料价格与境外期货价格挂钩提高了企业参与的积极性。其次是国内的金属铜消费量大、行情独立,境内外价差会出现无风险套利的机会,进一步提升生产企业参与内外交易的意愿。

因此,跨境交易能有效服务国内企业,通过提供相关交易策略提高其竞争力。由此可见,期货经营机构应着力提升策略分析能力,针对不同企业特点制定策略。

2. 中航油衍生品交易失败案例

中航油曾在石油衍生品期权交易中亏损高达5.5亿美元,成为继巴林银行破产以来最大的衍生品投机丑闻,其根本原因在于企业内部控制的执行方面不够完善。

(1) 中航油企业背景。中国航油(新加坡)股份有限公司(以下简称"中航油")成立于1993年,是中央直属大型国企中国航空油料集团有限公司的海外子公司。2001年12月6日在新加坡证券交易所主板上市,是国内首家利用海外自有资产在国外实现上市的中资企业。公司成立初期经营十分困难,一度面临破产,后来在总裁陈久霖的带领下,从单一的进口航油采购业务扩展到国际石油贸易业务,实现扭亏为盈。2002年公司被新交所评为"最具透明度的上市公司"奖,并且是唯一入选的中资公司。公司总裁陈久霖被《世界经济论坛》评选为"亚洲经济新领袖",还曾入选"北大杰出校友"名录。

(2) 中航油衍生品交易始末。中航油自2003年下半年开始交易石油期权,最初涉及的规模为200万桶,中航油在交易中获得一定收益。

2004年第一季度,由于油价的攀升,公司出现580万美元的潜在亏损,因此,公司决定延期交割合同,期望油价能够有所回跌,期权交易量也随之增加。2004年第二季度,油价继续升高,公司的账面亏损额大幅增加到3 000万美元左右。公司决定再延后交割时间到2005年和2006年,并再次增加了交易量。不幸的是2004年10月,油价再度创出新高,公司持有的交易盘口达5 200万桶石油,潜在的账面亏损再度大幅增加。10月10日,中航油出现了严重资金周转问题,并首次向母公司呈报石油交易和账面亏损情况。公司为了补交交易商追加的保证金,已经耗尽营运资本近2 600万美元的、美元银团贷款1.2亿美元和应收账款资金6 800万美元,账面合计亏损高达1.8亿美元,另外还已经支付了8 000万美元的额外保证金。10月20日,母公司将提前配售15%的股票所得的1.08亿美元资金通过贷款的形式给中航油。10月26日和28日,公司由于无法追加一些合同的保证金而被迫平仓,出现了1.32亿美元实际亏损。11月8日起,公司的衍生合同被继续强行平仓,截至25日,公司的实际亏损达3.81亿美元。12月1日,中航油宣布向法庭申请破产保护令,实际亏损额度达到5.5亿美元。

(3) 中航油套保案例启示。导致中航油整起事件的原因有两方面:一方面是公司内部控制制度不健全,高层管理者严重越权违规操作;另一方面是公司内部监管和审查机制没有发挥应有的作用。通过案例可以发现,衍生工具本身较为复杂且具有创新性,仅通过单方面的风险控制措施并不能有效降低交易风险。因为针对不同工具应该事先作好风险监控,并建立一个全面有效的内控机制,再加强政府外部监督、监管措施,使金融衍生交易市场能够正常运作,有效避免个体风险影响整个市场。

3. 中联化跨境套保失当案例

2018年年末,中石化旗下的中联化套保业务出现问题。1月25日,中国石化公布了联合石化套保核查情况，称此次事件是联合石化对国际油价趋势判断失误，导致在采购进口原油过程中的部分套期保值业务交易策略失当，使部分原油套期保值业务的期货端产生损失。

（1）中联化企业背景。中国国际石油化工联合有限责任公司成立于1993年2月，是中国石油化工股份有限公司的全资子公司，也是中国最大的国际贸易公司。联合石化主要从事原油及石化产品贸易，为中国石化所属炼油企业采购进口原油，并自2014年起自负盈亏。联合石化主要业务范围包括四大板块，分别是原油贸易、LNG贸易、成品油贸易及仓储物流等国际石油贸易业务。联合石化与全球87个国家（地区）的1 000余家交易对手建立长期合作关系，是具有一定国际竞争力的石油贸易公司。联合石化以建设"国际一流石油贸易公司"为目标，倡导诚信合作、规范经营、竭力服务客户的理念。

（2）中联化企业套保教训。2018年9月，中联化在原油每桶70美元的时候进行套期保值，按照当时市场价格，期权存在较大亏损。如果该企业严格按照规定进行套期保值，进口原油现货价格下跌，期权、现货盈亏相抵，中石化在生产经营上可能并未出现过多损失。但是，2018年12月27日，路透社报道称，中国石油巨头中石化已暂停两名高管的交易业务。随后中石化官方也证实，其旗下中国国际石油化工联合有限责任公司两高管被停职的消息属实。

从以上消息来看，该企业在利用期权开展套期保值业务时，可能并未严格进行套期保值，而是保留了部分看涨原油的投机头寸，因此，原油价格下跌时使企业受到较大亏损。总体上看，中联化的交易可能存在过错，但不是因为作了套期保值，或者套期保值作的方法不对，而是可能错在开仓时间、交易数量、止损设置，甚至是行政命令是否执行、是否汇报等方面。

更值得深思的是，中联化在进行套保或投机操作时，相关信息是否被泄露从而受到其他机构"狙击"？目前国内企业进行境外套期保值操作，找到一家实力强且信用高和中立的期货公司较为困难。对期货投资而言，最重要也是最致命的就是交易和持仓信息。一旦这些信息被国际投行获悉，相当于将"底牌"暴露给了对方，存在被国际巨鳄"围猎"的可能。以中航油为例，其交易通道包括日本三井银行、法国兴业银行、英国巴克莱银行等国际知名投行，但这些公司不仅是做市商，同时也是中航油的交易对手。中航油交易部门的风险管理公司和期权交易的第二大对手盘均是高盛旗下的杰瑞公司，可以说中航油早就是高盛的"瓮中之鳖"。

（3）中联化套保案例启示。国内企业有一定在期货市场跨境交易的需求，但是国内市场在期货跨境交易发展仍较为落后，相关企业在进行套保交易时可能会开展投机性操作。另外，由于国内期货机构跨境服务能力的不足，相关企业在进行套保操作是可能在境外期货机构的交易平台上进行，而这些境外机构可能被国内套保企业的对手方所控股，其套保或投机头寸信息容易被这些大型机构"对手方"得知，从而使其在操作时受到相关企业"狙击"，造成亏损。

总的来看，本次事件发生可能会导致一部分企业缩回尝试期货的步子。但长期来看，此次事件会促使企业参与期货业务更为合规，对期货行业发展更为有利。越来越多的新品种集中上市，更多的现货贸易通过期货定价。期货行业的快速发展会迫使更多企业参与期货市场，利用期货市场套期保值。

4. 中盛粮油的经验教训

（1）中盛粮油公司介绍。厦门中盛粮油集团有限公司位于厦门市同安区美人山高科技园区，创办于1993年。2004年在香港主板上市，2011年发展成总占地面积16万平方米、年生产能力37万吨规模化企业。曾是福建省食用植物油生产规模最大的民营企业、全国食用植物油加工企业50强，被厦门市政府纳入培育农副产品与食品加工百亿产值产业集群的粮油加工行业龙头企业。2018年9月18日，厦门市中级人民法院发布一则破产公告，向社会宣告中盛进入破产重组的司法程序。

（2）中盛粮油套期保值操作。2005年年初时国内豆油价格相较于国际油价偏高，导致豆油进口贸易存在较高的利润，中盛粮油为抓住商机，决定大量集中采购，数量约21万吨。为避免采购后豆油价格下跌，公司在CBOT卖出豆油期货合约。过去数年公司都是如此操作，都很成功化解了价格波动风险。不过2月由于国际商品指数基金大量买入包括豆油在内的"一篮子"商品期货，使得CBOT豆油期货价格与国内成品大豆油价格变化一致的特点被打破，出现了国内成品油价格持续下跌，而CBOT期货价格持续上涨的情况，导致公司在期货与现货上同时出现了大幅亏损。

（3）中盛粮油套期保值案例启示。跨境交易具有较高的风险，期货经营机构应帮助客户作好风险管理工作。在该案例中，公司未能充分认识并评估套期保值所面临的基差风险，尤其是从事跨市场的套期保值的基差风险，没有处理好基差（现货—期货）的问题。企业套期保值过程中，应根据不同的基差风险程度选取合适的套期保值比例。在这个过程中，期货经营机构应该具备风险管理能力，作好风险监管指标的动态监控和补充机制、定期报告和临时报告相应的风险问题。在保证金的风险控制上作好有效管理，同时也要保证出入金的合规性。

（二）境外投资者交易案例与现场访谈

在境外公司方面，四大粮商之一的路易达孚可以作为参考。路易达孚认为，尽管目前芝加哥CBOT大豆价格是国际上的定价标准，但是在国内豆油和豆粕两个期货品种已经非常成熟，对于包括压榨企业在内的整个大豆产业链帮助都非常大。

1. 路易达孚参与国内期货交易

(1) 路易达孚介绍。路易达孚集团成立于1851年，业务遍布全球，涵盖了油籽油料、谷物、海运、全球金融贸易、棉花、糖、咖啡、大米、果汁等领域，覆盖从供应到分销的全价值链多元化投资组合，是全球领先的农产品贸易和加工企业。每年在全球范围内种植、加工和运输约8 000万吨农产品，为全球约5亿人提供食品和衣物。路易达孚在世界100多个国家拥有1.8万余名员工，拥有6个业务区域，涵盖9个业务平台。

(2) 路易达孚参与境内期货情况。路易达孚认为，尽管目前芝加哥CBOT大豆价格是国际上的定价标准，但是国内豆油和豆粕两个期货品种已经非常成熟，对于包括压榨企业在内的整个大豆产业链帮助都非常大。大商所的豆油和豆粕期货不仅可以帮助企业管理利润和风险，还能促进整个行业的健康发展。否则如果各家企业都恶性竞争，在国内压榨产能如此巨大的情况下，一旦采购节奏不对，将会导致整个行业的亏损，企业可能面临大量倒闭，出现的后果十分严重。因此，境外的企业愿意在国内设立专门的现货公司，积极参与国内的豆油和豆粕相关期货交易。

路易达孚利用豆油和豆粕期货合约，在中国市场最早提出用基差销售产品的方式。路易达孚在豆粕压榨产业方面，对豆油和豆粕期货方面的利用几乎达到100%。具体来看，路易达孚通常在采购前会考虑国内大豆压榨是否能够盈利，若能实现利润，那么油厂就进行采购，否则就不采购。2016年11月16日，南美3月船期的贴水是120H（H指3月，单位：美分/蒲式耳），而国内豆油豆粕4月、5月基差都在80元，由此计算得出压榨毛利在30元左右，因此可以锁定现有利润并进行采购。对于客户来讲好处如下：一方面，基差采购有现货供应保障，没有供应方面的风险，价格风险也小。另一方面，有了基差采购后，企业开始更多关注期货和风险管理，能更好管理好下游养殖利润；而且基差交易这个工具使终端消费者时间选择变长了，最终能够降低成本。

(3) 路易达孚参与境内期货情况案例启示。境外企业具有参加中国期货市场的愿望，可以降低经营成本，国内期货市场应继续增加国际化品种。

从路易达孚的案例可以看出，销售独立、价格与境外市场联动差是路易达孚想要参与国内期货保值的首要原因。另外，大商品豆类品种的丰富，可以帮助企业模拟压榨利润，丰富交易模式是其参与国内期货交易的另一个原因。

2. 境外客户咨询申万期货现场访谈

2018年国际化品种上市以来，众多境外客户到申银万国期货总部咨询跨境交易相关内容。以下根据部分境外客户咨询内容组织的现场访谈记录，再现境外客户对于跨境交易的关注点。

（1）现场访谈摘要。

境外客户：想了解一下你们公司在出入金的流程中如何保障我的资金安全？

申万期货：客户的资金是通过银期系统或客户转账的方式实现客户银行账户至期货公司专用银行账号间的直接划转，出入金过程中不存在期货公司干预环节。

境外客户：请问如何保障我存放在你们公司的保证金不被挪用？

申万期货：《期货经纪公司保证金封闭管理暂行办法》第二条规定，期货经纪公司客户保证金必须全额存入从事期货交易结算业务的商业银行，与期货公司自有资金分户存放、封闭管理，严禁期货公司挪用保证金。

《期货经纪公司保证金封闭管理暂行办法》第十条规定，期货公司必须将保证金存放于保证金专用账户。根据需要，保证金可以在期货公司保证金专用账户、期货公司在期货交易所所在地开设的专用资金账户、期货公司在交易所的资金账户之间划转。上述账户共同构成保证金封闭圈。保证金只能在封闭圈内划转、封闭运行。

境外客户：如果期货公司会员出现违约受罚，是否会动用我的保证金？

申万期货：最高人民法院《最高人民法院关于审理期货纠纷案件若干问题的规定》第五十九条规定，期货公司为债务人的，人民法院不得冻结、划拨客户在期货公司保证金账户中的资金。

境外客户：如果我作为保证金占比较大的客户，是否存在其他客户出现损失后动用我的保证金或者权益的情况？

申万期货：证监会《期货经纪公司保证金封闭管理暂行办法》第十六条规定，期货公司发生客户穿仓时应当及时以自有资金补足保证金，不得占用其他客户的保证金。

境外客户：在极端行情（如2015年股灾）的情况下你们公司有何风控措施？

申万期货：当出现极端行情时，交易所和期货公司会通过涨跌停板制度、提高保证金制度、限仓制度和强行平仓制度等方式提示和管理客户交易风险。

境外客户：中国市场经常会时不时地出现窗口指导、官方临时通告（如交易所官方规则未提及，但临时通告增加报撤单手续费和日内开平仓手续费），对这种不确定的风险我们该如何管理？

申万期货：中国期货市场有其自身特色和发展规律，监管机构和交易所已经在着手修订相关规则，致力提高规则的连续性和确定性。

境外客户：中国市场有没有类似国外的盘中授信等相关制度？

申万期货：目前，中国市场暂无盘中授信的相关交易制度。

境外客户：中国市场有没有保证金上的优惠政策？

申万期货：对于同品种合约的双向开仓，交易所采取保证金单向大边收取的模式,方便投资者提升保证金的利用效率。

境外客户:中国支持的海外交易平台有哪些?能否在同一个交易系统实现整合所有交易的功能?

申万期货:目前,境外交易平台已有 CQG、PATs、Bloomberg、Tradex、FIS、ATP、Esunny 等交易软件完成接入,交易所将持续与相关国际主要系统厂商保持沟通,以协助更多大型国际系统厂商接入。

(2) 现场访谈案例启示。部分客户来咨询该公司在处理跨境期货服务时的资金安全问题,问该公司是如何管理保证金的。这些问题直接反映客户作跨境期货交易时特别关注机构的资金实力和运营实力。例如,QDII 基金很受青睐,其中原因之一是其不占用持有人的外汇额度,而是占用基金公司的 QDII 额度,而 QDII 的额度与公司的资金实力息息相关。进而,资金实力好的公司,其外汇额度就高,更容易获得客户认可。而客户所需要的投资资金融通顺畅也来自期货经营机构的运营服务能力。一家懂得国内外相关政策、交易流程差异的经营机构在国内外资金流转上会帮助客户处理得更好,开户流程的运转更迅速,开户耗时更短。另外,客户关注的如何管理保证金也是对期货经营机构跨境交易服务中风险管理能力的要求。在期货跨境服务中,保证客户保证金的封闭运行,并且根据交易结果换汇,确认保证金封闭管理的有效性都是期货经营机构需要完成的客户资产保护的一部分。

(三) 其他国家和地区证券期货市场跨境服务案例

1. 新加坡有限直接开放证券市场的模式

新加坡有限直接开放证券市场的模式,使非本国居民可以直接投资其境内证券市场。1978 年起,新加坡取消所有货币兑换限制,除了某些行业和公司对外国人控股作了一定的限制,新加坡居民与非居民的银行账户待遇相同,非居民可以用任意一种货币不受限制地买卖任意一只新加坡股票,所获得收益也可以自由汇出、汇入。1990 年 4 月,为了吸引国际金融机构到新加坡设立分支机构,新加坡向在该国设立金融中心的跨国公司提供重大的税收优惠,对以新加坡为中心的外汇买卖、财务服务、离岸投资的溢利税税率降低 70%—10%。对外汇制度和税收制度进行全方位的改革,吸引了大量境外投资者。新交所自 1999 年 12 月 1 日起对其金融衍生产品实行统一的交易准证制度,不再区分内外资机构。

案例启示:新加坡这样的跨境交易模式作为开放式交易的代表具有借鉴意义,它保证了市场的流动性和境内外投资者的参与度。

2. 中国香港主动解除限制引进金融机构

20世纪60年代末70年代初,是香港国际化金融中心地位的发展起点,当时面临激烈的贸易战争,为了促进本地金融业的自由化发展,香港先后取消了外汇管制、解除黄金进出口管制并且实施港元浮动、取消外币存款利息税、解除冻结银行新牌照的颁发等;这些举措成功地推动了香港的黄金市场、外汇市场以及银行业的快速发展,初步形成香港的国际金融中心地位。

香港同内地市场的互联互通经历了2014年的沪港通、2016年的深港通到2017年的债券通,一路走来中央政府支持香港发展,推动两地合作的举措接连不断的推出,我们有望见证未来更多的双方合作互联。香港同内地的紧密互动同时也进一步推进自身的国际化进程,拥有巨大体量的内地市场是大量外资想要涉足之地,香港资本市场拥有进入内地投资的政策优势,自身定位也在向"内地的财富管理中心""领先的离岸风险管理中心"以及"全球资产定价中心"转换。

案例启示:

中国香港市场主动解除各类限制,引进外资银行和其他金融机构的做法大幅推动自身国际化进程,新时代以来,香港再次抓住同内地合作的优势,在国际化的道路上更进一程。

(四) 境内期货公司跨境服务案例

部分境内证券期货经营机构提前布局,设立境外子公司,保证客户资金安全,引进国际化人才,优化系统支持能力,提高风险管理能力,跨境业务服务走在了业内的前列。

1. 某期货公司布局境外市场

(1) 某期货公司吸取教训,设立境外子公司。根据对某期货公司国际部的采访调查,他们认为客户在面对期货经营机构的期货期权产品服务时最关注的还是资金问题。如何安全地存放资金,在做投机时如何保证资金收益的稳定性,在面临实体企业需要利用期货规避风险时,如何保证资金风险的最小化是跨境交易企业投资者关注的核心问题。有这么一个实例,某期货公司找到了一家在国外的期货经营机构MF Global,通过他们跟CME对接做跨境期货交易。但是,2012年,MF Global公司倒闭了,该公司面临资金冻结的问题,从而也直接导致了国内期货公司的资金冻结。事件发生后,该期货公司CEO及其领导团队决心吸取教训做好国际化方面的工作,于是在美国和新加坡分别开设了子公司,并且子公司还成为CME清算会员,在国际业务、人力资源上也越做越强,于是该公司实现了真正做大跨境交易、国际业务的新格局,目前该公司国际业务的实力在国内排名靠前。

(2)案例启示。该案例反映了人力资源能力和机构资金实力都应是期货经营机构服务能力的重要考量点。期货经营机构作为产业投资者、企业投资者跨境交易时的渠道,其涉及换汇等资金实力将被紧密关注,因为期货作为标准合约,因其逐日盯市的特征,跨境交易客户可能因实时换汇限额而出现资金不能融出的风险。

2. 华泰证券优化系统支持能力

(1)华泰证券开发智能营销模型,提高系统支持能力。证券公司和客户之间存在着巨大的信息和知识不对称性。在证券市场充分发展的今天,投资方式日益丰富,市场细分日趋加深,各种投资理财产品的推出层出不穷,金融市场知识体系的深度和广度已经远超普通投资者能够驾驭的程度。基于人工智能技术进行智能营销业务优化,是大势所趋。华泰证券在向千万级的理财产品客户推荐上千款的理财产品的时候,也同样面临如何更精准地将产品投放到每个特定客户身上,促进他们产生真正的有价值的交易行为的问题。随着客户数量增多,交易量不断增大,数据量大、维度复杂、线上线下数据无法整合等情况都是造成这类问题的原因。

在2016年,华泰证券与明略数据共同对此展开研究,提出了一套具有创新性的融合了客户行为数据、客户基本信息数据,市场行情数据以及互联网数据的综合的智能营销模型。该模型能够通过机器学习等算法、自然语言处理等人工智能技术为每位客户建立一份符合其个性化需求的产品档案,并在此基础上,实现真正意义上的将理财产品向特定人群进行定向投放的功能。明略数据为华泰证券将千万级客户的CRM数据、客户日常交易数据(股票交易,理财交易等)、产品信息、APP数据、咨询数据等进行全量导入与实时增量同步。数据涵盖华泰证券80%以上的客户数据,为数据驱动的智能营销平台提供了全维度TB级的高性能、高稳定性、高安全性的数据支撑。

(2)案例启示。华泰证券的案例恰恰体现了经营机构在服务客户时所需要的系统支持能力,在系统研发和管理上的持续投入,可以给客户带来全面、专业、高效的服务体验,系统的研发中包括保证信息管理系统的先进性与有效性。将机器学习算法、自然语言处理等先进的数据优化方法融入服务客户体系,也是期货经营机构可以运用和学习的地方。

3. 申万期货构建领先的技术系统

(1)申万期货构建技术先进、稳定快速的QFII交易结算系统。申万期货在行业内率先与多家软件开发机构寻求合作,构建技术先进、稳定快速的QFII交易结算系统。经过两年的不懈努力,申万期货在北京根网科技有限公司的支持下于2010年正式搭建起一套完整的 QFII DMA 订单管理系统，并在此基础上又开发和部署了期货 FIX 通信协议网关，实现了快速委托、智能交易、结算、风控、交割、利息计算及个性化报表等多种功能。此项目使申万期货成为行业内首家建立 FIX – MDA 系统的经纪商，并于 2011 年被中国期货业协会授予证券期货科学技术奖优秀奖。

申万期货为境外客户搭建了专门的沪港专线，通过 Bloomberg 连接根网后直连交易所，同时支持 Fidessa、CQG、易盛等多种境外主流交易平台。

申万期货通过在技术、管理、研发上对系统的持续投入，提高系统的低延时、稳定性、兼容性、高速高效、应急处理、多功能、可扩展等性能，力求为各类跨境交易客户提供行业领先的技术系统支持。

（2）案例启示。在 2008 年之前，国内期货公司在业务处理模式和网络交换协议方面与国际通行的模式差异较大，无法进行有效的对接。而境外 QFII 客户往往对具有高效、复杂订单管理的 FIX DMA 系统有着较高的要求。随着期货市场行情变幻的逐步加快以及期货交易信息化程度的不断加深，期货公司的技术系统在市场竞争中扮演着越来越重要的角色。这一点在跨境交易客户的服务方面体现得尤为重要。能否提供一套国际一流水平的系统支持是衡量一家期货公司服务跨境交易客户能力的核心指标之一。

4. 申万期货运营服务和风险管理能力

（1）申万期货配备多套交易系统并制定业务应急预案。申万期货在系统和网络方面都有完备的业务连续性保障。在系统方面，公司有多套交易系统，系统间可进行交易权限的开通与关闭来切换主备系统，如主系统出现故障，可以立即启用备用系统；在网络方面，专线、互联网及人工报单电话可以互为备份，在专线路中断时可以采用互联网或者人工报单模式保证交易持续。

同时，公司制定了业务应急预案，应对可能导致整个或部分系统瘫痪、影响公司正常经营管理、危及公司和客户财产安全以及员工和客户人身安全的突发事件。在发生交易系统、网络线路、电力等重大故障时，申万期货会以电话形式立即通知客户，并启动应急预案。申万期货全力排查、解决故障，在故障尚未解除之前，将每隔半小时向客户报告进展情况。故障解除后以书面形式提交客户。

（2）申万期货全面的事前、事中、事后风控制度。公司交易监控部本身对客户也有着全面的事前、事中、事后风控制度，在 T 日，当客户风险度大于等于 80%（或约定）时，申万期货向客户发送风险提示（邮件、Bloomberg 或电话）。当客户在 T 日风险度大于等于 100% 时，客户将被禁止新开仓或出金。申万期货将会及时向客户发送追保通知。客户应该在 T + 1 交易日与申万期货约定的时间（例如，上午 11：30 收盘前）之前追加保证金或减少持仓，并确保风险度在 T + 1 交易日结算后低于100%。否则，公司将主动对客户采取平仓措施。若QFII客户在风控方面有特殊需求，还可与申万期货协商，在确保风险可控的前提下约定最晚的强平截止时间，最大化提升客户资金利用率。

（3）案例启示。在这个案例中，申万期货十分注重风险管理能力的构建，而正因为其风险管理水平较高，截至2019年，申万期货的境外交易客户开户人数名列市场前茅。当前，详密的风险控制制度和系统已经成为跨境交易投资者关注的重点，而风险管理能力就是评价期货经营机构的重要考量点。

5. 期货公司优化跨境服务案例

（1）东证期货为境外客户提供全方位的定制化支持。多年来，东证期货始终坚持以服务质量为核心的国际化市场开拓路线，面对海外投资者参与中国期货市场的强烈需求，东证期货为境外客户提供全方位的定制化支持，从开户、交易、风控，到结算、交割等，每一步都配备详细的全英文图文指导或生动的视频介绍，为海外客户提供了极大的便利。

（2）国投安信期货推动境外投资者熟悉国内品种。国投安信期货国际部定期发送特定国际化期货品种的晨报、周报中英文版本给境外客户，积极推动境外投资者对境内国际化期货品种的熟悉度。申万期货从2019年起也开始编制英文周报，配合公司国际化业务的推进。

（3）新湖期货坚持"引进来"与"走出去"相结合。在公司战略布局和发展的层面上，新湖期货坚持"引进来"与"走出去"相结合，持续推进国际化业务发展。公司加大对境外市场的布局和投入，积极参与在"一带一路"沿线国家的考察和调研，并且在美国、英国、新加坡以及中国香港等地参加和组织多场会议，对相关国家的监管机构、金融机构以及企业客户进行拜访和沟通，建立良好的联系，把握时机，进行了全方位、多层次的合作。

（4）案例启示。近些年人力资源能力和投资服务能力作为跨境交易服务的门面和必需的能力，受到经营机构越来越多的关注，他们对国际化交流、国家考察、海外战略部署方面都给予了重视。

（五）案例反映的跨境交易服务"痛点"

1. 文化和制度的差异，给跨境交易带来挑战

当前境内期货交易保证金按固定比例收取，一般都会设置涨跌停板，当出现极端行情或节假日时，交易所和期货公司会通过提高保证金、限仓和强行平仓等方式提示和管理客户交易风险，也偶尔会出现窗口指导、官方临时通告等方式增加报撤

单手续费和日内开平仓手续费。而境外期货交易收取初始保证金和维持保证金，较少设置涨跌停板和干扰保证金、手续费标准，且可能存在盘中授信的相关交易制度。境内外期货交易存在明显差异，为跨境交易客户带来的一定的挑战。

2. 资金实力和风控能力，是跨境交易的重点关注内容

2012 年，国际上出现过 MF Global 公司倒闭事件，该公司挪用了客户保证金，对市场影响较大。境外客户在面对期货经营机构的期货期权产品服务时最关注的还是资金安全问题，希望能保证自身保证金不被挪用。此外，资金实力强的公司外汇额度往往较高。另外，QDII 基金不占用持有人的外汇额度而是占用基金公司的 QDII 额度，而 QDII 的额度与公司的资金实力息息相关。出于资金安全的考虑，境外客户做跨境交易时对境内公司的资金实力和风控能力也保持较高的关注。

3. 市场流动性、多样性不足，影响跨境交易规模扩大和内容深化

当前境外机构能够从事境内特定品种期货交易的仅四家，即使算上通过 QFII 渠道参与股指期货交易，境外机构参与的境内期货品种也非常有限，而且境内期货品种存在主力合约不连续、时间短等问题，影响跨境交易规模扩大和内容深化。

4. 跨境交易的特殊性，需要期货经营机构具备较强的硬件和系统服务能力

2008 年以前，国内期货公司在业务处理模式和网络交换协议方面与国际通行的模式差异较大，无法进行有效的对接。而境外 QFII 客户往往对具有高效、复杂订单管理的 FIX DMA 系统有着较高的要求。随着期货市场行情变幻的逐步加快以及期货交易信息化程度的不断加深，期货公司的技术系统在市场竞争中扮演着越来越重要的角色。部分期货公司为境外客户搭建了专门的沪港专线，通过 Bloomberg 连接根网后直连交易所，同时支持 Fidessa、CQG、易盛等多种境外主流交易平台。这一方面在跨境交易客户的服务方面体现得尤为重要，能否提供国际一流水平的系统支持是衡量期货公司跨境服务能力的核心指标之一。

5. 懂得国内外相关政策、交易流程的差异是期货经营机构取得运营服务认可的关键

由于境内外期货交易相关政策和交易流程存在一定的差异。熟悉国内外相关政策、交易流程的差异的经营机构在国内外资金流转上会帮助客户处理得更好，开户流程的运转更迅速，开户耗时更短。另外，客户关注的如何管理保证金也是对期货经营机构跨境交易服务中风险管理能力的要求。在期货跨境服务中，保证客户保证金的封闭运行，并根据交易结果换汇，确认保证金封闭管理的有效性都是期货经营机构需要完成的客户资产保护的一部分。境外客户所需要的投资资金融通顺畅也来

自期货经营机构的运营服务能力。

6. 境外客户有制订个性化期货交易方案的需求，需要期货经营机构的专业服务能力

不同企业的特点不一样，参与跨境交易的诉求也不一。如现货企业，其参与跨境交易的出发点首先在于对部分原材料的保值需要，其次是通过参加中国期货市场，降低跨境经营成本，再次是国内大商所豆类期货品种丰富，可以帮助企业模拟压榨利润，丰富交易模式。此外，对于投资公司来说，国内的大宗商品消费量大，行情独立，境内外价差时有无风险套利的机会。因此，在开发境外客户时，要针对企业特点制定相应策略，提高境外机构参与跨境期货交易的积极性。

（六）小结

本篇为了解主要企业跨境参与套期保值交易的行为，对部分具有行业代表性的企业进行案例分析和境外客户进行现场访谈等方式，总结境外客户在套期保值交易中的目标与特点，并对境内部分跨境业务服务走在前列的证券期货经营机构的交易系统、运营、人力、风险管理、投资服务能力进行分析。

结果显示，文化和制度的差异，给跨境交易带来挑战，懂得国内外相关政策、交易流程的差异，满足客户个性化需求是期货经营机构取得运营服务认可的关键。跨境交易的重点关注内容包括资金实力和风控能力，需要期货经营机构具备较强的硬件和系统服务能力。此外，市场流动性、多样性不足，也影响跨境交易规模的扩大和内容深化。

五、跨境交易行为现状——基于原油期货问卷调查研究

为了研究跨境交易服务中存在的问题，本书设计了"跨境交易服务调查问卷"，主要目标为期货跨境交易现有客户、潜在客户及境外中介，就投资者类型、参与意愿、参与目的、途径、可改进的地方等方面征询了意见和建议。在问卷调查的基础上，课题进一步访谈境外投资者，了解客户需求，增强课题的实用性。根据问卷调查的结果，我们总结出目前跨境交易服务的主要特征，并进一步评价跨境交易服务的现状。

（一）问卷调查的设计

设计问卷的目标是了解客户不愿意参加交易的原因，以此进一步研究和分析如何能提高客户的交易和开户的积极性。在不愿意参加交易的原因中，我们主要列举了如下类型，分别为：原油期货采用人民币结算、《期货法》等相关法律的缺位、

缺乏成品油相关的裂解价差合约和裂解价差期权、与国际其他期货合约的跨市价差、原油期货市场容量较小、交割成本较高、在岸人民币外汇期货的缺位、远月合约流动性严重不足、开户流程烦琐、不感兴趣、不了解相关信息和已在其他交易所进行原油期货交易等，我们认为上述列举情形基本包含可能出现的主要原因。但是，出于严谨性的考虑，我们增加了"其他"选择项，以防出现特定原因而不能做出相应的选择。

在满足套保需求要改进的问题方面，我们设计了原油期货品种的"整体交易量需要提高、远月合约流动性需要大幅提高、交割成本需要大幅降低、交割流程需要改善、交割库需要在您所在国家设置、交割品升贴水设置需要优化、原油产业链相关品种需要开放"等选项，同样我们也提供了"其他"的选择项。

在中国期货市场吸引力方面，我们设计了"在中国境内有原油相关业务、在亚太地区有原油相关业务、中国原油期货的交割品满足了需求、在中国境内有广泛的投资业务、希望通过原油期货的参与打开中国市场、参与中国原油期货的成本低于参与其他市场原油期货的成本、中国越来越开放的宏观经济政策、认为在中国市场您有信息优势等比较优势"和"其他"等选项。

此外，我们还在客户类型、交易了解和参与途径和优化建议等方面设计了调查选项，以更完善地了解现阶段跨境交易客户的特点。

（二）调查问卷的形式

前期，我们已对参与原油期货交易的客户进行了问卷调查，问卷的具体形式参见前文的表1。

（三）问卷调查的统计结果

根据原油期货问卷调查，我们得到的统计结论见表4：

（1）个人投资者占国际客户的多数（76%）；

（2）多数客户通过境内期货公司而非境外中介机构参与原油期货（80%）；

（3）绝大多数客户以投机交易为主（90%）；

（4）对于参与原油交易的客户，他们主要出于在中国境内有原油相关业务（40%）、在中国境内有广泛的投资业务（66%）、希望通过原油期货的参与打开中国市场（54%）这三个原因。

（5）对于没有参与原油交易的客户，主要原因在于原油期货采用人民币结算（35%）、缺乏成品油相关的裂解价差合约和裂解价差期权、与国际其他期货合约的跨市价差（56%）、开户流程烦琐（26%）、已在其他交易所进行原油期货交易（66%）。

表 4　　　　　　　　　　　原油期货问卷调查统计结果

投资者类型	个人（76%）		机构（24%）	
参与原油期货通道	境内期货公司（80%）		境外中介（20%）	
参与交易形式	投机（50%）	套利（40%）	套保（10%）	
参与交易原因	在中国境内有原油相关业务（40%）	在中国境内有广泛的投资业务（66%）	希望通过原油期货的参与打开中国市场（54%）	
不参与交易原因	原油期货采用人民币结算（35%）	可交易品种较少（56%）	开户流程烦琐（26%）	已在其他交易所进行原油期货交易（66%）

（四）原油上市至今交易现状

自 2018 年 3 月 26 日原油期货上市以来，我国原油期货发展迅速，上市首日成交 42 336 手，持仓 3 558 手，截至 2019 年 9 月 26 日当日成交 254 378 手，持仓 48 466 手，成交增加 500.8%，持仓增加 1 262.2%（见图 5）。

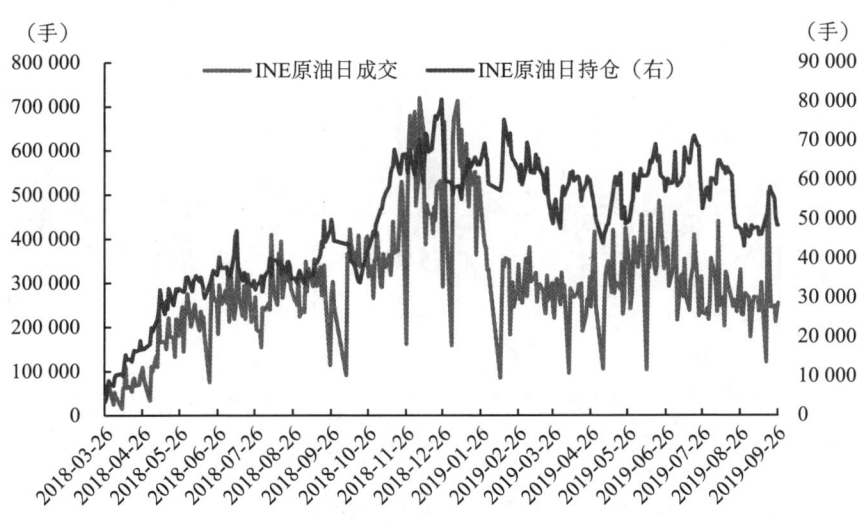

图 5　INE 原油成交持仓图

资料来源：Wind 资讯、申万期货研究所。

从成交持仓比看，随着投机资金入场，上市初期比值缓慢提升，随着上海能源交易中心引入做市商制度比值迅速下降，截至 2019 年 9 月维持 4—5 波动（见图 6）。

上市以来原油价格受到全球宏观、地缘震荡等因素冲击波动较大。截至 2019 年 9 月，最大跌幅 7.01%，跌幅超过 4% 的有 10 天，最大涨幅 7.33，涨幅超过 4% 的有 8 天（见图 7）。

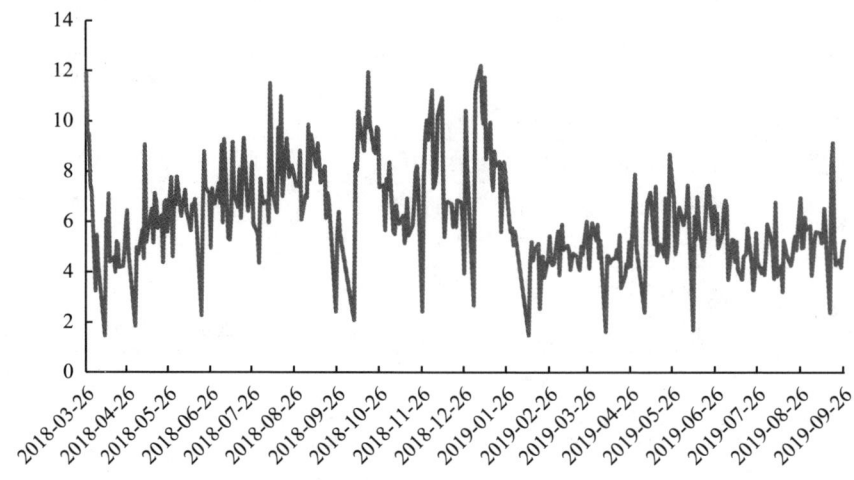

图 6　INE 原油成交持仓比

资料来源：Wind 资讯、申万期货研究所。

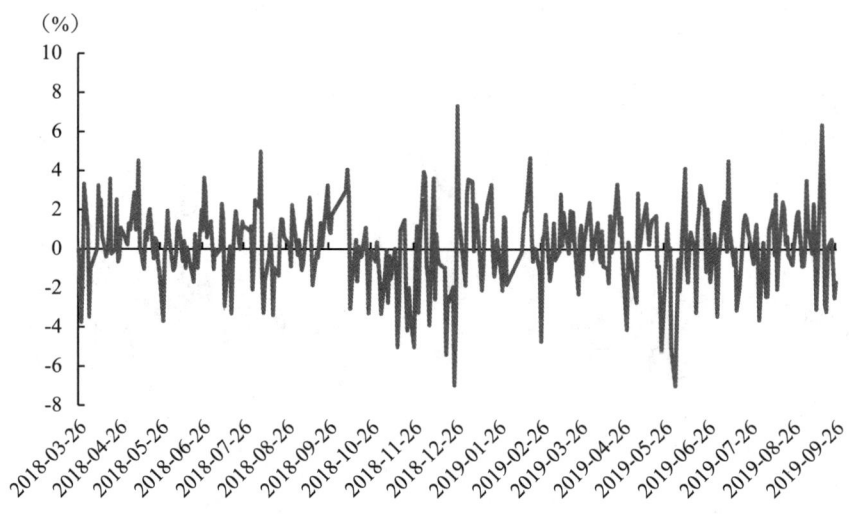

图 7　INE 原油涨跌幅

资料来源：Wind 资讯、申万期货研究所。

（五）当前原油期货跨境交易的问题分析

1. 境外机构投资者投资意愿不强

我国原油期货对境外机构投资者吸引力不足。对于炼厂、贸易商等套保客户来说，首先，从套保需求角度看，国内期货市场套保需求相对较少。国内原油期货尚在定价权争夺中，目前，国际现货贸易主要还是以 WTI 或者布伦特作为基准价。据统计，世界上 70% 的能源贸易以布伦特为定价基础，剩下的 30% 则以 WTI 为定价基础。上海原油期货则因上市刚满一年，以其为基准价的现货贸易较少，套保需求不足。其次，从承接能力看，国内原油期货持仓量不足，难以满足套保需求。截至2019年9月，虽然国内原油期货成交相对活跃，但总持仓每天基本都在5万手以内，而布伦特、WTI的总持仓都超过了200万手。而且如图8、图9、图10显示的WTI、布伦特多头持仓看，两市多头的持仓基本维持套保∶投机∶套利=1∶1∶1的数值，市场相对稳定健康。

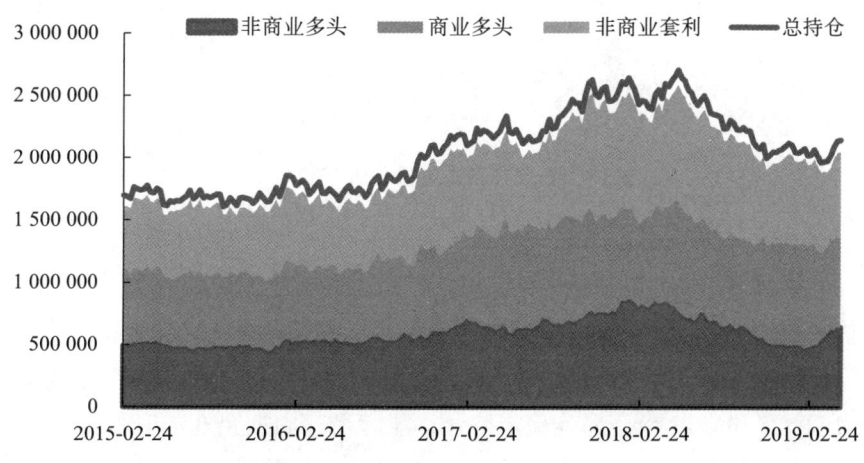

图8　WTI持仓（单位：手）

资料来源：Wind资讯、申万期货研究所。

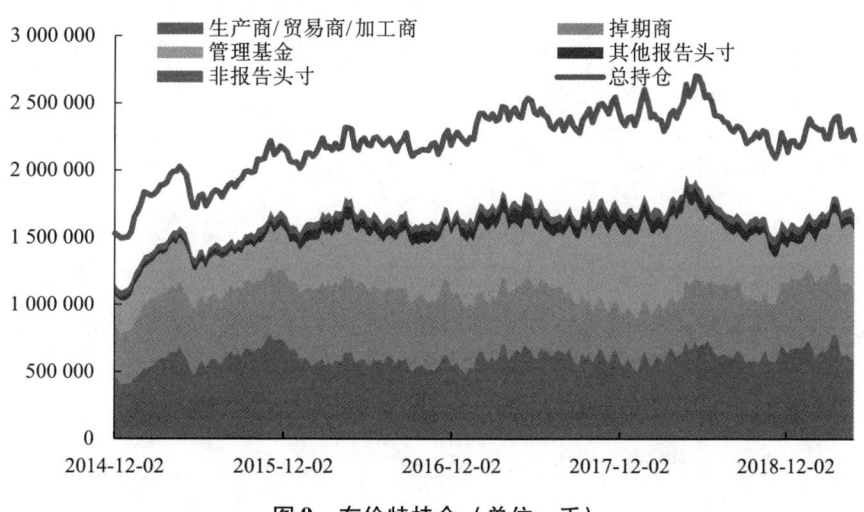

图9　布伦特持仓（单位：手）

资料来源：Wind资讯、申万期货研究所。

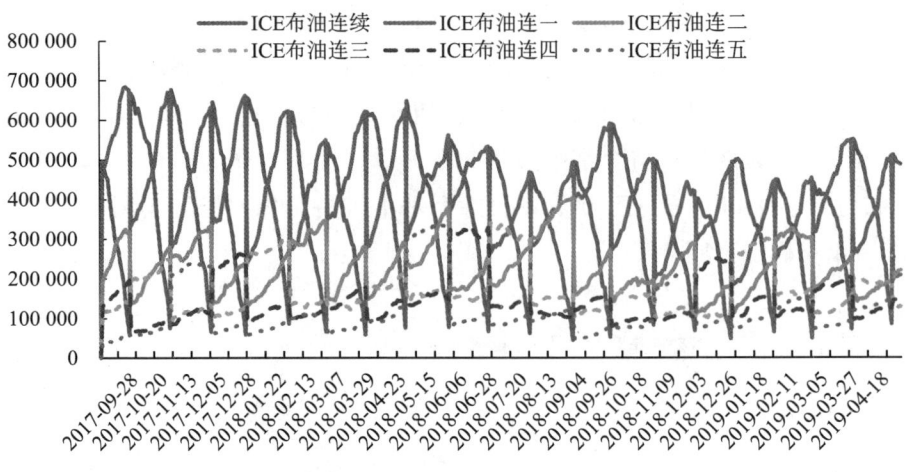

图 10　布伦特各合约持仓（单位：手）

资料来源：Wind 资讯、申万期货研究所。

同时，截至 2019 年 9 月，国内原油期货近月主力合约持仓稳定在 3 万—4 万手，次月一般约 1 万手，之后的合约持仓仅有几百手的量。实际上，套保商由于船期以及炼化周期的原因一般均至少需要 2—3 个月的周期。国外则相对比较平均，以布伦特为例，各份合约持仓都有一定持仓，能满足各周期企业的套保需求。

对于高频交易者来说，高频交易对网络反馈速度要求较高，若是在境外的高频交易者，由于网络延迟的关系，在高频交易中通常存在一定障碍，所以目前境外客户在参与原油交易时还是以中低频为主。当然，境外交易者若是将服务器架设在国内或者通过国内的期货公司进行托管，可以有效参与境内原油的高频交易，但是有条件进行这类交易的交易者数量有限。

2. 国内可投资标的较少

截至 2019 年，国内对外开放的商品期货仅有四种：原油、铁矿石、PTA、20 号胶。此前，能源产业链只有原油一个品种，随然后来 20 号胶也上市，但总体品种较少造成无法形成有效的套利交易。国外品种则相对较为丰富，有汽柴油、天然气等，可以进行裂解套利、油气套利等夸品种套利。目前，纽交所和伦敦国际石油交易所分别上市了布油金融和 WTI 原油，方便交易者直接在本交易所交易两种原油间的套利，从体量上看，套利交易大约占了 1/3 左右（见图 11）。

3. 外汇结算仍不够通畅

目前，外币（仅美元）可以作为保证金在原油交易中使用，但是只能冲抵 95% 的保证金，且保证金比例相对较高，使得境外投资者在资料利用效率上相对境内投资者较低。横向比较三大交易所，以 2019 年 6 月到期的合约为例，目前能源中心的

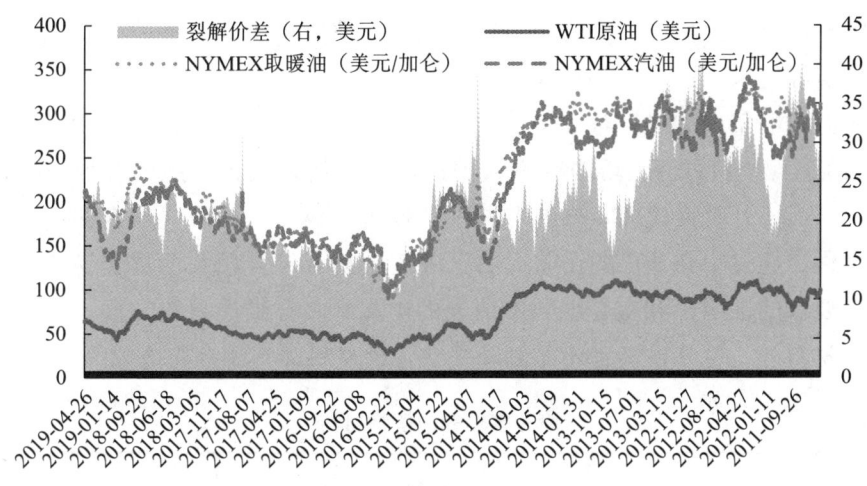

图 11　WTI 原油裂解价差交易

资料来源：Wind 资讯、申万期货研究所。

原油期货的交易保证金为 9%，而 WTI 和布伦特的原油期货的保证金只有约 5%。根据 2019 年 5 月 8 日收盘时的数据计算，再加上美元 95% 的折算率后，在能源中心交易一手原油的保证金约为 6 750 美元，是 WTI 和布伦特的两倍还多。相比较而言，境外交易者若是投机交易者或者在国内没有现货贸易，那么通过 WTI 和布伦特进行原油期货交易在资金利用效率上来说完全胜过能源中心（见表 5）。

表 5　　　　　　　　　　不同交易所原油期货交易所需保证金

交易所	INE	WTI	Brent
保证金（美元）	约 6 750	3 150	3 300

4. 开户烦琐，需要开各种特殊账户

境外投资者若要在能源中心开展原油期货的交易，整个流程相对烦琐。目前境外客户若想在能源中心进行原油期货交易，主要有两种开户方式，一种直接通过境内期货公司开户，另一种则通过境外中介机构，再到境内期货公司进行开户。

通过境外中介机构开户时，境外中介机构对境外客户进行实名认证和适当性检查，并将开户申请发送给境内期货经纪机构。国内期货经纪公司批准客户的申请。中国期货保证金监督管理中心对客户信息和照片资料进行检查，合格后发送至能源中心。能源中心检查客户信息和照片资料，分配交易代码并反馈给监控中心。最后，中国期货保证金监测中心向国内期货商和境外中介机构反馈。若境外机构之间通过境内期货公司开户，境内期货经纪公司接受境外客户开户申请，进行实名认证和适当性检查。监控中心检查客户的信息和照片材料，通过后发送至能源中心。能源中心检查客户信息和照片资料,分配交易代码并反馈监控中心。最后,监控中心反馈给国内期货经纪人。

除了开户的整个流程相对较长之外,境外客户开户所需材料也更为烦琐。如表6所示,在影像资料方面,境内客户只需提供开户代理人正面照或客户与知识测试人的合影,而境外直接代理客户则需提供各种机构成立、开户代理人和法定代表人的证明文件,通过中介开户的还需提供《关于交易者符合相关期货交易所交易者适当性制度要求的证明》和交易编码申请表的中文本。在纸质材料方面,除境内投资者需要的材料外,境外投资者还需额外提交各种材料证明和补充协议等。

表6　　　　　　　　　　　境外客户开户所需材料

客户开户所需材料	境内单位客户	境外直代理客户	境外中介客户
影像资料	开户代理人正面照(带公司LOGO)或客户与知识测试人的合影	1. 机构成立证明文件扫描件、纳税证件扫描件 2. 交易编码申请表的中文翻译版本 3. 单位授权委托书扫描件 4. 开户代理人头部正面照 5. 开户代理人身份证明文件扫描件 6. 常务董事或者法定代表人头部正面照 7. 常务董事或者法定代表人有效身份证明文件扫描件 8. 常务董事或者法定代表人参考身份证明文件扫描件	1. 机构成立证明文件扫描件 2. 纳税证件扫描件 3. 关于交易者符合相关期货交易所交易者适当性制度要求的证明 4. 交易编码申请表的中文翻译版本(境外中介机构的常务董事或法定代表人签字) 5. 单位授权委托书扫描件 6. 开户代理人头部正面照 7. 开户代理人身份证明文件扫描件 8. 常务董事或者法定代表人头部正面照 9. 常务董事或者法定代表人有效身份证明文件扫描件 10. 常务董事或者法定代表人参考身份证明文件扫描件

续表

客户开户所需材料	境内单位客户	境外直代理客户	境外中介客户
纸质材料	1. 具有累计10个交易日、10笔及以上原油仿真交易记录或最近3年内10笔及以上期货、期权交易经历经办、复核签字盖开户章 2. 指定下单人知识测试成绩单（指定下单人签字＋经办人签字＋复核人签字） 3. 申请前5个交易日账户可用资金是否≥100万元 4. 提供具备参与原油期货的交易管理制度、信息通报制度 5. 客户诚信证明（中期协、证监会）经办、复核签字加盖开户章 6. 客户承诺书（能源中心）法人或开户代理人签字，加盖公章 7. 原油期货法人客户承诺书法人或开户代理人签字，加盖公章 8. 测试采集照（客户签字＋经办人签字＋复核人签字）	1. 机构成立证明文件复印件 2. 纳税证件复印件 3. 开户代理人身份证明文件复印件 4. 常务董事或者法定代表人有效身份证明文件复印件 5. 常务董事或者法定代表人参考身份证明文件复印件 6. 指定下单人知识测试成绩单、测试采集照 7. 客户承诺书（能源中心） 8. 交易管理制度（中文版或中英文对照版） 9. 信息通报制度（中文版或中英文对照版） 10. 原油期货法人承诺书、交易编码申请表的中文翻译版本 11. 具有累计10个交易日、10笔及以上原油仿真交易记录或最近3年内10笔以上（含）期货、期权交易经历 12. 申请前5个交易日账户可用资金是否≥100万元 13. 客户诚信证明（中期协、证监会） 14. 期货经纪合同及境外交易者参与原油交易的补充协议 15. 机构客户实际受益人调查问卷 16. 机构税收居民身份声明 17. 控制人税收居民身份声明（若有） 18. 程序化交易风险说明书	1. 机构成立证明文件复印件 2. 纳税证件复印件 3. 开户代理人身份证明文件复印件 4. 常务董事或者法定代表人有效身份证明文件复印件 5. 常务董事或者法定代表人参考身份证明文件复印件 6. 指定下单人知识测试成绩单、测试采集照 7. 客户承诺书（能源中心） 8. 交易管理制度 9. 信息通报制度 10. 原油期货法人承诺书 11. 交易编码申请表的中文翻译版本 12. 具有累计10个交易日、10笔及以上原油仿真交易记录或最近3年内10笔以上（含）期货、期权交易经历 13. 客户诚信证明（类似中期协、证监会） 14. 境外特参的期货经纪合同

5. 行情独立性差

(1) Granger 检验。我们根据原油期货上市一年以来的数据,对上海原油期货、WTI 和布伦特三者之间的收益和波动进行了 Granger 检验,并根据 AIC 信息准则选择最优模型,在所有回归分析的组别中,滞后一期的模型是最优选择,但是,即使增加滞后期限,结果与最优模型的结果也基本一致。因果检验非常清晰地表明无论是从日度收益率还是日内波动率的角度来看,上海原油期货都显著地受到其他两个国际基准价格变动的影响,而这个影响并不存在着双向的关系。这表明中国新上市的原油期货虽然发展迅速,但是在很大程度上还要受到国际主要市场的影响(见表7)。

表7　　上海原油期货、WTI 和布伦特三者 Granger 因果检验

	零假设	滞后一期(最优)		滞后二期	
		F 统计量	P 值	F 统计量	P 值
日度收益率	SC. INE - - > B. IPE	0.678882	0.412199	0.309444	0.57945
	SC. INE - - > CL. NYM	0.439296	0.509195	0.547019	0.461529
	B. IPE - - > SC. INE	41.72607	5.61E-09	0.016977	0.896635
	B. IPE - - > CL. NYM	0.005944	0.938723	0.410946	0.523175
	CL. NYM - - > SC. INE	43.21679	3.36E-09	0.026556	0.870928
	CL. NYM - - > B. IPE	0.584791	0.446486	0.173913	0.677685
日内波动率	SC. INE - - > B. IPE	0.197644	0.657721	0.001799	0.966269
	SC. INE - - > CL. NYM	0.337351	0.562847	1.281896	0.260658
	B. IPE - - > SC. INE	13.92905	0.000336	0.402293	0.527572
	B. IPE - - > CL. NYM	0.311303	0.578298	0.403583	0.526912
	CL. NYM - - > SC. INE	11.63104	0.000981	0.78193	0.378989
	CL. NYM - - > B. IPE	0.320846	0.572541	0.537531	0.465429

注:对于每一个 A→B 的零假设来说,其设定为 A 不是 B 的 Granger 因果,因此拒绝原假设则表明 A→B 之间存在着 Granger 因果关系。

(2) 脉冲影响分析。基于 Granger 因果检验的结果,我们进一步利用三个市场的收益率和波动率分别构建向量自回归模型(VAR),并采用脉冲响应函数来估计各个市场之间互相的影响。VAR 的滞后期数也是由信息准则来协助确定为滞后一期,同时我们采用广义脉冲响应函数的方式来避免模型中变量顺序的影响。其结果与 Granger 因果检验所给出的基本一致,即上海原油期货市场同时会受到 Brent 和 WTI 两个市场变动的显著影响,而反向的回馈则并不存在。图12 展示了上海原油期货对于其他两个市场价格变动的脉冲响应。上海原油期货对于其他两个市场给定一个标准差变化的反应保持了非常稳定的一致性,但是无论是收益率还是波动率,布伦特市场冲击对上海原油期货市场的影响都要高于 WTI 的影响。

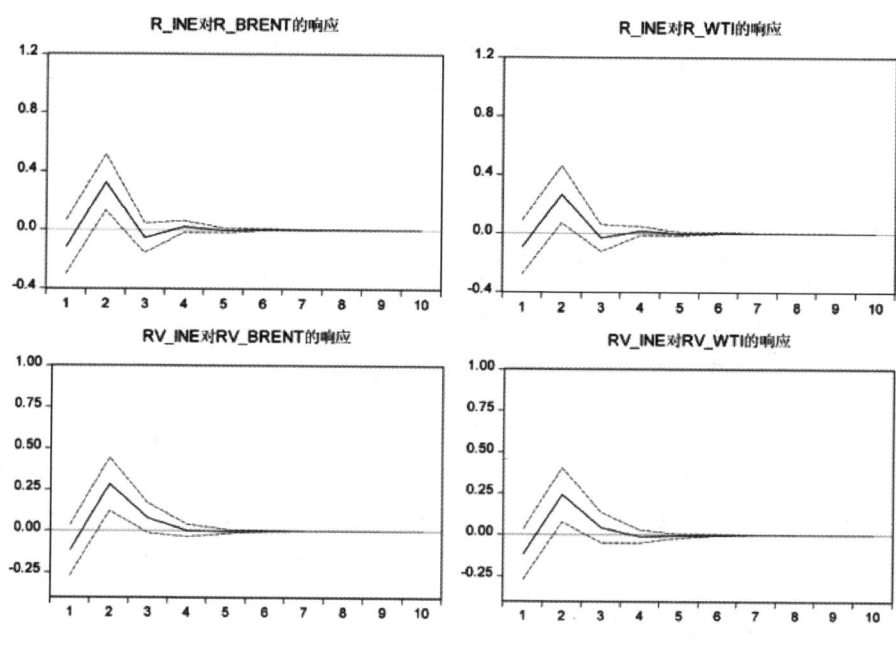

图12 上海原油期货对WTI和布伦特市场的广义脉冲响应

具体分析国内原油期货没能走出独立行情的原因,我们认为在于国内缺乏相应的研究数据。WTI和布伦特市场存在时间较长,交易者已经有固定的交易逻辑,同时也有大量的行业数据信息辅助决策。例如,WTI方面每周都有原油以及汽柴油的库存数据、库欣地区库存、炼厂开工率、进出口数量、产量和销量等一系列数据公布。随着页岩油兴起,活跃钻井平台数据、页岩油井单产量等一些更深入的数据也会辅助投资者做出决策。布伦特也有相应的数据公布。研究报告方面,每月EIA都会发布短期能源展望,预测未来原油消费与产量以及其他一些投资者关心的问题。这对投资者形成投资逻辑、增加交易欲望有重要的作用(见表8)。

表8　　　　　　　　　　国际原油相关研究数据

WTI原油数据	布伦特原油数据
商业原油库存	OECD国家库存
汽、柴油库存	OPEC产量
库欣地区库存	OPEC出口
进出口量	IPE持仓
产量	北海4油种产量
炼厂开工率	欧洲炼厂开工率
消费量	
活跃钻井平台数	
完井数(分油田)	

续表

WTI 原油数据	布伦特原油数据
未完井数（分油田）	
单井产量	
现货油价	
CFTC 持仓	
WTI 其他影响因素	布伦特其他影响因素
石油管道情况	OPEC 会议
页岩油商财务状况	各国石油部长发言
季节性消费因素	石油工人罢工
裂解价差	地缘政治因素

反观国内，这方面仍有欠缺：现货方面缺乏一个透明、全市场认可的现货价格，库存、消费、产量都极少公布，没有形成一个长效的数据发布机制。国内的交易者、分析师也主要依靠分析国际形势、全球基本面来交易国内原油，存在隔靴搔痒的问题。对境外投资者来说，仍缺乏采用原油中国价格的动力和紧迫性。

（六）小结

原油是中国首个国际化品种，我们以原油为例加以分析，希望找到跨境交易服务中存在的问题，设计了"跨境交易服务调查问卷"，目标对象为期货跨境交易现有客户、潜在客户及境外中介，就投资者类型、参与意愿、参与目的、途径、可改进的地方等方面征询了意见和建议。结论显示，目前参与原油期货的阻碍主要在于境外机构投资者投资意愿不强、外汇结算仍不够通畅、国内可投资标的较少、开户烦琐、行情独立性差等方面。期货市场和经营机构要提升跨境服务能力，须聚焦上述内容，进一步加以改进。

六、期货经营机构跨境服务评价体系

从期货市场跨境服务发展历程、跨境交易典型案例及对跨境交易者的访谈结果来看，当前中国期货市场和经营机构的跨境服务仍存在较多问题和需要改进的地方，有必要对当前总体跨境服务宏观背景及期货经营机构总体能力情况进行评价，为市场和机构能力发展提供可参考的方向。

（一）当前跨境交易特征总结

经过上文案例分析和问卷调查研究，我们可以大体了解目前期货市场跨境交易主要存在以下问题：

1. 跨境交易面临着文化和制度的差异，考验期货经营机构的运营服务能力

跨境交易涉及两个以上不同地区的机构或个人，其所处的制度、文化环境或多或少地存在差异，这些差异可能在于不同区域的经济制度、社会文化，甚至隐性的交易习惯等。对文化和制度的差异若不能妥善处理，跨境交易客户和期货经营机构间就会存在更大的信息不确定性。根据经济学相关理论，不确定性的存在将降低效率，甚至阻碍潜在交易的发生。

2. 跨境交易客户关注期货公司的资金实力和风控能力

跨境交易往往规模较大，而且由于市场差异性的存在，境外投资者需要慎重考察期货公司和期货市场的相关风险情况。期货公司的资金实力越强，往往意味着其安全度越高，风险管控能力越强，意味着能降低部分非市场性的风险。

3. 跨境交易需要期货经营机构拥有较强的硬件和系统服务能力

随着计算机和网络技术的发展，交易逐渐转变为量化、程序化和高频交易。对于程序化和高频交易者来说，需要网络反馈速度快，系统保持稳定。但是，在跨境交易中，交易客户所在地可能与期货公司网络机房等地分别处于不同国家和地区，由于跨境网络基础设施等问题，数据传输可能会产生延迟。

4. 在跨境交易过程中，策略和产品是期货经营机构为客户提供价值的重要载体

境内、外相关企业参与跨境交易，其主要目标是完善企业的投资结构和满足自身的风险需求。因此，期货经营机构能否提供有效的策略和产品、真正地服务境内外企业的需求，将决定跨境交易能否有效地推进。

5. 期货跨境交易的发展需要宏观政策的放开和改善

随着中国经济的发展、期货市场的壮大，境外交易者有较强的参与中国期货市场的意愿，境内相关机构也希望到境外扩大自身的业务范围。但是在换汇、投资等政策约束下，上述跨境交易的需求仍未被充分地释放。下阶段相关宏观政策的完善，将促使跨境交易进一步发展。

6. 市场流动性、多样性是跨境交易开展的重要原因

从原油期货前期运行情况来看，境外机构投资者投资意愿不强，原因在于国内原油期货持仓量不足，难以满足套保需求，且暂时没有走出独立的行情。对于境外投资者来说，若希望利用原油期货来满足投资需求，可以考虑国际上其他原油期货，

而非 SC 原油。从该角度看，提高市场流动性、增加品种多样性，将能提高跨境交易的活跃度。

总而言之，目前跨境交易进一步发展面临的瓶颈，有国内期货市场发展仍不够完善的因素，也有期货经营机构服务能力有待提升的原因。因此，监管机构要有效评价期货经营机构的跨境服务能力，主要有如下两方面的办法：一方面，考察期货公司自身的能力是否满足跨境交易服务的要求；另一方面，分析当下期货市场跨境交易的总体情况。对期货经营机构跨境服务能力的评价，应置于期货市场总体国际化水平的框架下进行讨论，才能更好地分析期货经营机构本身的跨境交易服务能力。

从期货市场的角度而言，当前中国期货市场跨境交易市场规模仍须扩大，交易参与度有待进一步提高，市场结构需要继续优化，政策环境有待进一步放宽松。从期货经营机构的角度出发，企业的投资服务水平需要为跨境交易者提供更好的风险管理产品和策略，管理服务能力仍须向国际一流靠拢，技术服务方面需要进一步打造安全、可靠的交易环境。

因此，本研究认为，跨境交易的宏观环境可以从市场规模、跨境交易参与度、市场结构和政策环境等层面考察，而期货经营机构的服务能力则可以分为投资服务能力、管理服务能力和技术服务能力等三个维度。下文将进一步讨论如何评价跨境交易外部宏观条件及期货经营机构的跨境交易服务能力。

（二）跨境交易服务外部宏观环境评价与分析

为了对期货市场总体跨境交易服务能力有总体的了解，我们构建跨境交易服务宏观环境指标系统，综合反映跨境交易的宏观环境。

期货经营机构要提升跨境交易服务水平，除了准确评价自身能力现状，从而弥补"短板"外，还必须密切关注国内期货市场与跨境交易服务有关外部宏观环境。只有切实地结合国内具体情况，期货经营机构跨境服务能力的建设才能更好地为中国期货市场国际化服务。为了更加客观地反映期货经营机构的跨境交易服务所处的外部环境，我们尝试建立反映跨境交易服务外部宏观环境的指标系统，包括四大维度、12 个指标。四大维度分别为：市场规模、跨境交易参与度、市场结构和政策环境；12 个指标类型分别为持仓量占比、品种总量、活跃品种占比、交易量占比、国际品种数量、跨境交易活跃度、经营机构境外交易度、金融类衍生品规模、期权期货持仓比、投资渠道、外汇政策和期货法律、政策环境（具体指标内容见表9）。其中，不同的指标重要性程度有所差异，重要性程度最高的为"★★★★★"，随着重要性程度的降低，"★"的数量将有所减少。

表 9　　　　　　　　　中国期货市场跨境交易年度指标监控系统

维度	指标类型	具体指标	评价形式	重要性	2018 年	2019 年上半年
市场规模	持仓量占比	衍生品持仓量占全球比重	定量	★★★	3.63%	3.98%
	品种总量	市场中能交易的不同期货类型总数量	定量	★★★	51	55
	活跃品种占比	全球最活跃的 40 份合约中，位于中国期货市场的数量	定量	★★★	农产品：16/40；金属：12/40；能源：6/40；其他：8/40	农产品：18/40；金属：12/40；能源：6/40；其他：8/20
	交易量占比	衍生品交易量占全球比重	定量	★★★	10.00%	10.36%
跨境交易参与程度	国际品种数量	中国期货市场中国际化期货品种的总数量	定量	★★★★	3	3
	跨境交易活跃度	境外客户参与境内交易的成交量，或境外投资者的总数量	定量	★★★★★	—	—
	经营机构境外交易参与度	中国期货交易机构在境外设立的分支机构数量，或拥有的境外交易所席位总数量	定量	★★	境外分支机构：27	境外分支机构：30
市场结构	金融类衍生品规模	股指期货、外汇、债券等衍生品交易量占总交易量的比重	定量	★★★	5.43%	8.33%
	期权期货持仓比	期权与期货持仓的比重	定量	★★★	8.428%	12.382%
政策环境	投资渠道	外资投资渠道变化，出台相关政策或规定，境外投资者更容易投资境内期货市场则更好	定性	★★★★★	—	—
	期货法律、政策环境	《期货法》或相关政策法规出台规定，使境内外投资者权益得到更好的保障	定性	★★★★★	—	—
	外汇政策	出台更好的换汇相关规定，使得跨境投资者汇率风险得到更有效控制，则为更好	定性	★★★★★	—	—

1. 市场规模

市场规模是考虑期货交易外部宏观条件的重要维度。某期货品种在一国的市场规模、交易规模越大，该国对于该品种的话语权越大。市场规模越大也意味着交易的流动性越大，期货品种的套期保值、套利、投机等将更加便捷等。对于期货市场整体来说，市场规模越大越能吸引全球各类机构的目光，他们将积极参与该期货市场，进一步提高市场的规模和活跃程度。

我们认为，可以用持仓量占比、品种总量、活跃品种占比、交易量占比等指标类型来衡量。"持仓量占比"选择"衍生品持仓量占全球比重"进行反映，该数值2018年为3.63%，2019年上升至3.98%，呈现稳步上升的态势；"活跃品种占比"选择市场可交易的不同期货类型总数进行反映，该数值在2018年为51个，2019年上半年为55个；活跃品种占比，即全球最活跃的40份合约中，位于中国期货市场的数量，2018年具体数据为：农产品为16/40；金属为12/40；能源为6/40；其他为8/40；2019年数据为：农产品为18/40；金属为12/40；能源为6/40；其他为8/20。另外，"交易量占比"即衍生品交易量占全球交易量的比重，2018年数据为10%，2019年为10.36%。上述数据表明2019年上半年，从市场规模观察，中国期货市场在全球交易中的分量，以及由此反映的国际话语权有所上升。

2. 跨境交易参与度

跨境交易参与度是本监控指标系统的另一重要维度。虽说市场规模占世界规模比重越大，其影响力越大，但是如果市场缺乏境外机构参与，交易类型就会相对缺乏多样性。市场"看不见的手"之所以能发挥作用，往往是因为有众多不同类型的交易参与。同时，缺乏境外机构参与的市场，即使市场规模巨大，市场规模本身的影响力则局限于国家内部，也不符合期货市场国际化的方向，市场难以获得更大的国际影响力。

我们认为，可以用国际品种数量、跨境交易活跃度、经营机构境外市场参与度等衡量中国期货市场的跨境交易参与程度。"国际品种数量"是指中国期货市场中国际化期货品种的总数量，2018年该数值为3，2019年上半年保持不变。"跨境交易活跃度"是指境外客户参与境内交易的成交量，或境外投资者的总数量。由于该数据分散于各期货公司和交易所，并无公开统计数据，因此暂为空缺。尽管缺少数据，本研究仍将其列入，原因有两方面：一则该数据与跨境交易活跃度相关度较大，二则从监管机构角度，可以汇总统计得出上述数据，从而对跨境交易活跃度有更深的了解。"经营机构境外交易参与度"是指中国期货交易机构在境外设立的分支机构数量，或拥有的境外交易所席位总数量。2018年，国内期货公司在境外共有27

家分支机构,2019 年上半年增至 30 家。

3. 市场结构

评价跨境交易宏观环境,需要考察期货市场的结构。并不是说期货市场必须发展至某种结构状态,其跨境交易环境则最好。对市场结构必须结合具体地区的实际情况进行分析。如果某地区期货市场结构偏离平均或合理状态太多,则将影响市场的跨境交易总体环境。例如,某地区商品期货市场十分发达,但期权市场较为落后,交易者不能有效通过期货和期权结合的方式管理其资产风险。

我们认为,可以用"金融衍生品规模"和"期权期货持仓比"等进行衡量。"金融类衍生品规模",即股指期货、外汇、债券等衍生品交易量占总交易量的比重,2018 年该数值为 5.43%,2019 年为 9.33%。"期权期货持仓比",即期权与期货持仓比重,2018 年该数值为 8.43%,2019 年为 12.38%,从数值的水平和变化趋势来看,中国的期货市场结构逐渐向国外期货市场看齐,这是一种向好发展的趋势,有利于更丰富的风险管理方式的出现。

4. 政策环境

政策环境是跨境交易宏观监测系统中最为核心的因素。从此前的案例分析和问卷调查的结果可知,跨境交易参与者最为关心的是中国期货市场的政策制度、风险监控,以及外汇换汇政策等问题,甚至影响他们是否做出投资的决策,因此法律、法规、政策的变化将对跨境交易宏观环境产生巨大的影响。

本研究从"投资渠道""期货法律、政策环境""外汇政策"等层面对政策环境进行总体刻画。其中"投资渠道"即相关管理机构是否对外资投资渠道进行调整,或出台相关政策或规定,使境外投资者更容易投资境内期货市场。"期货法律、政策环境",即相关管理机构是否出台《期货法》或相关政策法规,使境内外投资者权益得到更好的保障。"外汇政策",即相关管理机构是否出台更优的换汇相关规定,使得跨境投资者汇率风险得到更好的控制。

5. 期货市场跨境服务宏观环境评价

从近两年指标体系相关内容变化的情况来看,当前经营机构跨境交易服务面临的外部环境正在不断地优化,中国期货市场不断往国际化的方向发展。从政策环境的变化来看,中国期货市场乃至整个金融市场越来越开放,例如 2019 年 9 月 10 日,外汇管理局宣布全面取消 QFII 和 RQFII 投资额度限制,明确不再对 QFII 的单家投资额度进行备案和审批,并将取消 RQFII 试点国家和地区限制;从市场规模看,中国期货市场品种数量和交易规模占世界比重越来越大,影响力也随之不断增加;从跨境交易参与度来看，境内期货公司正积极地"走出去"，设立境外子公司，获得境外市场交易席位；从市场结构来看，金融衍生品占期货市场交易比重也在稳步增加，境内外投资者用以对冲风险的可选择的工具越来越多。

这些宏观环境的变化有助于境外投资者更加关注中国期货市场，也减少了他们参与中国期货市场的成本。但是，从相关数据看，当前中国期货市场仍然离国际成熟市场有一定差距，仍存在不少需要改进的地方。监管机构需要进一步完善相关政策制度，为跨境交易的发生创造更优的条件。

（三）跨境交易服务评价体系的构建

构建跨境交易服务评价体系，研判国内跨境交易服务能力。为了充分了解跨境交易服务的内涵，有针对性地提升期货经营机构的服务能力，我们创新性地构建了期货经营机构跨境交易服务评价体系。该体系对期货经营机构的跨境交易服务能力进行了层层分解，这种分解使我们能够对跨境交易服务的内涵有更为深入的理解，也为监管机构和经营机构评价跨境交易服务能力提供了可选择的工具。

经过典型案例分析、文献调查总结和客户问卷调查，我们认为跨境交易服务能力总体上可分解为三大主要维度和八大基础能力。三大主要维度是指技术服务能力、投资服务能力和管理服务能力。从三大主要维度衍生出的八大基础能力为：系统支持能力、运营服务能力、产品开发能力、策略研发能力、机构资金实力、公司治理能力、风险管理能力和人力资源能力。图13展示了我们对跨境交易服务能力分层结构的理解。

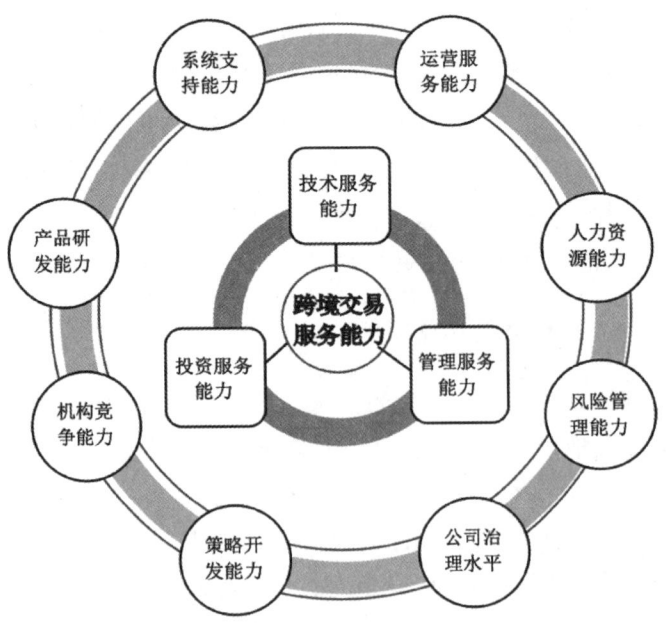

图 13　期货经营机构跨境交易服务能力维度分解

1. 技术服务能力

技术服务能力主要有系统支持能力和运营服务能力组成,主要反映公司在交易服务方面的软硬件情况,具体考核指标见图14。

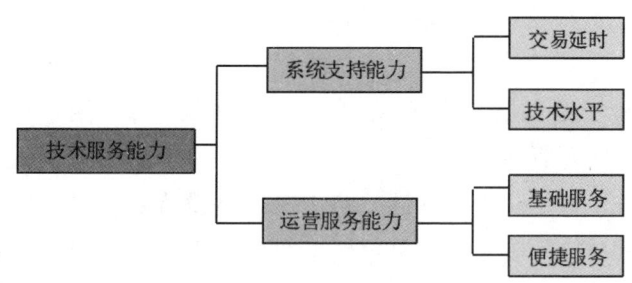

图14 技术服务能力指标体系

(1)系统支持能力:期货经营机构服务跨境交易客户需要有国际一流水平的系统支持。对于客户而言,经营机构提供的服务系统是核心,对跨境交易客户来说更是如此。通过在技术、管理、研发上对系统的持续投入,提高系统的低延时、稳定性、兼容性、高速高效、应急处理、多功能、可扩展性等性能,期货经营机构才能满足跨境交易客户对经纪商系统的需求(见表10)。

表10 系统支持能力评价细则

具体能力	评估类别	评价内容	评价细则
系统支持能力	交易延时	是否能为跨境交易提供低延时的交易环境?	是否能为跨境客户提供稳健的实时交易环境
	技术水平	是否能为跨境交易提供安全的交易服务?	网络是否实现冗余,能够自动修复故障,避免单点故障;网络边界是否有可靠的安全控制措施;交易网段与非交易网段之间、业务网段和办公网段之间是否实现隔离;是否具备完善的安全体系设计,包括对异常登录的处理、入侵检测、操作审计、自动警报等功能
		能否即使排除软硬件技术问题,确保跨境交易不受影响?	系统应当能在规定时间内恢复正常 部件级故障(99%情况下为此类):一分钟内 集群失效故障(1%情况下的较严重故障,须手动切换到备用系统):20分钟内 外围系统故障(营业部系统、银证系统、电话委托系统等):15分钟内

A. 交易延时:期货市场瞬息万变,在电子化交易环境中,低系统延时是客户对期货公司交易系统最基本、最重要的要求,故在评价交易系统性能的诸指标中单列。

- 对于系统延时，结合定量和非定量指标给出百分制综合分值。
- 定量指标：计算目标公司交易延时在行业中的分位数值。可按照前5%，前5%—10%，前10%—20%，前20%—50%，低于50%等评分登记。
- 非定量指标由专家进行主观评定，主要是评价期货公司到各境外交易所的通信链路硬件情况（带宽越大、线路数量越多则为佳）。

B. 技术水平：

- 网络安全：交易网段与非交易网段、业务网段与办公网段须隔离，防止非交易系统中的故障风险等影响到交易系统。未达到者统一扣分（固定值）。系统边界网络安全控制措施。包括防火墙系统、路由等网络设备的入侵防护系统等，目的是保证客户交易数据传输的安全和交易系统的稳定。由专家主观评定其可靠性，分五级。在网络安全管理监控系统方面，网络设备复杂多样，需要对其进行全面的监管控制。一是可及时反馈链路的连通状态和丢包率等重要信息，二是可对系统入侵和内部异常情况等进行警报和提醒（操作审计、异常登录检测、入侵检测等）。由专家主观评定其可靠性，分五级。

- 故障恢复时间：故障指运营中心计算机系统硬件问题，一般可以通过技术手段解决。系统应当能在规定时间内恢复正常。可将故障分为部件级故障、集群失效故障和外围系统故障，综合判断发生故障时的恢复能力，时间越短得分越高。部件级故障（99%情况下为此类）：一分钟内。集群失效故障（1%情况下的较严重故障，须手动切换到备用系统）：20分钟内。外围系统故障（营业部系统、银证系统、电话委托系统等）：15分钟内。

（2）运营服务能力。跨境交易过程涉及不同行政管理体系，客户难以充分了解国内外相关政策、交易流程的差异。因此，跨境交易相对于一般交易而言更具复杂性，从而催生了客户对高质量、便捷、一体化交易服务的需求。考察期货经营机构的服务便利程度，可从如下三个方面展开：一是可以分析该机构跨境交易开户所需流程数量以及开户总耗时；二是可以观察该经营机构就跨境交易提出的便捷服务数量和质量等情况；三是可以研究跨境交易客户在期货经营机构交易所需的各项费率水平等（见表11）。

A. 基础服务：开户服务、手续费率等是期货经营机构的基本服务，用户的开户和手续费等体验有重要意义。需要对定量指标和通过问卷调查取得的客户感性评价做综合分析。各指标如下：

- 开户安全性（互联网）。具体指互联网开户过程中，客户对期货公司保障客户信息安全、资金安全开户流程设计及技术措施进行评价。

- 开户便捷性（互联网）。具体指互联网开户过程中，客户对上传材料、双向视频见证等环节的体验的评价，包括页面是否明白易懂、网络通信环境是否流畅等。

表 11　　　　　　　　　　　运营服务能力评价细则

具体能力	评估类别	评价内容	评价细则
运营服务能力	基础服务	开户过程是否足够安全	具体指互联网开户过程中，客户对期货经营机构保障客户信息安全、资金安全的开户流程设计及技术措施的评价
		开户过程是否足够便捷	具体指互联网开户过程中，客户对上传材料、双向视频见证等环节的体验的评价，包括页面是否明白易懂，网络通信环境是否流畅等
		手续费总体水平如何	境外期货交易各品种手续费不同，又分固定费率和按合约价值比例计费。因此，应对于特定品种业务分别打分（如与行业平均水平离差，或行业中分位数水平）。对公司总体的手续费水平打分，可按交易量/交易额等指标，对上述各品种的百分数分值做加权平均
	便捷服务	是否有方便境外客户的相关便捷流程	境外交易所对接服务（包括及时提供行情信息、提供与境外交易所直接联系沟通的渠道、定期组织相关培训等）交易手续服务（包括出入境办理、账单查询等）相应的 APP、软件能否满足客户相关需求

● 手续费率：各期货经营机构收取手续费一般有所差异，而境外品种的手续费率高低是客户重点关注的内容。较低的交易手续费率说明运营服务能力良好。境外期货交易各品种手续费不同，又分固定费率和按合约价值比例计费。因此，应对于特定品种业务分别打分（如与行业平均水平离差，或行业中分位数水平）。对公司总体的手续费水平打分，可按交易量/交易额等指标，对上述各品种的百分数分值做加权平均。

B. 便捷服务：

● 境外模拟交易服务（没有则扣分，有则由专家评分）。

● 境外交易所对接服务（包括及时提供行情信息、提供与境外交易所直接联系沟通的渠道、定期组织相关培训等，调查客户评分）；交易手续服务（包括出入境办理、账单查询等）。

2. 投资服务能力

投资服务能力主要由产品开发能力、策略研发能力和机构竞争能力组成，反映期货经营机构为跨境交易客户带来的核心服务价值（见图 15）。

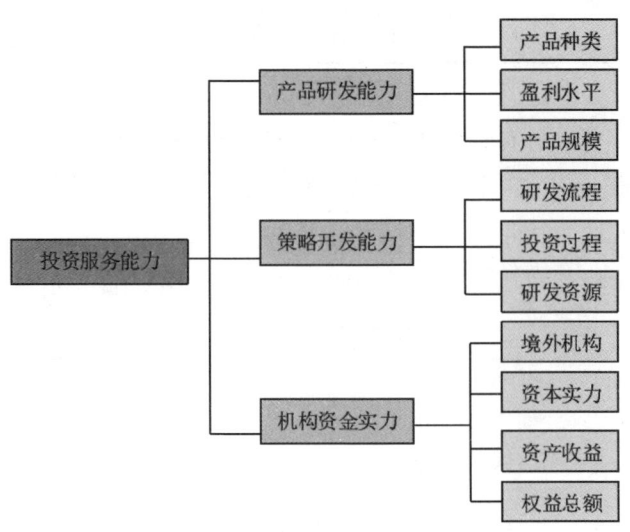

图 15　投资服务能力指标体系

（1）产品开发能力：与国内投资者不同，国际投资者更偏向于购买专业投资机构的产品，而非依赖自身的判断入市操作。同时，由于对跨境交易品种熟悉度不足等问题，国际投资者在参与国内期货交易时一般更为依赖专业的投资机构。该情况的存在，对期货经营机构提出了较高的服务要求。为了充分理解和刻画该能力，我们建议可以从交易的产品数量、产品规模、产品延续时间和产品收益率等方面进行评价（见表12）。

表 12　　　　　　　　　　　　产品开发能力评价细则

具体能力	评估类别	评价内容	评价细则
产品开发能力	产品种类	是否有多样化的品种满足跨境交易者需求	依据期货交易机构设计的产品，设计时越深入考虑跨境交易用户特征的得分越高
	盈利能力	产品是否能为跨境客户提供有效的风险转移功能？能否优化其投资结构	产品与面向纯境内交易用户有所差别，一般能为境外客户提供更为便捷的投资境内资产的途径，或为境内客户提供更为便捷的投资境外资产途径，以满足其风险管理需求，该特征越明显，得分越高
	产品规模	产品规模能够满足跨境交易者需求	公司相关产品规模越大，经营机构该项得分越高

A. 产品种类：是否有多样化的品种满足跨境交易者需求？
● 依据期货交易机构设计的产品，设计时越深入考虑跨境交易用户特征的得分越高。

B. 盈利水平：产品是否能为跨境客户提供有效的风险转移功能，使其实现一定的盈利？能否优化其投资结构？

- 产品与面向纯境内交易用户有所差别，一般能为境外客户提供更为便捷的投资境内资产的途径，或为境内客户提供更为便捷的投资境外资产途径，以满足其风险管理需求，该特征越明显，得分越高。

C. 产品规模：产品规模能够满足跨境交易者需求？

- 产品与面向纯境内交易用户有所差别，一般能为境外客户提供更为便捷的投资境内资产的途径，或为境内客户提供更为便捷的投资境外资产途径，以满足其风险管理需求，该特征越明显，得分越高。

（2）策略研发能力：策略研发能力，是指期货服务机构通过自身的专业能力、行业敏感度及数据搜集能力为投资者提供专业投资建议的能力。主要分为两个部分：一是期货经营机构尽可能搜集完整全面的数据，方便投资者做出正确的决策；二是经营机构在现有数据的条件下，构建相关品种的逻辑框架，做出行情判断、投资建议。关于策略研发能力，我们认为可以通过公司的研究团队实力，如"最佳分析师"等获奖情况、团队承接的课题情况和学术研究成果等内容进行测评（见表13）。

表13 策略研发能力评价细则

具体能力	评估类别	评价内容	评价细则
策略研发能力	研发流程	是否有针对跨境交易客户特点进行研究、开发交易策略	考察内容为：经营机构研究定期发布面向境外客户的英文报告，提供深入研究国外资产相关投资策略报告，为跨境交易客户提供一对一咨询等服务。综合考虑上述情况，相关策略越丰富翔实、单独为跨境交易客户提供策略咨询次数越多，该项得分越高
	投资过程	是否针对跨境客户制定产品、策略等投资说明	深入了解境外客户特征，详尽分析境内外交易差异，编制产品、策略说明书，使跨境客户更容易理解投资过程的合规，以及收益来源的合理性、风险的可控性等问题。对上述交易差异内容研究透彻、考虑周全、形成完善制度的得分越高
	研究资源	经营机构自身研究水平如何	综合考虑经营机构是否设有研究所，研究所综合资质所处位置，产品投资范围是否被完全覆盖，以及分析师获奖情况、团队研究课题情况和学术研究成果等情况，上述内容反映经营机构研究能力越强，该项得分越高

A. 研发流程：是否有针对跨境交易客户特点进行研究、开发交易策略？

- 考察内容为：经营机构研究且定期发布面向境外客户的英文报告，提供深入研究国外资产相关投资策略报告，为跨境交易客户提供一对一咨询等服务。综合考虑上述情况，相关策略越丰富翔实、单独为跨境交易客户提供策略咨询次数越多，该项得分越高。

B. 投资过程：是否针对跨境客户制定产品、策略等投资说明？

- 深入了解境外客户特征，详尽分析境内外交易差异，编制产品、策略说明书，使跨境客户更容易理解投资过程的合规，以及收益来源的合理性、风险的可控性等问题。对上述交易差异内容研究透彻、考虑周全，且形成完善制度的得分越高。

C. 研究资源：经营机构自身研究水平如何？

- 综合考虑经营机构是否设有研究所，研究所综合资质所处位置，产品投资范围是否被完全覆盖，以及分析师获奖情况、团队研究课题情况和学术研究成果等情况，上述内容反映经营机构研究能力越强，该项得分越高。

（3）机构竞争能力：跨境交易服务能力，与期货公司自身资金实力紧密相关。在对 QDII 基金的研究中，我们发现外汇额度是跨境交易机构重要考虑的因素。QDII 基金受青睐的原因之一是其不占用持有人的外汇额度，而是占用基金公司的 QDII 额度。QDII 的额度与公司的资金实力息息相关，从这个角度看，期货经营机构的资金实力越强，越有可能为跨境交易机构提供多样化的服务。因此，我们计划从净资本水平、业务收入水平、净利润水平等指标考核期货经营机构的资金实力（见表14）。

表 14　　　　　　　　　　　机构竞争能力评价细则

具体能力	评估类别	评价内容	评价细则
机构竞争能力	境外机构	经营机构在境外经营情况	在境外是否设立了下属机构？是否拥有境外期货交易所交易席位？境外分支机构和交易席位越多，该项得分越高
	资本实力	注册资本在同业中排名情况	注册资本在全行业前 10 名、11—20 名、21—30 名、31—50 名、51 名及以后等级别评分
	资产收益	资产收益率在同业中排名情况	资产收益率在全行业前 10 名、11—20 名、21—30 名、31—50 名、51 名及以后等级别评分
	权益总额	客户权益在同业中排名情况	日均客户权益在全行业前 10 名、11—20 名、21—30 名、31—50 名、51 名及以后等分别评分。资管产品中衍生品权益在全行业前 10 名、11—20 名、21—30 名、31—50 名、51 名及以后等级别评分

A. 境外机构：经营机构在境外是否设立了相关机构？是否拥有境外期货交易所交易席位？

- 境外分支机构和交易席位越多，该项得分越高。

B. 资本实力：在同业中的排名情况。

- 可根据注册资本在全行业前 10 名、11—20 名、21—30 名、31—50 名、51 名及以后等级别评分。

C. 资产收益：在同业中的排名情况。

- 资产收益率在全行业前 10 名、11—20 名、21—30 名、31—50 名、51 名及以后等级别评分。

D. 权益总额：在同业中的排名情况。

- 日均客户权益在全行业前 10 名、11—20 名、21—30 名、31—50 名、51 名及以后等级别评分。衍生品权益在全行业前 10 名、11—20 名、21—30 名、31—50 名、51 名及以后等级别评分。

3. 管理服务能力

管理服务能力由公司治理能力、人力资源能力和风险管理能力组成，反映期货经营机构自身内部建设水平，是跨境服务能力的根源（见图 16）。

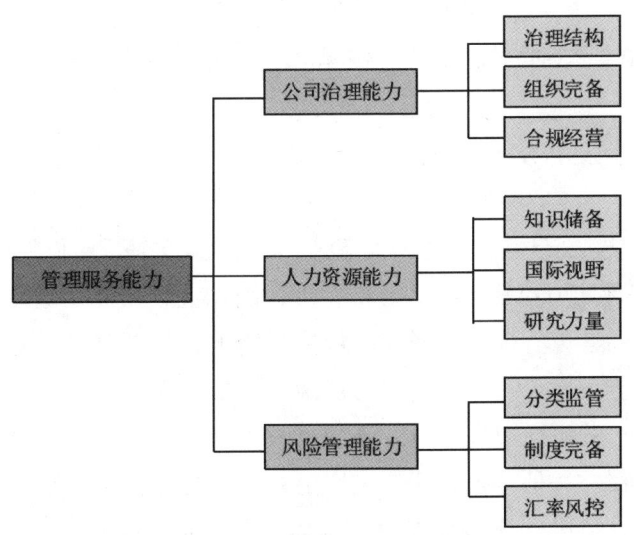

图 16　管理服务能力指标体系

（1）公司治理能力：通过调查发现，海外客户对期货经营机构本身的经营能力制度完善程度有较高要求。政策法规履行充分、风险审核完善、控制良好的期货经营机构，更受境外客户的青睐。同时，境内外监督机构法律法规的差异，也对期货经营机构的跨境交易服务的制度化水平提出了更高的要求。本部分主要从公司股权结构、内部制度、治理结构、员工持股等方面进行考察（见表 15）。

A. 治理结构：公司股权是否对管理层形成有效激励。

- 考察内容为股权结构是否清晰、控股股东的总体实力、股权结构对经营稳定性的影响等内容。

B. 组织完备：员工持股制度是完善公司治理结构、增强员工的劳动积极性和企业的凝聚力的重要方式。推进员工持股，使他们除了能按劳分配取得工资外，将员工的工作回报和职业生涯与公司的发展绑定，能激发其主人翁意识，对留住公司骨干人才具有重要的意义。

表 15　　　　　　　　　　　公司治理能力评价细则

具体能力	评估类别	评价内容	评分标准
公司治理能力	治理结构	公司股权结构是否能有效激励	考察内容为股权结构是否清晰，控股股东的总体实力，股权结构对经营稳定性的影响等内容
	组织完备	公司是否有完善的组织架构	根据公司有完善、有效的组织架构，如是否有监事会等进行相应的评分
	合规经营	经营机构在合规经营等方面情况	公司执行境内外法律法规等相关情况，如发生相关违规事件则给予相应的扣分

- 根据公司是否拥有完善的组织结构，如是否拥有监事会等，给予相应的评分。
- 根据考核期是否发生劳资纠纷等情况扣除一定的分数。

C. 合规经营：

- 公司执行境内外法律法规等相关情况，如发生相关违规事件则给予相应的扣分。

（2）风险管理能力：通过案例分析发现，国际上较为成功的期货经营机构一般均为比较熟悉市场运作、具有很强的风险控制能力和运营规范的金融机构。由于跨境交易存在交易链条更长、交易流程更复杂、交易对手和客户的真实情况更难把握等特点，对期货经营机构来说，风险管理能力可能更为重要。为此，我们建议可从如下指标进行考察：一是分类监管考核情况，主要是根据监管机构每年度对期货经营机构的分类监管情况，该指标能够从总体上考察期货经营机构的风险管理能力；二是经营机构内部各类制度完备情况，在满足各类监管要求的基础上，考察经营机构是否根据跨境交易的特定情形，制定相应的制度，以及时应对跨境交易可能出现的各种突发事件；三是期货经营机构的汇率风控情况，汇率问题是跨境交易中的重点问题，经营机构是否制定有效措施防控该类风险，关系到跨境交易能否安全、可持续地推进（见表16）。

表 16　　　　　　　　　　　风险管理能力评价细则

具体能力	评估类别	评价内容	评分标准
风险管理能力	分类监管	分类监管评级情况	可根据A类AA级、A类A级、B类、C类、D类等评级情况评分
	制度完备	跨境交易安全管理措施和机制	经营机构专门针对跨境交易设定安全管理机制，条理清晰，包含了所有可能发生的应急举措
	汇率风控	跨境交易汇率风险控制情况	是否有能力控制跨境交易中可能出现的汇率波动导致的相关违约风险？形成相关风控制度，并且越完善得分越高

（3）人力资源能力：跨境交易往往涉及国际客户，语言障碍、文化差异等因素是期货经营机构提升跨境交易服务质量时需要重点考虑的问题。因此，期货经营机构需要储备具有良好外语沟通能力的人才，以及具备东西方文化、国际衍生品市场格局、国际期货主流规则和国际一流经纪商相关服务等知识的从业者，才能全面提升机构的跨境交易服务能力。为了更好地测评期货经营机构的人力资源能力，我们建议可以从以下指标进行考察：硕、博士等高层次人才占比，具有海外背景的人才占比，期货投资咨询资格持证人占比，具有丰富金融工作经验的人才占比（见表17）。

表17　　　　　　　　　　　　　人力资源能力评价细则

具体能力	评估类别	评价内容	评分标准
人力资源能力	知识储备	高层次人才的储备能否满足跨境服务需求	经营机构硕博士等高层次人才比例在全行业前10名、11—20名、21—30名、31—50名、51名及以后等分别评分
	国际视野	人力资源是否拥有对接跨境交易、境外客户的能力	具有海外背景的人才占全公司具有期货从业资格的人员比例在全行业前10名、11—20名、21—30名、31—50名、51名及以后等分别评分
	研究力量	研究人员储备是否能产出符合跨境交易客户需求的内容	期货投资咨询资格持证人占比在全行业前10名、11—20名、21—30名、31—50名、51名及以后等分别评分

注：本部分评分划分仅作为评分的一个参考，具体量纲和划分应根据期货经营机构及考评机构的实际情况确定。

A. 知识储备：高层次人才的储备能否满足发展跨境服务需求？

● 硕、博士等高层次人才占比在全行业前10名、11—20名、21—30名、31—50名、51名及以后等分别评分。

B. 国际视野：人力资源是否拥有对接跨境交易，特别是境外客户的能力？

● 具有海外背景的人才占比。具有海外背景的人才占全公司具有期货从业资格的人员比例的情况在全行业前10名、11—20名、21—30名、31—50名、51名及以后等分别评分。

C. 研究力量：研究人员储备是否能产出符合跨境交易客户需求的内容？

● 期货投资咨询资格持证人占比在全行业前10名、11—20名、21—30名、31—50名、51名及以后等分别评分。

4. 评价体系权重设置

为了能让跨境服务能力评价体系更好地反映期货经营机构跨境服务的总体水平，我们采用专家评分法对各指标权重进行设置，并邀请行业内部分专家及自身从业人员打分，以追求权重的相对权威性。总体上，权重的设置参考参评专家评分的加权平均值（见表18）。主要评分规则如下：

表18 跨境服务能力评价体系评分表

主要维度	维度权重	具体能力	能力权重	评估类别	评价内容	指标权重
技术服务能力	20	系统支持能力	75	技术水平	是否能为跨境交易提供安全的交易服务	30
					能否及时排除软硬件技术问题，确保跨境交易不受影响	70
				交易延时	是否能为跨境交易客户提供稳健的实时交易环境	
		运营服务能力	25	基础服务	开户过程安全性是否得到充分保障	50
					能否为跨境交易客户提供快捷的开户服务	
					手续费总体水平如何	
				便捷服务	是否有方便境外客户的相关便捷服务流程	50
投资服务能力	50	产品开发能力	40	产品种类	是否有设计国际化的品种	20
				盈利水平	产品是否能为跨境客户提供有效的风险转移功能？能否优化其投资结构	50
				产品规模	涉及国际化资产的产品规模多大	30
		策略研发能力	20	研发流程	是否有针对跨境交易客户特点进行研究、开发交易策略	30
				投资过程	是否针对跨境客户制定产品、策略等投资说明	40
				研究资源	经营机构自身研究水平如何	30
		机构竞争能力	40	境外机构	经营机构在境外经营情况	10
				资本实力	在同业中排名情况	30
				资产收益	在同业中排名情况	30
				权益总额	在同业中排名情况	30
管理服务能力	30	公司治理能力	45	治理结构	公司股权结构是否能有效激励	30
				组织完备	公司是否有员工持股计划	30
				合规经营	经营机构在合规经营等方面情况	50
		风险管理能力	45	分类监管	分类监管评级情况	70
				制度完备	跨境交易安全管理措施和机制	20
				汇率风控	跨境交易汇率风险控制情况	10
		人力资源能力	10	知识储备	高层次人才的储备能否满足发展跨境服务需求	50
				国际视野	人力资源是否拥有对接跨境交易，特别是境外客户的能力	30
				研究力量	研究人员储备是否产出符合跨境交易客户需求的内容	20

（1）规定专家在具体每项维度、能力或指标的打分只能在"100、90、80、70……20、10"之间选择；

（2）三个主要维度权重合计必须等于100；

（3）八个具体能力权重合计必须等于100；

（4）每项具体能力下的评估指标权重合计必须等于100。

我们邀请了10位专家进行评分，在专家分数的基础上，我们更多地参考专家设置的权重，综合权衡得出最终权重设置后发还给专家进一步确认，然后再进一步进行权重设置。

关于指标权重的设置，本课题给出了一个参考的比例。本评分权重仅作为期货经营机构或相关监管机构评价时的参考，实际操作过程中应该根据考核主体情况、可用指标的情况不同而对权重进行重新设置。

尽管参与评分专家不多，但具体权重是多次沟通并结合实际影响情况反复讨论得出的结果，仍具有一定的价值。也就是说，权重设置的主要参考方法为德尔菲法。德尔菲法专家人数的设置并非越多越好，而是应该根据研究内容的深度与广度选择合适的人数，一般不超过20人。

所谓德尔菲法，是以不记名的方式征询专家对某项研究或问题的意见和看法，其主要有以下特征：

（1）匿名性，专家的意见因此较少地受到他人或其他权威的影响；

（2）反馈性，问题的调查并非一轮结束，而是通过几轮问询，向专家反馈其他专家的意见，使得意见逐渐集中。

综上所述，跨境服务能力评价体系见图17。

（四）跨境交易服务能力评价体系的意义

1. 监管机构可以以此作为参考，考虑如何促进和提升期货公司跨境交易

跨境服务能力评价为什么重要？因为期货市场是由微观市场不同交易个体的不同交易行为组合而成，交易的活跃与否决定了市场规模及市场影响力的大小。因此，中国期货市场要实现深度国际化、在国际层面获得一定的影响力，必然的路径是提高跨境交易规模和活跃度。那么，应该如何提升跨境交易的活跃度？除了宏观政策环境等对期货公司来说是外生性的变量之外，期货经营机构最核心的作用就是提高跨境服务能力。市场总体的跨境服务能力一旦得到了升级，期货跨境交易必然得到正面的影响。

作为监管机构，如何去有效促进跨境交易服务，成为其全面促进期货市场国际化的亟须解决的重要问题。本书研究初步制定了一个可供参考的跨境交易服务能力

图 17 跨境服务能力评价体系总图

指标评价体系，为监管机构制定更加完善、更加全面的评价体系提供参考。我们认为，若监管机构进一步形成对期货经营机构的有效评价体系，根据评价结果，对优秀的公司进行奖励，对落后公司给出改进建议，将能起到引导的作用，形成提升跨境交易服务能力的良性循环。

2. 期货经营机构可以对标找差，实现跨境服务能力和竞争力全面提升

对于期货经营机构来说，跨境交易服务能力的评价体系也具备较强的现实意义。中国期货市场发展近 30 年，下阶段期货市场国际化将是其发展重点之一；而且，近年来，期货行业面临着转型的挑战，如何在这种竞争日益激烈的情况下脱颖而出，扩大市场、客户范围是重要路径，境外期货交易需求对期货公司发展壮大来说具有重要的意义。但是，应该如何去争取这些跨境交易的份额？如何通过改善自己的能力，去吸引跨境交易客户？由于目前对跨境交易服务能力的研究较少，期货经营机构没有理论的支撑，可能在能力提升方向上存在一定的困扰。本书提出的跨境交易服务评价体系，为期货经营机构提升跨境交易服务能力提供了一个改进的方向。期货经营机构可以对照评价体系表格的内容，进行自我评价，对标找差，从而实现跨境服务能力和企业竞争力的全面提升。

3. 跨境交易客户可以据此出发，寻找能承载自身业务的优质经营机构

跨境交易服务能力评价体系的另一意义，是可以为境内外客户选择合适期货经营机构提供参考依据。截至 2019 年 9 月，中国境内有 149 家期货公司，各家公司为了争夺客户资源，往往降低交易费率。但是，近年来竞争日益激烈，交易费率下降空间极其有限，在交易费用趋向一致的前提下，显然跨境交易客户不能仅靠费率低而选择承载自身业务的经营机构。此时，需要额外的指标和评价方式来为他们提供评价的工具。目前，监管机构的期货公司分类评价是一个参考的标准，但是该标准主要侧重于期货公司的合规经营等能力，并不专门面向跨境交易。本文初步拟定的跨境交易服务评价体系，为跨境客户在分类评价标准的基础上，提供多一种观察角度，能帮助他们选择出符合自己细化需求的期货经营机构。

（五）跨境服务评价体系的行业应用

为了能对跨境服务评价体系有更直观的理解，本书尝试利用该指标体系对中国期货经营机构进行评分。但是，由于缺乏相关考察数据，本书将基于数据可得性，选择相对合适的代理变量，以在相对客观的基础上，反映各期货经营机构的各项能力。同时，本文根据代理变量相关数据的情况，对各项指标的评分细则进行调整。必须强调的是，本评分仅用于对跨境服务指标体系的应用进行展示，由于数据的不足，使得真实的评分可能未能完全反映能力的差异。

在数据缺乏的情况下，为了能让评分工作得以推进，本书选择 2018 年 19 家获得 AA 级的期货公司作为评价对象。为了让得分结果更符合日常直观，在本部分内容采取百分制打分。因为选择的都是 AA 级公司，我们设定其各项能力均为 60 分以

上。事实上，基础分取 60 分或 80 分对实际结果影响不大，本演示评分方式实质上主要是将 AA 级公司各项能力按照 1—19 名进行排名，然后对最终排名进行加权平均。以低分 60 分、满分 100 分展示主要是出于日常直观评价的原因。经过对相关指标进行处理，可以得到具体评分见表 19。

表 19　　2018 年 AA 级期货公司跨境服务能力评分

期货公司/服务能力	系统支持能力	运营服务能力	产品开发能力	策略研发能力	机构竞争能力	公司治理能力	风险管理能力	人力资源能力	得分	排名
永安期货	93.50	98.00	98.00	90.30	86.70	84.50	93.80	95.00	91.82	1
华泰期货	94.70	84.00	82.60	76.50	85.60	87.50	85.25	90.80	85.74	2
海通期货	86.00	99.00	92.20	85.50	81.90	67.00	84.95	84.60	84.27	3
中信期货	78.40	93.00	86.20	84.90	87.30	71.50	86.05	93.40	83.72	4
申银万国	85.20	75.00	89.80	76.20	73.80	90.00	88.35	74.60	83.19	5
银河期货	73.60	84.00	89.80	75.60	77.20	90.00	90.25	86.20	83.12	6
国泰君安	85.90	82.00	91.40	77.70	82.40	71.50	83.70	83.60	82.98	7
光大期货	81.20	78.00	86.00	77.10	74.20	84.00	89.20	78.80	81.70	8
南华期货	77.00	94.00	76.00	81.60	78.70	89.50	83.25	87.80	81.31	9
国投安信	76.60	70.00	87.40	74.40	74.20	84.00	87.15	69.40	79.94	10
广发期货	73.00	85.00	72.20	72.90	82.40	84.00	90.60	80.40	79.48	11
上海东证	91.80	92.00	67.00	75.90	81.90	74.00	81.30	82.40	79.18	12
方正中期	67.80	86.00	76.60	85.20	68.80	84.00	87.30	83.00	77.69	13
中信建投	75.30	74.00	82.60	61.20	67.20	87.50	83.75	82.00	76.65	14
招商期货	70.60	67.00	83.00	63.60	70.80	84.00	90.05	65.60	76.51	15
鲁证期货	72.40	79.00	75.00	75.00	69.20	87.50	83.70	72.20	76.36	16
中粮期货	69.40	74.00	70.00	69.90	72.20	90.00	91.20	75.20	76.30	17
浙商期货	68.80	83.00	85.40	70.50	65.90	79.00	81.35	72.00	75.59	18
国信期货	61.20	67.00	66.40	62.40	76.40	71.50	79.00	65.80	69.62	19

注：本评分只是对指标体系的演示，数据的缺少使结果并不一定反映真实能力。

从最终得分表格可以看到，跨境交易服务能力得分排名前五的分别为：永安期货、华泰期货、海通期货、中信期货、申万期货。其中，永安期货在各项能力上均名列前茅。其他期货公司在某项上的能力各有特色，例如，申万期货的公司治理能力较强，海通期货的运营服务水平相对较高等。

1. 系统支持能力评分

（1）代理变量。由于各期货公司网络、系统方面的数据较难得到，本篇只能通过期货交易所及相关监管机构对期货公司在网络技术方面的评奖方面进行考察。

技术水平：根据2014年以来证监会第四、五、六届"证券期货业科学技术奖"中期货公司的获奖次数，以及是否获得2018年大商所、郑商所和中金所技术服务方面的奖项进行评价。

交易延时：由于没有各期货公司交易延时方面的数据，用各公司成交量相关数据作为代理变量，交易延时小的公司越能受到客户青睐，其成交量可能越高。

（2）评分规则。由于评分对象均为AA级，各项能力均处于较为优秀的水平，且国内总体网络系统水平较高，将各期货公司在技术水平和交易延时的基础分设为60分。在网络安全方面，期货公司获得1项交易所的相关奖项加10分，获得1项证监会相关奖项加15分；在交易延时方面，交易量最高的期货公司得100分，其余公司排名每下降1名扣2分，最后根据此前专家评分得出的指标权重计算出总得分。

（3）排名情况。根据以上选择的代理变量及评分规则，系统支持能力排名前3的期货公司分别为华泰期货、永安期货和上海东证期货，具体情况见表20。

表20　　　　　　　　　　系统支持能力评分

期货公司/具体指标	技术水平	交易延时	得分	排名
华泰期货	95	94	94.7	1
永安期货	95	90	93.5	2
上海东证	90	96	91.8	3
海通期货	80	100	86	4
国泰君安	85	88	85.9	5
申银万国	90	74	85.2	6
中信期货	80	84	81.2	7
光大期货	70	98	78.4	8
国投安信	80	70	77	9
中信建投	70	92	76.6	10
银河期货	75	76	75.3	11
广发期货	70	82	73.6	12
方正中期	70	80	73	13
南华期货	70	78	72.4	14
鲁证期货	70	72	70.6	15
招商期货	70	68	69.4	16
中粮期货	70	66	68.8	17
浙商期货	60	86	67.8	18
国信期货	60	64	61.2	19

注：本评分只是对指标体系的演示，数据的缺少使结果并不一定反映真实能力的差异。

（4）标杆企业。华泰期货和永安期货均在2018年获得大连商品期货所优秀技术支撑奖和中国金融期货所技术管理奖。永安期货曾在第六届、华泰期货在第四届证券期货业科学技术奖中得奖。这些奖项也表明华泰期货和永安期货在系统支持能力方面处于较高的水平。

2. 运营服务能力评分

（1）代理变量。基础服务：选择期货公司的营业总收入作为代理变量，公司的营业收入越多往往能够反映其总体基础服务越强。

便捷服务：选择期货公司的分支机构数量作为代理变量，公司分支机构越多，越能服务到更大的客户群体。

（2）评分规则。由于评分对象均为 AA 级，各项能力均处于较为优秀的水平，因此各公司基础得分 60 分，具体指标处于排名最高的公司得 100 分，其余公司排名每下降 1 名扣 2 分，最后根据此前专家评分得出的指标权重计算出总得分。

（3）排名情况。根据以上选择的代理变量及评分规则，运营服务能力排名前 3 的期货公司分别为海通期货、永安期货和南华期货，具体情况见表 21。

表 21　　　　　　　　　　运营服务能力评分

期货公司/具体指标	基础服务	便捷服务	得分	排名
海通期货	98	100	99	1
永安期货	100	96	98	2
南华期货	96	92	94	3
中信期货	90	96	93	3
上海东证	94	90	92	5
方正中期	82	90	86	6
广发期货	88	82	85	6
华泰期货	84	84	84	8
银河期货	68	100	84	8
浙商期货	86	80	83	10
国泰君安	92	72	82	11
鲁证期货	78	80	79	12
光大期货	66	90	78	13
申银万国	76	74	75	14
中粮期货	80	68	74	15
中信建投	72	76	74	15
国投安信	74	66	70	17
国信期货	64	70	67	18
招商期货	70	64	67	18

注：本评分只是对指标体系的演示，数据的缺少使结果并不一定反映真实能力的差异。

(4)标杆企业。海通期货股份有限公司是海通证券股份有限公司控股的全牌照专业期货公司,注册资本 13.015 亿元,已在新三板挂牌上市。自 2010 年起,公司客户规模稳居行业前五,金融期货和众多主要商品期货品种的市场份额位居行业前列。该公司优质的运营服务能力是其较高客户黏性的保障。

3. 产品开发能力评分

(1)代理变量。产品种类:从 Wind 数据库搜索到该期货公司发行的基金产品数量进行代替。

盈利水平:产品盈利水平高的公司,理论上其能获得的净利润水平越高,因此选择净利润作为代理变量。

产品结构:产品结构越合理,公司的收益率应能更高,因此选择资产收益率作为该项代理变量。

(2)评分规则。由于评分对象均为 AA 级,各项能力均处于较为优秀的水平,因此各公司基础得分 60 分,具体指标处于排名最高的公司得 100 分,其余公司排名每下降 1 名扣 2 分,最后根据此前专家评分得出的指标权重计算出总得分。

(3)排名情况。根据以上选择的代理变量及评分规则,产品开发能力排名前 3 的期货公司分别为永安期货、海通期货和国泰君安期货,具体情况见表 22。

表 22　　　　　　　　　　产品开发能力评分

期货公司/具体指标	产品种类	盈利水平	产品结构	得分	排名
永安期货	90	100	100	98	1
海通期货	100	94	84	92.2	2
国泰君安	82	96	90	91.4	3
申银万国	92	90	88	89.8	4
银河期货	96	92	82	89.8	4
国投安信	98	84	86	87.4	6
中信期货	72	98	76	86.2	7
光大期货	74	86	94	86	8
浙商期货	94	78	92	85.4	9
招商期货	68	80	98	83	10
华泰期货	88	88	70	82.6	11
中信建投	64	82	96	82.6	11
方正中期	86	72	78	76.6	13
南华期货	84	74	74	76	14
鲁证期货	80	70	80	75	15
广发期货	70	76	68	72.4	16
中粮期货	78	66	72	70.2	17
上海东证	66	68	66	67	18
国信期货	76	64	64	66.4	19

注:本评分只是对指标体系的演示,数据的缺少使结果并不一定反映真实能力的差异。

(4) 标杆企业。永安期货在基金产品种类、产品盈利能力等方面均在行业前列，其投资团队、产品设计、市场推广、投资绩效、客户服务等方面持续保持竞争力，使其资产管理业务得以有效拓展，进一步提高了公司的盈利能力。

4. 策略研发能力评分

(1) 代理变量。研发流程：研发资源反映公司的总体策略研发实力，选择期货公司 2018 年在四家期货交易所和上期所能源中心获得最高级别会员奖的数量作为代理变量。

研究资源：投资过程反映公司在具体品种中的总体策略研发实力，选择期货公司 2018 年在四家期货交易所具体衍生品品种得奖的数量作为代理变量。

投资过程：研发流程反映公司具体制定风险管理策略的能力，选择期货公司 2018 年获得郑商所和大商所"优秀风险管理子公司"奖项的情况。

(2) 评分规则。由于评分对象均为 AA 级，各项能力均处于较为优秀的水平，因此各公司基础得分 60 分。在研发流程方面，每获得 1 个奖项加 5 分；在投资过程方面，每获得 1 个奖项加 15 分；在研究资源方面，具体指标处于排名最高的公司得 100 分，其余公司排名每下降 1 名扣 2 分，最后根据专家评分得出的指标权重计算总得分。

(3) 排名情况。根据以上选择的代理变量及评分规则，策略研发能力排名前 3 的期货公司分别为永安期货、海通期货和方正中期，具体情况见表 23。

表 23　　　　　　　　策略研发能力评分

期货公司/具体指标	投资过程	研发流程	研究资源	得分	排名
永安期货	90	85	96	90.3	1
海通期货	75	85	100	85.5	2
方正中期	90	80	84	85.2	3
中信期货	75	85	98	84.9	4
南华期货	90	80	72	81.6	5
国泰君安	60	85	94	77.7	6
光大期货	75	75	82	77.1	7
华泰期货	60	85	90	76.5	7
申银万国	75	80	74	76.2	9
上海东证	60	85	88	75.9	10
银河期货	60	80	92	75.6	11
鲁证期货	75	70	80	75	12
国投安信	60	80	88	74.4	13
广发期货	60	85	78	72.9	14

续表

期货公司/具体指标	投资过程	研发流程	研究资源	得分	排名
浙商期货	75	65	70	70.5	15
中粮期货	60	75	78	69.9	16
招商期货	60	65	68	63.9	17
国信期货	60	60	68	62.4	18
中信建投	60	60	64	61.2	19

注：本评分只是对指标体系的演示，数据的缺少使结果并不一定反映真实能力的差异。

（4）标杆企业。永安期货立足于大资本市场，构筑风险管理和财富管理两大核心竞争力，以专业的产业服务能力、投资管理能力、策略研究能力、金融衍生工具综合运用能力为支撑，全面推进业务创新，打造期现结合、混业经纪、私募资管、场外交易、跨境服务等平台，促进期货市场功能发挥。

5. 机构竞争能力评分

（1）代理变量。

境外机构：根据期货公司在境外开设分支机构的情况进行评价。

资本实力：根据期货公司的注册资本总额进行评价。

权益总额：根据期货公司客户权益情况进行评价。

资产收益：根据期货公司的净资产收益率进行评价。

（2）评分规则。由于评分对象均为 AA 级，各项能力均处于较为优秀的水平，因此各公司基础得分 60 分。在境外机构方面，期货公司每在 1 个境外国家或地区开设分支机构加 5 分；在资本实力、权益总额和资产收益方面，具体指标处于排名最高的公司得 100 分，其余公司排名每下降 1 名扣 2 分，最后根据专家评分得出的指标权重计算总得分。

（3）排名情况。根据以上选择的代理变量及评分规则，机构竞争能力排名前 3 的期货公司分别为中信期货、永安期货和华泰期货，具体情况见表 24。

表 24　　　　　　　　　　机构竞争能力评分

期货公司/具体指标	境外机构	资本实力	权益总额	资产收益	得分	排名
中信期货	65	100	100	78	87.30	1
永安期货	75	86	98	90	86.70	2
华泰期货	70	92	96	82	85.60	3
广发期货	70	88	84	98	82.40	4
国泰君安	60	96	94	74	82.40	5
海通期货	65	84	92	96	81.90	6

续表

期货公司/具体指标	境外机构	资本实力	权益总额	资产收益	得分	排名
上海东证	65	98	88	66	81.90	7
南华期货	85	68	80	88	78.70	8
银河期货	60	82	90	76	77.20	9
国信期货	60	96	70	86	76.40	10
光大期货	60	90	78	64	74.80	11
国投安信	60	78	86	70	74.20	12
申银万国	60	80	82	72	73.80	13
中粮期货	60	74	76	92	72.20	14
招商期货	60	70	74	94	70.60	15
鲁证期货	60	76	68	80	69.20	16
方正中期	60	64	72	100	68.80	17
中信建投	60	72	64	84	67.20	18
浙商期货	65	66	66	68	65.90	19

注：本评分只是对指标体系的演示，数据的缺少使结果并不一定反映真实能力的差异。

（4）标杆企业。中信期货资本实力在国内乃至世界范围均处于较强的水平，数据显示，截至2018年年底，公司总资产达6 531亿元，净资产1 531亿元，年度营业收入372亿元，归属母公司净利润94亿元，客户保证金峰值近360亿元，客户保证金规模多年行业领先，交易量、营业收入和净利润等核心经营指标在行业内均处于领先地位。

6. 公司治理能力评分

（1）代理变量。

合规经营：根据期货公司2013年以来在分类监管评级中是否出现AA级以下情况，以及2018年是否受到行政处罚的情况进行考察。

治理结构：根据期货公司是否在A股、港股或新三板等上市情况进行评价。

组织完备：根据公司是否设立监事会进行评价。

（2）评分规则。合规经营基础分设置为100分，每出现1次行政处罚，则合规经营扣15分；各年度若出现AA级以下评价，评级每距离AA级1级扣5分（例：如得B级，扣20分），总扣分为2013—2018年扣分总数。治理的基础分为80分，若公司已经在新三板、港股、A股或其他主要市场上市，则加10分。在组织完备方面，各公司基础分为60分，若公司有监事会则加20分。

（3）排名情况。根据以上选择的代理变量及评分规则，公司治理能力排名前3的期货公司分别为申万期货、银河期货、中粮期货，具体情况见表25。

表 25　　　　　　　　　　　公司治理能力评分

期货公司/具体指标	合规经营	治理结构	组织完备	得分	排名
申银万国	100	80	80	90	1
银河期货	100	80	80	90	1
中粮期货	100	80	80	90	1
南华期货	95	90	80	89.5	4
华泰期货	95	80	80	87.5	5
中信建投	95	80	80	87.5	5
鲁证期货	90	90	80	87	7
永安期货	85	90	80	84.5	8
方正中期	100	80	60	84	9
光大期货	100	80	60	84	9
广发期货	100	80	60	84	9
国投安信	100	80	60	84	9
招商期货	100	80	60	84	9
浙商期货	90	80	60	79	14
上海东证	80	80	60	74	15
国泰君安	75	80	60	71.5	16
国信期货	75	80	60	71.5	16
中信期货	75	80	60	71.5	16
海通期货	50	90	80	67	19

注：本评分只是对指标体系的演示，数据的缺少使结果并不一定反映真实能力的差异。

（4）标杆企业。申万期货股权结构清晰，公司由申万宏源证券股份集团控股，公司组织结构完善、稳定，为业务经营的开展奠定了坚固的基础。公司坚持"依法、合规、规范"的经营方针，风险控制和合规经营能力显著，截至 2019 年 9 月，连续 5 年在期货公司分类评级中获评 A 类 AA 级。

7. 风险管理能力评分

（1）代理变量。

制度完备：上市对公司制度完备性要求较高，根据公司是否上市等情况评价。

分类监管：根据监管机构对期货公司分类监管评价结果进行评价。

汇率风控：净资产水平越高的公司，应对汇率变化冲击能力越强。

（2）评分规则。在制度完备方面，使用扣分制原则，基础分 100 分，若出现 1 项裁判纠纷内容则扣 2 分。在分类监管方面，各公司基础得分 60 分，根据 2013 年以来分类监管评价结果，AA 级加 4 分，A 级加 2 分，以此类推，每下降一个级别加分减少 2 分, 甚至扣分; 此外, 考虑期货最近到 2018 年连续得 AA 级的年数, 连续 1 年加 2 分, 连续 2 年加 4 分, 以此类推。在汇率风控方面, 各公司基础分 60 分, 排名最高的公司得 100 分, 其余公司排名每下降 1 名扣 2 分。

(3) 排名情况。根据以上选择的代理变量及评分规则, 风险管理能力排名前 3 的期货公司分别为永安期货、中粮期货和广发期货, 具体情况见表 26。

表 26　　　　　　　　　　　　风险管理能力评分

期货公司/具体指标	制度完备	分类监管	汇率风控	得分	排名
永安期货	88	96	90	93.80	1
中粮期货	92	92	84	91.20	2
广发期货	92	92	78	90.60	3
银河期货	94	92	70.5	90.25	4
招商期货	96	92	64.5	90.05	5
光大期货	88	92	72	89.20	6
申银万国	80	92	79.5	88.35	7
方正中期	80	92	69	87.30	8
国投安信	98	86	73.5	87.15	9
中信期货	92	84	88.5	86.05	10
华泰期货	84	86	82.5	85.25	11
海通期货	88	84	85.5	84.95	12
中信建投	94	84	61.5	83.75	13
鲁证期货	94	82	75	83.70	14
国泰君安	84	84	81	83.70	15
南华期货	84	84	76.5	83.25	16
浙商期货	86	82	67.5	81.35	17
上海东证	90	78	87	81.30	18
国信期货	96	76	66	79.00	19

注: 本评分只是对指标体系的演示, 数据的缺少使结果并不一定反映真实能力的差异。

(4) 标杆企业。永安期货自 2011 年起一直保持 AA 级评价, 表明其风险治理能力持续得到监管机构的认可, 且其净资产保持在相对较高水平, 使其能有效应对各类风险事件的冲击, 相对完善的治理结构和高效的管理也降低了因制度不完善而产生风险事件的可能性。

8. 人力资源能力评分

(1) 代理变量。

知识储备: 使用期货公司从业人员总数作为代理变量。

国际视野：根据是否有境外机构，以及大商所国际市场服务奖获奖情况进行评价。

研究力量：使用期货公司拥有投资咨询资格的人员作为代理变量。

（2）评分规则。在知识储备和研究力量方面，由于评分对象均为 AA 级，各项能力均处于较为优秀的水平，因此基础得分 60 分，排名最高的公司得 100 分，其余排名每下降 1 名扣 2 分，最后根据此前专家评分得出的指标权重计算出总得分。在国际视野方面，由于缺乏数据，仅能依靠交易所奖项评价，各公司国际人才均有一定的储备，因此设置基础分为 70 分，若获得大商所 2018 年国际市场服务奖则加 10 分。

（3）排名情况。根据以上选择的代理变量及评分规则，人力资源能力排名前 3 的期货公司分别为永安期货、中信期货和华泰期货，具体情况见表 27。

表 27　　　　　　　　　　　人力资源能力评分

期货公司/具体指标	知识储备	国际视野	研究力量	得分	排名
永安期货	98	80	100	95.00	1
中信期货	100	70	98	93.40	2
华泰期货	96	70	96	90.80	3
南华期货	92	80	86	87.80	4
银河期货	94	70	84	86.20	5
海通期货	88	80	82	84.60	6
国泰君安	80	80	92	83.60	7
方正中期	90	70	80	83.00	8
上海东证	86	80	78	82.40	9
中信建投	82	70	90	82.00	10
广发期货	76	80	88	80.40	11
光大期货	84	70	76	78.80	12
中粮期货	66	70	94	75.20	13
申银万国	78	70	72	74.60	14
鲁证期货	72	70	74	72.20	15
浙商期货	74	70	70	72.00	16
国投安信	70	70	68	69.40	17
国信期货	64	70	66	65.80	18
招商期货	62	80	62	65.60	19

注：本评分只是对指标体系的演示，数据的缺少使结果并不一定反映真实能力的差异。

（4）标杆企业。永安期货具有较强的人才储备，截至 2019 年 9 月，其从业人员总数达 882 人，仅次于中信期货，远超其他 AA 级期货公司，具有投资咨询资格的人才达 197 人，在行业内最多。同时，永安期货已在境外设立分支机构，吸纳了境外优秀期货从业人员，也进一步提升了其人力资源能力。

（六）能力评价体系的自评应用——以申万期货为例

在上一部分，本书利用目前可以获得的数据作为代理变量，尝试对跨境服务能力评价体系进行了应用。除了量化的测评外，期货经营机构也可以利用该评价体系对自身跨境服务能力进行测评。下文以申万期货为例，演示如何运用评价体系进行自评。由于自评主要依靠机构选择的专家的经验，主观性更强，因此得分与上一部分可能有所差异。

1. 技术服务能力

（1）系统支持能力。随着期货市场行情变幻的逐步加快，以及期货交易信息化程度的不断加深，期货公司的技术系统在市场竞争中扮演着越来越重要的角色。能否提供一套国际一流水平的系统支持是衡量期货公司服务跨境交易客户能力的核心指标之一。

2008 年之前，国内期货公司在业务处理模式和网络交换协议方面与国际通行的模式差异较大，无法进行有效的对接。境外 QFII 客户往往对具有高效、复杂订单管理的 FIX DMA 系统有着较高的要求。申万期货在行业内率先与多家软件开发机构寻求合作，构建技术先进、稳定快速的 QFII 交易结算系统。经过两年的不懈努力，申万期货在北京根网科技有限公司的支持下于 2010 年正式搭建起一套完整的 QFII DMA 订单管理系统，并在此基础上又开发和部署了期货 FIX 通讯协议网关，实现了快速委托、智能交易、结算、风控、交割、利息计算及个性化报表等多种功能。此项目使申万期货成为行业内首家建立 FIX - MDA 系统的经纪商，并于 2011 年被中国期货业协会授予证券期货科学技术奖优秀奖。

申万期货为境外客户搭建了专门的沪港专线，通过 Bloomberg 连接根网后直连交易所，同时支持 Fidessa、CQG、易盛等多种境外主流交易平台。

申万期货通过在技术、管理、研发上对系统的持续投入，提高系统的低延时、稳定性、兼容性、高速高效、应急处理、多功能、可扩展等性能，力求为各类跨境交易客户提供行业领先的技术系统支持。

能力得分：90 分

（2）运营服务能力。申万期货国际部前、中、后台人员齐整，有着完整详尽的工作流程和制度要求，确保为客户提供从开户、入金、交易到风控、结算、出金的一套高质量、便捷、一体化的保障。

公司与境内各间期货交易所保持着密切的联系，是中国金融期货交易所的全面结算会员,上期所、大商所、郑商所、能源交易中心会员,同时还是上海证券交易所股票期权交易参与人以及银行间债券市场期货公司交易会员,确保可以为客户提供领先行业的信息资讯及行业资源。

公司 12 次荣获《上海证券报》《证券时报》《期货日报》《金融界》等媒体颁发的"最佳 IB 服务奖""中国最佳期货公司""最佳创新服务奖"等奖项;连续两年被申万宏源证券股份有限公司评为"年度公司最佳子公司"。

能力得分:95 分

主要维度得分:技术服务能力 = 系统支持能力 ×75% + 运营服务能力 ×25% = 91.25 分

2. 投资服务能力

(1) 产品开发能力。申万期货积极服务实体经济和产业客户,大力发展商品期货指数化基金。通过发展商品期货指数化基金,专注于为不同规模、不同类型和不同发展阶段的实体企业提供个性化和专业化的风险管理服务。大力发展以服务实体经济、期现货结合的商品指数基金产品,重点打造服务于"三农"的农产品指数基金和服务于工业企业的工业品商品期货指数基金。同时,申万期货子公司申银万国智富投资有限公司开展仓单服务、合作套保及做市业务,未来将在监管机构允许的情况下拓宽业务范围,开展包括做市业务在内的对资本金要求较高的创新业务,为市场提供了丰富的产品类型。

总体上,目前申万期货产品开发能力较强,但种类较少,产品研发水平仍有待进一步提高。

自评得分:85 分

(2) 策略研发能力。申万期货具有较强的投资服务能力,其研究团队能为跨境客户设计符合个性管理、投资需求的策略。为了满足境外客户的需要,公司每周发布英文策略周报。

表 28 为公司近年在不同平台获得的荣誉及奖项(包括但不限于)。

表 28 申万期货荣誉概况

上海期货交易所	"优秀会员""天然橡胶产业服务奖""交易优胜会员奖""产业服务优胜会员奖""品种产业服务优胜会员奖(黄金、钢材、白银)""优秀会员奖""产业服务优胜奖""产业服务奖"(黄金、钢材、燃料油、沥青、白银)"优秀分析师团队奖"
郑州商品交易所	"市场发展优秀会员""产业服务优秀会员""品种产业服务优秀会员"(PTA、菜籽、白糖、甲醇、玻璃、动力煤)、白糖期权做市商资格

续表	
大连商品交易所	"优秀会员奖""优秀会员金奖""产业创新服务奖""优秀风险管理子公司""十大期货投研团队"
中国金融期货交易所	"优秀会员白金奖""产品创新奖""功能发挥奖""客户管理奖""投资者教育奖""国债期货市场培育奖"
上海市政府机关	"金融创新成果二等奖""金融创新成果三等奖""上海市青年五四奖章集体""上海市青年文明号""上海市优秀青年突击队"
上海证券报、期货日报、证券时报	"中国期货公司金牌管理团队""期货开户平台技术运用创新奖""期货公司十强""金牌期货研究所"

自评得分：90 分

(3) 机构竞争能力。申银万国期货成立于 2007 年，系申万宏源证券有限公司的控股子公司，注册资本金 11.19 亿元，设有 1 家分公司，1 家全资风险管理子公司和 21 家营业部。

根据证监会《期货公司风险监管指标管理办法》第二章第八条，期货公司净资本与公司风险资本准备的比例不得低于 100%。截至 2018 年年末，申万期货公司净资本为 20.81 亿元，风险准备总额 2.99 亿元，净资本与风险准备总额的比例（净资本/风险资本准备总额）为 696%，远高于监管标准要求的 100% 的比例。

公司控股股东申万宏源证券有限公司（简称"申万宏源"），是由新中国第一家股份制证券公司——申万宏源证券股份有限公司与国内资本市场第一家上市证券公司——宏源证券股份有限公司于 2015 年 1 月 16 日合并组建而成。公司注册资本 430 亿元，拥有员工近 8 000 名，在全国设有 34 家区域分公司和 300 余家营业部（含西部证券），在香港、伦敦、东京、新加坡、首尔等设有海外分支机构。

自评得分：90 分

主要维度得分：投资服务能力 = 产品开发能力 × 40% + 策略研发能力 × 20% + 机构竞争能力 × 40% = 88 分

3. 管理服务能力

(1) 公司治理能力。申万期货股权结构清晰，公司由申万宏源证券股份集团控股，公司组织结构完善、稳定，为业务经营的开展奠定了坚固的基础。公司坚持"依法、合规、规范"的经营方针，风险控制和合规经营能力显著，连续 5 年在期货公司分类评级中获评 A 类 AA 级。但是，申万期货暂未实行员工持股计划，对管理层和员工的工作稳定性和积极性可能存在一定的影响（见图 18）。

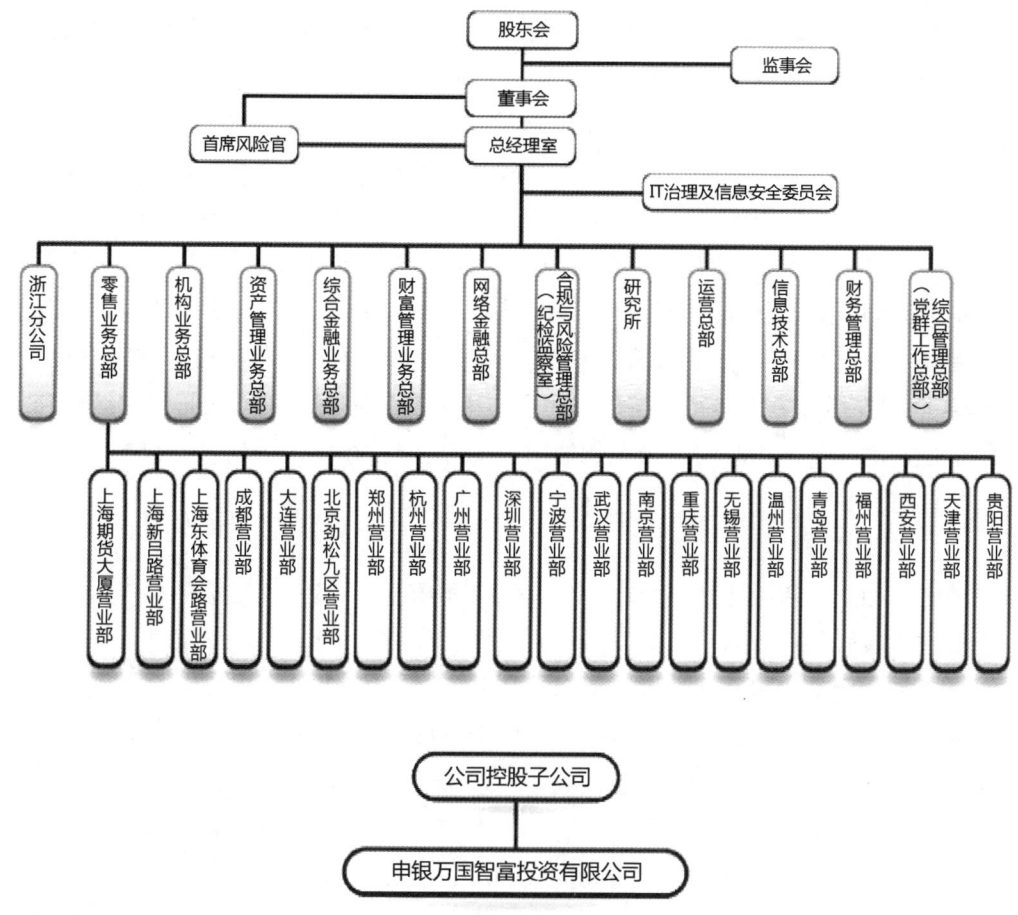

图 18 申万期货组织架构图

自评得分：90 分

（2）风险管理能力。申万期货严格依据《期货交易管理条例》《期货公司监督管理办法》《期货经纪公司保证金封闭管理暂行办法》等相关法规条例的规定，管理、存放与出入客户保证金。每日按时按要求向保证金监控中心报送客户资产相关信息资料。从公司成立至今，从未发生过公司违约或私自挪用客户保证金的现象，也从未因其他客户违约对其他客户的资产产生影响。

申万期货在系统和网络方面都有完备的业务连续性保障。在系统方面，公司有多套交易系统，系统间可进行交易权限的开通与关闭来切换主备系统，如主系统出现故障，可以立即启用备用系统；在网络方面，专线、互联网及人工报单电话可以互为备份，在专线路中断时可以采用互联网或者人工报单模式保证交易持续。

同时，公司制定了业务应急预案，应对可能导致整个或部分系统瘫痪、影响公司正常经营管理、危及公司和客户财产安全以及员工和客户人身安全的突发事件。在发生交易系统、网络线路、电力等重大故障时，申万期货会以电话形式立即通知客户，并启动应急预案。申万期货全力排查、解决故障，在故障尚未解除之前，将每隔半小时向客户报告进展情况。故障解除后以书面形式提交客户。

公司交易监控部本身对客户也有着全面的事前、事中、事后风控制度，在T日，当客户风险度大于等于80%（或约定）时，申万期货向客户发送风险提示（邮件、Bloomberg或电话）。当客户在T日风险度大于等于100%时，客户将被禁止新开仓或出金。申万期货将会及时向客户发送追保通知。客户应该在T+1交易日与申万期货约定的时间（例如，上午11：30收盘前）之前追加保证金或减少持仓，并确保风险度在T+1交易日结算后低于100%。否则，公司将主动对客户采取平仓措施。若QFII客户在风控方面有特殊需求，还可与申万期货协商，在确保风险可控的前提下约定最晚的强平截止时间，最大化地提升客户资金利用率。

自评得分：96分

（3）人力资源能力。公司现有正式员工467人，本科以上学历达到94.65%。其中博士、硕士学历占比达到30.62%，本科学历达64.03%，员工平均年龄34岁，是一支非常年轻的人才队伍。

申万期货为提高境外客户服务质量，引进了一大批拥有海外留学或从业背景的专业人才，公司国际部由公司领导牵头，于2010年成立，专注于为境外客户提供专业全面的服务。同年，期货公司还成立了专门的QFII工作小组，汇聚包括风控、结算、IT、研究和合规部门资深专业人员，成为行业首批设立QFII服务团队的期货公司之一。申万期货国际部有着多年服务QFII、RQFII及境外中介的经验，合作对象包括了境外投资银行、实体企业、基金公司及交易团队等。部门内部设有专门的金融期货、商品期货交易员，实行严格的备岗制度，确保可以为客户提供不间断的全英文交易服务支持。

自评得分：90分

主要维度得分：管理服务能力 = 公司治理能力 × 40% + 风险管理能力 × 40% + 人力资源能力 × 20% = 92.4分

自评总分：跨境交易服务能力 = 技术服务能力 × 20% + 投资服务能力 × 50% + 管理服务能力 × 30% = 89.97分

4. 申万期货跨境服务能力的提升方向

利用评价指标体系初步对申万期货进行测评，发现其总体跨境交易服务能力较为优秀，按照百分制评分自评得分达82.5分。但在自评的过程中，发现申万期货仍有较多需要提升的地方，若要提高跨境交易服务能力，需要在如下地方着力：

（1）策略有待结合跨境交易特点，开发更多符合境内外相关需求内容。需要加强资管的主动管理能力，优化组合对冲、CTA及量化方向的投资策略，提高主动投资能力、大类资产配置能力，打造形成量化与股票、商品主观基本面和固收等投资团队，形成对冲套利组合、期货 CTA、量化交易等对客户有价值的策略。

（2）产品研发须注重结合国际化品种。加强与银行、券商、基金公司的合作，创新产品类型，争取进入银行资管的"白名单"，使银行资金成为资管资金的主要来源，加强产品技术系统的开发和引进力度。

（3）完善境外公司、网点等设置工作。强化境外业务是中国期货市场的发展趋势。通过设立境外分支机构，为境内外产业机构和投资者提供期货及衍生品境内外双向的风险管理和投资交易服务，打造 7×24 小时的跨境期货及衍生品业务平台。

（七）小结

本章在此前期货市场跨境服务发展历程、跨境交易典型案例及对跨境交易者访谈等研究结果的基础上，构建了跨境交易外部宏观环境年度监控指标体系，以及期货经营机构跨境服务评价指标体系。评价指标体系由三大主要维度、八大具体能力和众多细分指标组成，为监管机构和经营机构改善跨境服务能力提供了一个参考方向。此外，本章利用跨境服务评价体系对行业内部分期货公司进行了总体的评级，并以申万期货为案例演示如何使用该评价体系进行自评。总体上，该评价体系能为期货经营机构改善跨境服务能力提供一些帮助。

我们进一步评估发现，跨境服务能力的优劣与期货公司的分类评级有一定联系。本评分结果得出时间为 2019 年 9 月月底，中期协 2019 年分类评级时间为 10 月。我们的研究发现，2019 年从 AA 级降级的均为本跨境服务能力排名评分靠后的公司，该结果也符合公司总体能力强，则跨境服务能力强的直观感受。当然，需要再次强调的是，评分只是对跨境服务指标体系进行演示，数据的缺少使得结果并不一定反映真实能力的差异①。

七、跨境服务能力提升的路径和模式

（一）期货市场对外开放的路径和模式

1. 继续加大开放力度，增加和扩宽渠道

期货市场的改革和开放，给我们带来了机遇和挑战，总体上是机遇大于挑战。

---

① 本段内容为课题通过评审后，2020 年 4 月修订时增加的内容。

期货市场国际化、资本流入的规范化、投资者的多样化,将为市场带来更成熟多层次的投资者结构,加大市场的规模和流动性。一方面,要加大市场开放力度。积极推动外商控股期货公司的设立,提高成熟资本的占比和引进更高水平的专业人才和资源,同时可以推进期货公司之间的竞争和兼并重组;推动现有市场上外资机构通过互联互通、QFII、RQFII等渠道参与期货交易的效率,将来还可以进一步拓宽外资参与期货交易的渠道。持续推动期货公司积极稳妥走出去,鼓励内资期货公司设立境外子公司,拓宽和境外期货机构的合作模式,深化合作强度。

另一方面,要提高市场总体效率。推进内资期货公司的新设工作,并且鼓励符合条件的期货公司A股上市,提高机构的实力和影响力,培养行业的中坚力量。大力推动国企和各类实体企业参与期货市场,持续推进符合条件的商业银行和保险机构参与国债期货工作,完善期货市场参与者结构,加大期货的流动性,提升市场和交易的效率。优化境外投资者参与境内期货交易的流程,完善境外期货交易者适当性标准,调整并优化资金门槛,丰富境外参与者类型,例如,2019年修订的"允许境外基金等以产品形式开户",简化境外交易者参与中国期货交易所需要的证明材料。

2. 继续增加品种数量,提升交易活跃度

一方面,要增加期货品种总量。加快氧化铝期货、有色金属指数期货和期权的上市方案,持续推进上市的力度;不断推进铬铁、液化石油气、成品油、合成橡胶、石脑油等这些储备品种研发和立项,更好地满足实体企业风险管理的实际需求。另一方面,增加可交易的国际化期货品种。20号胶期货已上市,但境外机构能够从事境内特定品种期货交易仅4个,国际化的境内期货品种非常有限。要加快黄大豆1号、2号、棉花、有色等品种等国际化进程,不断提升市场活跃度,积极推动包括股指期货在内的特定品种对外开放;并且,将加快推进棕榈油、黄大豆1号、线型低密度聚乙烯、聚丙烯等已上市品种国际化,提供更有国际影响力的市场价格,做好QFII等机构参与期货市场的政策设计和落地服务。

3. 鼓励期货公司"走出去"

我们不仅要积极引进境外投资者,让他们能够积极参加中国的期货市场。同时也要鼓励国内期货机构走出去,成为全球期货市场的积极参与者。在交易所对外合作层面上,境内交易所进一步推进境外办事部的部署,加深和境外同层次机构的沟通合作。目前,上期所、大商所、郑商所均在新加坡设立服务机构。并且,上期能源和大商所已经在香港证监会完成了自动化交易服务(ATS)提供者的注册,可向当地的市场参与者提供电子平台交易服务,为境外业务推广和境外企业参与提供便利。未来除了机构交易者,也可以进一步放开个人投资者的限制,目前大商所允许境外个人投资者参与铁矿石期货交易,依此进一步扩大境外交易者范围。其次,在期货公司层面上,参与境外期货交易,能让境内机构更真实地了解国际化期货交易的情况,完善境内交易者的全球化视野。同时,在境外开展业务的时候,也能够积累客户资源,成为境外客户了解中国期货市场的途径。而且,在业务的交流中,中国期货公司的中国交易文化背景与境外交易文化进行有效交融,能够促进境内外期货市场的交流和沟通。

4. 期货公司向全能经纪商角色转变

各个国家和地区期货公司的业务发展模式各有特色,但是国外期货市场的期货业,均已形成多层次、多元化的、较为完善的行业结构。在我国,由于期货市行业收入水平不佳,资产管理业务、创新业务、风险管理、投资咨询等有较高能力要求的专业金融服务所占比重有限,无法满足实体经济及市场的风险管控要求等。因此,监管机构有必要借鉴国际上的成功经验,促使我国的期货公司尽快完成转型,优化收入结构,降低经纪收入占比,提高以资管、个性化定制和创新业务为核心的专业服务体系占比,推动我国期货公司乃至整个期货市场的成熟发展。

(二) 期货交易所的风险管理制度优化建议及监管政策建议

1. 加快《期货法》立法进程

期货立法是实现金融法治的前提,通过期货立法,可明确期货市场参与者的权利义务,给予不法交易行为以应有制裁,督促交易者更加积极地从事交易活动,从而节约交易成本,提高资源配置效率。

但我国当前《期货法》缺位,而现行有关衍生品交易的法律体系远不够完善,具体体现在以下三个层面:其一,在内容层面,现行法规在细节上较为粗糙。包括内部控制问题、场外衍生金融工具交易中的合同执行问题,银行从事场外交易时的法律地位问题等等,目前都缺乏明确、系统的规定。其二,在规范形式层面,目前我国相关法律位阶过低,相关立法主要是部门规章。但部门规章往往仅用于审判参考,并且不被法院所承认,在投资者或交易所与其他实体发生争端时将有诸多掣肘。其三,在各种法规之间联系的层面,衍生品相关法律之间的衔接有待加强,目前相关规定政出多头,各监管机构未必对其他机构所作规定有充分了解,不利于彼此间配合发挥职能。

因此,有必要推进《期货法》的立法进程。首先,作为权威性立法,《期货法》应当对期货交易风险管理作出全面、系统的规定,并作为原则性根据,沟通《金融机构衍生产品交易业务管理暂行办法》等各部门性法规。可以预见，《期货法》将成为整个期货市场风险控制系统的依据和核心。其次，也应研究、制定更多部门规章层次的法规，以在实践层面进一步完善期货交易法律体系，例如，在更多品种与合约上引入推广做市商制度、细化对期货公司子公司及分支机构的管理条例等。

2. 了解国内外差距，向境外优秀经验看齐

国内期货市场起步较晚，但一方面期货市场监管的主要方式与目标同境外期货市场高度一致，另一方面商品期货价格在全球范围内的联动高度一致，故境外期货市场的成功监管经验对我国具有借鉴意义。

以美国为例，在监管机构结构层面上，美国独立于证监会另设商品期货交易委员会，以监管美国期货期权市场；该委员会直接对清算机构和期货公司进行审计监管，维护市场交易秩序，并能够对操纵市场、交易欺诈等行为开展独立调查工作。相比之下，我国期货行业属证监会监督，暂无独立的机构，且监督职能的行使存在不足。在监管方法层面上，美国次贷危机后有多项转变改进。其一，监督出发点由局部风险转为系统风险，强调结合事前防范、事先预警和事后应对的全程风险防控。其二，监督模式从分行业功能监管（我国目前仍在采用）逐步过渡到能够把控全局风险的目标监管。其三，加强国际合作，与他国监管机构联合打击违法行为、管理风险。这些都值得我国期货监管部门吸收采纳。

此外，相比发达国家，我国期货市场尚不成熟，应当借鉴国外期货市场的发展经验，积极稳妥发展金融衍生产品、建立健全关于股指期货风险防范的制度。

3. 警惕境外监管漏洞，继续发挥中国自身特色

强调境外优秀经验的借鉴意义的同时，也应注意到我国期货市场的特殊性：我国期货市场发展轨迹是自上而下的，故行政管理始终是市场监管的主要方式；另外，由于我国期货市场主体构成复杂、业务基础相对薄弱，一方面监管成效的释放需要的周期较长，一方面有必要在规范市场的同时进一步开展市场建设。

此外，对于境外监管模式本身存在的问题也须保持警惕。当年正是美国证券交易所委员会未能及时叫停失控的次级贷款证券化进程，最终间接导致了次贷危机的爆发。危机反映出的美国期货监管模式问题主要如下：其一，针对混业经营业务存在监管重叠，但效果不佳。在分业经营监管的框架下，大型混业金融机构往往受众多机构监管，但没有一个具体金融监管机构能掌握识别金融市场系统性风险所需要的全部信息。其二，金融衍生品设计方面监管缺位。金融机构往往过度依赖数学模型来判断风险，导致金融衍生品杠杆过度，对于其中的潜在风险，监管机构未能及时识别并加以控制。其三，场外金融衍生品交易监管不足。一则场外交易无统一交

易平台，既缺乏期货交易所提供的保证金存款、涨跌停板等保护机制，也不受 CFTC 监督。二则场外交易依赖交易方协商协议，信息披露和交易保护程度低，透明度不足。三则部分场外衍生产品通过数学模型人为定价而非由市场定价。对于此类监管漏洞，我们应充分认识衍生品期货的重要性和复杂性，结合我国期货市场发展阶段和自身特色，在实践中加以规避和改善。

（三）期货经营机构升级跨境交易服务水平的方式

1. 加强人力储备和培养，提升企业国际化服务能力

期货市场对外开放不可能一蹴而就，要应对和解决困难，更要进行前瞻性的创新，这离不开国际化的专业人才。当前面临的最主要问题是与境外投资者的沟通与磨合。首先，需要持续加大国际化人才的投入和培养，才能实现期货行业与国际的对接。其次，期货公司需要一大批骨干人员来提高自身实力，通过推进员工持股进度，以合理方式留住人才，有利于激发员工的积极性。

2. 提高资金实力和风控能力，为跨境交易构建安全屏障

2012 年，国际上出现过 MF Global 公司倒闭事件，该公司挪用了客户保证金，对市场影响较大。当前境外客户在面对期货经营机构的期货期权产品服务时最关注的还是资金安全问题，希望能保证自身保证金不被挪用。资金实力强的公司外汇额度就高，QDII 基金不占用持有人的外汇额度而是占用基金公司的 QDII 额度，而 QDII 的额度与公司的资金实力息息相关。因此，境外客户作跨境期货交易时对境内期货公司的资金实力和风控能力关注较高。在发展资管业务及创新业务的时候协调好资金能力和风控能力的平衡。期货公司需要建立、健全监控监测指标体系，建设衍生品交易报告库，强化风险把控能力。

3. 加大软硬件建设力度，降低交易延时风险

信息系统对于期货公司规范运营、保障交易安全具有重要影响。随着市场交易品种和规模的稳步扩大、市场交易逐渐活跃、创新业务的不断推出、对外开放程度不断提高，以及支撑整个行业信息系统安全运行的技术体系自身组成结构的不断变化，信息系统在功能、速度、稳定性等方面面临着新的挑战。同时，随着资本市场改革创新日趋深入，交易结算制度不断完善，可进行市场交易的金融产品日益丰富，交易手段不断扩展，对信息系统提出了更高的要求。为保持公司信息系统在行业领先地位，公司须加大信息系统基础设施的建设力度，进一步提高公司的营运效率，降低运营维护成本和强化风险管理，进而推动业务创新和管理创新。

4. 精通境内外政策特点，全面提升运营服务水平

由于境内外期货交易相关政策和交易流程存在一定的差异。熟悉国内外相关政策、交易流程的差异的经营机构在国内外资金流转上会帮助客户处理得更好，开户流程的运转更迅速，开户耗时更短。境内外保证金制度不同，安全合理的保证金管理制度是境内外客户对期货经营机构的关注重点。在期货跨境服务中，保证客户保证金的封闭运行，并且根据交易结果换汇，确认保证金封闭管理的有效性都是期货经营机构须要完成的客户资产保护的一部分。境外客户对所需要的投资资金融通顺畅也来自期货经营机构的运营服务能力。

5. 强化策略与产品开发能力，为跨境交易客户提高风险管控能力

不同企业的特点不一样，参与跨境交易的诉求也不一。如现货企业，其参与跨境交易的出发点首先是对部分原材料的保值需要，其次是通过参加中国期货市场，降低跨境经营成本，再次是国内大商所豆类期货品种丰富，可以帮助企业模拟压榨利润，丰富交易模式。此外，对于投资公司来说，国内的大宗商品消费量大，行情独立，境内外大宗商品价差经常会出现无风险套利的机会。因此，在开发境外客户时，要针对企业的特点制定相应策略，提高境外机构参与跨境期货交易积极性。

6. 期货公司吸引外资也是一条重要路径

引进外资的目的是学习国外的理念、运作经验、某方面的专业团队、业务模式、境外客户和交易所等资源。在引入外资的同时，也要了解国外投资者的需求。总体看，外资的主要战略意图差不多，但在着重点上存在区别。在进行股权合作时，要多方咨询、综合考量，在坚持原则的同时，灵活采取策略，做好关键制度安排和核心条款设置。任何时候，作为期货公司个体，都要始终站在期货行业的角度，思考引进外资能为行业发展贡献什么，能否进一步促进期货市场的高效运行。随着《外商投资期货管理办法》落地实施，外资持有期货公司股权比例 2020 年 1 月 1 日已完全放开，期货业开放大门进一步打开。

7. 新设或兼并境外期货机构，融入境外交易方式和文化

目前，政府已经允许符合一定条件的期货公司在香港地区或者境外设立分支机构，真正融入国际市场。南华期货目前已经完成在中国香港、美国芝加哥、新加坡及英国伦敦四个等重要国际金融中心分支机构的设立。瑞达期货全资收购国际投资控股（香港）有限公司，并更名为瑞达国际金融控股有限公司，作为自己国际业务的跳板。

八、结论与研究展望

（一）结论

1. 跨境服务能力的提升势在必行，是期货市场国际化的重点

中国人口众多，市场庞大，长期经济将保持高质量、可持续的发展。经济的持续增长是满足大宗商品需求、股票市场发展的有效保障，境外机构的投资需求也将不断扩大。随着境外投资国内资产规模的增加，意味着相关投资风险也同步增加，抑制着境外进一步投资的需求。

因此，金融市场的有效开放，必然要求中国市场提供更多、更丰富的对冲工具。在这个过程当中，期货市场将发挥着不可或缺的作用。国内外相关发展经验也表明，金融衍生品是规避风险的有效工具，能降低投资者管理风险的成本。通过衍生品，投资者不必频繁买卖拥有的现货资产，避免极端情况下的被动减仓，从而能起到稳定金融市场的作用。

如何满足这些交易需求，关系到中国期货市场能否有效国际化，以及我国在衍生品市场的国际话语权。而跨境交易需求的有效满足，离不开跨境服务能力的提升。若中国期货市场缺乏相应的服务能力，这些需求将不能转化为现实需求。同时，期货经营机构若能提高跨境服务能力，有效满足客户需求，将能获得更多市场交易机会的潜在客户，增强现有客户黏性，提升自身竞争能力。

2. 期货经营机构要全面提升三方面能力，只有能力的全面提升，才能更好地促进跨境交易，从而帮助实现期货市场深度国际化的目标

目前，我国期货经营机构跨境交易服务能力仍存在较多短板，包括对接现货市场缺乏主动性，制度设计不完善，交割、物流、金融、信息等现货市场服务能力不强等。同时，期货公司境外业务模式单一，整体上缺乏为投资者提供国际化服务的核心竞争能力。本书认为，要实现期货市场国际化的战略目标，必须从提升跨境交易服务能力着手。

我们认为，跨境交易服务能力大体可分解为三大基础能力和八大考核维度。三大基础能力是指技术服务能力、投资服务能力和管理服务能力。从三大基础能力衍生出的八大考核维度：系统支持能力、运营服务能力、产品开发能力、策略研发能力、机构资金实力、公司治理能力、风险管理能力和人力资源能力。

根据以上能力的划分，本篇制定了期货经营机构跨境服务评分体系，根据该评分体系，期货经营机构能够有的放矢，为改进自身跨境服务能力找到前进的方向。监管机构也可将此作为参考，以考核和推进提升期货市场跨境服务能力。

3. 期货市场有待进一步开放，监管机构须积极推进各项措施

在研究过程中，课题组发现要提升跨境服务能力，需要从市场整体层面着力，例如，进一步放开相关管制，加快资金的流通，创造更优的期货市场交易环境，才能更好地吸引境内外交易主体参与跨境交易，只有交易更加活跃，才能促使中国期货市场更具备活力。为此，本书设计了期货市场跨境交易年度监控指标系统，目的是为监管机构观察中国期货市场跨境交易提供一些参考。

尽管期货市场跨境交易服务能力很大程度上取决于期货市场的总体环境，但是这并不意味期货经营机构就可以被动地、消极地无所作为。期货经营机构应该在现有监管、政策框架下，最大化自己的努力，找出自身问题所在，把跨境服务能力做好，也能为期货市场提高跨境服务能力出一份力。

（二）研究展望

1. 随着统计数据的丰富，使宏观监控指标系统更具实用性

在研究的过程中，遇到的主要问题是相关数据的缺乏。数据缺乏的原因之一是作为期货经营机构，难以从全行业层面去获得一些数据，下阶段相关监管机构可从行业的角度继续推进研究。另外，数据的缺乏使一些指标、变量只能通过寻找代理变量进行替代，这或多或少降低了指标的有效性。不过，中国期货市场仍在快速发展当中，我们相信随着期货市场的不断进步，相关数据提携将更加完善，本书的指标监控系统能进一步优化。

2. 将相关评价体系应用到实践，并在实践中进一步优化和改进

本书初步设计了期货经营机构跨境交易服务评价指标体系，并在申万期货初步进行了自评。但是，由于资源和级别的限制，本书未能使用该指标体系对全行业进行评价。下阶段，监管机构可在全行业抽取部分期货公司进行测评，以观察目前中国期货经营机构总体跨境交易服务情况。

3. 随着各品种的国际化，在不同的阶段进一步开展问卷调查，了解跨境交易客户的需求变化

本书选择了原油期货进行了问卷调查，随着时间的推移，相关机构推出了更多期货品种。本书认为，不同品种的跨境交易客户总体上对跨境教育面临着较多相似

的问题，但是也可能存在部分差异化的问题。进一步的研究可将问卷调查范围扩展到所有国际化期货品种，以更好地发现跨境交易面临的"痛点"，从而更好地优化期货经营机构的跨境交易服务能力。

参考文献

［1］许弘林，"QFII 在我国证券市场的实践与影响研究"，复旦大学，2007 年。

［2］陆丰、顾元媚、黄思远，"中国期货市场国际化的现状及路径研究"，《开发性金融研究》，2017 年第 2 期。

［3］李颖，"中国期货公司境外期货代理业务研究"，首都经济贸易大学，2011 年。

［4］张德才，"INE 原油期货交易存在的问题研究"，《财政与金融》，2018 年第 35 期。

［5］胡俞越、王欣、陈磊，"原油期货需要外汇期货保驾护航"，《中国证券期货》，2018 年第 2 期。

［6］刘运之，"境外期货代理业务相关财务问题探讨"，《证券日报》，2012 年 3 月 28 日，

［7］李铭，"原油期货市场跨境监管合作"，《中国金融》，2018 年第 6 期。

［8］罗剑、夏威夷，"原油期货境外投资者编码与监管问题"，《上海金融》，2013 年第 1 期。

［9］罗剑，"原油期货跨境监管的重点、难点与路径研究"，《新金融》，2014 年第 1 期。

［10］施训鹏、姬强、张大永，"国际原油定价机制演化及其对我国原油期货的启示"，《环境经济研究》，2018 年第 3 期。

［11］邱润根，"证券跨境交易的监管模式研究"，《当代法学》，2006 年第 2 期。

［12］王克玉，"跨境证券交易的冲突法逻辑与法律适用规则的完善"，《证券法律评论》，2017 年。

［13］冯保国，"关于促进中国原油期货发展的思考"，《战略论坛》，2018 年。

［14］何仲新、刘远志，"跨境证券交易法律监管模式研究"，《广西民族大学学报》，2017 年第 5 期。

［15］王韶辉，"期货国际化突围"，《资本金融》，2014 年。

［16］杨毅，"期货市场国际化进程持续推进"，《金融时报》，2018 年第 7 期。

［17］张奇、刘雪飞、李彦，"世界原油期货国际化发展经验比较及启示"，《中

国石油和化工经济分析》，2018年第12期。

[18] 李强，"期货市场国际化的经验比较及借鉴"，《财贸研究》，2002年第5期。

[19] 冯军飞、李鹤楠，"我国期货市场国际化路径初探"，《福建金融》，2007年第9期。

[20] 刘春彦、张景琨、徐圣艳，"我国期货市场市场化、法治化和国际化建设回顾与展望"，《中国证券期货》，2018年第6期。

[21] 洪子钰、叶素文，"我国原油期货上市对谋求原油国际定价权的作用分析"，《现代经济信息》，2018年第34期。

[22] 马爱军，"香港期货市场探析及借鉴"，《国际金融研究》，1993年第12期。

[23] 刘国耀，"原油期货市场的推出与人民币国际化"，《经济研究》，2018年第3期。

[24] 王旖，"原油期货银行账户及其运用"，CHINAFOREX，2018年第21期。

[25] 王勇，"中国版原油期货能走多远"，《能源》，2018年第10期。

[26] 薛智胜、高基格，"中国期货市场国际化的市场准入问题探析"，《天津法学》，2016年第3期。

[27] 张奇、刘雪飞、李彦，"中国原油期货国际化发展的挑战与对策"，《中国石油和化工经济分析》，2018年第12期。

[28] 袁开洪，"中国原油期货基本情况及未来发展方向"，《中国石油和化工经济分析》，2018年第12期。

[29] 曹凤超，"中国原油期货市场研究"，《中国商论》，2018年第1期。

[30] 覃巍，"中国期货市场国际化发展战略研究"，《北京电子科技学院学报》，2015年第3期。

数据附录

附录1　　　　　　　　19家期货公司相关数据（一）

期货公司	权益总额	从业人员数量	投资咨询资格	注册资本	净利润	交易量
方正中期	70.56	640	66	4.22	121.47	127.67
光大期货	97.72	522	56	15	202.52	122.2
广发期货	108.98	448	90	14	132.54	72.48
国泰君安	208.61	477	95	20	333	147.23
国投安信	111.12	366	49	10.86	191	183.05

续表

期货公司	权益总额	从业人员数量	投资咨询资格	注册资本	净利润	交易量
国信期货	59.7	266	31	20	NA	12.32
海通期货	190.49	595	70	13.02	329.62	424.49
华泰期货	213.36	850	138	16.09	205.59	222.82
鲁证期货	59.56	412	52	10.02	117.72	63.44
南华期货	100.78	663	83	5.8	123.64	34.37
上海东证	155.71	579	64	23	111.18	249.65
申银万国	105.93	463	51	11.19	216.82	56.55
银河期货	180.69	676	82	12	255	105.88
永安期货	222.66	882	197	13.1	888.87	154.77
招商期货	73.28	146	19	6.3	142.86	40.54
浙商期货	53.59	421	50	5	132.66	15.88
中粮期货	83.03	352	115	8.46	98	22.59
中信建投	49.51	496	92	7	151.99	61.11
中信期货	316.27	1006	162	36	403.69	274.76
单位	亿元	人	人	亿元	百万元	百万手
数据时间	2016年	截至2019年9月29日	截至2019年9月29日	截至2019年9月29日	2018年	2018年
数据来源	中期协	中期协	中期协	中期协	Wind资讯	Wind资讯

附录2　19家期货公司相关数据（二）

期货公司	资产	负债	净资产	资产收益率	风险管理子公司注册资本	营业总收入
方正中期	99.27	82.96	16.31	1.22	1.5	864.63
光大期货	97.07	77.90	19.17	2.09	3	268.48
广发期货	146.94	125.60	21.34	0.90	2	1 707.42
国泰君安	192.05	165.79	26.26	1.73	8	1 495
国投安信	117.06	97.44	19.62	1.63	2.5	586
国信期货	120.12	104.96	15.15	NA	6	159.29
海通期货	207.30	179.29	28.01	1.59	5	6 315
华泰期货	191.61	164.95	26.66	1.07	5.5	1 224.5
鲁证期货	83.16	63.20	19.96	1.42	5.5	610.95
南华期货	113.14	92.49	20.65	1.09	2.5	4 597
上海东证	209.84	179.46	30.38	0.53	10	4 338
申银万国	128.29	104.49	23.80	1.69	2	600.19
银河期货	171.08	152.24	18.84	1.49	7	310.16

续表

期货公司	资产	负债	净资产	资产收益率	风险管理子公司注册资本	营业总收入
永安期货	298.61	229.07	69.54	2.98	10	15 915
招商期货	52.66	38.22	14.44	2.71	2	335.79
浙商期货	72.66	56.46	16.20	1.83	5	1 470.81
中粮期货	89.86	62.46	27.40	1.09	2.95	643
中信建投	59.25	46.18	13.07	2.57	1	561.64
中信期货	353.19	312.18	41.01	1.14	5	2 371.1
单位	亿元	亿元	亿元	%	亿元	百万
数据时间	2018 年	2018 年	2018 年	2018 年	截至 2019 年 9 月 29 日	2018 年
数据来源	Wind 资讯	Wind 资讯	资产 – 负债	净利润/资产	中期协	Wind 资讯

注：国信期货 2018 年资产与负债数据利用线性插值法得出。

附录 3　19 家期货公司相关数据（三）

期货公司	分支机构	上市状态	监事会	基金产品数量	行政处罚	裁判文书
方正中期	33	0	0	126	0	10
光大期货	33	0	0	47	0	6
广发期货	29	0	0	28	0	4
国泰君安	21	0	0	89	1	8
国投安信	13	0	0	238	0	1
国信期货	16	0	0	52	0	2
海通期货	45	1	1	304	2	6
华泰期货	30	0	1	133	0	8
鲁证期货	27	1	1	71	0	3
南华期货	40	1	1	125	0	8
上海东证	33	0	0	14	0	5
申银万国	22	0	1	146	0	10
银河期货	45	0	1	178	0	3
永安期货	43	1	1	141	1	6
招商期货	4	0	0	25	0	2
浙商期货	27	0	0	148	0	7
中粮期货	15	0	1	67	0	4
中信建投	25	0	1	14	0	3
中信期货	43	0	0	44	1	4
单位	家			个	项	项
数据时间	截至 2019 年 9 月 29 日	截至 2019 年 9 月 29 日	截至 2019 年 9 月 29 日	截至 2019 年 9 月 29 日	截至 2019 年 9 月 29 日	截至 2019 年 9 月 29 日
数据来源	中期协	Wind 资讯	Wind 资讯	Wind 资讯	Wind 资讯	Wind 资讯

附录 4   2013—2018 年 19 家期货公司分类监管评级情况

期货公司	2018 年	2017 年	2016 年	2015 年	2014 年	2013 年
方正中期	AA	AA	AA	AA	AA	A
光大期货	AA	AA	AA	AA	AA	A
广发期货	AA	AA	AA	AA	AA	A
国泰君安	AA	AA	BBB	AA	AA	AA
国投安信	AA	AA	AA	A	AA	A
国信期货	AA	AA	CCC	AA	AA	A
海通期货	AA	AA	B	AA	AA	A
华泰期货	AA	AA	A	AA	AA	AA
鲁证期货	AA	AA	A	AA	AA	A
南华期货	AA	AA	A	AA	AA	A
上海东证	AA	AA	BBB	A	A	A
申银万国	AA	AA	AA	AA	AA	A
银河期货	AA	AA	AA	AA	AA	A
永安期货	AA	AA	AA	AA	AA	AA
招商期货	AA	AA	AA	AA	AA	A
浙商期货	AA	AA	BBB	AA	AA	A
中粮期货	AA	AA	AA	AA	AA	A
中信建投	AA	AA	AA	A	AA	BBB
中信期货	AA	AA	BBB	AA	AA	AA

资料来源：中国期货业协会。

中期协联合研究计划（第十三期）项目

基于期证融合视角下的期货公司经纪业务转型路径研究

课题负责单位：国联期货股份有限公司
课题研究编号：201921032
课题负责人：卢 建
课题组成员：吉 明　吴俊峰　王晓斌　吴 蝶　金 凯

一、引言

(一) 研究背景及研究意义

1. 研究背景

期货市场的发展筚路蓝缕又波澜壮阔。30年来，我国期货行业的资产规模、客户权益、综合实力都得到了长足发展，行业创新有序推进，期货公司服务的深度和广度也得到了快速提升。然而，近年来期货公司的收入增长速度却明显落后于期货市场规模扩张的速度，体现为行业收入增加但利润不增加甚至出现同比下降的情况，主要原因在于大部分期货公司的收入主要由通道类的经纪业务贡献，收入结构单一，且经纪业务依旧处于同质化的低价营销阶段，行业手续费率持续下滑；另外，由于客户基数偏小、投资者认知度偏颇、业务范围受限等，近年来期货服务实体经济的渗透率远远不够，全行业的客户权益规模也处在一定的瓶颈期。

在业内竞争形式上，目前整个行业的集中度不断提高，系统重要性期货公司也逐步显现。同时，期货品种的国际化、外资持股的放开、《外商投资期货公司管理办法》的颁布等表明期货行业将面临越来越复杂的竞争与挑战形势。当前，我国期货行业尚处在规模偏小、业务偏通道、转型尚处摸索阶段，外资期货公司必将给国内期货行业在经营理念、产品体系、公司治理等方面带来重大冲击，时代洪流之下期货公司独木难支。

内忧外困之下，期货行业现状引起了社会的广泛关注。自2016年"保险+期货"首次写入中央1号文件开始，从中国证监会到交易所，各级部门重点鼓励期货公司"服务实体、服务'三农'"，并给予大量的业务和政策支持；近两年中期协已经连续组织两届期货公司经纪业务转型培训班。如此种种，体现了当前期货公司在基础业务转型以及如何真正切入实体企业服务、履行本质职能上的迫切性和实际意义。

当然，对于期货经纪业务的转型，业内也提出了众多的参考思路，目前，经纪业务仍然是大部分期货公司收入的中流砥柱，我们认为，传统经纪业务如何转型、如何做大行业客户规模、如何真正践行期货服务实体的初心和使命、如何在行业集中度不断提高时提高市场占有率等问题值得每一家期货公司深思和研究。

从国内外期货公司发展经验看，与证券公司开展深度合作对于期货公司具有重要意义。据中期协数据公布，2017年总权益排名前10位的期货公司全部是券商系期货公司；总权益排名前30位中有19家券商系期货公司，权益占总体的71%；

2018 年分类评级为 AA 的期货公司共有 19 家，其中券商系有 17 家。由此可见，券商系期货公司在经营中有着得天独厚的优势。事实上从国外发达资本市场的经验看，泛金融协同是行业转型的重要方向且已具备成熟的商业模式和成功案例。

综上所述，在经纪业务转型的实际问题中，如何借鉴国际国内先进案例，探索期证深度合作模式，从简单的通道合作到业务深入协同，做大经纪业务规模、做实期货服务实体经济的特色，对于期货经纪业务转型乃至行业的长远发展都具有重大的理论和现实意义。

2. 研究意义

近 30 年来，中国期货行业的创业之路筚路蓝缕，奋楫笃行，行业创新不断推进，服务实体能力逐渐提升。然而，期货公司增产不增收，经纪业务面临较大的困境，监管及从业者正积极探索多元化的创新发展的道路。券商系期货公司具备独特的股东背景优势，通过期证融合做优做强经纪业务、做深做细客户服务，拓展金融服务实体经济的广度和深度亦是一条生存之道和转型之路。期证融合背景下，研究期货经纪业务的转型路径，期货公司与证券公司如何更好地进行资源共享、业务融合并形成可持续发展的商业模式这一研究课题，不仅是对如何让期货行业更好地服务实体经济本源的不断求索，也是期货从业人员不忘初心的职责所在和使命使然。

积极探索期货公司经纪业务转型之路，充分利用证券公司与期货公司之间的资源共享、业务协同探讨期证深度协同的理论和实践之路，主要具有以下三方面的理论和现实意义：

一是有利于期货行业长期健康发展，让期货行业更好地服务于国家战略。期证融合有利于更好地发挥证券公司的特殊客群优势和期证业务共性优势，将期货服务实体经济的职能延展到证券服务实体的终端末梢，满足中小微企业被抑制的金融需求，化解经济风险，稳定经济环境，让金融服务实体经济更加系统化、全面化、具体化、实用化。

二是有助于打破期货公司、证券公司业务壁垒，促进业务多元化。长期以来证券公司苦于难以服务整个中国经济中最为广泛的中小企业，金融行业要想"脱虚向实"，需要在实体经济与金融行业之间建立更多渠道；而期证合作有利于期货公司为更广大的中小产业客户提供风险管理、资源配置的职能，同时也有利于证券公司为企业提供一揽子的综合金融服务。

三是有助于资源流通，业务成果共享。期证融合有助于最大限度地发挥双方的资源共享优势和客群优势，形成规模经济效应，降低企业内部产品研发和客户服务的组织成本、运营成本、人员成本，减少组织体系内部的信息不对称，降低交易成本，达到最优化的协同经济效益，形成可持续发展的商业模式。

(二) 境内外期证融合的实践、研究回顾及分析

期货业务与证券业务天然具备融合的基因,在境外发达资本市场,期货业务和证券业务大多以混业经营的方式、作为金融机构的一体化服务向客户提供。本部分回顾境外市场期证融合的主要实践、我国期证融合的理论探索以及相关启示。

1. 境外市场期证融合的实践及分析

美国作为近现代期货市场的发源地,其衍生品市场因实体经济的风险管理诉求而诞生,至今,衍生品市场的创新和发展始终走在世界前列。美国期货经营机构的现状一定程度上指引了中国期货行业未来的发展方向。

目前,美国期货市场的经营机构可分为期货佣金商(FCM)、介绍经纪商(IB)、商品投资基金(CPO)、商品交易顾问(CTA)等10类(蒲东君,2016)。

2009年6月,美国期货公司(FCM)超过130家,到2017年12月31日,仅剩63家,市场利率走低,以及合规、技术与资金等成本加重,中小型期货公司往往选择退出市场或者被更大规模的期货公司并购。在期货公司数量逐年减少的同时,全美排名前20位的期货公司却多年来一直保持稳定(见表1),2017年全美排名前5位的期货公司客户权益占全行业客户权益比为53.04%,第5至第10名期货公司的客户权益占比为21.20%,其他期货公司的客户权益占比仅为25.66%,行业集中度水平较高。在全美排名前20位的期货公司中,18家公司所在的集团或母公司均为综合金融集团,仅有两家为专业期货公司。①

表1　　　　　　2017年美国期货佣金商客户权益排名前20位

2017年排名	期货公司名称	注册类别	2017年客户权益(亿美元)	2017年净资本(亿美元)	2016年排名	2016年客户权益(亿美元)
1	高盛(Goldman Sachs&Co.)	FCM BD SD	201.78	155.74	1	240.1
2	摩根大通证券(J. P. Morgan Securities LLC)	FCM BD SD	182.3	135.62	2	198.59
3	摩根士丹利(Morgan Stanley & Co. LLC)	FCM BD SD	143.36	101.42	4	154.24
4	美林银行(Merrill Lynch Pierce Fenner & Smith)	FCM BD	136.63	123.99	3	166.73
5	法兴证券(SG AMERICAS SECURITIES LLC)	FCM BD	119.63	41.9	5	148.39

---

① 资料来源:中国证监会、中国期货业协会:《中国期货市场年鉴(2017)》,中国财政经济出版社2018年版。

续表

2017年排名	期货公司名称	注册类别	2017年客户权益（亿美元）	2017年净资本（亿美元）	2016年排名	2016年客户权益（亿美元）
6	花旗全球市场（Citigroup Global Markets Inc.）	FCM BD SD	70.74	110.05	7	89.66
7	瑞银证券（UUBS Securities LLC）	FCM BD	65.09	60.29	6	102.18
8	瑞士信贷集团美国公司［Credit Suisse Securities（USA）LLC］	FCM BD	58.36	86.55	8	64.4
9	巴克莱资本（Barclays Capital Inc.）	FCM BD	52.94	73.18	9	58.53
10	盈透集团有限公司（Interactive Brokers LLC）	FCM BD	47.91	35.48	14	33.56
11	美国爱德盟期货（ADM Investor Services, Inc.）	FCM	44.3	2.92	10	47.51
12	奥布莱恩联合经营（R. J. O'Brien&Associates）	FCM SD	37.83	2.13	11	41.38
13	富国证券（WELLS FARGO SECURITIES LLC）	FCM BD SD	35.59	82.28	13	38.22
14	瑞穗证券美国公司（Mizuho Securities USA Inc）	FCM BD SD	29.34	7.82	17	29.1
15	荷兰银行芝加哥结算公司（ABN AMRO Clearing Chicago LLC）	FCM BD	28.49	6.33	15	33.01
16	加拿大皇家银行资本市场（RBC CAPITAL MARKETS LLC）	FCM BD	27.13	17.9	18	25.47
17	德意志银行证券（Deutsche Bank Securities Inc.）	FCM BD	24.3	122.04	16	32.09
18	福四通金融公司（INTL FCSTONE FINANCIAL Inc.）	FCM BD	22.57	1.36	19	21.3
19	法国巴黎银行机构经纪公司（BNP Paribas Prime Brokerage Inc.）	FCM BD	19.2	13.62	12	39.89
20	美国麦格理期货有限公司（Macquarie Futures USA LLC）	FCM	18.29	2.76	20	19.25

资料来源：中国证监会、中国期货业协会：《中国期货市场年鉴（2017）》，中国财政经济出版社2018年版；美国商品期货交易委员会（CFTC）。

美国期货公司的发展呈现出高集中度、高综合化的趋势，期货衍生品业务多数为此类综合金融集团的其中一个板块。从美国期货公司的发展经验看，以金融控股公司或其他形式开展的期货与一般金融业务的混业经营是期货行业能够做大规模并良性发展的一个重要方向。

（1）高盛集团模式。高盛集团成立于1896年，是一家世界领先的、历史悠久的投资银行，早先以投资银行业务和股票交易业务起家，它的期货业务是从1981年收购阿朗（J. Aron）公司才开始起步的，但依托于高盛集团在金融板块的整体布局、客户资源与创新研发优势，同时高盛集团能够与时俱进更新自身的业务架构等（黄海生，2013；左欣然，2018），高盛的期货业务成为其业务体系和客户服务体系中相当重要的组成部分（见图1），其业务始终稳居美国本土期货交易商的龙头地位。

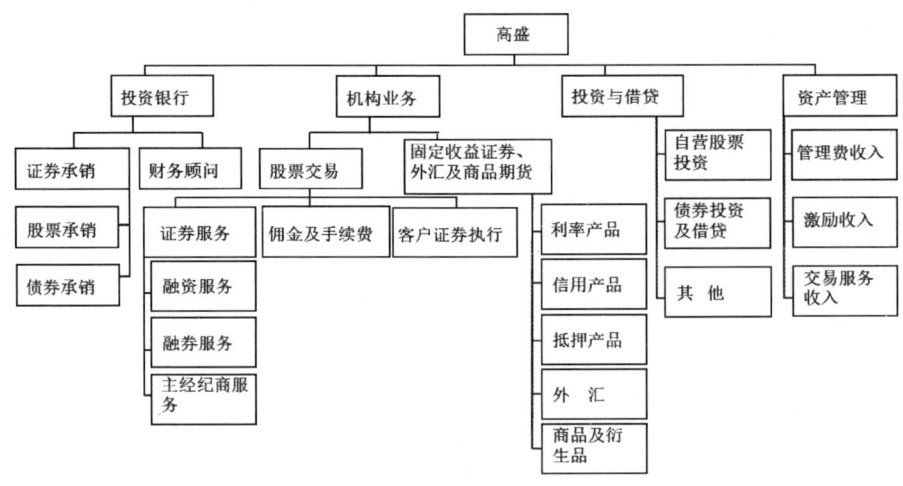

图1　高盛集团主要业务体系架构

资料来源：左欣然："百年高盛，我国券商从制度到业务的空间"，方正证券研究报告，2019年6月18日。

1989年末，阿朗公司创造利润2.3亿元，相当于高盛整个集团总利润的30%。2010年以后，衍生品业务作为高盛集团向机构客户提供的交易服务之一，为高盛集团进行FICC业务创新提供了重要支撑（左欣然，2019）。期货衍生品业务为高盛集团在不同的发展阶段与时代背景下，增加了业务收入来源，丰富了服务客户、抵御风险的手段。

（2）摩根大通模式。2000年12月，J. P. 摩根公司与大通曼哈顿银行合并成立摩根大通公司。与高盛的模式类似，衍生品业务一方面成为摩根大通公司服务客户的重要手段，另一方面使得公司有能力顺应不同市场形势，进行金融产品创新，同时也为摩根大通管理自身风险提供了有效工具。

但是，摩根大通的衍生品业务发展相较于高盛更为曲折。2012年摩根大通"伦敦鲸"事件，不仅使其在信用衍生品自营交易方面遭受了巨额亏损，还引发了全世界对此类综合金融集团风险控制、监管措施的担忧与思考（姜智强，2012）。2015年之后，摩根大通顺应全球利率下降以及对衍生品的强监管政策，通过衍生品策略的调整，转变了其固定收益业务取向，极大地提升了经营业绩（郭宏宇，2017）。

摩根大通集团的发展与其衍生品交易密不可分，既给摩根大通集团创造了丰富的业务机会，又带来了风控的挑战。

（3）台湾市场介绍经纪商（IB）形式的期证融合模式及特点。除美国市场的"巨无霸"金融机构期证融合的经验外，我国台湾市场以IB业务形式开展的期证融合经验值得我们细细研究。

1997年10月，台湾《证券商经营期货交易辅助业务管理规则》一经发布，便成为台湾地区IB业务的指导性文件。由于台湾的期货公司非常少，截至2008年12月仅18家（陈维怡，2008），而且基本都是证券公司的子公司或证期归属同一金控集团，因此台湾期货业务的发展必须依靠券商的大力支持。2008年11月，全台湾地区新开的期货账户中，有80%均为证券IB营业部介绍。正是由于台湾地区IB业务的蓬勃发展，因此证券客户接受度更高的金融期货交易得到了蓬勃发展，助推2017年台湾期货交易所的交易量跻身全球期货交易所第17位。①

为实现证期双方的业务高效融合，台湾地区的证券和期货公司形成了别具特色的IB业务合作机制（夏锦良，2012；莫璧君，2013）：

①组织架构安排。台湾地区期货公司的董事长往往由证券公司负责证券经纪业务的副总经理兼任，此种"一条鞭管理制度"的安排，使得证券公司与期货公司的企业文化、管理体制、战略方向与营销策略得以一脉相承。

在部门设置方面，一类是将IB业务推广部门设置在期货公司内部，证券公司负责IB客户开发，期货IB业务部门提供后续行情研究分析、策略服务，并制订IB业务推广计划与营销方案，例如富邦证券和凯基证券；而另一类是在期货和证券公司内部各自设置期货投资顾问部，例如永丰金证券，IB客户的服务、产品设计与IB业务推广均由证券公司负责，期货公司提供支持（见表2和表3）。

表2　　　　　　　　凯基期货与凯基证券IB业务分工情况

凯基期货	凯基证券
1. 设立专门服务组织（通路服务部与PM制度） 2. 提供行情研究分析与策略服务 3. 建构专业交易辅导工具（如策略交易专属工具与站情中心） 4. 协助研拟业务方案和营销企划 5. 分级客户服务与陪访 6. 供给信息协助业务分析管理	1. 凭借广大客户基础，专司客户开发与服务 2. 收集客户意见回馈与同业信息，以利后续质量管理与标杆管理 3. 业务提升方案，研讨决议与营销活动的落实执行 4. 通路业绩管理与考核

资料来源：夏锦良："台湾地区期货IB业务管理与发展启示"。

---

① 资料来源：中国证监会、中国期货业协会：《中国期货市场年鉴（2017）》，中国财政经济出版社2018年版。

表 3　　　　　　　　永丰期货与永丰金证券 IB 业务分工情况

永丰期货	永丰金证券
1. 设立专门服务组织（期货顾问部门），内设业务开展部和产品研发部	1. 设立专门服务组织（证券期货投资顾问），内设业务开展部和产品研发部
2. 提供行情研究分析与策略服务	2. 设计产品，服务 IB 客户
3. 提供建议，辅导投资	3. 营销规划、业务推展与管理
4. 研究报告、发出下单信号	4. 培训讲座
5. 系列培训课程设计	5. 提供客户交易策略
6. 程序交易模块	6. 客户定制化服务
7. 形成差异化服务、客户定制化服务	

资料来源：夏锦良："台湾地区期货 IB 业务管理与发展启示"。

在信息技术系统方面，由于期货公司资金实力有限，因此台湾地区的期货公司信息技术支持也由其控股的证券公司的信息技术部门统一提供。而根据中期协 2014 年 7 月发布的《期货公司信息技术管理指引》，目前我国大陆地区的期货公司应设有技术部门并有专职技术人员，同时对技术人员有详细的人数以及学历要求。

②IB 业绩考核制度。正是由于在组织架构上，由证券公司分管经纪业务的副总经理兼任期货董事长，因此 IB 业务成果是该高管的重点工作内容之一，也是其工作业绩的重要考核标准。因此，在各证券营业部的业绩考核中，IB 业务完成效果成为重要的考核内容；而对于期货公司而言，为证券公司的营业部提供 IB 业务支持与服务，也纳入期货公司的业务考核指标。

③细致的 IB 客户服务。因为台湾地区期货公司自身的网点数量非常有限，期货业务规模与收入对证券 IB 业务的依赖程度相当高，因此对 IB 客户的服务成为各期货公司的重要工作，也成为各期货公司差异化竞争的体现。大型期货公司的 IB 服务特点主要体现在两方面：一是定制化技术服务，包括下单系统、交易平台、API 接入、后台硬件等多方面，与大陆地区的期货公司为客户提供极速交易柜台、交易软件、机柜托管等服务类似；二是对 IB 客户详细的分级服务体制，例如台湾地区 IB 业务规模龙头的凯基证券实行的区域辅导员负责制，将整个台湾地区分成 12 个区，每个区域内的 IB 客户服务由本区域辅导员提供，根据客户交易活跃程度和权益大小进行客户等级划分，根据不同的客户类型，安排不同的拜访频率与维护方式。

④IB 风控、出入金等其他制度设计。IB 客户的期货交易风险控制、保证金管理是台湾 IB 制度中非常重要的一项，相较于大陆地区期货公司制度，最大的不同在于 IB 客户的出入金可由证券营业部办理，此项制度设计主要是为简化期货公司机构及人员设置。

⑤对我国大陆证期合作的启示。我国台湾地区的证期合作经验，需要一分为二地看待。一方面，台湾地区的期货公司更多的是担任证券母公司的期货交易通道角

色，其 IB 制度设计以精简期货公司人员配备、依靠证券公司服务能力为目标，此种定位虽然使台湾的金融衍生品市场交投活跃，但是也弱化了期货公司自身的社会价值，在我国大陆实体企业数量众多、风险管理需求旺盛的背景下，我国大陆的期货公司必须以服务产业客户、提高期现结合及风险管理专业服务能力为出发点和落脚点，因此与券商深度融合的过程中，更应该是期货公司实体经济服务能力与券商资源的融合，而不仅仅是台湾的交易通道模式。

但是另一方面，高管兼任制度、管理体制与文化的融合对我国大陆券商与期货公司深度融合提供了思路，虽然部分制度安排受到目前期货监管制度制约，暂时无法实行，但是也许会成为未来证期融合的一个方向。

2. 国内期证合作的理论和实践探索

2007 年 4 月，中国证监会发布实施了《证券公司为期货公司提供中间介绍业务试行办法》，打开了我国国内证券公司与期货公司业务合作的大门。

在政策利好和业务扩张的预期背景下，2010 年以前，国内曾出现一波证券公司收购期货公司的"浪潮"，且基于境外市场的成功经验，不少研究认为随着金融期货的逐渐推出，被证券公司收购的期货公司得益于金融期货的大规模发展，期货公司自身将进入高速增长时期。学界和业界提出了众多的关于券商系期货公司发展战略的构想（肖成，2009；王化栋，2009；彭磊，2012），如券商系期货公司可以通过大力推进 IB 业务实现其网点优势、研发协作优势、品牌及资源优势（王化栋，2009）；券商系期货公司应该加强证期合作、银期合作，拓宽业务，期货公司的核心竞争力将来自自身服务水平的提升和企业品牌的构建（彭磊，2012）。从实践经验看，国内开展 IB 业务的券商与期货公司的合作在组织架构、人员培训、客户服务、考核体系等方面都建立了较为完善和畅通的对接机制，且在 2010 年后股指期货的推出助推了具有券商背景的期货公司客户权益规模、交易量以及市占率等指标的持续增长。

然而，略微遗憾的是，学界关于期证融合的理论研究和深入研究在 2010 年后缺乏持续性，大部分研究主要聚集在 2015 年之前，研究的主题无外乎 IB 业务、金融期货的上市等。2015 年以来，随着 A 股股市的异常波动，股指期货一度被认为是股市异常波动的根源。在中金所对股指期货进行严格限制的这几年，期货风险子公司业务蒸蒸日上，有现货背景的期货公司的发展更为亮眼，积极响应国家"期货服务实体经济"的号召，充分发挥期货的价格发现和风险管理功能。

国内证券公司与期货公司的合作虽然经过十余年的发展，对期货公司的权益规模以及市占率增长起到了非常积极的助推作用，有助于期货行业做大经纪业务规模。但"券商系期货公司"的发展并未能真正摆脱期货同质化竞争的困境，期证融合仍然停留在零售客户中间介绍阶段,对于业务的协同以及期证融合模式的深入探讨并不充分。在期货行业创新发展的背景下,具有独特的券商股东优势的期货公司,如何不仅仅局限于 IB 业务的融合,在期货服务实体的功能发挥上与券商母公司进行深度的业务融合是一个值得深入研究的问题,关乎到期货行业能否迎来重生和高质量发展。

3. 我国 IB 制度的演变与问题分析

《证券公司为期货公司提供中间介绍业务试行办法》奠定了期货公司与证券公司开展经纪业务合作的制度基础。该办法详细规定了证券公司开展期货中间介绍业务(IB)的业务资格门槛、业务范围、人员条件、内部控制及详细的业务规则,强调了开展 IB 业务合作的证券公司必须满足"全资拥有或者控股一家期货公司,或者与一家期货公司被同一机构控制"的条件。这一条件从本质上限制了期货公司与证券公司的业务融合必须具备共同的股权基础,若不满足这一条件,一家证券公司需要开展 IB 业务以及更深入的期证融合,需要通过收购其他期货公司的资本运作方式进行。其后,监管层对 IB 业务制度的规定历经几次变化(见表4)。

表 4 IB 业务制度历次变动情况

制度或通知名称	发布机构	发布时间	值得关注的内容
《证券公司为期货公司提供中间介绍业务试行办法》	中国证监会	2007 年 4 月	开展 IB 业务合作的证券公司必须满足"全资拥有或者控股一家期货公司,或者与一家期货公司被同一机构控制"
《关于做好取消证券公司为期货公司提供中间介绍业务资格行政许可项目后续管理和衔接工作有关事项的通知》	各地证监局	2013 年 4 月	1. 证券公司为期货公司提供中间介绍业务资格由审批转为备案管理 2. 提出"证券公司接受多家期货公司委托、期货公司委托多家证券公司从事介绍业务",意味着股权限制问题被动放开
《废止的部门通知、函、指引等文件目录(共计172项)》	中国证监会	2015 年 5 月	废止了《关于做好取消证券公司为期货公司提供中间介绍业务资格行政许可项目后续管理和衔接工作有关事项的函》,意味着关于 IB 业务的开展需要遵从 2007 年办法的相关规定

2013 年,各地证监局下发了《关于做好取消证券公司为期货公司提供中间介绍业务资格行政许可项目后续管理和衔接工作有关事项的通知》(以下简称"2013 年通知"),恰逢证券行情低迷、经纪业务发展受限的境况,部分市场敏感意识较强的

期货公司和证券公司迅速响应，积极开展IB业务的合作，期货公司积极抓住一些尚无控股期货公司的证券公司进行IB网点布局。其中，最为典型的便是新时代证券、宏信证券等。2013年10月，新时代证券正式与中信期货（原中证期货）开展IB客户介绍合作。新时代证券是在2013年通知下发后市场上首家与无共同股权关系的期货公司开展IB业务的证券公司。

目前根据中信期货官网IB网点公示显示，中信期货的IB网点数量高达344家，远超行业内其他期货公司，除中信期货的全资控股股东中信证券的276家IB证券营业网点外，还有新时代证券29家、宏信证券32家以及华宝证券7家IB网点。

随着2015年中国证监会通知废止《关于做好取消证券公司为期货公司提供中间介绍业务资格行政许可项目后续管理和衔接工作有关事项的函》，期货公司与证券公司的业务合作又陷入了停滞期，现阶段只有少部分证券公司还在尝试与无股权关系的期货公司开展新的IB业务合作，如2018年华林证券与没有股权关系的华泰期货签订了"中间介绍业务协议"，全年达成了7户IB客户介绍。[①]

总体来说，我国国内的IB业务推出时间较早，为行业内证券公司和期货公司的合作提供了政策基础，且目前市场上证券公司和期货公司的经纪业务条线的合作也具备了较好的业务布局和商业模式。然而，随着期货经纪业务的发展进入一定的瓶颈期、期货创新业务的不断推进以及我国衍生品市场上更多商品期货品种、场外衍生品、金融衍生品的有序推出，期货市场发挥其服务实体经济的本质功能的迫切性和现实要求也越来越高。凡此种种，对期证双方的合作范围和合作层面提出了更高的要求，在现有的网点布局基础上，如何进行深度的业务合作，在服务实体经济方面进行业务创新、客户融合以及专业实力的强强融合等值得期货行业从业人员深入研究和探索。

二、期货行业整体发展态势及券商系期货公司发展现状分析

（一）期货行业的整体发展态势分析

1. 期货行业主要经营指标发展态势

截至2017年，全行业期货公司共149家。从净资本指标看，2010年全行业净资本为251.25亿元，2010—2017年全行业净资本稳步增加，全行业的资本实力以及风险应对能力有了明显的改善，为行业进行业务创新提供了资本保障和空间。

---

① 资料来源：华林证券2018年年报。

2017年全行业净资本为750.12亿元,2010—2017年全行业净资本增加198.56%。期货行业主要收入贡献来源于手续费收入,手续费收入是期货行业经营成果的最主要指标,2010年全行业手续费收入为98.66亿元,2017年该指标为145.06亿元,增长幅度仅为47%,但从净利润指标看,7年间全行业净利润增长幅度为235.6%,主要原因在于随着期货公司整体客户权益的增长以及交易额的增加,虽然交易手续费收入因手续费率下降或客户返还增加等原因有所下降,但交易所手续费减收、保证金利息收入等在期货公司整体收入中的比重逐年增加,这一比例近年来已占到部分期货公司全部收入的60%以上。虽然全行业竞争越来越激烈,尤其是手续费率已经到"让无可让"的地步,但从实际数据看,全行业的手续费率并没有显著下降趋势(2014年及2015年因股票市场的大幅上涨带来股指期货成交量的大幅上升,手续费收入/期货代理交易额计算的手续费率出现显著下滑,但2015年股市异常波动之后,随着股指期货成交量的下降,手续费率逐步恢复到正常水平)(见图2)。

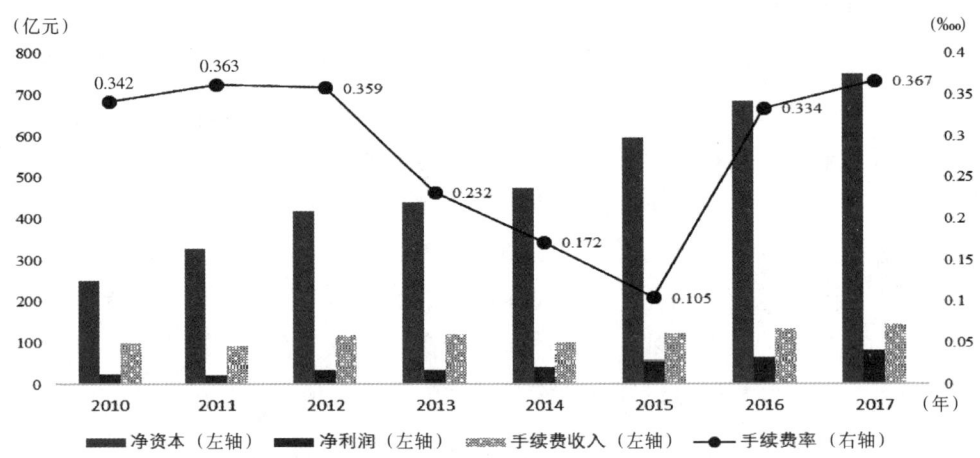

图2　2010—2017年期货行业主要指标变化趋势

资料来源:中国期货业协会网站、2013—2017年《中国期货市场年鉴》。

从行业整体客户权益规模看,虽然2018年客户权益比2010年绝对值增加了2 500多亿元,增长幅度为167%,但可以看出,自2015年开始,全行业的客户权益进入了发展瓶颈期,2015—2018年全行业客户权益在4 000亿元左右波动,客户权益规模增长乏力(见图3)。

总体而言,虽然从净资本、手续费收入以及利润、客户权益等角度,近年来期货行业经营实力和经营成果稳步提升,但从绝对值看,综合发展成果并非十分显著,特别是全行业客户权益增长进入瓶颈期,若权益缺乏稳定增长,随着业内居间返还、客户返还以及保证金利率水平的下降,全行业利润将会受到进一步冲击,对行业的健康长远发展构成威胁。

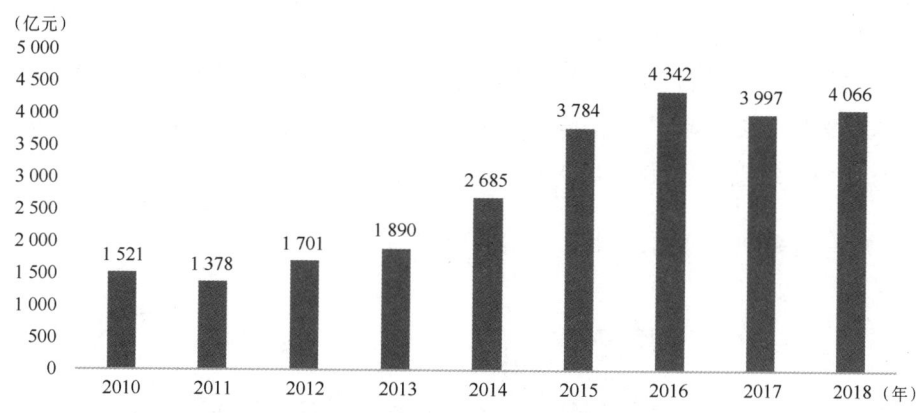

图 3　2010—2018 年期货行业客户权益规模变化趋势

资料来源：根据中国期货业协会网站、中期协《理事会通讯》等资料整理。

2. 期货行业与证券行业发展态势的简要对比

在发展初期，证券行业与期货行业的经纪业务有着类似的收入结构。证券行业在 2010—2018 年，全行业净资本由 4 319 亿元增长到 15 700 亿元，增加幅度为 263.5%，增长幅度和增加绝对值都非常显著，给近年来证券公司创新业务的发展和整体业务增长提供了较好的条件。证券公司代理买卖证券业务与期货公司代理期货交易业务同属于通道业务，但与期货公司手续费收入不同的是，证券公司代理买卖证券业务净收入受到股市行情的影响较大，从图 4 可以看出，2010—2018 年证券行业此项收入指标呈现抛物线状发展趋势，且 2018 年收入数据远低于 2010 年收入数据。究其原因，除受股市行情影响之外，行业整体佣金率的持续下滑也是一个重要原因，且行业的佣金率还有进一步下滑的趋势。

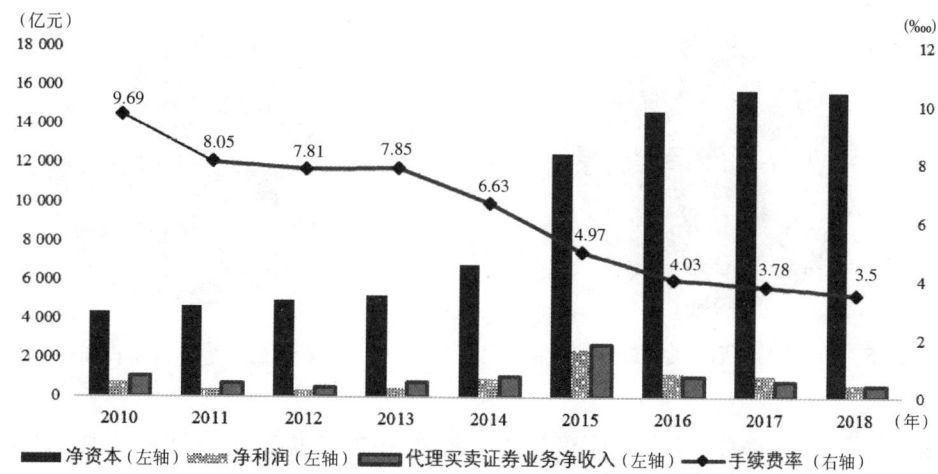

图 4　2010—2018 年证券行业主要经营指标变化趋势

资料来源：中国证券业协会网站。

与期货行业横向对比可以发现，2017年度，期货行业净资本仅为证券行业的1/21，净利润仅为证券行业的1/14，但期货行业的手续率较为稳定，期货行业通道业务收入的影响主要受客户保证金规模的影响较大，手续费率的竞争已接近下限，而证券行业的手续费率仍然是决定代理买卖证券业务收入的一个重要因素。

（二）券商系期货公司经营情况及集中度特征分析

1. 券商系期货公司的整体经营情况

为研究期证融合这一主题，本文将全行业的期货公司按控股股东的性质分为券商系期货公司、产业系期货公司和其他期货公司。其中，券商系期货公司是指控股股东或第一大股东为证券公司或控股股东或第一大股东同时控股券商子公司的期货公司；产业系期货公司是指控股股东或第一大股东为具有期货品种相关产业背景的期货公司。按此方法分类，全行业149家期货公司中，券商系期货公司数量共81家，占比54.4%，即全行业超过一半的期货公司具有券商系背景；产业系期货公司数量共7家，占比4.7%；其他期货公司数量为61家，占比40.9%。

如图5和图6所示，券商系期货公司除了具有数量优势之外，其权益规模与净利润规模在全行业期货公司中更是占据举足轻重的地位。2017年期货行业总客户权益规模为3 996亿元，其中券商系期货公司客户权益为2 936亿元，占全行业权益规模的73.47%。2017年期货全行业净利润为80.79亿元，其中券商系期货公司净利润为60.32亿元，占全行业净利润规模的74.67%。可以看出，全行业客户权益和公司利润的集中度也体现在券商系期货公司上，占全行业一半数量的券商系期货公司贡献了行业七成的净利润。

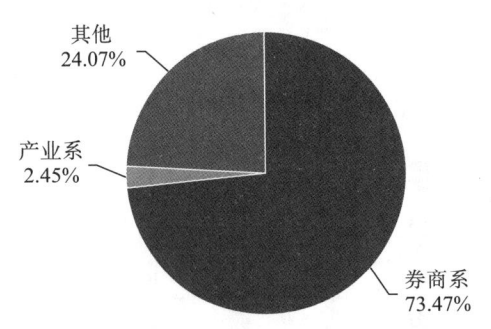

图5　2017年期货公司权益分布

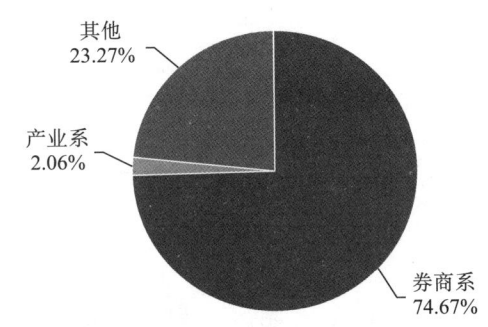

图6　2017年期货公司净利润分布

表5为2010—2017年全行业权益排名前20位的期货公司，可以发现，2014年以前券商系期货公司在权益排名前20位的期货公司中数量占比为75%，2014年（含）以后，这一比例高达85%—90%。2015年开始，全行业权益排名前10位均被

券商系期货公司占据，且权益规模排名靠前的期货公司其券商股东背景基本为国内一流的大型证券公司。

表5　　　　　　　　2010—2017年全行业权益排名前20位的期货公司

权益排名	2010年	2011年	2012年	2013年	2014年	2015年	2016年	2017年
1	永安	永安	中信	永安	中信	中信	中信	中信
2	中粮	中信	永安	中信	永安	海通	永安	永安
3	海通	中国国际	海通	海通	国泰君安	上海东证	华泰	华泰
4	国泰君安	海通	国泰君安	国泰君安	银河	永安	国泰君安	海通
5	华泰	国泰君安	银河	银河	海通	华泰	海通	国泰君安
券商系数量	4家	4家	5家	5家	5家	5家	5家	5家
6	中国国际	华泰	申银万国	申银万国	华泰	光大	银河	银河
7	广发	银河	中国国际	广发	申银万国	国泰君安	上海东证	上海东证
8	银河	广发	华泰	中粮	光大	银河	国投安信	国投安信
9	华信	南华	光大	华泰	中粮	申银万国	广发	申银万国
10	南华	申银万国	中粮	中国国际	方正中期	广发	申银万国	华信
券商系数量	4家	4家	3家	3家	4家	5家	5家	5家
11	上海中期	光大	广发	光大	上海东证	南华	南华	广发
12	中信	华信	南华	南华	广发	兴证	兴证	方正中期
13	新湖	国投安信	华信	方正中期	浙商	瑞达	光大	中粮
14	国投安信	金瑞	金瑞	华信	中国国际	国投安信	中粮	兴证
15	申银万国	新湖	国投安信	上海东证	南华	方正中期	招商	光大
16	浙商	上海中期	上海中期	浙商	华信	中粮	华信	南华
17	金瑞	上海东证	上海东证	金瑞	鲁证	招商	方正中期	五矿经易
18	鲁证	格林大华	新湖	国投安信	招商	鲁证	国信	格林大华
19	上海东证	鲁证	浙商	新湖	兴证	国信	鲁证	鲁证
20	光大	招商	鲁证	格林大华	五矿经易	五矿经易	五矿经易	建信
券商系数量	7家	7家	6家	7家	8家	7家	8家	7家
合计	15家	15家	14家	15家	17家	17家	18家	17家

券商系期货公司在行业中的引领地位也可以从中期协公布的《2018年期货公司分类评价结果》中体现，全行业37家A类期货公司中，券商系期货公司占比为67.6%，达到25家（见表6）。

表6　　2018年期货公司分类评级结果

序号	公司名称	评级	分类	序号	公司名称	评级	分类
1	永安期货	AA	券商系	20	兴证期货	A	券商系
2	中信期货	AA	券商系	21	国际期货	A	其他
3	国泰君安	AA	券商系	22	长江期货	A	券商系
4	银河期货	AA	券商系	23	金瑞期货	A	产业系（有色）
5	国投安信	AA	券商系	24	宏源期货	A	券商系
6	华泰期货	AA	券商系	25	建信期货	A	其他
7	光大期货	AA	券商系	26	东航期货	A	其他
8	方正中期	AA	券商系	27	新湖期货	A	其他
9	广发期货	AA	券商系	28	国海良时	A	券商系
10	招商期货	AA	券商系	29	瑞达期货	A	其他
11	中信建投	AA	券商系	30	五矿经易	A	券商系
12	国信期货	AA	券商系	31	弘业期货	A	其他
13	中粮期货	AA	其他	32	东海期货	A	券商系
14	申银万国	AA	券商系	33	格林大华	A	券商系
15	海通期货	AA	券商系	34	信达期货	A	券商系
16	南华期货	AA	其他	35	徽商期货	A	其他
17	浙商期货	AA	券商系	36	一德期货	A	其他
18	上海东证	AA	券商系	37	中金期货	A	其他
19	鲁证期货	AA	券商系		券商系期货公司数量：25家		

资料来源：http://www.cfachina.org/ggxw/XHGG/201809/t20180907_2596239.html。

2. 券商系期货公司主要经营指标集中度分析

券商系期货公司在期货行业中具有较强的综合实力，为探究券商系期货公司的行业集中度情况，本文进一步分析了2010—2017年券商系期货公司中排名前5位、前10位与前20位的期货公司的权益、净利润以及净资本集中度变化情况。从图7中可以看到，期货行业权益从2010年的1 521亿元，增长到2017年的3 779亿元，增长了148%。券商系期货公司的权益集中度2010—2014年逐年提高，2014年后占比保持基本稳定，但略有下滑：前5位券商系期货公司权益总额占全行业权益总额的比例近年来稳定在25%左右；前10位券商系公司占全行业权益总额的比例峰值为45.0%，近年来基本稳定在40%左右；前20位券商系公司占全行业权益总额的比例近年来稳定在55%左右。

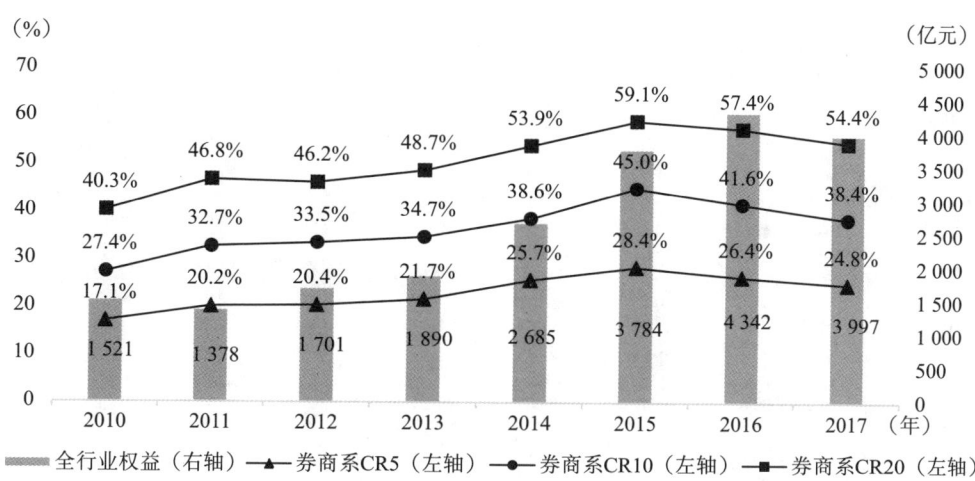

图 7 2010—2017 年券商系期货公司权益集中度

图 8 展示了券商系期货公司净资本在 2010—2017 年的集中度变化情况。净资本指标对期货公司经营资本充足情况和资产流动性状况有重要意义，排名前 20 位的券商系期货公司的净资本集中度能够多年保持稳定，占比维持在 40% 左右，表明券商系期货公司的经营状况稳定、资本充足度与流动性高。

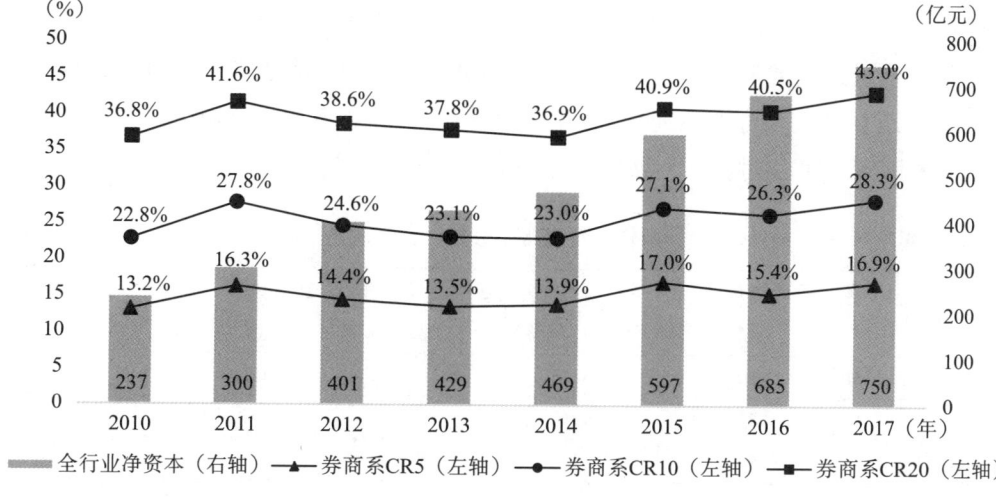

图 8 2010—2017 年券商系期货公司净资本集中度

从图 9 中可见 2010—2017 年券商系期货公司的净利润集中度逐年提升，前 5 位券商系期货公司的净利润集中度从 19% 提升至 27%，前 20 位的券商系期货公司净利润集中度从 43% 提升至 59%，整体呈现逐年平稳上升趋势，说明期货行业的整体利润在向头部券商系期货公司集中。

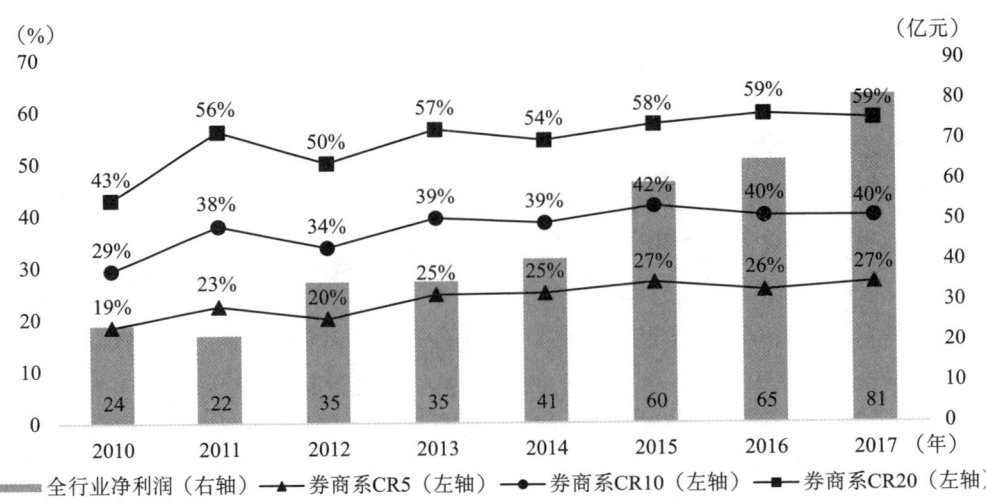

图9　2010—2017年券商系期货公司净利润集中度

3. 券商系期货公司风险管理业务简况

截至2019年8月14日，期货行业共有85家公司申请了风险管理子公司业务资格，本文统计了这85家期货公司申请设立风险管理子公司的时间①，发现自2013年初开展风险管理子公司业务试点以来，龙头券商的期货公司反应更为迅速，申请的时间普遍早于其他类型期货公司。2013—2014年，共30家期货公司设立风险管理子公司，其中60%为券商系期货公司。截至目前，券商系期货公司中62%的公司都申请了风险管理子公司业务，该比例也明显高于其他类型的期货公司（见表7）。

表7　期货公司风险子公司设立情况

类别	申请数量（家）	同类型期货公司中占比（%）	2013—2014年（家）	2015—2017年（家）	2018—2019年（家）
券商系期货公司	50	62	18	25	7
其他期货公司	33	49	12	13	8
总计	83	56	30	38	15

资料来源：中国期货业协会网站。

4. 券商系期货公司交易量特征分析

为探究券商系期货公司在期货市场交易方面的表现，我们根据2018年四大期货交易所（不包括能源交易中心）的品种交易量统计，从每个交易所选择一个高活跃

---

① 资料来源：中期协官网公告，http：//www.cfachina.org/CXFW/zgsyw/djbazgs/。

度的品种作为研究标的,来研究券商系期货公司在不同交易所、不同类型的交易品种上的交易活跃度表现(见表8)。

表8　　2018年全市场成交量排名靠前的交易品种

序号	商品品种	2018年累计成交总量(手)	金融品种	2018年累计成交总量(手)
1	螺纹钢	530 976 610	10年期国债期货	8 988 739
2	豆粕	238 162 413	沪深300股指期货	7 486 825
3	铁矿石	236 491 632	上证50股指期货	4 517 259
4	PTA	170 845 666	中证500股指期货	4 340 243
5	甲醇	163 896 306	5年期国债期货	1 842 894

资料来源:上海期货交易所、郑州商品交易所、大连商品交易所和中国金融期货交易所,表中数据均为单边计算。

依据此标准,我们挑选的四个品种标的分别为:上海期货交易所螺纹钢(黑色金属)、大连商品交易所豆粕(农产品)、郑州商品交易所PTA(化工品)、中国金融期货交易所沪深300股指期货。

接下来,我们统计了这四个品种在2018年12月共20个交易日中,每个交易日的成交量前20名期货公司的分布情况。① 如表9—表12所示,券商系期货公司在各品种的交易量上都占据明显优势。究其原因,一方面可能是由于券商系期货公司占据全行业较高的权益集中度,另一方面可能是因为券商系期货公司在客户资源上能够获得证券公司更多帮助,致使券商系期货公司展现出更高的交易活跃度。除此之外,在分析的这四个品种中,券商系期货公司在沪深300股指期货上的交易活跃度显著高于其他类型的期货公司,同时显著高于其他期货品种,考虑到证券公司庞大的股票现货客户群体,这种现象进一步可以说明券商系期货公司的客户与证券公司客户有更强的共同性与一致性,且期证融合更有利于客户在现货市场和期货市场进行风险对冲。

表9　　2018年12月螺纹钢期货成交量前20名会员上榜排名频次分布

会员类别	前5名(次)	占比(%)	6—10名(次)	占比(%)	11—20名(次)	占比(%)	合计(次)	总占比(%)
券商系期货公司	100	100	87	87	145	73	332	83
非券商系期货公司	0	0	13	13	55	28	68	17
合计	100	100	100	100	200	100	400	100

---

① 资料来源:Wind商品期货专题统计。

表 10　　　　　　　2018 年 12 月豆粕期货成交量前 20 名会员排名频次分布

会员类别	前 5 名（次）	占比（%）	6—10 名（次）	占比（%）	11—20 名（次）	占比（%）	合计（次）	总占比（%）
券商系期货公司	91	91	86	86	142	71	319	80
非券商系期货公司	9	9	14	14	58	29	81	20
合计	100	100	100	100	200	100	400	100

表 11　　　　　　　2018 年 12 月 PTA 期货成交量前 20 名会员排名频次分布

会员类别	前 5 名（次）	占比（%）	6—10 名（次）	占比（%）	11—20 名（次）	占比（%）	合计（次）	总占比（%）
券商系期货公司	80	80	59	59	132	66	270	68
非券商系期货公司	20	20	41	41	68	34	130	32
合计	100	100	100	100	200	100	400	100

表 12　　　　　2018 年 12 月沪深 300 股指期货成交量前 20 名会员排名频次分布

会员类别	前 5 名（次）	占比（%）	6—10 名（次）	占比（%）	11—20 名（次）	占比（%）	合计（次）	总占比（%）
券商系期货公司	100	100	95	95	168	84	357	89
非券商系期货公司	0	0	5	5	32	16	43	11
合计	100	100	100	100	200	100	400	100

若将 2018 年 12 月 20 个交易日的成交量前 20 位的上榜情况按期货公司进行分类（见表 13 和表 14），不难发现螺纹钢、沪深 300 股指期货、PTA 以及豆粕四个品种成交量领先的期货公司大部分是大型券商体系内的期货公司，而且上榜的期货公司成交量的绝对值差异也很大，螺纹钢、PTA 和豆粕的上榜期货公司中成交量最多的期货公司是最少的期货公司的 4—6 倍。

表 13　　　　　　　　螺纹钢和沪深 300IF 期货上榜会员明细

螺纹钢期货					沪深 300IF 期货				
排名	会员简称	上榜频次（次）	月成交量（手）	类别	排名	会员简称	上榜频次（次）	月成交量（手）	类别
1	海通期货	20	7 029 568	券商系	1	中信期货	20	216 055	券商系
2	中信期货	20	5 247 680	券商系	2	海通期货	20	138 364	券商系
3	永安期货	20	3 631 220	券商系	3	国泰君安	20	109 064	券商系
4	东证期货	20	3 546 647	券商系	4	华泰期货	20	102 958	券商系
5	方正中期	20	3 315 163	券商系	5	兴证期货	20	97 238	券商系
6	国投安信	20	3 145 590	券商系	6	申银万国	20	67 397	券商系

续表

	螺纹钢期货				沪深300IF期货			
排名	会员简称	上榜频次（次）	月成交量（手）	类别	排名	会员简称	上榜频次（次）	月成交量（手）	类别
7	银河期货	20	2 678 648	券商系	7	银河期货	20	61 077	券商系
8	国泰君安	20	2 410 392	券商系	8	广发期货	20	59 407	券商系
9	华泰期货	20	2 260 287	券商系	9	招商期货	20	57 100	券商系
10	徽商期货	20	2 242 686	其他	10	国投安信	20	54 834	券商系
11	申万期货	20	2 215 361	券商系	11	五矿经易	20	53 175	券商系
12	东方财富	20	1 975 793	券商系	12	光大期货	20	51 327	券商系
13	光大期货	20	1 842 785	券商系	13	东证期货	20	49 671	券商系
14	上海中期	20	1 838 426	其他	14	国信期货	20	44 780	券商系
					15	永安期货	20	42 189	券商系

资料来源：Wind 资讯。

表14　　　　　　　　　　PTA和豆粕期货上榜会员明细

	PTA期货				豆粕期货			
排名	会员简称	上榜频次（次）	月成交量（手）	类别	排名	会员简称	上榜频次（次）	月成交量（手）	类别
1	华泰期货	20	3 543 719	券商系	1	东证期货	20	3 108 111	券商系
2	海通期货	20	2 836 544	券商系	2	海通期货	20	1 605 682	券商系
3	永安期货	20	1 981 069	券商系	3	中信期货	20	1 126 221	券商系
4	新湖期货	20	1 584 530	其他	4	中信建投	20	929 071	券商系
5	东证期货	20	1 498 501	券商系	5	国泰君安	20	892 495	券商系
6	中信期货	20	1 318 192	券商系	6	永安期货	20	819 558	券商系
7	创元期货	20	1 114 725	其他	7	方正中期	20	793 303	券商系
8	光大期货	20	1 056 874	券商系	8	徽商期货	20	710 527	其他
9	徽商期货	20	1 004 128	其他	9	国投安信	20	709 234	券商系
10	华安期货	20	885 101	券商系	10	华泰期货	20	653 657	券商系
11	申银万国	20	793 566	券商系	11	兴证期货	20	636 934	券商系
12	方正中期	20	768 267	券商系	12	银河期货	20	578 742	券商系

资料来源：Wind 资讯。

三、期货公司业务发展的现状与困境、机遇与挑战

（一）期货经纪业务收入分析及存在的问题

期货公司的主营业务收入包括手续费收入、利息收入、风险管理及现货业务收入、投资收益等，其中手续费收入包括经纪业务手续费收入、资产管理业务收入、

投资咨询业务收入、代理销售金融产品业务收入等（见图10）。经纪业务手续费收入主要包括期货经纪手续费收入（已扣减上交给交易所的手续费部分）、交易所手续费返还或减收等。本文重点关注一般意义上的经纪业务收入，指"期货经纪手续费收入+交易所返还"或"减收收入+利息净收入"，以上三类收入更能够反映期货公司客户权益以及公司经纪业务条线直接带来的收入。

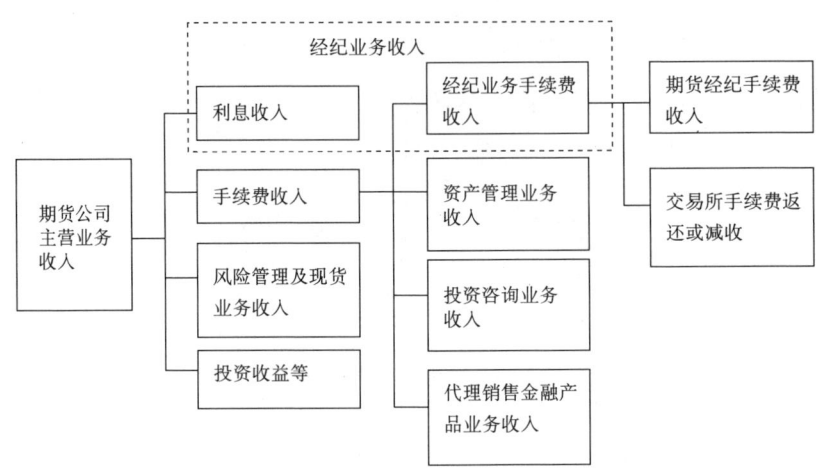

图10　期货公司主营业务收入构成

为更好地反映期货经纪业务的发展状况，下面重点分析期货公司经纪业务的收入状况、结构、对期货公司营业收入的贡献、创新业务的收入等。考虑到数据的可获得性，选取了目前已在A股上市、IPO申报进行中、在港股上市以及新三板挂牌的部分期货公司作为代表进行分析。如表15所示，目前共2家公司在A股上市、2家公司在香港联交所上市、14家公司在全国中小企业股转系统挂牌，另外弘业期货的首次公开发行申请正在排队中。考虑到数据的代表性，以及本文重点研究券商系经纪业务转型问题，综合考虑期货公司的规模、行业地位、券商系背景、产业系背景等因素进行目标对象的选取，主要以永安期货（虽然为券商股东背景，但作为传统业务向产业转型的业内翘楚，可以视为产业系代表及业内领军期货公司），海通期货（大型券商系代表，业内前十名期货公司代表），天风期货（券商系，整体实力位于行业中位数以后的期货公司代表），迈科期货（产业系，整体实力位于行业中位数左右期货公司代表）。

表15　　　　　　期货公司境内外挂牌上市情况

A股上市	瑞达期货　南华期货
港交所上市	弘业期货　鲁证期货
股转系统挂牌	永安期货　渤海期货　长江期货　创元期货　大越期货　福能期货　广州期货　海航期货　华龙期货　海通期货　金元期货　迈科期货　天风期货　先融期货
IPO申报中	弘业期货

1. 产业转型代表——永安期货业务转型及特色分析

永安期货作为业内公认的行业领军者,长期以来经营业绩和规模稳居行业前3名,且在产业客户风险管理、财富管理、资产管理、研究业务上具备业内领先的核心竞争力。永安期货于2012年11月获准开展资产管理业务,2013年3月获备案允许设立风险管理子公司,是期货行业内较早地进行业务创新发展试点的期货公司之一,以风险管理子公司业务为平台,从期货经纪业务向服务实体经济的产业链服务模式转型。根据中期协数据显示,2013年永安期货客户期货权益总额为90.97亿元,2017年为211.85亿元,增幅达132.88%,远高于同期行业整体权益规模增幅。根据中期协数据,2017年永安期货利润占全行业利润总额的比例高达10.33%,利润绝对值为8.37亿元,位列行业第一,是第2名中信期货的两倍之多。

作为产业服务转型的典型代表期货公司,从营业收入看,永安期货子公司现货及风险管理业务收入占全部营业收入的比重呈现快速攀升的趋势,2013年母公司营业收入占合并财务报表营业收入的80.6%,2018年这一比例降低到仅为9.8%,2018年永安期货合并报表营业收入为159.15亿元,其中子公司现货业务收入为137.48亿元,母公司营业收入为15.57亿元,受现货收入规模基数较大的影响,母公司营收规模贡献逐年下降(见图11)。

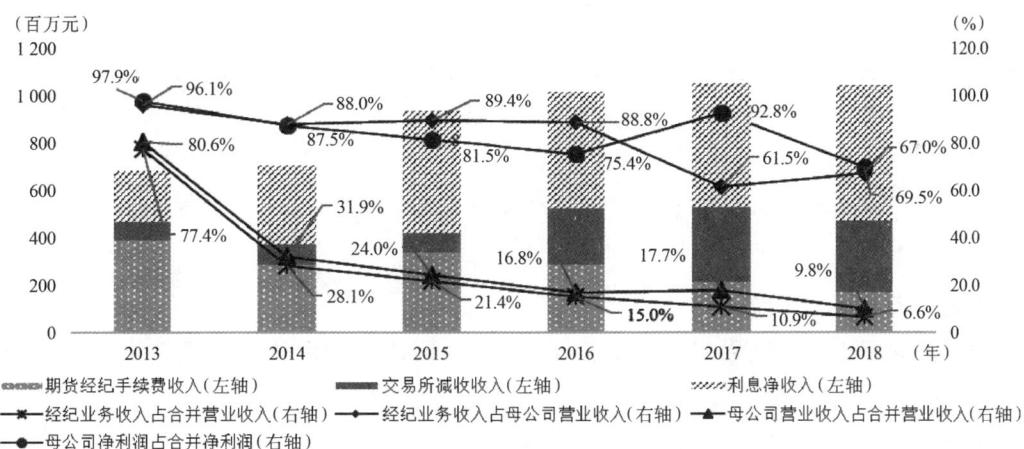

图11 永安期货2013—2018年主要业务指标变化趋势

资料来源:根据永安期货"公开转让说明书"及2015—2018年年度报告整理。

从利润贡献看,虽然子公司业务由于现货业务货值高、周转快、营收高等特点创造了较高的收入,但收入利润率并不高。随着子公司业务规模的迅速发展,利润贡献的绝对值也在逐步提升,且增幅比较明显。以永安资本为例,永安资本为永安期货全资子公司,主要经营风险管理子公司业务,2018年其利润高达1.42亿元,占合并报表净利润的14.5%，远远高于行业内其他期货公司的年度整体利润。2013年永安期货母公司净利润占合并净利润的97.9%，2014—2017年这一比例一直保持在75%以上，2018年这一比例下滑到69.5%，但对永安期货而言母公司利润仍然是公司利润的中流砥柱，母公司经营利润水平以及发展的稳健性对期货公司的持续经营有至关重要的影响。

从母公司实际经营看，虽然资管业务、投资咨询业务近年来发展加快，但母公司主要收入仍然来源于经纪业务收入（包括期货经纪手续费收入、交易所减收收入、利息收入等），2013年经纪业务收入占永安期货母公司营业总收入的96.1%，2014—2016年这一比例保持在88%以上，2018年这一比例下降到67%，主要由于永安期货投资收益2017年和2018年大幅上升所致。

进一步将经纪业务收入拆分结构可以看出，2013—2018年，期货经纪手续费收入所占比重逐年降低，而利息收入占比逐年提升，交易所减收收入占比近年来也显著提高。2018年经纪业务收入中16%为传统的期货经纪手续费收入，29%为交易所手续费减收收入，高达55%的部分为利息收入，而在2013年，57%的收入仍然为传统的期货经纪手续费收入。造成以上现象的原因主要在于一是市场竞争激烈，手续费呈逐渐下降态势导致手续费收入面临较大的压力，2013年永安期货经纪手续费收入为3.9亿元，尽管公司权益相比2013年已翻番，但2018年经纪手续费收入仅为1.7亿元；二是随着权益规模的增长，利息收入有了明显的提高，2013年利息收入为2.2亿元，2018年利息收入高达5.7亿元；三是近年来交易所为支持期货公司业务做大做强，对期货公司进行手续费返还或减收，2013年这一项目收入为7 924万元，2018年减收收入高达3.06亿元。

值得注意的是，虽然本文将永安期货视为一家产业转型的代表性期货公司，但其控股股东为财通证券股份有限公司，具有券商资源背景，因此券商IB渠道是其开展经纪业务的一个重要渠道。

根据课题组长期以来对多家券商IB业务的调研，国内绝大多数证券公司进行IB业务收取的佣金提成主要是IB客户在期货公司交易产生的手续费的一定比例，IB佣金并不包含这部分客户在期货公司产生的交返收入以及利息收入。券商佣金提成比例大致为手续费的50%—75%，券商介绍员工获得的佣金提成大致为手续费的25%—40%。因此IB业务费产生于期货经纪手续费，IB业务费占期货经纪手续费的比例可以反映出IB客户给期货公司经纪手续费带来的创收。2013—2018年，永安期货IB业务支出逐年下降，峰值为2013年的2 143万元，即使在股指期货行情异常火爆的2015年，IB业务费也未超过2013年，2018年IB业务费支出仅为815万元。2013—2018年，IB业务费占期货经纪手续费的比例也基本维持在5%左右，若假设券商提成比例为50%，将IB业务费换算为IB客户产生的期货经纪手续费，IB

客户的期货经纪手续费贡献预计占比为10%左右，整体贡献程度一般（见表16）。

表16　　2013—2018年永安期货IB渠道创收情况分析

类别	2013年	2014年	2015年	2016年	2017年	2018年
期货经纪手续费（万元）	38 802	28 586	33 757	28 087	20 801	16 531
IB业务费（万元）	2 143	1 482	1 932	1 276	1 206	815
IB业务费占期货经纪手续费比例（%）	5.5	5.2	5.7	4.5	5.8	4.9

资料来源：2015—2018年永安期货年报，永安期货"公开转让说明书"。

综上所述，虽然永安期货目前在产业链服务转型上取得了较大的成功，经纪业务收入占永安期货合并财务报表营业收入的比重较低，且占母公司营业部收入的比重也逐年下降，但母公司利润贡献仍然是其非常重要的利润来源，同时经纪业务收入依旧是期货公司最重要的主营业务收入。经纪业务收入的结构变化和失衡给经纪业务收入带来了较大的挑战，手续费率和居间报酬等的激烈竞争使得传统期货经纪手续费面临营利能力下滑的风险；利息收入占据半壁江山，但不可控的利率水平变化以及客户对返息诉求的提高使得利息净收入面临下滑风险；交易所返还的不确定性也同样存在。另外，作为经纪业务重要渠道的券商IB业务对永安期货的贡献整体比例偏低，且绝对值也逐年下降。

2. 券商系代表——海通期货业务转型及特色分析

海通期货控股股东为海通证券股份有限公司，持股比例为66.7%，是典型的券商系期货公司，且控股股东为证券行业内的领先券商。2018年3月，海通期货在全国中小企业股份转让系统正式挂牌。2013年8月，公司全资子公司上海海通资源管理有限公司成立，开启了公司"期货+现货""场内+场外"多元化发展的经营模式和业务格局。根据中期协统计数据，海通期货2017年客户权益总规模为197.9亿元。近几年，在净利润、净资产、净资本、权益规模等经营指标上，海通期货始终保持在行业前5名的地位。

如图12所示，与永安期货类似，从绝对值看，2015—2018年海通期货经纪业务收入整体保持稳定发展的趋势，2015年经纪业务收入为6.4亿元，2018年为6.38亿元。在经纪业务细分结构中，期货经纪手续费收入占比逐年下降，交易所减收收入以及利息净收入对经纪业务的创收贡献逐年增加，2015年期货经纪手续费收入占经纪业务全部收入的35.9%，而2018年这一比例仅为17.8%，下降幅度超过100%，永安期货该指标2015—2018年的变化为36.2%—15.9%。

尽管近年来海通期货大力开展了资产管理业务、国际化业务等，但经纪业务收入仍然是母公司营业收入的第一大来源，2015年母公司营业收入中95.5%为经纪业

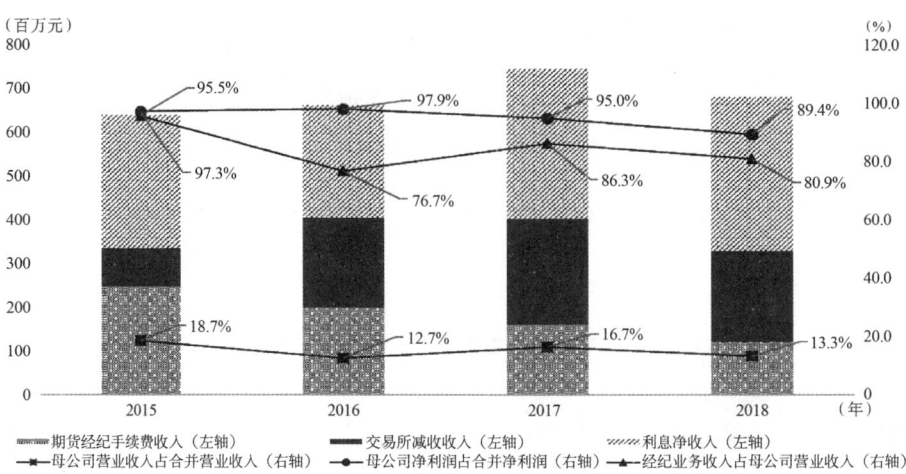

图 12　海通期货 2015—2018 年主要业务指标变化趋势

资料来源：根据海通期货"公开转让说明书"及 2015—2018 年年报整理。

务收入，2018 年这一比例为 80.9%，主要原因是投资收益 2018 年占营业收入的比重接近 20%，2017 年及 2018 年海通期货经纪业务收入占母公司营业收入的比重高出同期永安期货该指标的 15%—20%。

与永安期货类似，海通期货风险管理子公司业务收入快速增长，2018 年风险管理业务收入接近 53.5 亿元，利润贡献约为 3 400 万元，占合并报表利润的 10% 左右。2015—2018 年母公司营业收入占合并营收的比例从 18.7% 下降到 13.3%，但母公司净利润占合并净利润的比例依然维持在 90% 以上，从 2015 年的 97.3% 下降到 2018 年的 89.4%，2018 年该指标高出永安期货同类指标 20 个百分点以上。

与永安期货的 IB 渠道创收贡献不同的是，海通期货的 IB 业务费支出规模整体高于永安期货，2015 年 IB 业务费支出为 3 076 万元，高出永安期货 1 000 多万元，且 IB 业务费占期货经纪手续费比为 12.4%，根据推测，IB 带来的手续费创收占期货经纪手续费的收入应接近 25% 左右，给海通期货的手续费创收较高。但 2015 年之后，IB 业务费的占比逐年降低，2018 年仅为 5.7%，略高于永安期货这一指标，当年度给期货经纪手续费的创收预计为 10%（见表 17）。

表 17　　　　2015—2018 年海通期货 IB 渠道创收情况分析

类别	2015 年	2016 年	2017 年	2018 年
期货经纪手续费（万元）	24 858	20 032	16 070	12 166
佣金支出（万元）	6 967	3 984	4 464	3 217
其中：IB 业务费（万元）	3 076	1 493	1 054	690
居间报酬（万元）	3 890	2 491	3 409	2 527
IB 业务费占期货经纪手续费比例（%）	12.4	7.5	6.6	5.7
居间报酬占期货经纪手续费比例（%）	15.7	12.4	21.2	20.8

资料来源：海通期货"公开转让说明书"及 2015—2018 年年报。

造成 IB 创收占比降低的原因可能包括两方面：一是 2015 年股市异常波动后股指期货受限，股指期货成交量大幅下滑，且由于限仓以及交易所股指期货手续费大幅提高后，期货公司客户下调期货公司收取的手续费的诉求较高，因此股指期货手续费收入大幅下滑。二是从居间报酬占期货经纪手续费的比例变化可以看出，居间人佣金大幅提高也从侧面挤占了 IB 业务费用。根据行业实际从业经验以及调研发现，券商 IB 业务中，介绍员工仅能获得客户交易手续费的 25%—40%，随着抢占客户市场的激烈竞争以及手续费率的大幅下滑，IB 业务激励对券商员工的吸引力远远不够，而居间人却可以获得客户佣金、利息以及交返的提成，提成比例为 50%—90%，因此一些券商员工转而会通过居间的方式进行客户介绍，利用政策差异进行套利等。

综上所述，永安期货与海通期货在经纪业务收入的整体规模以及内部细分结构的变化趋势上整体类似，都面临着期货经纪手续费下滑严重、利率变化和交返政策的不确定性给经纪业务收入带来的威胁。不同之处在于永安期货的风险管理子公司业务带来的创收贡献和利润贡献远高于海通期货，海通期货虽然也大力发展风险管理子公司业务，但截至目前，其经纪业务收入对母公司营业收入以及利润的贡献仍然占据绝对地位，且这一比例远高于永安期货同类指标。另外一点不同在于，IB 业务对永安期货的手续费创收贡献比较稳定，且贡献程度整体一般，对期货经纪手续费的潜在冲击可控，但 IB 业务对海通期货的手续费贡献相对较高，且相对具有在国内券商行业属于第一梯队一流券商实力的海通证券这一优势而言，IB 业务的潜力还有进一步发挥的较大空间，近年来逐渐下滑的 IB 业务规模和创收值得重视（见图13）。

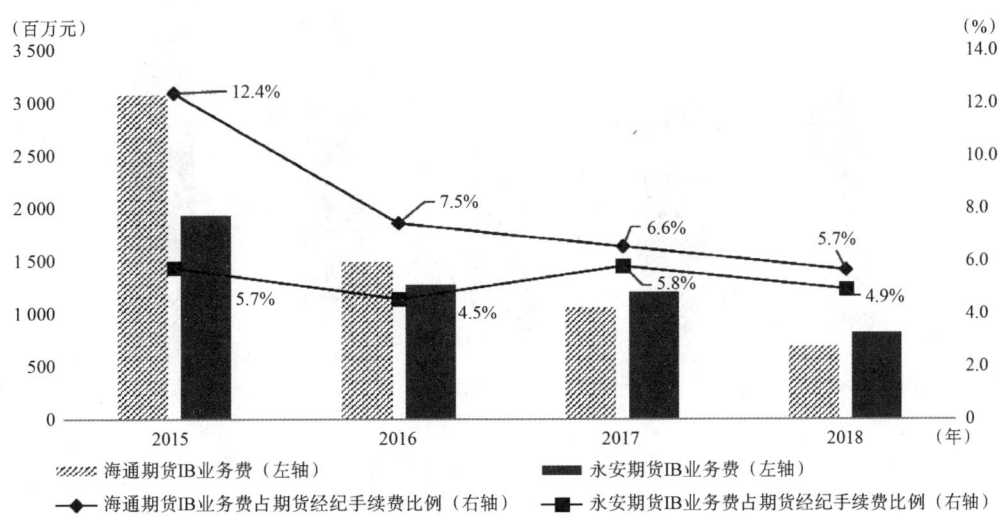

图13 2015—2018 年永安期货与海通期货 IB 业务规模及占比对比

3. 中小型产业系代表——迈科期货业务转型及特色分析

迈科期货是一家典型的产业系背景期货公司，迈科期货控股股东为西安迈科金属国际集团有限公司。2014年10月，迈科资产管理（上海）有限公司正式成立，是迈科期货全资设立的以开展风险管理服务业务为主的风险管理子公司。迈科金属集团是一家从事大宗商品贸易的综合性大型企业集团，是中国最大的有色金属及矿产品的供应商之一。① 迈科金属集团业务范围涉及有色金属贸易及金融贸易、期货经纪与资产管理、矿产资源投资及冶炼加工、交易平台及现代仓储物流管理等行业。控股股东迈科集团在现货贸易领域具有丰富的经验和物流管理优势，具有广泛的有色金属销售网络及现货贸易渠道优势，迈科期货能够充分发挥其控股股东的优势，为相关产业客户的现货套期保值和风险管理提供解决方案。

根据中期协数据，2017年迈科期货净资本位于行业第56位，净资产位列行业第45位，权益总额位列行业第52位，净利润位列行业第36位，是一家典型的中型规模的产业系期货公司。

2014年迈科期货经纪业务收入为1.28亿元，2018年为1.30亿元，从变化趋势看，整体规模变动不大，但从内部结构看，近几年迈科期货经纪业务收入中期货经纪手续费收入呈现逐年下滑趋势，利息收入和交返收入逐渐成为经纪业务收入的主要来源，2014年利息收入和交返收入占经纪业务收入的48%，2018年这一比例增长为76%（见图14）。

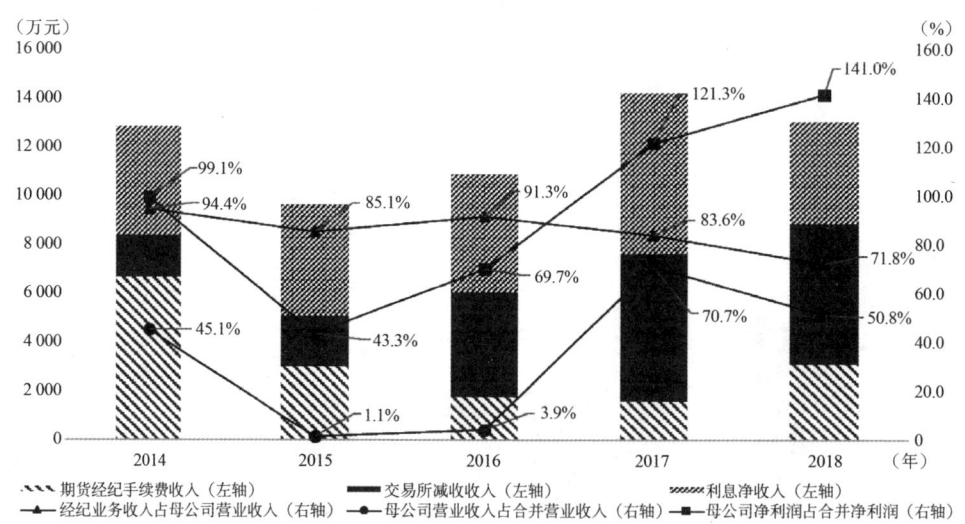

图 14 迈科期货 2015—2018 年主要业务指标变化趋势

资料来源：根据迈科期货"公开转让说明书"及 2015—2018 年年报整理。

---

① 资料来源：迈科期货官网及公开转让说明书。

经纪业务收入占母公司营业收入的比重近年来虽有下滑，但整体幅度有限，2014年该比例为94.4%，2018年为71.8%，主要是由于近年来迈科期货投资收益的提高导致。母公司营业收入占合并报表营业收入的比重呈现出先降后升的趋势：2014年该比例为45.1%；2015年和2016年由于迈科期货大力发展风险子公司业务，该比例降低为5%以下；由于子公司迈科资产为避免同业竞争，自2016年3月31日起不再新增涉及铜、铝、铅、锌、锡、钢材的现货交易业务（含远期销售和远期采购）导致其风险管理子公司业务收入大幅下滑，从而2018年母公司营业收入占合并营业收入比重提高到50.8%。从利润角度看，由于2015年和2016年风险子公司业务的大力发展，母公司利润贡献占比短期下滑，但2017年及2018年该指标均已超过100%。

因此，从迈科期货看，虽然其具备业内较好的产业背景优势，但并未像永安期货一样在子公司业务上取得长足的发展，目前经纪业务收入仍然是其收入的重要组成部分，且利润贡献也占据绝对重要地位。

4. 中小型券商代表——天风期货业务转型及特色分析

天风期货控股股东为天风证券股份有限公司，持股比例为62.94%，是一家典型的券商系期货公司。根据中期协公布的数据，2017年天风期货净资本位于行业第88位，净资产位列行业第68位，权益总额位列行业第90位，净利润位列行业第94位。从经营情况看，天风期货属于行业中典型的中小型规模的券商系期货公司。

2015年天风期货新设资管子公司，当年度新增资产管理公司营业收入7 900.45万元，净利润大幅增加，较2014年增长了2 117.73%；2017年天风期货新设风险管理子公司。

图15为天风期货2013—2018年的经纪业务主要经营指标分析。与上文分析的3家行业排名中位数以前的期货公司有所不同的是，天风期货的经纪业务收入逐年下滑，且下降幅度较为明显，2013年经纪业务收入为9 079万元，2018年为5 541万元，降幅为39%。从结构上看，与上述3家期货公司一样，期货经纪手续费大幅下滑，取而代之的是交返收入以及利息收入的提高，但天风期货的交返和利息收入的提高并未能阻挡经纪业务收入的整体下滑，主要原因在天风期货整体权益规模不高，利息收入和交返收入很大程度上取决于期货公司的经纪手续费和权益基数。2013年天风期货的期货经纪手续费贡献了67.2%的经纪业务收入，而2018年期货经纪手续费仅贡献了15.9%的经纪业务收入。天风期货在创新业务上也积极尝试，2015年新设资管子公司，且当年度资产管理子公司营业收入7 900.45万元，当年度母公司净利润占合并报表利润仅为16.2%，但2017年资管子公司亏损约200万元。2017年新设了风险管理子公司开展风险管理子公司业务，但截至目前，整体经营成果一

般,2017年该风险管理子公司未实际开展业务,2018年该风险管理子公司亏损250.19万元。近几年资管业务和子公司业务经营成果波动较为剧烈,缺乏稳定性,故目前经纪业务收入仍然是母公司业务收入的主要来源,2018年占比高达91.1%,且母公司利润也是公司利润的主要来源,尤其是在2017年和2018年创新业务亏损时,经纪业务收入支撑了公司的正常经营和业务开展。

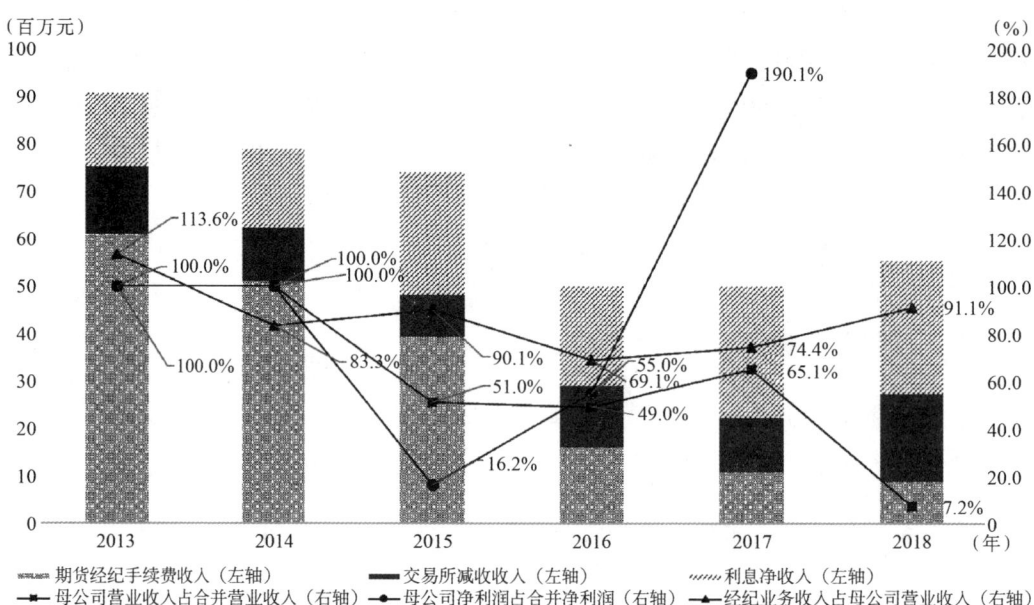

图15 天风期货2013—2018年主要业务指标变化趋势

资料来源:天风期货公开转让说明书及2014—2018年年报。2018年天风期货母公司净利润和合并报表净利润为亏损,因此本图中未包含2018年度母公司净利润占合并报表净利润的比值。

综上,4家期货公司主要经营指标对比分析见表18。

表18   2015—2018年代表性期货公司主要经营指标对比分析①   (单位:%)

期货公司	母公司收入占合并收入变动	母公司利润占比变化	经纪业务收入占母公司营收比变动	期货经纪手续费占经纪业务收入变动	总结
永安期货	24.0—9.8	81.5—69.5	89.4—67.0	36.2—15.9	经纪业务向创新业务转型较为成功,子公司、资管等业务均具有较高的行业地位,产业服务能力及业务利润贡献较强。期货经纪业务收入及利润贡献占公司整体收入降幅较大,子公司业务创收和创利发展迅猛

续表

期货公司	母公司收入占合并收入变动	母公司利润占比变化	经纪业务收入占母公司营收比变动	期货经纪手续费占经纪业务收入变动	总结
迈科期货	1.1—50.8	43.3—141	85.1—71.8	31.1—23.6	股东具有产业背景优势，但子公司业务并未长足发展，经纪业务收入占母公司营收下降较大
海通期货	18.7—13.3	97.3—89.4	95.9—80.9	38.8—17.8	创新业务稳健开展，经纪业务占母公司营销下滑较为缓和，且母公司利润依旧占据利润的主导地位。IB业务创收逐年降低，股东背景优势未充分发挥
天风期货	51.0—7.2	16.2—190.1[②]	90—91.1	53.2—15.9	积极尝试资管及风险管理子公司等创新业务，但稳健程度不够，经纪业务收入近两年基本成为唯一的利润来源

注：①因不同公司上市年份不同，可选取的财务数据区间不一致，为了更好地进行比对，本表选取2015—2018年作为可比区间进行代表性公司主要经营指标的对比分析。

②2017年天风期货因资管子公司亏损等原因，合并报表利润小于母公司利润，2018年天风期货母公司亏损，且2018年合并报表净利润为负，故天风期货此栏目数据区间为2015—2017年。

5．非券商及非产业系期货公司分析

除代表性的券商系期货公司及产业系期货公司的主要经营指标和业务结构呈现相似的变化趋势外，非券商系和非产业系的期货公司主要经营指标的变化与前两者亦有一定的相似性，表现出一种普遍性的行业发展规律。以南华期货为例，2016年以来，南华期货客户日均权益稳定在70亿元以上，峰值达到100亿元以上，占据行业头部地位。从收入结构看，近两年来场外衍生品业务收入增长迅速，使得母公司营业收入占合并营业收入的比重下降明显，2018年占比仅为8.72%，同时这也改善了公司利润结构，2018年母公司净利润仅为合并净利润的56.90%。

从期货经纪业务收入角度看，近几年来，南华期货的期货经纪业务收入并没有明显的上升趋势，反而最近3年略有下滑，其中期货经纪手续费收入逐年降低，2013年期货经纪手续费收入为29 245万元，占经纪业务收入比重为55.13%，2018年仅为8 400万元，仅占经纪业务收入的15.84%。交易所手续费减收收入和利息净收入基本呈现逐年上升趋势，特别是2018年利息收入占经纪业务收入的比重已经达到50.69%。交返收入和利息净收入对经纪业务收入的贡献较大使得公司经纪业务收入面临着较大的交易所政策风险及市场利率风险，一旦交易所交返比例下降或市

场利率大幅下滑，公司营收和利润将面临较大的冲击（见图16）。

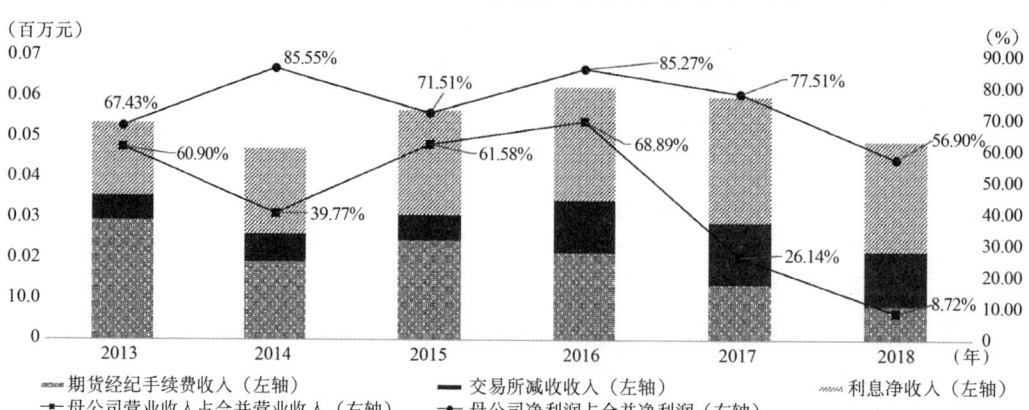

图16　南华期货2013—2018年主要业务指标变化趋势

资料来源：南华期货公开转让说明书。

6. 期货经纪业务发展态势总结

（1）整体而言，近年来各类期货公司，不管是券商系还是产业系以及其他类的期货公司经纪业务收入整体规模增长乏力，或虽有小幅度增长，但并未有明显增长趋势，尤其是小型期货公司经纪业务收入规模下降较多。

（2）券商系和产业系期货公司都在积极尝试资管、子公司等创新业务，但发展水平差异较大，资本实力以及股东实力较强的期货公司，创新业务发展较为稳健，给期货公司能够稳健地提供创收和创利。

（3）尽管创新业务持续开展，但目前经纪业务收入仍然是期货公司业务收入和利润来源的重要部分，这在券商系期货公司上表现得较为明显，尤其是小型券商系期货公司。券商系期货公司经纪业务收入占母公司比重下滑幅度相对有限，且母公司利润占合并报表利润波动程度和下降幅度都较为缓和。

（4）期货公司在经纪业务收入上越来越多地依赖于交易所返还收入和利息收入，传统期货经纪手续费收入受交易量和手续费率下滑的影响降幅较大，且小型期货公司受制于交易量和权益规模的限制，其交返收入和利息收入增长规模远远不如大型期货公司，无法弥补期货经纪手续费的下滑。经纪业务收入中的利息收入更面临着客户保证金规模降低和外部利率降低的风险，交易所返还收入面临着交易所政策不确定的外部风险，因此，这也给期货公司经纪业务收入带来了较大的发展瓶颈和挑战。

（5）具有券商股东背景的期货公司，券商股东的IB业务创收是期货公司的一个重要创收来源，但目前IB创收规模以及对期货经纪手续费的贡献逐年下滑，对期货经纪业务的发展带来了潜在的冲击，且IB业务的激励与同样作为渠道的居间存在重大差异,也导致了 IB 业务规模和贡献的下降,大型期货公司的券商股东背景优势还未充分挖掘和发挥。

(6) 从永安期货和海通期货在发展风险管理子公司业务以及资管业务的经验看,风险管理子公司业务以及资管等创新业务具有较大的发展前景和市场空间,增长空间较大,对期货公司在业务收入规模以及收入结构调整、应对期货经纪业务面临的威胁上大有裨益。

(二) 期货经纪业务存在的主要困境与契机

根据前文对期货经纪业务现状的分析,我们认为当前期货行业的传统期货经纪业务面临着较大的压力与挑战,既有来自内部业务层面的掣肘,亦有行业层面处于充分竞争加寻求转型阶段的困境。当前,行业正处于创新业务转型不断铺开、新的业务模式不断尝试、行业国际化进程不断推进的背景下,券商系期货公司具有明显的系统重要性以及集中度优势,且具有净资本实力较为强大以及具备金融协同优势的券商控股股东背景。这些优势使券商系期货公司在做实经纪业务规模、做好经纪业务转型、抓住行业重要的业务创新契机方面具备更多的主动性和容错性,但放眼当下,券商系期货公司面临着一些现实的挑战和困境。

1. 券商系期货公司当前业务发展面临的困境

(1) 主营业务增长乏力、业务创收结构单一。目前期货公司主营业务主要还是集中于经纪业务,业务结构较为单一,此类业务的通道属性极强,核心竞争力缺失,同业竞争异常激烈且客户黏性较差,经营业绩极易面临不确定性。近年来,经纪业务规模增长乏力,经纪业务内部收入结构不合理,面临着较多的外部威胁,创收占比有所下降,但创利仍然占据了较高的比例,且经纪业务的发展是创新业务发展的业务基础和客户基础。在外部监管政策鼓励期货服务实体经济的驱动下,大部分期货公司都正在积极发展资管业务以及风险管理子公司业务,但整体来说,在大资管行业的体系下,受制于体制、激励机制等诸多因素,期货公司资管业务的发展处于弱势状态。另外绝大部分期货公司风险管理子公司业务目前正处于发展初级阶段,子公司业务也是未来期货公司真正体现专业能力、形成差异化竞争的重要方向,目前发展势头较好,但短期行业存在着人才缺失、客户认知不够、业务模式单一以及毛利不高等诸多问题。因此,如何在目前行业集中度不断提高、经纪业务仍然处于主流地位的背景下,进一步做大经纪业务的规模,特别是对于目前在净资本实力以及客户规模上处于行业领先地位的期货公司而言,突破目前的瓶颈,为创新业务的转型提供更多的保障和空间是值得思考的。

(2) 期证融合优势不明显,业务创收渠道式微。根据调研,多家龙头期货公司的券商 IB 渠道客户权益占据公司整体客户权益最高超过 50%，最低也超过 30%，可以看出龙头券商系期货公司的客户资源很大程度上受益于其券商母公司的客户协同发展，在这方面期证融合具有明显的优势，且取得了较好的成果，也使得券商系期货公司相对于产业系公司的渠道优势非常明显。在前文的研究中，可以看出龙头券商系期货公司，因 IB 渠道客户规模占比较大，且券商 IB 渠道带来了大量的中小投机客户，因此 IB 渠道带来的创收曾经占据了公司经纪业务创收的较高比重。但近年来在居间人高返政策、手续费率逐步下滑的情境下以及券商对客户参与期货市场亏损的担忧意识加强后，IB 创收占比逐渐下降，单纯以零售客户为主的介绍经纪业务优势不再，日渐式微。近年来，随着券商逐渐降低对经纪业务的依赖，业务呈现多元化的发展，特别是针对私募机构类客户、高净值类客户、上市公司客户、中小企业客户的服务体系也逐渐完善，券商系期货公司应该思考如何从简单的 IB 渠道客户协同到将期货服务实体经济、风险管理、大类资产配置等功能嫁接到证券服务实体经济、帮助客户进行风险管理以及客户财富管理进行资产配置的终端末梢，这一点也是期证融合的理论基础和现实意义。

（3）创新业务渐行渐近，稳健创利亟待加强。2012 年期货行业资产管理和风险管理业务正式获批，期货公司纷纷涉足创新业务，设立资管子公司或风险管理子公司。从上文分析可以看出，目前行业龙头期货公司的创新业务已经能够给公司贡献稳定的创收和盈利，但对于大部分期货公司而言，虽然拥有创新业务牌照，且投入了大量的前台和中后台人力开展创新业务，但业务成效并不明显，甚至经营不善侵蚀了母公司经纪业务利润。创新业务的开展，特别是其中风险管理子公司业务的开展需要大量的专业技术人才、现货人才的投入以及公司对新业务的容错机制以及激励体制的改革，对于业内大部分期货公司，由于净资本实力以及盈利能力较低，且在盈利依旧大量依赖经纪业务的基础上，无法对创新业务的开展进行资金和体制的支持，但为了抓住新业务机会，大部分公司依然匆忙上马创新业务，不但业务转型没有成效，反而带来了潜在的经营风险。

（4）期证业务协同缺位，期货服务实体不易。"回归本源，服务于经济社会发展，要把对实体经济服务作为出发点和落脚点"是党中央对金融工作的重要指示。期货市场和期货行业诞生于实体经济对风险管理、价格管理的探索和诉求中，同时服务实体经济也不断催生期货市场新品种、新业务以及行业的创新发展，服务实体经济是期货市场的本源和初心。大部分实体企业在利用期权、期货等衍生品对企业进行期现结合和风险管理方面缺乏专业素养和实际操作能力，但这也正是期货公司的专业和服务价值所在。期货公司服务实体经济主要通过风险管理子公司平台，包括基差交易、仓单服务、定价服务、做市业务等，帮助实体企业化解价格、产销、库存等经营风险，稳定生产经营效益以及带动产业转型优化升级。证券公司在经纪、投行以及融资类业务发展中积累了大量的企业客户,但其为企业客户提供的服务门槛较高,主要是通过资本市场为优质企业提供融资服务,但对于广大的资金实力弱、主体信用低、风险抵御能力弱的中小企业在生产经营中面临的价格风险却无法提供相关服务。因认知度不够以及这类客户专业能力的缺失,期货公司的风险管理业务无法顺利地向此类客户进行推广和覆盖。因此,如何在企业客户上进行期证融合,通过创新业务为证券公司的大量中小企业客户提供风险管理服务和资金服务,帮助企业稳健经营,反过来也能够并帮助中小企业客户更好地在资本市场上进行融资和产业转型升级也是一个比较现实的话题。

2. 券商系期货公司面临的重要契机

(1) 金融协同大趋势,券商系股东优势明显。随着金融市场化和体制改革的不断推进,虽然目前混业经营存在法律限制,但金融混业经营的趋势不可阻挡,混业经营的趋势也给期货行业的发展,尤其是券商系期货公司带来了新的愿景。目前我国涌现出一批大型金融控股公司,虽然在期货和证券领域也出现了大量的金融控股公司模式或设立子公司模式的混业经营模式,但目前期证合作主要还处于渠道合作的伙伴关系,模式较为粗浅,在深层次的价值链协同上尚未有成功案例和突出的业务模式。无论是以金融控股公司模式还是设立子公司模式的期货和证券混业模式,虽然在目前的法律框架下,这种具有明确的业务隔离的混业模式并未实现真正的混业经营,但给证券业务和期货业务提供了业务系统的平台和组织基础,有利于整合期货和证券双方营业网点、客户资源、人力资源、技术、研发、资金等方面的资源,重点发挥证券公司在客户资源、市场营销能力、网点覆盖范围上的优势,整合双方的业务服务体系,有利于期货公司在客户规模、业务规模、资本实力、竞争能力的提高上实现"1+1>2"的协同效应。

(2) 商品期货推陈出新,金融期货改革步伐加快。随着我国经济总量的不断提高以及市场化程度的不断加强,企业生产经营所需的大宗商品需求量在全球市场的占比逐渐提高。受全球经济形势的影响,大宗商品价格波动剧烈,价格信息透明度不够,对我国现货企业的稳健经营带来了较大的挑战。近年来,为了更好地满足实体企业对风险管理、价格波动风险管理的需求,解决目前企业大宗商品无对应的期货品种的问题,期货市场陆陆续续挂牌新品种,帮助企业应对内外部竞争环境和风险因素。对期货行业自身而言,新品种上市有助于增加投资者参与度,提高期货市场整体交易活跃度并带来新增资金入场,特别是期货新品种对大宗商品覆盖程度的提高,加强了期货风险管理业务对实体经济服务的广度和深度,提供了更多的业务触角和市场渗透机会。

相比境外发达衍生品市场而言,目前我国金融期货发展水平低、品种有限、市场参与程度不够,因此金融期货创新及发展空间巨大。除目前已有的股指期货、国债期货外,股指期权、外汇期货、利率期货等新品种非常值得期待。金融衍生品市场的发展有助于实体企业化解汇率风险、利率风险、市值风险,且由于金融期货的客户基础更大、市场关注程度更高、投资者接受程度更好,其发展对于券商系期货公司在发展经纪业务、资产管理业务、私募业务上具有独特的魅力。

(3) 期货创新转型步伐加快,监管对期货发展定位明确。随着期货市场规范化发展进入新常态,期货市场品种和制度创新有序推进,对外开放步伐加快,近来监管部门高度重视期货市场的发展,主要包括四个方向。第一是鼓励期货经营机构创新业务模式服务实体经济,不断丰富服务实体经济的业务模式,从企业实际需求出发,帮助企业规避价格、信用、资金、利率等风险;第二是持续推进期货市场国际化建设,推进期货行业对外开放,引入资本实力和专业能力更强的期货公司,促进行业竞争和优化重组;第三是大力推进符合条件的期货公司在 A 股上市,提升机构整体实力,培养行业中坚力量;第四是重视行业人才培养,在人才引进和激励机制上下功夫,大力推动员工持股,重视人才。2019 年修订的《期货公司分类监管规定》中增加了期货服务实体能力指标的内容,鼓励期货公司积极进行产业和机构投资者服务,并积极开展"保险+期货"业务。在 2018 年国际期货大会上,中国证监会副主席方星海指出,"期货行业已具备在更高层次服务实体经济和国家战略的条件""大力推动国企和各类实体企业参与期货市场,持续推进符合条件的商业银行和保险机构参与国债期货工作,推动外资机构通过互联互通、QFII、RQFII 等参与期货交易"。未来,监管层面也将以产业需求为导向,不断推动品种创新,优化市场参与者结构,加强制度供给与监管协调,大力提高期货公司的竞争力和资本实力。

四、期证融合的可行性、商业模式及发展路径研究

(一) 期证融合的可行性分析

1. 期证融合的基因——客群的个性与共性

证券市场与期货市场参与者之间的辩证关系支持了期证合作的可行性。从个人参与者的角度看,股票和期货的差异更多的是投资标的的差异以及投资逻辑的不同,但两个市场上个人的投资决策都是通过对相关标的的量价与供求关系进行判断,从而制定符合自身目标的投资决策。证券投资是投资者基于对企业经营情况的分析进行投资,而期货交易更多是通过判断大宗商品供求关系实现收益最大化。

根据调研以及课题组成员所在单位的实际情况,从期货公司与证券公司、保险

公司、银行共同的业务合作实践看,与证券公司的合作具有较好的合作基础和合作效果,期证产品之间的共性是保证期证合作效果的基础。

从表19对证券、期货、基金、银行、信托、保险6类金融服务的参与门槛及参与客群的差异比较可以看出,在此6类金融服务客群特征中,投资类型、风险偏好、资金灵活性可以将证券、期货与其他金融机构客群区分开来。具体而言,证期客群具有以下共性。

表19　　　　　　　　不同金融服务参与门槛及参与客群的差异比较

金融服务	资金规模要求	投资类型	风险偏好	资金灵活性
证券	☆☆	主动管理	☆☆☆	☆☆☆
期货	☆☆	主动管理	☆☆☆	☆☆☆
基金	☆☆	被动投资	☆☆	☆☆
银行	☆	被动投资	☆	☆☆☆
信托	☆☆☆	被动投资	☆	☆
保险	☆	被动投资	☆	☆

(1) 享受投资过程的参与感。在广泛提倡"金融服务实体经济""服务产品化"的今天,不可否认以投机为目的的个人投资者仍然是证期交易大军的主流。从江苏省期货业协会数据来看,2019年上半年个人新开户增速11%,而法人新开户增速仅为2%,同时在个人客户权益增长10%的同时,法人客户权益竟减少了10%。截至2019年上半年,江苏省个人客户权益为108亿元,是法人客户总权益的1.7倍。

(2) 具有较高风险偏好。证券与期货投资都是通过持有证券/合约的价格涨跌产生盈亏,且多数情况下,盈亏比例较大且具有显著的不确定性,客户风险偏好程度较高。反观基金,尽管净值始终在变,但一方面投资标的分散,整体持仓不会大涨大跌,且短期申赎费用昂贵,客群风险偏好相对较低。银行客户大部分资产主要投在各种固定收益或类固定收益产品中。信托虽然要求合格投资者证明且产品具有中高风险,但由于给出预期收益且违约比例较低,市场上多数时候将其视作低风险产品。保险产品如果被视为期权,则权利金大概率亏损,金额较小且收益概率也小,与证期客群偏好仍有较大出入。

2. 期证融合的驱动——客户需求的共性

期证合作客户群体的共性保证了合作的客户基础,而客户需求的共性则保证了期证合作的业务基础和可行性。

(1) 风险管理需求。股票和期货合约交易规则有诸多不同,证券市场缺乏做空机制,放大了投资者的系统性风险,因此催生出了应用股指期货的市场中性策略产品，用股指期货对冲 A 股市场的系统性风险，这是期证之间最为直接的合作关系，符合期货作为风险管理工具的根本定位。

证券公司自身业务缺乏客户风险对冲机制，目前证券公司客户风险对冲工具类型主要包括融券、指数期权（50ETF）和个股期权。中国证券金融公司公布的数据显示，2019 年 8 月 A 股融资余额 9 135 亿元，融券余额仅仅为 129 亿元，融券余额占融资融券总额的 1.4%，2019 年该比值稳定在 0.4%—1.4%，对于股票现货市场庞大的体量而言几乎可以忽略不计。融券业务的发展停滞，一方面是因为市场本身对于卖空机制缺乏了解，在媒体宣传下对做空有着莫名恐惧；另一方面是由于融券机制问题，投资者参与融券业务的前提是账户所在证券公司有可融票源，而为了规避个股风险，证券公司普遍不会大量持有广大中小上市公司份额。目前市场上唯一一个股指期权——50ETF 期权同样存在市场规模不足的问题，截至 2019 年 9 月 23 日，50ETF 期权总持仓量仅为 429 万张，期权合约适当性制度与内在交易规则限制了绝大多数投资者参与 50ETF 期权的机会。当证券公司缺乏有效的风险对冲机制时，若投资者面临市场普遍下跌，则绝大多数投资者只能清仓出局或随市场深套。

期证融合能够满足广大投资者的风险管理需求，首先体现在为证券公司客户提供了关于风险控制的投资者教育，从根本上让客户认可投资与投机、买多和卖空共存共生，自由、多元的金融市场所提供的充足流动性是保障投资者权益的前提。其次是为证券公司客户提供了便捷、简单的风险对冲工具，比起计算期权的时间价值与波动率，在基差稳定的前提下客户仅仅需要通过计算套期保值比例即可有效地对冲市场系统性风险；此外客户还可以通过股指期货控制股票开仓日内风险等。

（2）风险资产配置的需求。股票是股份公司为筹集资金而发行给股东作为持股凭证并借以取得股息和红利的一种有价证券。每股股票都代表股东对企业拥有一个基本单位的所有权。期货合约是买卖期货的合同，是交易双方约定在特定的时间交易的凭证。剔除投机因素之外，投资者买卖股票与期货交易的本质并不相同。股票投资者的交易是基于对公司管理层以及财务状况的信任，而期货交易更多的是基于对大宗商品市场供需关系的分析。因此期证的充分合作有利于双方客群熟悉自身投资禀赋，寻找合适的投资标的，让合适的人买合适的产品，这恰恰是投资者适当性的重要体现。

以原油市场为例，2019 年 9 月 14 日，沙特东部城市达曼附近的布盖格炼油厂和胡赖斯油田遭到袭击，此次袭击后果非常严重，直接导致沙特原油日减产 570 万桶，几乎占总产量的一半。次一交易日几乎所有的原油相关交易标的均开盘涨停，A 股投资者蜂拥购买证券公司内部所有的原油有关标的，中东的一场袭击引发了中国证券市场的一场踩踏。然而，证券公司能够买到的原油相关品种仅仅只包括相关上市公司股票（中石油等相关石油化工股）和相关基金品种（华宝油气、南方原油等）。但是事实上，通过分析近一年相关标的的相关性发现，证券公司客户很难直接交易国际原油高相关标的。

具体原因很多，其一是A股石油化工行业公司众多，国际油价与各公司经营之间未必是直接正向关系。油价上涨对于石油化工行业事实上整体利空，仅利多于石油产业上游——采掘业。而石油采掘业，又会根据相关企业资源税计算方式的不同而导致对公司经营影响有着完全不同程度的影响，需要投资者去仔细研究斟酌。其二是被动型基金与商品之间的不同走势不仅因为跟踪误差，跟踪标的的选择也会直接影响价格走势。以华宝油气为例，华宝油气是A股投资者最热衷于参与的油气基金之一，全称是华宝标普石油天然气上游股票指数证券投资基金（LOF）。根据基金产品说明，基金业绩比较基准是标普石油天然气上游股票指数（全收益指数），主要投资标的是在美国上市的石油天然气行业上市公司（前三个持仓分别是：VALERO ENERGY CORP，净值占比1.92%；PBF ENERGY INC – CLASS A，净值占比1.91%；DIAMONDBACK ENERGY INC，净值占比1.88%），也就是说华宝油气所跟踪的并不是原油商品本身。因此证券公司客户并没有可以直接跟踪国际油价的优质标的。国内上市的原油近月期货与ICE布油连续价格相关性高达0.93，是一个较好的国际原油连接产品（见表20）。促进期货和证券公司的深度合作，有利于投资者全面了解国内金融市场产品，给客户提供一揽子的金融产品，满足客户的风险资产配置需求。

表20　　　　　　　　　　　原油相关投资标的的价格相关性

	石油化工（申万）	ICE布油连续	华宝油气	原油近月
石油化工（申万）	1.00			
ICE布油连续	0.74	1.00		
华宝油气	0.76	0.72	1.00	
原油近月	0.60	0.93	0.71	1.00

资料来源：根据Wind数据计算。

（3）投资期限需求。优质上市公司分红率较高，公司经营较为稳定，使得股票具备长期投资的制度基础，但期货合约由于存在最后到期日，如果长期投资就需要不断移仓换月，在此过程中会因远近月价差变化产生盈亏，因此期货合约往往并不会被用于长期投资。

期证合作不仅仅可以通过给予双方客户自身交易通道，更多的是可以创新产品形式，打破投资期限隔阂。2019年8月27日，首批商品期货ETF获批，分别是华夏饲料豆粕期货交易型开放式证券投资基金发起式联接基金、华夏饲料豆粕期货交易型开放式证券投资基金、大成有色金属期货交易型开放式指数证券投资基金及联接基金、建信易盛能源化工期货交易型开放式指数证券投资基金。商品指数化能够扩大基金公司容量，也能够方便广大产业客户选择基金这一产品要素更为简单、产品规则更加平和的金融产品。

3. 期证融合的价值——业务价值链共性

证券公司与期货公司最主要的差异体现在市场定位不同。证券公司的根本任务是为市场上规模以上企业提供投融资服务，激活整个资本市场；期货公司则处于大宗商品与金融市场对接的入口，服务传统产业商及实体经济基础业务单元。由于相似的业务内容，双方形成了相似的部门架构及业务内容。从双方提供的业务分析，期货公司和证券公司在针对零售客户提供的经纪业务、在针对企业客户提供的融资类业务上有较多的业务共性（见表21）。

表21　　　　　　　　　　期证融合的业务共性

业务主体	业务部门	业务种类	业务描述	服务对象	解决需求
证券公司	经纪业务部	经纪业务	提供交易通道及相关附属品	所有客户	普适性交易通道需求
		运营管理部	满足客户交易系统需求	机构及高净值客户	个性化交易需求
	金融产品部	产品代销	内外部产品引入、评估与销售	所有客户	产品投资需求
	投顾业务部	投资顾问	提供及时有效的投顾资讯及投顾产品	中高净值客户	资讯产品需求
	研究所	卖方研究	提供研究报告及市场信息	机构	资讯产品需求
	资产管理部	集合资产管理计划	提供固定收益或权益类产品	中高净值客户	投资需求
		专项资产管理计划	提供专有投资通道或定制化产品	超高净值客户	投资及融资需求
	信用交易部	股权质押	提供股权融资产品	大股东	融资需求
	投资银行部	投行业务	提供IPO、融资、投资等项目	机构及超高净值客户	投资及融资需求
		场外衍生品	提供定制化场外衍生品产品	机构	风险管理需求与投资需求

续表

业务主体	业务部门	业务种类	业务描述	服务对象	解决需求
期货公司	经纪业务部	经纪业务	提供交易通道及相关附属品	所有客户	普适性交易通道需求
	运营管理部	运营管理部	满足客户交易系统需求	机构及高净值客户	个性化交易需求
	投资咨询部	投资咨询	提供市场资讯	机构及高净值客户	资讯产品需求
	研究所	研究部门	向客户提供市场资讯	所有客户	资讯产品需求
	资产管理部	资产管理计划	提供固定收益或权益类产品	中高净值客户	投资需求
	风险管理子公司	仓单服务、基差贸易	提供现货贸易，赚取基差波动	产业客户	现货贸易及融资需求
		场外衍生品	提供定制化场外衍生品产品	机构	风险管理需求与投资需求

（二）期证合作的商业模式和重点领域

1. 建立健全经纪客户画像系统和风控体系

证券公司与期货公司由于客户群体和业务流的相似性，可以通过整合、匹配客户数据（客户基础信息、适当性评估、浏览信息、交易信息、登录信息、回访信息、服务信息、信息输入频率等）发现客户交易偏好与投资习惯，从而向客户推送有热度、有深度的资讯信息或金融产品等。这种服务在许多具有互联网基因的金融机构中并不鲜见，但是由于金融科技在传统金融机构中尚未成为主流，因此证券公司与期货公司普遍没有完备的客户画像系统。期货行业近年来恶性竞争已经掏空了许多中小期货公司利润，使得大多数期货公司并没有经济实力采购、运营成本巨大的高集成度信息化系统，空置海量客户信息与交易数据造成资源浪费。建立高效的客户画像系统，能够精准匹配客户需求、提升服务水平，并且有助于迅速扩大客户流量和业务规模，对证期经纪业务有着明确的正向激励作用。

完备的客户画像有助于风险管理工作。证券公司客户杠杆率普遍较低，风控工作重心在项目制活动中，对于运营管理的风控经验并不如期货公司丰富全面，因此期证合作做好客户画像系统，有利于证券公司强化高风险偏好客户管理（融资融券、分级基金、期权以及其他杠杆产品），更好地应对极端行情，保障公司利益。此外，通过健全客户画像系统，也能够提高证券公司与期货公司对于极端行情、高风险偏好客户预警工作，延长生命周期。据统计，目前期货经纪客户非产业客户生命周期普遍在 4 个月之内，只有提升客户生命周期，才能让客户创造更多终身价值。

期证合作建立健全客户画像系统和风控体系，对于期货公司而言具有以下益处：一是帮助期货公司建立客户管理系统。期货市场已经发展了近 30 年，但大部分期货公司低水平、低层次、慢节奏的发展基本面没有改变。借助证券公司的力量建设客户管理系统，是期证合作大背景下方能成就的宝贵机遇。二是帮助期货市场快速获客。在理想合作架构下，证券公司将其 10 倍于期货公司的客户群体同期货市场建立触点，以金融期货为直接导流工具，有助于迅速扩大期货市场规模，让中国期货市场中金融期货与商品期货的结构占比向世界先进水平靠近。三是使期货公司通过自身专业风控能力的输出来获取市场话语权。长期以来，由于期货行业规模、利润、从业人员总体素质等原因，期货行业始终游离在主流金融行业之外，而对保证金交易结算以及衍生品风险管理的丰富经验是期货行业为数不多的向金融行业输出的手段之一。

2. 期证零售经纪业务深度融合

期货和证券经纪业务的协同是期证协同的最基础的领域，主要是为客户提供代理买卖的通道和相应服务，双方的融合在客户对象、营销网点、人员配备、运营支持、监管环境等方面具有良好的基础和应变条件，经纪业务的协同主要包括以下四个方面：

（1）发挥证券客群优势、提高期货经纪的渗透率和覆盖率。因证券交易对投资者认知门槛要求较低且社会关注度高，证券市场的客户群体众多，具有期货无可比拟的客群优势，且客户在年龄、资产、学历等个体特质以及知识水平、投资能力等金融素养特质上差异较大。随着近年来从业机构对投资者风险教育的普及程度提高，投资者对投资组合管理和风险对冲意识的逐步提高以及资本市场对冲机制的逐步完善（包括期权、股指期货、融券等工具），证券客户中的富裕客户（一般定义为证券资产 50 万元以上）和高净值客户（一般定义为证券资产 300 万元以上）对股指期货以及商品期货市场关注程度和参与意愿也逐步提高。通过期证融合，加强这部分客户的投资者教育并充分利用证券营销网点以及从业人员优势，可以针对性地进行营销推广，提高期货经纪业务在此类客户中的渗透率和覆盖率。

（2）联合开展客户营销。期证深度合作在客户触点上的发生主要是通过营销方式抵达业务终端。本文选取 6P 营销理论的 6 要素来分析，主要包括产品、价格、渠道、营销以及人员、有形展示。第一，重点关注产品。证期合作开发产品机会巨大，原因在于期货端不仅可以用于投资本身，也可以作为风险管理工具（比如各类市场中性策略），后续中金所将上市更多股指期货及股指期权，进一步扩大期证合作范围。第二，价格。在考虑行业差异的基础上统一制定服务价格，施行价格战略，能够帮助双方形成市场声誉的同时扩大业务收入。第三，渠道。期证渠道不仅包括同业渠道，也包括以营业部、分公司为代表的实体渠道，开展渠道合作，便是在当前 IB 合作的基础上强调同业资源互换。第四，营销。期证经纪业务制订营销（促销）方案时，指导意见不一致往往是造成 IB 合作不理想的直接原因。强化期证合作深度，整体考量营销目标，有助于事半而功倍。第五，人员。IB 活动客观上支撑了期证人员交流与知识互换，但是在双方融合不够深入的情况下，协同金融能力缺乏考核考察，难以支撑市场 IB 合作愿景。第六，有形展示。自招商银行开展金葵花理财中心服务以来，各类金融机构普遍意识到金融营销不应停留在线上与口头宣传，有形展示不仅能够调整客户产品预期，还能通过有序的工作环境提高产品附加值，但优质的有形展示需要较高的资本投入，期证合作能够提升服务展示水平，能够节约较多成本。

（3）充分应用客户数据优势进行精准化营销和服务。大数据、云计算、云存储等技术的发展有力支撑了证券行业客户数据的积累以及精准化营销的实施。从零售客户资产配置的角度看，与证券公司期权以及融券等品种类似，期货实质是丰富了客户的投资选择标的，只不过期货客户具有特殊的风险偏好或投资风格等。长期以来，证券公司沉淀和积累了大量客户数据，根据证券经纪业务客户的风险测评、适当性评估以及客户账户的交易、持仓品种、盈亏状况等进行分析，通过数据分析与数据挖掘建立相应的客户行为识别模型，有针对性地对需要进行大类资产配置、风险对冲的客户进行智能期货投教、资讯推送、策略分享学习等，既满足了期证经纪业务的协同，也加强了客户投教和客户风险管理。

（4）打造场内交易的统一服务平台。期证融合丰富了客户的投资品种、风险对冲工具及手段。从短期看，期货品种作为证券公司提供零售客户交易和投资的一个工具，丰富了证券公司客户的投资选择，并有助于降低客户的信息搜寻成本及交易成本。从长期看，若未来能够打通证券账户和期货账户体系，期证协同可以有助于证券经营机构打造场内交易的统一服务平台，提供全面的交易服务，利用同一账户体系，通过专业投顾以及信息技术手段帮助客户进行专业的账户管理和资金管理，为客户构建投资组合模型和资产配置计划或提供一体化交易通道以及交易策略解决方案，由此带来增值服务收益。

3. 期证风险管理业务融合切实服务实体经济

近年来随着期货公司纷纷设立风险管理子公司开展基差贸易、仓单服务、合作套保、场外衍生品业等风险管理类相关业务，主要服务对象为现货企业客户、贸易客户以及生产经营与大宗商品密切相关的企业，帮助企业解决融资、降低价格波动风险、稳定生产经营等关键问题。从国家加快建设多层次资本市场体系的战略层面看，期货风险管理子公司业务为资本市场服务实体经济、防控金融风险加上了一道

"保险"，让资本市场服务实体走得更深更远。基于期证融合具有类似的客户需求和共同的价值链，本文认为，在经纪业务转型过程中，期证在风险管理子公司业务上的融合主要包括以下几点：

（1）降低上市公司经营风险，增强融资和征信水平。上市公司是在我国经济发展中涌现出的一批治理规范、经营突出、具有发展前景的优质企业，但随着市场化定价程度的提高、我国经济外向依存度的提高以及国内外经济形势的复杂，近年来上市公司面临着诸多的经营风险，主要包括原材料或产成品等大宗商品价格波动风险，国内外货币政策带来的利率风险、汇率风险，股票市值波动风险等，给上市公司的生产经营和利润带来了较大的挑战。若生产经营和利润出现问题，企业的价值和信用风险加大，企业在信贷市场或资本市场融资能力下降，企业流动性收紧，融资需求反而更加迫切，特别是在宏观经济环境处于下行周期或调整周期中，企业的融资需求得不到满足可能会造成企业资金链断裂，从而使得企业的生产经营出现更大的困难，造成恶性循环，甚至企业经营的风险传导到行业或国家宏观经济层面，给经济的增长和转型带来较大的危机。因而如何进行风险管理、合理调整生产经营、稳定经营利润对于上市公司显得尤其紧迫和必要。

近年来上市公司中参与期货套期保值的公司数量和占比逐年提高，说明上市公司对于通过期货市场进行风险管理的意识和参与度逐年提高（见表22）。

表22　　　　　2010—2019年A股上市公司参与期货业务概况

年份	上市公司数量（家）	套期保值公告数量（份）	涉及上市公司数量（家）	发布公告的上市公司比例（%）
2010	2 007	112	47	2.34
2011	2 288	130	60	2.62
2012	2 443	112	62	2.54
2013	2 445	133	77	3.15
2014	2 569	163	89	3.46
2015	2 792	220	121	4.33
2016	3 019	228	123	4.07
2017	3 457	323	169	4.89
2018	3 562	493	231	6.49
2019[①]	3 691	374	212	5.74

注：①2019年数据取值区间为2019年1月1日至2019年9月30日。
资料来源：课题组根据Wind资讯整理，统计对象已排除金融行业上市公司。

对于上市公司而言，证券经营机构提供的业务主要满足其融资需求，包括增发再融资业务、发行可转债、股权质押融资、发行可交换债等。相比一般非上市公司，此类业务融资门槛较高，属于优质企业的"专属服务"。对具有融资需求的企业而言，其融资需求主要面临几类不确定性：一是大宗商品价格的波动会严重影响企业的经营效益和经营的稳定性，从而影响增发以及发债等再融资业务的准入门槛；二是生产经营和利润的不稳定会影响开展股权质押融资时券商对其征信水平、授信规模、融资成本以及后续合约展期可能性的评估；三是股票市场价格波动对上市公司市值管理以及其持有的金融资产保值也具有重要的影响。针对以上风险，风险管理子公司可以通过提供套期保值服务、点价交易等创新定价模式缓解价格波动带来的冲击，帮助企业对冲风险，合理安排生产，稳定企业的生产经营效益，提高企业的竞争力和征信水平，从而稳定企业的融资能力。同时，风险管理子公司亦可以帮助企业运用股指期货、期权等方式进行市值管理，帮助企业实现财富保值增值。

如图17所示，以上市公司大股东开展股权质押业务向券商融资为例，券商对上市公司授信的审核主要基于生产经营带来的"外在表现"，包括市值、资产负债情况、利润情况等，各家券商根据以上指标制定了相应的业务准入门槛，根据外在表现谨慎地进行融资的审核与发放。虽然股票市场的波动对质押标的市值的影响较大，但市场周期属于外生变量，上市公司能否获得融资很大程度上取决于企业的资产负债情况、利润情况等内生变量以及由此决定的还款来源。如上所述，实体企业面临的价格风险以及汇率、利率风险等给企业的生产经营带来较大的威胁和利润冲击，从而影响了券商对企业的征信评级和风险测评，进一步影响了企业的融资需求能否获得满足。若将期货风险管理类业务融入券商股票质押业务以及客户生产经营的节点中，可以从两方面疏通企业股票质押融资的可得性并降低券商股票质押业务风险事件发生的概率：首先，期货风险管理业务帮助企业对冲生产经营风险，稳定企业经营绩效，提高企业抗风险能力；其次，从事套期保值以及风险管理业务的企业，在券商对其进行业务准入和风险测评时，可以大大增加其征信评级，降低券商对其生产经营以及还款来源的担忧。

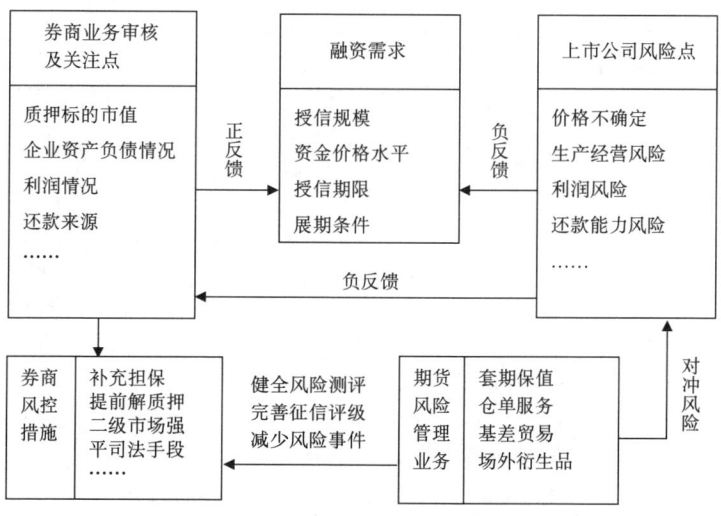

图17 期证融合股票质押业务主要业务节点

（2）服务中小微实体企业，完善供血和造血功能。除上市公司外，广大中小微企业特别是制造业企业是中国经济的基础和命脉，对解决中国经济最根本的就业问题起到了至关重要的作用。广大中小微企业抗风险能力差、企业生产经营不够稳定、资信水平较差，在企业成长和创新转型过程中对资本的投入较为迫切，其融资需求受到较大的抑制。目前，证券公司的资本中介和投行类业务并不具备普惠性质，其客户群体往往是有一定规模和经营业绩的龙头企业或大中型企业，此类业务的商业模式和中介业务属性决定了此类业务无法触及广大的中小微企业。虽然在近几年，在国家多层次资本市场政策的大力发展下，新三板业务、区域股权交易市场业务为中小微企业解决了部分融资服务，但从实际融资结果看，新三板或区域股权交易市场的融资受限于企业的所属行业、发展前景以及场外市场的流动性，结果并不甚满意。

期证融合可以充分发挥证券机构在卖方中介业务、资本中介业务以及投行业务中沉淀的大量中小微企业客群优势以及期货的价格发现和风险管理功能，扩大金融机构对实体经济服务的深度和广度。具体而言，期货仓单业务、贸易服务以及场外衍生品业务可以嫁接到涉期中小微企业的融资、采购、保值、销售等环节，稳定生产经营，降低外部风险对企业经营利润的侵蚀，解决企业的融资需求并帮助企业进行生产经营及风险管理，完善实体企业自身的造血功能，疏通证券和期货机构为中小微企业的输血功能（见表23）。

表23　　　　　　　期证融合公司类业务重点目标群体及业务种类

证券业务类型	目标客户群体	期证融合业务目标	期货对应业务种类
IPO、再融资以及债券融资等业务	大型企业或龙头企业，对企业的资产状况、经营状况、营利能力以及持续发展水平有较高的门槛	化解企业生产经营的外部风险，稳定盈利水平	套期保值、仓单服务、基差贸易、合作套保、场外衍生品服务等
股票质押融资	上市企业股东，对上市公司资产状况、营利能力等有一定的门槛	化解企业生产经营的外部风险，稳定盈利水平	套期保值、仓单服务、基差贸易、合作套保、场外衍生品服务等
新三板市场挂牌及融资业务	★中小企业，门槛低于IPO，但融资水平有限	化解企业生产经营的外部风险，稳定盈利水平，重点解决融资、采购、保值等需求	套期保值、仓单服务、基差贸易、合作套保、场外衍生品服务等
区域股权交易中心挂牌、交易、融资相关	★中小微企业，门槛较低，且融资水平相当有限	化解企业生产经营的外部风险，稳定盈利水平，重点解决融资、采购、保值等需求	套期保值、仓单服务、基差贸易、合作套保、场外衍生品服务等

(3) 完善风险测评体系，降低证券公司信用风险。期证融合对企业客户而言最大的意义在于满足其风险管理及融资需求，对金融机构而言亦是服务实体经济、回归本源的根本体现。对于期货和证券经营机构而言，商业模式的可持续发展也是需要考虑的关键问题。

风险测评是证券经营机构信用业务的管理基础和决策依据，基于期货风险管理功能帮助企业化解经营风险、稳定生产经营，期证融合有助于证券公司完善开展信用类业务的风险测评体系，降低信用业务的风险。证券经营机构可以以生产经营受大宗商品价格波动影响较大的实体企业是否利用期货市场进行套期保值或者由期货风险子公司提供风险管理服务作为对企业进行风险测评及征信评级的重要依据，利用现有市场中涉期企业参与期货业务以及其生产经营相关外在表现的数据进行数据挖掘和分析，并在此基础上完善公司内部风控模型，更准确地测度业务对象的风险水平，并据此调整信用业务的风险敞口。通过期证融合调整风险测评体系，有助于避免证券机构仅仅考虑公司的外在资产和盈利表现而忽略企业自身的内在风控措施，构建包括信用风险、操作风险、流动性风险、市场风险、涉期企业特殊风险在内的全面风险测评体系，充分考虑涉期企业生产经营面临的风险，在企业面临较大的外部价格风险或面临实体经济不景气时，降低风险事件发生的概率以及由此给经营机构带来的不利影响，保障经营机构的健康发展。

4. 期证融合助力金融同业机构服务

证券公司及期货公司服务的金融同业机构主要包括银行、信托、保险、基金（公募及私募）、投资公司等。这部分客户群体强于资金管理与行情研判，且多为专业投资者，对服务机构的中后台支持提出了严苛的要求。因此对于金融同业机构的金融需求进行期证融合，应当是"系统+生态"的基本组合。

系统指的是期货及证券公司提供给金融同业机构的交易通道，包括交易软件、交易线路等内容。生态指的是依附于交易系统而存在但是能给交易商提供更多定制化服务的模块化业务，比如广受争议却为专业投资者喜闻乐见的交易配套是恒生Homs系统。恒生Homs系统是恒生电子（600570）公司开发的一种全托管金融投资平台，主要功能就是将证券账户的资金分配成若干个独立的单位进行单独的交易和核算。这套系统有三大功能：一是对接券商的IT系统；二是账户分配并对虚拟账户结算；三是合规与风控管理。如果不是因为Homs后来接入配资和小贷公司等机构导致被监管叫停，则时至今日其仍然是一款饱受欢迎的产品。

证券与期货交易系统相当相近，多数交易软件都同时具备股票交易与期货交易功能，因此证券公司与期货公司共同开发"系统+生态"，一方面有利于双方节约成本，资源复用，甚至最终实现"同账交易"；另一方面能够保证所生成的"系统+生态"兼顾证券与期货的共同利益,提升客户体验,培养增量客户。仅仅从量化交易来说,对于量化投资者而言,期货交易由于其交易规则优势(T+0,双向)逐渐展现出更大的魅力,这部分力量也是期货交易市场未来的生力军。

5. 期证融合提升高净值个人客户服务

高净值个人客户较一般客户而言,金融服务机构的议价能力较低,对服务机构的投资能力和资金管理能力的要求较高。要想服务好高净值个人客户,需要综合做好"理财+资讯"两件事。"理财"不仅仅要考虑客户的投资收益,也要考虑客户的风险管理目标和流动性管理目标;"资讯"则要求金融服务机构为客户提供市场行情、国际形势、金融产品信息等,这既考量服务方的业务能力,也考量服务方的投研能力。

证券公司同期货公司合作,在高净值个人客户服务上,彼此都可以受益良多。首先是理财。由于证券市场几乎没有做空机制,因此系统性风险基本不可能得到很好的对冲,而金融期货可以很好地降低客户资产组合的 β 系数,保障客户总体资产风险度可控。其次是流动性管理。证券市场多样化的产品形式以及理财 OTC 市场的存在使得客户投资金融产品始终能够保持良好的流动性,即大部分投资可以通过"贴现"实现应急退出,为期货资管发展提供了新的参考坐标。

向证券公司学习研究体系及创值变现能力,是期证合作服务高净值客户方案的另一重大要点。长期以来,较多的期货公司投资研究都存在闭门造车的问题,"两耳不闻窗外事,一心只读圣贤书",缺乏证券市场"新财富""Wind 金牌分析师"等在行业内具有重大影响力的研究分析评价体系,也缺乏可供实践的"买方分仓"研究价值变现经历,师承证券行业研究体系对于期货投研转型具有直接教学意义。首先,期证合作将使得期货公司分析师的综合投研能力得到最大限度的提高。对于分析师来说,观察角度不再局限于书面理论、数据和盘面,而是更多地观察实体产业实际情况,研究分析逻辑会更加清晰。其次,通过与证券市场结合观察,可以更多观察到整个金融市场的变化和资本流动,对于资金层面的把握将更为敏感。期货公司分析师更能够通过在合作中准确抓住机会,提升自身的综合投研能力。

期证合作为高净值个人客户提供金融需求一体化服务,不仅能够为双方扩大客户规模,而且可以通过一体化服务这种高附加值的方式做厚利润,对冲经纪业务本身净利润率大幅下滑的趋势,为经纪业务转型提供空间,同时也为期货公司投资研究从学术化走向业务化、从成本中心转向利润中心提供实践经历。

6. 履行社会责任大有可为

期证合作在双方履行社会责任方面大有可为。首先以精准扶贫为例。此前中国证监会曾要求证券公司"一司一县"精准扶贫，即每家证券公司需对口扶贫一个贫困县，此后各大证券公司纷纷在对口的贫困县开设证券营业部，响应监管号召。但实际上，券商资管 5 万元起售的门槛难倒了绝大多数贫困县人民，而让真正贫困人口炒股和在贫困县寻找可上市、挂牌企业一样较为困难。证券公司贫困县营业部普遍亏损，证券公司精准扶贫工作难度较大。但是在"保险+期货"模式下，期货公司更有可为，通过该模式帮助贫困县农户稳定农产品收入，抵御价格风险。苹果、红枣等农产品上市，不仅能够提高农民的市场话语权，同时能够将农产品相关产业向规模化、标准化方向推进产业转型，更能直接推进农民就业。

7. 期证合作有利于期货公司资本运作

期货行业本身利润率持续走低，通过证券公司增资可以充分补充资本金、扩大整体业务能力。瑞达期货上市实际融资 2.18 亿元，主要用于进一步补充资金实力，增加设立分支机构，推动发展和优化期货经纪业务，提高经纪业务总体实力和市场覆盖面，补充风险管理服务子公司的资本金，推动创新业务的发展和布局等工作，这也是行业集中度不断提升的过程。此外券商系股东在证券市场上市或挂牌亦能够使得期货公司获得更多的资本支持。

8. 深化国际业务合作

截至 2017 年底，全国期货公司共有 21 家境外子公司，包括 20 家香港子公司和 1 家美国子公司；证券境外子公司及参股企业数量更多。一方面，境外子公司作为公司分支机构，具有渠道营销职能，能够帮助证期实现新的业务增长点；另一方面，在期货品种国际化趋势下，充分运用境外资源能够提升公司行业声誉和品牌影响力，客观上争取了国际大宗商品的国内定价权。

9. 创新业务融合

证券公司与期货公司创新业务各有异同。由于券商资管与期货资管法律及监管环境相似，证期合作能够充分交流学习对方先进经验。此外期货公司还有着自己的创新业务部门——风险管理子公司。在近几年的发展过程中，风险管理公司在服务模式上，从单一的仓单服务转向基差交易、场外期权、"保险+期货"等多种模式并举；在服务内容上，从提供单纯资金融通转向定价服务、套保服务等一揽子风险管理。这在给客户更多选择的同时，也使服务和产品更具针对性，更符合实体经济的具体需求。基于证券公司在服务实体经济方面的劣势，可以通过将自身客户资源与圈层资源同期货风险管理子公司协同共享，实现多元黏性，为证券公司争取行业地位的同时，也为期货公司创造更多的收入来源。期货公司的创新业务也需要向证券公司学习先进经验,尤其是场外衍生品。2019年期货风险管理子公司场外衍生品风险事件频出,场外衍生品市场还面临着诸如企业参与成本高、交易透明度低等问题,监管经验和行业自律等方面还有待进一步加强,而此前证券行业有过数次场外衍生品业务爆发期,其中不乏宝贵经验与惨痛教训。"他山之石可以攻玉",开展期证合作有助于保证创新业务平稳向好发展。

(三) 期证合作的发展路径研究

期证融合对期货和证券经营机构在双方立足业务发展、共享客群资源、创新业务转型等方面都具备广阔的合作空间。期证融合采用何种发展路径、每一种发展路径对双方存在何种优劣势是本部分重点关注的内容。从本文的文献研究以及国内外相关实践经验可以发现,目前国内外涉及不同持牌金融机构之间的业务交叉或者融合主要采用分业或混业的发展路径,期证融合的底层逻辑在于证券业务和期货业务以何种混业形式进行组织和经营。从国内外经营机构的实践看,主要包括综合投行型机构、券商设立期货子公司模式、金融控股公司三种模式,三种模式各有利弊,且与所处的法律环境和监管体系紧密关联。在混业经营思路下,国际选择主要是全能型金融投行,我国在遵循分业经营的主导思路下,逐渐探索混业经营,形成了以金融控股公司形式为主的特殊的混业经营模式。随着金融一体化、金融产品的不断创新以及监管环境的变化,金融混业模式也将变化和调整。

目前国外发达金融市场中金融业的经营体制纷纷从分业经营向混业经营回归。目前我国金融机构整体发展水平仍然有限,监管能力以及风控能力还有待持续加强,从防范风险和稳定金融市场秩序的角度,我国相继颁布的《商业银行法》《保险法》《证券法》共同奠定了我国金融分业经营、机构分设的法律框架。

1. 综合全能投行型

综合投行型金融机构的发展路径属于全面的混业经营模式,金融机构在内部直接设立不同的业务部门从事各种持牌金融业务,典型的业务包括银行、证券、保险等,给客户提供全面一体化的金融服务。从金融企业内部看,综合全能投行型金融机构中各个金融业务作为公司的各个业务条线或产品体系,形成了多元化经营体系,其盈利也呈现多元化结构。

综合全能型的投行代表便是高盛集团、摩根大通证券以及摩根士丹利,该类全能型投行的期货部门往往通过兼并收购获得,最为典型的便是高盛1981年收购阿朗公司。

在综合全能型投行模式下,期货业务和证券业务组成了金融产品和业务体系的重要构成部分,此种融合方式可以最大限度地发挥双方的资源共享优势和金融机构已有的客群优势,形成规模经济效应,客户服务的边际成本大幅降低。在全能型金融机构的混业经营模式下,金融企业能够通过统筹人才、营销、运营等各个方面,实现资源共享和利益最大化,可以最大限度地降低企业内部进行产品研发和客户服务的组织成本、运营成本、人员成本,减少组织体系内部的信息不对称,降低交易成本,达到最优化的协同效益。从产品的角度,期货和证券在同一公司内以不同业务形式的融合,有利于充分发挥公司各部门之间的综合协同效应,有利于公司进行产品的创新设计,提高客户服务的有效性和服务效率。期货衍生品交易部门与其他部门的高效互动使得这类综合全能型投行在衍生品创新、产品开发上有明显优势,在拓展金融业务边际、适应不同市场环境、政策变化的调整速度上能够快于其他金融公司。

但由于业务的高度融合以及不同业务之间风险传染,部门隔离并不能阻挡公司利益下的风险穿透,此种融合对公司内部风险控制以及人员的专业素质要求较高,同时混业监管也带来了较高的监管成本。

虽然综合全能投行型的融合模式是效率最高的融合方式,但在目前我国分业监管和金融机构分业经营的法律体系内,综合全能投行型的融合模式并不适用。

2. 券商设立期货子公司模式

目前我国境内证券公司从事期货业务往往通过设立控股或全资期货子公司实现,尤其是在2007年IB相关业务规则推出后,大量券商纷纷涉足期货领域。券商设立期货子公司,证券业务和期货业务独立运营,除具备整合资源、发挥协同效益的优势外,证券和期货的监管环境以及业务模式的共性及互补也使得设立子公司从事期货业务是在当前分业经营体系下较优的合作模式。持牌业务之间的独立运营减少了风险交叉传染的可能性,降低了业务融合的内控风险,但这一模式相比综合全能型投行模式,由于以独立子公司形式运营,因此,对公司在资本投入、软硬件资源投入、企业战略研究及执行能力的要求较高。

从我国境内的实际情况看,相比期货公司,券商具有无可比拟的净资本、净资产和客户规模优势,券商系期货公司尤其是大型券商的期货子公司在目前国内期货行业中综合排名靠前,不论是客户权益、净利润规模还是权益、净资本、净利润集中度都具有一定优势。期货行业本身利润率持续走低,通过证券公司增资可以充分补充资本金,用于进一步补充资金实力,增设分支机构,推动发展和优化期货经纪业务,提高经纪业务总体实力和市场覆盖面以及补充风险管理服务子公司的资本金,推动创新业务的发展和布局等工作,这也是行业集中度不断提升的过程。

但与全面的混业经营相比,由于双方以不同的公司主体运营,存在业务的隔离和组织管理上的分隔,目前业内经营机构在期证融合的战略意识层面、业务协同层面、客户协同层面并没有体现出融合的优势和发挥这种优势。

以战略层面为例，期货作为证券的子公司，虽然双方的合作具有相似的战略目标、对用户需求的展望以及能提供相互匹配的产品和服务，但由于期货公司利润和净资本实力较弱，创新业务的开展以及风险管理类业务的开展需要母公司提供大量的资本金和人才支持。如以风险管理子公司业务为例，由于现货及仓单业务十分依赖于大量资金周转，补充资本金能够拓展风险管理子公司业务规模，进而获取行业内地位甚至品种、区域定价权，在保证利润水平的同时也保护了自身业务的护城河。但证券公司困于自身业务建设、管理层对于期证业务协同优势的认识以及战略的短视，业内少有证券公司母公司能够对期货子公司保持战略定力和战略支持。

因此，虽然设立子公司进行业务融合的模式是当前的普遍做法和较好的选择，但只有真正做到战略协同、业务协同、客户协同，才能真正发挥业务融合的优势。

3. 金融控股公司模式

金融控股公司模式是指某些综合性集团采用并购或设立的方式，以全资或控股包括证券、期货或其他持牌金融机构的方式开展混业经营模式，各子公司业务独立、机构独立，各公司之间建立业务防火墙，金融控股公司本身并不直接从事持牌金融业务。美国期货公司中，采用金融控股公司模式经营的典型代表是花旗集团，花旗集团内部从事期货经纪业务的子公司是花旗全球市场（CITIGROUP GLOBAL MARKETS INC，CGMI），但是 2017 年 CGMI 净资本规模为 110.05 亿美元，而据花旗集团 2017 年年报，集团整体总资产规模为 18 467.81 亿美元，CGMI 占比不到 0.6%，说明其期货子公司在集团内部的规模占比非常小，CGMI 只是作为花旗集团为客户提供的全球资产配置、金融服务的其中一环。

目前这一模式主要是我国大型金融机构采取的主要模式，如光大集团、中信集团等，集团内最主要的金融牌照为银行、证券、信托等资本规模较大的金融机构，对控股股东的资本实力要求较高，控股股东大多为大型央企、地方国有企业或大型实体集团等。

相比全面的混业模式或者设立子公司的混业模式，金融控股模式虽然在增强客群共享、降低交易成本、产品协同创新上不占优势，但其能够发挥风险分散和资源共享优势，实现利润多样化和增强竞争力。金融控股模式对控股集团的经营管理能力和子公司业务协调能力具有较高的要求，且满足现有的分业经营的法律体制和分业监管的监管体制。

目前国内也有少部分期货公司的控股股东是此类金控公司或资产管理公司（见表 24），但此类期货公司的规模目前并不大，行业内排名也并不突出。不可否认，在金融控股公司模式下，受到分业经营和分业监管的思路限制，各子公司缺乏实质上的融合，各子公司之间的经营类似独立的分业经营。期货市场规模小但市场准入宽松，导致市场低层次低水平竞争，期货行业在"零佣金"之上更有"三返"，在这样的市场格局下，任何输血都会直接返回到客户本身，导致经营机构没有利润聘用高层次人才，也直接导致了经营机构缺乏长期培养人才的土壤，无法为客户提供服务升级，这进一步压低了经营机构的服务议价权，导致利润进一步减少，如此恶性循环不断往复。尽管在分业市场中也可能会形成"隐形冠军"，但长久来看，寡头市场下的垄断格局不利于市场的长期健康发展，并显著增加监管机构监管成本，降低监管执行力度。

表 24 目前国内金融控股集团体系内期货公司

期货公司	第一大股东	控股股东持股比例（%）	权益（亿元）	控股股东控股持牌子公司
中粮期货	中粮资本投资有限公司	65	78.5	中英人寿、中粮信托、中粮财务
国联期货	无锡市国联发展（集团）有限公司	55	18.9	国联证券、国联人寿、国联信托、务、江苏资产管理
中航期货	中航投资控股有限公司	82	5.0	中航证券
广州金控期货	广州金融控股集团有限公司	82	11.4	万联证券

注：表内数据均为 2017 年当年度的数据。

金融控股模式应用于大型金融集团，属于从分业经营向混业经营的过渡模式，考虑到其对控股股东的资本要求以及在业务协同上的相对弱势，期证融合模式采用设立控股子公司的模式更为合理。

4. 小结

尽管期证融合的方式有多种选择，但考虑到当前我国实际的分业监管和分业经营的法律背景条件，在设立子公司模式下，期证融合更有利于开展资源共享，降低信息成本和交易成本，具备进行业务融合较好的组织架构以及商业模式；而金融控股子公司模式，对控股股东的资本要求较高，各子公司实际业务相互独立经营，业务融合的动机和效率远不如设立子公司模式，因此期证融合的主要模式为证券公司设立期货子公司的模式。在这一模式下，证券公司和期货公司必须要在战略层面、业务层面、客户层面、人员层面、网点层面进行深入融合才能真正发挥双方的资源共享优势和金融机构已有的客群优势，形成规模经济效应，达到利益最大化。

五、相关政策建议

（一）梳理制度及业务规则，制定期证融合顶层设计和监管框架

《证券公司为期货公司提供中间介绍业务试行办法》（证监发〔2007〕56 号）

已经明确了证券公司为期货公司提供介绍业务的资格条件、业务范围、内部控制以及风险隔离等规定。虽然2013年和2015年关于此项业务的行政审批许可取消后又实质恢复,历经10余年,业务创新和监管环境也发生了较大的变化,但该办法仍然是IB业务制度基础。在期证融合的业务演变下,未来期证融合除基础的IB业务外,将呈现出更多业态的协同以及更多领域的业务创新,建议监管部门系统梳理目前期证合作的相关制度和业务规则,重点在于期货与证券融合的准入门槛以及根据期货相关业务的风险度、投资者门槛、业务标准化程度制定相应的业务规则、风险控制和投资者保护制度,为新形势下的期证融合减少制度障碍,制定顶层设计和监管框架。

(二) 从战略到执行层面深入发挥融合的优势和效益

1. 明确期证融合业务的战略考量

对以母子公司形式开展期证融合业务模式来说,期证融合并不仅仅是以客户介绍或业务达成为目的的浅层次融合,而是以共享双方资源,形成系统性、全面性、可持续性的业务协同并形成可持续性的商业模式的协同。需要证券和期货双方在战略层面、组织架构、制度设计、激励体制、人才体制、风控体制上做好全面的战略规划和设计,并成立专门的战略执行部门加以进行推动、实施、考核及解决重大问题。

2. 构建与期证融合相适应的组织架构体系

在明确的顶层战略设计下,完善的组织架构体系是促成期证融合的最基础的保障。在资源共享、业务协同目标达成中,涉及证券和期货双方在前台各业务条线,如经纪业务、融资业务、机构业务、风险管理类业务以及中后台各业务部门,如风控部门、合规部门、结算部门等之间如何进行资源配置、人员配置、工作配合、业务流程设计等,需要解决一些部门之间和业务条线之间资源配置重复、信息不畅、客户需求不统一等诸多问题;需要双方系统梳理目前组织架构需要完善之处,清除影响期证融合的组织障碍,建立完善客户关系管理系统,改造客户服务流程设计等,更加有效地推进期证融合,发挥规模经济效应,提高业务系统产出。

3. 业务及人才考核激励机制的完善

目前IB业务发展遇到的实际困境主要是业务激励机制不到位以及人员意识不到位。在顶层设计及完善的组织架构下,人的因素往往成为决定期证融合成败的关键因素。首先,期证双方要对员工进行业务融合的思想灌输和方法论的教育,使员工了解期证融合的必要性、重要性以及与员工的职业发展和考核激励的直接关系。其次，在业务层面，公司需要制定明确的业务激励机制，鼓励业务条线积极进行期证业务的深度融合，挖掘客户需求，给客户提供全方位的"股票现货 + 金融衍生品"的金融服务，并在公司内部形成良好的氛围；同时应鼓励创新并保有一定的容错机制，鼓励业务部门和员工积极进行业务创新和服务创新，不断提高员工的专业素养和工作激情。

4. 经营网点层面的融合

证券经营机构拥有数量众多的实体经营网点，客户的承揽主要依托于分支机构，总部主要承担研发、产品设计、业务承做等职能。期货经营机构网点数量较少，且由于经营压力较大，存在数量较多的亏损网点。基于分支机构是业务承揽的第一卡口，期证融合需要双方分支机构在人员素质、业务承揽能力、客户需求挖掘等方面进行系统化的培训，对培训成果进行跟进和考核。除人员的协同外，在现有的IB业务架构下以及未来IB业务规则进一步调整的展望下，部分亏损严重的期货营业部在已经充分做好人员协同的前提下可以将人员调整到证券营业部，以IB的形式开展期货业务，有助于优化期货的经营网点布局，提升整体经营水平。

（三）对监管的意见建议

1. 政策鼓励期证融合，向先行者释放政策善意

现行《期货公司监督管理办法》中对于期证融合行为并没有任何评价或意见，期证融合尚处在市场自由发展缺乏制度管理的状态，什么样的证券公司与期货公司之间适合融合以及应当采取怎样的融合方式，尚需期证融合改革先行者步步躬行。对于改革阶段所产生的问题，监管方面更应当采取合作与探讨的态度参与融合事务的事前、事中及事后管理，及时做好政策补缺工作。

2. 制度保障期证融合，通力合作降低融合成本

目前证券行业与期货行业都受到中国证监会监管，但在实际管理过程中，证券公司事务与期货公司事务分管部门却相对独立，相关行业政策也表现出显著的独立性。一个典型案例就是股指期货全面宽松问题。尽管期货行业广泛呼吁全面放开股指期货，也有大量研究证明股指期货放宽并不会对股市造成明显负面作用，但是自2018年以来，股指期货始终是在"挤牙膏"式放宽，其中一个主要原因是来自证券市场由于2015年股市异常波动后对股指期货产生的排斥。这样的制度作用难以解决期货行业所面临的经营难题，也直接降低了证券行业对于期货工具的需求深度。由

此观之，监管独立、制度缺位是期证融合浮于表面的直接原因，监管协作对于期证融合实际进展具有决定作用，良好的监管磨合可以通过降低期证融合成本推动行业间融合实践。

3. 为混业经营做好前瞻性监管变革与制度安排

分久必合，合久必分。分业与混业的界限在于是否适合当前经济发展状况，如同货币政策的宽松与紧缩一样，其本身并没有绝对的对错之分，归根结底还是看是否能够为金融行业的健康发展提供土壤，为金融服务实体经济提供福祉。改革开放40年来，我国金融行业迅猛发展，金融行业的利润边际已经随着业务范围的局限逐渐受到压缩。混业经营是符合金融行业发展的趋势，有利于破局革新的制度安排。但混业经营下监管机构也会直接产生一系列的问题。首先是监管能力应当及时提高，有效应对处理跨市场、跨区域、跨行业的风险事件，这要求监管需要强化监管协同能力，针对不同监管机构也应当能够向企业推出"一体化解决方案"，从源头控制市场风险。其次，在原先监管机构各自为政、各司其职的状态下，具体业务普遍能够在单一监管框架下解决，而在混业市场下监管机构需要应对广泛的监管重叠以及监管真空问题，并且强化信息公开和行业自律，让监管面对问题不推脱不塞责，让混业企业面对问题找得到、办得好。

参考文献

[1] 张立莉："期货行业内控制度存在的问题及对策探讨"，《管理观察》，2019年第12期。

[2] 许丹良："我国期市对外开放与期货行业的战略对策（上）"，《期货日报》，2018年10月29日。

[3] 刘国强："以开放促提质增效以开放促竞合提高"，《期货日报》，2018年9月13日。

[4] 丹良："着力推动期货市场从'量变'到'质变'"，《中国证券报》，2018年9月8日。

[5] 许丹良："期货行业将进一步服务好产业链企业"，《期货日报》，2018年4月17日。

[6] 张峰："永安期货公司发展战略研究"，湖南大学，2017年。

[7] 周梦华："期货公司应如何应对互联网金融带来的变革"，《现代经济信息》，2017年第15期。

[8] 郑倩颖："中小型期货公司的发展创新研究"，浙江大学，2017年。

[9] 王继莹："我国股指期货市场效率的实证研究"，吉林大学，2014年。

[10] 许志："中国期货市场个人投资者行为研究"，西南财经大学，2013年。

[11] 夏青："券商控股的期货公司IB业务营销策略分析"，华东师范大学，2009年。

[12] 蔡瑾："山西证券并购格林期货动因及绩效分析"，深圳大学，2017年。

[13] 张伟超："期货业非同质化竞争破题"，中国报道，2012年第7期。

[14] 马文胜："国内期货中介机构业态发展浅析"，《期货日报》，2013年11月13日。

[15] 黄海生："券商系期货公司发展战略研究"，复旦大学，2013年。

[16] 郭智博："期货行业创新业务未来发展趋势分析"，学术讨论，2014年。

[17] 中国证券监督管理委员会、中国期货业协会："中国期货市场年鉴（2017）"，中国财政经济出版社2017年版。

[18] 颜文俊："关于'期货经纪人'监管的若干法律问题分析"，上海期货交易所，2011年。

[19] 莫璧君："IB动能，不容小觑：专访永丰期货总经理杨新德先生"，《期货人》，2013年第47期。

[20] 左欣然："方正证券——证券Ⅱ：百年高盛，我国券商从制度到业务的空间"，方正证券，2019年。

[21] 姜智强："摩根大通巨亏启示录"，金融论坛，2012年。

[22] 郭宏宇："信用下沉：宽松货币背景下的摩根大通固定收益业务取向"，《全球视线》，2017年。

[23] 夏锦良："台湾地区期货IB业务管理与发展启示"，《中国期货》，2011年第5期。

[24] 笪何砚、郑又源、刘兰勇："混业经营条件下金融机构多元化经营的价值链分析"，《当代经济管理》，2014年第36期。

[25] 储一昀："交叉持股问题的文献综述及研究展望"，《上海立信会计学院学报》，2007年第6期。

[26] 曾宪冬："我国金融混业经营新趋势下监管体制调整研究"，湖南大学，2003年。

[27] 张小兰："论企业战略联盟"，西南财经大学，2003年。

[28] 李守忠："金融混业经营的趋势与对策"，《金融会计》，2002年第1期。

中期协联合研究计划（第十三期）项目

培育中国一流的大宗商品交易商
——兼论期货风险管理公司的定位和发展

课题负责单位：郑州商品交易所期货及衍生品研究所有限公司
课题研究编号：201921076
课题负责人：韦钰涛
课题组成员：原　楠　陈海龙　陈玫茜　白　玉

一、引言

根据发达国家的经验,交易商是成熟金融市场的重要组成部分,如高盛、摩根大通、美银美林等金融类交易商,以其雄厚的资金实力、强大的产品设计和风险管理能力,以及对产业的渗透能力,为美国在大宗商品交易、定价等方面提供了支持;而嘉能可、维多、托克等产业类交易商,则凭借其产业和金融的结合能力,在大宗商品现货产业链上牢牢占据着重要位置,影响着场内与场外市场价格走势。可以说,专业的大宗商品交易商对欧美金融市场以及现货产业发展做出了重要贡献。

目前,国内经济发展已进入新常态,期货服务实体经济需要将金融链条和产业链条深度融合,一方面,帮助和培育产业企业或商品贸易商转型成为一流大宗商品交易商符合企业的长期发展路径,有助于其在规避风险、发现价格的同时创造可持续发展的业务模式;另一方面,期货风险管理公司作为衔接期货市场与实体经济的重要纽带,培育国内期货风险管理公司转型发展为一流大宗商品交易商,能够满足实体经济未来不断增加的个性化风险管理需求,促进国内贸易体系升级,进而实现中国价格"走出去",提升国内商品期货市场定价权。

本篇将按照"提出问题—理论研究—规律总结—结论建议"的思路开展研究。一是在国内外研究和文献的基础上,对大宗商品交易商的概念进行界定;二是在此基础上结合国外大宗商品交易商的发展脉络、不同时期主要业务模式、近年来经营发展状况等,进行研究分析;三是总结国际大宗商品交易商发展的成功经验及思路;四是结合我国期货市场实际,提出培育期货风险管理公司成为一流大宗商品交易商的路径和措施。

二、大宗商品交易商的定义与特征

(一)大宗商品交易商的定义与分类

大宗商品交易是由传统的大宗商品贸易衍生而来的一种交易形式,是指购售、买卖大宗商品(可进入流通领域,但非零售环节,具有商品属性并用于工农业生产与消费使用的大批量买卖的物质商品)及其衍生品的行为。大宗商品交易经历了从"现货交易"到"中远期交易"再到"期货及衍生品交易"的拓展,交易形式逐渐丰富并有创新(见表1)。

大宗商品交易商(Commodity Trader),一般是指专注于对原油、金属或农产品等大宗商品进行交易及投资(包括现货市场、中远期市场、期货及衍生品市场)的企业。

表1　　　　　　　　　　　大宗商品交易机制和主要市场

交易类型	交易机制	交易范围	标的物
现货交易	纸质合同交易	贸易商之间	标准/非标准商品
	电子合约交易（电子订单）	平台商、贸易商之间	标准化/非标准化合约
中远期交易	仓单交易	交易市场内	标准化/非标准化合约
期货/衍生品交易	公开喊价	交易所内	标准化合约
	电子撮合交易系统	交易所内	标准化合约
	场外交易（OTC）	交易所、做市商平台	标准化/非标准化产品

资料来源：长城战略咨询，郑商所研究所。

目前，从企业的主营业务来看，全球范围内大宗商品交易商主要包括产业型和投行型两大类。产业型交易商主要从事大宗商品原材料生产、加工或贸易等相关业务。基于企业的生产经营性质，产业型大宗商品交易商可分为生产加工型企业和独立贸易企业两种不同类型。生产加工型企业是通过占有、开发、消耗、加工自然资源（大宗原材料）实现成长，或组织生产、制造、加工、装配从而产出实物产品（大宗商品）的企业。独立贸易企业是以提供商品（大宗商品）流通服务为主，依靠信息不对称及价格在时间和空间上的差异，借助供应商、客户资源和销售渠道实现低买高卖、锁定利润的企业。

投行型交易商（常被称为"大宗商品投行"）是指开展大宗商品业务或从事大宗商品交易中介服务的投资银行。投资银行原是从事证券发行、承销、交易、企业重组、兼并与收购、投资分析、风险投资、项目融资等业务的非银行金融机构。在当前的国际市场上，部分跨国投行特别设置了FICC（Fixed Income, Currency and Commodities，固定收益、货币及大宗商品）业务线，开展经营型和自营型大宗商品业务，其内容涵盖大宗商品及衍生品的经纪、做市、产品设计、融资等，并依托持有的仓储仓库、运输、实物资产，为参与的大宗商品交易提供支持。

可以发现，产业型交易商的核心业务是大宗商品实物的买卖、加工或物流；投行型交易商涉及大宗商品实物的交易，更多的是为其投资业务提供辅助作用。因此，本文认为投行型交易商并不能被称为"大宗商品交易商"，"大宗商品投资商"更符合其定位，这一点从国外成熟市场总结的关于大宗商品交易商具备的特征上也能体现出来。

（二）大宗商品交易商具备的主要特征

1. 大宗商品交易商是行业价值链的组织者

从本质上看，大宗商品贸易就是将大宗商品原材料从产地转移到消费地的一系列过程。大宗商品价值链①长且复杂，涉及不同地区、不同类型的参与者。大宗商品交易商（以下简称交易商）是价值链的组织者，它需要尽可能高效地将大宗商品送至需求最大的地方，从而确保为生产商和消费者带来最佳收益。

大宗商品贸易行业具有多元化的特征，交易商可能是只有几个人的本地小企业，也可能是在全球拥有数万名员工的大型跨国公司。同时，该行业还包括许多提供相关服务的企业，如航运、物流、检验、保险、贸易融资等企业。

2. 交易商使大宗商品原材料在空间、时间和形式上完成了转换

交易商在行业中扮演的角色是匹配供需，其目标是以最具效益的方式完成这一任务。例如，瑞士巧克力生产商所需的可可只能在非洲、南美等地区种植，交易商的作用就是将位于非洲的可可供应商和处在欧洲的巧克力生产商匹配起来。

除填补地域间的鸿沟外，交易商在解决生产和消费时间不匹配方面，也扮演了重要角色。例如，农产品具有季节性生产、全年消费特点，因此交易商可以通过存储、远期销售等方式发挥积极作用。

交易商在原材料加工方面也具有重要意义，无论是农产品、能源还是金属，多数大宗商品都需要进行加工、精炼和混合，如将菜籽加工为菜油和菜粕，才能满足最终产品的特性以备消费。

所以，交易商是完成大宗商品在空间、时间和形态三个维度转换的服务者，其以最优的方式匹配供需双方，并管理其中可能发生的风险。通俗讲，交易商的基本功能是执行物理"套利"，通过大宗商品的"转换"来提高价值。

3. 交易商的活动覆盖大宗商品贸易的各个生命周期

一是采购、生产或合作生产大宗商品。这一周期需要交易商在生产领域拥有代理人，特别是针对稀有或特殊大宗商品，如咖啡或可可等。

二是购买和销售。交易商通常采用 FOB② 购买和 CIF③ 销售，买卖业务一般包括交易融资、组织运输以及相关风险管理等。

三是物流与运输。大宗商品通常以船舶进行运输，包括邮轮、散货船或货柜船等。交易商既可以租用船只，也可以利用集装箱班轮航线④进行运输。

---

① 价值链：这一概念由 Michael Porter 在 1985 年提出，目前主要指为产品或服务增加价值的活动。

② FOB：指在交易过程中，起运港将货物装上船，货物越过船舷的那一刻，所有的涉及货物的风险和责任都转移到了买方，而到目的港的运费、保险、附加费用等都由买方承担。

③ CIF：指在交易过程中，起运港将货物装上船，货物越过船舷的那一刻，所有的涉及货物的风险和责任都转移到了买方。但与 FOB 的区别是，到目的港的运费、保险、附加费用等均由卖方承担。

④ 集装箱班轮航线：是指至少在两个港口间通过货柜船，定期往返或环绕航行，承运集装箱货物的航线。

四是仓储和市场形势。交易商一般会拥有或经营仓库、储罐等设施，部分甚至会租用船舶进行浮动存储。仓储量主要取决于市场行情，即远期价格是升水或贴水。

五是加工处理。交易商通过加工和处理来改变大宗商品原材料的具体形式，如在炼油厂蒸馏原油获得汽油、煤油等；或购买铁矿石，加工后出售钢铁。贸易商在这一过程中组织并完成大宗商品的转化。

六是检验和认证。现代商品贸易要求大宗商品的质量和性质始终保持稳定和统一。为此，交易商会雇佣质检机构在港口评估并检验货物。同时，越来越多的认证组织[1]被要求核实商品是否符合公平的贸易规则。

七是贸易融资。由于大宗商品贸易具备高交易量、低利润率的特点，交易商通常具有较高的杠杆率，并且时常需要银行提供融资。鉴于不同品种的大宗商品市场间存在不同特点和风险差异，交易商需要依靠各类贸易融资提供者[2]提供支持，可以说贸易融资提供者是交易商最重要的利益相关方。

八是大宗商品交易。交易商主要从事两种类型的交易：实物交易和"纸货"交易。实物交易要求交易商从事一系列不同的活动（如上文所述）来完成；"纸货"交易则要求交易商只关注于管理与大宗商品交易相关的金融风险，这一活动主要通过不同的交易所完成。

九是资产收购。交易商除开展贸易活动外，还会收购与大宗商品产业相关的资产，如产业上游的矿山、油井、农业用地等；还包括下游的存储设施、炼油厂、加工厂及分销网络[3]等。

4. 风险管理是大宗商品交易商运营不可或缺的部分

在参与大宗商品"转换"的过程中，交易商面临诸多风险。其中，部分主要风险可以转移至金融市场，利用衍生品进行套期保值，或通过购入保险有效规避。部分风险伴随多种类型的商品交易活动和企业参与的商品转换过程得以有效分散和传递。剩余风险则由股东承担，受政策、程序和监管的制约。

交易商在实际经营中需要应对价格风险、基差风险、利差风险、运营风险、合同履约风险、市场流动性风险等多层次、多类型的风险，因此，交易商通常十分重视风险管理能力，采用不同方式实现风险控制的目标。

一是分散经营与交易。由于不同商品市场之间基差风险的相关性较低，大宗商品交易商可以在市场中参与多种类型的商品交易。大宗商品的分散经营与交易，可

---

[1] 认证组织：在国际贸易中，不同市场、不同产品类别需要的认证及标准不同，因此各个国家或地区拥有不同的认证组织。如美国的 FCC、英国的 BSI、加拿大的 CSA 等。

[2] 贸易融资提供者：包括但不仅限于银行，还有如保险公司等。

[3] 分销网络：在供应链中，分销网络是一组相互连接的存储设施和运输系统，用于接收货物然后将其交付给客户。它是将产品从制造商直接或间接（通过零售网络）传递给最终客户的中间点。

避免企业的财务表现遭受特定商品市场中异常事件的过度影响。这一点对私有企业尤为重要,因为这类企业难以将非系统性风险分散或转移给多类型的股东。大部分大型交易商因经营和交易活动范畴较广,不易受到市场的强烈冲击;而小型企业专业集中度高,多元化经营能力有限,相较于大型交易商,面对风险能力更加脆弱。

二是大宗商品价值链的整合。交易商围绕大宗商品价值链持有上下游资产,实际上是在商品流通的不同环节拥有了内部对冲的机会。当大宗商品活动中的某一环节遭遇市场冲击时,价值链上的其他环节则可以起到缓冲作用。例如,供应链上游原材料价格上涨,会压缩生产环节的利润,但整合上游原材料和生产环节资产,则可以稳定整体利润,进而控制风险。

除此以外,管理与大宗商品交易相关的金融风险也是交易商的一项重要职能。交易商通过购买金融产品(如期权)来对冲风险。但不同公司(交易商),制定的套期保值政策往往互有差异,这主要取决于公司(交易商)愿意承担的风险敞口的大小。不同交易商的风险管理能力有很大差别,所采用的风险评估标准和工具也大相径庭。

三、全球大宗商品交易商发展概况

本部分以《财富》世界500强榜单为基础,截取近3年(2017—2019年)的榜单数据并进行统计分析,旨在对全球大宗商品交易商近年来发展状况进行整体把握。

(一)《财富》500强榜单概况

由美国《财富》杂志每年对外发布的《财富》世界500强排行榜(以下简称榜单),一直是衡量全球大型公司经营状况最著名、最权威的榜单。该榜单及其数据可以帮助读者洞察全球大型企业的最新发展趋势,因此常被作为基准,在企业、行业或国家间,就历年表现进行数据比较。通过纵向年度和横向行业的对比,可以了解行业和企业兴衰;依据营收、利润、销售收益率、净资产收益率等维度的数据,可以获知企业竞争力、经营质量的变化;而深入到国家或地区的研究则可以揭示大企业群体分布的规律。

《财富》500强的评价体系将销售收入作为衡量企业规模增长和成就的核心指标及最主要的排名依据,企业的利润、资产、股东权益、雇佣人数等指标仅作为排名参考。2019年7月22日,财富中文网发布《财富》500强排行榜,2019年上榜的中国企业增至129家,历史上首次超过美国(121家)。

1. 《财富》500强榜单中的行业分类

《财富》杂志自1995年起将美国和其他国家的企业纳入统一的排名体系,评选全球500强企业。财富500强榜单同时涵盖工业企业和服务性企业,所有上榜企业依据其经营范畴被划入60个不同行业。表2展示了《财富》世界500强的行业分类及2017—2019年各行业上榜企业的数量分布情况。

表2　　世界500强行业分类及2017—2019年企业分布数量

序号	行业名称	2019年	2018年	2017年	序号	行业名称	2019年	2018年	2017年
1	银行：商业储蓄	**54**	**51**	**51**	31	半导体、电子元件	5	4	5
2	车辆与零部件	34	34	34	32	建材、玻璃	5	4	4
3	**炼油**	**32**	**31**	**28**	33	**管道运输**	**5**	**4**	**3**
4	**采矿、原油生产**	**22**	**21**	**18**	34	信息技术服务	4	5	5
5	人寿与健康保险（股份）	20	24	24	35	综合商业	4	4	7
6	食品店和杂货店	19	20	20	36	饮料	4	4	3
7	**贸易**	**19**	**20**	**15**	37	网络、通讯设备	3	4	4
8	**金属产品**	**19**	**15**	**12**	38	船务	3	4	2
9	财产与意外保险（股份）	17	16	18	39	计算机软件	3	3	3
10	**公用设施**	**16**	**18**	**18**	40	家居、个人用品	3	3	3
11	电信	16	17	18	41	铁路运输	3	3	3
12	电子、电气设备	15	15	13	42	服装	3	3	3
13	航天与防务	14	14	14	43	娱乐	2	3	3
14	工程与建筑	12	11	13	44	批发：食品	2	3	3
15	制药	11	13	15	45	医疗器材和设备	2	3	3
16	人寿与健康保险（互助）	11	10	9	46	批发：电子、办公设备	2	2	3
17	专业零售	10	9	10	47	财产与意外保险（互助）	2	2	2
18	**能源**	**9**	**9**	**12**	48	建筑和农业机械	2	2	2
19	计算机、办公设备	9	9	8	49	保健：医疗设施	2	2	2
20	多元化金融	9	9	8	50	**纺织**	**2**	**2**	**2**
21	**化学品**	**8**	**7**	**7**	51	烟草	2	2	1
22	工业机械	7	7	10	52	多元化外包服务	2	0	0
23	航空	7	7	8	53	保健：药品和其他服务	0	2	2
24	**食品生产**	**7**	**7**	**7**	54	人力资源与雇佣服务	0	2	2
25	邮件、包裹及货物包装运输	7	7	6	55	食品：饮食服务业	0	1	3
26	互联网服务和零售	7	6	6	56	油气设备与服务	0	1	1
27	保健：保险和管理医保	5	6	6	57	旅游服务	0	0	1
28	批发：保健	5	5	5	58	批发商：多元化	0	0	1
29	房地产	5	5	6	59	公用事业：天然气和电力	0	0	0
30	食品：消费产品	5	5	5	60	其他	4	0	1

资料来源：财富中文网、郑商所研究所。

从行业分类角度来看，榜单囊括的所有行业共有 11 个与大宗商品产业相关。大宗商品主要包含能源化工、矿石金属、农副产品三个类别，榜单中的"炼油""采矿、原油生产""金属产品""能源""化学品"和"食品生产"6 个行业分别与之对应。开展大宗商品业务的投资银行，所属行业为表中的"银行：商业储蓄"。此外，在"纺织""管道运输""公用设施"等行业分类下，由于部分企业的实际经营范畴涵盖化工原材料和大宗物资的生产、加工、运输及销售，因此也与大宗商品市场存在相关性。

2.《财富》500 强中的大宗商品交易商

进一步深入到组织机构层面，世界 500 强榜单中入围的企业同时涵盖了上文所述的投行型和产业型两类大宗商品交易商。

在"银行：商业储蓄"类型下，2019 年上榜的 54 家银行类金融机构中共有 13 家投资银行和商业银行从事大宗商品类业务。[①]

其他 10 个大宗商品相关行业中涵盖的均为产业型交易商。产业型大宗商品交易商是现代市场大宗商品交易重要的参与主体，经营范畴渗透了从原材料收集采购，到生产、加工、贸易、物流、仓储、销售等大宗商品产业链的各个环节。产业型交易商的统计兼顾生产加工型[②]、独立贸易型[③]两类企业。

基于上述大宗商品交易商的不同类别，统计得出近 3 年世界 500 强榜单中共计出现了 157 个大宗商品交易商。下文将分别从国别、企业类型、行业等维度，对所涉及的大宗商品交易商进行分类统计和分析。

（二）全球大宗商品交易商发展特征

1. 数量：大宗商品交易商总体稳中有增

由于《财富》世界 500 强的排名体系以企业营收为导向，涉及大宗商品的企业

[①] 投资银行的大宗商品业务分为风险管理业务和资产管理业务两类。一方面，投资银行会基于对市场的判断主动参与价格波动进行大宗商品的自营交易，同时通过做市、含权贸易、远期流动性管理、基差互换等形式，借助大宗商品的自有交易向客户提供价值增值服务；另一方面，其通过主动管理和被动管理两类资产管理业务，参与大宗商品交易，进行资产配置。

[②] 生产加工型企业的经营部以大宗商品现货业务为主，为实现采购与销售为目的参与大宗商品现货交易和远期交易（如中国五矿集团、江西铜业集团等）；部分企业则开始综合布局产业链上下游，或是以期现结合为契机，横跨现货、期货、金融市场，综合运用期货、期权、外汇、金融票据等工具创造增值机会（如嘉能可集团、路易达孚等）。

[③] 独立贸易型企业以大宗商品贸易为业务核心，但越来越多的企业开始突破传统贸易模式，扮演供应链运营商或综合服务提供商的角色（如丰田通商株式会社、厦门国贸控股集团等），以满足大宗商品市场日益多元化的交易需求。

具有天然优势,故大宗商品交易商已经成为世界500强企业的重要组成部分。

(1)大宗商品交易商全球分布相对集中。结合财富500强榜单的行业划分和大宗商品交易商的来源类型进行统计,近3年所有上榜企业中,经营范畴涵盖能源化工、矿石金属、农副产品等大宗商品的生产加工型企业、贸易企业和跨国投行共计157个,按照国别划分,其整体数量排序结果如表3所示。

表3　　　　　世界500强中各国大宗商品交易商数量统计　　　　（单位:个）

国家	2019年	2018年	2017年
中国	47	43	39
美国	23	22	23
日本	14	14	13
德国	6	8	7
英国	6	7	6
韩国	6	5	5
印度	5	5	5
法国	5	5	5
巴西	4	4	4
西班牙	3	3	3
瑞士	3	3	3
荷兰	3	3	3
俄罗斯	3	3	3
意大利	2	2	2
新加坡	2	2	2
墨西哥	2	2	1
沙特阿拉伯	2	1	1
印度尼西亚	1	1	1
泰国	1	1	1
挪威	1	1	1
马来西亚	1	1	1
卢森堡	1	1	1
丹麦	1	1	1
澳大利亚	1	1	1
加拿大	1	1	0
波兰	1	1	0
奥地利	1	0	0
总计	146	141	132

资料来源:财富中文网、郑商所研究所。

全球范围内，近3年大宗商品交易商在《财富》500强榜单中占据的席位不断增加，相较其他类型的企业发展势头较快。2019年上榜的146家大宗商品交易商共分布于全球27个国家和地区。虽然近年来越来越多的国家出现新增上榜企业，但每年仍有超过半数的大宗商品交易商集中在中、美、日3个国家，国家和地域间分布不均。中国、美国、日本交易商数量排名连续3年并无位次变化，3国上榜的大宗商品交易商数量较第4名及之后国家有较大领先。

（2）中、美、日大宗商品交易商数量领跑榜单。2017—2019年，中国始终是上榜的大宗商品交易商数量最多的国家，我国2019年度上榜企业总数达到第2名（美国）的两倍。2017—2019年，排名前3名的中国、美国、日本各自上榜大宗商品交易商的数量以及在全球上榜大宗商品交易商的占比情况如表4所示。

表4　　2017—2019年中、美、日3国上榜大宗商品交易商国际占比

国家	年份	该国上榜大宗商品交易商（个）	全球上榜大宗商品交易商（个）	比例（%）
中国	2019	47	146	32.19
	2018	43	141	30.50
	2017	39	132	29.55
美国	2019	23	146	15.75
	2018	22	141	15.60
	2017	23	132	17.42
日本	2019	14	146	9.59
	2018	14	141	9.93
	2017	13	132	9.85

资料来源：财富中文网、郑商所研究所。

2017—2019年，中国交易商数量和全球上榜交易商总数均不断增长，且中国大宗商品交易商的全球占比逐年增加。2019年，中国入围的大宗商品交易商数量同比增长9%，目前约占全球上榜大宗商品交易商的1/3。而紧随其后的美国和日本企业的国际占比分别维持在15%以上和10%以下，两国近3年上榜企业数量略有变动，但整体数量保持稳定。

（3）大宗商品交易商市场地位稳定。除了聚焦各国上榜大宗商品交易商占全球数量的情况，对照2017—2019年中、美、日三国大宗商品交易商数量与该国上榜企业总数的相对变化，可以发现：一是大宗商品行业在各个国家整体市场中的发展地位相对稳定；二是大宗商品交易商上榜数量不断增长，推动了我国上榜企业总数增加。

2017—2019年，中国上榜的大宗商品交易商数量和上榜的中国企业总数同步增

长,且各年度国内大宗商品交易商在上榜企业总数中的占比仍不断提高,自2018年起超过了35%。与国内情况略有不同,美国2017—2019年登上《财富》500强榜单的企业总数连年下降,但交易商数量相对稳定。日本上榜的大宗商品交易商数量和上榜企业总数均稳中有增,二者比值则未有显著变化。由此可见,由于不同国家产业类型和结构存在差异,各国大宗商品交易商在本国上榜企业中的占比数值相差较大;但从时间序列来看,中、美、日三国的大宗商品交易商在各自国家大型企业产业中的权重已经相对固定(见表5)。

表5 2017—2019年中、美、日三国上榜大宗商品交易商国内占比

国家	年份	该国上榜大宗商品交易商(个)	该国上榜企业总数(个)	比例(%)
中国	2019	47	129	36.43
	2018	43	120	35.83
	2017	39	115	33.91
美国	2019	23	121	19.01
	2018	22	126	17.46
	2017	23	132	17.42
日本	2019	14	52	26.92
	2018	14	52	26.92
	2017	13	51	25.49

资料来源:财富中文网、郑商所研究所。

2. 产业:大宗商品产业结构发展呈差异化

(1)大宗商品交易商类型分布与地域相关。世界各国经济发展、地形地貌、区位优势等存在差异,各地企业的生产类型及性质也有所不同,使得全球各类交易商的分布呈现一定规律。上榜大宗商品交易商类型分布情况见表6。

表6 全球大宗商品交易商类型及国别 (单位:个)

企业性质	国家	2019年	2018年	2017年
投行型	美国	6	6	6
	英国	2	2	2
	瑞士	2	2	2
	法国	2	2	2
	德国	1	1	1
	合计	13	13	13

续表

企业性质	国家	2019年	2018年	2017年
纯贸易型	中国	8	10	8
	日本	6	6	5
	印度	1	1	1
	韩国	1	1	1
	新加坡	1	1	1
	合计	17	19	16
生产加工型	中国	39	33	31
	美国	17	16	17
	日本	8	8	8
	德国	5	7	6
	韩国	5	4	4
	印度	4	4	4
	巴西	4	4	4
	英国	4	5	4
	法国	3	3	3
	西班牙	3	3	3
	俄罗斯	3	3	3
	荷兰	3	3	3
	沙特阿拉伯	2	1	1
	意大利	2	2	2
	墨西哥	2	2	1
	马来西亚	1	1	1
	澳大利亚	1	1	1
	印度尼西亚	1	1	1
	波兰	1	1	0
	新加坡	1	1	1
	瑞士	1	1	1
	奥地利	1	0	0
	加拿大	1	1	0
	丹麦	1	1	1
	泰国	1	1	1
	挪威	1	1	1
	卢森堡	1	1	1
	合计	116	109	103

资料来源：财富中文网、郑商所研究所。

透视全球上榜的大宗商品交易商及企业性质，产业型大宗商品交易商（贸易型企业和生产加工型企业）的数量具有绝对优势，2017—2019年合计均超过入围交易商总数的90%。其中又以生产加工型企业为主，分布范围较广，但基本都来自发达经济体和国际实力相对较强的发展中国家。

而投行型交易商和贸易型企业则呈现一定的集中规律。目前所有经营大宗商品业务的跨国投行全都处于欧美国家，2017—2019年全球上榜的13家投行分布在美国、英国、瑞士、法国和德国5个西方发达国家。由于欧美国家工业化起步较早，积累起一定的经济实力，同时多数国家前期金融业分业监管和分业经营的约束较少，金融业得以构建出多元化、全能式的经营版图，令欧美国家金融业远胜其他国家同行，并孵化出了众多实力强劲的大宗商品投行。

全球大宗商品交易商中的贸易型企业集中分布在亚洲的5个沿海国家，同时这几个国家的生产加工型企业在数量上也排名靠前。由此推断，这些贸易型企业可能是依赖于本国的航运优势以及国内生产加工型企业的大宗商品进出口需求而形成了较大规模。其中日本的贸易型企业产业优势明显，2019年日本共上榜14个大宗商品交易商，其中6个为独立大宗商品贸易商，占日本入围大宗商品交易商的43%（见表7）。

表7　　　　　　　　　　　日本2019年上榜大宗商品交易商

2019年排名	公司名称	国家	行业
33	三菱商事株式会社（MITSUBISHI）	日本	大宗商品贸易
65	日本伊藤忠商事株式会社（ITOCHU）	日本	大宗商品贸易
105	JXTG控股有限公司（JXTG HOLDINGS）	日本	石油
147	丸红株式会社（MARUBENI）	日本	大宗商品贸易
157	三井物产株式会社（MITSUI）	日本	大宗商品贸易
162	丰田通商公司（TOYOTA TSUSHO）	日本	大宗商品贸易
178	东京电力公司（TOKYO ELECTRIC POWER）	日本	电力
186	日本制铁集团公司（NIPPON STEEL CORPORATION）	日本	钢铁
231	住友商事（SUMITOMO）	日本	大宗商品贸易
351	三菱化学控股（MITSUBISHI CHEMICAL HOLDINGS）	日本	化学化工品
354	日本出光兴产株式会社（IDEMITSU KOSAN）	日本	石油
356	日本钢铁工程控股公司（JFE HOLDINGS）	日本	钢铁
420	关西电力（KANSAI ELECTRIC POWER）	日本	电力
453	日本中部电力（CHUBU ELECTRIC POWER）	日本	电力

资料来源：财富中文网、郑商所研究所。

（2）全球大宗企业行业分布全面，能源产业主导。由于《财富》500强榜单针对全球企业的行业划分较为宽泛,难以深入行业内探究企业经营的细分领域,因此本文在榜单的行业分类基础上,结合大宗商品的类别,对照企业性质和经营范畴,对上榜的大宗商品交易商进一步进行产业细分①,以此为基点完成归类和统计。2017—2019年全球大宗商品交易商所属行业分类统计结果见表8,各行业企业占上榜大宗商品交易商总数的比例及各细分领域占比见图1至图4。

表8　　2017—2019年上榜全球大宗商品交易商行业分类　　（单位：个）

经营类别	具体行业领域	2019年	2018年	2017年
能源化工	能源	74	72	68
	石油	34	30	28
	电力	17	19	19
	煤炭	11	10	9
	油气	7	8	7
	天然气	4	4	4
	燃料	1	1	1
	化工	8	7	8
	化学化工品	8	7	8
矿石金属	金属	26	22	19
	钢铁	13	11	9
	有色金属	7	6	5
	金属矿业	6	4	4
	贵金属	0	1	1
农副产品	农副产品	8	8	8
	农副产品	8	8	8
贸易	贸易	17	19	16
	大宗商品贸易	12	14	13
	大宗商品供应链	5	5	3
金融	金融	13	13	13
	大宗商品投行	13	13	13
合计		146	141	132

资料来源：财富中文网、郑商所研究所。

---

① 各交易商的行业分类标准,以企业的主营业务和收入构成为依据。企业经营活动限于单一类型的大宗商品（如巴西淡水河谷、中国海洋石油等企业）,或在多类大宗商品经营中业务（收入）存在主次差异的（如嘉能可、意昂集团等跨行业企业）,则按照其参与经营的主要大宗商品类型划分所属行业；若企业的生产经营不限于特定的大宗商品品种（如日本伊藤忠商事、三井物产株式会社等多类型大宗商品的独立贸易商）,或主营范畴不仅限于大宗商品产业但成为大宗商品市场的重要参与者（如摩根大通、美银美林等国际投行,物产中大集团、雪松控股等提供大宗商品交易供应链运营服务的企业,以及新疆广汇实业投资集团等综合经营企业）,则按照企业参与大宗商品市场的功能划分所属的行业。

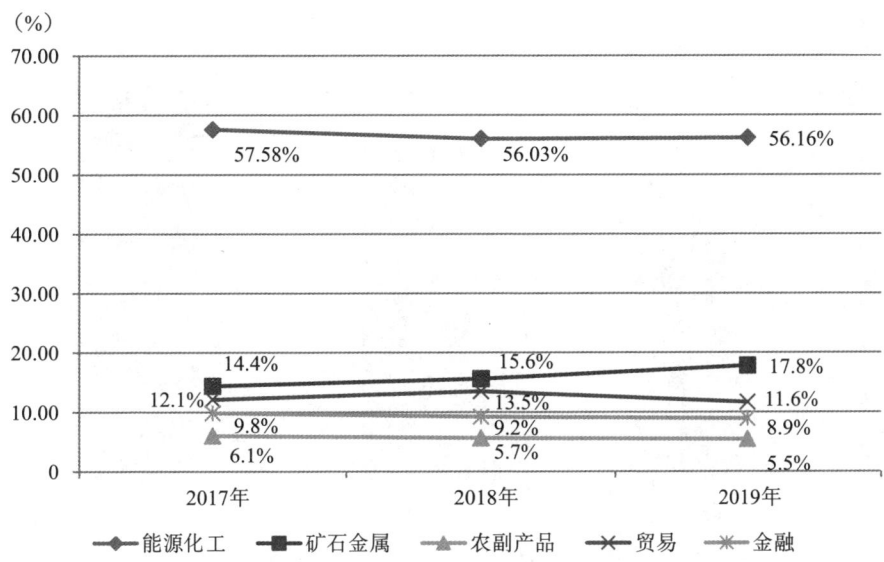

图 1　全球大宗商品交易商行业总体占比

资料来源：郑商所研究所。

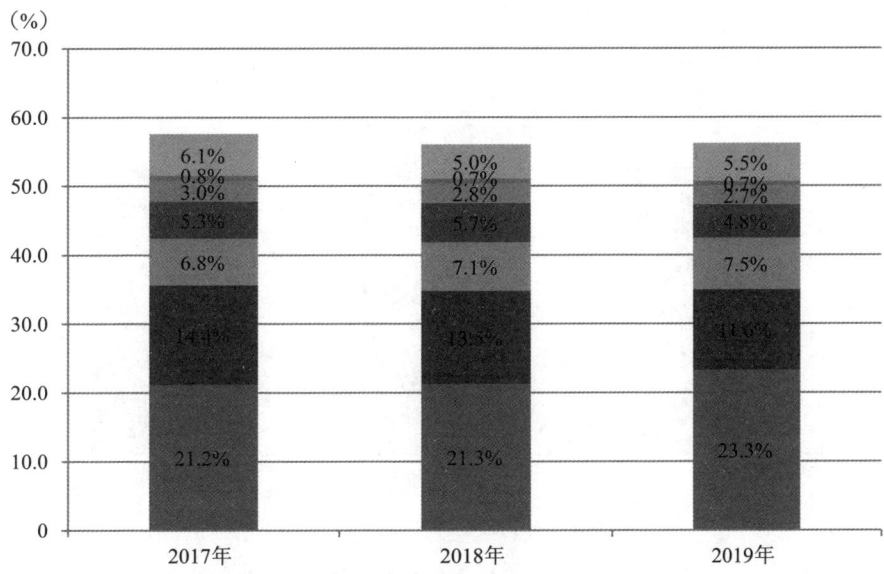

图 2　全球能源化工行业大宗商品交易商占比

资料来源：郑商所研究所。

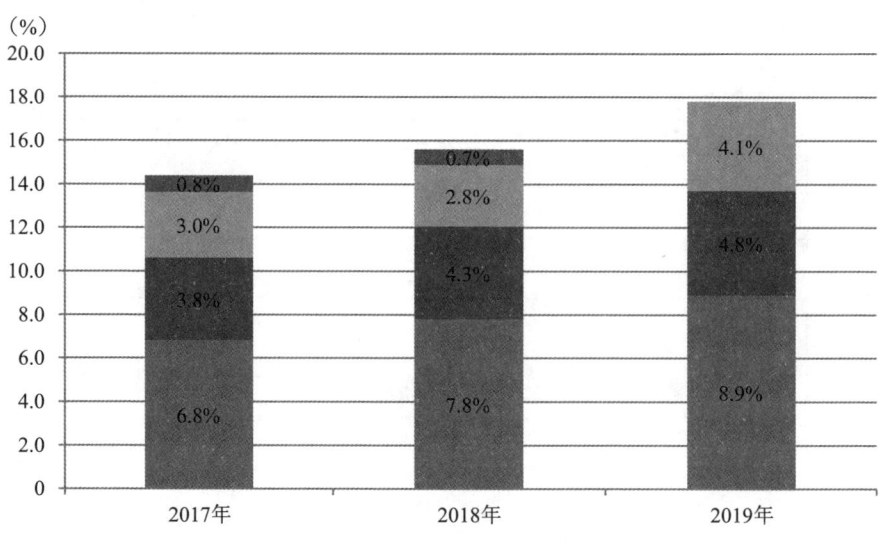

由下至上：■钢铁 ■有色金属 ■金属矿业 ■贵金属

图3 全球矿石金属行业大宗商品交易商占比

资料来源：郑商所研究所。

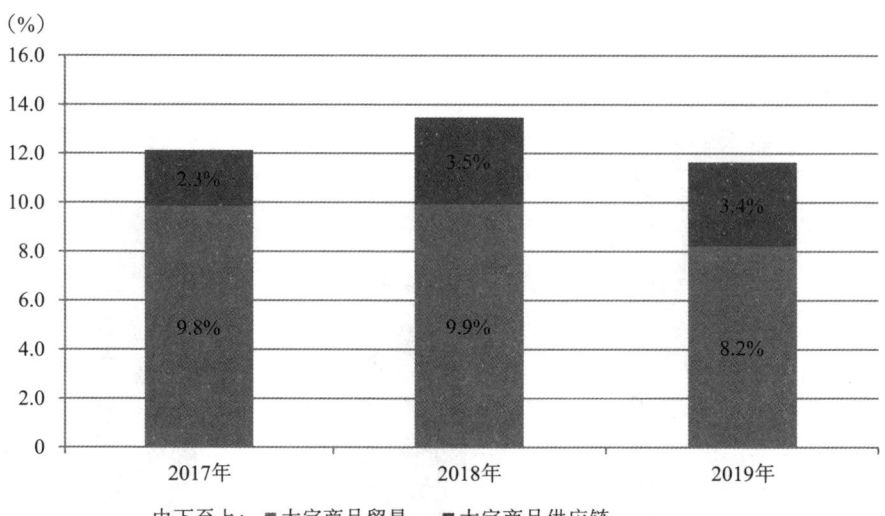

由下至上：■大宗商品贸易 ■大宗商品供应链

图4 全球贸易行业大宗商品交易商占比

资料来源：郑商所研究所。

全球范围内除提供大宗商品综合金融服务的投资银行外，产业型大宗商品交易商的行业涵盖大宗商品典型的三种类型，即能源化工、矿石金属和农副产品，同时从事大宗商品交易的独立贸易、供应链运营管理的综合经营企业也占据了一定的比重，总体行业分布较为广泛和全面。在所有上榜的大宗商品交易商中，经营能源化工产品的企业占主导地位，合计超过总数的一半，仅经营石油产品的企业就超过总数的20%；从事石油、天然气、油气、燃料等原油加工制品生产和销售的大宗商品交易商，则连续3年超过40家。

大宗商品交易商中的贸易型企业和金融机构（投行），在总数中的占比均不足1/5；从事农副产品等软性商品生产和经营的交易商数量最少，年均占比仅为6%，并呈现连年下降的趋势。除能源行业的企业外，金属矿石类交易商在整体大宗商品交易商中的发展具有相对优势，全球从事金属矿产开采、销售，以及黑色金属（钢铁）及有色金属冶炼、加工的企业数量仍在不断增加。

（3）中国大宗商品行业相对集中，煤炭企业数量居首。相较于全球上榜的大宗商品交易商的行业分布，中国大宗商品行业的分布情况有所不同，2017—2019年上榜的中国企业分行业统计结果见表9，企业所属行业及细分领域占比见图5至图8。

表9　　　　　　　　　　　上榜中国大宗商品交易商行业分类

经营类别	具体行业领域	2019年	2018年	2017年
能源化工	能源	21	19	19
	煤炭	11	10	9
	电力	4	4	5
	石油	4	3	3
	油气	2	2	2
	燃料	2	2	2
	化工	2	2	2
	化学化工品	15	11	9
矿石金属	金属	7	6	4
	钢铁	7	4	4
	有色金属	1	1	1
	金属矿业	1	1	1
农副产品	农副产品	1	1	1
	农副产品	8	10	8
贸易	贸易	5	5	5
	大宗商品供应链	3	5	3
	大宗商品贸易	47	43	39
合计		21	19	19

资料来源：郑商所研究所。

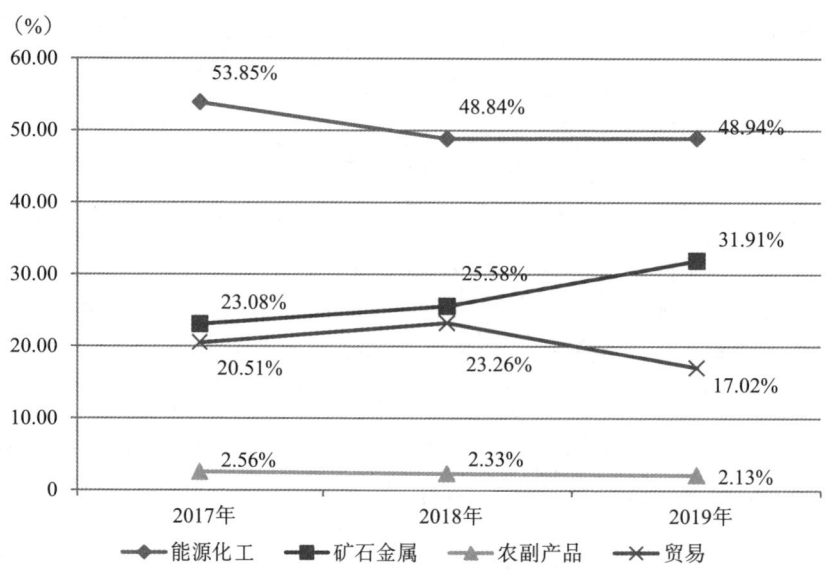

图5 中国大宗商品交易商行业总体占比

资料来源：郑商所研究所。

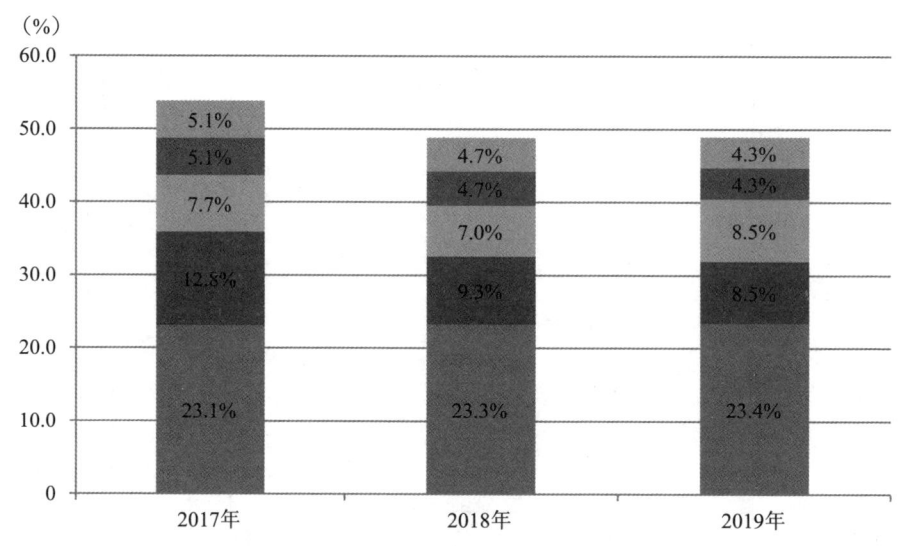

图6 中国能源化工行业大宗商品交易商占比

资料来源：郑商所研究所。

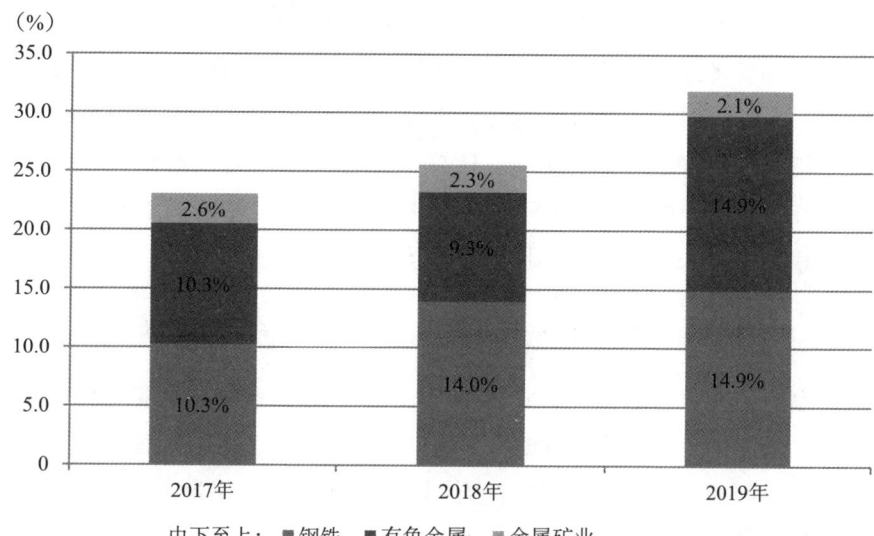

图 7　中国矿石金属行业大宗商品交易商占比

资料来源：郑商所研究所。

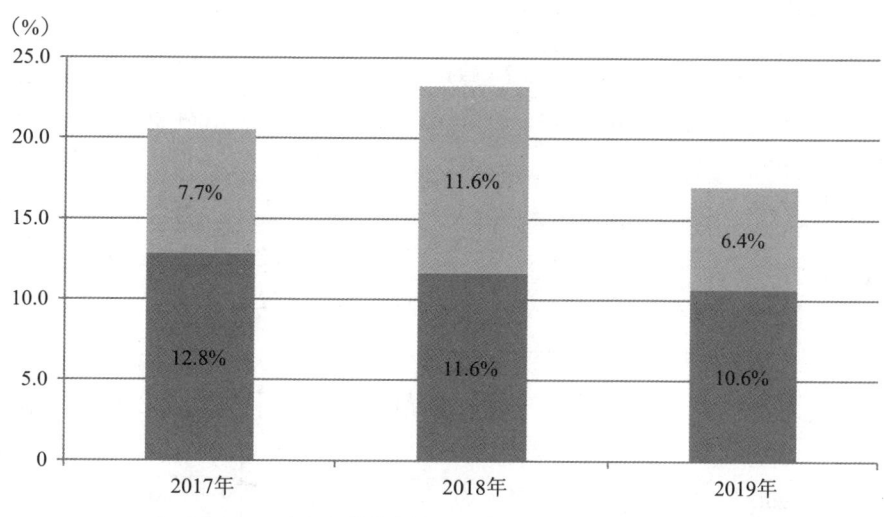

图 8　中国贸易行业大宗商品交易商占比

资料来源：郑商所研究所。

中国在大宗商品投行类别下出现了企业空缺，国内所有上榜的交易商均为产业型大宗商品交易商。

同全球大宗商品交易商上榜情况类似，国内将近半数的大宗商品交易商也集中在能源化工领域。但我国大宗商品交易商主要集中在煤炭行业而非油气经营领域，这一点与国际市场有明显不同。当前全球所有上榜的煤炭企业均由中国贡献，仅煤炭单个行业的企业数量，就达到我国上榜大宗商品交易商总数的1/4。

同时，矿石金属行业则是我国另一个重要的企业聚集领域，国内从事钢铁和有色金属生产、冶炼、加工和销售等的经营企业2017—2019年在大宗商品行业中的占比有明显增长，企业占比约为全球同一比例的2倍，推测与供给侧结构性改革、行业集中度提升有关。2019年，中国上榜的大宗商品交易商中经营农副产品的企业仅有一家（中粮集团有限公司），占比也低于全球同类型行业比重。

3. 盈利：全球大宗市场发展势头向好，中国企业效益有待提高

随着大宗商品领域入围世界500强的企业数量逐年增多，大宗商品交易商的综合实力也在逐渐加强，主要表现在近年来上榜企业的营业额、利润、销售收益率和净资产收益率等都有明显提升。表10列明了2016—2018年世界500强企业整体、入围大宗商品交易商、入围中国企业的平均年营业额和利润，并单独计算罗列出中国、美国、日本3个国家大宗商品交易商的营收数据。

表10　　　　上榜各类型大宗商品交易商平均营收情况　　　　（单位：百万美元）

项目	年份	总体上榜（500强）	大宗企业（全球）	投行	贸易型	生产加工型
营业收入	2018	65 328	70 654	71 837	64 104	71 481
	2017	59 993	60 934	69 459	48 972	62 002
	2016	55 484	54 349	65 965	43 531	54 563
利润	2018	4 308	4 237	12 092	1 515	3 756
	2017	3 769	2 508	6 826	961	2 260
	2016	3 060	1 740	8 454	1 001	1 001
资产	2018	266 953	228 996	1 668 150	49 288	94 048
	2017	264 575	236 903	1 680 372	45 433	98 122
	2016	243 160	235 797	1 615 572	44 894	91 305
销售收益率（%）	2018	6.59	6.00	16.83	2.36	5.25
	2017	6.28	4.12	9.83	1.96	3.65
	2016	5.52	3.20	12.82	2.30	1.83
净资产收益率（%）	2018	1.61	1.85	0.72	3.07	3.99
	2017	1.42	1.06	0.41	2.11	2.30
	2016	1.26	0.74	0.52	2.23	1.10

注：世界500强榜单是根据企业前一年的营业总额编排的，故表中列出的是2016—2018年的企业营收和利润数据。

资料来源：财富中文网、郑商所研究所。

一是全球大宗商品交易商资产规模同全球500强企业相当，销售收益率、净资

产收益率逐年显著提升。全球范围内的上榜大宗商品交易商，2017—2019年资产规模均值与500强企业同步增长，同时企业利润大幅提升；销售收益率和净资产收益率均翻番，2018年分别达到6.0%和1.85%，比世界500强销售收益率低0.59个百分点，高出净资产收益率0.24个百分点。整体来看，全球大宗商品交易商的发展势头良好，企业实力不断增强，盈利能力显著提升，但尚有一定的上升空间。

二是投行型交易商平均收入及利润均高于全球大宗商品交易商平均水平，销售收益率远高于产业类交易商，但由于持有资产规模庞大，净资产收益率低于产业类交易商。生产加工型企业平均营收则与大宗商品交易商总体均值相当，但由于利润较低，销售收益率被摊薄。贸易型企业的营业收入、利润、资产规模均小于总体均值，销售收益率近两年不及大宗商品交易商均值的一半，但因企业持有资产较少，净资产收益率高于全球500强和整体大宗商品交易商的平均水平（见表11）。

表11　各国大宗商品交易商平均营收情况　　（单位：百万美元）

项目	年份	总体上榜（500强）	交易商（全球）	总体上榜（中国）	交易商（中国）	交易商（美国）	交易商（日本）
营业收入	2018	65 328	70 654	64 928	58 912	80 269	60 483
	2017	59 993	60 934	59 686	54 580	70 885	47 390
	2016	55 484	54 349	54 926	48 845	59 782	41 704
利润	2018	4 308	4 237	3 401	693	8 263	2 322
	2017	3 769	2 508	3 072	274	5 435	2 353
	2016	3 060	1 740	2 898	352	5 122	1 716
资产	2018	266 953	228 996	286 505	76 062	521 878	73 220
	2017	264 575	236 903	279 147	82 643	534 814	72 688
	2016	243 160	235 797	256 179	75 842	498 652	69 004
销售收益率（%）	2018	6.59	6.00	5.24	1.18	10.29	3.84
	2017	6.28	4.12	5.15	0.50	7.67	4.96
	2016	5.52	3.20	5.28	0.72	8.57	4.11
净资产收益率（%）	2018	1.61	1.85	1.19	0.91	1.58	3.17
	2017	1.42	1.06	1.1	0.33	1.02	3.24
	2016	1.26	0.74	1.13	0.46	1.03	2.49

注：世界500强榜单是根据企业前一年的营业总额编排的，故表中列出的是2016—2018年的企业营收和利润数据。

资料来源：财富中文网、郑商所研究所。

三是全球大宗商品交易商营业收入高于500强企业平均水平，但中国大宗企业营收不及全球平均水平和所有上榜中国企业平均水平。尽管中国大宗商品交易商上榜数量众多，但无论是企业营收还是资产规模均与全球大企业有较大差距。

四是中国大宗商品交易商盈利指标较低,利润及销售收益率不及国内企业总体平均水平,远落后于全球大宗商品交易商平均水平。2018 年,世界 500 强中大宗商品交易商的平均利润是中国大宗商品交易商的 6 倍,我国上榜企业的平均利润则是大宗商品类企业的近 5 倍,而美国大宗商品交易商的平均利润更达到中国同类企业的 12 倍。同时,尽管 2018 年中国大宗商品交易商在销售收益率和净资产收益率两个指标上扭转了前一年的下行趋势,但上榜中国大宗商品交易商的平均销售收益率 1.18% 仍远低于全球平均 6.0%。

五是中国大宗商品交易商的平均资产规模同日本近似,但净资产收益率相差 3 倍。这一指标更远低于美国企业和全球平均水平,企业效益仍有待提高。此外,对比大宗商品交易商的单一企业数据,中国企业同样劣势明显。在盈利方面,沙特阿美公司以近 1 110 亿美元的超高利润登顶利润榜,其净资产收益率达到 30.9%,同样位列全球大宗商品交易商首位。而国内年利润最高的中国海洋石油总公司 2018 年盈利 73.31 亿美元,虽已达到中国入围的大宗商品交易商利润均值的 10 倍,但其年利润仍不及沙特阿美公司的 1/10。我国大宗商品交易商中净资产收益率最高是正威国际集团(台湾企业除外),其 7.0% 的单项数据,同样与排名第一位的沙特阿美公司相去甚远。全球大宗商品交易商中销售收益率最高的企业——英国大宗商品巨头力拓集团,销售收益率为 33.7%,而在中国企业中销售收益率居首的中国海洋石油总公司的销售收益率却仅为 6.8%。

(三) 我国大宗商品交易商的发展特点

1. 产业结构单一,行业、地区分布不均

一是国内上榜交易商全部为产业型交易商。目前,在投行类大宗商品交易商占据全球大宗商品交易商总数 10% 的情况下,中国并未有经营大宗商品的金融机构上榜。这是由于中国的商业银行及其他金融机构在运行中施行分业经营,没有沿用国际市场的混业经营模式,因此国内大型金融机构未能深入大宗商品经营。同时,在国内大宗商品市场,经纪业务和自营业务也分别经营和分开管理,因此期货风险管理子公司等机构的大宗商品业务模式和逻辑与国外投行有较大差别,难以与大型国际投行的业务量匹敌。

二是煤炭和矿石金属经营企业数量突出,产业结构相对单一。从工业发展层面来看,这是由于以美国为代表的发达经济体已经进入后工业化的发展阶段,在部分领域(如油气经营、投资银行等)较早奠定了优势地位,因此产业分布更加广泛和均衡;而我国尚处于工业化阶段,产业结构相对单一。从行业角度来看,大宗商品贸易领域进入门槛相对较低,矿石金属行业发展则与企业所在地资源蕴藏属性有很大关联。

三是能源类交易商行业分布与国际市场有明显差异。一方面，囿于我国"富煤、贫油、少气"的能源结构限制，国内石油、电力、天然气等能源领域的交易商数量较少；另一方面，我国入围世界500强的能源企业大量集中在煤炭行业，交易商的特征仍不显著。

四是交易商地区分布不均，沿海省份发展优势明显。2017—2019年国内上榜的交易商，超过半数分布于沿海地区。国内10家从事大宗商品贸易或提供大宗商品供应链服务的企业，7家①分布在浙江、福建、广东、天津和我国香港等沿海地区。由于沿海地区便于发展外向型经济，具有港口运输、海外贸易的独特优势，内陆地区大宗商品产业发展与沿海地区存在巨大鸿沟。而位于中西部省份的企业，多是资源依赖型企业，导致中国的大宗商品产业仍是资源主导，生产结构相对落后，企业发展易受资源开发规律和原材料供给的制约（见表12）。

表12　　2017—2019年中国上榜大宗商品交易商地区分布

地区	2019年	2018年	2017年
北京	16	16	16
山西	5	4	5
福建	3	3	2
山东	3	3	2
浙江	3	1	1
河北	2	2	2
江苏	2	2	2
陕西	2	2	2
广东	2	2	1
台湾	2	1	0
上海	1	1	2
江西	1	1	1
新疆	1	1	1
河南	1	1	0
辽宁	1	1	0
安徽	1	0	0
甘肃	1	0	0
天津	0	1	1
香港	0	1	1
总计	47	43	39

资料来源：郑商所研究所。

---

① 分别是物产中大集团、厦门建发集团有限公司、厦门国贸控股集团有限公司、象屿集团、雪松控股集团、天津物产集团有限公司、来宝集团。

2. 企业规模主导,"大而不强"特征明显

在 2019 年的 500 强榜单中,中国企业总数已经超过了美国,位居第一。对比上榜中国企业的总体数据,国内交易商因广泛参与国际贸易和全球供应链等业务,做大了整体营收。然而,大宗商品交易、国际贸易业务的加持并未改善交易商的收益状况,其微薄的利润难以与庞大的营收相称。

将中国企业与美国、日本上榜的大宗商品交易商相比,衡量能够体现企业经营状况优劣的销售收益率和净资产收益率等指标,不难发现中国大宗商品交易商呈现"大而不强"(即规模大、利润薄)的特点。中国企业在同日本交易商平均资产与营业收入相当的情况下,即使 2019 年销售收益率和净资产收益率数值达到最高(1.18%和 0.91%),仍不及后者的 1/3(3.84%和 3.17%);而与上榜的美国大宗商品交易商相比,中国企业的资产收益率刚刚超过美国(1.58%)的一半,销售收益率、利润和资产等指标甚至与其相差 10 倍。

从企业类型角度来看,2019 年上榜的中国大宗商品交易商中,共有 10 家企业在上一年度出现亏损,全部集中在煤炭、钢铁、有色金属领域。

对比单一企业盈利数据,中国交易商同样劣势明显。2019 年,沙特阿美公司以近 1 110 亿美元的利润和 30.9%的净资产收益率在全球大宗商品交易商中居首,而国内利润、净资产收益率最高的企业中国海洋石油总公司(利润 73.31 亿美元)和正威国际集团(净资产收益率 7.0%),与之有数倍差距。全球销售收益率最高的交易商——力拓集团(33.7%),比我国销售收益率最高的企业(中国海洋石油总公司 6.8%)数据高出 26.9%。

3. 风险分散能力较弱,风险控制意识有待加强

首先,国内企业综合化程度较低,难以实现内部风险转移,主要体现在两个方面。一是企业分散经营与交易程度不高。我国上榜交易商多专注于特定领域,较少有类似于嘉能可、摩科瑞、伊藤忠商事等横跨多个大宗商品领域的公司,经营品种和范围存在局限。特定商品市场和细分市场更易遭受市场冲击,从而影响了企业盈利和经营;同时,缺少分散经营和交易,削弱了企业综合化的竞争实力和服务能力。二是大宗商品价值链整合程度不高。国内多数大宗商品企业经营业务偏重对上游油气田、农产品产地和矿山的控制,确保上游的供应,但是缺乏对下游以大宗商品为输入量的中小企业和终端消费者的专业服务能力。与全球同类型其他公司相比,中国交易商参与全产业链经营的比例较低,难以借助商品价值链抵消或缓冲不同环节的风险冲击,稳定整体利润。

其次,我国企业参与期货及衍生品市场的广度和深度均低于国外企业,风险管

理和防范效果有限。2017—2019 年上榜的国内交易商中约 80% 成为央企和地方国有企业。一方面，国企因内控机制不健全、专业人才储备不足等原因风险管理意识较为薄弱；另一方面，国资管理政策、信贷政策等体制约束，影响了企业必要的套期保值交易和参与期货市场的积极性。

四、国际知名大宗商品交易商发展脉络及业务模式

（一）高盛

高盛集团公司（Goldman Sachs，以下简称"高盛"）成立于 1869 年，是一家美国跨国投资银行与金融服务公司，总部位于纽约曼哈顿。高盛是全球最大的投资机构之一，也是通常意义上的做市商，为包括企业、金融机构、政府和个人在内的众多客户提供广泛的金融服务。

1. 高盛大宗商品业务发展历程

（1）介入大宗商品交易，拓宽盈利渠道（1979—1996 年）。自 1782 年现代商业银行在美国出现，在长达近 150 年的时间里，美国的银行业和证券业并未分开，金融市场运营缺乏有效的监管体系。高盛即在这样的背景下诞生，1869 年其以票据贴现业务起家，在美国工业化的进程中逐步拓展了股票承销业务，而后于 20 世纪初与雷曼兄弟合作完成 Sear Roebuck 等公司的公开募股，才发展为真正的投资银行。

1929—1933 年的大萧条时期，美国逾 9 000 家银行倒闭，面对大规模的银行恐慌和金融体系崩溃，社会谴责商业银行从事投资银行业务致使银行倒闭，为此美国政府颁布《格拉斯 - 斯蒂格尔法案（Glass - Steagall Act）》《1933 年证券法》，将商业银行和投资银行的业务分割开来。在此后的 30 年时间里，大宗商品业务在金融市场中只占很小的比重，部分原因是联邦法律不支持商业银行和证券业的混业经营。

20 世纪 80 年代前后，随着能源类的大宗商品可以在市场上以期货和互换的形式进行交易，美国的银行才开始介入大宗商品交易。高盛集团于 1979 年投身于大宗商品业务，最初注册成为美国商品期货委员会（CFTC）期货许可经销商（Futures Commission Merchant），在交易所进行期货和期权的买卖。1981 年，美国推出 401K 计划，大型机构（如共同基金和养老基金等）入市，丰富的资金带动了大宗商品市场发展。

1981 年，高盛收购 J. Aron 公司，借此拓展商品期货业务。J. Aron 原是一家从事咖啡、贵金属、橡胶等商品交易的家族企业，利用商品套利获取利润，也是高盛

的客户之一。由于20世纪70年代美国通货膨胀不断加剧,储存商品即可升值盈利,高盛意识到收购 J. Aron 可以建立逆周期的保护机制来稳定公司盈利,同时对抗竞争对手所罗门兄弟在商品领域的发展势头,高盛因此收购 J. Aron,开始专注于商品交易。高盛内部基于大宗商品的交易,包括期货、互换、期权和远期交易都通过 J. Aron 进行,同时 J. Aron 还从事大宗商品和衍生品的做市活动。高盛不仅借助 J. Aron 的业务基础来交易大宗商品实物(如矿石、煤炭等),而后又陆续开展利率、外汇、石油期货和期权交易等业务,其创造的利润到90年代初约占高盛总利润的1/3。

1991年,高盛推出高盛商品指数(GSCI),反映多样化商品期货组合的美元价值,投资者可以通过买卖与该指数挂钩的金融工具实现大宗商品投资。随后几年,大宗商品指数交易业务激增,期货交易也随之增加。总体而言,在1997年之前,高盛一直是以证券和大宗商品公司的身份经营业务,交易对象主要是铝、铅、镍和锌等基本金属、能源产品和小麦、咖啡、可可、白糖等农产品的实物结算合约。

(2) 收购实物资产,深入大宗商品交易(1997—2008年)。1997年,美联储修改Y条例,扩大银行控股公司的许可经营活动。1999年,美国国会签署格雷姆-里奇-比利雷法令[①](Gramm-Leach-Bliley Act,GLB Act),允许银行及子公司广泛参与商业活动,包括大宗商品交易。这一时期,商业银行和投资银行不断开发基于大宗商品的金融工具的同时,开始持有并控制实物大宗商品。其主要原因是,部分大宗商品期货合约,如原油、天然气和电力合约等,均有现金交割和实物交割两种交割方式,金融机构认为实物交割能给予其更高的灵活性,在控制风险和成本的同时,确保有效参与风险对冲和套期保值,并提高其在商品市场中的竞争力。与此同时,格雷姆-里奇-比利雷法令特别对高盛和摩根士丹利的大宗商品贸易及投资行为给予保护,允许两家投行持有发电厂等在银行界禁止持有的资产,为其从事广泛的商品交易创造了有利条件。

高盛于1997年将子公司 J. Aron 同固定收益业务进行整合,建立了早期的 FICC (Fixed Income, Currency and Commodity) 业务线。直到今天,高盛集团的总收入仍对 FICC 业务表现出极高的依赖性。高盛通过收购,拥有了配备管道和存储基础设施的炼油厂、油气营销和分销公司、上游油气生产商和化肥生产厂等实物资产,为其参与大宗商品交易提供支持。1999年,高盛从私人合伙企业变更为上市公司,其大宗商品业务快速发展中的资金需求得以更好地满足。

2000年起,大宗商品价格经历了近10年的大幅上涨,激发了商业银行和投资

---

① 格雷姆-里奇-比利雷法(Gramm-Leach-Bliley Act,GLB Act),也就是1999年的金融现代化法案,它是在美国颁布的一项联邦法律,规定了金融机构处理个人私密信息的方式,并允许单一金融控股公司提供银行、证券和保险服务。

银行进一步深入大宗商品交易。2003 年，高盛进军电力行业，并收购了开发和运营发电厂的公司 Cogentrix Energy，拥有 24 个不同电力设施的所有权。

高盛不断拓展其大宗商品的经营，截至 2008 年金融危机前，高盛收购经营的工矿企业甚至覆盖了碳聚合商、生物柴油炼油厂、乙醇生产商和液化天然气开发商。此外，高盛还通过收购实物资产，从事船舶运输和煤炭开采，并开始交易铝合金、钢材、煤炭和液化天然气。

（3）转型布局全球大宗商品业务，引发政策监管关注（2008—2012 年）。2008 年，金融危机的爆发刺激金融机构进一步介入大宗商品业务。9 月，高盛获得美联储的申请批准，转型成为一家金融控股公司（Financial Holding Company，FHC）并接受了美联储 690 亿美元的救助，因而得以持续扩大其实物大宗商品业务，开始全球化布局。

2009 年，高盛完成 3 000 多笔资产收购交易，涉及英国、法国、德国电力和英国天然气，还有美国公用事业和贸易公司的 60 份煤炭合同、20 份定期和航次货运协议以及 90 万磅铀矿石。到 2009 年底，高盛已经储备了约 2.58 亿美元的石油产品、2.07 亿美元的天然气、1.4 亿美元的煤炭和 30 亿美元的金属库存，以进行大宗商品实物交割和直接出售。截至 2010 年，高盛持有的资产包括北海、中亚和北非的原油、天然气勘探和生产设施，并通过总部设在欧洲、日本的合资企业进行散货船运输，负责石油和液化天然气输送，还另外持有一处位于澳大利亚的煤矿。与此同时，高盛的大宗商品交易标的又增加了棕榈油、橡胶和沥青。

2009—2011 年，高盛为进一步扩大影响力，开始掌握伦敦金属交易所（LME）的股权，直到 2012 年港交所收购 LME 之前，高盛和摩根大通两个银行一直通过其金融控股公司持股，是 LME 最大的股东。在这一期间，高盛还持续引入实物大宗商品的交易客户，其大宗商品业务活跃客户超过 1 000 家，其中企业客户约占其全球大宗商品客户的 45%。高盛能够向其客户提供涉及多种商品的风险管理服务，包括石油及其精炼品、电力、天然气、煤炭、航运、铁矿石、基本金属和贵金属、农产品等，并全面参与铝、铜、金、铅、镍、钯、铂、银、锡、锌、煤、原油、取暖油、汽油、航空煤油和天然气等实物大宗商品及其金融产品和指数交易。同时，高盛继续拥有和经营哥伦比亚的煤矿，为发电厂供应铀，并经营全球金属仓库业务。

这一阶段，美国银行业机构大举介入大宗商品活动，并依托金融控股公司的身份，成为体量庞大的大宗商品交易商，控制美国大宗商品期货、期权和互换交易，引发市场争议。2010 年起，美联储开始对金融控股公司的大宗商品业务开展特别审查，并公布了对高盛等投资银行参与大宗商品交易活动的多种担忧，美国的大宗商品金融政策日渐趋紧。

（4）政策逐步收紧，缩减大宗商品业务（2012 年至今）。随着金融控股公司授权参与实物大宗商品活动的范围越来越广,市场担忧情绪上涨,因此,美联储于2010年开始驳回部分扩展大宗商品活动的申请,同时对许可的大宗商品业务转向更具限制性的解释。2012年,多德－弗兰克(Dodd－Frank)金融改革法案①正式生效。为加强场外交易的监管和透明度,法案要求金融机构把场外交易的衍生工具转入交易所;同时禁止银行使用自有资金参与高风险交易,要求银行将商业银行业务和其他业务分隔开,提升银行资本金率。2016年9月,美联储向美国国会提议,撤销华尔街投行的实物大宗商品交易业务许可,防范其给金融系统带来风险。

受监管政策限制的影响,高盛开始出售早先收购的企业,陆续退出实物大宗商品业务。2012年,高盛出售了Cogentrix Energy。2013—2014年,由于材料价格波动和严格监管,高盛缩减了铀交易业务。2014年底,其将全球金属仓储公司麦德龙(Metro)出售给瑞士私募股权公司鲁本兄弟(Reuben Brothers)。2015年,高盛出售了位于底特律的铝仓库,并将位于哥伦比亚的煤矿出售给全美最大的地下煤炭公司Murray Energy,标志着高盛大宗商品业务剥离的结束。然而,高盛虽然同其他几家银行控股公司一样在削减大宗商品活动,但其宣称仍致力于将商品作为其核心业务。

2. 高盛商业模式分析

(1)高盛在商品市场中充当中介角色。高盛是商品市场中最大的参与者之一,其大宗商品业务也是公司收入增长重要的驱动因素。高盛活跃于大宗商品实体市场,进行大宗商品的交易、运输、存储等,并持有发电厂和其他实物资产。

高盛将其参与实体大宗商品的业务定义为"大宗商品中介(Commodities Intermediation)",即拥有实物商品仅限于履行中介功能。作为中介机构,高盛拥有实物大宗商品的所有权,并安排商品的储存和运输。就其中介能力而言,高盛一方面充当生产者,另一方面充当消费者和投资者之间的桥梁,他们的利益和敞口相互抵消,但并不完全匹配。

高盛的全球大宗商品业务主要隶属于机构客户服务(Institutional Client Services)板块,高盛称其为"GS Commodities(高盛大宗商品)",它是高盛集团中领先的大宗商品相关业务部门。"GS Commodities"面向众多全球客户提供金融和实物风险管理解决方案,同时投资于大宗商品相关业务以产生投资回报,并在经营范畴内产生协同效应。图9展示了"GS Commodities"在集团架构中所处的位置及其三类细分业务。

---

① 多德－弗兰克(Dodd－Frank)金融改革法案被认为是"大萧条"以来最全面、最严厉的金融改革法案,其核心内容包括扩大监管机构权力、设立新的消费者金融保护机制,以及限制大金融机构的投机性交易,尤其是加强对金融衍生品的监管。

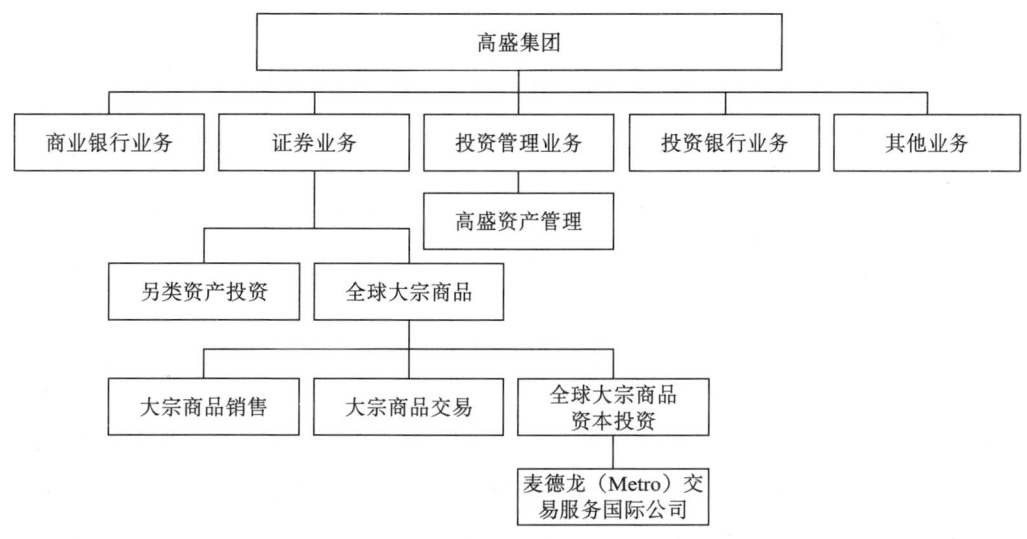

图 9　高盛集团组织架构

资料来源：高盛 PSI – Goldman – 10 – 000002，郑商所研究所。

其中，高盛的全球大宗商品资本投资（Global Commodities Principal Investing, GCPI）部门，主要投资于与大宗商品交易相关的国际公司和资产，寻求风险调整后的可观收益。GCPI 下部分项目投资资金为高盛的自有资金，部分资金来自第三方投资者，GCPI 投资人员也是由公司雇用经验丰富的管理团队运营。而依托于高盛全球大宗商品的资本投资，高盛还通过大宗商品交易（Commodity Trading）部门进行各种大宗商品实物和金融工具交易活动，包括期货、掉期和期权等，使得高盛跻身交易商品相关衍生品的四大银行之一。此外，高盛还直接进行大宗实物商品销售（Commodity Sales）。

高盛也借助其商业银行业务（Merchant Banking Division）募集的投资资金参与大宗商品相关活动。例如，高盛商业银行业务下的子公司之一"高盛基础设施投资（GS Infrastructure Partners）"主要为基础设施建设项目提供资金，其中不乏电力设施、天然气生产和发电厂；而高盛的"另类资产投资（Special Situation Group）"部门，则针对风险调整后的可能收益，向中端市场公司提供贷款和投资。

（2）服务生产商、消费者、投资者三类细分客户。高盛的主要合作伙伴包括生产商、消费者、工业用户、央行、养老基金、国有企业、公用事业、财富管理公司和其他金融机构，其向客户提供设计各类大宗商品的风险管理服务，包括原油和成品油、电力和天然气、煤炭、铁矿石、基本金属和贵金属、指数产品以及农产品。

在大宗商品市场中，高盛作为各种类型客户的中介人，将其服务客户细分为以下三类。

生产商：例如天然气、石油供应商、发电厂和矿产商等依靠商品市场来对冲与其长期投资项目相关风险的生产商。

消费者：例如运输公司、需要燃料的公用事业和政府机构以及消耗原材料的制造商。

投资者：诸如养老基金和资产管理公司之类的投资者，他们在商品衍生品市场上买卖金融合约，参与价格波动，并根据对市场的判断进行交易并分散风险。

（3）面向全球客户，提供风险管理解决方案。虽然高盛的中介活动涉及实物商品，但据其称这只反映了高盛运用纯金融工具（如贷款、债券、股票和货币）承担做市商的职能。高盛利用大宗商品交易，通过以下几类关键活动，向上述单一或多个客户提供融资和对冲产品等风险管理服务，提升市场流动性，从而提高透明度和定价。具体包括：

融资/放贷：高盛通过预先支付大宗商品的货款，为大宗商品的卖家提供资金。同时还达成融资安排，有效地使客户的库存利益最大化，增加这些公司用于投资日常业务和长期资本项目的资金数量。例如，高盛通过缩短企业库存时间，降低企业经营风险。具体做法是，高盛与企业签订一项协议，高盛从全球购买生产投入物或燃料，然后销售给需求企业；同样，当企业生产出成品时，高盛可以购买并保留这些成品的所有权，直到企业将其出售给其他客户。

高盛也用类似方式为大宗商品消费者提供融资，消费者可以更晚地支付由高盛出售的商品货款。高盛还为大宗商品消费者和其他买家提供间接融资，通过预测客户的短期需求，维持库存头寸，而客户可以将这些需求头寸作为供应来源。同其他形式的做市和融资一样，这些安排有助于减轻资金需求，并使终端用户类客户合理安排支出。高盛还提供对冲安排来扩大自身的信贷规模，允许客户以现金保证金以外的方式履约，使他们可以将流动资产分配到其他用途，如进行投资。

风险对冲/投资：高盛帮助客户管理其业务活动中固有的大宗商品价格风险敞口。生产者可以签订固定价格销售协议，以防止价格下降；消费者可以签订固定价格购买协议，以防止价格上涨。高盛可以根据生产商和消费者的具体要求为其量身定制对冲交易，提高运营效率，降低成本，从而为终端消费者带来更稳定的价格。对于可能同时签订买卖协议的投资者，高盛还提供大宗商品价格敞口，以分散其投资组合中的风险，在市场中获得方向性收益，并对冲通胀风险。

例如，某农业合作经济组织将某一特定地点的天然气作为燃料，或利用丙烯包装其以现货价从供应商处采购的易腐烂食品，为避免食品现货价格上涨，农业合作经济组织可通过高盛进行现金结算的掉期交易，保护自己不受大宗商品价格上涨的影响。由于市场上实物天然气或丙烯合约的流动性高于其金融商品的流动性，高盛会通过购买实物天然气或丙烯并安排仓储，随后以合适的价格出售，来降低库存控制风险，并为客户提供掉期产品的收益保障。

提供流动性：作为做市商，高盛还向市场参与者提供报价，并参与交易来提升市场流动性。

总的来说，高盛是通过有效管理不同类型、不同等级、不同地点的商品之间的关系，来为客户提供稳定的对冲产品和流动性。高盛能够以优惠的价格在全球采购商品，并安排将其运送给需求客户。在许多情况下，为达到客户目标，高盛会同时在多个客户间进行关联商品的实物和金融交易。

高盛不仅可以作为中介人提供大宗商品金融和实物交易解决方案，凭借其自身经营优势，高盛还可以提供风险评估、资产管理、金融工具及交易咨询等一系列配套服务，满足客户价值增值需求。

（4）利用现货获取信息优势，介入大宗商品交易。高盛参与大宗商品市场一般是实物交易和金融交易并重的模式，而其从事的大宗商品经营业务则既包括向客户提供附加值的自有交易形式，如结构性融资、做市、含权贸易、基差互换等，又包含基于对市场的判断，利用自有资金参与商品市场价格波动的自营交易。

高盛介入大宗商品的目的，首先在于将融资和价格管理类产品融入商品现货。一方面，商品实物交易丰富了其产品供给和客户来源，有助于高盛满足前文所述多类型客户的融资、风险对冲、投资等多种需求；另一方面，高盛瞄准了少部分投资者为获得某些大宗商品价格变动的收益而投资于商品经营公司或公司股票及挂钩指数的需求。其次，持有并控制实物大宗商品资产便于投行研究产业盈利点，在了解并丰富产业信息的过程中获得竞争优势，从而为自营业务和金融服务提供附加价值。

以高盛参与金属铀市场为例。高盛于2009年收购了铀市场中长期领先的企业"Nufcor International"公司，开始金属铀的实物和金融交易。高盛对Nufcor的收购，使其深入了解了金属铀实物库存及金融交易方式，同时获得了大量有关铀市场极具商业价值的非公开信息。与证券法不同的是，美国的商品法并未禁止交易者使用非公开信息。而且，尽管CME集团已经上市了金属铀相关（其化合物U_3O_8）的期货合约，但由于金属铀价格波动大、市场参与者较少，期货交易并不活跃，通过远期合约出售实物供应，成为对冲金属铀实物头寸的重要手段。因此，这些非公开信息和数据为高盛提供了有利的市场情报。高盛靠收购Nufcor，获得了有关数百万磅金属铀运输时间、地点和性质的信息，以及6个主要铀存储设施和加工中心的调度及运营信息。利用与公共事业和市场运输有关的信息，高盛员工可以用来做空或做多期货及远期交易，对铀价格进行投机，从而使其在实物和金融市场上获益。由于高盛对铀的实际交付量和交付时间做出决策的能力增强，高盛不仅能在规模小、波动大的铀市场获利，而且对其在电力市场的交易活动有积极影响。也正是因为如此，美国议会甚至质疑高盛及其他银行控股公司是否因为控制实物商品市场进行了市场操纵。但总体来看，收购Nufcor后，高盛便广泛参与铀的交易活动，包括买卖实物

U_3O_8、UF_6 现货、远期合约及期权,参与金属铀期货交易,提供生产服务信贷。高盛还拥有数十万磅的实物铀,成为核电站等公用事业的供应商。在投资收购后的3年内,高盛将 Nufcor 的铀交易量增加了10倍,从每年约130万英镑增至1 300万英镑;其长期合作进行铀供应的核电厂也从两家增至9家,高盛存储的铀本身价值也由2008年的9 000万美元增长到2013年超过2.4亿美元,这些都为高盛带来了巨额收入。

与此同时,高盛在大宗商品业务经营与拓展方面的内在优势,也为其介入大宗商品现货市场提供了便利。首先,由于高盛作为综合金融机构,可以从下设银行获得低利率贷款,相比非银行机构可以更好地控制信贷成本,进行资本投资。其次,高盛自2008年转型为银行控股公司后,其参与大宗商品业务的资本要求降低。对于一般公司参与油气业务,美联储要求其资本比例须不低于42%,以覆盖可能的经济损失,而对银行控股公司及其子公司的要求则平均为8%—10%。此外,高盛作为银行控股公司,获得了可以进行实物大宗商品交易的豁免,因而可以参与受高度监管(如金属铀)的交易活动。

总体而言,高盛通过资产投资,持有并掌握大宗商品实物资产,介入现货市场获得信息优势,以此为契机可以拓展其融资服务和风险管理的范畴。而在此基础上,高盛还收购并布局了仓储物流业务,一方面为自有交易的实物交割、融资、价格管理等服务提供平台支持,另一方面完善垂直产业链,拓展投行自营业务盈利的环节。

(5)全面供给金融产品和服务,收入来源广泛。高盛是全球少数几家能够提供全面金融产品服务的公司之一。近年来,尽管包括高盛在内的各大国际投行都在不断减持大宗商品资产,削减相关业务,但高盛宣称大宗商品业务仍是其核心业务之一。2018年,高盛的营业额为366亿美元,机构客户服务业务营业额135亿美元,其中 FICC 业务收入59亿美元,占公司同期总收入的16%,是公司主要收入来源之一。

同时,高盛提供包括利率、信用、外汇、商品和权益产品的做市服务,做市业务产品线丰富,占高盛总收入的比值也相对稳定,构成高盛重要的业务收入来源。其中,商品类的做市业务涵盖原油、天然气、贵金属、农产品及相关衍生产品的服务,年收入贡献约5%。

受益于全球资本市场的发展和活跃的交易,高盛的大宗商品交易服务维持了稳定的手续费及佣金收入。此外,高盛还通过并购、资产出售、重组与拆分、财务顾问、投资管理等形式,继承传统优势业务并为公司贡献业绩(见表13)。

表 13　　　　　　　　　　　　　高盛商业模式

主要合作伙伴	核心业务	价值主张	客户关系	客户细分
• 生产商 • 消费者 • 工业用户 • 央行 • 国有企业 • 公用事业 • 养老基金 • 财富管理公司 • 其他金融机构	• 融资与放贷 • 风险对冲 • 投资 • 提供流动性 • 风险评估 • 资产管理 • 金融交易 • 财务顾问及咨询 • 机构客户服务	• 高盛是做市商 • 金融领域的专家 • 向大量、多样的客户提供广泛的金融服务 • 全球性投资银行 • 投资管理 • 证券及包括资产管理在内的其他金融服务 • 收购、并购咨询 • 主经纪商业务 • 证券承销业务 • 私募股权基金	• 专业和知识 • 自动化 • 社群用户 • 信任 • 安全 • 信誉 • 便捷 • 共创	• 生产商 • 消费者 • 投资者
	关键资源		**渠道**	
	• 全球经营网络 • 技术诀窍与专长 • 合作伙伴 • 信息技术平台 • 34 400 名员工 • 机构客户服务占公司总收入的26% • 金融科技初创公司 Honest Dollar（由美国企业 Whurley 推出的电子退休储蓄工具，专注于帮助小企业员工和个体经营工作者获得可负担的退休储蓄计划） • 宏观经济洞察力		• 专业化顾问团队 • 账户管理 • 交易员和经纪人 • 高盛研究报告 • 网站 • 播客 • 推特	

成本构成	◆ 收入来源
• 营业网点 • 总部及其他主要办公场所 • 员工报酬 • 金融活动佣金 • 信息技术（IT）平台 • 税收	• 大宗商品 • 做市收入 • 服务佣金 • 投资回报 • 咨询服务 • 资产管理 • 投资管理 • 共同基金

资料来源：郑商所研究所。

(二) 嘉能可

嘉能可集团（Glencore International Plc）是一家全球性的大宗商品开发商与贸易商，由于在全球大宗商品交易中影响力巨大，被誉为大宗商品领域的高盛。嘉能可的前身是于 1974 年成立的马克·里奇国际公司（Marc Rich & Co. AG），由美国石油贸易商人马克·里奇（Marc Rich）创办，公司于 1994 年正式更名为嘉能可。嘉能可在全球范围内从事营销活动和行业活动，核心业务分为金属矿产、能源产品及农产品三类。

1. 嘉能可大宗商品业务发展历程

（1）由专业贸易商向多元化开发运营商过渡（1974—1993 年）。20 世纪 70 年代，马克·里奇创立马克·里奇国际公司前，曾效力于当时最大的石油贸易商菲利普兄弟公司（后更名为菲布罗公司）。当时，原油交易都由 7 家石油巨头[①]控制，市场上的原油已经提前几个月甚至几年按固定价格预定，造成短期需求形成大量缺口。在这种背景下，马克·里奇及其搭档依靠良好的政府关系，秘密建设原油运输管道，将中东原油出口，开辟了石油现货市场，使得菲利普兄弟公司成为国际市场重要的原油供应商。

马克·里奇因薪酬纠纷离开原公司后，筹措 200 万美元贷款并获得合伙人 100 万美元现金投资，成立了马克·里奇国际公司，将公司总部设立在瑞士的低税区，并从前雇主那里挖走了许多人才和大宗商品客户。因此，公司最初创立时，经营业务沿袭了菲利普兄弟公司的主要业务，进行黑色金属、有色金属、原油以及矿物的实物销售。在这一阶段，公司专注于实物营销，是市场上的专业化贸易商。

1981 年，马克·里奇国际公司突破原有的业务格局，收购了荷兰一家名为 Granaria 的谷物交易公司，为建立农产品业务部门打下基础，逐步向多元化业务结构发展。马克·里奇利用过往积累的关系和资源，将公司的原油现货业务和其他大宗商品业务相结合，在非常规国家和地区，通过石油、金属、谷物、蔗糖的商品交换与贸易，积累了大量的资金。

同时，公司不满足于单纯的商品贸易，开始收购上游矿产，依靠控制原料供给影响大宗商品的价格。1987 年，马克·里奇国际公司分别收购了一处位于美国的冶炼厂和一处位于秘鲁的矿产，帮助公司打开美洲市场，开始从金属矿产、原油领域的单纯贸易商，向发展垂直整合业务的开发运营商转变。

1990 年，公司入股斯特拉塔公司（嘉能可重要的合作伙伴，当时名为 Sudelek-

---

① 即海湾石油公司、新泽西标准石油公司、美孚石油公司、雪佛龙石油公司、德士古公司、英国石油公司和荷兰皇家壳牌公司。

tra AG，后更名为 Xstrata 公司）。同前者最初专注金属贸易不同，斯特拉塔公司拥有很多世界级储量的矿山，主要从事煤炭和多种主要金属的生产工作。马克·里奇国际公司借助收购获得的部分权益，控制上游矿山资源，进行垂直产业链的整合，向多元化的生产结构过渡。

（2）以兼并收购为手段，构建纵向一体化发展模式（1994—2010 年）。1993 年，由于对锌价格的操纵失败，创始人马克·里奇不得不承诺逐步出让公司股份，由管理层进行收购。1994 年 11 月，马克·里奇从行政委员会卸任，公司正式更名为嘉能可。虽然彼时马克·里奇建立的商品帝国已经实力不俗，但公司作为贸易企业，始终需要依靠信贷资金链维持正常运营，负债率居高不下。公司合伙人和管理层的收购行为，为嘉能可注入了新的资金，公司得以谋求更大发展。

更名后的嘉能可开启了业务拓展的新局面，后续几年中嘉能可通过兼并收购新资产，提升了在煤炭、锌、铜和黄金等领域的话语权，逐步构建起大宗商品纵向一体化的发展模式。1995 年，嘉能可在南美哥伦比亚收购 Prodeco 煤矿，成为哥伦比亚排名前列的动力煤生产商；1997 年从哈萨克斯坦政府手中收购 Kazzinc 矿业公司，从而控制了哈萨克斯坦最大的综合锌生产商；2000 年，嘉能可又在赞比亚收购了 Mopani 铜矿。

21 世纪初，商品市场经历了近 10 年的黄金增长阶段，以嘉能可为代表的大宗商品贸易企业愈发意识到，掌握大宗现货资源可以直接享受商品价格上涨的收益，因此加快了并购和整合上游资源的步伐。2008 年，在加拿大上市的刚果民主共和国加丹加（Katanga）矿产公司陷入资金流困境，嘉能可随即提供 5 亿美元融资获得其 74% 的股份，一举成为非洲最大的铜产品生产商与贸易商。

同样，嘉能可农业也通过收购兼并进行纵向一体化的积极探索。1996 年，嘉能可农业收购了阿根廷的 Oleaginosa Moreno Hermanos 油籽加工处理厂，标志着嘉能可农业公司纵向产业链扩展的开端。1999 年，其通过在乌克兰的资产收购，扩大了在欧盟和独联体的业务范围。2007 年，嘉能可农业合资收购阿根廷 Renova S. A. 生物燃料工厂，随后成为全球最大的油籽加工厂。2010 年，其又通过收购位于巴西的 Glencane Bioenergia S. A. 公司，踏足糖类加工市场，全面拓展农业经营版图。

（3）推动企业上市及国际化转型，优化产业链提升服务水平（2011 年至今）。在深度合作伙伴斯特拉塔于 2002 年在伦敦交易所上市后，嘉能可便开始筹划自己的上市计划；2008 年金融危机期间，嘉能可的 CDS 息差曾一度飙升，一旦融资成本上升导致信贷资金链断裂，嘉能可的交易活动将难以为继，因此上市融资成为嘉能可发展的必由路径。

首先，嘉能可自成立以来一直保持私有化，同高盛由私有制转为挂牌上市一样，公开上市可以为嘉能可带来永久性资本，避免因合伙人离职卷走大量资金，导致企业股本缩水的情况；其次，公开发行股票还将打消大型信贷评级机构对嘉能可集团的评级顾虑；最为重要的是，嘉能可继续通过在全球范围内的资产（包括矿场、加工厂、冶炼厂及货运港口码头等）收购，加强全球化布局并推进产业链升级，需要大量资金支持，上市后企业的资本结构更加灵活，能够帮助嘉能可继续大规模的投资并购活动。

2011年，嘉能可在伦敦交易所与香港交易所上市，集资上百亿美元。市场分析认为嘉能可并未停止全球化收购步伐，筹备上市是公司在为更大规模的并购筹集资金。

2012年，嘉能可农业收购了加拿大最大粮商Viterra农业公司；同年，又以现金1.60亿美元收购淡水河谷的欧洲锰铁合金业务。2013年，历经405天的艰难交涉，嘉能可扫清巨大障碍，完成公司史上最大的一笔收购。经美国、欧洲以及中国商务部等相关组织批准，嘉能可与斯特拉塔公司通过换股正式合并为嘉能可斯特拉塔集团。嘉能可因此一跃成为世界第四大矿业生产集团、全球最大的煤炭贸易企业和铬铁生产商、最大的锌生产商、第三大铜矿开采商和第四大镍矿开采商，并于当年在约翰内斯堡证券交易所再次上市。

虽然上市将使嘉能可暴露于公众监督之下，但也为其提供了充足的资金，继续投入自然资源行业的整合当中。2017年，嘉能可完成对Mutanda公司全部股权的收购，增持Katanga公司的股份，收购了猎人谷合资公司49%的股权，并计划掌握雪弗龙公司在南非以及博兹瓦纳的中下游资产。2018年，嘉能可在巴西收购了Ale Combustiveis S. A. 石油销售公司，进一步拓展其海外的能源销售网络。

嘉能可在进行国际化扩张的基础上，开始推动企业转型，对现有的资产进行更新换代，提高生产及运营效率，同时不断调整企业的资源配置以应对市场变化。2013年，嘉能可在哥伦比亚建设的港口完工，成为当地第一个直接装货港，极大地改善了嘉能可在哥伦比亚的能源运输能力。次年，嘉能可对Mopani铜矿进行升级改造。2015年，面对国际铜商品市场价格的暴跌，嘉能可将利润率低下以及需求量降低的矿山关停，并减产价格急剧下跌的铜矿与锌矿，优化集团的产业链布局；同时减持部分嘉能可农业股票，收回成本的同时精简农业部门结构，缓解债务危机。

此外，嘉能可还利用其业务优势提供现代化、综合性服务。作为环球煤炭电子平台（Global COAL）的成员之一，嘉能可利用该平台，向170余名成员提供便捷快速的煤炭交易；同时借助自有船队的优势，为同平台的其他成员提供包括运输在内的综合服务。

2. 嘉能可商业模式分析

（1）协调商品供应链实现企业价值主张。嘉能可是全球最大的自然资源公司之一,也是一家实力雄厚的大宗商品综合交易商和做市商,从事金属矿产、能源产品、农产品的营销、生产、加工、存储和运输活动,经营活动覆盖三类业务超过90个品种的商品。为达成建立多元化自然资源企业、保持全球领先的综合性商品生产商和营销商的战略定位,嘉能可活跃于商品供应链的各个阶段,通过全球性的多元产品和经营服务,最大限度地为企业及不同股东创造价值。

其创收的方式是集产业组合多元化和垂直产业链一体化于一身,覆盖金属矿产、农产品、能源产品从开发生产到终端消费的完整供应链,依托其在行业、地理、商品、供应商及客户等方面的多元化及广泛性,通过供应链各环节的高度协调实现高效运营,并将成本控制到最低。

虽然嘉能可生产和经营的产品与一般企业并无二致,但它的商业模式却极为特殊。嘉能可的成功之处在于以生产商和交易商的双重身份打通产业链,致力于充分发掘商品供应链中既存的增值及套利空间。20世纪90年代起,嘉能可发现除了通过赚取商品价差盈利以外,还可以借助大宗商品供应链,通过提供直接融资或其他供应链金融服务,换取矿业生产企业稳定的产品包销权以及优势价格,利用类似于银行供应链金融的模式盈利。得益于公司在全球范围内的信息和物流网络,嘉能可具有银行无法比拟的信息优势,更可以借助期货及衍生品工具进行风险对冲、实物交割和商品套利。

(2) 完善纵向产业链,丰富收入构成。在嘉能可的发展路径中,除去以贸易融资及物流服务换取包销权外,直接并购或入股矿业、能源或农产品生产企业,也是嘉能可扩张的主要手段。通过股权收购,嘉能可能够获得稳定的大宗商品现货来源,攫取大宗商品供应链上的利润空间,并直接影响全球大宗商品的价格。更为重要的是,进入21世纪,新兴市场国家大宗商品需求高涨,大宗商品价格持续上扬,嘉能可对大宗商品生产商的股权投资,本身就可以获得极高的收益。在这一点上,高盛通过资产收购在大宗商品领域获得高额收益的方式,实际上和嘉能可是相同的。

嘉能可作为商品贸易上的"霸主",其在金属矿产、能源和农副产品三个行业中的垂直完善度均非常高。公司将其所涉业务划分为5个环节:(1) 勘探、收购与开发;(2) 开采与生产;(3) 加工与提炼;(4) 混合与优化;(5) 存储与运输。综合拥有5个环节的业务使得嘉能可成为集"生产商""加工商""营销商"为一体的公司。其综合、完善的纵向产业链,一方面保证其在任意一个环节有能力向客户提供产品,实现获利;另一方面为嘉能可创造了向第三方提供加工、存储与运输等综合性服务的机会,并可以从中收取费用。嘉能可在有效沟通上下游商品买卖的过程中,也在供应商、客户和企业间实现了利益共享。此外,嘉能可还从市场上购买各种金属回收物,包括废旧汽车与电池等,从中提取铜、锌、镍以及钴等嘉能可有能力进行再生产的金属产品,更丰富了其收入构成。

2018年，嘉能可的全球性商业经营涉及150余个国家和地区，年营业额达到2 197亿美元，是全球大宗商品领域名副其实的"巨无霸"。

（3）获取关键资源，提升企业核心能力。为达成可持续采购全球各行业每天所需的基本原料，并向世界各地客户供应的企业愿景，嘉能可通过投资并购、完善全球市场体系、建设物流网络的方式，掌握原材料、物流、供应商、人才等关键性资源，并运用复合性套利策略获取利润回报，构建了独特的商业模式。

投资并购：在嘉能可的运营环节中，投资并购一直是其扩张的重要手段。它借助有效的资本运作与投资，横向拓展企业经营商品种类，扩大企业规模；纵向掌控上游资源和下游渠道，实现规模经济。目前嘉能可已通过投资并购在全球范围内掌握了150余处矿业及金属冶炼资产，并持有包括油类生产在内的35处农业生产加工及精加工厂，在快速扩张中不断巩固其市场地位。

完善全球体系：在美洲、欧洲、亚洲、非洲及中东地区等重要的自然资源生产和消费市场，嘉能可已经在其中的50余个国家拥有超过90个办公场所，建立起全球办事处网络。通过完善其全球办事体系，嘉能可能够在不同地区获得广泛的市场采购和销售渠道，掌握上下游稳定的供应商和客户群，丰富商品营销和渠道建设经验，使得其在全球大宗商品交易中占据极大的市场份额。2018年，嘉能可与其合作的第三方生产商共出产了145万吨铜，销售量达到450万吨；锌矿年产量100万吨，销售量320万吨；镍矿、锂矿、钴矿年产量分别为12万吨、27万吨和4万吨。此外，嘉能可2018年全年售出9 400万吨动力煤、4 320万吨谷物产品和3 110万吨油籽产品，深刻影响着大宗商品的全球供给和价格走势。

建设物流网络：为了能够及时响应全球客户需求，嘉能可在目标市场控制众多的航运港口和产品仓库。其目前拥有超过1 000艘邮轮，进行全球范围内的货物运输，并控制了全球超过270处仓库与装卸设备、23处运输港口。强大的物流体系支撑了嘉能可多渠道的业务需求，可及时为客户提供相对廉价和紧缺的资源产品。

实施套利策略：由于嘉能可业务广泛，市场分散，不同地区、不同时间的商品价格往往波动较大。嘉能可利用其跨区域和跨行业的分析及广泛的市场信息，寻找跨区域、跨时间、跨产品的套利机遇，获取利润回报。首先，通过其全球联网的办公室对比不同地区商品市场价格的差异，嘉能可能够实现不同区域间的低买高卖操作，且依托其全球市场网络在客户的要求范围内完成实物交割。其次，嘉能可利用大宗商品不易变质、容易存储的特性，等待最佳的出售时间，实现跨时间套利。最后，嘉能可完善的产业链保障了其在任何一个环节均有对产品的加工能力，因此可以选择合适的供应合同，控制加工成本，通过加工后产品与加工前产品的价差完成套利。

（4）建立稳固、长期的合作伙伴关系。嘉能可的客户遍布全球，广泛活跃于各个行业,包括石油、钢铁和食品的生产、成品及半成品加工、贸易企业,以及汽车厂商和发电厂等。

　　嘉能可所提供的资源和服务一部分源于企业掌握的核心资源和行业生产,其余则是对第三方生产商品的合理变现。为此,嘉能可通过与经验丰富的当地合伙人合作,同地方组织和国家政府培养良好的工作关系;同时,嘉能可为其供应商和客户安排融资活动,并向商品生产商、贸易商、承包商和消费者提供存储、航运、物流、营销及风险管理服务,借助优质的增值服务确立企业竞争优势,维护了与投资者、供应商和客户稳固的合作伙伴关系和长期往来(见表14)。

表14　　　　　　　　　　　嘉能可商业模式

主要合作伙伴	核心业务	价值主张	客户关系	客户细分
• 投资者 • 政府部门 • 其他矿业公司协会 • 开采技术公司 • 贸易商 • 承包商 • 第三方生产商	• 金属和矿产(探测、开采、精炼、贸易、仓储、物流) • 能源产品 • 农业产品	• 嘉能可是领先的综合商品生产商和贸易商 • 以环境友好型工业手段开采自然资源 • 是全球第三大家族企业 • 全球领先的商品综合生产商和做市商之一	• 简单 • 负责 • 开放 • 长期合约 • 依靠综合模型 • 让利 • 转移成本 • 合作关系 • 协同 • 透明、共赢	• 钢铁生产和食品加工企业 • 成品和半成品商品加工企业 • 贸易商 • 汽车企业 • 发电厂
	关键资源		渠道	
	• 150余个矿业及金属冶炼资产 • 油类生产和农业资产 • 在50余个国家拥有超过90个办公场所 • 物流网络 • 技术诀窍 • 供应协议 • 员工和承包商 • 特殊商业模式整合(围绕商品链的多元产品、活动和节点) • 安全性		• 遍布全球的项目团队 • 邮件系统 • 公司办公地 • 网站 • 社交媒体	

续表

成本构成	◆ 收入来源
• 政府支出 • 资本投资（哥伦比亚、厄瓜多尔、赞比亚、刚果共和国） • 开采和运输成本 • 环境补偿计划 • 土地版税 • 专利和授权 • 雇员 • 承包商 • 设备 • 基础设施 • 税收	• B2B、B2C 销售 • 基于合同供应 • 原油销售 • 农产品业务（谷物、油籽产品、糖、豆类及棉花）

资料来源：郑商所研究所。

（三）路易达孚

路易达孚集团是全球四大粮商之一，成立于1851年，拥有160多年的发展历史。作为全球大宗商品贸易及农产品加工等行业领导者之一，路易达孚在全球主要粮食产地和交易地都设立机构，在50多个国家设立分公司，业务遍及100余个国家，全球范围内种植、加工并运输的商品达8 100万吨，占全球农产品贸易1/10的市场份额。目前，路易达孚集团在全世界范围内从事谷物、油料、油脂、饲料、大米、肉食、糖类、咖啡、天然及人造纤维、电力、天然气、石油及石油产品的贸易以及政府债券和金融证券业务等多元化业务，2018年集团净收入达到365亿美元，净利润为3.55亿美元。

1. 路易达孚大宗商品业务发展历程

（1）迅速发展与危机重建阶段（1851—1969年）。19世纪的工业革命推动了粮食贸易的大发展。1851年，路易达孚公司从法国起家并开始从事谷物贸易，利用法国、瑞士边境的谷物价格差异赚取了第一桶金。随后，将业务向欧洲其他地区拓展。

19世纪海上航运快速发展，欧洲凭借经济发展的需要和独特的地理条件，通过提供集散存储地、运输工具和口岸转运工具及贸易渠道，发挥了商品集散的功能。路易达孚在这样的条件下发展起串联欧洲各国的粮食贸易。1864年路易达孚将总部移至苏黎世，在欧洲从事大规模跨境粮食贸易。

19世纪末，英国成为世界最大的农产品出口国，而俄国是全球最大的小麦生产国和出口国。路易达孚借俄国向南开阔的契机,将业务重心放在黑海上的重要出口港口敖德萨,从而顺利将商业网络伸展到汉堡、不来梅、柏林、曼海姆、杜伊斯堡和巴黎等地。这一时期,路易达孚便开始率先在期货市场利用和现货数量等同的谷物期货合约,锁定价格风险。持续稳定的收益保障了路易达孚现货贸易的顺利开展。

1906年,路易达孚在整个欧洲、美洲、阿尔及利亚、南非、印度、中国、澳大利亚、沙俄都设立了办事处,贸易遍布全球。而后,由于俄国十月革命及第一次世界大战对谷物贸易的冲击,路易达孚将业务向北美、南美、东南亚和大洋洲转移,依靠自身谷物贸易的经验和渠道,参与到协约国从美国粮食进口的贸易中。有利的外界环境、初期谷物贸易的成功经验以及关系网络的建立,使路易达孚在地域上和利润上都取得了很大的成绩,最终成为世纪的谷物贸易领先者。

但是,随着20世纪30年代的经济大萧条、第二次世界大战爆发以及政府干预农业政策的出台,粮食业重新洗牌。复杂多变的外部环境给路易达孚的发展带来众多挑战。路易达孚通过建设和管理仓储设施为其全球谷物贸易提供支撑,同时更加注重依靠船运业巩固物流优势,提高运转效率,最终依靠自身遍布全球的谷物贸易网络渡过了难关,在危机中得以继续发展。

(2) 全面多元化发展阶段(1970年至今)。20世纪60年代以后,世界多极化格局凸显,全球粮食产业经营环境也发生了根本性变化。1969年,路易达孚集团将其贸易定位于"获得全球商品市场套利机会",并从两个方面实现战略的"二次定位"。

一是延续传统谷物贸易优势,充分攫取全球化时代谷物贸易的利润。世界各地区之间的粮食占有不平衡性进一步加剧,北美替代南美洲成为世界主要的谷物供应地区,欧洲粮食出口量也逐步上升,亚非拉成为粮食净进口地区。因此,路易达孚迅速调整布局,开始涉足美国、加拿大的出口市场,并积极扩展亚洲市场,攫取全球化时代谷物贸易的利润。

二是实行多元化战略,打造"谷物贸易+金融+物流"一体化平台。在大宗商品贸易方面,路易达孚实施相关多元化战略,延续集团传统业务优势,不仅在地域上实现进一步扩张,而且业务范围扩展到更多产品。20世纪90年代,亚洲国家因人口众多,市场需求巨大,呈现出极大的市场潜力和良好的发展机遇。路易达孚于2005年在北京成立公司,成为中国首家农业领域的外商独资公司,目前每年参与中国大豆约1/5进口总额。

在非相关多元化方面,路易达孚横向延伸企业价值链,进军房地产、电力、通讯、石油、天然气等领域。1990年纽约商品期货交易所(NYMEX)推出美国天然气期货合约后,路易达孚便开始在美国俄克拉荷马周展开一系列天然气田收购,收购气田掌握的天然气现货资源,都会在期货市场进行相对应的头寸交易,锁定天然气未来的销售价格。

同时,路易达孚进一步利用金融市场,依靠多元化转型大放异彩。2007年,路易达孚看重南美地区农业发展的巨大潜力,投资于巴西和阿根廷的农耕地收购、运营和销售等,巩固南美的原材料优势。2008年,路易达孚成立Alpha对冲基金,通过资产运营,为客户提供谷物、油籽、白糖、咖啡和可可等农产品的交易机会。

2. 路易达孚商业模式分析

(1) 完整的产业链经营,满足市场需要。路易达孚公司在发展过程中逐步构建了一条完整的农产品产业链,基本上控制了"从农场到餐桌"农业产业链的所有环节,并且在各个环节都取得了优势地位。

在上游,路易达孚充当农业原材料供应商。路易达孚不仅掌握了世界各地优质的农业原料资源,包括棉花、小麦、玉米等,而且控制了农业生产资料的供应,比如种子、化肥等。自有经营产出与外来采购相结合,为路易达孚带来稳定的原料供应,既成就其农产品全球贸易商的地位,又能保证中游农产品的加工。

在中游,路易达孚充当了粮食加工商。路易达孚目前在全球共经营65个加工基地,包括榨油厂、果汁厂以及咖啡加工厂等。加工厂的建立,巩固了从农场到餐桌的中间环节,便于共享全产业链优势,既能消化部分贸易农产品,又能提供更符合市场需求的产品。

在下游,路易达孚充当农产品的贸易商。路易达孚控制商品流通和销售渠道,直接接触消费者,掌握第一手的市场信息,来更好地指导和安排生产。根据客户订单,生产定制化产品与批量产品,以更好地满足客户个性生产消费需要,增强客户黏性。

(2) 强大的仓储物流服务,便利全球交易。路易达孚拥有发达而成熟的物流体系(尤其是海运系统),可以面向全球提供从农场到工厂再到销售终端的服务。路易达孚的物流网络为农产品贸易与仓储服务,多以自建为主,主要集中在各地大宗商品进出港口附近,以地区大型仓库为核心,承担着"生产地—仓库—加工地—市场"整个实物流动环节的运输任务。路易达孚对仓储和物流系统的控制,缩短了其从发现交易机会到物流确定和执行交易的时间差,极大地提升了交易效率;通过掌握港口、仓储等环节的贸易往来数据,及时了解全球市场动态,为期货套利交易提供信息。一旦找到可盈利的谷物和油籽交易,可以及时通过自营的进出口设施确定物流和以最佳的市场价格执行交易。强大的仓储物流服务为路易达孚横向多元化以及纵向价值链整合起了重要的推动作用。

(3) 坚持期现一体化经营,对冲风险。路易达孚是利用期货市场对冲风险的开创者。1883年英国利物浦谷物交易协会成立,允许开展谷物期货交易。和当时大多数谷物贸易商一样,路易达孚从俄国黑海地区进口谷物到利物浦港口。路易达孚率先在期货市场卖出和现货同样数量的谷物期货合约以锁定销售价格风险。稳定的利润使得路易达孚敢于开展大规模的现货贸易,并在短时间内迅速扩张,成为19世纪谷物贸易的领先者。20世纪70年代,路易达孚开始横向多元化发展,将谷物贸易的期现一体化理念和模式复制到其他商品领域,包括棉花、大豆、石油和天然气等。为了控制风险,路易达孚只选择交易有期货合约的商品品种,尤其是风险对冲活动并不十分活跃或者是期货合约刚刚上市的品种。因为不成熟的市场往往存在比较好的无风险套利机会,带来更高的利润。

在日常经营过程中,路易达孚集团运用风险对冲工具中涉及未来结算的各种衍生金融工具,包括期货、期权、远期购买和销售协议,以及在受监管的交易所或在场外交易市场(OTC)执行的期权合约。路易达孚以期货与现货相结合的商业模式为核心,在发展过程中从不盲目地做大做强,而是发挥善于利用期货市场的优势,在最佳时点拓展新业务并实现新业务和传统业务的高度协同效应。路易达孚利用期货市场,采用国际市场通行的基差点价交易方式,通过在全球范围内的多个期货市场进行跨市操作,同时利用现货市场进行配合,最终实现在期货和现货两个市场的双重收益。涉及品种基本涵盖了市场上主要农产品。

(4)以风险控制为基础的经营模式。在开展大宗商品贸易时,路易达孚追求的是稳定的利润而不是暴利,公司利用期货等金融衍生品的目的,自始至终就是为了锁定风险而赚取稳健、合理的企业利润,而不是赚取额外的高利润。因此路易达孚对风险控制的要求极为严格。160多年以来,路易达孚始终把风险管理作为企业的核心竞争力,建立了以风险控制为基础的经营方式。路易达孚将全面风险管理思想贯彻于所有业务活动,建立了完善的风险管理制度。

例如,明确定义公司整体风险的上限,然后将风险分摊到公司的各业务部门,并要求各个部门在各自规定的风险范围内开展业务;各业务部门设有专门的岗位明确负责对该部门业务风险的监测、记录和报告。路易达孚成立独立的风险管理委员会和风险管理部门,每日审查和监控各类风险,确保风险在可控范围之内,一旦风险溢出,相关业务部门要配合风险管理部门调整交易仓位和对冲风险;在决策、授权、交易等操作程序上规范运作,发挥各级操作者的主观能动性,确保各个岗位之间的相互协调和制约。

又如,路易达孚在风控过程中广泛使用压力测试、情境分析和风险敞口等分析方法,并结合 VaR 值对风险进行综合评估。路易达孚的风险管理部门建立了全自动化的风险监控平台,使风险定量和汇报做到自动化和流程化,达到及时发现风险和规避风险的目的。风险监控平台每日定时装载外部数据,包括期货市场历史价格和波动率、实时交易仓位、风险阈值等。监控平台自动整理和分析数据、计算风险值、生成每日风险报告发送到风险管理委员会和各业务部门。风险管理部门通过风险报告发现可疑的风险点,就此与业务部门负责人沟通并提出风险对冲策略,以确保风险水平在公司规定范围之内。

(5)稳定的合作关系与利益共享模式。路易达孚全产业链利益在农民、客户、同业以及社会利益相关者之间形成了共享机制。对于农民，路易达孚不仅仅向农民销售化肥种子，路易达孚基金还会为个体农户提供贷款与技术辅助服务。对于客户，遍及全球的分支机构能保证路易达孚第一时间为客户提供完善的市场贸易信息服务和管理咨询服务。对于同业，路易达孚商品事业部与其他大型粮食贸易公司和加工企业进行广泛的信息交流和业务往来，与各国粮食行业协会也存在深入的合作。在企业承担社会责任方面，路易达孚森林资源集团在环境与节约资源方面做出了很大贡献。通过建立稳定的合作关系与利益共享模式，路易达孚实现了与主要合作伙伴在核心业务活动上长期稳定的合作关系，最终进一步促进了自身的发展壮大（见表15）。

表 15　　　　　　　　　　　　　路易达孚商业模式

主要合作伙伴	核心业务活动	价值主张	客户关系	客户细分
• 初级生产商 • 农民 • 实验室及生物科技供应商 • 监管机构 • 子公司	• 采购 • 运输 • 质量控制 • 定价 • 农业 • 食品加工 • 国际航运 • 融资 • 离岸工业活动和船运	• 将合适的产品送往适当的地点（选择恰当的时机） • 在食品价值链中实现整合 • 从农场到餐桌 • 贯穿整个价值链 • 精益价值链 • 一流的风险管理能力 • 专业商业化能力 • 多元化的资产组合，涵盖从生产到分销的完整价值链 • 全球最大的棉花和稻贸易商 • 白糖市场全球第二大参与者 • 强化信息流和技术知识的交叉应用，提供全球农业发展版图的综合视角	• 直接与农民联系，提高其生产能力 • 信任 • 安全 • 质量 • 声誉 • 基于价格 • 跨12个平台进行交付 • 牢固的共同体关系 • 多元化以降低和分散风险 • 匹配供应与需求	• 农业 • 批发商 • 贸易商
	关键资源		**渠道**	
	• 物流能力 • 技术诀窍 • 基础设施 • 平台（咖啡、棉花、乳制品、化肥及其他投入物、融资、船运、谷物、果汁、金属、油籽、稻、糖） • 全球有超过21 000名雇员 • 活跃于100多个国家 • 分属90多种国籍，彰显文化多样性 • 约占全球农产品贸易流通总量的10% • 丰富的商品组合		• 专业的销售团队 • 账户管理 • 全球网站 • 社交媒体 • 国家网站 • 分销网络	

续表

成本构成	◆ 收入来源
• 原材料 • 种子 • 化肥 • 生物技术产品 • 机器 • 运输 • 设备 • 雇员 • 税收 • 农民报偿 • 航运 • 分销 • 确保在各类商品上运用资源的规模效益 • 规模经济	• 商品销售 • 基于合同完成生产 • 化肥

资料来源：郑商所研究所。

（四）安然

安然公司（Enron Corporation），原本是全球最大的综合性天然气和电力公司之一，是美国最大的能源批发做市商和交易商。其前身是成立于1930年的美国天然气管道公司——北方内陆天然气公司（Inter North Inc.）。1985年，美国休斯敦天然气公司（Houston Natural Gas Corporation，HNG）和北方内陆天然气公司合并成立安然公司，从事天然气采购、运输和销售等传统业务。经历近15年的发展，安然公司逐渐由天然气管道公司、天然气和电力供应商过渡到能源批发做市商，最后发展为全球领先的电子商务交易商。

1. 安然大宗商品业务发展历程

（1）从北方内陆天然气公司创立到合并成立安然（1930—1985年）。在北方内陆天然气公司创立的前30年，其业务主要集中在天然气的交易与运输，从19世纪60年代开始，经营范围扩大到石油、天然气的开采以及石油化工产品的生产。截至1984年底，北方内陆天然气公司拥有约35 000英里天然气输气管道、61亿美元总资产、10 551名雇员和75亿美元利润。同年，HNG公司拥有14 000英里天然气管道、3 100名雇员和39亿美元总资产。[①] 1985年，北方内陆天然气公司并购HNG公

---

① 资料来源：美国政府出版办公室。

司，促成了公司转型，最终成为全球化的能源产品供应商和交易商。合并后的安然公司在能源领域内的优势地位（对能源行业的影响力、掌握和对价格变动等信息的掌握等）为下一阶段向做市商转型和探索天然气市场的创新模式做了充足的准备。合并后的公司业务主要集中在以下四个方面：（1）通过其管道网络收集和输送天然气；（2）天然气和原油的开采和生产；（3）原油、天然气和石油制品的生产和交易；（4）制造和销售聚乙烯树脂和塑料及相关产品（截至与HNG合并之时，北方天然气公司是世界第八大聚乙烯树脂生产商）。

合并后的安然公司能够在短时间内实现业务突破，离不开背后企业家的推动。创造了安然神话的领袖人物肯尼斯·雷（Kenneth Lay），原任休斯敦天然气公司的首席执行官（CEO），他主导了公司被实力更强的北方内陆天然气公司收购，并成为安然公司首任董事长兼CEO。从商之前，他曾在政府部门担任要职，管理能源事务。[①] 得益于肯尼斯·雷的政治影响力，安然在他的带领下经历了数次跨越式发展，实现经营模式的转变、核心业务的拓展并进军电子商务领域。但与此同时，其崇尚以盈利为唯一目标的激进交易文化，最终也将安然拖入了深渊。

（2）由天然气公司向更多元化的能源公司转型（1986—1995年）。在美国天然气市场的早期发展中，管道公司兼具买方、卖方的双重身份，居于行业垄断地位。美国政府为防止管道公司滥用市场力量，自1938年开始针对州际管道制定管输费率，并对州际管道建设实行市场准入管理，同时对天然气的流量流向采取从生产商到终端用户的点对点调节，管道公司只能从固定的气田购买天然气售往固定的终端（行业模式见图10）。

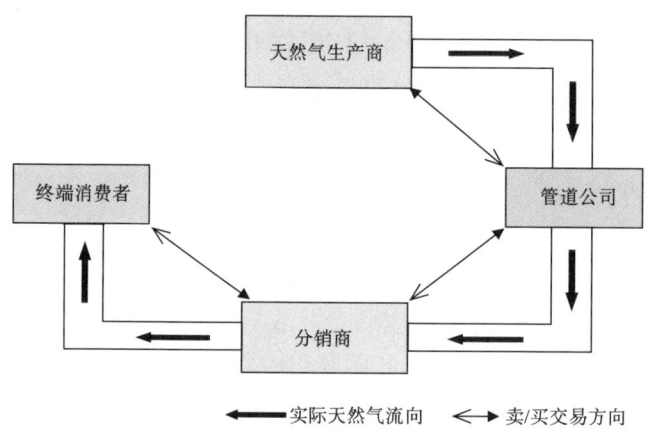

图10 管制中的天然气行业运营模式

资料来源：郑商所研究所。

[①] 肯尼斯·雷曾在联邦能源监督管理委员会（Federal Energy Regulatory Commission，FERC）的前身——华盛顿联邦电力委员会（Federal Power Commission）任职，后又被任命为内政部（Department of the Interior）副部长。参见杰瑞·马克汉姆（Jerry W. Markham）所著《美国金融史（第四卷）》第二章。

但这一时期，政府管制不涉及天然气生产商，因此生产商向管道公司收取的高昂销售价格（井口价），仍旧直接转嫁给终端用户。1954 年起，政府将天然气井口价格也纳入管控，进一步保护消费者免受市场垄断价格的侵害。然而，低廉的天然气价格使生产商缺乏开采新气源的动力，导致美国许多城市在 20 世纪 70 年代发生了严重的天然气供应短缺，阻碍了天然气产业的发展。

1978 年，美国联邦能源管理委员会（FERC）逐渐放松了对天然气的价格管制，鼓励天然气生产商开采气源，生产商开始掌握自由定价权，天然气价格上涨。很多管道公司由于担心天然气价格再次上涨或供应量不足，被迫以固定高价与天然气生产公司签订了"照付不议"（Take–or–Pay）①的长期供货合约。20 世纪 80 年代中期，美国原油和燃料油价格的下跌导致高价的天然气需求剧降，消费者实际需求明显低于管道公司"照付不议"合同签订的数量，管道公司面临经营困境。

为此，肯尼斯·雷积极游说政府部门放松市场管制，使管道公司不必局限于特定的气源和用户。FERC 于 1985 年和 1992 年分别通过了 436 号法令和 636 号法令，规定管道公司不再持有运输的全部天然气，且必须将输送服务和销售强制分开，用户可以同生产商直接议价，自由选择天然气销售商以及管道公司。新法令的颁布为天然气供应引入市场竞争机制，管道公司从传统的中间商变成单一的输送媒介，天然气交易中出现新的市场参与者（如销售企业、经纪商、采购商等）和新的风险管理工具（行业模式见图 11）。

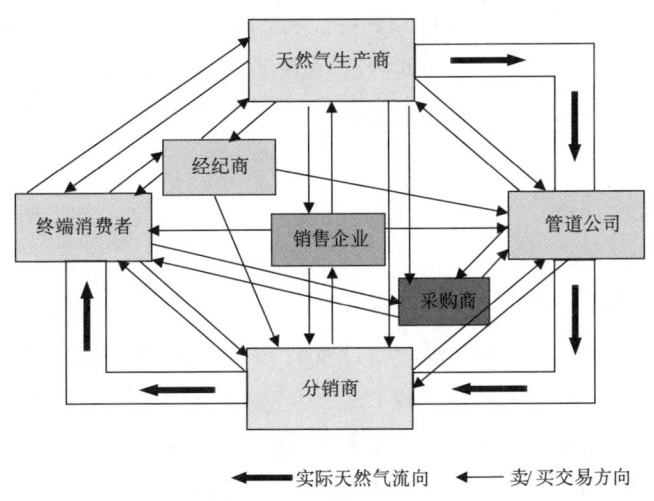

图 11　解除管制后天然气行业运营模式

资料来源：郑商所研究所。

---

① 照付不议：是天然气供应的国际惯例和规则，就是指在市场变化情况下，付费不得变更。典型的照付不议合同条款相对严格，且通常期限较长（15 年以上）。无论买方是否接收了合同规定的天然气数量，都必须支付合同中的固定价格，少接收的气量可留待次年提补。

放松监管政策的出台对美国天然气市场的发展有深远影响,从根本上改变了美国天然气产业的结构和交易方式。天然气市场业务模式与行业结构的改变,使得天然气交易更加灵活,合同期限大幅缩短,由过去20年期的固定价格合约到逐渐出现3天期的天然气合约,最终消费者和生产商之间的现买现卖交易很快就占据了天然气交易方式的主流。

虽然现货交易对天然气经济有利,但能源市场竞争加剧却使管道公司的利润骤减;同时,与长期批发合同交易方式相比,现货交易中的需求变化(如天气原因)会引起天然气价格和需求量的剧烈波动,也给生产公司的组织勘探和生产以及消费者提前安排消费支出带来了很大不便。为进一步满足需求,优化资源配置,安然公司成立了"天然气银行"集合并平衡天然气供应和消费者需求,也为公司开辟出新的盈利途径。

(3)安然公司的进一步转型(1996—2001年)。面对美国网络经济的繁荣,安然在1999年11月成立安然在线(Enron Online),利用网络电子平台替代电话和传真机。由于商品衍生品交易本身即属于信息密集行业,因此,互联网电子交易平台的应用成功地解决了柜台交易中,诸如交易透明度不足、流动性不足、交易量有限、成交效率低和人为失误难以避免等问题。

在安然在线成立之前,安然公司已经成为大宗商品场外衍生品市场的主导者,超过20%的天然气和电力的场外交易均通过安然公司成交,即安然充当了大部分交易的买卖方。安然在线成立后,电子平台交易因方便快捷、提供实时报价迅速得到客户的青睐,公司对于合约的管理能力也得到加强。2000年第一季度,安然在线的交易量已经超过公司全部商业部门交易量的一半。

2. 安然商业模式分析

(1)"天然气银行"模式(1986—1995年)。

①"天然气银行"商业模式。1989年,肯尼斯·雷自觉在公司业务上遭遇瓶颈,转而求助专业咨询公司麦肯锡,时任麦肯锡公司高级合伙人的杰弗里·斯基林(Jeffry Skilling)成为主导安然业务模式变革的关键人物。

斯基林大胆地提出了一种全新的商业模式构想——天然气银行(Gasbank),将期货市场的对冲机制和金融工具引入传统的天然气市场,平衡市场上资源的供需配置,彻底重塑了天然气行业的生产和消费模式。

在天然气银行商业模式运行初期,安然公司扮演虚拟银行的角色,依靠与生产商及消费者签订的长期合同,从生产者处购买天然气,向消费者出售天然气,并利用二者之间的价差来赚取利润。安然公司与天然气生产商和消费者分别签订不同期限不同价格的固定价格天然气合同,生产商可以获得可预见的现金流(气源)以规划远期勘探、开采等生产预算，而消费者则能够跨年度预测消费支出。

随后，安然把握天然气期货与期权交易兴起的契机，于1992年成立了安然资本公司（Enron Capital），进一步拓展天然气银行的模式。安然资本与上游供气商签订合约，获得部分天然气的所有权和长期固定价格的天然气供给。① 另一方面与下游厂商签订长达15年的固定供货合约，降低下游厂商的成本。上下游之间的价格变动风险减少，安然公司也能够从上下游厂商分享收益。安然公司的业务活动和资金往来见图12。

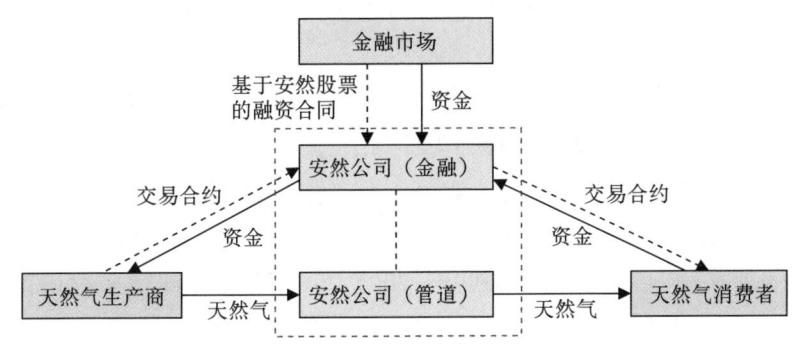

图12 安然公司"天然气银行"商业模式

资料来源：郑商所研究所。

在"天然气银行"模式中，安然实际上成为介于天然气生产方和消费方之间的桥梁，即天然气市场的"做市商"，安然可以利用其优势地位（对能源行业的影响力、对价格变动和供应信息的掌握等）提供更多的中介服务和市场流动性，对冲现金流波动的风险并获取更高额的利润。安然公司依靠这一商业模式成为天然气交易的市场开拓者，也推动了美国天然气期货和期权市场的发展。而后安然继续沿用该模式，并将其扩展到包括石油开采和运输、发电供电等能源产品与服务业中。

② "天然气银行"的风险管理。高利润意味着高风险。安然公司作为做市商，也承担了较大风险。由于同一时间节点上，天然气的买卖价格和成交数量并不完全匹配，安然持有的敞口头寸随时可能会遭受市场系统性风险。安然在实际经营中摸索出一系列手段来规避这些风险：

一是基于天然气可存储的属性，对天然气的勘探和生产进行投资，调节天然气供应量的余缺。安然利用特殊目的实体（SPE）② 为供货商提供天然气勘探和生产资

---

① 例如，1993年，安然公司向Phillips Petroleum Company购买产自北海油田（J-Block）的8 000亿立方尺的天然气。合约中约定的收购价格为每1 000立方尺3.25美元，合约的起始时间为10月1日，每天购买量为2.6亿立方尺，总计26亿美元。

② 特殊目的实体（SPE）：是指由发起人创造的为实现特殊目的或完成经营活动所设立的一个实体，主要功能在于融资和对冲风险。根据美国会计准则，SPE的发起公司可以不将其合并报表。

金支持，帮助其开展天然气生产，并以此为条件获得长期固定价格的天然气供应（体积产量支付①）。同时，安然还向濒临破产的能源企业投入资金，通过这种方式直接争取合法储备天然气能源的权利。

二是将"天然气银行"合约标准化，引入更多的天然气市场参与者，提高市场流动性，降低由于某段时间内单向交易过于集中带来的市场风险。同时，安然公司为市场上其他复制安然战略的"小做市商"提供流动性和风险管理，从而对冲一部分敞口头寸，规避市场风险并获得更高利润。

三是在各种交易合同经内部对冲后，将无法轧平的敞口头寸在天然气期货市场和期权市场进行套期保值。

由于安然是天然气市场上最大的参与者和市场流动性的主要提供者，市场上实际无法让安然的敞口头寸完全套期保值，因此，安然还必须通过对天然气实体市场进行投资和运营，以获取更多的行业竞争优势（如信息、谈判地位和价格控制能力等），降低市场风险。

（2）"安然在线"商业模式（1996—2001年）。安然在线主要提供能源产品远期合约和掉期合约的线上交易，交易品种包括天然气、电力、石油、煤炭等，此外还有金属、二氧化硫排放权、天气指数等多样性产品。安然在线实时发布合约品种、交割地区、到期日、交易数量和买卖价格等各类衍生品交易信息。遍布全球的交易商可以利用互联网，实时获取最新的买卖价格，点击买卖价格即可向安然提出交易申请，安然在线的自动化系统会立即执行交易，并提供电子版的确认信。安然在线的衍生品交易远期合约为实物交割，掉期合约为现金交割。针对有期货交易的品种，安然在线的定价采取期货价格加升贴水的方式，做到既与期货市场有效联动，又能反映区域性供需关系，实现区域性价格发现的功能。交易确认后，安然在线需要保证对合约的履行，尤其是远期合约的按时按地点交割商品。为此，安然在线充分利用公司在生产、贸易和销售领域的资源，例如，借助安然在北美最大的天然气管道系统为远期天然气交割提供运输服务。此外，安然在线每进入一个新的市场，会首先收购现货企业，包括发电厂、石油管道公司和金属贸易商等。安然在线坚持以现货为基础，保障远期实物交割，有效发挥做市商功能。

相比戴纳基公司（Dynegy Direct）和洲际交易所（ICE）等其他在线交易所，安然在线采取了"一对多"的交易模式。这种交易模式克服了市场参与者因为不了解交易对手方而延迟交易甚至放弃的问题。由于安然公司在安然在线成立前，已经

---

① 体积产量支付（Volumetric Production Payment，VPP）：这既是一个预先支付的互换，也相当于用产品支付的贷款。VPP 合同的卖方（通常是能源交易者）预先支付给 VPP 合同买方（通常是生产者）固定缴款的现值，作为交换卖方收到双方约定好的天然气和其他产品，交易通常持续 3—5 年（1993 年安然就通过基于储存的 4.13 亿美元的生产支付，获得了大约 169.5TBtu 的天然气和 930 万桶原油）。VPP 的问题之一是能源交易者要冒着生产商违约和反向价格波动的风险提前大量投资；之二是常被用作代替贷款以掩藏负债。

是大宗商品场外衍生品市场的主导者，市场参与者认同安然在行业内的影响力，因此安然在线作为安然公司做市商模式和柜台业务的延伸获得了成功。而其他在线交易平台（比如 ICE 平台），由于缺少行业内的资源和影响力，不得不采取"多对多"的模式，因此流动性并不理想。在"一对多"模式下，安然通过持续交易维持市场流动性，满足平台参与者的买卖需求，并获取交易价差。

安然在线提供公开透明、实时变化的买卖报价，保证所有交易商获得同样的市场信息，促进公平交易。同时，安然在线不收取任何交易手续费，利用电子平台为交易商降低交易成本，吸引了更多的机构参与场外衍生品交易，改善了柜台市场流动性差的问题；流动性的改善又缩小了买卖价差，其促进的交易量增长又带来更多的流动性，市场流动性的增长是一个良性循环的过程——流动性带来更多的流动性。相比于柜台交易较长的交易执行时间，安然在线自动化的流程占用时间以秒计算，不仅提高了交易效率，也大大降低了在交易执行前价格波动带来的市场风险。最后，安然在线提供的即时信息交流和在线记录大大减少了人为出错的可能。得益于安然在线的成功，2000 年安然的场外衍生品交易总量比 1999 年同期增长 43%，其中远期交易总量增长高达 60%。

安然在线在为市场提供连续报价的同时，持有大量交易头寸，造成持仓风险。安然在线采取多种交易策略控制风险，以稳定做市利润和提升报价效率。一是利用同品种的期货市场。以天然气为例，纽约商业交易所（NYMEX）天然气期货合约的交割地是路易斯安那州的亨利港。尽管安然在线上成交的天然气远期合约在其他区域交割，但其价格与期货价格紧密互动，使得反方向的期货交易可以对冲大部分市场风险。二是利用替代性品种的期货市场。例如，在市场走势一致的前提下，选择市场流动性较好的铜期货对冲其他金属品种的远期交易。三是与其他交易商交易。如果期货市场缺失，而头寸积累到一定程度，安然在线会与其他交易商进行柜台交易，以保证持仓风险可控。为控制交易对手方风险，安然在线沿用柜台交易的信用风险管理制度，一是对交易商进行信用评估并决定授信额度；二是实时监控信用风险敞口；三是如果交易商的信用风险敞口超出指定授信额度，安然在线将禁止其参与新交易，直至其调整仓位，降低风险敞口。

3. 安然破产原因

（1）企业盲目扩张投资，丧失核心竞争力。安然在天然气领域有所建树后，便将轻资产战略用于其他领域，并在煤炭、化石燃料、电力等能源市场中获得了成功。但是，安然并不满足于全美最大能源商的身份，反而走上了盲目扩张和多元化投资的道路。

一方面，安然期待在不同行业延续过去的辉煌。其先是将业务范畴从经营传统的天然气、石油开发与运输扩展到各项能源产品与服务业务,而后又开始涉猎纸浆、塑料、风力、水力、木材、宽带等领域。然而,在陌生的市场和领域中,安然丧失了信息的相对优势,其前期投资无法带来预期利润,反而变成坏账损失。例如,安然公司于20世纪90年代末投身宽带业务,铺设了上万英里的光纤电缆并购入大量额外的光纤电缆使用权,致力于建设全国性的宽带网络,创造宽带交易市场。但在宽带技术领域运用轻资产战略,确保安然运用实体市场的资源,意味着公司不仅要从竞争对手手中争夺市场份额,还要从技术发明者手中获得资产,以便其利用这些实物投资创造和发展金融市场。但在当时,安然公司实际上是在为一项基本上未经过测试的技术买单,其无法保证"新兴"带宽市场能够支撑资产价值。为此,安然付出了高昂的代价,并不得已于2000年5月开始变卖宽带资产。

另一方面,安然通过安然国际深入海外市场,试图将安然的成功在世界范围内复制。但安然国际的总裁瑞贝卡·马克(Rebecca Mark)并未坚持轻资产战略,反而依靠资本投资追求"重资产",挖掘承诺收益可观但不需要担任做市商的项目。例如,安然深入重资产投资的供水行业,在英国水务市场放松管制时,收购威塞克斯水务(Wessex Water)单笔支付了约19亿美元。但事实证明,如果仅在现货市场中销售因放松管制而价格下跌的商品,那么在放松管制的市场中扩张则毫无意义。没有做市功能,也不涉及金融交易,安然便丧失了竞争优势,仅仅是在为价格暴跌的水务市场提供商品供应,最终安然投资的威塞克斯供水计划以低于收购成本11亿美元的价格出售。与此同时,安然在印度达博尔(Dabhol)投资的燃气发电厂亏损了约40亿美元;其供水公司(Azurix公司)在阿根廷私有化水市场中遭受了重大失利。

纵观安然的发展历史,安然在能源行业保持了实体市场和金融市场的成功,然而安然不止一次在能源领域之外尝试拓展业务,却几乎未获得任何正向回报。这是由于安然在能源领域的长期经营中获得了比较优势,收集的行业间信息互相补充,强化了其市场服务能力;同时运用轻资产战略,将资本密集型商品市场中的小额投资和市场中的衍生品交易及做市活动联系起来,能够满足客户多样化的需求。而到了20世纪90年代中后期,安然过分追求企业增长,沉迷于无序的业务扩张和过度的金融衍生品交易,忽视实体经济和能源供应主体业务的经营,企业核心竞争力难以发挥,最终步入歧途。

(2)从事关联交易,隐藏亏损操纵利润。安然公司在发展和转型的过程中,由于业务扩展,需要大量的资金支持。但一般企业常用的两种融资方式,即股权融资和债权融资,对安然来说都不是绝佳的选择。首先,由于当时的政策监管限制了能源公司的股东回报,安然为避免稀释股东权益,尽量减少股权融资。其次,安然作为化石能源行业的一员,本身负债率就比较高,无限制地增加债务规模会使债券评级公司(如标准普尔、穆迪等)调低其债信评级,导致融资成本上扬,甚至出现现金流危机。同时,安然为满足融资需求,所发行的资产抵押证券(不动产金融化)多包含一定的债信评级、资产价值、股价承诺条款(即安然债信评级下调至投资级以下或股价低于一定价格时必须无条件清偿债务),也限制了安然须将债信评级和债务融资规模控制在合理的范围内。

为避免增发股票摊薄股权或发行债券降低母公司债信评级,安然采取了表外融资的手段,利用金字塔式的企业结构,先后成立了超过3 000个各类子公司和关联企业,使用金融重组技巧掩饰投资损失并增加账面利润。

一方面,安然通过关联交易将大量潜在亏损的投资转移到SPE中,之后再高价回购作为资产项目入账,达到隐藏债务及投资支出的目的。例如,1999年安然公司将其拥有的波兰NowaSarzyna电厂(在建)75%的股权出售给特殊目的实体LJM2,把对电厂的投资支出排除在其资产负债表外,LJM2共支付3 000万美元(部分作为贷款,部分作为股权融资)。而后电厂在测试期间发生故障无法转手,安然公司则以3 190万美元高价回购资产,此举又为LJM2创造了约25%的回报。类似的做法虽能掩盖部分成本和支出,但却逐渐掏空了安然公司的资产。

另一方面,由于安然过多地利用股价、公司收入和业务稳定性提供担保,更刺激了安然想方设法利用关联交易操纵企业利润,维持并推动股价。例如,2001年第一季度,安然的能源交易业务因美国能源价格下降而利润下跌,为稳定股价,安然在第二季度以10.5亿美元(高于市场估价3亿—5亿美元)的价格将北美的三个燃气电站出售给关联企业Allegheny。安然的能源交易业务因此维持了7.62亿美元的利润,但若非此笔交易,安然该季度的利润可能仅有2.62亿美元。

(3)滥用会计准则,财务舞弊引发信用危机。安然公司利用子公司和关联企业隐藏债务并操纵利润,实则是利用了美国通用会计准则(GAAP)的漏洞。在美国的会计惯例下,如果独立的外部投资者控制SPE且至少拥有3%的实质性股权时,可将SPE的资产和债务从公司的资产负债表中剔除。利用这一约定,安然依靠多层控股链的方式拥有众多子公司50%的股份,但仍无须合并其财务报表。虽然关于SPE的会计处理要求独立外部投资者3%的权益必须是确有风险的,但在实际交易中,安然通过复杂的安排(如回购承诺、整体收益互换、看跌期权、环形交易等)使SPE远离其持有资产的风险。安然保留了交易的经济风险和对部分资产最终处置的控制,其实际上应对资产价值的升降负有责任,资产的真实出售遭到了破坏。

安然公司滥用会计准则的体现远不止利用表外活动藏匿资产和负债,安然公司下属的一部分有争议的SPE专为财务申报设计,其内部管理人员也运用不同手段钻了会计准则的空子。安然采用了逐日盯市(Mark-to-Market)的会计制度,将签署长期合同预计会给公司带来的收入提前计入财务报表,以维持公司和经营人员的业绩。安然的高层经理则通过设立 SPE 转移安然的资产并加以瓜分，为个人赚取巨额利润。其首席财务官安德鲁·法斯托（Andrew Fastow）在 2000 年短短两个月的交易中，利用关联交易投入 2.5 万美元获利 450 万美元；他甚至令下属员工冒充独立投资者，从事表外业务活动。这些都严重违反了会计准则的规定。

安然运用一系列财务造假手段美化财务报表，将大量抵押资产和负债排除在表外，使公司实际债务和利润与账面价值相去甚远。2001 年，《华尔街日报》揭露安然公司利用关联企业隐瞒巨额债务；当年 11 月 8 日，安然宣布在过去 4 年间虚报了 5.52 亿美元的盈利。安然的经营以作为中间人的信用为基础，财务丑闻的披露引发了信用危机，其股价迅速跌至 10 美元以下。由于信用评级降级、资产贬值和股价下跌集中触发了各类资产抵押、债务融资和信托合同的赔付条款，安然最终因无力清偿而申请破产。

五、全球知名大宗商品交易商发展规律总结

（一）交易商就是"看不见的手"的有形表现，根据价格信号将资源引导至价值最高的地方

商品交易的实质是商品在空间、时间和形式上的转换过程。交易商需要找出最具有转换价值的资源并进行转换，同时还需要根据实时动态，及时优化这一过程。例如，某交易商与西班牙的一家客户签订了原油运输合同，一艘运载原油的油轮正从北海出发。随后，交易商发现能够以每桶更高的价格向英国的一家公司出售更多的原油。该交易商便将油轮从北海转向驶向英国，以满足客户的需求；与此同时，该公司从尼日利亚派遣另一艘油轮来满足西班牙订单。通过这样"转换"，交易商利用最高的市场价格增加了公司利润，同时通过减少第一艘油轮的航程降低了运费成本。

因此，交易商关注的并不是商品的绝对价格，而是价格差异。这也说明交易商的营利能力取决于两方面：一是其对商品的"转化"能力；二是在市场中搜索潜在买家或卖家并及时满足其需求的能力。

（二）交易商的资产布局都是围绕交易进行的，追求及时准确的信息是关键所在

由于交易商的主要功能是对商品资源进行"转换"，而能够对这一"转换"过程产生影响的因素较多，因此交易商从事的是一项具有高动态性、高复杂性以及高度信息密集型的任务。各产业间的交易商，虽然掌握资产类别互有不同，有的以掌握中游资产为主，如仓储设置、油气管道、航运船队等；还有一部分交易商会进一

步向上游拓展，如收购矿山、油井、炼油厂等。但交易商的资产布局，追求的还是利用这些基础设施，占据信息不对称优势，进而获利并规避经营风险。例如，投资港口，能够实时掌握货物进出信息；入股油田、炼油厂等就能够对某地区原油的生产、库存有精确的把握，甚至在部分地区，掌握一个仓库便能间接控制当地某个商品的产能；投资船队、运输管道，就能真实掌握物流运输情况，随时根据需求规划调整运输路线以节省运费。这样交易商在进行现货实物贸易或期货交易时，便可以领先交易对手判断未来价格走势，大大降低交易风险，同时提升收益。

（三）仓库、码头及管道等中游资产对所有类型的交易商都是最关键的资产

从历史发展经验看，不论是"产业型"或"投行型"交易商，还是"轻资产型"或"重资产型"交易商，均会拥有仓库等中游资产。主要原因包含两方面：一是中游资产直接影响商品在空间和时间上的转换，这一关键基础设施不能受到第三方的制约和影响，因此自身拥有是最好的选择。二是随着信息技术发展，大宗商品市场价格的透明度越来越高，导致"套利"的空间越来越小，机会越来越短暂，操作越来越复杂。因此，对于从事"套利"业务的交易商来说，通过布局仓库、码头等中游资产，能够快速匹配买方（卖方）的需求，争取先机。

（四）能源产业的交易商不论是总体数量还是单个企业的规模，均大于其他产业的交易商

根据前文的统计分析，从数量上看，近3年全球500强企业中，能源产业的交易商数量约占55%，矿石金属和农业产业的交易商仅为15%和5%左右。在能源产业交易商中，石油和电力行业的交易商占比最高，分别约为22%和12%。在矿石金属产业交易商中，钢铁和有色金属行业的交易商占比最高，分别约为8%和4%。

从规模上看，能源产业交易商企业资产和营业收入远超另外两类。以三个产业规模最大的三个典型交易商为代表进行对比，2019年嘉能可、必和必拓、ADM的营业收入分别为2 197.54亿美元、458.09亿美元、643.41亿美元，资产规模分别为1 286.72亿美元、1 119.93亿美元、408.33亿美元，员工数分别为85 504人、27 161人、31 600人。

（五）农业产业内的交易商注重在产业链内部纵向发展，与利益相关方建立合作共赢的关系

由于农业有较强的地域性和周期性，农业产业的交易商在创立之初，主要是通过物流和仓储来平衡地区间、年份间农产品的供需，因此，该产业的交易商一般从产业链的中游（以贸易商的身份）开始发展，通过为上下游客户提供服务，逐步壮

大。这种历史发展惯性，促使其具有两大特点。

一是农业产业的交易商，其业务拓展一般沿产业链的上下游纵向延伸，提供全产业链服务。即从最初的农产品贸易、仓储、物流，到农产品种植，再到农资（种子、化肥等）的生产加工，最后到终端市场的批发零售。同时，它们还会将农产品种植与生物、化学工业相结合，通过相关技术创新和积累，为后续发展提供动力。二是"农产品类"交易商十分注重同产业链内客户建立互利共赢的关系。一般来说，农产品行业的交易商，侧重于将产业链内的利益相关方，从竞争、博弈的对象，变为互利共赢的利益联结体。利用自身专业优势，在商品流通、供应链管理、仓储物流、市场营销、融资贷款、风险管理等方面为客户提供帮助。通过建立稳定的合作关系与利益联结机制，实现与客户在核心业务活动上长期稳定的合作关系，最终进一步促进自身发展壮大。

（六）交易商的资产壮大与大宗商品价格高度相关

以2001—2010年为例，反映全球大宗商品价格趋势的CRB指数，从2000年的212点增长至2010年的520点，达到近30年的最高位。在这大宗商品价格上涨的10年中，嘉能可开始收购矿场、加工厂、冶炼厂以及货运港口码头，逐步成为世界上最大的铜产品生产商与贸易商；高盛开始持有并控制与大宗商品经营业务相关的资产，收购炼油厂、发电厂等，截至2009年底，高盛的实物大宗商品库存包括2.58亿美元的石油产品、2.07亿美元的天然气、1.4亿美元的煤炭和30亿美元的金属。在这10年的商品牛市中，大宗商品价格不断上涨，表明全球商品资源的供需存在矛盾，地区间和周期间的供需不匹配以及价格的频繁波动，给交易商带来了"创造价值"的机会和环境，使其能够更好地获取价格上涨以及股权增值带来的收益。上述因素是大部分大宗商品交易商，开始逐步从轻资产路线变为积极的中上游资产收购者的大背景。

（七）金融机构是交易商最为重要的利益相关者之一，融资能力决定了交易商业务开展的可持续性

对于高负债、高杠杆经营的交易商来说，持续的现金流是其生命线，金融机构是相当重要的利益相关者。交易商在全球买卖商品，投资、收购各类资产及基础设施等活动，均需要依靠大量且持续的资金来支撑。一般情况下，交易商会分散融资的来源与结构，在不同的地区筹集不同还款进度的资金。

针对短期贷款，交易商主要有三种融资方式。一是信用证融资。对于普通的商品贸易，银行一般以信用证的形式，以商品作为担保，向交易商提供短期融资。二是商品（仓单）回购。该方式主要以涉及交易所的上市品种为主。三是集合抵押。

交易商在业务规模较大的地区，会与多家银行建立贸易融资银团，交易商定期或不定期向一家或多家银行提供库存及应收账款概要，并以此同银行协商信用额度。①

对于长期融资，除已经公开上市的交易商可以以股权获得长期融资外，其他未上市的交易商主要依靠两种方式来融资。一是资产证券化。交易商通过成立特殊目的实体（SPV），依靠贸易应收账款等发行长期债券。二是股权出让融资。交易商通过出让其码头、仓库等设施的多数股权，在保留少数股权以享受特殊待遇（如该设施的独家使用权）的同时获得资金。

（八）交易商是商品供应链和资金链的重要一环，自营业务平稳发展以维持第三方稳健经营为依托

"产业型"交易商和"投行型"交易商的发展路径有所差异，但在壮大过程中，均逐渐显现出自营业务和经营服务并行的发展模式特征。

"产业型"交易商的发展起步，在于借助企业自身经营，参与商品在空间、时间和形式上的转换过程，调节供应链上某个或多个环节的供需关系，或直接参与大宗商品金融交易。随着企业实力增强，交易商纵向拓展自营业务范畴，本质是向商品供应链其他环节延伸；与此同时，为维护供应链整体功能的有效发挥，交易商发展出围绕供应链，向第三方提供生产、加工、物流、营销、融资、风险管理服务的经营形式，加强上下游的商品流动、资金融通和信用穿透。面向商品供应链成员的系统性经营服务，不仅巩固了交易商的关键地位，而且拓展了其核心业务的发展空间。

"投行型"交易商因经营性质特殊，其大宗商品的经营服务先于自营业务发展起来。国际投行介入大宗商品领域最初是作为金融中介机构，从事商品衍生品的代客资金交易及其他传统金融服务。随着大宗商品市场拓展，监管压力放松，投资银行开始参与做市、自营交易②等大宗商品交易活动。同产业型交易商类似，国际投行从事大宗商品业务不可避免持有风险敞口，甚至会基于对市场的判断主动持有敞口，一方面是为客户提供风险管理服务，另一方面则主动参与价格波动获得收益。虽然自营业务目前受政策限制逐渐被投行剥离，但从其发展状况来看，正是依赖于投行在客户特许经营业务中长期积累的风险管理服务经验和市场判断，以及介入商品现货市场和实物交易掌握的信息优势，才有了国际投行开展自营交易的发展契机。

---

① 例如，2015年在新加坡，一个由38家银行组成的财团与全球能源和摩科瑞共同宣布成功签订10亿美元的亚洲信贷协议。

② 自营交易：指投资银行利用自有资金和融入资金直接参与大宗商品交易并承担风险的一项业务。

六、对期货风险管理公司未来发展的思考

(一) 期货风险管理公司发展为大宗商品交易商的三大要素

1. 分散化经营

由于大宗商品的属性,特定商品市场或细分市场容易受到巨大冲击,从而严重影响市场盈利和经营。因此,分散经营是降低大宗商品交易企业整体风险的一种途径。这一点对于未上市的私营企业更为重要,因为私营企业难以将非系统性风险分散或转移给多类型的股东。期货风险管理公司可以通过介入不同品种、不同领域的大宗商品交易,拓展经营范畴,分散集中交易的风险。

2. 沿价值链进行一体化整合

沿价值链进行一体化整合同样可以降低风险。如前所述,价值链上存在内部对冲,例如一方面进行存储,另一方面参与生产导向的上游细分领域。而且,当商品价值链上的某一环节受到冲击,其他环节常可以起到抵消作用(或者至少有缓冲作用)。例如,上游供给端冲击造成原材料价格上涨,会压缩生产环节的利润。整合上游资产和生产加工环节则可以稳定整体利润,进而降低风险。部分期货风险管理公司通过与实体企业战略合作,或成立合资企业的形式介入现货产业链,整合上下游环节拓宽信息来源,获得了竞争优势。

3. 培养提供多种类型融资和风险管理服务的能力

从国际成功经验来看,部分商品营销、融资和风险管理服务同商品交易企业向客户提供的结构性交易捆绑在一起。向客户提供此类服务,需要交易商在商品销售和风险管理领域具有一定的专长,从而运用商品交易企业的信息优势,为客户提供更多的附加价值。因此,锻炼培养向客户提供多种类型融资和风险管理服务的能力,是成为知名交易商的必备素质之一。就期货风险管理公司而言,突出的结构性融资产品定价能力,以及针对企业需求完善的个性化、定制化产品设计,都将成为其发展为有影响力交易商的助力因素。

(二) 期现和场外衍生品业务是风险管理公司目前发展的两条主要路径

目前,期货风险管理公司能够开展的试点业务主要包括期现业务、场外衍生品业务、场内期权做市等。其中,由于场内期权做市业务具有一定的参与门槛,故其

他两项是大部分期货风险管理公司主要发展的两大业务。

期现业务主要包括三个模式。一是基差贸易,通过现货、期货、期权等工具的综合运用,为客户提供多种定价模式,包括即时一口价、基差点价、延期点价、月度均价、年(季)度一口价、含权定价等,通过让企业选择更利于自身稳定经营的价格模式,化解其价格风险。二是仓单服务,既包括为客户提供标准、非标准仓单的购销、串换(跨地区、跨规格换货)、期转现等仓单业务,也能在衍生品工具与传统仓单质押融资业务结合的基础上,为客户提供更高融资比例、更低风险的仓单融资服务。三是合作套保,期货风险管理公司通过在"期现研究""风控合规"等方面为企业提供支持,化解产业客户在期货套保中面临的主力合约不连续与生产经营连续性的矛盾、交割标的标准化与生产需求个性化的矛盾、交割仓库集中化与客户地区分散化的矛盾、期货交易专业化与客户专业储备差异化的矛盾。

场外衍生品业务主要包括两方面:一是针对生产、加工及贸易商等有套期保值需求的产业企业,期货风险管理公司针对其个性化需求,设计完整的场外衍生品保值方案,并提供所需的场外期权、指数互换等产品。二是针对银行、信托、公募、私募等金融机构,提供商品、个股、指数场外衍生品流动性,并提供结构化产品设计与对冲服务(见表16)。

(三)高盛等大宗商品投行的发展路径更值得风险管理公司借鉴

目前,全球范围内大宗商品交易商的发展路径主要有两条:一是嘉能可、路易达孚等以现货贸易为根基的产业型交易商;二是高盛、摩根等以投资、交易为核心的投行型交易商。本文认为我国期货风险管理公司发展成为产业型交易商的难度较大,原因如下。

一是"现货基因"不强。风险管理公司在产业链布局及现货资源"转化"能力、组织能力方面存在短板。纵观全球知名的"产业型"大宗商品交易商,其发展脉络均是立足现货贸易,通过整合产业链上下游资源,并购掌控各类资产,同客户建立广泛的协作关系。出身于资本市场的风险管理子公司,在此方面天然具有劣势。

二是融资能力受限。大宗商品贸易具有高交易量、低利润率的特征,大宗商品交易商想要发展壮大,必须提升贸易量,需要较强的融资能力。但由于风险管理公司目前自身定位尚不清晰,银行授信评级不高,所以大部分风险管理公司主要依靠股东方支持,较大地限制了其业务规模与自身体量。

三是业务覆盖范围较小。大宗商品交易商的功能是在空间、时间上充分挖掘商品资源的"套利"空间,因此,业务范围覆盖面越大,抓住不同地区间供求矛盾的机会也就越大,赚取利润的空间也就越大。但风险管理公司,目前进出口、转口贸易涉及较少,"走出去"的能力还不强,也限制了其未来的发展空间。

表 16　　期货风险管理公司商业结构

主要合作伙伴	核心业务活动	价值主张	客户关系	客户细分
• 期货风险管理公司 • 产业企业 • 保险公司 • 银行 • 子公司	• 现货贸易 • 场外衍生品设计与研发 • 保险＋期货 • 做市商 • 自身风险管理	• 服务实体经济，立足风险管理，服务产业客户 • 通过期现货业务的结合，为客户提供专业化服务，解决个性化需求 • 通过业务模式不断创新，带动现货产业利用期货工具，改变行业交易习惯 • 帮助实体企业实现价格、产销、库存等多要素风险管理和产业转型优化升级 • 人（企业）不进场而风险管理需求进场 • 形成稳定和可持续的盈利模式与交易体系 • 成为商品及金融市场风险管理服务商	• 风险管理 • 成本管理 • 安全保障 • 利益共同体 • 个性化需求匹配 • 期货衍生品咨询 • 金融支持	• 实体企业 • 银行 • 信托 • 公募 • 私募 • 期货公司 • 高净值个人客户 • 农业合作社 • 农户 • 期货交易所
	关键资源		渠道	
	• 业务团队 • 期现货研究能力与经验 • 现货、期货、期权等工具的综合运用能力 • 风险控制与合规管理体系 • 信息系统及设备 • 信用和声誉		• 研究/开发团队 • 期货公司（母公司） • 产业客户内部推荐 • 社交媒体/APP • 网站 • 期货交易所	

成本构成	◆ 收入来源
• 期货衍生品交易 • 现货购销 • 信息设备投入 • 资金成本 • 雇员 • 税收 • 市场开发	• 现货贸易 • 场外衍生品销售 • 咨询服务 • 期现货对冲收益 • 做市买卖报价价差 • 手续费减收补贴

资料来源：郑商所研究所。

因此,投行型交易商(如高盛等)的发展路线,更符合风险管理公司的自身背景及优势,即立足衍生品市场,通过为现货行业提供仓储、物流、融资、金融产品等支持,突出"中介服务"的功能,成为服务实体经济发展的大宗商品服务商。主要建议发展路径如下:

1. 拓展并加深与现货企业的合作,建立稳固的现货业务支点

高盛在涉足大宗商品领域之初,便收购了一家贸易公司(J. Aron),以此为支点介入现货贸易。目前国内也已有几家风险管理公司同现货企业共同成立了合资公司,通过成立合资公司打通期现市场,为合作伙伴、客户提供风险管理、价格管理等服务,同时利用掌握的现货信息、物流信息、仓储信息等为自身研发相关金融产品和服务提供支持,是风险管理公司转型大宗商品交易商的重要一步。

2. 注重在产业链内部深耕发展,同上下游建立协作共赢的关系

前文研究已经表明,交易商的营利能力取决于其对商品的"转化"能力,以及在市场中搜索潜在买家或卖家并及时满足其需求的能力。国际知名大宗商品交易商的发展脉络也证明了,只有先在某个产业内部精耕细作,同上下游客户建立稳固的协作关系,才能发展壮大。因此,建议风险管理公司首先选择国内大宗商品资源较为丰富的几个产业,如煤炭、能源化工、农产品等产业作为第一步,重点抓住产业链的服务者、协调者这一定位打造自身优势。

3. 探索投资并购仓储物流等中游资产,为现货贸易和期货交易提供保障

从高盛、安然的发展经验来看,掌握仓库、码头、船队、运输管道等中游资产,是帮助其发展壮大的重要措施之一。风险管理公司可以探索在国内重要的物流节点参股或并购一批物流设施,这样一是解决了现货贸易中货物风险及货物监管问题;二是可以发挥中游资产在时间、空间方面的转换作用,为现货贸易提供支持;三是为后续并购其他类别资产提供经验。

4. 积极申请成为贸易商交割厂库,丰富服务实体企业的业务功能

包括高盛在内的国际投行,在发展中均针对客户需求不断进行业务创新。期货风险管理公司可以贸易商厂库为契机,创新期现业务形式,促进期现货市场的融合。在交易所贸易商厂库的政策下积极参与,一是扩大风险管理公司业务面,更加高效地帮助产业链上下游相关企业管理经营风险;二是进一步扩宽期货标准仓单在时间和空间上的覆盖范围,为产业链提供更多的风险管理模式;三是有效提升产品标准化程度,促进产业链高质量发展。

5. 开展期货公司自营业务可行性研究，提高期货公司核心竞争力

以高盛为例，其交易、做市、融资等业务是其收入的重要来源，也是包括高盛在内等国际投行大宗商品业务的核心。但由于国内期货市场将期货公司的经纪业务和自营业务进行拆分，以及国内分业治理的监管模式，成为制约国内期货公司向国际大宗商品投行转型升级的因素之一。从广义上看，目前期货风险管理公司从事的主要业务已经属于自营业务的范畴，建议适时开展期货公司自营业务可行性研究，以进一步提高国内期货公司的核心竞争力。

参考文献

[1] Chatterjee, Sayan, and B. Fellow, 2002, *Enron's asset – light strategy: why it went astray*, Case Western Reserve University Cleveland and University of Virginia.

[2] Clapp, Jennifer, 2015, ABCD and beyond: From grain merchants to agricultural value chain managers, in *Canadian Food Studies* Vol. 2, No. 2, 126 – 135.

[3] Enron Corp., 1999, Enron Corporation Annual Report.

[4] Enron Corp., 2000, Enron Corporation Annual Report.

[5] Federal Energy Regulatory Commission, 2001, Report on EnronOnline. WBL. REGELASER.

[6] Glencore plc., 2018, Glencore Plc Annual Report.

[7] Goldman Sachs Group, Inc., 2014, Comment Letter of Goldman Sachs on the Advance Notice of Proposed Rulemaking on Complementary Activities, Merchant Banking Activities, and Other Activities of Financial Holding Companies Related to Physical Commodities.

[8] Goldman Sachs Group, Inc., 2014, Statement of Goldman Sachs: Background and Facts on Financial Intermediation, Certain Investments and Risk Management in the Commodities Markets.

[9] Goldman Sachs Group, Inc., 2018, Goldman Sachs Group, Inc. Annual Report.

[10] Hanke, Steve H., and Christopher L. Culp, 2003, Empire of the Sun: An Economic Interpretation of Enron's Energy Business, in Cato *Institute Policy Analysis*, No. 470.

[11] Jacobs, Wouter, 2018, Commodity traders as agents of economic globalization, in *Global City Makers: Economic Actors and Practices in the World City Network*,

Chapter 3.

[12] Kremer, Victor, 2003, Louis Dreyfus Seen Turning Focus from Power to Gas Mart, in Power, Finance and Risk, June 9, p. 1.

[13] Levin, Carl, et al., 2014, Senate Report on Wall Street Bank Involvement with Physical Commodities.

[14] Louis Dreyfus Company, 2018, Louis Dreyfus Company Annual Report.

[15] MacFarlin M, 2011, Grain trading basics, in Futures: News, Analysis & Strategies for Futures, Options & Derivatives Traders, Vol. 40 Issue 6, p. 48 – 50.

[16] Moncarz, Elisa S., et al., 2006, The rise and collapse of Enron: Financial innovation, errors and lessons, in Contaduría Y Administración, No. 218.

[17] Palepu, Krishna, and Paul M. Healy, 2003, The fall of Enron, in Journal of Economic Perspectives, Vol. 17, No. 2.

[18] Pirrong, Craig, 2014, The economics of commodity trading firms, Trafigura.

[19] Powers, William C., Raymond S. Troubh, and Herbert S. Winokur, 2002, Report of investigation by the special investigative committee of the board of directors of Enron Corp, in Retrieved November, Vol. 4.

[20] Shumsky A, Kent S, 2014, Berthelsen C. Commodity traders take center stage, in Wall Street Journal – Eastern Edition, Vol. 264 Issue 8, p. C1 – C2.

[21] Weaver, Jacqueline Lang, 2004, Can energy markets be trusted? The effect of the rise and fall of Enron on energy markets, in Houston Business and Tax Law Journal, Vol. 4, No. 1.

[22] 侯艳良、李艳丽:"大宗商品交易商基于全球化的商业模式:嘉能可的经验和启示",《当代经济管理》,第36卷,2014年第11期。

[23] 黄运成、李刚:"期货公司向现代金融服务企业转型的思考",《上海金融》,2004年第5期。

[24] 杰瑞·马克汉姆:《美国金融史(第四卷)》,中国金融出版社2018年版。

[25] 李雪静:"安然事件对我国大宗商品交易市场的启示",《期货日报》,2016年5月11日。

[26] 凌薇:"路易达孚的全球版图扩张",《农经》,第330卷,2018年第11期。

[27] 秦小海:"培育场外交易商更好服务实体经济",《期货日报》,2015年3月3日。

[28] 祁世兵、刘冰川、王晓民:"嘉能可:未来的全球资源霸主",《世界有色金属》,2013年第6期。

［29］谢平、吕松："从'天然气银行'到'水银行'——安然公司在几个管制行业的金融创新及启示",《金融研究》,2005年第5期。

［30］许慧文、王震:"安然天然气商业模式创新的启示",《安全与管理》,2017年第35期。

［31］叶素文、贾川东、武闯辉:《大宗商品交易》,浙江大学出版社2018年版。

中期协联合研究计划（第十三期）项目

含权贸易风险管理模式研究

课题负责单位：浙商期货有限公司
课题研究编号：201921030
课题负责人：张英军
课题组成员：徐文杰　蓝　旻　蔡　厦　吴　铭　曹　畅
　　　　　　孟杜豪　朱展天

一、研究背景及意义

(一) 研究背景

1. 政策背景——中央高度重视期货行业服务实体经济

金融工具服务实体经济的重要性已被多次提及。在国务院发布的《关于进一步促进资本市场健康发展的若干意见》中明确提出,"以提升产业服务能力和配合资源性产品价格形成机制改革为重点""充分发挥期货市场价格发现和风险管理功能,增强期货市场服务实体经济的能力……允许符合条件的机构投资者以对冲风险为目的使用期货衍生品工具"。脱离实体经济,金融容易出现虚拟化、异化、非本质化运行的趋势,从而引发风险(刘新刚,2019)。期货行业作为金融业中的重要版块,与实体经济联系较为紧密,肩负着服务实体经济的重要责任。为实体企业提供价格风险管理是期货行业服务实体经济的重要形式之一,含权贸易作为衍生品市场中一种新兴的贸易模式,得到了实体企业和期货公司的广泛关注。

2. 产业背景——当前企业风险管理存在挑战

随着我国市场的国际化程度日益增加,我国工业发展也面临着新的冲击和挑战。相较于国外产业巨头,我国实体企业的风险管理能力仍显稚嫩。以橡胶产业为例,我国天然橡胶产业领域主要分为上、中、下游三个组成部分:上游包括天然橡胶生产企业,如海南、云南、广东等民营天然橡胶种植加工企业;中游为橡胶贸易企业;下游为橡胶制品业及以汽车行业为代表的终端消费企业。上游企业橡胶产量小;中游贸易商在贸易中的定价仍旧以传统的一对一询价为主,缺乏集中定价市场;下游企业缺少价格风险管理工具,原料价格的波动直接影响到企业的利润及行业的竞争力。近年来,叠加国内环保因素的影响和国际市场橡胶价格波动,橡胶产业链上的企业都面临生产成本增加的发展困境。

类似地,受到对外开放和国内外因素的影响,其他工业品品种价格波动的影响也被进一步放大。由于价格波动对企业的生产规划、财务管理都会造成不确定性影响,因此,企业的风险管理不能单纯依赖自身对行情的判断。

3. 市场背景——场外衍生品市场的快速发展

近年来,场外衍生品市场发展迅速,期货风险管理子公司的场外衍生品业务累计签约客户数及产业客户数逐月攀升。中国期货业协会的数据显示,2018 年国内期货公司风险管理子公司商品类场外期权累计名义本金（月末存量）达到 5 383 亿元。企业在实际生产中需要的原材料和标准化的期货产品并不能完全匹配，因此，场外衍生品市场的发展为企业进行价格风险管理提供了有效的工具。

（二）研究意义

1. 探究实体企业开展风险管理的有效方式

在全国金融工作会议上，习近平总书记指出，做好金融工作要把握好的第一条重要原则就是"回归本源"，强调"金融要把为实体经济服务作为出发点和落脚点"。随着我国对外开放和供给侧改革的不断推进，大宗商品市场与国际接轨，实体企业的发展迎来了新的机遇和挑战。在国际竞争中，由于西方先进资本拥有先发优势和成熟的管理模式，我国实体企业在风险管理上的经验不足这一劣势凸显。为了弥补经验的不足，我国企业除了需要不断学习并积累经验，也需要期货业的研究和引导。含权贸易作为期货行业提供的一种风险管理工具，可以让企业间接参与衍生品市场，具有门槛低、效果好的特点，适合现阶段我国产业链中的实体企业学习、参与。因此，对含权贸易相关模式与架构的梳理与总结，对发挥期货市场服务实体经济的功能，有着重要意义。

2. 推进期货公司创新业务发展

长期以来，我国期货市场一直是"强监管、大交易所、小期货公司"的格局，期货公司业务模式单一，经纪业务带来的手续费收入和利息收入是期货公司的主要收入来源，同质化竞争导致期货公司的生存环境不断恶化。中国期货业协会数据显示，2018 年期货行业整体净利润 12.99 亿元，相比 2017 年的 79.45 亿元减少 83.65%；营收相比 2017 年下降 4.72%；行业手续费收入累计为 132.41 亿元，同比减少 9.25%。这样的行业环境要求期货公司回归期货业本质，发力创新业务，探索转型，开辟新的行业收入来源和发展空间。

风险管理子公司通过含权贸易、场外期权、合作套保、基差贸易等业务，帮助企业管理价格剧烈波动带来的风险。其中，含权贸易一方面帮助企业降本增效，提升营利能力、核心能力，进而优化产业结构和贸易形式，促进整个行业转型升级，另一方面增加风险管理子公司的收入和利润。风险管理业务使得期货公司与客户之间从一个纯粹的经纪代理关系，慢慢变成伙伴关系、服务对手关系，在增强服务能力的同时，也扩展了业务范围，提升期货公司营利能力。

二、文献综述

(一) 期货市场服务企业风险管理的主要模式分析

1. 期货套期保值模式

(1) 模式介绍。套期保值模式通过在期货市场对冲平仓，使其盈亏相抵，对冲掉部分风险或全部风险，其本质是风险转移，有卖出和买入两种方式。具体操作是指交易主体通过在期货市场上进行与现货市场相反的操作（见表1）。

表1　套期保值操作示意图

模式	现货市场	期货市场	目的
卖出套期保值	现货多头或未来卖出现货	期货空头	对冲现货价格下跌风险
买入套期保值	现货空头或未来买入现货	期货多头	对冲现货价格上涨风险

(2) 套期保值模式的效果分析。对于套期保值模式在价格风险管理的价值，学术界的看法并不统一。早期的学术观点认为套期保值并不能够实现风险管理（Johnson，1960；Stein，1961），认为套期保值行为是追求利益最大化的投机行为，在套期保值交易过程中，期货与现货之间的基差始终存在（Working，1953）。随着期货市场的不断成熟发展，对期货市场正向引导的观点占据主流，罗孝玲等（2011）认为商品期货套期保值对于稳定企业价值有积极影响；刘强和胡研（2015）在分析了我国目前原油期货套期保值业务的现状后，认为利用原油期货进行套期保值，对企业的经营具有积极的影响。

(3) 套期保值模式的潜在风险。套期保值作为现阶段最主要的企业风险管理手段，企业在实际操作中，仍面临诸多风险。例如针对期货市场供求状态预计不足、过度重视短期利益忽视未来价格走向、对套期保值基本原则不重视等问题（穆倩，2019），企业需要从套期保值体系设计、方案设计、通知投机行为、强化风险评估与应对等多个方面入手，这对企业的专业程度要求较高（陶双，2014）。

2. 基差贸易模式

(1) 基差贸易模式介绍。基差贸易，是指风险管理子公司以确定价格或以点价、均价等方式提供报价并与客户进行现货交易的业务行为，实质是以基差协议的方式将自身面临的基差风险转移给现货中的交易对手。在基差交易中，双方以确定时间的期货价格和约定的基差为定价基础，结算价格按约定日的期货价格加基差。

按基差交易类型的划分，基差贸易有两类，一种是买方点价，另一种是卖方点价（见表2）。

表2　　　　　　　　　　　　　　　　点价模式示意图

模式	具体内容
买方点价	买方确定最终期货价格为计价基础的权利，即点价权利归属买方
卖方点价	卖方确定最终期货价格为计价基础的权利，即点价权利归属卖方

（2）基差贸易模式的效果分析。李圣军（2018）认为，从现货定价的角度来看，大力发展基差贸易，实现定价模式从传统"一口价"向"点价"方式的转变，是实现期货、现货市场一体化融合的重要举措。李燕杰和高雨萌（2018）根据铁矿石基差贸易的案例研究指出，以钢铁行业为例，技术突破很容易被其他企业复制，其对生产经营起到的作用和影响逐步缩减；相应地，原料成本的控制和风险管理对经营活动有更大的影响力。基差贸易模式具有锁定成本或利润的优势，能满足贸易双方灵活多变的谈判需求。企业可结合实际情况，择优成为基差制订方或点价方，选择灵活的点价期与交货期。

（3）基差贸易的风险。根据已有的研究，基差贸易本身不能规避价格波动风险，因此，虽然锁定了基差，企业仍然需要使用套期保值模式来规避价格波动风险。此外，基差的确定方式往往缺少公开、公平、公正的定价渠道，无法为企业基差贸易提供有效的指导。

3. 场外期权模式

（1）场外期权模式介绍。场外期权具有灵活、量身定制的特性，为客户提供快速、专业的风险管理服务。运用的期权主要模式有欧式期权、亚式期权以及价差式、三腿期权等奇异期权。场外期权不仅可以减少资金占用，而且可以限定损失，同时保留盈利的可能性，更加贴合企业的实际需求。

（2）场外期权模式的效果分析。Johnson（1960）、Stein（1961）认为，构建"现货+场外期权"的资产组合能和套期保值方案起到一样的效果；同时，可以根据自身的流动性偏好和效用最大化原则构建场外期权套期保值资产组合。Ederington（1979）进一步指出，可以提出通过计算套保和不套保间收益率的方差，来考虑开展场外期权套期保值后能否有效降低价格风险，从而分析场外期权套期保值合约的效果。

（3）场外期权的风险。斯文（2011）认为，场外期权的主要风险特征有以下几点：由于场外衍生品在初始交易时通常只需要较少的初始投资，这使得场外期权的杠杆率更高；相对于场内期权，场外期权交易的透明度较低；由于场外期权产品的复杂性，实体企业和金融公司对产品的风险认识并不对称，这使企业往往会面临更多的风险。实际案例当中也发现，由于金融衍生品的定价复杂，企业往往处于弱势地位。例如潘慧峰和班乘炜（2013）在深南电案例研究中发现，企业实际获得的衍生品合同是不公平的。

（二）含权贸易产生的背景

1. 传统风险管理模式带来资金压力问题

在生产经营中，企业可以采用套期保值的方式规避价格风险，但同时也带来了现金流风险和基差风险。套期保值，需要交易者同时在期货市场和现货市场进行方向相反的交易，使一个市场上的盈利弥补另一市场的亏损，从而在两个市场建立对冲机制，以避免现货市场价格波动的风险（陈东，2007）。而当趋势往相反的方向运行时，由于存在期货头寸产生亏损的局面，会造成巨大的资金压力。基差风险虽然可以通过基差贸易的形式进行规避，但是企业同样需要支付保证金，增加资金压力。曹玉珊（2013）指出，中国企业现阶段运用期货衍生品的风险管理效果不佳，其原因主要是一些企业的行为特征名义上为套期保值，实际上为投机获利。

2. 含权贸易风险管理模式的相对优势

含权贸易是一种通过将期权嵌入基差贸易合同使客户获得有条件的弹性结算方式的贸易模式，实际上是场外期权和基差贸易的组合，用以转移现货风险。这个模式有利于企业与自己的上游或下游客户建立良好的合作关系，减少风险管理的资金占用，适应多样化的品种。在实际交易当中，客户的需求不只是价格的风险管理，而是包含价格的商品。现货渠道与期货渠道的结合有助于解决客户的多样化需求，尤其是利用场外期权，实现非标准材料的价格风险管理。从未来产业变化来看，全产业链企业对稳健经营、风险管理的需求增加，期现应用将会有非常广阔的机会空间。

（三）含权贸易的模式

1. "封顶采购"模式

该模式中，贸易商向上游企业约定未来购入一定的原料，为了防止未来原材料价格的上涨，其可以在基础的现货交易中，确定基差并额外向对手方购买一个期权，该期权规定若是超过了一定的价格限度，超过的价格由对手方进行弥补（罗旭峰，2017）。此外，该模式还可以由期货公司的风险管理子公司作为含权贸易的对手方，期货公司风险子公司由于本身具有较为优秀的风险管理能力以及现货贸易能力，在协助企业风险管理过程中能起到更为良好的效果。

2. "兜底销售"模式

有销货需求的企业往往会担心库存贬值或销售价格下降,此时可以选择利用含权贸易来管理价格风险。通过含权贸易中的相关条款,确定基差和期权费用。可以规定若当结算日价格低于某个界限,则企业可以获得相对应的收入,用来弥补现货上的亏损;若结算日价格上涨,则企业可以享受到价格上涨带来的收益,实现"锁定亏损,放长利润"的目标(杨磊,2016)。

三、方案设计和研究框架

(一)研究方案

课题组拟利用自身期货研究的专业优势,同时运用风险管理子公司平台为涉及PTA、聚丙烯等期货品种的实体企业提供含权贸易服务,围绕如何打通期货服务实体经济的"最后一公里"开展课题。

从目前的接触来看,以上两个产业中的部分企业,由于自身对期货市场的了解以及操作能力有限,对在风险管理子公司的指导下开展含权贸易意愿较为强烈。课题组拟寻找以上产业链内的数家企业并与其合作开发含权贸易业务,根据企业的具体情况在不同行情下提供个性化服务,同时总结调研结果和经验以便深入了解相关企业在开展期货业务时的倾向和困难,为未来风险管理常态化发展提出建议。

(二)研究框架(见图1)

图1 研究框架

四、含权贸易风险管理模式研究

(一) 在采购端应对价格上涨风险的方式

1. 买入看涨期权模式：锁定采购价格

若企业认为未来价格上涨空间大，在含权贸易合同当中可以嵌入一个买入的看涨期权并确定基差。在这种模式下，当价格上涨时（高于约定价格），企业可以以约定的价格购买原材料；而当价格下跌时（低于约定价格），企业也可以分享部分下跌的收益。企业通过支付权利金，锁定了自身的最高采购价格，从而实现了对采购成本的风险管理（见图2）。

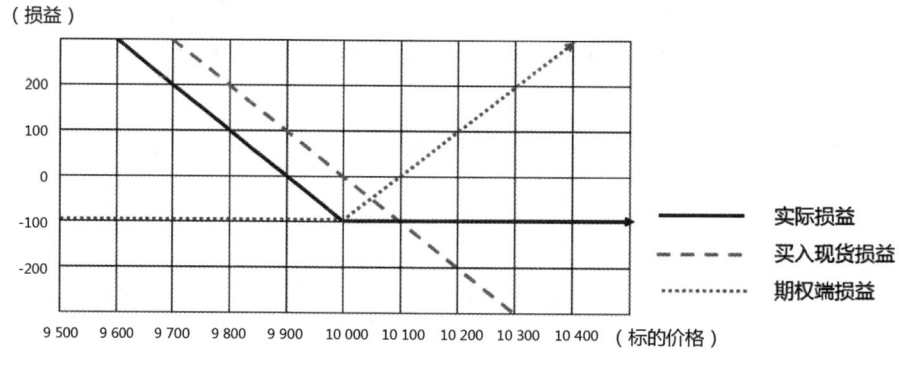

图 2　买入看涨期权模式

2. 卖出看跌期权模式：增加固定收益

若企业认为未来价格上涨空间大，可以在含权贸易合同当中嵌入卖出一个看跌期权并确定基差。在这种模式下，当价格上涨时（高于约定价格），企业可以获得固定收入；而当价格下跌时（低于约定价格），企业必须按照约定价格购买货物。这使企业锁定了一个最低采购价和在价格上涨时的固定收入。因此，从图3的实际损益来看，企业通过放弃部分价格下跌时的收益来规避了价格上涨时的损失，使价格上涨时企业的采购价始终低于市场价格（见图3）。

(二) 在销售端应对价格下跌风险的方式

1. 买入看跌期权模式：锁定销售价格

若企业认为未来价格会下跌，可以在含权贸易的销售合同当中嵌入一个买入的

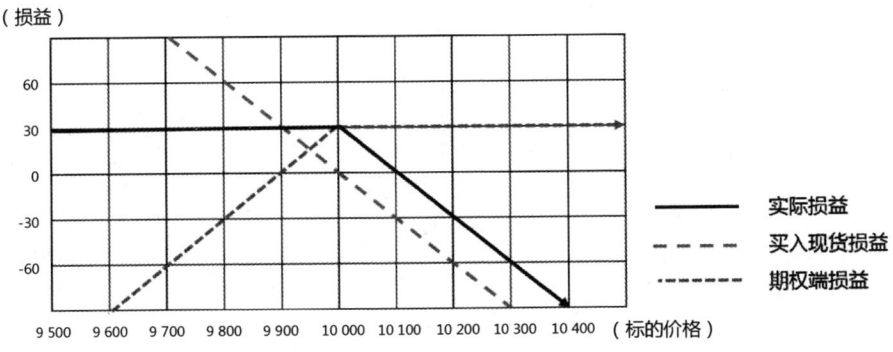

图3 卖出看跌期权模式

看跌期权并确定基差。在这种模式下,当价格下跌时(低于约定价格),企业可以根据约定的价格出售商品;而当价格上涨时(高于约定价格),企业也可以分享部分价格上升的收益。企业通过支付权利金,锁定了自身的最低销售价格,从而实现了对销售利润的风险管理见图4。

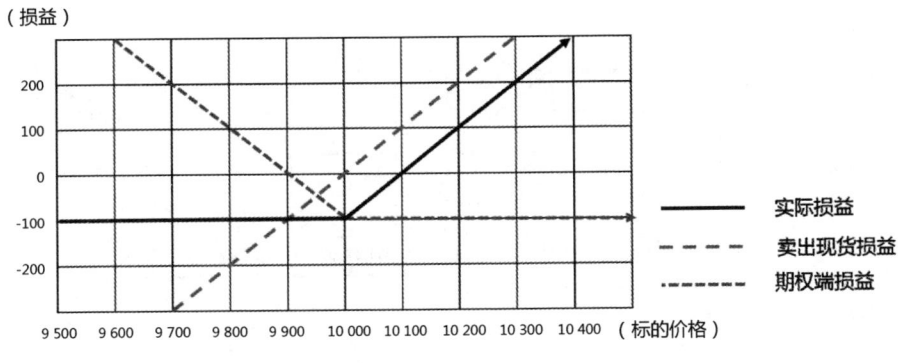

图4 买入看跌期权模式

2. 卖出看涨期权模式:增加销售收益

若企业认为未来价格会下跌,就可以在含权贸易合同当中嵌入一个卖出的看涨期权并确定基差。在这种模式下,当价格下跌时(低于约定价格),企业可以获得固定收入;而当价格上涨时(高于约定价格),企业必须按照约定价格出售货物。因此,从图5的实际损益上来看,企业通过放弃部分价格上涨时的收益来规避了价格下跌时的损失,使得价格下跌时企业的售价始终高于市场价格。

(三) 各种组合模式的效果

1. 在采购端的组合模式

有保底的封顶采购模式:在单一买入看涨期权模式的基础上,通过卖出看跌期

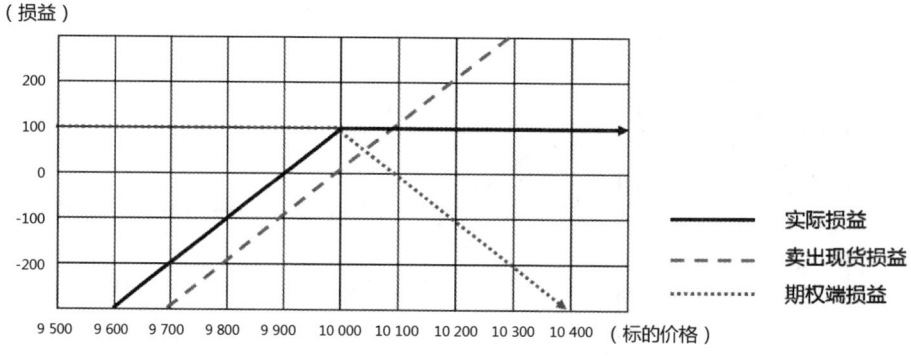

图 5　卖出看涨期权模式

权来减少权利金的支出。因此，企业放弃了价格下跌时的部分收益，形成了表 3 中的保底采购部分。

表 3　采购端的组合模式

行情走势	期权结构		效果
价格上涨	买入看涨期权 + 卖出虚值看跌期权		遇涨不涨，遇跌则跌，保底采购

2. 在销售端的组合模式

有保底的兜底销售模式：在单一买入看跌期权模式的基础上，通过卖出看涨期权来减少权利金的支出。因此，企业放弃了价格上涨时的部分收益，形成了表 4 中的兜底销售部分。

表 4　销售端的组合模式

行情走势	期权结构		效果
价格下跌	买入看跌期权 + 卖出虚值看涨期权		遇跌不跌，遇涨则涨，封顶销售

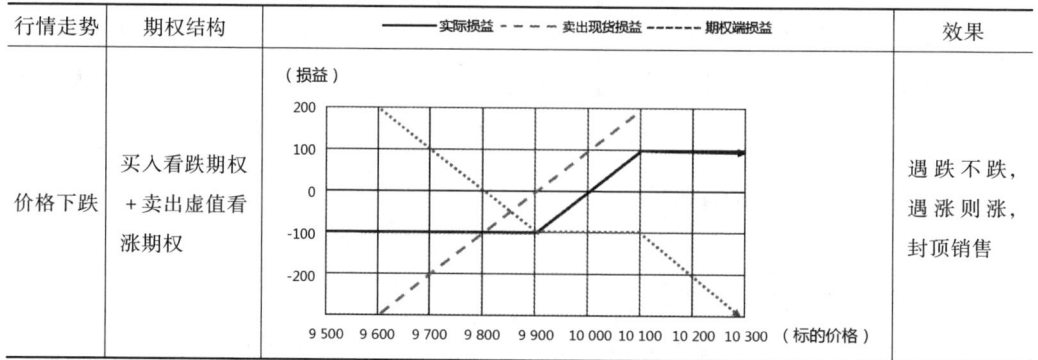

五、含权贸易的案例研究

(一) 含权贸易的组合模式：以企业采购 PP 为例

1. 试点背景

某风险管理子公司于 2019 年 8 月上旬走访了浙江省某聚丙烯需求企业。企业对未来原材料价格波动影响利润感到担忧，虽然对风险管理工具并不熟悉，但愿意通过尝试来锁定原材料采购成本。期货市场上，PP1909 合约自 2019 年 7 月 3 日 8 994 元/吨高位下跌至 8 月 5 日 8 387 元/吨，某风险管理子公司判断后市 PP 价格继续下跌的概率降低，但价格上涨的风险明显增加。

企业和某风险管理子公司认为该时段是一个较好的利用含权贸易的机会，通过协商，双方就含权贸易方案、交货货物品质和基差进行了约定。企业将通过含权贸易的模式，采购 200 吨聚丙烯，结算日期为 2019 年 9 月 9 日。

2. 方案设计

此次项目采用了有保底价的封顶采购组合模式。这个模式中企业购买了一个平值看涨期权，以对冲价格上涨风险；同时企业认为价格下跌风险有限，再卖出一个虚值看跌期权以节约权利金支出。整个模式的实际期权结构如图 6 所示。

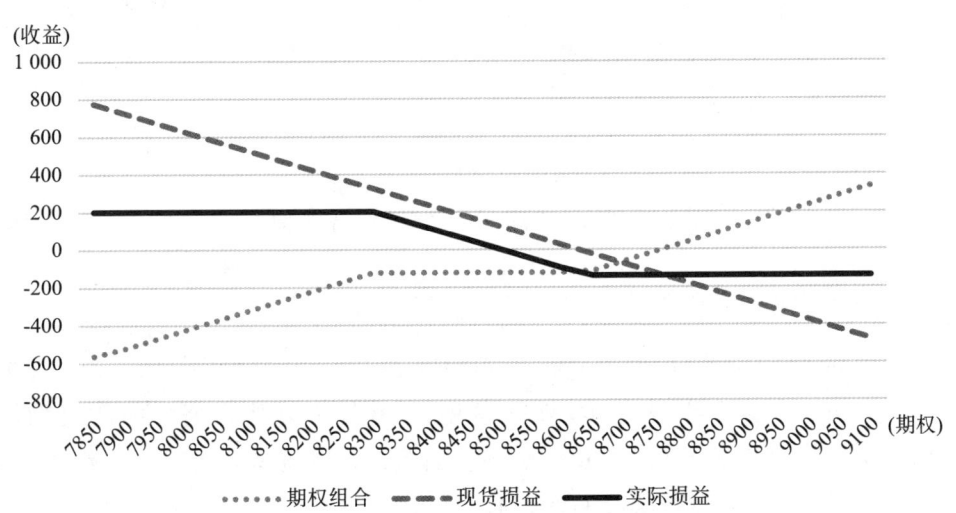

图 6 有保底的封顶采购组合模式的收益图

2019 年 8 月 9 日 PP1909 合约价格的收盘价为 8 547 元/吨，某风险管理子公司向下游供应商提供以下合同：若期货价格持续上涨（价格高于 8 547 元/吨），下游企业按照 8 737 元/吨的价格采购；若期货价格下跌（价格低于 8 547 元/吨，但高于 8 300 元/吨），下游企业按照当日期货价格采购上浮 190 元/吨，其中包含基差 78 元/吨，期权费 112 元/吨；但若期货价格下跌至下限以下，则企业按照 8 490 元/吨的价格购买原材料。合同细节在表 5 中列出。

表 5　　　　　　　有保底的封顶采购组合模式

标的	结算期	PP 成交当天（8 月 9 日）结算价格：8 547，单位：元/吨		效果
		期货价格	结算价格	
聚丙烯	2019 年 9 月 9 日	≥8 547	8 547（平值看涨期权的执行价格）+ 190 = 8 737	遇涨不涨，遇跌则跌，保底采购
		8 300≤X≤8 547	期货价 + 190	
		<8 300	8 300（虚值看跌期权的执行价格）+ 190 = 8 490	

根据图 7 流程所示，签订这份合同就意味着企业购买了一个平值看涨期权，又卖出了一个虚值看跌期权。与此同时，风险管理子公司应该准备相对应的现货，在到期日按照合同内容结算，即可以完成整个含权贸易流程。

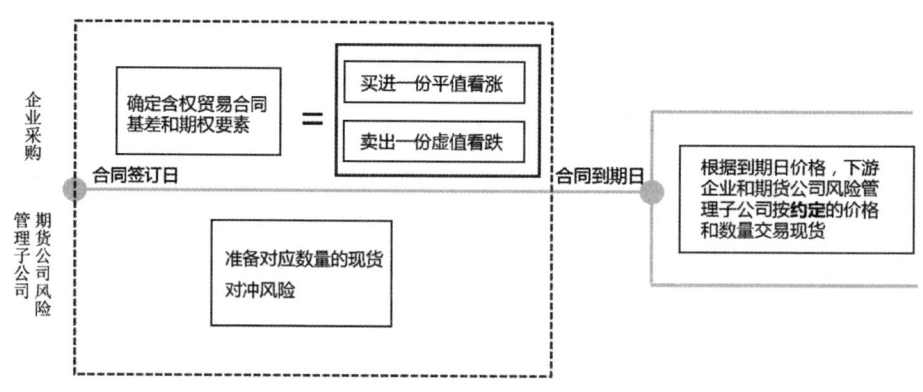

图 7　有保底价的封顶采购组合模式流程图

3. 与套期保值方案比较效果

合同到期时，9 月 9 日 PP 现货价格为 9 166 元/吨。在含权贸易中，企业最终以 8 737 元/吨的价格购买 PP 现货 200 吨；若企业选择使用期现套期保值加基差贸易的方法，企业的实际采购价格为 8 625 元/吨。因此，含权贸易方案节约采购价格 429 元/吨；套期保值方案节约资金 541 元/吨。

从二者效果来看，价格风险管理效果相似，含权贸易给企业带来了确定性的成本支出，而期货套保尽管效果更好，但也意味着套保过程中可能面临着浮亏风险，在此方面含权贸易有较大的优势（见表 6）。

表6　　　　　　　　　套期保值和含权贸易收益表　　　　　　　（单位：元/吨）

操作方式	9月9日现货价格	9月9日实际购买价格	损益
含权贸易	8 727（期货价格）+439（基差）=9 166	8 737（约定价格）	429
套期保值	8 727（期货价格）+439（基差）=9 166	8 727（期货价格）+78（基差）-180（套保收益）=8 625	541

（二）兜底采购模式：以企业采购PTA为例

1. 试点背景

某风险管理子公司于2019年8月上旬走访了浙江省某聚酯生产企业，该企业对期货市场风险管理工具有一定认知，之前也通过套期保值模式规避价格波动风险；但对场外期权、含权贸易等新模式并不了解。市场行情方面，PTA1909合约从7月初起即进入下跌通道，从最高点6 612元/吨下跌至8月初的约5 200元/吨。该价格处于低位，某风险管理子公司判断价格继续下跌空间不大，该观点也得到了现货企业的认同。同时企业原计划在8月底前择机现货采购一批原料，企业决定通过兜底采购的模式，采购200吨PTA原料，并约定了交割的货物品质和基差。

2. 方案设计

基于期货价格可能小幅下跌的行情，企业决定采用这个兜底采购的含权贸易模式。企业实际上相当于卖出了一个看跌期权，因此，价格上涨或小幅下跌时，企业可以以低于市场价格的价格采购原材料；而当价格大幅下跌时，则会造成企业损失。具体的期权结构和收益如图8所示。

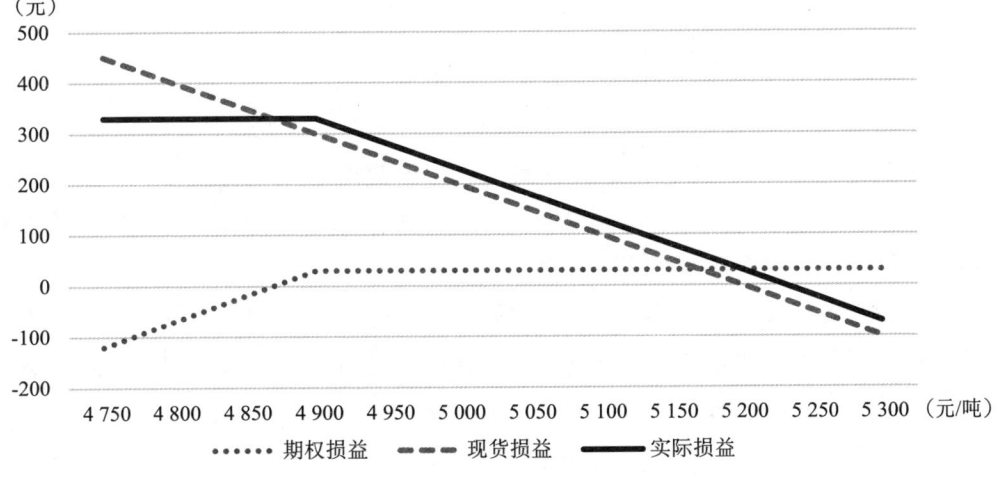

图8　兜底采购模式收益图

由于此次为企业首次接触含权贸易，故合同时间较短，具体方案如下：

聚酯生产企业于 8 月 9 日与某风险管理子公司签订含权贸易合同，以 8 月 23 日 PTA1909 合约收盘价为参考，当日基差为 0。如果当日收盘价大于 4 900 元/吨，则某风险管理子公司将支付企业 30 元/吨；如果当日收盘价小于 4 900 元/吨，则减去权利金收入后的采购价格为 4 870 元/吨，采购数量为 200 吨（见表 7）。

表 7　　　　　　　　　　兜底采购模式的合同表　　　　　　　　　　（单位：元/吨）

PTA 成交当天（8 月 9 日）结算价格：5 200			
标的	结算期	期货价格	结果
聚丙烯	2019 年 8 月 23 日	≥4 900	企业权利金收入 30 元/吨
		<4 900	以 4 870 元/吨的价格，购买 200 吨现货

如图 9 所示，该含权贸易模式在锁定基差的基础上，通过期权锁定了一个最低购买价格，这和实际上卖出一个虚值看跌期权起到了一样的效果。而风险管理子公司需要在市场上根据对冲原则，卖出一定数量的虚值看跌期权来对冲风险，实现风险闭环。

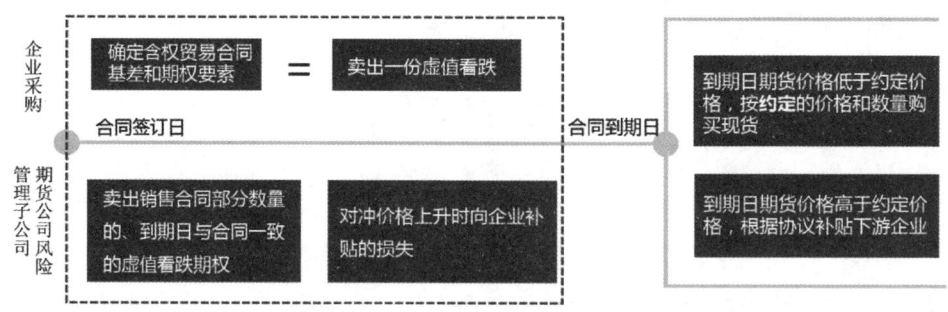

图 9　兜底采购模式流程图

3. 与套期保值方案比较效果

8 月 23 日 PTA 的现货采购价为 5 220 元/吨。含权贸易方案使企业以 5 134 元/吨的价格购得 PTA200 吨。若企业选择使用套期保值加基差贸易的方法，企业在期货端亏损 36 元/吨，使实际采购价格为 5 200 元/吨。因此，含权贸易方案节约采购成本 86 元/吨；套期保值方案节约了 20 元/吨的资金。

从二者效果来看，含权贸易的效果更好。需要强调的是，企业放弃了价格下跌时的收益，才获得了此处额外的收益。因此在没有支付权利金的情况下，含权贸易还为企业节约了套期保值方案需要的相应保证金利息（见表 8）。

表 8　　　　　　　　　　套期保值和含权贸易收益表　　　　　　　　（单位：元/吨）

操作方式	8月23日现货价格	8月23日实际购买价格	损益
含权贸易	5 164（期货价格）+ 56（基差）= 5 220	5 164（约定价格）+ 0（约定基差）- 30（权利金收入）= 5 134	86
套期保值	5 164（期货价格）+ 56（基差）= 5 220	5 164（期货价格）+ 0（基差）+ 36（套保损失）= 5 200	20

六、含权贸易中的风险控制和期权策略选择

（一）含权贸易中的风险控制

1. 基差风险

含权贸易中交易双方通过固定基差的方式来管理基差波动风险。对于其中的基差卖方而言，当基差确定之后，面临的主要风险在于确定基差后到签署合同之间发生基差变化，因此选择基差较为平稳的时机可以有效管理基差波动风险。此外，基差的确定还有助于企业提前确保生产利润，减少未来的不确定性。而对于基差买方而言，买入基差则获得了点价权，主动承担基差风险则扩大了企业的潜在盈利可能。因此，基差买方可以通过分批点价等方式，在价格恰当的时机进行点价，最大化潜在收益。

2. 期权风险

含权贸易中含有的场外期权有一定的潜在风险。企业在卖出期权时面临着上限无限的损失，而买入期权的同时，企业的最大损失是全部的权利金。因此，企业在使用场外期权进行风险管理时，需要对风险管理工具的潜在风险有正确的认识，才能实现自身的风险管理目标。

（二）不同期权策略的比较

1. 买入或卖出期权的目的

企业买入期权的目的在于转移风险，通过支出有限的权利金，规避价格波动。这个模式下，企业利用期权的非线性结构，提前锁定了自身的利润或者成本，实现了风险管理。卖出期权策略可以在价格小幅波动时为企业提供额外收入，可以在市场波动减小的情况下为企业降低成本或者增加收入，是买入策略的一个有益补充。

2. 组合策略的目的：降低期权成本

在实际操作当中，买入期权的成本对于企业是净利润的直接减少，而企业往往认为商品价格在短时间内的波动不会那么大，因此企业在买入平值期权的同时，往往会选择卖出虚值期权以减少成本。这意味着企业在放弃部分风险管理效果的前提下，减少了期权成本支出。此外，市场中还有零权利金模式等更为复杂的模式，该模式利用卖出期权的收益，将期权成本转移到货价当中，使企业可以更为灵活地选择方案，但卖出期权也意味着更多的潜在风险。

七、结论

（一）含权贸易模式在企业风险管理中具备多个优点

1. 期权与现货结合，规避基差风险

含权贸易可以将复杂的衍生品方案转化为具体的合同价格，因此，企业不需要在期货盘面开仓、占用资金，只需要对自身的库存和生产成本有一个准确的估计，就能通过合同价格和采购数量来实现风险管理。和企业的沟通当中，发现相比期权波动率等专业术语，企业更容易理解含权贸易中现货的风险管理和盈亏。在含权贸易模式下，依靠现货和期权的组合，可以有效地避免价格风险，保障企业有序开展生产。

2. 方案灵活多变，适应企业不同需求

含权贸易能够根据不同价格走势和库存状况，为企业提供多套方案，这极大地丰富了风险管理工具的应用场景。若企业希望减少权利金的支付，则可以通过在买入期权的基础上再卖出期权来实现；若企业希望立即参与现货交易，也可以使用卖出期权的收益来参与现货交易，从而获得优于市场价的商品价格。在案例当中，PP和PTA的交易就使用不同的组合模式，为企业在不同情况下提供了有效的风险管理模式。风险管理子公司也根据企业的实际需求，提供对应的非标现货，丰富了价格风险管理工具的适用范围，从而进一步增强了实体企业应对价格波动的能力。

3. 相对传统模式，能提供更加全面的风险管理

含权贸易依托非线性的期权结构，可以为企业提供更加全面的价格风险管理。传统的套期保值，参与企业不可避免地面临资金成本压力和套保浮亏风险，而含权贸易在起到"兜底"效果的同时，保留了企业的盈利空间，在占用更少资金的情况下，提供更优的风险管理效果。

4. 有利于促进我国企业经营思路和发展模式的转变

长期以来，我国实体企业以随行就市的方法购买和销售材料，价格波动的风险对于企业是一个不可控的因素。因此，通过合适的风险管理工具管理价格波动风险对于企业是全新的思路，尤其对于以往由于人力和资源限制无法参与期货市场的企业具有积极的意义。含权贸易模式通过降低衍生品市场参与门槛，为企业提供了更加丰富而简洁的风险管理工具，使企业以全新的视角来审视自身的经营策略和方法。

(二) 开展含权贸易模式的挑战

1. 企业对含权贸易的模式了解有限

含权贸易模式较为新颖，实际上企业对这个模式认识不多。在实地调查当中，许多下游企业对这个模式都抱有疑虑。团队在走访企业的过程中发现，大型企业或贸易商配置有专业的衍生品研究团队；而中小企业缺乏这样专业的团队，进而无从参与期货市场来实现风险管理，也对含权贸易的形式感到陌生。推动场外期权、含权贸易等新型风险管理工具还需要长期的市场培训。

2. 市场缺乏公开的基差定价工具

含权贸易在开展前应首先确定基差，而非标准化现货与期货间的基差通常缺乏公开、公平、公正的报价系统，这会导致贸易合同无法签订。实际现货贸易通常缺乏透明度，往往只有少量产业企业参与基差交易，导致很多时候交易"有价无市"，使得产业企业的风险无法充分转移。随着基差交易平台等创新平台的发展，这个问题到了有效的解决。基差平台当中往往有数十家交易商在铁矿石、聚烯烃品种上开展连续、透明的报价服务，产业企业有基差交易的需求，通过平台随时可以找到交易商交易，有了更多的选择和交易空间，也为含权贸易的进一步发展提供了有效支持。

参考文献

[1] 刘新刚："新时代我国金融高质量发展问题探讨——基于金融关系及其治理的视角"，《理论探索》，2019 年第 3 期。

[2] 罗孝玲、马世昌、杨怀东："商品期货套期保值对企业价值的影响"，《商

业研究》,2011年第7期。

[3] 刘强、胡研:"浅析对'原油期货'套期保值面临的问题及对策",《品牌(下半月)》,2015年第3期。

[4] 穆倩:"套期保值与企业风险管理思考",《中国市场》,2019年第21期。

[5] 陶双:"企业套期保值风险管理研究",《中国经贸》,2014年第22期。

[6] Working H. 1953, "Futures trading and hedging", The American Economic Review, in English, Vol: 43, No: 3, 314 – 343.

[7] Johnson L L. 1960, "The Theory of Hedging and Speculation in Commodity Futures", The Review of Economic Studies, Vol: 27, No: 3, 139 – 151.

[8] Stein J L. 1961, "The Simultaneous Determination of Spot and Futures Prices", The American Economic Review, 1012 – 1025.

[9] 李圣军:"中美玉米期货市场套保绩效比较研究",《农业经济与管理》,2018年第4期。

[10] 李燕杰,高雨萌:"推广基差贸易新模式助推铁矿石贸易发展",《冶金管理》,2018年第8期。

[11] Ederington L H. 1979, "Aspects of the Production of Significant Financial Research". Journal of Finance, Vol: 34, No: 3, 777 – 786.

[12] 斯文:"关于完善我国场外衍生品风险管理机制的思考——一个基于COSO企业风险管理的框架",《北京经济管理职业学院学报》第26卷,2011年第4期。

[13] 潘慧峰、班乘炜:"复杂衍生品定价是否公平——基于深南电案例的分析",《金融研究》,2013年第9期。

[14] 陈东:"期货的保证金交易是套期保值的一个风险源",《资源再生》,2007年第8期。

[15] 曹玉珊:"企业运用衍生品的风险管理效果分析——来自中国上市公司的证据",《财经理论与实践》,第34卷,2013年第5卷。

[16] 罗旭峰:"场外衍生品服务企业新探索",《清华金融评论》,2017年第5期。

[17] 杨磊:"场外期权助农民保价增收",《期货日报》第5卷,2016年第30期。

中期协联合研究计划（第十三期）项目

玉米"保险+期货"模式财政补贴规模测算及应用研究

课题负责单位：大连海事大学
课题研究编号：201921044
课 题 负 责 人：余方平
课题组成员：隋　聪　郭红月　李晓东　万　民　刘延青

一、引言

（一）研究背景

2015年8月，全国首单玉米期货价格保险在辽宁大连落地，"保险+期货"模式迅速得到农户农企、保险和期货界以及各级政府的广泛认同。"稳步推进'保险+期货'模式试点"在2016—2019年连续4年写入中共中央1号等文件。其运行机制为：农户农企向保险公司购买根据期货价格开发的价格保险产品，将价格风险转嫁给保险公司；保险公司同时向期货公司购买场外看跌期权，转移自身承担的价格风险；期货公司对期权进行复制，通过商品交易所的期货市场进行风险对冲，在期货市场的众多投资者中分散风险。"保险+期货"模式充分发挥了期货公司风险对冲优势和保险公司信誉与服务能力优势。试点4年多来，该模式将广大农户承担的农产品价格涨跌风险"聚零为整"，高效地将价格风险转移到期货市场，有力保障了广大农户农企的利益；同时，"保险+期货"模式还为国家农产品价格市场化机制改革、精准扶贫战略实施等保驾护航。

"保险+期货"模式是我国独特的金融衍生工具创新，集中体现了三个"代表"：

第一层次，代表了我国广大农户弱势群体价格话语权。通过"保险+期货"模式，将农户的价格注入现有农产品价格形成机制中，让市场价格更加符合广大农户利益，解决了现有价格体系中农户的声音极其弱小、利益得不到有效保障的突出问题，也为国家农产品价格形成机制改革顺利开展奠定了必然成功的坚实基础。

第二层次，代表了一种碎片化的普惠金融衍生品工具创新。开发出照顾和普惠广大中小弱势群体的金融创新衍生工具是现代金融衍生品业发展趋势，比如，近年来美国、韩国等成功推出的迷你股指期货和期权等，让很多中小投资者广泛受惠。"保险+期货"模式正是类似迷你衍生品的一种独特的普惠金融衍生品工具，背后连接的是广大没有能力从事价格风险管理的弱小农户农企。"保险+期货"模式首次将期货业与保险业割裂式的作用转化成联合式的合力贡献，打通了保险和期货两个市场通道，让广大农户农企碎片化的风险管理需求得以真正满足，是对普惠金融衍生品一种典型而具有标志性的创新。

第三层次，代表了中国对全球农业发展支持政策的创新贡献。从理论上看，"保险+期货"模式可以作为当前农业发展支持政策——政策性农业保险的主要工具之一，完全可以纳入全球农业发展"绿箱"政策。它适用于世界农业情况与我国具有特殊国情的农业发展情况类似的国家，其模式完全可借鉴、可复制、可推广，是我国对全球农业发展支持政策新的具有历史性的贡献。

（二）问题的提出

鉴于"保险＋期货"模式的重大创新价值，各级政府和监管部门、保险业、期货业和农户农企等各方共同协力推动，使农产品"保险＋期货"模式迅速扩容拓面、势头发展极其迅猛。各方都大力呼吁将其纳入国家政策性农业保险体系、给予保费财政补贴扶持，使其迅速发展做大规模。

然而，"保险＋期货"模式能否真正大规模纳入政策性农业保险体系，核心是摸清"期货市场可承载极限容量和'保险＋期货'财政补贴极限规模"。规模容量小了，"保险＋期货"模式难以做起来，发挥的作用范围就很窄了，否则纳入政策性农业保险体系、实施财政补贴就是大空话，就是空中楼阁。

另外，从"保险＋期货"模式风险转移逻辑链条剖视，沿着"保险＋期货"模式承保的价格风险转移过程"保险合同→场外复制期权→期货风险对冲"路径，实施大规模的财政补贴政策，摸清"期货市场可承载容量以及'保险＋期货'极限规模"是必要前提。这是因为，"保险＋期货"模式保险合同是单边性看跌期权，具有保险期限较短、特定时期集中投保等特点，在"期货风险对冲"关键节点上，如果对"保险＋期货"模式大规模进行保费补贴，导入流动性有限的期货市场，不仅会促成期货对冲成本提升、倒逼保险费率提高等，更容易诱发系统性风险、导致试点推广失败。

玉米，作为中国的三大粮食作物之一，随着国家在2016年将玉米临时收储政策调整为"市场化收购"加"补贴"的目标价格新机制①，我国玉米价格涨跌幅度呈现明显的上升，中长期波动率均处于历史高位，广大玉米种植农户面临更大的市场风险，更重要的是对国家粮食安全有着深远影响，相关方对玉米"保险＋期货"模式纳入政策性农业保险体系并实施财政补贴政策呼声更甚。

首先，对于玉米"保险＋期货"模式，现有大连商品交易所玉米期货的市场流动性难以承受大规模财政补贴。我国2018年玉米产量2.5亿吨规模（2 500万手），若全部进行保费财政补贴，按照当年大连商品交易所玉米期货日均成交量50万手、持仓量150万手水平，简单测算需要50个交易日的期货对冲操作，才能全部吸收消化。加上玉米的季节性特征较显著，这使得利用期货市场进行风险对冲的容量有限，因此，这种体量是当前我国玉米期货市场不可能承受的。

为此，大连商品交易所和期货、保险业界联合进一步完善保险策略和丰富风险对冲手段，充实玉米"保险＋期货"模式风险分散工具箱。但是，发展仍不理想。

---

① 资料来源：《2016年玉米临储政策取消，玉米价格将大降》，惠农网，https：//news.cnhnb.com/rdzx/detail/36197/。

比如,试点将玉米价格险升级到收入保险,利用玉米收入保险内含"产量和价格负相关"内部调节机制来对冲价格风险。但是,由于我国玉米收储政策影响价格市场化机制形成,加上当前试点中的收入保险由灾害险和价格险人为强制整合而成,导致"产量与价格负相关"的均衡机制极不明显(见图1)。①

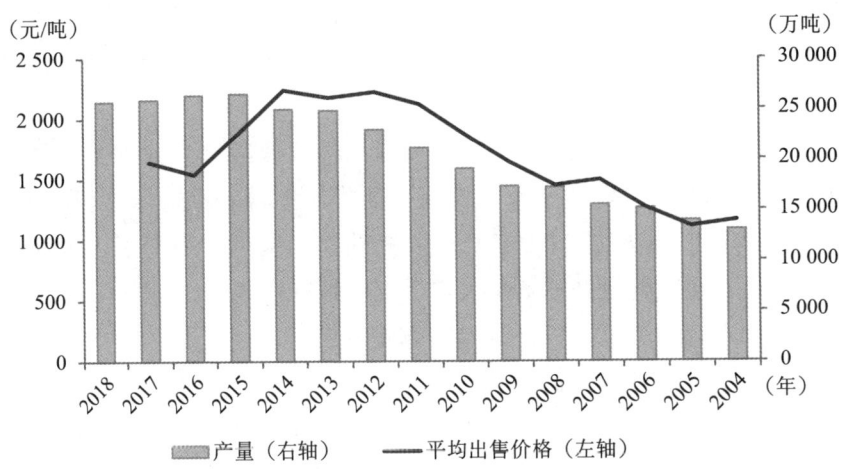

图 1　我国玉米产量和平均出售价格的相关性

再比如,推出玉米场内期权拓展"保险+期货"模式的承保容量。2019年1月底,大连商品交易所上市了玉米期权,但由于处于市场初期,成交量还很小、活跃度不高。② 另外,大连商品交易所场内交易的玉米期权是标准化美式期权,"保险+期货"模式价格保险(亚式期权)还存在不匹配的突出问题,会极大地影响风险对冲效果。因此,玉米期权市场目前尚不能真正成为承接大规模"保险+期货"模式的有效对冲场所之一(见表1)。

表 1　玉米期权交易情况

月份	成交量(张)	持仓量(张)	持仓量变化(张)	成交额(亿元)	行权量(张)	日均成交量(张)
8月	1 138 532	552 490	−71 212	2.7	28 893	51 751.5
7月	1 061 024	623 702	105 198	1.96	27	46 131.5
6月	848 162	518 504	107 366	2.08	7 506	44 640.1
5月	1 256 612	411 138	128 916	4.13	2 211	62 830.6
4月	789 686	282 222	−31 446	2.32	18 179	37 604.1
3月	538 304	313 668	88 232	1.62	753	25 633.5
2月	515 066	225 436	144 952	1.73	1	34 337.7
均值	878 198	418 166	67 429.4	2.36	—	43 275.6

---

① 市场化农产品的产量与价格关系一般表现为高度负相关性。长期以来,我国玉米受托市收购政策的价格支撑作用,其价格与产量相关性关系扭曲。我国玉米2004—2017年产量和平均售价相关系数为0.7089,产量和价格呈现出这种正相关,反而促使灾害险和价格险整合而成的收入险的承保风险更高。

② 玉米期权2019年1月28日挂牌上市,5月后持仓量和成交量保持稳定水平。截至2019年8月底,持仓量为55.25万张,上市以来日均成交量4.32万张,实际容量非常小。

事实说明，当前现有玉米期货和期权市场以及升级收入保险等措施，在短期内很难容纳大规模玉米"保险+期货"模式容量，因此将玉米"保险+期货"模式纳入政策性农业保险体系并进行大规模的财政补贴要慎之又慎。上述事实充分说明，研究玉米"保险+期货"模式财政补贴政策，首先必须在摸清"玉米期货市场可承载的'保险+期货'容量"这个根本性问题的基础上来作决策，从风险视角量化测算并确定玉米"保险+期货"模式财政补贴"补多少、怎么补"等核心问题，并根据其确定玉米"保险+期货"模式在政策性玉米保险体系中的发展定位和实施路径，即"走向哪、怎么走"的突出问题，从而更好地为玉米"保险+期货"模式试点推广尤其是纳入政策性农业保险体系提供决策支持，同时为国家玉米价格机制改革和精准扶贫战略等提供思路参考。

（三）研究意义

本文聚焦基于期货市场流动性约束下的玉米"保险+期货"模式保费财政补贴极限规模测算及相关建议，并在此基础上明确玉米"保险+期货"模式在玉米政策性保险体系中的战略定位和发展路径，为深入推进我国玉米"保险+期货"模式实践发展提供决策参考。主要价值有：

1. 理论上，构建了一套基于期货市场容量约束下的玉米"保险+期货"模式财政补贴规模测算理论和模型

针对玉米"保险+期货"模式实施财政补贴的核心问题——可承载规模，利用流动性风险测算、风险对冲等理论，以及计量模型、期权定价模型等，探索构建了一套基于期货市场容量约束下的玉米"保险+期货"模式财政补贴规模测算理论和模型，为解决玉米"保险+期货"模式财政补贴规模测算奠定了理论基础。借助大连商品交易所的玉米期货等历史数据，科学测算了我国当前玉米"保险+期货"模式的期货市场可承载容量和财政补贴规模，首次明确了我国玉米"保险+期货"模式真正容量、真正实施的潜力。

2. 实践上，提出了玉米"保险+期货"模式在政策性保险体系中的定位、实施路径理论和责任落实分工框架

在对玉米"保险+期货"模式的期货市场可承载容量和财政补贴规模等进行测算及情景分析的基础上，借鉴美国政策性农产品价格保险经验，提出我国玉米"保险+期货"模式在政策性保险体系中的定位和发展路径理论以及责任落实分工框架，为解决玉米"保险+期货"模式"走向哪、怎么走"突出问题奠定了理论基础。

（四）研究内容、方法和技术路线

1. 研究内容

本部分聚焦玉米"保险+期货"模式财政补贴规模测算，重点研究"两总结、一核心、一应用"。"两总结"指玉米"保险+期货"模式试点及美国政策性农产品价格保险经验启示总结；"一核心"指"保险+期货"模式财政补贴规模测算；"一应用"指玉米"保险+期货"模式在政策性保险体系的定位和发展路径等。具体如下：

（1）玉米"保险+期货"模式试点与美国政策性价格保险经验研究。主要包括两部分：一是系统总结我国玉米"保险+期货"模式试点4年多以来的基本情况和主要成效等；二是重点总结美国政策性畜牧业价格保险经验，并分析其对我国玉米"保险+期货"模式发展的启示与借鉴。

（2）玉米"保险+期货"模式财政补贴规模测算研究。分解为期货市场流动性约束下的对冲期货规模和场外复制期权对冲策略两因素测定。主要包括三个部分：一是期货市场流动性对冲极限容量测算研究。改进Kyle流动性深度测算模型，将期货持仓量纳入考量范围内，建立玉米期货市场可承载极限容量测算模型，对期货对冲极限规模进行测算。二是"保险+期货"模式场外复制期权组合的期货对冲策略研究。推导玉米"保险+期货"模式延期亚式期权纯保费定价公式和组合风险对冲策略公式，重点刻画"保险+期货"模式场外复制期权组合开仓、调仓、平仓三个特殊时期的组合风险中性对冲策略时序。三是测算玉米"保险+期货"模式财政补贴极限规模。综合场外复制期权组合风险对冲策略、期货市场流动性的动态演化两个因素，科学计算玉米"保险+期货"模式财政补贴极限规模。

（3）玉米"保险+期货"模式的定位、路径和责任设计研究。基于玉米"保险+期货"模式财政补贴规模测算结果以及国内外经验和启示，对我国玉米"保险+期货"模式发展进行延伸研究，主要包括三个方面：一是政策定位。对玉米"保险+期货"模式在我国玉米生产支持政策当前阶段和未来时期的定位进行深入分析。二是发展路径。结合定位，对我国玉米"保险+期货"模式发展路径和步骤进行设计分析。三是责任设计。对期货监管部门和期货交易所、政府部门、业界等各方协同推动我国玉米"保险+期货"模式发展的责任和具体重点工作进行详细分析研究。

2. 研究方法

（1）调研分析法。利用问卷和走访调研方式以及试点项目资料分析法等，分析玉米"保险+期货"模式试点基本情况以及"保险+期货"模式保险产品形态等，分析美国政策性农产品价格保险经验与启示等,从而得到对我国玉米"保险+期货"模式财政补贴政策落实的相关借鉴和建议。

(2)定量分析法。利用计量经济模型和随机过程等方法,构建期货市场承载容量测算模型以及"保险+期货"模式场外期权风险对冲中性策略等;利用情景模拟法,得到承载期货头寸容量临界值以及玉米"保险+期货"模式财政补贴极限规模。

3. 技术路线

具体的技术路线详见图2。

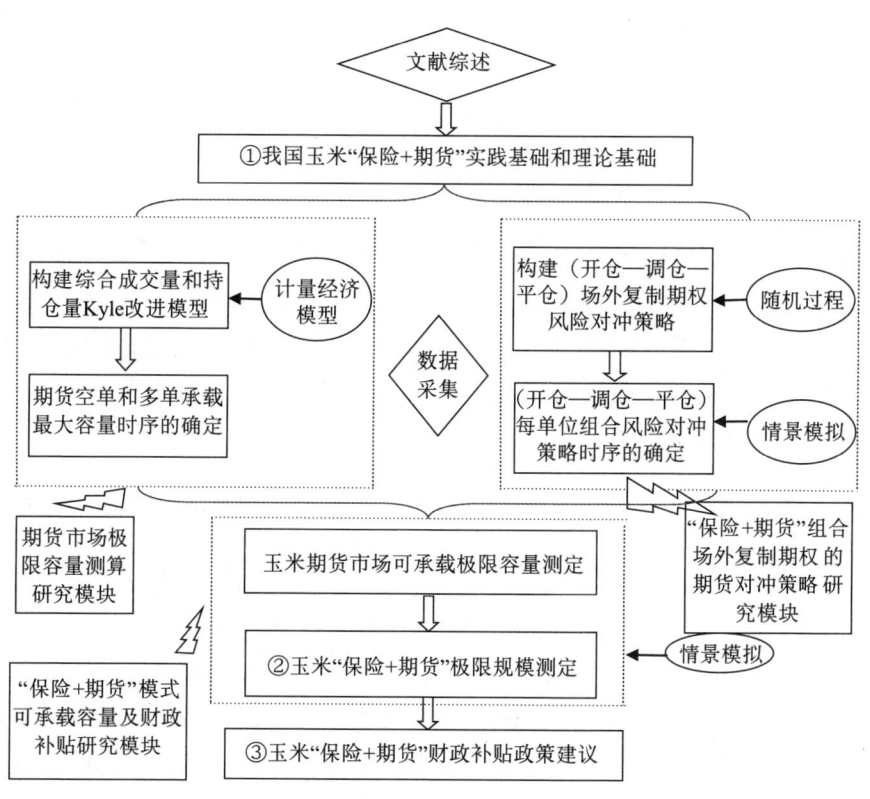

图2 整体框架

(五)创新点

本文对玉米"保险+期货"模式的财政补贴规模进行测算研究,并基于测算结果对我国玉米"保险+期货"模式科学发展进行优化设计,主要创新点有:

1. 对玉米"保险+期货"模式试点现实和财政补贴规模理论基础进行深入分析,表明我国玉米"保险+期货"模式的独特创新性

对我国玉米"保险+期货"模式试点基本情况进行总结,同时分析美国政策性畜牧价格保险对我国玉米"保险+期货"模式发展的重要启示有:用"保险+期货"模式更适合广大中小农户和新型生产主体解决风险管理问题;玉米"保险+期货"实施财政补贴的产品体系设计慎重考虑价格风险独特的问题;该模式定位应是"价格保险+收入保险或生产成本保险"配合发挥作用。尽管当前"保险+期货"模式财政补贴规模相关理论比较薄弱,玉米"保险+期货"仍然为我国广大中小农户农企提供了一种新型有效的保险工具,显著提升了我国广大农户弱势群体价格话语权,是中国对全球农业发展支持政策的创新贡献。

2. 构建了玉米"保险+期货"模式财政补贴规模测算理论与模型,摸清了我国玉米"保险+期货"模式财政补贴极限规模

通过构建玉米"保险+期货"模式财政补贴规模测算理论与模型,重点刻画玉米期货市场可承载极限容量时序和"保险+期货"场外复制期权组合开仓、调仓、平仓三个特殊时期的组合风险中性对冲策略时序,科学测算了当前玉米"保险+期货"模式的期货市场可承载容量和财政补贴极限规模,同时对玉米"保险+期货"模式财政补贴规模等进行了情景分析。

3. 对我国玉米"保险+期货"模式政策定位、发展路径和责任落实进行了设计

玉米"保险+期货"定位为我国玉米生产支持政策和价格市场化的重要风险管理工具:当前阶段应为"目标价格制度+政策性自然灾害保险为主导、政策性'保险+期货'价格保险补充",未来时期应为"政策性收入保险主导、政策性'保险+期货'价格保险补充"的发展定位。发展路径分三步走:首先,选择部分地区实施中央牵头的财政补贴。其次,逐年增加地区实施玉米"保险+期货"财政补贴、不断扩大承保面积。最终,完善政策性收入保险主导、政策性"保险+期货"价格保险补充体系。期货监管部门和期货交易所应抓实丰富玉米期货市场交易主体和资金供给、大力发展玉米期权衍生品等工作;政府部门应协调抓实玉米"保险+期货""绿箱"政策认定、落实财政保费补贴、探索玉米收入保险试点、加强监管等工作;业界应迭代优化玉米"保险+期货"模式产品、玉米产业链条场外价格险创新等。

二、玉米"保险+期货"模式实践和财政补贴规模理论基础综述

玉米"保险+期货"模式是当前试点的第一大品种。要解决玉米"保险+期货"模式财政补贴测算及其应用问题,首先需要从实践上和理论上找到依据。因此,本章对我国玉米"保险+期货"模式的实践基础和财政补贴理论基础进行了详细综述,实践基础主要对我国玉米"保险+期货"模式试点情况进行了总结、对美国政策性农产品价格保险经验进行了总结;理论基础主要对玉米"保险+期货"财政补贴相关理论文献进行了总结,具体如下。

(一)我国玉米"保险+期货"模式试点实践总结

玉米"保险+期货"是大连商品交易所在2015年试点破冰的两个品种之一,也是"保险+期货"模式试点第一大农产品品种。试点4年多来,玉米"保险+期货"取得了比较好的效果。

1. 我国玉米生产和价格支持政策改革情况

我国是玉米生产大国,总产量居世界第2位。我国玉米种植区域分布广泛,具有较强的地域差异,呈现西南到东北45°对角线分布。北方的辽、吉、黑、蒙、晋、冀、鲁、豫8省区生产了全国65%以上的玉米,尤其是东北地区(含内蒙古),常年玉米播种面积为1 000万—1 400万公顷,正常年份玉米产量为6 000万—9 000万吨,占全国玉米总产量的40%左右,是我国最大的玉米商品粮产地。华北黄淮地区(包括京、津、冀、鲁、豫、苏和皖)常年玉米播种面积为1 000万—1 100万公顷,正常年份玉米产量为6 000万—6 500万吨左右,产量占全国总产量的30%—40%,但商品率低于东北地区。我国玉米主产区分布情况见图3。

玉米作为我国三大粮食作物之一,是国家粮食安全极其重要的保障。玉米市场一直以来是党和政府政策关注和干预的重要对象。2008年我国开始在东北地区实施对玉米等农产品的临储收购。2014年中央1号文件明确"启动东北和内蒙古大豆、新疆棉花目标价格补贴试点,探索粮食、生猪等农产品目标价格保险试点,开展粮食生产规模经营主体营销贷款试点",拉开了目标价格改革的序幕。受制于临储政策的效用逐年递减以及给政府造成的巨大财政负担,2015年国家首次下调玉米临储收购价格;紧接着在2016年,玉米临储收购正式取消,调整为"市场化收购"加"目标价格补贴"的新机制;2017年起,大豆目标价格补贴又调整为大豆生产者补贴,我国玉米价格逐步进入由市场形成、供求关系靠市场调节的新阶段。与此对应

的是，长期以财政补贴支持的国内玉米价格应声而落，下跌幅度近50%。① 国内玉米价格涨跌幅度、波动幅度呈现明显的上升趋势，广大玉米种植农户面临更大市场风险，国家粮食安全面临新挑战。在这种背景下，始于2015年玉米"保险＋期货"模式试点，成为玉米价格形成机制改革极其重要的支持手段，与此同时，相关方对玉米"保险＋期货"模式财政补贴政策呼声非常大。

2. 玉米"保险＋期货"模式试点基本情况

2015年，大连商品交易所支持了国内首个玉米价格保险——新湖期货辽宁义县玉米期货价格保险项目破冰。2016年，大连商品交易所组织"保险＋期货"12个试点项目中，有9个为玉米项目，玉米试点项目的平均目标价格为1 537元/吨，保费总额2 033.46万元，平均保费122元/吨，赔付总额435.7万元，赔付水平为36元/吨。试点省份包括黑龙江、吉林、辽宁、内蒙古和安徽。2017年，大连商品交易所在稳步扩大"保险＋期货"试点的基础上，实现了期货价格保险模式向基于期货价格的收入保险模式的转变，并通过匹配基差贸易形式实现对农民收入的基本保障（李正强，2019）。当年，累计支持的32个"保险＋期货"试点项目中，涉及玉米超过一半，覆盖玉米67.83万吨。2018年，进一步推出了"农民收入保障计划"试点。其中，包括三种试点模式：一是大豆、玉米品种的"保险＋期货"价格保险；二是大豆、玉米品种的"保险＋期货"收入保险；三是大豆、玉米和鸡蛋品种开展场外期权。项目试点个数增加到107个，涉及全国16个省区、覆盖约630万亩土地，为500多个合作社、13万农户提供风险管理服务，其中玉米项目超过50个。

(1) 政策扶持情况。从试点过程看，从中央到地方各个层面都给予了玉米"保险＋期货"的大力扶持。在国家层面，2016年以来，党中央、国务院出台了6个文件都明确提及了支持"保险＋期货"试点；除此之外，还有中央各个部委联合出台相关文件大力支持"保险＋期货"。近几年，农业农村部还在东北粮食主产区对"保险＋期货"试点给予了一定保费补贴（比如2016年，农业部支持了1 500万元）。在交易所层面，大连商品交易所、郑州商品交易所、上海期货交易所都给予了"保险＋期货"模式大量资金支持试点。尤其是大连商品交易所，从2016到2018年，对参与试点的期货公司均给予了资金支持来鼓励期货公司参与试点，2016年补贴保费2 000万元、2017年7 000万元、2018年达到3亿元，其中玉米作物试点补贴资金占主要部分。另外，很多省、市、县各级地方政府都配套了玉米"保险＋期货"试点保费补贴支持政策。比如，2016年12个试点项目中有4个项目得到地方政府支持；2017年32个试点项目中分别有2个、11个项目获得农业农村部和地

---

① 资料来源：兴业证券：《临时收储改革系列之五：种植面积下滑超预期，玉米价格趋势回升》，2017年7月12日。

方政府支持，大部分项目保费补贴比例达到80%，少数项目甚至达到100%。从这可以看出全国上下对"保险+期货"的期盼（见表2）。但是，由于试点没有纳入政策性保险范围，有限的资金支持限制了试点规模。

表2　　　　　　　　国家层面"保险+期货"扶持政策相关文件

序号	发布部门	发布时间	文件名称	包含玉米"保险+期货"的具体措施
1	中央深改委	2019年10月12日	《关于加快农业保险高质量发展的指导意见》	扩大"保险+期货"试点，探索"订单农业+保险+期货（权）"试点；推进玉米完全成本保险和收入保险试点
2	中共中央、国务院	2019年1月3日	《关于坚持农业农村优先发展做好"三农"工作的若干意见》	推进玉米完全成本保险和收入保险试点。扩大农业大灾保险试点和"保险+期货"试点
3	中共中央、国务院	2018年9月26日	《国家乡村振兴战略规划（2018—2022年）》	扩大"保险+期货"试点，探索"订单农业+保险+期货（权）"试点
4	中共中央、国务院	2018年6月15日	《关于打赢脱贫攻坚战三年行动的指导意见》	探索发展价格保险、产值保险、"保险+期货"等新型险种
5	中共中央、国务院	2018年1月2日	《关于实施乡村振兴战略的意见》	稳步扩大"保险+期货"试点，探索"订单农业+保险+期货（权）"试点
6	中共中央、国务院	2016年12月31日	《关于深入推进农业供给侧结构性改革加快培育农业农村发展新动能的若干意见》	稳步扩大"保险+期货"试点
7	中共中央、国务院	2016年1月27日	《关于落实发展新理念加快农业现代化实现全面小康目标的若干意见》	稳步扩大"保险+期货"试点
8	人民银行、银保监会、证监会、财政部、农业农村部	2019年2月11日	《关于金融服务乡村振兴的指导意见》	稳步扩大"保险+期货"试点，探索"订单农业+保险+期货（权）"试点
9	农业部、发改委、财政部、国土资源部、人民银行、税务总局	2017年10月26日	《关于促进农业产业化联合体发展的指导意见》	鼓励探索"订单+保险+期货"模式

资料来源：课题组搜集整理。

（2）主要产品类型。价格保险是玉米"保险+期货"模式的核心，什么样的价格保险产品适合该模式，既能满足农户和农产品种植企业需求、又能有效抵御价格风险，这关系到"保险+期货"模式能否可持续发展。本课题组依托保险公司农业保险服务网络，开展了"保险+期货"模式试点玉米保险产品欢迎度专项调研，共调研了 2 312 户农户，其中：①产品类型方面，大多数农户选择了 6 种期货价格保险产品，即欧亚期权保险（占 34%）、美式期权保险（占 27%）、美亚期权保险（占 16%）、蝶式期权保险（最高赔付）（占 8%）、蝶式期权保险（最低赔付）（占 7%）、障碍期权保险（占 5%）、其他类型（占 3%）；②产品期限方面，89% 的农户支持从开始承保周期为 7—12 月中旬期限，对应的农作物生长期 - 收割期和集中销售期，而且赔付结算价格基本上以 10—12 月集中销售期价格为计价标准。具体占比情况见图 3。

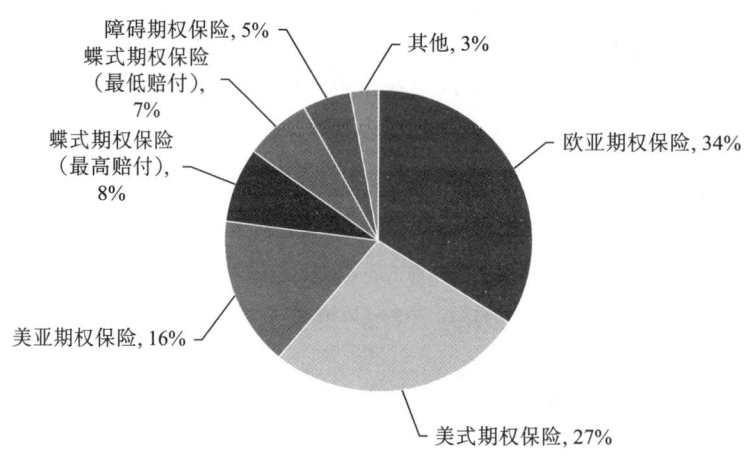

图 3　玉米"保险+期货"试点调查主要受欢迎的保险产品类型

分析现有的玉米"保险+期货"模式价格保险试点项目，统计其产品类型发现，试点中的延期式欧亚期权保险（又称"延期算术平均亚式期权"，为方便对玉米"保险+期货"财政补贴规模测算模型的理解，下文用此名称）占比超过 90%，这说明玉米"保险+期货"模式产品类型比较集中。

3. 玉米"保险+期货"模式试点成效

4 年多的实践，极大地丰富了玉米"保险+期货"的内涵和外延，其运行模式也更为完善成熟。尽管"保险+期货"试点规模还非常有限，但是还是取得了比较明显的成效，主要有以下三点：

（1）玉米"保险+期货"价格保险保费水平较临储费、目标价格补贴成本有优势，可作为临储政策以及目标价格保险制度的有效补充政策。以 2016 年的玉米试点项目为例，其保险价格为大连商品交易所玉米 1701 合约 1 570 元/吨，平均保费约为 120 元/吨。玉米临储政策国家固定补贴费约为 340 元/吨。可见，"保险+期货"较临储可节约费用 220 元/吨。2016 年中央支持东北三省和内蒙古自治区玉米收储制度改革，实施目标价格补贴，先后两次下达了 390 亿元的补贴资金，对玉米实际生产者给予一定的直接补贴，保障玉米种植者的基本收益。按照 2016 年东北三省和内蒙古自治区玉米产量 9 565.84 万吨来计算，实际上每吨补贴了 407.7 元，这充分说明玉米"保险+期货"可有效补充临储政策以及目标价格保险制度。通过"保险+期货"模式和机制的创新可以有效节约国家财政支出，尤其是近两年来，随着玉米"保险+期货"试点的深入以及玉米期权的推出，玉米"保险+期货"价格保险保费水平明显下降，能进一步节省不少财政资金。需要指出的是，玉米"保险+期货"可预先确定保费补贴的比例和额度，从而可预先确定财政补贴总额，增强财政预算的硬约束；同时运作流程较短，环节清晰，资金流向公开，容易审核和监督，有利于提升财政资金运作的透明度（见表3）。

表3　　　玉米"保险+期货"与临储政策、目标价格政策对比　　　（单位：元/吨）

主要费用项目	临储政策金额	目标价格政策金额（东北地区）	"保险+期货"保费
收购费	50		
年保管费补贴	180		
资金利息费	100		
粮损耗	10		
总计	340	407.7	120

资料来源：课题组搜集整理。

（2）玉米"保险+期货"模式为我国广大中小农户、新型农业生产主体提供了一种保险保护工具。我国农村人多地少，每家每户的农田比较少，而且都是零散分布，很难集中起来进行集中经营，形成不了规模效应。尽管国家大力推进土地流转、扶持新型农业主体发展等战略实施，但是农业适度规模经营之路还比较长。在我国农业集中化经营转型过程中，特别离不开金融工具来为中小农户承包土地的经营权、新型农业生产主体保驾护航。"保险+期货"模式是一种非常理想的工具，是我国农业现代化减风险、稳收入的适合我国国情的创新之举。比如，2017 年大连地区两个玉米"保险+期货"项目，1 个覆盖 55 个村 2.8 万农户的 7.8 万亩耕地；另外 1 个承保 97 个种植大户及合作社的土地 4.4 万亩，为新型农业经营主体安心生产提供了稳收增收新模式。总之，玉米"保险+期货"模式摸索出一种扶持生产端新型农业经营主体和广大中小农户两头兼顾的新金融衍生工具，是我国保险与期货联手强农惠农的一把市场化"金钥匙"（李华，2015；余方平，2015；李华和张琳，2016；王玉刚和余方平，2016）。

从现有玉米政策性保险体系来看，目前主要是政策性的自然灾害保险。我国近

3 年的玉米政策性自然灾害保险经营情况见表4。从表4可以看出，我国玉米政策性自然灾害保险保费收入2018年已超过90亿元，而这些保费收入绝大部分来源是中央和各级地方政府的财政补贴。政策性自然灾害保险让我国玉米种植面积基本都在保险保障伞下，以2017年为例，我国玉米种植面积5.32亿亩，政策性保险承保面积3.69亿亩，占比约70%。我国玉米种植面积的全覆盖保险费率平均为6%—7%。然而，对于广大农户农企来讲，玉米价格风险管理手段缺乏，急需玉米"保险+期货"来补充。

表4　　　　　　　　　我国玉米政策性自然灾害保险情况

年份	保费收入（亿元）	承保农户（万户次）	保险金额（亿元）	承保面积（亿亩）	赔款支出（亿元）	保险费率（%）
2018	92.84	3 927.95	1 401.89	3.82	57.75	6.62
2017	84.70	4 307.78	1 273.41	3.69	64.97	6.65
2016	88.32	4 702.85	1 302.97	4.08	63.55	6.78

资料来源：《中国保险统计年鉴》，2016—2018年。

（3）玉米"保险+期货"模式是推动当前我国玉米目标价格制度升级的终极有效补充方案。我国玉米临储政策、目标价格制度都是属于世贸组织规定的"黄箱"政策[①]，农业保险则是"绿箱"政策。美国、加拿大、墨西哥等西方国家都抛弃了传统的目标价格保险制度体系，而转为构建政策性农业保险支持政策体系。"保险+期货"模式属于典型的农业价格类保险，因此从理论上来说也是属于支持农业发展的"绿箱"政策（张峭，2016；余方平和王玉刚，2016）。虽然世贸规则上没有对我国独创的"保险+期货"作具体的规定，但参照其对农业保险的一般性规定，适度保障水平的"保险+期货"形式的价格保险应该符合其规则，可以规避我国扶持的"黄箱"补贴政策的限制。因此，长远看，在这种背景下，"保险+期货"对于我国玉米作物政策扶持非常适合。

（二）美国政策性农产品价格保险实践总结

从全球范围来看，政府财政补贴的农产品价格保险在全球普及性不是很广，更多是收入收益、生产成本、自然灾害等属性的保险。目前国外仅有美国、加拿大、墨西哥等极少数国家开展政策性农产品价格保险。2002年，美国在全球率先开展政策性农产品价格保险，并持续运营至今，但是其主要以畜牧业为标的，而没有运用于玉米种植业。为此，本文对美国政策性价格保险进行梳理，为我国对玉米"保险

---

① 目前我国开始试点实施的目标价格支持制度也属于WTO"黄箱"政策范畴，是否要全面实施价格支持政策、如何实施尚未定论。

+期货"模式实施财政补贴政策提供决策参考。

1. 基本情况

1995年世贸组织（WTO）《农业协定》生效以后，美国政府根据其农业发展目标和农业规则，对农业的支持政策进行大力改革，先后经历了削减价格支持、以挂钩收入补贴为主导和以政策性农业保险为主导三个阶段（张然和田志宏，2019）：

1996—2001年：1996年农业法案的出台，使美国放弃已实施60多年的农产品价格支持政策，将其转化为直接收入补贴的方式。

2002—2013年：2002年和2008年的农业法案，主要设计了"半脱钩"化的补贴方式以及完善和优化政策性农业保险制度。

2014年至今：2014年改革的农业法案，突出强调了政策性农业保险主导地位，取消了直接固定补贴、反周期补贴和农作物平均收入选择项目，通过新增价格损失保障项目和农业风险保障项目，采取提高保险额度、扩大保险覆盖面、增加农业保险险种、提高对农业保险的财政支持力度等措施，进一步完善和优化美国农业保险体系（见表5）。

表5　WTO《农业协定》生效以来美国农业发展支持政策三阶段变化情况

政策类型	具体工具		
	1996—2001年	2002—2013年	2014年至今
价格支持政策	糖、花生无追索权贷款；乳产品价格支持计划	糖无追索权贷款；乳产品价格支持计划	糖无追索权贷款
挂钩收入补贴	营销援助贷款；市场损失援助	营销援助贷款；反周期支付；平均作物收入选择；补充收入援助支付	营销援助贷款；价格损失保障；农业风险保障
农业保险补贴	产量保险	产量保险；收入保险	产量保险；收入保险；补充保险选择；叠加收入保险

2014年美国农业法案改革，标志着美国政府支农政策方向发生了根本性的改变，从原有的保险与补贴并举模式转向风险管理方式，农业保险成为美国农民首要的或者说是唯一的风险管理工具。总的来说，美国在农业发展支持政策变革过程中，借助保险保障农业发展已经成为发达国家的主流趋势（谢凤杰、吴东和立陈杰，2016）。

在这个大背景中，美国农业部风险管理局（RMA）于2002年率先推出了针对畜牧业为标的价格保险政策，主要包括牲畜价格风险保障保险（Livestock Risk Protection，LRP）和牲畜毛利润保险（Livestock Gross Margin，LGM）。LRP是当畜产品价格低于保障价格时，提供保险赔付，适用的牲畜有育肥小肉牛、待宰大肉牛、生猪和羔羊。LGM 是当畜产品价格与饲料价格按一定的公式计算的毛利润低于保障水平时，提供保险赔付，最初仅适用于活肉牛和生猪，2008 年又增加了牛奶。自此，美国仅有的两种政策性农产品价格保险延续至今（孙乐和陈盛伟，2017；汪必旺和王克，2019）。

需要特别指出的是玉米，美国并没有采用玉米价格保险支持政策，而是将其纳入营销援助贷款、价格损失保障和农业风险保障项目，通过产量保险、收入保险、补充保险选择、叠加收入保险等综合措施来实现保障目的。在这项政策实施过程中，美国的玉米期货更多用来核定收入保险中的目标价，也就是实现期货价格发现的功能，而期货套期保值的功能却没有使用。

2. 主要特点

（1）政策性畜牧价格保险以普惠为目的，主要保障对象为中小农场主。美国牲畜价格保险的主要目标对象就是中小规模生产者。这主要是因为 RMA 对政策性畜牧价格保险参保有比较严格的承保数量限制，即对每个被保险人每年和每个保单所允许的投保数量明文规定。很显然，较大规模的生产者或合作社被拒之门外。

事实上，美国畜牧养殖的平均饲养规模较大，且合作社比较普及。美国畜牧业的生产销售主要采用"远期 + 期货"模式，合作社、贸易商等承担了价格风险，利用美国农产品衍生品交易所对应畜牧的场内期货和期权工具来进行风险管理。但是，美国牲畜价格保险仅是对独立经营的中小规模养殖者进行保护。

（2）政策性畜牧价格保险规模较小，风险分散方式主要以再保方式实现。RMA 对政策性畜牧价格保险财政补贴每年都有限额规定：对于牲畜价格保险，在每个再保险年度对生产者的保费补贴和对商业保险公司的管理与运营费用补贴总和上限为 2 000 万美元。这个额度是非常小的。由此导致美国牲畜价格保险的保障数量占国内生产量的比例很低。比如，2009—2017 年期间统计数据显示，美国肉牛价格保险承保的肉牛头数占当年存栏量常年维持在 1% 左右（汪必旺和王克，2019）。

另外，RMA 规定政策性畜牧价格保险的价格风险分散方式只能通过再保方式实现，同时还规定参与再保险安排的商业保险公司不允许使用期货、期权或其他金融衍生产品来对冲承保风险。

（3）政策性畜牧价格保险精心设计，更多考虑了风险分散和逆选择风险。RMA 针对畜牧价格保险具有的系统性风险特点（一般而言畜牧价格水平和趋势基本一致，一旦发生保险赔付，对所有投保的生产者都会出现赔付，产生系统性的赔付风险）和投保人逆选择风险（投保人可根据历史价格数据、经营经验判断价格走势，做出有利于自己的投保选择），对政策性畜牧价格保险精心设计。

比如，将牲畜价格保险设计成保单滚动多期、保障价格多档的形式。LRP 的保单每个工作日均有销售，且保险期间长度、保障价位也是不一致的，LGM 的保单一年销售 12 次，这将会降低保单集中赔付的概率；又如，通过再保险安排，保险公司可以选择将大部分承保风险转移给政府；再如，RMA 规定，在保单销售期间，当 LRP 或 LGM 所使用的期货合约价格出现连续跌停或涨停时，暂停相应保单的销售。

3. 主要启示

尽管美国政策性畜牧价格保险受其风险转嫁模式限制，实施范围和规模都不大，实施效果也一般，但是，这种模式最大的优势能对广大中小农场主实现普惠政策，真正帮助中小弱势群体解决风险管理问题。这一优势在我国可得到更加充分的利用。我国玉米"保险+期货"具备这种较大规模的实施条件：

（1）广大农户小而不大，用"保险+期货"模式更适合替代广大中小农户和新型生产主体解决风险管理问题。针对我国玉米种植户规模弱小的现状，利用"聚沙成堆"的方式，大规模实施"保险+期货"模式是一种比较合适的选择。我国农户地少，种植规模效应极不明显，新型农业主体有待扶持发展。在这种情况下，利用"保险+期货"模式，将广大农户和新型农业种植主体的承担价格风险"聚零为整"，通过专业的期货风险管理机构将该风险转嫁给期货市场，能很好地帮助我国广大农户管理价格风险。

（2）玉米"保险+期货"实施财政补贴的产品体系设计慎重考虑价格风险独特的问题。从美国政策性畜牧价格保险设计来看，我国实施玉米"保险+期货"应当谨慎，除了学习玉米"保险+期货"保险产品的承保期限、投保期数、保障价格档位等多样化经验之外，还要充分考虑我国期货市场的承受力。尤其是大规模进行财政补贴时，如果期货市场承受能力不够，会形成较大的系统性风险，甚至造成玉米"保险+期货"模式的失败。

（3）玉米"保险+期货"定位应当是"价格保险+收入保险或生产成本保险"配合发挥作用，让我国玉米生产风险管理政策多样化、灵活化。当前，美国政府对于玉米种植户风险管理政策支持主要是收入保险。然而，我国玉米市场化价格机制尚未形成，真正的市场化机制还需要较长一段时间才能实现。另外，受玉米价格全球化影响，利用收入保险同时承保产量和价格、二者本身具有相互对冲效应来平衡风险短期内也很难实现。我国完全实施玉米收入保险政策，实现从纯粹的价格保险到收入保险的超越还需要走较长一段路。因此，我国玉米未来的扶持政策定位应当是"'保险+期货'价格保险+收入保险或生产成本保险"配合发挥作用。而当前应当在玉米目标价格保险政策的基础上，充分发挥政策性玉米"保险+期货"模式效用。

(三) 玉米"保险+期货"模式财政补贴规模理论综述

本课题组尝试用"'保险+期货'模式""财政补贴""玉米"等关键词来搜索相关研究文献,但是在这个领域只检索到少量直接进行论述的相关文献。总体看,"保险+期货"模式财政补贴理论初步可以分成以下两类:

1. 基于风险视角的"保险+期货"模式财政补贴规模定性研究

目前,基于风险角度的"保险+期货"模式财政补贴理论研究非常少。刘小微(2016)指出,由于没有玉米场内期权,因此选择期货复制期权进行风险对冲,玉米期货合约的总容量以及交割月的流动性也影响了复制期权;同时认为如要在较大范围内推进,巨额补贴资金的筹措和巨灾风险防控也是必须解决的问题。于洋(2017)以自给率高、客户结构合理和成交持仓稳定的玉米期货为代表的"农业+保险+期货"全流程风险管理机制进行了研究,指出加速推出商品期权以解决"保险+期货"模式场外复制期权风险对冲工具缺乏的问题。陈方(2019)强调"保险+期货"市场基础有待进一步加强,交易所不仅应推出更多农产品期权,而且应使主要农作物各自具有完整的期权市场,同时为应对更大规模的看跌期权进场对冲,还需进一步提高期货期权市场的承载能力,即提供更大的流动性。

总体看,基于风险角度的"保险+期货"模式财政补贴理论研究仍处于泛泛定性分析阶段,没有深入对农产品期货品种进行定量分析,对于财政补贴决策难以起到实质性的帮助。

2. 基于期货市场流动性和风险对冲策略的"保险+期货"模式财政补贴规模定量研究

原理上,基于期货市场流动性约束的"保险+期货"模式财政补贴规模由期货市场流动性约束下的对冲期货规模决定,因此逻辑上可表示为:基于期货市场流动性约束的农产品"保险+期货"模式财政补贴规模=期货市场可承载容量÷"保险+期货"场外复制期权对冲策略,即"保险+期货"财政补贴规模最终由期货市场流动性和场外复制期权策略两个因素决定。查阅现有中外文数据库,这种合成研究文献为零,更多的是对期货市场流动性和期权风险对冲策略分别展开了较深入的研究,其现状分别如下:

(1) 期货市场流动性研究。场外复制期权要到期货市场内利用期货进行对冲,因此,对应的期货合约及市场流动性成为关键。Harris(1990)提出了广为接受的流动性描述,即:宽度、深度、速度和弹性。Liu(2006)和 Hasbrouck(2009)等进一步将流动性总结为三个维度:交易成本、交易速度、价格冲击。期货市场流动性一直以来是期货市场研究的焦点，从现有研究来看，主要集中在以下几方面：

流动性指标关系上。比如 Bessembinder 和 Seguin（1993）、Boonvorachote 和 Lakmas（2016）、Iwatsubo、Watkins 和 Xu（2018）等研究期货成交量、波动率和市场深度之间的关系，Marshall、Nguyen 和 Visaltanachoti（2013）研究得出商品期货市场流动性具有较强系统性的共有特征，Han 和 Pan（2017）研究了流动性与期现货基差之间的关系。

流动性测定指标上。单维度指标包括价差、交易量等度量，价差越小、交易量越大，市场流动性越好。多维度指标往往是合成单维度指标，侧重于流动性的价格与速度、价格与交易量、交易成本等，典型如：Kyle（1985）构建了某时间间隔内的净交易量对价格变化影响的指标，在此基础上衍生出以成交量与价格变动合成的 Amivest、Martin、Hui – Heubel 等流动性比率。Engle 和 Lange（2001）则提出了深度与即时性相结合的价格久期的流动性指标 VNET。刘向丽和汪寿阳（2013）构造了基于价格久期和交易量久期、久期流动性比率三个指标，结果表明国内期货交易量和持仓量对市场流动性都具有显著的正影响，度量国内期货市场的流动性必须考虑交易量因素。Chacko、Das 和 Fan（2016）构建了一个指数指标测算流动性。更深入的，比如 Thompson 和 Waller（1987）构建了一个可以测算期货市场流动性成本的模型，朱世杰和王军（2012）借助该模型分析了国内棉花期货流动性成本。Bangia 和 Diebold（1999）提出基于价差来计算流动性的 La – VaR 模型，胡方琦和宋琴（2016）则利用该模型研究了国债市场流动性风险。

期货市场不同于股票、债券等市场受总股本和发行规模限制，其流动性不仅决定价差，而且包括成交量和持仓量，尤其是"保险+期货"场外复制期权是集中开、平仓且其对冲头寸持续期较长，更受成交量和持仓量明显影响。现有文献对期货流动性主要集中在其指标关系和测算上，对于期货市场成交量和持仓量的影响流动性研究有待加强，对于"保险+期货"场外复制期权组合不同时期的流动性刻画有待进一步细化。

（2）期权风险对冲策略的研究。当前，"保险+期货"模式试点中各类价格保险本质上是一种延期场外复制期货期权（余方平和王玉刚，2016；李亚茹和孙蓉，2017；李亚茹、孙蓉和刘震，2018；郑彦，2019），且大部分是奇异期权。正如前文图3和玉米试点项目所采用场外复制期权类型所示，"保险+期货"模式的场外复制期权主要以亚式、美式、障碍这三种基本看跌期权为主。对应地，期权风险对冲策略主要有 Delta、Gamma、vega 等中性对冲策略，业界主要采用 Delta 中性策略对冲风险。实际上，关于上述三种路径依赖期权的风险对冲策略研究较多，典型如下面几种：

在亚式期权方面，杨昌凡（2003）运用 Clark 推广公式推导出了算术亚式期权风险对冲策略的计算途径。Tsao、Chang 和 Lin（2003）对延期生效的亚式期权的定价公式进行了修正：利用泰勒二阶展开，在正态分布与 χ2 分布变量之和仍服从正态分布的假设下获得定价近似解，同时推导出希腊字母参数计算公式。Li 和 Chen（2016）采用边沿值级数展开法研究了算术亚式期权的定价和对冲策略。方媛和耿国清（2018）采用蒙特卡洛模拟方法对亚式期权进行定价与 Delta 对冲。

在美式期权方面，Coleman、Levchenkov 和 Li（2007）探讨了基于局部风险最小化的美式期权离散型的风险对冲策略。Ruas、Dias 和 Nunes（2013）则深入探讨了基于跳跃违约扩展 CEV 模型的美式期权的静态对冲策略。Liu、Cui 和 Zhang（2016）给出了美式期权 Vega 参数的积分方程。Ben – Ameur、Breton 和 L'Ecuyer（2002）、Chung 和 Shih（2009）、Chung、Shih 和 Tsai（2013）、Nunes、Ruas 和 Dias（2015）、Fabozzi 和 Paletta（2016）等也对美式期权对冲策略进行了深入探讨。

在障碍期权方面，Nalholm 和 Poulsen（2006）、Poulsen（2006）、Chung、Shin 和 Tsai（2010）、Jun 和 Ku（2015）、闫东卓（2017）等对障碍期权的静态对冲策略进行了分析。Armstrong（2001）和 Guillaume（2003）分别就触发约定窗口期的障碍期权和窗口期双边敲出障碍期权的定价和对冲策略进行了推导分析。另外，还有些研究分析了对冲策略的效果。Thomas（2003）对比障碍期权 Delta 中性复制和其他复制策略的效果，认为 Delta 中性复制的风险收益比更高。熊辉（2015）借助玉米期货场外期权实际案例，比较分析对冲成本和对冲误差，得出固定对冲区间对冲效果明显优于固定时点对冲的结论。Hull 和 White（2017）改进了最小方差增量的期权 Delta 对冲策略，结果表明对冲效果优于随机波动模型。

总体看，场外期权对冲策略文献对静态和单个业务的对冲策略进行了大量研究，但是现有对冲策略难以捕捉到"保险 + 期货"场外复制期权组合的开仓、调仓、平仓三个时期特征，不适合其场外复制期权组合的开仓和平仓时间集中且随机的情况描述。

3. 现有理论存在的不足

从现有文献来看，对于"保险 + 期货"模式财政补贴的理论研究取得了一定进展，相关测算理论和模型基础也较扎实。但是在解决"保险 + 期货"模式财政补贴"补多少、怎么补"这个难题上，还存在以下几个方面的突出问题：一是期货市场流动性测算研究有待进一步探索。现有研究更多体现在流动性指标关系和流动性测定指标上，期货市场成交量和持仓量的影响流动性分析不足，对于"保险 + 期货"场外复制期权组合在整个保险期间所需求的流动性刻画有待进一步细化。二是场外复制期权组合风险对冲策略有待进一步研究。针对单个"保险 + 期货"场外期权风险对冲策略问题，现有研究已经取得了较完善的结论。但现有策略难以刻画"保险+期货"场外复制期权组合的开仓、调仓、平仓三个时期特征,无法揭示其场外复制期权组合的开仓和平仓时间集中且随机的多样策略整体叠加情况。三是基于市场流动性约束的农产品"保险+期货"模式财政补贴定量分析理论和模型缺乏,导致不能精准测算期货市场可承载的最大容量,从而给出较科学的财政补贴政策意见及建议。

(四) 小结

本部分主要对玉米"保险+期货"模式的实践基础和财政补贴理论基础进行了综述,主要结论如下:

1. 玉米"保险+期货"模式试点取得了比较好的成效

一是从政策扶持层面看,从中央到地方各个层面都给予了玉米"保险+期货"的大力扶持。但由于试点没有纳入政策性保险范围,农业农村部、交易所和地方政府的支持资金总体有限,较明显地限制了试点规模。二是从主要产品类型看,延期欧亚期权保险占比较高,大部分农户选择保险周期为7—12月中旬期限,对应农作物生长期-收割期和集中销售期,赔付结算价格基本上以集中销售期价格为计价标准。经过4年多的实践,玉米"保险+期货"价格保险保费水平较临储费、目标价格补贴成本有优势,为我国广大中小农户、新型农业生产主体提供了一种保险保护工具,是推动当前我国玉米目标价格制度转型升级的终极有效补充方案。

2. 美国政策性畜牧价格保险对我国玉米"保险+期货"模式发展有重要启示

美国于2002年率先推出了以对畜牧业为标的的价格保险政策。主要特点包括:政策性畜牧价格保险以普惠为目的,主要保障对象为中小农场主;总体保险规模较小,风险分散方式主要以再保方式实现;产品设计考虑了风险分散和逆选择风险。对我国玉米"保险+期货"模式发展的重要启示包括:广大农户小而不大,用"保险+期货"模式更适合替广大中小农户和新型生产主体解决风险管理问题;玉米"保险+期货"实施财政补贴的产品体系设计慎重考虑价格风险独特的问题;玉米"保险+期货"定位应当是"价格保险+收入保险或生产成本保险"配合发挥作用,让我国玉米生产风险管理政策多样化、灵活化。

3. 玉米"保险+期货"模式财政补贴规模理论基础较为薄弱

"保险+期货"财政补贴理论取决于期货市场流动性、场外复制期权组合风险对冲策略动态演化两个因素,目前学术界对于以"保险+期货"基于风险角度的"保险+期货"模式财政补贴理论研究仍处于泛泛定性分析阶段,没有将二者有效结合探索"保险+期货"可承载容量及其财政补贴规模,对于是否能大规模政策扶持、如何预警该模式流动性风险等实际难点焦点问题,难以给出明确的决策参考。为此,本文从防范风险角度出发,构建基于期货市场流动性约束下的玉米"保险+期货"模式财政补贴规模理论和模型,为玉米"保险+期货"模式科学发展奠定较好的理论基础。

三、玉米"保险+期货"模式财政补贴规模测算理论与模型

(一)玉米"保险+期货"模式财政补贴规模测算思路

玉米"保险+期货"模式财政补贴规模测算思路主要是通过测算玉米期货市场流动性约束下的可承载极限容量和玉米"保险+期货"模式场外复制期权对冲策略,倒推计算出玉米"保险+期货"模式可承保的财政补贴极限规模,可细分为四个环节:

首先,计算期货市场流动性约束下的玉米可承载极限容量。改进 Kyle(1985)等证券流动性风险测算模型,测算基于期货市场流动性约束下的玉米可承载极限容量。

其次,计算玉米"保险+期货"模式纯保费以及期货对冲策略。根据玉米"保险+期货"模式保险特征,理论推导延期算术平均亚式期权定价模型,计算出承保时玉米"保险+期货"模式纯保费;同时,结合试点场外复制期权,理论推导出玉米"保险+期货"模式组合 Delta 期货对冲策略。

再次,测算玉米"保险+期货"模式期货市场可承保的极限规模。利用"基于市场流动性约束的玉米'保险+期货'可承保规模=期货市场流动性约束下的玉米可承载极限容量÷玉米'保险+期货'场外复制期权组合 Delta 期货对冲策略"逻辑,得到玉米"保险+期货"模式可承保的极限规模。

最后,测算玉米"保险+期货"模式财政补贴极限规模。根据玉米"保险+期货"模式期货市场可承载极限容量,以及综合纯保费、附加费用率和附加利润率得到的毛保费,利用"基于玉米期货市场流动性约束的玉米'保险+期货'财政补贴极限规模=玉米'保险+期货'可承保的极限规模×玉米'保险+期货'毛保费×保费财政补贴比例",得到基于玉米期货市场流动性约束的玉米"保险+期货"财政补贴极限规模。

具体测算路线为:玉米期货市场净多头和净空头可承载极限容量拟合模型测算每交易日新增头寸可承载极限容量序列→测算得到期货市场流动性约束下的玉米可承载极限容量→测算交易日纯保费序列、场外复制期权组合 Delta 期货对冲策略参

数序列→测算交易日玉米"保险+期货"模式毛保费序列以及可承保规模序列→测算玉米"保险+期货"模式可承保极限规模、可承保财政补贴极限规模并提出建议。

由于玉米具有鲜明的季节性特征,因此我国玉米"保险+期货"模式整个周期存在集中投保和集中销售的特征。从试点看,农户农企基本集中在某个玉米生长关键期买入保险、并在一个时期内集中销售并结束保险。对应的,玉米"保险+期货"模式场外复制期权风险对冲存在集中开仓期 $[0, t_1]$(对保险公司:保险起期;对农户:集中投保期;为避免混乱,本文从期货公司角度以下都统称为"开仓期"),动态调仓期 $[t_1, t_2]$ 和集中平仓期 $[t_2, T+t_1]$(对保险公司:保险终期;对农户:集中销售期、集中理赔期、计价期;为避免混乱,以下都统称为"平仓期")的三个关键时期(其中时间参数含义为:t_1 为开仓结束时点,t_2 为集中平仓期起点;T 为承保期限)。

玉米"保险+期货"模式可承保的财政补贴极限规模具体测算思路见图4。

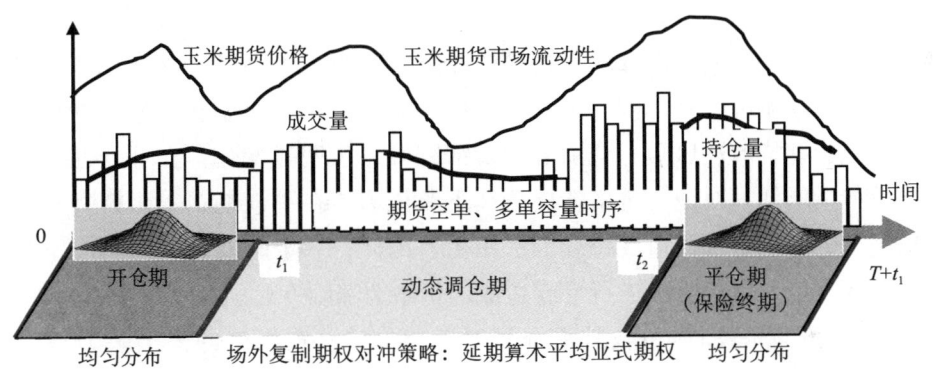

图4 玉米"保险+期货"模式可承保的财政补贴规模测算思路

(二) 玉米期货市场流动性约束下的可承载极限容量测算模型

Kyle(1985)提出的流动性深度测算模型如下:

$$P = \mu + \lambda v, \quad D = 1/\lambda \tag{3.1}$$

其中,P 是证券价格,v 是该证券的交易量,μ 为证券的真实价值,λ 代表证券价格对交易量的敏感程度,D 是衡量市场深度的指标。D 越大的证券,其价格就越不容易受交易的冲击,从而其流动性也就更好。式(3.1)将证券价格和交易量结合起来衡量市场的流动性,用于分析净交易行为对证券价格的影响程度。

不同于股票、债券等证券品种,期货必须考虑持仓量对市场流动性的影响。持仓量是期货市场独有的概念,指已成交但尚未进行交割或对冲的期货合约总量,指某一时点上某合约未平仓合约的数量,理论上讲,期货合约的持仓量可以无限大,也可以为零。实际上,期货市场逐日盯市制度,使得人们考察期货合约的流动性时会综合考虑持仓量和交易量,在价差相近的情况下,交易量大、持仓量小说明换手率高,市场流动性好;交易量大、持仓量也大则说明换手率低,市场预期不明朗,流动性相对较低。

因此,本文改进 Kyle（1985）流动性深度测算方程,将期货持仓量也作为一个自变量考虑,同时因变量用期货涨跌幅度取代期货价格,构建出基于涨跌幅的玉米期货市场流动性测算方程:

$$\eta_t = \begin{cases} -(\mu^- + \lambda^- v_t + \varphi^- c_t + \varepsilon_t) & r_t \leq 0 \\ \mu^+ + \lambda^+ v_t + \varphi^+ c_t + \varepsilon_t & r_t > 0 \end{cases} \quad (3.2)$$

其中,η_t 表示第 t 交易日的期货价格涨跌幅,μ^-、μ^+ 是期货价格跌幅、涨幅长期性的平均水平,v_t 表示第 t 交易日的期货成交量,c_t 表示第 t 交易日的期货持仓量,λ^-、λ^+ 和 φ^-、φ^+ 分别表示期货交易量和持仓量对价格跌幅、涨幅的弹性系数,ε_t 为误差项。式（3.2）中各参数值,可以通过二元线性回归方法拟合得到。

在某个交易时期内,增加较大规模的净空单或净多单会显著冲击期货价格,造成期货价格涨跌偏离合理范围。玉米"保险+期货"主要是防止价格下跌风险,大规模利用玉米期货对冲风险,会引起期货涨跌幅发生明显变化:在开仓期,玉米期货净空单持续增加,对期货价格造成持续下跌压力;在平仓期,玉米期货净空单将持续被平仓,对期货价格造成持续上涨压力。因此,一定时期内的新增净空单造成价格下跌幅度以及对净空单进行平仓造成的价格上涨幅度必须有一个限度。在这里,假设每一交易日新增净空单及其平仓量对期货价格涨跌幅度冲击上限为 W（绝对值）,新增期货净空单和净空单平仓对期货价格冲击的跌幅下限、涨幅上限序列,分别记 $\{\underset{\rightarrow}{\eta_t}\}$、$\{\overrightarrow{\eta_t}\}$,满足如下公式:

$$\underset{\rightarrow}{\eta_t} = \eta_t - W \quad \eta_t \leq 0 \quad (3.3)$$

$$\overrightarrow{\eta_t} = \eta_t + W \quad \eta_t > 0 \quad (3.4)$$

式（3.3）含义是新增净空单量对期货价格造成较大的冲击不能超过价格跌幅下限,式（3.4）表示净空单平仓量对期货价格造成的冲击不能超过涨幅上限。

从玉米"保险+期货"模式承保理赔过程顺序看,承保期间以新增净空单为主,动态调仓期间,则价格下跌还会导致额外新增净空单,这种情况下其成交量和持仓量都会增加。记玉米期货新增净空单的可承载规模时序为 $\{N_t^O\}$[①],根据式（3.2）满足如下条件:

[①] 上海期货交易所、大连商品交易所、郑州商品交易所的商品期货均采用双边计量,因此玉米"保险+期货"新增净空单1张或对新增净空单平仓1张都需要乘以2。

$$\overrightarrow{\eta_t} \leq \mu^- + \lambda^-(v_t + 2N_t^O) + \varphi^-(c_t + 2N_t^O) \qquad (3.5)$$

同理，动态调仓期间，随着期货价格上涨要对净空单进行平仓调整；保险终期对净空单量进行平仓为主，这种状态下成交量增加，而持仓量则是相应下降。因此，玉米期货净空单平仓（削减）的可承载规模时序记为 $\{N_t^c\}$，满足如下条件：

$$\overrightarrow{\eta_t} \geq \mu^+ + \lambda^+(v_t + 2N_t^C) + \varphi^+(c_t - 2N_t^C) \qquad (3.6)$$

根据式（3.5）和式（3.6），可以测算得到玉米期货市场流动性约束下的可承载新增净空单极限规模时序 $\{N_t^O\}$ 及净空单平仓极限规模时序 $\{N_t^c\}$，从而实现了对玉米期货空头净空单开仓、调仓、平仓特殊时期的可承载极限规模动态变化规律的有效刻画。

（三）玉米"保险＋期货"模式场外复制期权费率厘定和期货对冲组合 Delta 策略测算模型

根据上面分析得出"玉米'保险＋期货'保险合同对应的场外复制期权90%以上是延期算术平均亚式场外复制期权"的结论，延期算术平均亚式场外复制期权优势有两点：一是非常契合我国玉米生长周期和农户种植销售特征；二是亚式期权相比欧式、美式等期权更加便宜，因而能更加贴近实际情况。

延期算术平均亚式期权是到期时刻 T 结算，结算价由计价期的算术平均价 M 决定，如果结算价 M 小于起赔价 K，那么执行赔付且赔付额为 $(K-M)$，相反则不进行赔付。记延期算术平均亚式期权的均价期天数 $h = T - t_2$，整个保险期限可划分成 $0 \leq t < T-h$ 和 $T-h \leq t \leq T$ 两个时间窗口。$0 \leq t < T-h$ 时间窗口为锁定期，$T-h \leq t \leq T$ 时间窗口为计价期。延期算术平均亚式期权结构见图5。

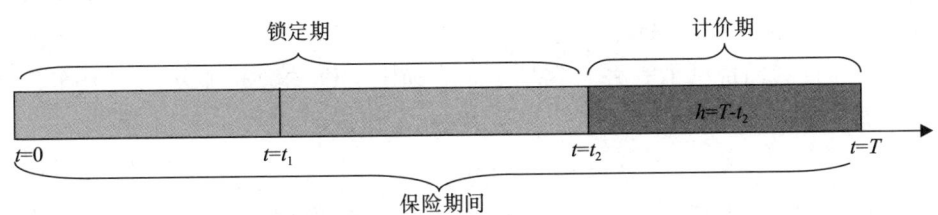

图5 延期算术平均亚式场外复制期权结构（$t=0$ 交易日投保）

在玉米"保险＋期货"模式试点中，保险公司在承保玉米的同时，将价格风险100%向期货公司转嫁，其支付的价格即为纯保费，而这个纯保费实际上等于期货公司的延期算术平均场外复制亚式期权初始价格。因此，玉米"保险＋期货"模式的纯保费实质上等于延期算术平均场外复制亚式期权初始价格，厘定纯保费实质上是对玉米"保险＋期货"模式延期算术平均场外复制亚式期权进行定价。

由于玉米"保险＋期货"模式试点主要利用场内玉米期货来进行风险对冲，因此，本篇主要选择场外复制期权的方式来厘定纯保费和 Delta 策略，即通过延期算术平均亚式场外复制期权，来厘定玉米"保险+期货"模式纯保费（等于场外复制期权价格），并测算玉米"保险+期货"模式组合 Delta 期货对冲策略。首先，作如下假设：

假设一：玉米"保险+期货"模式的纯保费定价和期货对冲标的皆为玉米期货价格指数。玉米期货价格指数是由包含所有玉米期货月合约价格加权平均而成，其对应的持仓量和成交量都是所有玉米期货月份合约加总。按道理，风险对冲应选择与保险期限相匹配的主力活跃月份合约，但本文为分析期货市场流动性可承载极限规模，将非主力的月份合约全部考虑进来，因此选择玉米期货价格指数。假设玉米期货价格指数服从随机过程：

$$S_t = rS_t dt + \sigma S_t dW_t \tag{3.7}$$

其中，S_t 为第 t 交易日期货价格，r 为预期漂移率常数，σ 为期货价格波动率，W_t 为标准布朗运动。

假设二：根据玉米"保险+期货"模式试点经验，选择将玉米生长的灌浆期①（集中在 7 月和 8 月）作为开仓期（也有利于防止农户逆选择行为），将玉米集中上市销售期（一般在 11 月初开始进入大规模集中销售期至次年 3 月）作为平仓期。另外，保险期间也不能太长，否则保险费率比较高，对农户不利，中央财政补贴压力也会增大。因此，综合考虑玉米种植收割生物周期、保险产品费率水平以及防止逆选择行为等因素，将玉米的保险期限设置为 4—6 个月。其中，开仓期和平仓期时间跨度约 2 个月。

假设三：假设开仓期内玉米"保险+期货"模式投保量服从均匀分布。试点中农户农企在开仓期的投保呈现随机性、较平均的分布特征，因此，这里也假设开仓期内每一交易日的玉米"保险+期货"模式投保量服从均匀分布。设定开仓期 $[0, t_1]$ 每个交易日的期货可承载极限容量 Y（待确定关键参数）服从均匀分布，其概率密度函数如下：

$$f_t(t \mid t_1) = 1/t_1 \quad 0 \leq t \leq t_1 \tag{3.8}$$

假设四：假设农户农企投保前一天的期货价格指数结算价作为玉米"保险+期货"保险合同起赔价 K（即保险合同场外复制期权的目标价）。起赔价由农户农企与保险公司根据国家公布的上年度玉米目标价格或收储价格、当地市场价格、种植成本收益等因素综合商定。需要指出的是，起赔价过高，保险费率低，但达不到保障作用；起赔价过低，能充分保障，但保险费率又会过高，农户和财政压力加大。试点过程中，大部分试点项目采取投保前一天的期货合约结算价作为起赔价，为了

---

① 玉米灌浆期指的是玉米籽粒形成期，是决定粒数和玉米产量的关键期，需要养分和水分充足，一般在 7 月份左右玉米会进入灌浆期。

更符合实际，本文也将前一天的期货价格指数结算价作为玉米"保险+期货"保险合同起赔价。

假设五：假设农户将集中销售期的算术平均价格作为结算价（即场外复制期权的执行价）M。记第 t 交易日批次 $t \in [0, t_1]$，玉米"保险+期货"模式在 $T-h+t \leq j \leq T+t$ 时间窗口的结算价表达式为：

$$M_{(t)} = \frac{1}{h} \sum_{j=T-h+t}^{T+t} S_j \tag{3.9}$$

假设六：期货对冲操作的佣金、交易手续费、保证金利息等交易成本忽略不计。

假设七：市场无风险利率 l。

根据以上假设，下面理论推导出了玉米"保险+期货"模式纯保费定价和场外复制期权风险对冲策略计算公式。

1. 纯保费厘定和场外复制看跌期权组合 Delta 期货对冲策略

亚式期权分为几何平均亚式期权和算术平均亚式期权，前者在理论上有解析解，而后者没有、但有近似解析解。Haug（2018）给出了第 t 交易日延期算术平均亚式看跌期权价格定价解析公式（即：第 $t=0$ 交易日承保批次的玉米"保险+期货"模式，第 $t \in [0, t_1]$ 交易日承保批次公式类似，此处不再列示）。在时间窗口 $0 \leq t < T-h$ 内，其定价公式具体如下：

$$Put_t \approx Ke^{-lT}N(d_2) - S_t e^{-lT}N(d_1) \tag{3.10}$$

其中，S_t 为第 t 交易日标的价格。

$$d_1 = \frac{\ln(S_t/K) + \sigma_A^2 T/2}{\sigma_A \sqrt{T}}, \quad d_2 = d_1 - \sigma_A \sqrt{T} \tag{3.11}$$

$$\sigma_A = \sqrt{\frac{\ln(Z_1)}{T}} \tag{3.12}$$

$$Z_1 = \frac{2e^{\sigma^2 T} - 2e^{\sigma^2 h}[1 + \sigma^2(T-h)]}{\sigma^4(T-h)} \tag{3.13}$$

在时间窗口 $T-h \leq t \leq T$ 内，第 t 交易日延期算术平均亚式看跌期权处于资产价格平均期内，则式（3.10）中行权价 K 必须用如下公式替换：

$$\hat{K} = K - \frac{T-t}{T} S_A \tag{3.14}$$

$$S_A = \frac{1}{h} \sum_{j=T-h}^{t} S_j \tag{3.15}$$

已实现资产价格或者已观测到的资产价格的平均值：式（3.15）中 S_A 表示第 $t=0$ 交易日批次玉米"保险+期货"模式在 $[T-h, t] \in [T-h, T]$ 期间内已观测到的每交易日玉米期货价格均价的信息。

根据式（3.10）—式（3.15），可以计算得到第 $t=0$ 交易日承保批次玉米"保险+期货"保险起期内每一交易日的单位场外复制期权价格，即纯保费。

那么，第 $t=0$ 交易日投保批次的玉米"保险+期货"Delta 期货对冲策略，可以推导出其场外复制看跌期权组合 Delta 期货对冲策略为：

$$\Delta = \frac{\partial Put_t}{\partial S_t} = \begin{cases} -e^{-lT}N(d_1) & t < t_1 \quad X \\ -e^{-lT}N(d_1) & t \geq t_1 \quad \hat{X} \end{cases} \quad (3.16)$$

证明过程如下：

对于在时间窗口 $0 \leq t < T-h$ 内：

$$\Delta = \frac{\partial Put_t}{\partial S_t}$$

$$= Ke^{-lT}\frac{\partial N(d_2)}{\partial S_t} - e^{-lT}N(d_1) - S_t e^{-lT}\frac{\partial N(d_1)}{\partial S_t}$$

$$= Ke^{-lT}\frac{1}{\sqrt{2\pi}}e^{-d_2^2/2}\frac{\partial d_2}{\partial S_t} - e^{-lT}N(d_1) - S_t e^{-lT}\frac{1}{\sqrt{2\pi}}e^{-d_1^2/2}\frac{\partial d_1}{\partial S_t}$$

$$= e^{-lT}\left(K\frac{1}{\sqrt{2\pi}}e^{-d_2^2/2}\frac{\partial d_2}{\partial S_t} - N(d_1) - S_t\frac{1}{\sqrt{2\pi}}e^{-d_1^2/2}\frac{\partial d_1}{\partial S_t}\right)$$

$$= e^{-lT}\left(K\frac{1}{\sqrt{2\pi}}\left(\frac{S_t}{K}e^{-d_1^2/2}\frac{\partial d_1}{\partial S_t}\right) - N(d_1) - S_t\frac{1}{\sqrt{2\pi}}e^{-d_1^2/2}\frac{\partial d_1}{\partial S_t}\right)$$

$$= -e^{-lT}N(d_1)$$

同理，对于在时间窗口 $T-h \leq t \leq T$ 内，也满足 $\Delta = \frac{\partial Put_t}{\partial S_t} = -e^{-lT}N(d_1)$。

2. 期货对冲组合 Delta 测算

根据式（3.16），可以计算出第 $t=0$ 交易日承保批次玉米"保险+期货"保险期内每一交易日单位场外复制期权 Delta 值。类似地，可以得到第 $t \in [0, t_1]$ 交易日承保批次的 Delta 值序列。对 $[0, t_1]$ 所有承保批次进行合并，得到如下矩阵：

$$\begin{pmatrix} \Delta_{0,0} & \Psi_{0,1} & \cdots & \Psi_{0,t_1} & \Psi_{0,t_1+1} & \Psi_{0,t_1+2} & \cdots & \Psi_{0,T-1} & -\Delta_{0,T} & & & \\ & \Delta_{1,0} & \cdots & \Psi_{1,t_1} & \Psi_{1,t_1+1} & \Psi_{1,t_1+2} & \cdots & \Psi_{1,T-1} & \Psi_{1,T} & -\Delta_{1,T+1} & & \\ & & \cdots & \cdots & \cdots & \cdots & \cdots & \cdots & \cdots & \cdots & \vdots & \\ & & & \Psi_{t_1,t_1} & \Psi_{t_1,t_1+1} & \Psi_{t_1,t_1+2} & \cdots & \Psi_{t_1,T-1} & \Psi_{t_1,T} & \cdots & \cdots & -\Delta_{t_1,T+t_1} \end{pmatrix}$$

$$(3.17)$$

其中，$\Psi_{j,0} = \Delta_{j,0}$ 表示第 j 日承保批次（$j \in [0, t_1]$）玉米"保险+期货"在承保当天初始时期需要的单位期货 Delta 对冲净空单头寸；$\Psi_{j,t+1} = \Delta_{j,t+1} - \Delta_{j,t}$ 表示第 j 日（$j \in [0, t_1]$）玉米"保险+期货"承保批次在第 $t+1$ 交易日单位期货 Delta 对

冲头寸调整量；$\Psi_{j,T+j} = -\Delta_{j,T+j}$ 表示第 j 日（$j \in [0, t_1]$）玉米"保险+期货"承保批次在第 $T+j$ 天（保险责任终了当天）需要的单位期货 Delta 对冲净空单平仓头寸。

根据上述矩阵，可以得到第 t 交易日的新增净空单量时序 $\{D_t\}_{t \in [0, T+t_1]}$，见下式：

$$D_t = \begin{cases} \Delta_{t,0} + \sum_{l=1}^{t} \Psi_{i,l} & 0 \leq t \leq t_1 \\ \sum_{l=1}^{t} \Psi_{i,l} & t_1 < t < T \\ -\Delta_{t,T+t} + \sum_{l=1}^{t} \Psi_{i,l} & T \leq t < T+t_1 \end{cases} \quad (3.18)$$

进一步，可以将第 t 交易日新增净空单 Delta 时序及其空头平仓 Delta 时序分别记为 $\{D_t^-\}_{t \in [0, T+t_1]} = \{D_t | D_t \leq 0\}_{t \in [0, T+t_1]}$、$\{D_t^+\}_{t \in [0, T+t_1]} = \{D_t | D_t > 0\}_{t \in [0, T+t_1]}$。这样，就得到了涵盖开仓期、调仓期、平仓期全过程的组合 Delta 期货对冲策略时序。

根据式（3.17）和式（3.18），可以得到整个保险期限内每个交易日组合 Delta 期货对冲策略净增减仓量变化情况，揭示玉米"保险+期货"模式在开仓、调仓和平仓三个期间的风险对冲中性策略动态结构特征及演化规律，能够更加贴近实际。

（四）玉米"保险+期货"模式可承保极限容量和财政补贴规模测算模型

1. 玉米期货市场可承保极限容量计算

根据玉米"保险+期货"净空单时序 $\{N_t^O\}$ ÷ 组合 Delta 期货对冲策略 $\{D_t^-\}_{t \in [0, T+t_1]}$ = 每日净空单极限容量时序 $\{X_t^-\}_{t \in [0, T+t_1]}$，期货净空单平仓时序 $\{N_t^C\}$ ÷ 组合 Delta 期货对冲策略 $\{D_t^+\}_{t \in [0, T+t_1]}$，得到每日净空单单平仓极限容量时序 $\{X_t^+\}_{t \in [0, T+t_1]}$，即有：

$$X_t^- = N_t^O / D_t^- \quad (3.19)$$

$$X_t^+ = N_t^C / D_t^+ \quad (3.20)$$

为保守起见，取式（3.19）和式（3.20）绝对值最小值作为每个交易日的期货可承载极限容量 Y，即承保期内每个交易日的可承载极限容量：

$$Y = \min\{|X_t^-|, |X_t^+|\}_{t \in [0, T+t_1]} \quad (3.21)$$

式（3.21）经济学含义表示玉米"保险+期货"承保期间每个交易日的可承载极限容量的期货头寸变动都不允许引发市场大幅波动。

由于承保期间有 t_1 交易日，最终可以计算得到基于期货市场流动性约束的可承保玉米"保险+期货"极限容量 G，即有：

$$G = t_1 * Y \qquad (3.22)$$

2. 玉米"保险+期货"模式财政补贴极限规模计算

根据财产险净保费保险精算原则,结合式(3.10)计算得到开仓期每个交易日的纯保费 $\{Put_t\}_{t \in [0, t_1]}$,可以得到第 t 交易日的毛保费 TGP_t,计算公式为:

$$TGP_t = \frac{Put_t}{(1 - d - e)} \qquad (3.23)$$

其中,d 表示附加费用率,e 表示附加利润率,主要参照玉米"保险+期货"模式绝大部分试点项目毛保费构成设定。

那么,整个承保时期的玉米"保险+期货"毛保费总和 TGP 为:

$$TGP = \sum_{t=0}^{t_1} (TGP_t \times Y) \qquad (3.24)$$

对应的,玉米"保险+期货"模式财政补贴总保费 $CTGP$ 为:

$$CTGP = z \times TGP \qquad (3.25)$$

其中,z 为玉米"保险+期货"模式保费补贴比例,比照我国政策性农业保险保费财政补贴比例设定。

最终,根据式(3.22)和式(3.25)得到基于市场流动性约束的玉米"保险+期货"模式财政补贴玉米规模和财政补贴保费规模。

基于玉米期货市场流动性约束下的"保险+期货"可承载极限容量和财政补贴规模测算模型,体现了以下三个特点:一是改进 Kyle(1985)提出的流动性深度测算模型,将期货持仓量纳入考量范围内,建立了玉米期货市场可承载极限容量测算模型,刻画基于市场流动性约束的期货市场可承载容量更科学。二是建立玉米"保险+期货"纯保费和组合风险对冲策略模型,揭示玉米"保险+期货"场外复制期权组合的开仓、调仓、平仓时间集中且随机的多样策略整体叠加情况。三是综合场外复制期权组合风险对冲策略、期货市场流动性的动态演化两个因素,解决了玉米"保险+期货"模式财政补贴极限规模测算问题,可以科学精确地为我国对玉米"保险+期货"模式实施财政补贴政策提供决策参考。

(五)小结

本部分主要通过"针对玉米'保险+期货'模式风险演化规律,反推出基于流动性风险约束下的财政补贴决策"的逆向分析方法,构建了基于期货市场容量约束下的玉米"保险+期货"模式财政补贴极限规模测算模型,主要结论如下:

1. 构建了玉米期货市场流动性约束下的可承载极限容量测算模型

综合考量持仓量、成交量和收益率指标,改进 Kyle(1985)证券流动性风险测算模型,测算了基于期货市场流动性约束下的玉米可承载极限容量,确定期货市场流动性风险发生质变的"保险+期货"场外复制期权期货对冲容量的临界值时序,揭示在开仓、调仓、平仓三个时期的承载极限对冲期货容量动态变化规律,解决了期货市场期货对冲极限容量测定问题。

2. 构建了玉米"保险+期货"场外复制期权费率厘定和期货对冲组合 Delta 策略测算模型

根据玉米"保险+期货"模式特征,理论推导延期算术平均亚式期权定价模型,计算出承保时玉米"保险+期货"的纯保费;同时结合试点场外复制期权,理论推导出玉米"保险+期货"模式组合 Delta 期货对冲策略,揭示"保险+期货"模式期货开仓、调仓和平仓三个期间的风险对冲中性策略动态结构特征及演化规律,能够更加贴近实际。

3. 玉米"保险+期货"模式可承保极限容量和保费补贴极限规模测算模型

利用"基于市场流动性约束的玉米'保险+期货'可承保规模=期货市场流动性约束下的玉米可承载极限容量÷玉米'保险+期货'场外复制期权组合 Delta 期货对冲策略"逻辑,得到玉米"保险+期货"模式可承保的极限规模。同时综合纯保费、附加费用率和附加利润率得到的毛保费,利用"基于玉米期货市场流动性约束的玉米'保险+期货'财政补贴极限规模=玉米'保险+期货'可承保的极限规模×玉米'保险+期货'毛保费×保费财政补贴比例",得到基于玉米期货市场流动性约束的玉米"保险+期货"模式财政补贴极限规模,有效解决了玉米"保险+期货"模式财政补贴极限规模测算问题。

四、我国玉米"保险+期货"模式财政补贴规模实证分析

(一) 实证数据和相关参数假设

1. 玉米期货数据选择

本文研究对象是大连商品期货交易所的玉米期货价格指数,数据跨度为玉米期货上市以来 2004 年 9 月 22 日—2019 年 5 月 22 日、频度为日的数据,价格采用每日结算价。[①] 数据主要取自同花顺 iFinD 产业数据库。

---

① 结算价:指某一期货合约当日成交价格按成交量的加权平均价。当日无成交的,以上一交易日的结算价作为当日结算价。结算价是当日未平仓合约盈亏结算和确定下一交易日涨跌停板幅度的依据。

图6显示的是大连商品交易所玉米期货上市后每个交易日的价格指数、持仓量和成交量情况。从玉米期货价格指数的持仓量和成交量的线性趋势看出,2016年国家玉米临储政策取消以后,玉米期货价格风险管理需求明显增加,其持仓量和成交量明显登上了另一个平台。因此,本篇选择具有代表性期间——2016年1月4日—2019年5月22日的每日数据进行实证。

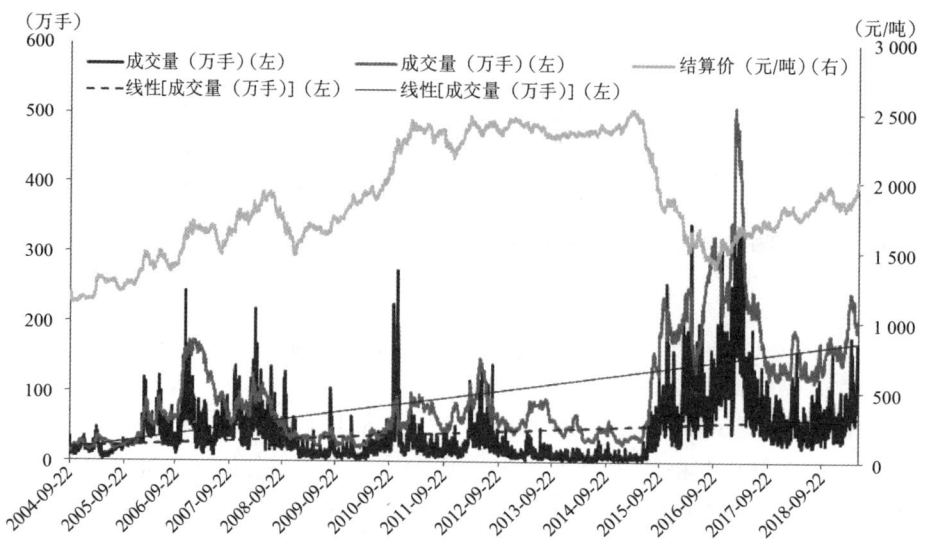

图6 大商所玉米期货价格指数、持仓量和成交量（每日）

玉米期货价格指数及其每日涨跌幅数据相关统计指标见表6。总体看,2016—2018年3年期间的年度波动率（标准差）持续下降,分别是14.03%、8.77%和6.87%,说明2015年玉米临储政策调整引致的价格波动水平逐渐趋稳下降。

表6 玉米期货价格指数及涨跌幅统计指标情况（2016—2019年5月）

年份	价格指数					
	均值	最小值	最大值	标准差	偏度	峰度
2016年	1 568.98	1 394.74	1 846.87	105.08	0.92	0.33
2017年	1 676.47	1 515.60	1 819.59	57.10	-0.38	1.09
2018年	1 842.51	1 733.51	1 984.13	66.13	0.30	-1.09
2016年1月—2019年5月	1 715.08	1 394.74	2 011.17	141.27	-0.19	-0.87

年份	涨跌幅					
	均值（%）	最小值（%）	最大值（%）	标准差（%）	偏度	峰度
2016年	-0.0741	-2.7893	3.1693	14.03	0.07	1.09
2017年	0.0693	-1.3164	2.3611	8.77	0.38	1.28
2018年	0.0138	-1.7778	1.1075	6.87	-0.33	1.06
2016年1月—2019年5月	0.0109	-2.7893	3.1693	10.32	-0.05	2.59

2. 玉米"保险+期货"模式参数选择

（1）保险期、开仓期和计价期。为方便对比验证，本文将保险期（用字母 A 表示）设定为 7 月第一个交易日，设置为 4 个月和 6 个月两档；开仓期（用字母 P 表示）设置为 1 个月和 2 个月两档；计价期（平仓期，用字母 V 表示），设置为 1 个月和 2 个月两档（具体见表 7）。

表 7　玉米"保险+期货"模式保险期、开仓期和计价期多种情景简记

主要情景	具体时间	简记
情景 1：保险期 4 个月、计价期 2 个月、开仓期 2 个月	2016 年：保险期 2016 - 7 - 1—2016 - 12 - 30、计价期 2016 - 8 - 31—2016 - 12 - 30、开仓期 2016 - 7 - 1—2016 - 8 - 31 2017 年：保险期 2017 - 7 - 3—2018 - 1 - 2、计价期 2017 - 8 - 31—2018 - 1 - 2、开仓期 2017 - 7 - 3—2017 - 8 - 31 2018 年：保险期 2018 - 7 - 2—2019 - 1 - 4、计价期 2018 - 8 - 31—2019 - 1 - 4、开仓期 2018 - 7 - 2—2018 - 8 - 31	A4V2P2
情景 2：保险期 4 个月、计价期 2 个月、开仓期 1 个月	2016 年：保险期 2016 - 7 - 1—2016 - 11 - 29、计价期 2016 - 8 - 31—2016 - 11 - 29、开仓期 2016 - 7 - 1—2016 - 7 - 29 2017 年：保险期 2017 - 7 - 3—2017 - 11 - 29、计价期 2017 - 8 - 31—2017 - 11 - 29、开仓期 2017 - 7 - 3—2017 - 7 - 31 2018 年：保险期 2018 - 7 - 2—2018 - 11 - 30、计价期 2018 - 8 - 31—2018 - 11 - 30、开仓期 2018 - 7 - 2—2018 - 7 - 31	A4V2P1
情景 3：保险期 4 个月、计价期 1 个月、开仓期 2 个月	2016 年：保险期 2016 - 7 - 1—2016 - 12 - 30、计价期 2016 - 9 - 30—2016 - 12 - 30、开仓期 2016 - 7 - 1—2016 - 8 - 31 2017 年：保险期 2017 - 7 - 3—2018 - 1 - 2、计价期 2017 - 9 - 29—2018 - 1 - 2、开仓期 2017 - 7 - 3—2017 - 8 - 31 2018 年：保险期 2018 - 7 - 2—2019 - 1 - 4、计价期 2018 - 9 - 28—2019 - 1 - 4、开仓期 2018 - 7 - 2—2018 - 8 - 31	A4V1P2
情景 4：保险期 4 个月、计价期 1 个月、开仓期 1 个月	2016 年：保险期 2016 - 7 - 1—2016 - 11 - 29、计价期 2016 - 9 - 30—2016 - 11 - 29、开仓期 2016 - 7 - 1—2016 - 7 - 29 2017 年：保险期 2017 - 7 - 3—2017 - 11 - 29、计价期 2017 - 9 - 29—2017 - 11 - 29、开仓期 2017 - 7 - 3—2017 - 7 - 31 2018 年：保险期 2018 - 7 - 2—2018 - 11 - 30、计价期 2018 - 9 - 28—2018 - 11 - 30、开仓期 2018 - 7 - 2—2018 - 7 - 31	A4V1P1
情景 5：保险期 6 个月、计价期 2 个月、开仓期 2 个月	2016 年：保险期 2016 - 7 - 1—2017 - 3 - 10、计价期 2016 - 10 - 31—2017 - 3 - 10、开仓期 2016 - 7 - 1—2016 - 8 - 31 2017 年：保险期 2017 - 7 - 3—2018 - 3 - 9、计价期 2017 - 10 - 31—2018 - 3 - 9、开仓期 2017 - 7 - 3—2017 - 8 - 31 2018 年：保险期 2018 - 7 - 2—2019 - 3 - 12、计价期 2018 - 10 - 31—2019 - 3 - 12、开仓期 2018 - 7 - 2—2018 - 8 - 31	A6V2P2

续表

主要情景	具体时间	简记
情景6：保险期6个月、计价期2个月、开仓期1个月	2016年：保险期2016-7-1—2017-2-7、计价期2016-10-31—2017-2-7、开仓期2016-7-1—2016-7-29 2017年：保险期2017-7-3—2018-1-30、计价期2017-10-31—2018-1-30、开仓期2017-7-3—2017-7-31 2018年：保险期2018-7-2—2019-1-31、计价期2018-10-31—2019-1-31、开仓期2018-7-2—2018-7-31	A6V2P1
情景7：保险期6个月、计价期1个月、开仓期2个月	2016年：保险期2016-7-1—2017-3-10、计价期2016-11-31—2017-3-10、开仓期2016-7-1—2016-8-31 2017年：保险期2017-7-3—2018-3-9、计价期2017-11-30—2018-3-9、开仓期2017-7-3—2017-8-31 2018年：保险期2018-7-2—2019-3-12、计价期2018-11-30—2019-3-12、开仓期2018-7-2—2018-8-31	A6V1P2
情景8：保险期6个月、计价期1个月、开仓期1个月	2016年：保险期2016-7-1—2017-2-7、计价期2016-11-31—2017-2-7、开仓期2016-7-1—2016-7-29 2017年：保险期2017-7-3—2018-1-30、计价期2017-11-30—2018-1-30、开仓期2017-7-3—2017-7-31 2018年：保险期2018-7-2—2019-1-31、计价期2018-11-30—2019-1-31、开仓期2018-7-2—2018-7-31	A6V1P1

（2）起赔价、结算价和波动率。对于起赔价 K，这里假设分为两档：平价（把承保前一天的期货价格指数结算价作为起赔价，试点中的绝大部分项目采取这种方式）和下调5%。对于结算价 $M(t)$，从给予农户从容销售玉米的权利角度考虑，设置对应的第 $t \in [0, t_1]$ 交易日承保批次玉米"保险+期货"计价期内的每日结算价平均值作为理赔结算价格。对于波动率 σ 参数选择，这里选择对应第 $t \in [0, t_1]$ 交易日承保批次玉米"保险+期货"保险期限内年化波动率作为定价参数。

（3）每日冲击上限、无风险利率。每交易日冲击上限 W 设为0.25%和0.5%两档。参照上海同业拆借利率（SHIBOR）半年期利率（匹配保险期限），将2016年、2017年和2018年的市场无风险利率 r 都设置为3%。①

（4）附加费用率、利润率和保费补贴比例。根据农产品"保险+期货"模式试点经验，保险公司的附加费用率和附加利润率分别设定为 $d=15\%$、$e=5\%$。中央+地方的保费财政补贴比例 z 参照玉米政策性农业保险比例设定80%②。财政补

---

① 根据期权希腊字母参数敏感性分析，无风险利率对期权价格的影响比较小，因此不对其进行重点考虑。

② 玉米政策性农业保险（灾害险）费率为6%—7%；补贴比例为中央财政承担40%，近年来有的地方已上升至45%，地方财政承担40%，农户自缴20%。资料来源：http://www.gov.cn/shuju/2017-06/20/content_5203843.htm。

贴负责 80%。为更好地对比,将保费财政补贴比例设为 80% 和 100% 两档。

(二) 实证过程

1. 玉米期货可承载极限容量时序测算

首先,利用 2016 年 1 月—2019 年 5 月的玉米期货价格指数日数据,根据涨跌幅从大到小排序画图得到其统计分布情况(见图 7)。从图 8 中的玉米期货持仓量和成交量 60 日移动平均线与期涨跌幅分布曲线对比看出,玉米期货涨跌幅的形态近似于指数分布,不仅与成交量相关性比较高,而且与持仓量相关性也比较高。因此,可以初步断定,根据本文构建的基于玉米期货市场流动性的可承载极限容量测算模型,能够较好地对其进行拟合刻画。

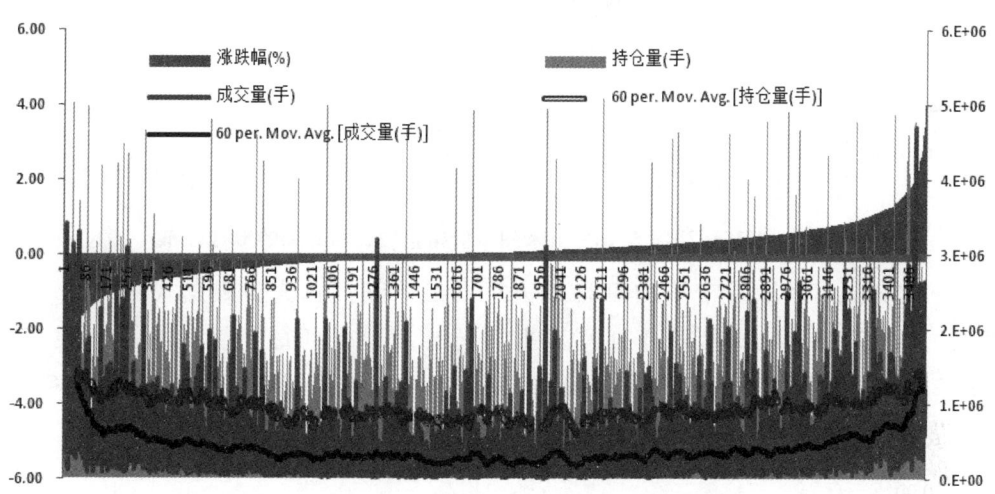

图 7　2016—2019 年玉米期货价格指数日涨跌幅度分布

根据基于玉米期货市场流动性的可承载极限容量测算模型式(3.2),利用多元回归方法得到玉米期货市场容量测算参数估计值。涨幅和跌幅的 R^2 值分别为 0.62 和 0.58,整体拟合效果较好。结果见表 8。

为了更好地对比效果,还给出了模型拟合效果对比图(见图 8),图 8 展示了拟合结果,结果表明其与现实涨跌幅情况较符合。

表 8　玉米期货市场流动性测算模型回归参数估计

项目	参数			
涨幅正分布	μ_i^+	λ_i^+	φ_i^+	R^2
	0.4737（sig. 0.000）	0.0086（sig. 0.000）	−0.0030（sig. 0.000）	0.620
跌幅负分布	μ_i^-	λ_i^-	φ_i^-	R^2
	0.3958（sig. 0.000）	0.0082（sig. 0.000）	−0.0024（sig. 0.000）	0.580

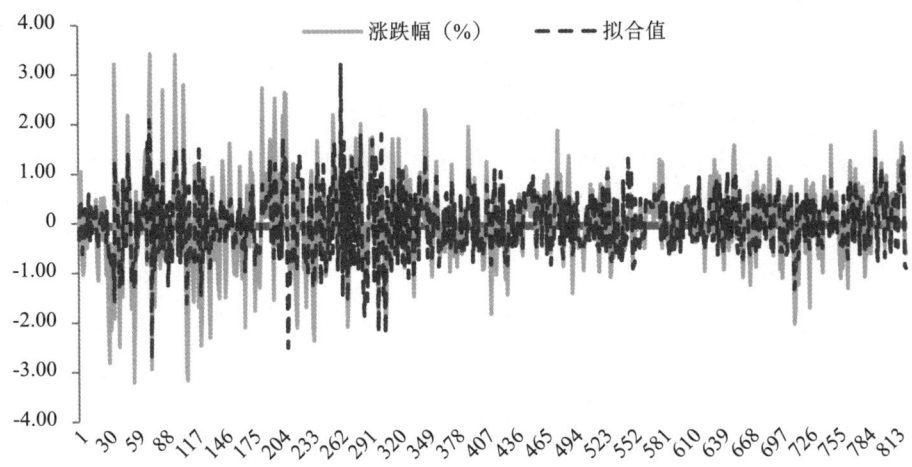

图 8　2016—2019 年 5 月玉米期货价格指数日涨跌幅的拟合分布

下文分析玉米期货市场的每日最大可承载容量。首先，根据式（3.3）至式（3.6），对 2016—2018 年 3 年期间数据进行计算，得到每交易日冲击上限 W 为 0.25% 和 0.5% 两档情景下、每日可承载新增净空单极限规模时序 $\{N_t^o\}$ 及净空单平仓极限规模时序 $\{N_t^c\}$。（见图 9）。

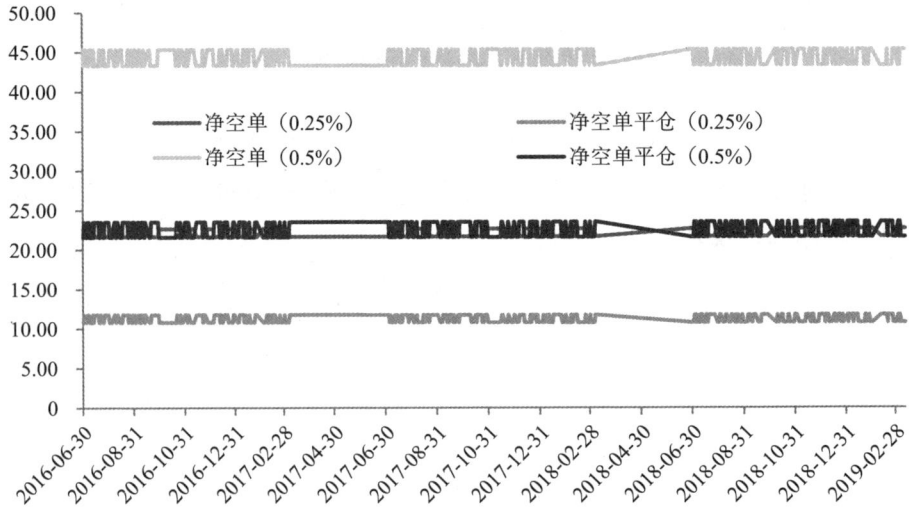

图 9　玉米期货市场的每日极限容量时序（每日冲击上限 **0.25%、0.5%**，万手）

图 9 显示，每交易日冲击上限绝对值不超过 0.25%，得到每日的净空单不超过 22.66 万手，净空单平仓量不超过 11.74 万手；每交易日冲击上限绝对值不超过 0.5%，得到每日的净空单不超过 45.32 万手，净空单平仓不超过 23.48 万手。二者相差较大。需要指出的是，在集中开仓、平仓以及动态调仓三个时期，可能存在持续、方向一致性的冲击，可能对玉米期货市场造成较大冲击。比如连续 3 个交易日，净空单量的冲击上限都达到 0.5%，那么 1 个月的开仓期累计对玉米期货市场的冲击达到 10%。显然，这种单边行为对市场冲击还是比较明显的，严重时还可能引发系统性风险。因此，对于每交易日上限的设置必须严格，否则容易引发市场系统性风险。

2. 玉米"保险+期货"纯保费厘定

根据玉米"保险+期货"纯保费厘定式（3.10）至式（3.15），可以计算得到玉米"保险+期货"开仓期内每一交易日的纯保费时序 $\{Put_t\}_{t\in[0,t_1]}$（见图 10 和图 11）。

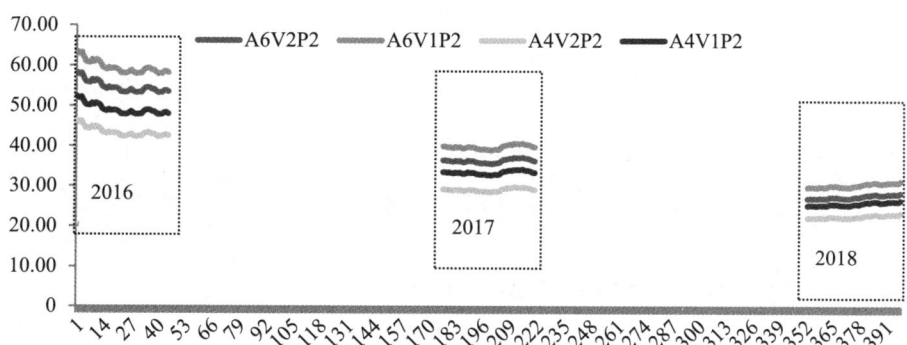

图 10 玉米"保险+期货"纯保费时序（开仓期为 2 个月 P2，元/吨）

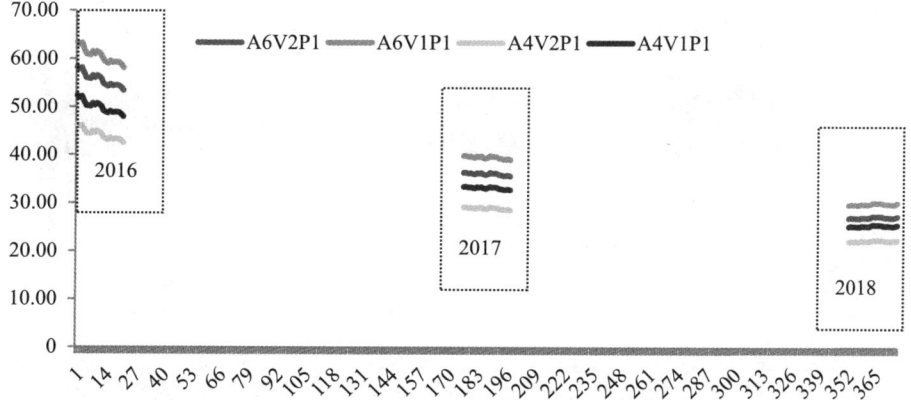

图 11 玉米"保险+期货"纯保费时序（开仓期为 1 个月 P1，元/吨）

从图10和图11看出，开仓期为1个月和2个月的情景下，玉米"保险+期货"纯保费相差不大，但在保险期为4个月和6个月及计价期为1个月和2个月情景下，纯保费相差还是比较明显的。

3. 玉米"保险+期货"场外复制期权组合Delta对冲策略计算

根据表7设定的8种情景，利用组合Delta期货对冲策略式（3.16），得到保险期为4个月和6个月的2016—2018年的每日组合Delta期货对冲策略情况（见图12和图13）。

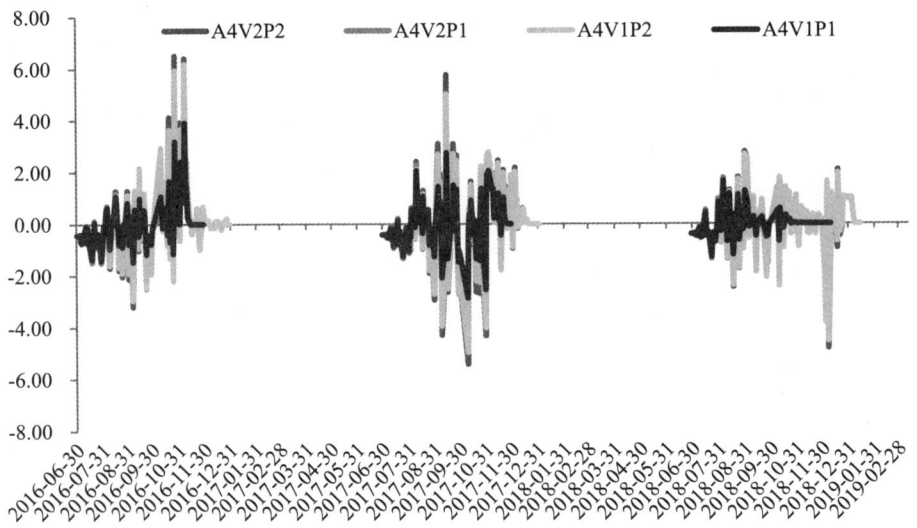

图12　2016—2018年每日组合Delta值时序（保险期为4个月A4）

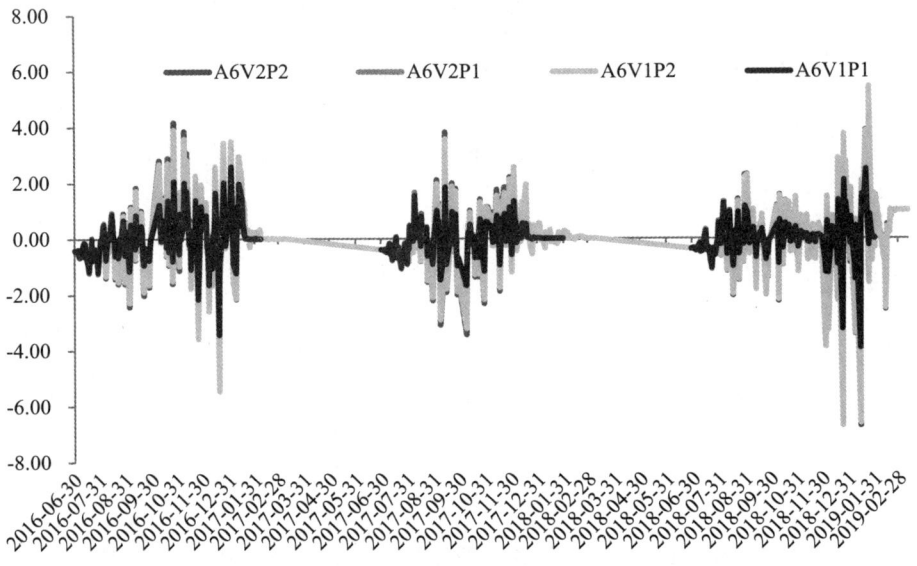

图13　2016—2018年每日组合Delta值时序（保险期为6个月A6）

从图 12 和图 13 可以看出，2016—2018 年的组合 Delta 期货对冲策略时序 $\{D_t\}_{t\in[0,T+t_1]}$ 在保险期间的开仓、调仓和平仓阶段呈现出不同状态。其中，开仓期组合 Delta 值基本为负数，说明处于每日净空单状态。而进入调仓期后，组合 Delta 值则呈现出正负交互显现状态，且波动较大，比如 A4V1P2 在 2016 年 11 月每日 Delta 接近 +6。最后，进入平仓期，组合 Delta 值逐渐由正向加速回落，直到最后交易日保险合同结束，Delta 值归于零。这阶段特点主要表现在以下几个方面：一是调仓期组合 Delta 值变化比较大。无论是保险期为 4 个月还是 6 个月，其 Delta 的波动明显高于下单期和平仓期，其绝对值最高都进入了 4—6 区间。另外，6 个月的调仓期 Delta 值波动大于 4 个月 Delta 值的波动。二是开仓期组合 Delta 值呈现负值状态，也就是净空单状态。这主要是保险承保期，大量的保单承保需要在期货市场立即开仓进行套保造成。三是平仓期组合 Delta 值呈现正值、净空单平仓状态。这主要是保险平仓期、保险合同相继结束，大量的玉米"保险 + 期货"保单到期需要在期货市场进行平仓处理造成。

4. 玉米期货市场可承保极限容量计算

进一步，可以得到净空单组合 Delta 时序，分别记为 $\{D_t^-\}_{t\in[0,T+t_1]}$、净空单平仓组合 $\{D_t^+\}_{t\in[0,T+t_1]}$。根据式（3.19）和式（3.20），计算出每日净空单极限容量时序 $\{X_t^-\}_{t\in[0,T+t_1]}$ 和每日净空单平仓极限容量时序 $\{X_t^+\}_{t\in[0,T+t_1]}$。然后，再根据玉米"保险 + 期货"可承载极限容量测算公式（3.21），同时依据起赔价 K 和每交易日冲击上限 W 的各自两档假设，计算得到 32 种情形下玉米"保险 + 期货"可承保极限容量。同时，根据国家统计局公布的 2016—2018 年全国玉米总产量数据（分别为 26 361.31 万吨、25 907.07 万吨和 25 717.39 万吨），测算出玉米"保险 + 期货"可承保极限容量占全国玉米总产量的比例。具体结果见表 9。

表 9 结果显示，玉米"保险 + 期货"可承保极限容量有限，32 种情景模拟都难以实现对全国所有玉米实施价格保险全覆盖，且不同情景下可承保极限容量也有比较大的差异，主要有两个特点：一是玉米"保险 + 期货"可承保极限容量在 2016—2018 年呈现上升态势。除了表 9 中情景 1 中个别情形外，其余情况下玉米"保险 + 期货"可承保极限容量和占比都无一例外呈现上升趋势。二是玉米"保险 + 期货"可承保极限容量随着起赔价降低和每日冲击极限放宽，其容量迅速增加。

5. 玉米"保险 + 期货"毛保费总和和财政补贴极限规模测算

根据式（3.23）和式（3.24），结合上面计算出的玉米"保险 + 期货"开仓期内纯保费时序 $\{Put_t\}_{t\in[0,t_1]}$，可以测算出玉米"保险 + 期货"模式不同情景下的毛保费及毛保费总和。在此基础上，根据式（3.25），最终得到玉米"保险 + 期货"保费财政补贴极限规模。结果见表 10 及图 14 和图 15。

表9　　　　　　　　　玉米期货市场可承保极限规模测算结果

情景	主要指标	年份	A6V2P2	A6V2P1	A6V1P2	A6V1P1	A4V2P2	A4V2P1	A4V1P2	A4V1P1
情景1：起赔价K为平价、每日冲击上限W为0.25%	交易日可承载极限容量Y（万手）	2016	2.59	4.16	2.76	4.18	1.66	2.52	1.75	2.76
		2017	2.83	5.50	3.02	5.86	1.87	3.33	2.15	3.94
		2018	2.02	4.27	1.98	4.35	3.88	6.11	4.03	6.57
	期货市场可承保极限规模（万吨）	2016	1 166.37	915.18	1 243.58	920.47	746.69	553.96	785.59	607.14
		2017	1 275.64	1 209.83	1 360.12	1 288.31	842.79	731.88	967.38	867.01
		2018	928.08	981.72	912.63	1 000.80	1 785.88	1 404.81	1 852.03	1 510.28
	可承保极限规模/全国玉米总产量比例	2016	4.42%	3.47%	4.72%	3.49%	2.83%	2.10%	2.98%	2.30%
		2017	4.92%	4.67%	5.25%	4.97%	3.25%	2.83%	3.73%	3.35%
		2018	3.61%	3.82%	3.55%	3.89%	6.94%	5.46%	7.20%	5.87%
			A6V2P2	A6V2P1	A6V1P2	A6V1P1	A4V2P2	A4V2P1	A4V1P2	A4V1P1
情景2：起赔价K为平价、每日冲击上限W为0.5%	交易日可承载极限容量Y（万手）	2016	5.18	8.32	5.53	8.37	3.32	5.04	3.49	5.52
		2017	5.67	11.00	6.04	11.71	3.75	6.65	4.30	7.88
		2018	4.04	8.54	3.97	8.70	7.76	12.22	8.05	13.13
	期货市场可承保极限规模（万吨）	2016	2 332.74	1 830.36	2 487.16	1 840.94	1 493.38	1 107.92	1 571.18	1 214.27
		2017	2 551.29	2 419.67	2 720.24	2 576.62	1 685.59	1 463.76	1 934.77	1 734.03
		2018	1 856.16	1 963.44	1 825.26	2 001.60	3 571.77	2 809.63	3 704.07	3 020.56
	可承保极限规模/全国玉米总产量比例	2016	8.85%	6.94%	9.43%	6.98%	5.67%	4.20%	5.96%	4.61%
		2017	9.85%	9.34%	10.50%	9.95%	6.51%	5.65%	7.47%	6.69%
		2018	7.22%	7.63%	7.10%	7.78%	13.89%	10.93%	14.40%	11.75%
			A6V2P2	A6V2P1	A6V1P2	A6V1P1	A4V2P2	A4V2P1	A4V1P2	A4V1P1
情景3：起赔价K为−5%、每日冲击上限W为0.25%	交易日可承载极限容量Y（万手）	2016	3.24	5.49	3.36	5.76	2.28	3.05	2.17	3.08
		2017	4.96	10.16	4.93	10.27	6.29	9.40	4.89	9.13
		2018	8.88	21.92	8.99	20.31	24.60	29.54	19.68	24.01
	期货市场可承保极限规模（万吨）	2016	1 456.35	1 206.80	1 510.58	1 267.85	1 024.34	670.44	975.62	678.46
		2017	2 231.03	2 234.33	2 218.06	2 258.44	2 830.14	2 068.59	2 200.29	2 009.28
		2018	4 086.11	5 040.72	4 136.49	4 671.45	11 318.16	6 794.75	9 052.40	5 521.32
	可承保极限规模/全国玉米总产量比例	2016	5.52%	4.58%	5.73%	4.81%	3.89%	2.54%	3.70%	2.57%
		2017	8.61%	8.62%	8.56%	8.72%	10.92%	7.98%	8.49%	7.76%
		2018	15.89%	19.60%	16.08%	18.16%	44.01%	26.42%	35.20%	21.47%
			A6V2P2	A6V2P1	A6V1P2	A6V1P1	A4V2P2	A4V2P1	A4V1P2	A4V1P1

续表

情景	主要指标	年份	A6V2P2	A6V2P1	A6V1P2	A6V1P1	A4V2P2	A4V2P1	A4V1P2	A4V1P1
情景4：起赔价K为-5%、每日冲击上限W为0.5%	交易日可承载极限容量Y（万手）	2016	6.47	10.97	6.71	11.53	4.55	6.09	4.34	6.17
		2017	9.92	20.31	9.86	20.53	12.58	18.81	9.78	18.27
		2018	17.77	43.83	17.98	40.62	49.21	59.08	39.36	48.01
	期货市场可承保极限规模（万吨）	2016	2 912.71	2 413.60	3 021.16	2 535.71	2 048.67	1 340.87	1 951.23	1 356.92
		2017	4 462.06	4 468.67	4 436.11	4 516.88	5 660.28	4 137.18	4 400.57	4 018.57
		2018	8 172.21	10 081.44	8 272.98	9 342.90	22 636.32	13 589.49	18 104.80	11 042.64
	可承保极限规模/全国玉米总产量比例	2016	11.05%	9.16%	11.46%	9.62%	7.77%	5.09%	7.40%	5.15%
		2017	17.22%	17.25%	17.12%	17.43%	21.85%	15.97%	16.99%	15.51%
		2018	31.78%	39.20%	32.17%	36.33%	88.02%	52.84%	70.40%	42.94%

表10 玉米"保险+期货"模式不同情景下单位毛保费、毛保费总和测算结果

单位毛保费（元/吨）	年份	A6V2P2	A6V2P1	A6V1P2	A6V1P1	A4V2P2	A4V2P1	A4V1P2	A4V1P1
情景1：起赔价K为平价、每日冲击上限W为0.25%	2016	54.66	55.62	59.48	60.54	43.42	44.19	49.06	49.93
	2017	36.31	36.11	39.76	39.55	29.14	28.98	33.39	33.21
	2018	27.51	27.14	30.35	29.94	22.57	22.26	25.74	25.39
情景2：起赔价K为平价、每日冲击上限W为0.5%	2016	54.66	55.62	59.48	60.54	43.42	44.19	49.06	49.93
	2017	36.31	36.11	39.76	39.55	29.14	28.98	33.39	33.21
	2018	27.51	27.14	30.35	29.94	22.57	22.26	25.74	25.39
情景3：起赔价K为-5%、每日冲击上限W为0.25%	2016	26.85	27.32	30.86	31.41	17.05	17.35	21.43	21.81
	2017	11.16	11.10	13.46	13.39	6.00	5.97	8.41	8.36
	2018	5.25	5.18	6.68	6.59	2.44	2.41	3.66	3.61
情景4：起赔价K为-5%、每日冲击上限W为0.5%	2016	26.85	27.32	30.86	31.41	17.05	17.35	21.43	21.81
	2017	11.16	11.10	13.46	13.39	6.00	5.97	8.41	8.36
	2018	5.25	5.18	6.68	6.59	2.44	2.41	3.66	3.61
毛保费总和（亿元）	年份	A6V2P2	A6V2P1	A6V1P2	A6V1P1	A4V2P2	A4V2P1	A4V1P2	A4V1P1
情景1：起赔价K为平价、每日冲击上限W为0.25%	2016	6.37	5.09	7.40	5.57	3.24	2.45	3.85	3.03
	2017	4.63	4.37	5.41	5.10	2.46	2.12	3.23	2.88
	2018	2.55	2.66	2.77	3.00	4.03	3.13	4.77	3.83
情景2：起赔价K为平价、每日冲击上限W为0.5%	2016	12.75	10.18	14.79	11.14	6.48	4.90	7.71	6.06
	2017	9.26	8.74	10.82	10.19	4.91	4.24	6.46	5.76
	2018	5.11	5.33	5.54	5.99	8.06	6.26	9.53	7.67

续表

毛保费总和（亿元）		年份	A6V2P2	A6V2P1	A6V1P2	A6V1P1	A4V2P2	A4V2P1	A4V1P2	A4V1P1
情景3：起赔价 K 为 -5%、每日冲击上限 W 为 0.25%		2016	3.91	3.30	4.66	3.98	1.75	1.16	2.09	1.48
		2017	2.49	2.48	2.99	3.02	1.70	1.23	1.85	1.68
		2018	2.14	2.61	2.76	3.08	2.77	1.64	3.31	1.99
情景4：起赔价 K 为 -5%、每日冲击上限 W 为 0.5%		2016	7.82	6.59	9.32	7.96	3.49	2.33	4.18	2.96
		2017	4.98	4.96	5.97	6.05	3.40	2.47	3.70	3.36
		2018	4.29	5.22	5.53	6.16	5.53	3.28	6.62	3.98

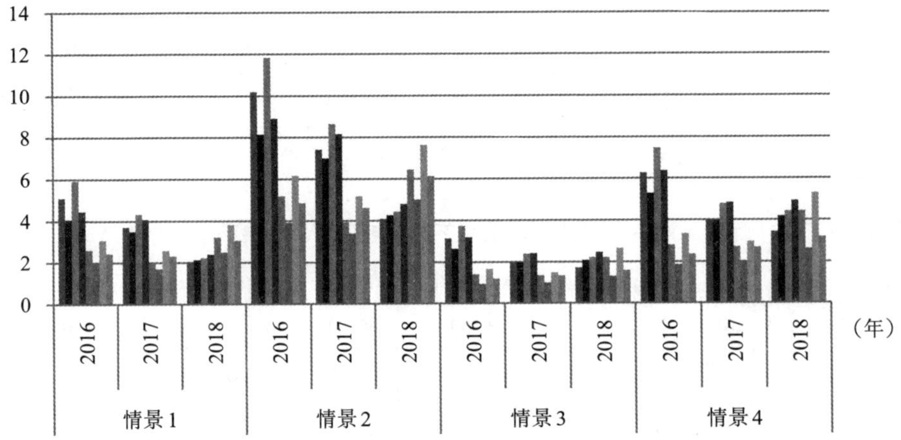

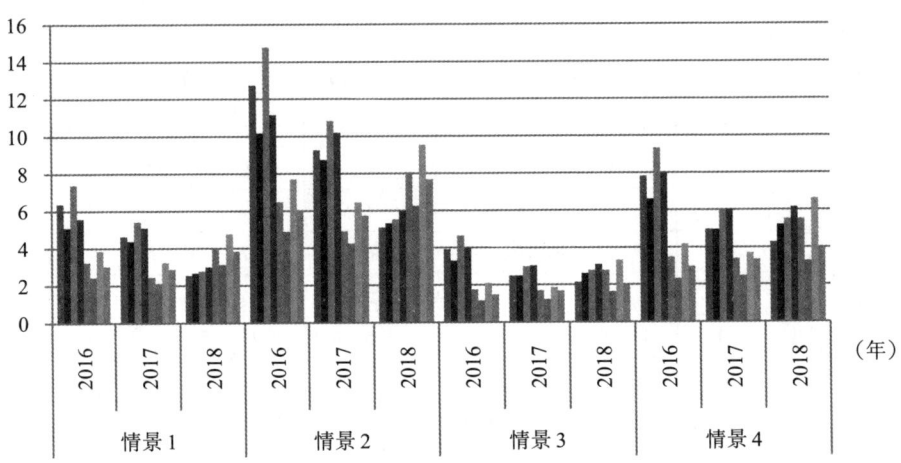

图14 玉米"保险+期货"模式保费财政补贴极限规模（补贴比例 $h=80\%$，亿元）

图15 玉米"保险+期货"模式保费财政补贴极限规模（补贴比例 $h=100\%$，亿元）

表10、图14和图15表明，基于期货市场流动性约束下的玉米"保险+期货"可承保极限容量的毛保费总和和财政补贴极限规模目前仍处于比较小的规模状态，

即使是情景 2 中 2016 年 $A6V1P2$ 为最大毛保费总和，但也仅仅为 14.79 亿元，对应的财政补贴规模为 11.83 亿元（按补贴比例 $h=80\%$ 计算）。

6. 五大关键参数情景模拟分析

综合上述 32 种情景模拟测算结果，得到了保险期、开仓期、计价期、起赔价和每日冲击上限 5 个关键参数对玉米"保险+期货"可承保极限容量和保费财政补贴极限规模影响情况，具体如下：

（1）保险期：保险期越长，玉米"保险+期货"可承保极限容量和保费财政补贴极限规模越大；保险期越短，其可承保极限容量和保费财政补贴极限规模越小。从表 9 结果看，一般，6 个月保险期的可承载极限容量和保费财政补贴极限规模大于 4 个月保险期限。但是，情景 1 和情景 2 中的 $A4V1P2$ 以及情景 3 和情景 4 中的 $A4V2P2$ 玉米"保险+期货"可承保极限容量和保费财政补贴极限规模却为各类情景中的最大值，这其中原因在于，4 个月保险期的波动率要明显低于 6 个月保险期所致。

（2）开仓期：开仓期对玉米"保险+期货"可承保极限容量和保费财政补贴极限规模影响不明显。从表 9 实证结果来看，开仓期 1 个月和 2 个月两档情况下，无论哪种情景，玉米"保险+期货"可承保极限容量和保费财政补贴极限规模非常接近，差异不是很明显。

（3）计价期：计价期越短，玉米"保险+期货"可承保极限容量越大，但保费财政补贴极限规模各异。以表 9 情景 1 中的 $A6V2P2$ 和 $A6V2P1$ 为例，明显的，2016—2018 年 $A6V2P2$ 的玉米"保险+期货"可承保极限容量明显比 $A6V2P1$ 小，但保费财政补贴极限规模却不很明显。计价期 1 个月和 2 个月两档的其他情景都与 $A6V2P2$ 和 $A6V2P1$ 对比非常类似，这说明计价期越短，玉米"保险+期货"可承保极限容量越大，保费财政补贴极限规模差异不是很明显。

（4）起赔价：起赔价越低，玉米"保险+期货"可承保极限容量越大，但保费财政补贴极限规模越小。一般来讲，起赔价越低，玉米"保险+期货" Delta 绝对值也越小，因此可承保极限容量越大。但是，起赔价越低，玉米"保险+期货"的单位纯保费就越低，对应的保费财政补贴规模就越小。事实上，从表 9 测算的结果来看，2016—2018 年，无论起赔价处于平价还是下调 5% 两档情景，上述结论是明显成立的。

（5）每日冲击上限：每日冲击上限对玉米"保险+期货"可承保极限容量和保费财政补贴极限规模影响极其明显；上限值越大，玉米"保险+期货"可承保极限容量和保费财政补贴极限规模越大。从实证结果看，0.25% 档次的每日可承载极限容量明显低于 0.5% 档次的水平。表 9 结果显示，情景 4 中的 $A4V2P2$ 类型，2018

年其可承保极限规模的玉米吨数达到 22 636.32 万吨，覆盖我国所有生产的玉米产量 88.02%。但是，在情景 3 中的 A4V2P2 类型，2018 年其可承保极限规模的玉米吨数仅为 11 318.16 万吨，覆盖我国所有玉米产量仅 44%，因此，每日冲击上限对玉米"保险+期货"可承保极限容量和保费财政补贴极限规模影响极其显著。

7. 关于未来一段时期玉米"保险+期货"模式财政补贴极限规模讨论

以上部分主要利用现有玉米期货相关历史数据对其"保险+期货"模式测算财政补贴极限规模。事实上，从更宏观的角度看，一方面，随着我国期货市场的深入发展，玉米期货各类套期保值者和投资者等数量、入市资金将越来越多，必然会扩大玉米期货市场流动性规模；另一方面，如果实施玉米"保险+期货"模式财政补贴政策，大概率会带来期货市场新的增量资金，从而拓展玉米期货市场的深度，反过来又会正向促进玉米"保险+期货"模式财政补贴极限规模进一步扩大。为此，需要动态分析未来一段时期的玉米"保险+期货"模式财政补贴极限规模。在这里，我们统计了 2013—2019 年期间我国玉米期货和商品期货市场历年成交量、日均持仓量和年成交金额数据（见表 11 和表 12）。假设未来一段时期（2019—2030 年期间），我国玉米期货市场成交量年均增幅保持 18% 左右（成交量体现市场投资者参与增长情况，保守起见，参照我国商品期货年成交量年均增幅）和持仓量年均增幅保持 10%（日均持仓量更多表明是套期保值参与程度发展情况，保守起见，参照我国玉米期货日均持仓量年均增幅）左右水平。

表 11　玉米期货市场历年成交量、日均持仓量和年成交金额

项目	2013 年	2014 年	2015 年	2016 年	2017 年	2018 年	2019 年	年均增幅（%）
年成交量（万手）	2 662.73	933	4 209.02	12 236.3	12 732.4	6 681.27	9 911.9	45.37
日均持仓量（万手）	63.17	21.1	50.65	113.1	116.66	73.07	101.23	10.04
年成交金额（亿元）	6 349.27	2 215	8 276	19 101	21 071	12 323	18 841	32.79

表 12　商品期货市场历年成交量、日均持仓量和年成交金额

项目	2013 年	2014 年	2015 年	2016 年	2017 年	2018 年	2019 年	年均增幅（%）
年成交量（百万手）	1 868	2 287	3 237	4 119.43	3 051.55	3 001.66	3 895.67	18.09
日均持仓量（百万手）	—	933.33	1 076.5	1 324.3	1 421.11	1 383.92	1 725.09	16.97
年成交金额（百万亿元）	126	127	136.2	177.41	163.3	184.7	221	12.57

根据式（3.2）至式（3.6），可以得到未来一段时期内（2019—2030 年）玉米"保险+期货"模式财政补贴极限规模的情况。按照当前试点形成的起赔价设定为平价的惯例（也就是情景 1 和情景 2），我们保守选择了表 9 情景 2 中 2018 年

A4V1P2为典型,得到2019—2030年我国玉米"保险+期货"模式可承保极限规模和可实施财政补贴的覆盖面(见图16)。

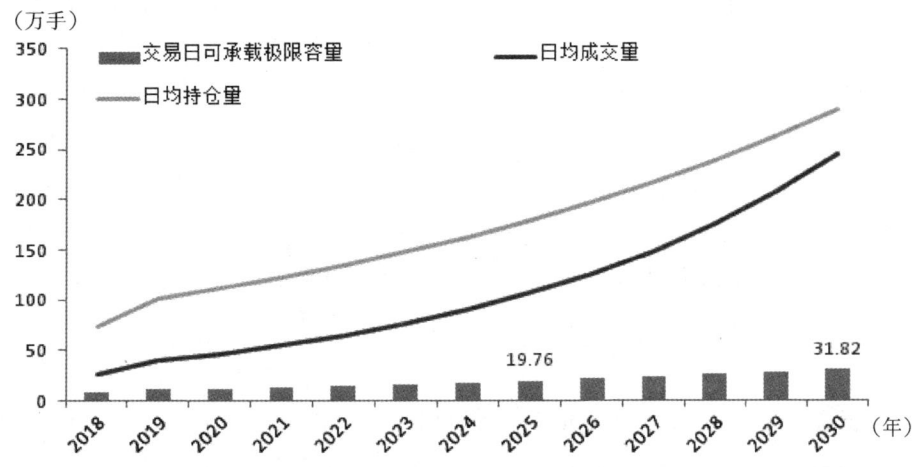

图16 2019—2030年玉米"保险+期货"模式交易日可承载极限规模

从图16可以看出,玉米"保险+期货"模式交易日可承载极限规模在2025年达到19.76万手、2030年达到31.82万手。按表9情景2中2018年A4V1P2的承保期2个月计算,到2025年我国可实施财政补贴的玉米承保产量占比也只有31.62%($40 \times 19.76 \times 10/25\ 000$);到2030年可实施财政补贴的玉米承保产量占比达到50.91%($40 \times 31.82 \times 10/25\ 000$)。因此,随着我国商品期货市场的快速发展,推进玉米"保险+期货"模式财政补贴需要谨慎、稳健推进。

(三)实证结果讨论

1. 玉米"保险+期货"市场可承载容量总体而言是有限的

通过5个关键参数合计32种情景模拟,总体看,玉米"保险+期货"可承载极限容量极其有限。表9中的情景1和情景2可承保极限规模/全国玉米总产量比例明显不超过10%和15%。对于下调起赔价5%的情景3和情景4,其可承保极限规模/全国玉米总产量比例提升,最高是情景4中的A4V2P2达到了88.04%,但是其每日冲击上限达到了0.5%。如果连续多个交易日都达到0.5%这个上限,对玉米期货市场流动性冲击的累计效应就会显著放大,甚至可能造成市场系统性风险。

2. 玉米"保险+期货"财政补贴规模不能很大,需要分阶段分步骤稳步推进

总的来说,当前玉米"保险+期货"可承载极限容量极其有限。为保守起见,按照当前试点形成的起赔价设定为平价的惯例(也就是情景1和情景2),可承保极

限规模/全国玉米总产量比例绝不能超过 14.4%，即 3 704 万吨（即表 9 情景 2 中 2018 年 A4V1P2 可承保极限规模/全国玉米总产量比例 14.4%，对应 3 704.07 万吨）。对应的，大力推进玉米"保险 + 期货"模式的保费财政补贴规模也就 10 亿元级别，这与动辄几百亿元的临储资金或目标价格补贴规模相比还是非常小的。但是，一旦大规模对玉米"保险 + 期货"模式实施财政补贴，绝不能突破当前期货市场可承载极限容量这根"红线"。随着玉米价格形成机制的改革明显加快，市场价格波动也明显加大，农产品生产者收益的不确定性增大，这就倒逼政府急需要玉米"保险 + 期货"模式来为广大农户农企保驾护航。但是推动玉米"保险 + 期货"模式财政补贴政策出台，要慎之又慎、稳打稳扎，绝不能不顾风险就上马。

（四）小结

本文采集大连商品交易所的玉米期货价格指数在 2016 年 1 月 4 日—2019 年 5 月 22 日的交易数据，利用构建的理论和模型，对我国玉米"保险 + 期货"模式的期货市场可承载容量和财政补贴规模等进行了测算研究，分析了不同保险期、开仓期、计价期、每日冲击上限、起赔价等情形下的结果。主要结论如下：

1. 关键参数对玉米"保险 + 期货"市场可承保极限容量和保费财政补贴极限规模影响各异

保险期越长，玉米"保险 + 期货"可承保极限容量和保费财政补贴极限规模越大；与之相反。开仓期对玉米"保险 + 期货"可承保极限容量和保费财政补贴极限规模影响不明显。计价期越短，玉米"保险 + 期货"可承保极限容量越大，但保费财政补贴极限规模各异。起赔价越低，玉米"保险 + 期货"可承保极限容量越大，但保费财政补贴极限规模越小。每日冲击上限对玉米"保险 + 期货"可承保极限容量和保费财政补贴极限规模影响极其明显，上限值越大，玉米"保险 + 期货"可承保极限容量和保费财政补贴极限规模越大。

2. 我国玉米"保险 + 期货"市场可承载容量极其有限，玉米"保险 + 期货"财政补贴规模较小，财政补贴政策应稳步谨慎实施

实证结果表明，当前我国玉米期货市场流动性约束下的可承载极限容量极其有限，短期内可承保极限规模/全国玉米总产量比例绝不能超过 14.4%，即 3 704 万吨左右。对应的，我国玉米"保险 + 期货"财政补贴规模也有较明显的上限。大力推进玉米"保险 + 期货"模式的保费财政补贴工作不能盲目铺摊子式大规模展开，要慎之又慎地分步骤稳步推进。

五、玉米"保险+期货"模式财政补贴政策建议

要稳步推进玉米"保险+期货"模式实施财政补贴政策、进而推动试点扩面。要从玉米期货市场容量约束的风险视角出发,明确玉米"保险+期货"模式在我国玉米生产支持政策和市场化价格形成机制中的发展定位、路径选择以及各方协调推动的重点工作。主要建议如下:

(一)玉米"保险+期货"模式财政补贴政策的定位设计

要将玉米"保险+期货"模式定位为我国玉米生产支持政策和价格市场化的重要风险管理工具,逐步纳入玉米政策性保险体系,并由当前的"目标价格支持制度+'保险+期货'模式",逐渐过渡到"收入保险+'保险+期货'模式"高质量的终极政策形态。在这一定位中,要重点建设政府与保险、期货市场的风险共担体系(见图17)。

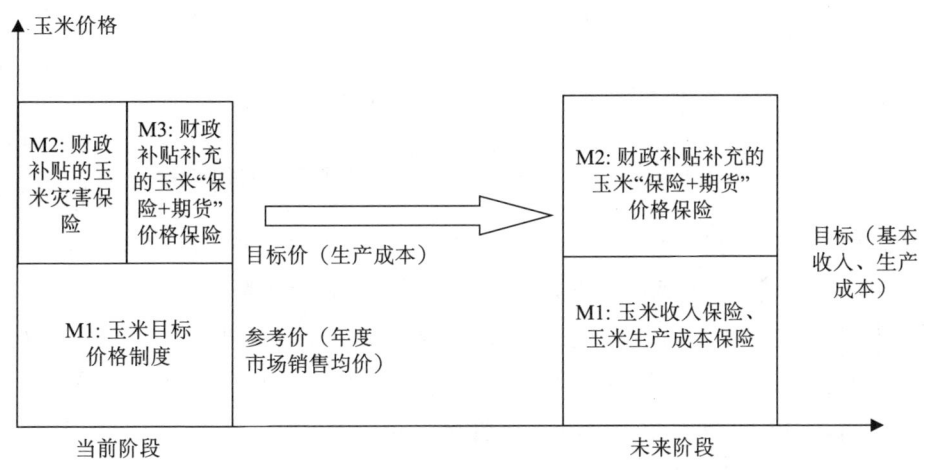

图17 我国玉米"保险+期货"模式在其生产支持政策中的定位

1. 对于当前阶段,我国玉米生产支持政策应设计成"目标价格制度+政策性自然灾害保险为主导、政策性'保险+期货'价格保险补充"发展定位

当前,我国玉米目标价格制度核心是目标价(生产成本)与参考价(年度市场销售均价)的差额损失补贴(图17当前阶段的M1部分),而农户农企实际销售价格低于参考价的风险(图17当前阶段M3部分)不在补贴范围之内,农户农企面临价格下跌风险保障不够的困境。因此,为进一步保护玉米种植农户农企利益,可以基于现有玉米目标价格制度为基础制度,推出参考年度市场销售均价为基准的财政补贴型玉米"保险+期货"价格保险,作为目标价格制度的有效补充。根据前面的

实证结论，玉米"保险+期货"模式保费财政补贴额度与动辄几百亿元的巨额临储托市收购和目标价格补贴的财政费用相比，规模显然是较小的，财政足以承担这个量级的保费规模。我国玉米价格市场化机制尚未形成，价格与产量之间的关系没有表现较为稳定的负相关性，因此当前阶段，自然灾害险（图17当前阶段的M2部分）和价格保险还是以比较独立的方式开展比较好。

2. 对于未来时期，我国玉米生产支持政策应设计为"政策性收入保险主导、政策性'保险+期货'价格保险补充"的发展定位

随着我国玉米市场化价格机制日益成熟，以及玉米期货市场规模不断扩大，我国玉米生产的保险政策定位"政策性收入保险主导、政策性'保险+期货'价格保险补充"落实将具备条件。按照WTO农业补贴规则，我国当前试点玉米目标价格制度只是一种过渡性"黄箱"政策，为此，我国遵循WTO农产品国际贸易秩序规则，将玉米支持政策升级成收入保险为主导的"绿箱"支持政策是必然选择。因此，在未来阶段，在玉米市场化价格机制形成之后，可以升级成收入保险（图17未来阶段的M2部分，自然灾害险可以改进成产量保险与价格保险合并成收入保险）。同时针对基本收入或生产成本厘定的参考价，进行玉米"保险+期货"模式价格保险补充，为广大玉米种植农户农企提供更加全面的收入保障。

（二）玉米"保险+期货"模式财政补贴政策实施的路径设计

根据前面玉米期货市场流动性约束下的可承保极限容量实证结论，可知，玉米期货交易市场容量有限，短期内难以大面积推开玉米"保险+期货"模式。在此，结合我国玉米"保险+期货"模式定位设计，建议采取"渐进式推进"方式逐步将玉米"保险+期货"模式纳入政策性农业保险体系，分地区、分区域进行财政补贴，确保"保险+期货"模式稳步推进，不出系统性风险。具体可以分三步走（见图18）。

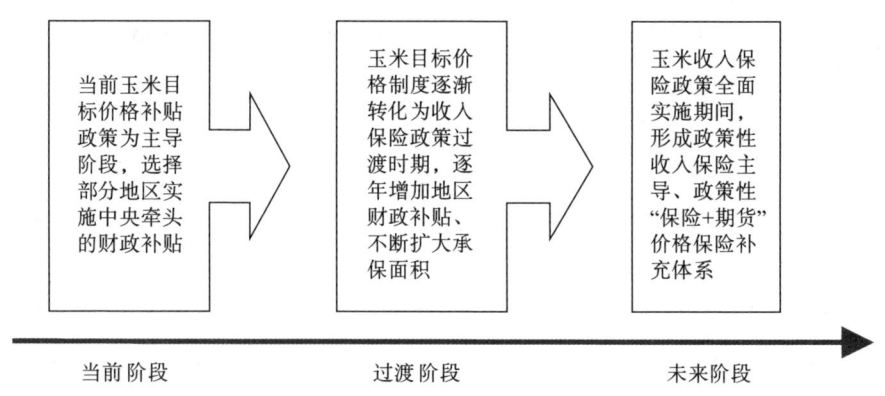

图18 我国玉米"保险+期货"模式财政补贴政策三步走实施路径

第一步：

在当前玉米目标价格补贴政策为主导的阶段，选择部分地区实施中央牵头的财政补贴。建议玉米"保险+期货"模式保费财政补贴先从东北地区开始，即从辽宁、吉林和黑龙江以及内蒙古东部地区选择部分县市开始试点。在试点过程中，切实抓好与玉米目标价格制度改革、玉米收入保险试点紧密配合，以及与其他惠农、支农政策有机联动；注重对广大中小玉米种植户以及玉米种植新型经营主体的覆盖；加强基于风险考虑的玉米"保险+期货"模式产品设计和精算定价。在深入试点的同时，探索玉米生产各项支持政策有效衔接模式和机制，为下一步玉米"保险+期货"模式的拓面提质奠定坚实基础。

第二步：

在玉米目标价格补贴逐渐转化为玉米收入保险政策的过渡时期，逐年增加地区实施玉米"保险+期货"模式财政补贴、不断扩大承保面积。在国家推动玉米收入保险"绿箱"政策逐渐取代目标价格价差补贴"黄箱"政策的过渡期，要逐年评估我国玉米期货市场容量约束情况，并根据期货市场可承载容量约束，将玉米"保险+期货"模式逐步推广到全国玉米种植区，不断扩大玉米种植农户农企户数和承保面积。在这个过程中，重点探索玉米"保险+期货"模式与原有的玉米目标价格制度改革衔接模式，切换成玉米"保险+期货"模式与其收入保险无缝衔接模式。

第三步：

在玉米收入保险政策全面实施期间，进一步完善政策性收入保险主导、政策性"保险+期货"价格保险补充体系。结合收入保险以及其他惠农支农等政策，对玉米"保险+期货"模式进一步改进，切实有效嵌入我国玉米市场化价格机制建设，为玉米种植农户农企提供全面的风险保障，形成一整套行之有效的玉米生产保障政策体系，从而为我国农业现代化和粮食安全建设保驾护航。

（三）玉米"保险+期货"模式财政补贴政策实施的责任设计

对推进玉米"保险+期货"纳入政策性农业保险体系、实施财政补贴政策，应当强化各方责任、协同推进，通过优化调整我国玉米生产支持政策结构、加大对政策性玉米保险的支持力度，实现财政支农政策的目的，同时建立起更广泛、更深入的玉米作物生产风险保护网（见图19）。

1. 期货监管部门和期货交易所

期货监管部门和期货交易所应当抓好做大玉米期货市场、丰富玉米期货衍生品等基础性工作，具体如下：

（1）丰富玉米期货市场交易主体和资金供给。进一步引进各类套期保值者、投

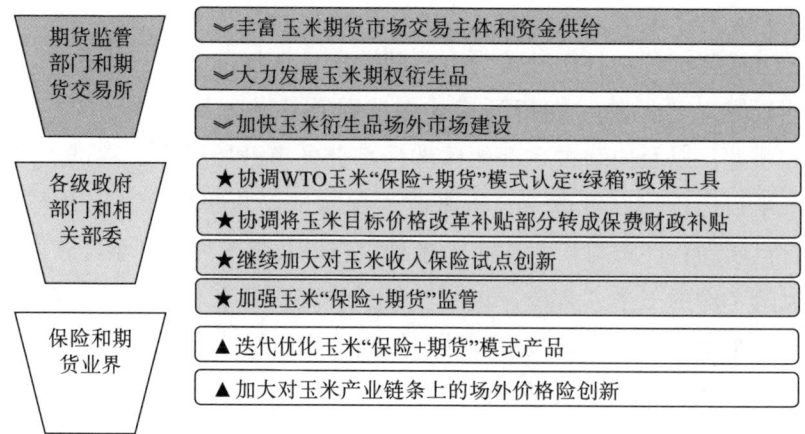

图 19　我国玉米"保险＋期货"模式财政补贴政策实施的责任设计

机者、境内外投资者。通过引入 ETF 商品基金、境内外投资者等，不断吸纳各类资金进入玉米期货市场交易。针对玉米期货市场近月合约不活跃及流动性在 1 月、5 月、9 月集中等问题，通过完善的合约设计和相关制度安排逐步增加相关月份的市场活跃度，从而提升玉米期货市场容量。同时，还可以鼓励期货公司利用芝加哥期货交易所（CBOT）等国际市场的商品期货交易所场内玉米期货期权进行风险对冲。

（2）大力发展玉米期权衍生品。可参考美国芝加哥商品交易所（CME）交易所推出短期新作期权的做法，在场内除标准期权外，针对不同农产品的特殊生产周期，根据"保险＋期货"模式的对冲需求，设计出结构更加匹配的短期期权，形成一个完整的玉米期货衍生品体系，不断增加玉米价格风险的对冲工具。同时通过引入做市商、加大宣传教育、降低保证金等方式，增加玉米期权市场的流动性，活跃玉米期权衍生品市场。

（3）加快玉米衍生品场外市场建设。依托大连商品交易所的平台优势，积极推动玉米场外衍生品制度创新，大力发展玉米场外衍生品市场业务，为玉米"保险＋期货"模式提供新的风险转嫁方式和渠道。

2. 各级政府部门和相关部委

农业农村部、中国银保监会、财政部、发改委等政府部门，应当协调抓实玉米"保险＋期货"模式"绿箱"政策认定、落实财政保费补贴、加强玉米收入保险试点等工作，具体如下：

（1）积极协调 WTO 对我国独创的玉米"保险＋期货"模式认定为"绿箱"政策工具。针对当前世贸规则上没有对"保险＋期货"模式作具体规定的问题，农业农村部和中国银保监会、财政部等部门应联合，协调争取 WTO 将我国的玉米"保险＋期货"模式纳入农业支持政策"绿箱"工具，为我国农业支持政策适应全球化标准提前打好基础,进而为推动我国现代化农业发展奠定更高水准。

(2) 加大协调将玉米目标价格改革补贴资金少量部分转成保费财政补贴。建议国家将玉米目标价格财政补贴经费中的部分资金转成保费财政补贴。当然,"保险+期货"模式的财政补贴等不能一蹴而就,而应在保障期货市场安全和稳定的前提下,根据期货市场的可承载极限容量逐年增加。转化成保费补贴的总金额远远低于目标价格补贴资金总额,有利于国家利用市场化手段节省大批财政资金,同时可将收储成本或目标价格差额补贴的财政软预算转变为保费补贴的硬约束,并使财政资金运行更加清晰透明。

(3) 继续加大对玉米收入保险试点创新。鼓励和支持保险公司和期货公司不断完善提升"保险+期货"模式定价和对冲技术,在持续降低保险费率的同时,积极借鉴美国玉米收入保险的经验,继续加大对玉米收入保险的创新试点,探索替代当前玉米目标价格制度,为最终形成玉米"收入保险+'保险+期货'"政策模式探索经验。

(4) 加强玉米"保险+期货"模式监管。大力支持建立场外期权集中清算平台,加强玉米场外复制期权透明度和实时性监管,坚决打击以风险对冲名义进行投机的行为,降低玉米场外期权交易的信用风险。与此同时,还要加强玉米"保险+期货"市场专项监管,做好承保和理赔标准、市场准入退出、防范虚假保单等违法违规行为的制度性安排,切实保护广大农户农企的利益。

3. 保险和期货业界

对于保险和期货业界,继续迭代优化玉米"保险+期货"模式产品、加大玉米产业链条场外价格险创新,不断拓宽玉米价格风险管理保险工具谱系,具体如下:

(1) 迭代优化玉米"保险+期货"模式产品。借鉴美国政策性畜牧价格保险设计经验,不断迭代优化现有玉米"保险+期货"模式产品类型、承保期限、投保期数、保障价格档位等,最终形成有效规避系统性风险和逆选择风险、又能匹配农户农企需求的产品体系。

(2) 加大对玉米产业链条上的场外价格保险创新。农户农企的玉米价格保险是规避下跌风险,如果同步推出规避价格上涨风险需求的贸易端和消费端的商业性玉米期货价格保险产品,研发推出各种类型的玉米价格场外期权,形成较大规模且反向的头寸,就能有效均衡期货市场的多空力量。

(四) 小结

本部分对我国推动玉米"保险+期货"模式财政补贴政策实施的相关建议进行了研究,主要结论如下:

1. 关于玉米"保险+期货"模式财政补贴政策的定位

要将玉米"保险+期货"模式定位为我国玉米生产支持政策和价格市场化的重要风险管理工具，逐步纳入玉米政策性保险体系，并由当前的"目标价格支持制度+'保险+期货'模式"，逐渐过渡到"收入保险+'保险+期货'模式"高质量的终极政策形态。

2. 关于玉米"保险+期货"模式财政补贴政策实施路径

首先，在当前玉米目标价格补贴政策为主导阶段，选择部分地区实施中央牵头的财政补贴。其次，在玉米目标价格补贴逐渐转化为玉米收入保险政策的过渡时期，逐年增加地区实施玉米"保险+期货"模式财政补贴、不断扩大承保面积。最终，在玉米收入保险政策全面实施期间，完善政策性收入保险主导、政策性"保险+期货"价格保险补充体系。

3. 关于玉米"保险+期货"模式财政补贴政策实施的责任分担

期货监管部门和期货交易所，应当抓好丰富玉米期货市场交易主体和资金供给、大力发展玉米期权衍生品、加快玉米衍生品场外市场建设等基础性工作；农业农村部、中国银保监会、财政部、发改委等政府部门，应当协调抓实玉米"保险+期货"模式"绿箱"政策认定、落实财政保费补贴、加大玉米收入保险试点、加强监管等工作；保险和期货业界，继续迭代优化玉米"保险+期货"模式产品、玉米产业链条场外价格险保创新，不断拓宽玉米价格风险管理保险工具谱系。

六、主要结论与展望

2015年我国独特的"保险+期货"模式正式落地，随后该模式迅速铺开试点，赋予了我国广大农户弱势群体对农产品价格的话语权，为我国普惠金融衍生品谱系增加了重要工具，更是我国对全球农业发展支持政策的创新贡献。为此，相关方都大力呼吁将其纳入国家政策性农业保险体系、给予保费财政补贴扶持发展、迅速做大规模。然而，"保险+期货"模式能否真正大规模纳入政策性农业保险体系，核心是摸清期货市场可承载的"保险+期货"容量。这是因为受制于期货市场流动性，"保险+期货"财政补贴"补多少、怎么补"以及"走向哪、怎么走"核心问题亟待回答。玉米是我国三大主要粮食作物之一，也是我国"保险+期货"模式试点第一大品种，为此，本文对玉米"保险+期货"模式财政补贴规模测算及其应用展开了深入研究。

(一) 主要结论

1. 深入分析了玉米"保险+期货"模式实践和理论基础，表明我国玉米"保险+期货"模式独特的创新性

(1) 我国玉米"保险+期货"模式试点经验突出。中央到部委、地方政府及交易所各个层面都给予了玉米"保险+期货"的大力扶持。玉米"保险+期货"模式试点还没有正式纳入政策性保险范围，资金支持总体有限限制了覆盖面的扩大。试点经验表明，玉米"保险+期货"是推动当前我国玉米目标价格制度转型升级的终极有效补充方案。玉米"保险+期货"为我国广大中小农户、新型农业生产主体提供了一种保险保护工具，代表了我国广大农户弱势群体的价格话语权，是中国对全球农业发展支持政策的创新贡献。

(2) 美国政策性畜牧价格保险发展经验及启示。美国于2002年率先推出了针对畜牧业为标的的价格保险政策，其主要特点包括：以普惠为目的，保障对象为中小农场主；规模较小，以再保方式实现风险分散；产品突出考虑了系统性风险和逆选择风险。其主要借鉴在于：玉米"保险+期货"模式以普惠为目的，更适合广大中小农户和新型生产主体，产品设计要重点考虑系统性和逆选择风险问题，其定位应当是"价格保险+收入保险或生产成本保险"配合发挥作用。

(3) 玉米"保险+期货"模式财政补贴规模理论基础。"保险+期货"财政补贴规模取决于期货市场流动性、场外复制期权组合风险对冲策略两因素，目前对基于风险角度的"保险+期货"模式财政补贴规模理论研究仍处于泛泛定性分析阶段，没有将二者有效结合来探索"保险+期货"市场可承载容量及其财政补贴规模，对于是否能大规模政策扶持等实际难点焦点问题，难以给出明确的决策参考。玉米"保险+期货"模式财政补贴规模理论和模型有待完善。

2. 有效搭建了玉米"保险+期货"模式财政补贴规模理论模型，测算了玉米"保险+期货"模式财政补贴极限规模，证明了玉米"保险+期货"模式财政补贴极限规模极为有限

本文构建了基于期货市场容量约束下的玉米"保险+期货"模式财政补贴测算量化理论和模型。综合考虑期货持仓量和成交量、改进期货市场流动性深度测算模型，推导"保险+期货"模式保费定价公式和组合风险对冲策略公式、揭示风险对冲中性策略动态演化规律，综合场外复制期权组合风险对冲策略、期货市场流动性的动态演化两个因素，得到玉米"保险+期货"模式财政补贴极限规模测算模型。

在此基础上，采集大连商品交易所玉米期货历史价格、成交量和持仓量等数据，

对我国玉米"保险+期货"模式的期货市场可承载容量和财政补贴规模等进行研究，分析了不同保险期、开仓期、计价期、每日冲击上限、起赔价等情形下结果。这些关键参数对玉米"保险+期货"可承保极限容量和保费财政补贴极限规模影响各异。

实证结果表明：当前阶段我国玉米期货市场可承载量不大，短期内可承保极限规模/全国玉米总产量比例绝不能超过14.4%，即3 704万吨左右。对应的玉米"保险+期货"财政补贴规模也有明显的上限。大力推进玉米"保险+期货"模式的保费财政补贴工作绝不能大规模盲目铺摊子。

3. 科学设计了我国玉米"保险+期货"模式科学发展理论，证明了玉米"保险+期货"模式财政补贴政策实施必须精心谋划、蹄疾步稳

在发展定位方面，提出了玉米"保险+期货"模式应由当前阶段"目标价格制度+政策性自然灾害保险为主导、政策性'保险+期货'价格保险补充"升级成未来阶段"政策性收入保险主导、政策性'保险+期货'价格保险补充"。

在实施路径方面，玉米"保险+期货"模式财政补贴应当分步骤、分地区、分阶段实施，分三步走：首先，在当前玉米目标价格补贴政策为主导阶段，选择部分地区实施中央牵头的财政补贴。其次，在玉米目标价格补贴逐渐转化为玉米收入保险政策的过渡时期，逐年增加地区实施玉米"保险+期货"财政补贴、不断扩大承保面积。最终，在玉米收入保险政策全面实施期间，完善政策性收入保险主导、政策性"保险+期货"价格保险补充体系。

在责任落实方面，期货监管部门和交易所应抓实丰富玉米期货市场交易主体和资金供给、大力发展玉米期权衍生品、加快玉米衍生品场外市场建设等工作；政府部门应协调抓实玉米"保险+期货""绿箱"政策认定、落实财政保费补贴、探索玉米收入保险试点、加强监管等工作；保险和期货业界应继续迭代优化玉米"保险+期货"模式产品、创新玉米产业链条场外价格保险，为玉米"保险+期货"模式发展添砖加瓦。

（二）研究展望

综合判断，我国玉米"保险+期货"模式财政补贴"补多少、怎么补""走向哪、怎么走"的核心问题还有待在以下三个方面深入研究：一是宏观因素的影响，包括货币发行量、利率、商品期货交易额等因素对财政补贴规模的影响，这有利于进一步判断"保险+期货"模式可承载规模及其财政补贴政策的优化。二是玉米"保险+期货"模式与将来收入保险政策相结合的研究有待深入开展。三是大豆、棉花等其他农副产品的"保险+期货"财政补贴政策研究。本文只对玉米"保险+

期货"进行了研究，而对于其他关系到国计民生的农产品"保险+期货"模式财政补贴还没有量化分析，因此也难以对其定位、发展路径等给出科学答案。

参考文献

［1］李正强：《期货市场服务实体经济的创新与探索（2015—2017）》，中国金融出版社2019年版。

［2］李华：" '保险+期货'开创金融服务'三农'发展新格局"，《中国保险报》，2015-9-8。

［3］余方平：" '保险+期货'让更多农户受益"，《中国保险报》，2015-8-18。

［4］李华、张琳：" '保险+期货'：一种服务国家农业现代化的新模式"，《中国保险》，2016年第7期。

［5］王玉刚、余方平："推广农业'保险+期货'试点落实农村金融改革政策"，《吉林农业》，2016年第10期。

［6］张峭："基于期货市场的农产品价格保险产品设计与风险分散"，《农业展望》，2016年第4期。

［7］余方平、王玉刚："浅谈农产品期货价格保险"，《中国保险报》，2016-3-15。

［8］张然、田志宏："美国'黄箱'补贴政策调整适应WTO规则的做法与启示"，《华南理工大学学报（社会科学版）》，第21卷，2019年第2期。

［9］谢凤杰、吴东、立陈杰："美国2014年新农业法案中农业保险政策改革及其启示"，《农业经济问题》，2016年第5期。

［10］孙乐、陈盛伟："我国农产品'价格保险+期货'供给分析——基于美国实践的借鉴"，《金融理论探索》，2017年第6期。

［11］汪必旺、王克："美国牲畜价格指数保险的经验及局限性"，《保险研究》，2019年第5期。

［12］刘小微："'保险+期货'扩大试点须先解决好外部问题"，《金融时报》，2016-4-13，http：//www.financialnews.com.cn/bx/bxsd/201604/t20160413_95614.html。

［13］于洋："农业+保险+期货全流程风险管理机制研究"，和讯网，http：//futures.hexun.com/2017-10-20/191299288.html，2017-10-20。

［14］陈方："'保险+期货'是有效实行农产品价格类保险的必然方向"，《大众日报》，http：//paper.dzwww.com/dzrb/content/20190130/Articel14005MT.html，

2019 – 01 – 30。

[15] Harris, L. E., 1990, Liquidity, Trading Rules and Electronic Trading Systems, in *Journal of Monograph Series in Finance and Economics*, Vol. 4.

[16] Liu W., 2006, A Liquidity – Augmented Capital Asset Pricing Model, in *Journal of Financial Economics*, 2006 (82): 631 – 671.

[17] Hasbrouck J., 2009, Trading Costs and Returns for U. S. Equities: Estimating Effective Costs from Daily Data. in *The Journal of Finance*, Vol. 64, No. 5.

[18] Bessembimler, H., P. J. Seguin, 1993, Price Volatility, Trading Volume, and Market Depth: Evidence from Futures Markets, in *Journal of Financial and Quantitative Analysis*, No. 28.

[19] Boonvorachote T., K. Lakmas, 2016, Price Volatility, Trading Volume, and Market Depth in Asian Commodity Futures Exchanges, Kasetsart, in *Journal of Social Sciences*, Vol. 37, No. 1

[20] Iwatsubo, K., C., Watkins, X. Tao, 2018, Intraday Seasonality in Efficiency, Liquidity, Volatility and Volume: Platinum and Gold Futures in Tokyo and New York, in *Journal of Commodity Markets*, Vol. 11.

[21] Marshall, B. R., N. H. Nguyen, N. Visaltanachoti, 2013, Liquidity Commonality in Commodities, in *Journal of Banking and Finance*, Vol. 37, No. 1.

[22] Han, J., Z. Pan, 2017, On the Relation between Liquidity and the Futures – cash Basis: Evidence from a Natural Experiment, in *Journal of Financial Markets*, Vol. 36.

[23] Kyle, A., S., 1985, Continuous Auctions and Insider Trading, in *Econometrica*, No. 53.

[24] Engle, R., J., Lange, 2001, Predicting VENT: A model of the Dynamics of Market Depth, in *Journal of Financial Markets*, Vol. 4, No. 2.

[25] 刘向丽、汪寿阳:"中国期货市场日内流动性及影响因素分析",《系统工程理论与实践》, 2013 年第 6 期。

[26] Chacko, G., S. Das, R. Fan, 2016, An Index – based Measure of Liquidity, in *Journal of Banking & Finance*, Vol. 68.

[27] Thompson, S. R., M. L. Waller, J. E. Finnerty, 1988, Determinants of Liquidity Costs in Commodity Futures Markets, in *Review of Futures Markets*, Vol. 7.

[28] 朱世杰、王军:"中国期货市场流动性成本研究——以棉花为例",《金融理论与实践》, 2012 年第 9 期。

[29] Bangia, A., F. X. Diebold, T., Schuermann, J. D. Stroughair, 1999,

Modeling Liquidity Risk, with Implications for Traditional Market Risk Measurement and Management, Working Paper, The Wharton Financial Institutions Center.

[30] 胡方琦、宋琴："基于 La - VaR 模型的中国国债市场流动性风险研究"，《海南金融》，2016 年第 1 期。

[31] 李亚茹、孙蓉："农产品期货价格保险及其在价格机制改革中的作用"，《保险研究》，2017 年第 3 期。

[32] 李亚茹、孙蓉、刘震："农产品期货价格险种设计与定价——基于随机波动率模型的欧亚期权"，《财经科学》，2018 年第 3 期。

[33] 郑彦：" '农业 + 保险 + 期货' 定价研究"，《现代商贸工业》，2019 年第 15 期。

[34] 杨昌凡："算术型亚式期权的对冲策略"，《湖南师范大学自然科学学报》，2003 年第 3 期。

[35] Tsao, C. Y., C. C. Chang, C. G. Lin, 2003, Analytic Approximation Formulae for Pricing Forward - starting Asian Options, in *The Journal of Futures Markets*, Vol. 23, No. 5.

[36] Li, W., S. Chen, 2016, Pricing and Hedging of Arithmetic Asian Options via the Edgeworth Series Expansion Approach, in *The Journal of Finance and Data Science*, Vol. 2, No. 1.

[37] 方媛、耿国清："亚式期权的定价与 Delta 对冲"，载《经济师》，2018 年第 6 期。

[38] Coleman, T. F., D. Levchenkov, Y. Y. Li, 2007, Discrete Hedging of American - type Options Using Llocal Risk Minimization, in *Journal of Banking & Finance*, Vol. 31, No. 11.

[39] Ruas, J. P., J. C. Dias, J. P. V. Nunes, 2013, Pricing and Static Hedging of American - style Options under the Jump to Default Extended CEV Model, in *Journal of Banking & Finance*, Vol. 37, No. 11.

[40] Liu, Y. C., Z. Y. Cui, N. Zhang, 2016, Integral Representation of Vega for American Put Options, in *Finance Research Letters*, Vol. 19.

[41] Ben - Ameur, H., M. Breton, P. L'Ecuyer, 2002, A Dynamic Programming Procedure for Pricing American - style Asian Options, in *Management Science*, Vol. 48, No. 5.

[42] Chung, S. L., P. T. Shih, 2009, Static Hedging and Pricing American Options, in *Journal of Banking & Finance*, Vol. 33, No. 11.

[43] Chung, S. L., P. T. Shih, W. C. Tsai, 2013, Static Hedging and Pricing

American Knock – in Put Options, in *Journal of Banking & Finance*, Vol. 37, No. 1.

[44] Nunes J. P. V., J. P. Ruas, J. C. Dias, 2015, Pricing and Static Hedging of American – style Knock – in Options on Defaultable Stocks, in *Journal of Banking and Finance*, Vol. 58.

[45] Fabozzi F. J., T. Paletta, S. Stanescu, R. Tunaru, 2016, An Improved Method for Pricing and Hedging Long Dated American Options, in *European Journal of Operational Research*, Vol. 254, No. 2.

[46] Nalholm, M., R. Poulsen, 2006, Static Hedging and Model Risk for Barrier Options, in *Journal of Futures Markets*, Vol. 26, No. 5.

[47] Poulsen, R., 2006, Barrier Options and their Static Hedges: Simple Derivations and Extensions, in *Quantitative Finance*, Vol. 6.

[48] Chung, S., Shin, P., Tsai, W., 2010, A Modified Static Hedging Method for Continuous Barrier Options, in *Journal of Futures Marketsv*, Vol. 30.

[49] Jun, D., H. Ku, 2015, Static Hedging of Chained – type Barrier Options, in *North American Journal of Economics and Finance*, Vol. 33.

[50] 闫东卓: "链式障碍期权的对冲", 吉林大学, 2017 年。

[51] Armstrong, G. F., 2001, Valuation Formulae for Window Barrier Options, in *Applied Mathematical Finance*, Vol. 8, No. 4.

[52] Guillaume, T., 2003, Window Double Barrier Options, in *Review of Derivatives Research*, No. 6.

[53] Thomas, O. M., 2003, Calculation and Comparison of Delta – neutral and Multiple – Greek Dynamic Hedge Returns Inclusive of Market Frictions. in *International Review of Economics and Finance*, Vol. 12.

[54] 熊辉: "场外期权的复制与动态对冲分析——基于玉米期货期权", 浙江工商大学, 2015 年。

[55] Hull, J., A. White, 2017, Optimal Delta Hedging for Options, in *Journal of Banking & Finance*, Vol. 82.

[56] Haug, E G, 2018, The Complete Guide to Option Pricing Formulas (Second Edition), in *McGraw – Hill Education and Truth & Wisdom Press*.

中期协联合研究计划（第十三期）项目

"保险+期货"试点项目的效果评价及可持续性研究

课题负责单位：中国农业大学中国期货与金融衍生品研究中心
课题研究编号：201921079
课题负责人：安毅
课题组成员：何婧　方蕊　刘文超　胡可为

一、引言

（一）研究背景与意义

1. 研究背景

农业作为第一产业，在保证人民生活水平、国民经济稳定、甚至国家自立等方面起着不可替代的奠基性作用。农业风险问题是始终困扰农业发展的难题，因此，有效管理农业风险，从而保障农民收入水平和种粮积极性，无论何时都是一个重要议题。

农业产成品较工业产成品而言，在流通和消费上具有很强的异质性，农业风险呈现出明显的多样性与彼此间的关联性；产量、价格波动有明显的季节性与地域性；承受风险主体表现出脆弱性。因此，农业风险从产生的数量、密度、破坏性程度及管理难度上，都远超其他行业。我国农业中的自然风险问题一直比较突出，不过随着农业生产条件的逐步改善，农业抵御自然风险的能力也在增强；然而，农产品低水平、结构性过剩现象以及来自境外农产品的竞争使市场价格的波动越来越不容忽视。

我国现有的农业风险管理策略以政府灾害救济为主，但其存在事后性局限。农业补贴与价格支持政策虽能降低农业风险，但其基本出发点是稳定农业生产。订单合约可转移风险，却在发展过程中屡屡出现信用风险问题。农作物保险作为保产量的主要工具，远远不能满足农户多元化的风险管理需求，而期货、期权等有效的市场化风险分散途径与我国小农经营规模及农民的认识水平之间存在较大鸿沟，难以被直接利用。目前，我国正陷于农业高风险与农业风险管理低效率的困境，风险管理工具和一体化风险管理体系的缺失是其根源所在。基于此，有必要对中国农业风险管理模式重新进行全方位的梳理，探索新的符合我国国情的农业风险管理方法势在必行。

我国最低收购价和临时收储政策实施多年，在发挥农产品价格支持作用的同时，也带来了农产品国内外价格倒挂严重、库存量和进口量齐增、仓容压力巨大等负面效应，成为国家财政的沉重负担，因此政府也在积极寻求新的政策改革。2014年中央1号文件推出农产品目标价格改革，启动东北和内蒙古大豆、新疆棉花目标价格补贴试点。2015年中央1号文件要求总结目标价格补贴试点经验，积极开展农产品价格保险试点。不过，托市政策的松绑，也同时加大了市场价格的波动，使2014年以后我国市场风险问题有超越自然风险的趋势（见图1）。这一形势催生了"价格保险+农产品期货"模式的形成与发展。"保险+期货"模式的运作原理是：保险公司及期货公司参考交易所发布的期货价格对价格保险及场外期权产品进行设计研发；农民向保险公司购买价格保险，保险公司利用保费向期货公司购买看跌期权转移风险，期货公司进一步用复制期权的方式，在期货市场实现风险对冲。将两类新型金融工具的打包组合用于风险管理，将有利于稳定农民收入、保障粮食安全、推进收储制度改革、完善农业保险和农产品期货市场功能。随后，2016—2019年中央1号文件连续提出要扩大"保险+期货"试点（2020年中央一号文件提出优化该试点模式）。中央一号文件在鼓励不断开发创新的"保险+期货"组合形式，表明了国家对于这一新兴的金融工具组合模式管理农业风险试点成果的肯定。根据已有经验，"保险+期货"运作模式确实在顺利推进我国粮食收储制度改革、完善农产品价格形成机制和农业补贴体系、充分发挥农业保险和农产品期货市场功能等方面发挥了重要作用，因而受到国家高度重视，相关支持政策逐渐丰富。同时，"保险+期货"模式的开展，也使得试点地农户种植积极性显著提高，农业收入水平获得稳定保障，农民较满意。

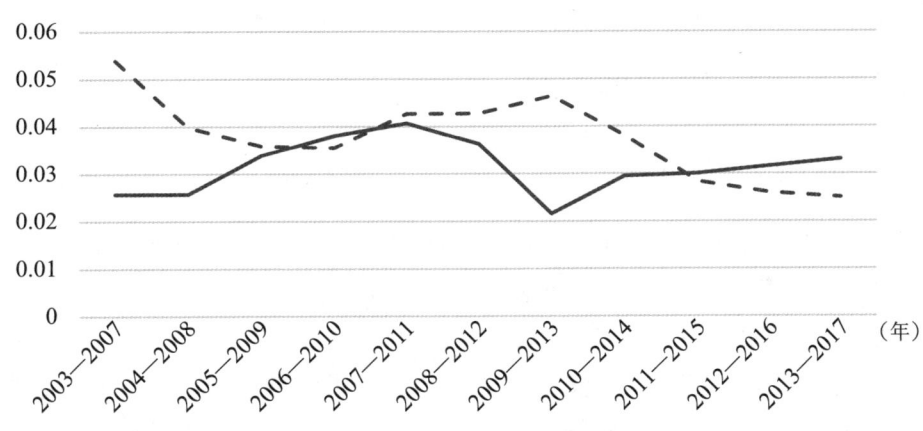

图1 我国农业风险变动趋势（2003—2017年，5年移动平均）

从2015年最开始出现试点至今，这一金融工具组合模式已经发展出了"价格保险+期货""收入保险+期货""订单+价格保险（或收入保险）+期货"等不同的组合形式。从农业风险管理的角度来看，保障收入水平、提高种粮积极性是两个逐渐递进的作用效果，那么，"保险+期货"模式是否达到了保障农民收入的目的？其在不同农户群体中效果是否相同？参加"保险+期货"模式是否能提高农民种粮积极性？其内在作用机制是什么？进一步，"保险+期货"中新型农业保险较传统农业保险在减小农民收入波动的效果上是否具有优越性？该模式持续运行下去需要具备哪些条件？是否可以进一步优化提升其作用效果？这一系列问题需要基于理论模型的推导与实证检验过程来给出答案。研究目前在我国备受关注的"保险+期货"模式在农业风险管理中的作用效果，分析其持续运行所需具备的条件及改进方向，是"保险+期货"模式发展至今必须重视的研究内容，这将为未来这一模式更好地实施与发展指明方向。

2. 研究意义

"保险+期货"模式在我国试点规模日益扩大，与此同时也越来越受到包括政府、金融机构、农民等各方参与者的关注。在我国农业风险管理体系进行转型创新的过渡时期，研究我国特有的这种金融工具组合模式的作用效果尤为必要。

我国正处于农业和金融体系发展到一定阶段的有机融合期，以此为起点，深入探索以"保险+期货"为代表的金融工具组合形式在农业风险管理中的作用，明确其对保障农民收入水平、提高农民种粮积极性、减小农民收入波动的效果，是政府、金融机构和农业经营主体的共同需求。另外，借鉴国外发展经验，构建我国"保险+期货"模式持续运作的政府—金融机构—农户间的关系，并从产品设计角度给出该模式下一步改进的方案，可以为这一工具组合模式未来在我国的发展提供参考。

（二）研究内容与技术路线

1. 研究内容

（1）"保险+期货"的实施效果评价。对"保险+期货"的实施效果，本文主要从三个角度进行评价：第一，"保险+期货"试点是否可以保障农民的收入水平；第二，"保险+期货"试点是否可以提高农民的种粮积极性；第三，"保险+期货"试点是否较传统农业保险具有优越性。其中，前两项评价过程基于一手调研数据构建计量模型进行检验，最后一项则利用二手数据采用数值模拟法展开模拟分析得到结论。

（2）"保险+期货"未来的可持续性探讨。对于"保险+期货"试点未来可持续性的分析，本文分为两个侧面展开，分别是推进"保险+期货"试点持续运行的政府—金融机构—农户关系构建及"保险+期货"产品设计角度的改进思路。其中对"保险+期货"各参与方关系的探讨，参考了美国、欧盟等发达经济体发展市场性工具管理农业风险的经验，总结出适合我国推进"保险+期货"模式的各参与方关系网络，而对"保险+期货"产品的改进则从保险产品和期货产品两方面展开全面的讨论，以期从"打牢产品设计基础+打通各参与方关系"两方面双管齐下推动"保险+期货"的可持续化。

2. 技术路线（见图2）

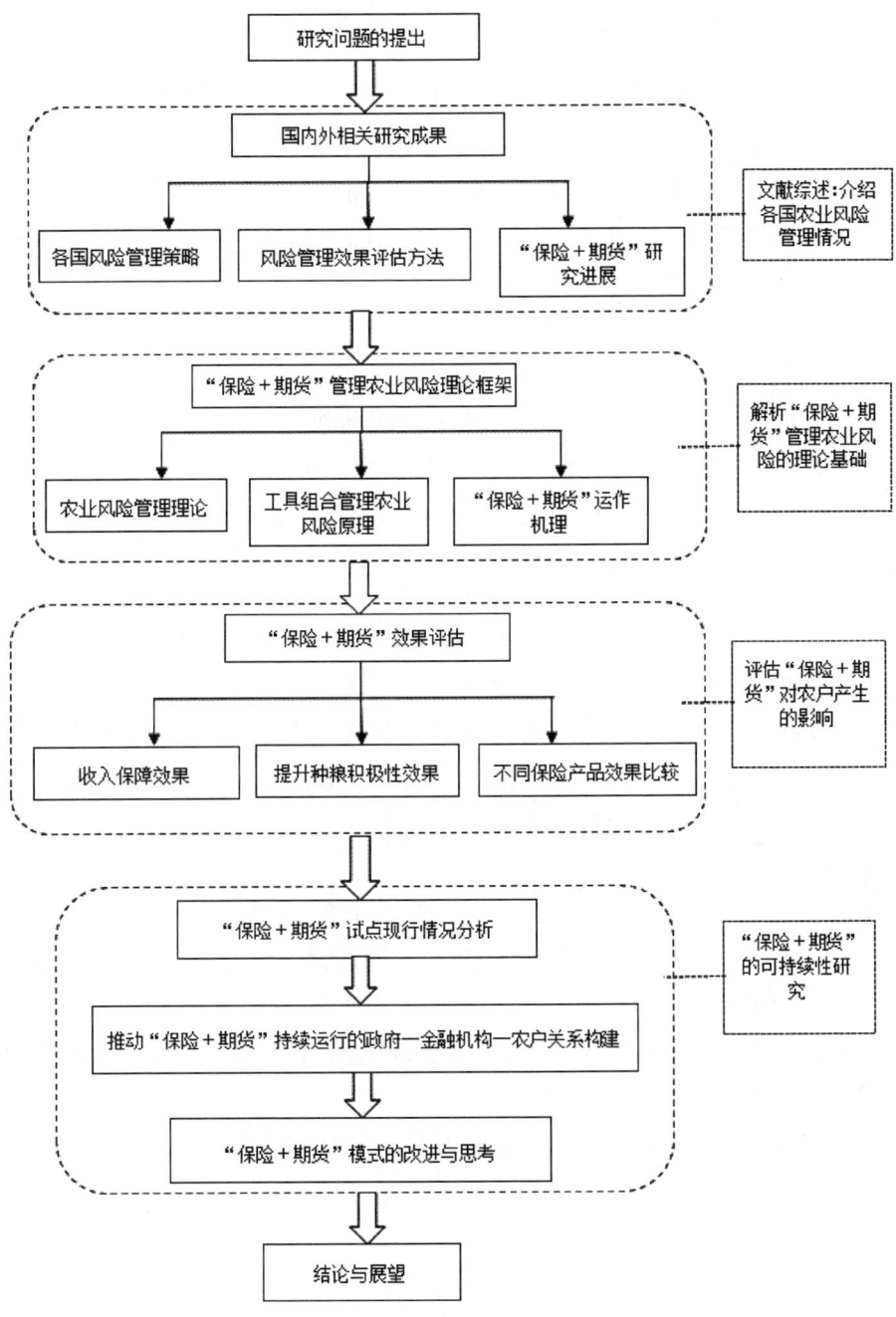

图2 研究技术路线

（三）模型选择和数据来源

1. 所采用的模型

（1）"保险+期货"保障农民收入水平效果评价——双重差分模型。双重差分模型常用于政策效果的评估。其基本思路是将农户分为参加"保险+期货"试点的处理组和未参加试点的对照组，分别计算处理组和对照组在参与试点前后农业收入的变化量，并将上述两个变化量做差，即得到参加"保险+期货"试点对农民农业收入产生的净影响。其基本方程为：

$$Y = \beta_0 + \beta_1 T + \beta_2 D + \beta_3 T \cdot D + \varepsilon$$

其中，参与过试点的农户取 $D=1$，而未参与户为 $D=0$；T 表示开展试点的时期变量，试点前 $T=0$，试点后 $T=1$；ε 为随机扰动项。

（2）"保险+期货"提高农户种粮积极性效果评价——Logit 模型。Logit 模型在因变量为二分类变量的回归分析中具有广泛应用。其基本方程为：

$$Prob(Y=1) = p = \frac{e^{\alpha+\beta_i X_i}}{1+e^{\alpha+\beta_i X_i}} = \frac{1}{1+e^{-(\alpha+\beta_i X_i)}}$$

其中，$Y=1$，表示农户种粮积极性高，p 表示农户种粮积极性高的概率，X_i 表示可能对农户种粮积极性产生影响的变量，α、β_i 为待估系数。

（3）"保险+期货"试点保险与传统农业保险降低收入风险效果比较——蒙特卡洛模拟法。蒙特卡洛模拟法对统计抽样理论的应用，可产生大量符合样本分布的随机数，可用于比较不同农业保险产品在不同保障水平下的风险管理效果优劣。具体步骤为：

第 1 步：运用 Copula 函数模拟价格、产量两个变量的联合分布。

第 2 步：通过蒙特卡洛模拟膨大样本空间，得到具有 Copula 函数结构的 10 000 组价格—产量随机序列。

第 3 步：计算三种农业保险产品在不同保障水平下的费率，建立不同农业保险参保情境下农户收入方程。

第 4 步：利用模拟结果代入农户收入方程，选取合适指标，评价各保险降低收入风险效果。

2. 数据来源

本文的研究数据采用一手数据与二手数据相结合的方式来完成对研究内容的实证分析。

（1）一手数据的获取。本文使用的一手数据来自 2018 年 7 月在黑龙江省桦川县、桦南县、北安市和海伦市 4 个县和县级市进行的调研，调研对象为种植大豆或玉米两种粮食作物的农户。样本区域的选择依据是：首先，黑龙江省是中国粮食生产大省，农业资源优渥，粮食产量长期稳居全国首位，是开展粮食作物品种"保险+期货"试点的代表性省份之一。相比于其他省份，黑龙江省试点项目数量多、类型全面，承保面积大。其次，根据新闻报道资料，调研组在黑龙江省内开展过"保险+期货"试点且试点项目规模较大的县及县级市中，考虑地理位置和交通便利性，选定了桦川县、桦南县、北安市和海伦市4个县和县级市。抽样过程依照随机抽样原则，在开展试点的6个乡镇，以每个乡镇的试点组织方所在地为中心，在半径为10公里的圆形区域内抽取村庄，每个乡镇随机抽取4个村庄，每个村庄随机抽取20—25户农户进行走访。调研共收回问卷560份。为保障数据的准确性，调研组筛选出由农户户主接受访问的问卷，并剔除了有异常值的样本，最终得到有效问卷506份，其中桦川县133份，桦南县111份，北安市126份，海伦市136份。

此部分一手数据，主要用于完成"保险+期货"试点保障农民收入水平及提高农户种粮积极性两方面的效果评价。

（2）二手数据的获取。用于衡量我国农业风险形势及变动趋势的价格与产量数据从国家统计局数据库获取。

用于比较"保险+期货"试点保险与传统农业保险在减小农民收入波动效果优劣的模型中所涉及的单产与期货价格数据来自Wind数据库。

（四）创新与不足

1. 创新点

第一，从不同侧面进行"保险+期货"模式效果的评估，视角全面且具有创新性。不仅对"保险+期货"模式在试点地的收入保障效果进行分析，还关注到试点可能对农户种粮积极性产生影响，并运用蒙特卡洛模拟比较农业保险险种的风险管理效果优劣，层层深入，角度新颖。

第二，借鉴国外发达经济体农业风险管理经验，总结我国"保险+期货"模式的可持续发展路径，研究思路具有创新性。我国"保险+期货"模式未来能否可持续并大面积推广，除考虑国内发展条件，还应适当借鉴国外发展经验，将二者相结合提出可行方案，建立该模式可持续发展的长效机制。

第三，对我国现有"保险+期货"模式提出改进方案，创新了该风险管理模式。我国的"保险+期货"尚处于起步阶段，在试点方案设计中难免存在不足之处。本文基于这一现实情况，对试点产品设计给出优化方案，实现了对该农业风险管理模式的创新。

2. 不足之处

本文对于"保险+期货"试点效果的评价重点以粮食生产大省黑龙江省为例展开分析,全文关注的"保险+期货"作物品种以大豆为主,研究对象方面具有一定的局限性。虽然研究中试点地的选取代表性较强,但研究对象的限制可能会忽略其他试点地区、其他试点品种的差异性结论,在全面性上存在缺陷,无法完全覆盖现行所有"保险+期货"试点的情况。

二、国内外相关研究综述

(一)各国农业风险管理策略

1. 国外发达经济体的农业风险管理经验

(1)美国。美国作为发达的农业大国,其农场主如何进行农业风险管理引起了国内外学者的广泛关注。农业政策方面:张永霞(2005)列举了美国主要的政策工具,包括:贷款差额补贴、直接收入补贴、反周期补贴、农产品贸易补贴等。安兵(2015)指出 2012 年美国建立收入风险保障计划,用于替代直接支付、反周期支付等(夏益国,刘艳华,2014)。Székely 和 PàLinkás(2009)通过将美国与欧盟的风险管理方式进行对比,得出结论:美国制度上的工具比欧盟要广泛,这可能是由于美国农业风险管理政策的存在历史更为久远;美国农民比欧盟农民更看重政策变动。

市场工具方面:1966 年,美国农业部(USDA)进行的农场主风险管理策略调查显示,年销售收入在 25 万美元以上的农场主规避风险的主要策略为使用期货套保和远期合约;而收入在 5 万美元以下的小型农户则很少使用这两种工具。Nydene,et al.(1999)分析了多样化经营、远期合同、作物保险等风险管理策略对不同农场(包括作物农场、肉猪农场以及"作物+肉猪农场")的影响,并建议农户综合使用多种风险管理工具。Hart 和 Babcock(2001)研究发现,农业保险在减少收入波动方面作用显著,是农户最有效的风险管理方式。在美国,大多数生产者会组合使用不同的策略和工具。规模越大的经营者,相对于小农户而言,越有可能综合性使用不同种类的风险管理工具[Harwood,et al.(1999)]。

安毅、方蕊(2017)总结性指出,经过 20 世纪 70—90 年代的集中市场创新和政策演变推动,美国形成了以"事前规避风险—事后保险赔偿—政府综合补贴"为基本特征的全面管理农业风险的市场型农业体系。

(2)欧盟。欧盟和美国在具体使用工具时侧重点不同,故同样的工具在风险管理中的重要性不同。欧盟主要以共同农业政策作为防范价格风险的政策基础。进入21世纪后，欧盟共同农业政策开始以市场为导向进行调整，逐步探索建立基于市场机制的风险管理型农业（刘武兵、李婷，2015）。Claire Schaffnit - Chatterjee（2010）将共同农业政策内容概括为：一是加强贸易干预；二是对部分农产品实行直接价格干预；三是政府直接付款。此外，欧盟成员国对于保费的支持根据各国的政策而有所不同。Maria Bielza, et al.（2007）在其文中指出，有些国家已经把农业保险作为稳定农业收入的基本农业政策工具。像西班牙、意大利等国，政府不再是一个部门，而是管理农业保险相关事件的公共机构，而奥地利、捷克等国成立了基金，有一部分基金专门用于补贴保费。

在政策手段之外的风险管理工具使用方面，欧盟不同国家表现出了差异化。在德国和西班牙，有60%—70%的农民使用作物保险，这一比例比其他国家要多。销售合同在欧盟新的成员国及德国非常重要。同时，德国农民的非农投资（49.8%）和非农雇佣（36.8%）的比例高于其他国家（Székely 和 Pálinkás，2009）。此外，祁民（2008）研究发现，欧盟利用农产品期货市场管理价格风险的频度和数量远不及美国。在共同农业政策主导下，主要农产品的价格相对稳定，导致农民和投机者双方对于参与期货市场和金融衍生产品的兴趣较低。

欧盟的政策支持工具相对完善而保护力量强大，但其最新的CAP改革方案也已经在向"促使农民以市场环境为导向进行农业决策"的方向转变。因此，市场性工具的重要性将愈发凸显。

2. 我国农业风险管理的现实情况

我国农业风险管理策略可分为政府策略和市场策略，政府策略表现为农业补贴，市场策略有农业保险、远期合约、农产品期货等。

王红、柯炳繁（1999）很早就在其文章中指出，我国大部分谷物种植农民处于低收入和半自给自足状态，他们的风险管理意识不强，对政府大灾后救济具有依赖性。而张国鹏等（2015）的研究也进一步证实，现阶段，政府救济、灾害扶持和农业保险是中国农民遭受农业风险时可获得的主要收入补偿来源。在这3类补偿手段中，唯一的市场化风险分散工具——农业保险，仅占不到10%。这一比例与美国等农业风险管理较好的国家存在明显差距。这说明十几年来，我国农民主观的风险管理态度和可用的风险管理手段并没有多大改进。

在政策方面，我国农业政策经历过巨大变化，由最初的农业支援工业转变为把农业发展放在首位。随后，中国的农业补贴规模逐步扩大，其中与农业风险最为相关的是最低收购价格补贴和目标价格改革补贴政策。刘学文（2014）的研究验证了我国的农业补贴在一定程度上提高了农民的收入水平。

在市场工具方面，杜鹏（2011）认为虽然我国实施政策性农业保险财政扶持制度以来，农业保险得到较快发展，但我国农业保险起步晚、起点低，整体发展水平不高，农业保险的功能未能得到有效发挥，在全国农业生产、农村经济中的保障作用还十分有限。远期合约虽然是推动农业生产化经营的重要环节，也促进了农业的市场化发展（尹梦霞，2005），但是我国的订单合约一直存在履约率低的难题，农民、农业企业均要承担巨大的毁约风险，使订单模式难以顺利推行（赵俊英，2012）。而农业期货虽也具有较长的发展时期，规模和产品在不断扩大及丰富，但期货市场中的真正受益者是投机者或中间商，而非普通民众，农业期货的作用未能充分发挥（宗轶、戴绪耀，2006）。此外，国际上比较先进的天气衍生品和农业期权产品在我国更是几乎没有被开发和利用起来。

总体来说，我国目前还未建立起健全的农业风险管理体系，缺少对农业风险管理流程方面的一体化和制度化安排，农业高风险与农业风险管理低效率的困境一直存在。因此，国内许多学者都在倡导创建或完善我国的风险管理框架体系（张峭、徐磊，2007；吴东立、李洪旭，2008；李玉忠等，2010），通过借鉴发达国家的风险管理经验，寻求推动本国农业领域发展的新途径。

（二）我国"保险+期货"模式研究进展

1. "保险+期货"模式产生背景

2014年和2015年中央1号文件提出了农产品目标价格保险试点政策。但是，价格保险单独推行在我国仍面临不少难题。由于农民种植面积和市场价格数据采集困难，地方财政支持资金有限，地方政府探索的农产品价格保险实施范围和实际发挥的作用并不理想。于是，为解决这一困境，2015年，在大连商品交易所和中保财险公司联合推动下，我国对玉米、鸡蛋等农产品首次开展了"保险+期货"模式的探索，并取得了较好效果（安毅、方蕊，2016；程百川，2017）。2016年中央1号文件在总结实践的基础上正式提出了"保险+期货"的新型农产品价格保险思路。"保险+期货"模式应运而生。

2. "保险+期货"模式的主要试点成果

2016年，大连商品交易所和郑州商品交易所分别新开展了12个和10个"保险+期货"试点项目，均验收合格，运作效果较为理想（唐金成、曹斯蔚，2017）。具体到单个试点案例，李亚茹、孙蓉（2017）通过分析湖北"家和美"鸡蛋期货价格保险试点案例，认为农产品期货价格保险是大宗及鲜活农产品价格调控的重要市场化工具，其在价格机制改革中具有显著作用。朱俊生、叶明华（2017）在对2016

年大商所试点项目初步实践的研究中发现:"保险+期货"试点较以往托市政策和价差补贴的优越性表现在:第一,保费水平较临储费用低,节约了财政资金支出;第二,可实现农户价格风险转移的梯度效应,市场化的价格保险可以灵活设置保障程度,更有利于保障农民受益水平;第三,在一定的条件下不影响现货价格的市场形成。"保险+期货"通过期货市场分散价格风险,不会扭曲现货价格,便于农户根据市场信号调整种植决策。

3. "保险+期货"模式存在的问题

虽然"保险+期货"可以弥补价格保险目标价格厘定困难的缺陷,并系统性地分散了风险(张峭,2016),但仍面临期货品种有限、缺乏场内期权、场外期权成本高等困难(余方平,2016;刘小微,2016)。与美国的保险与期货结合模式相比,我国的"保险+期货"有其自身的特点(安毅、方蕊,2016),它的本质是一类亚式期权,可运用亚式期权定价模型计算保费(宁威,2016),从而提高保费精算率。葛永波,曹婷婷(2017)认为目前我国农产品价格保险的保费较高导致其市场接受度偏低,在没有外部资金支持的情况下,对于农户以及合作社来说,保费标准较难承受。另外,当前推进的"保险+期货"模式,是以期货价格为标的,目标价格参考期货合约价格,故赔付依据与农民现货销售价格不同,当基差不利时,农民很可能承担较大损失。

4. "保险+期货"模式未来发展方向

"保险+期货"下一步的发展,可以考虑在该模式中引入大型企业集团,探索打通粮食销售渠道。通过把订单农业模式引入进来,将我国的农业风险管理体系广化深化发展。此外还可以引入商业银行,利用"保险+期货"试点向有融资需求的农户发放贷款。大连商品交易所提出的下一步发展方向是:加强保险公司、期货公司、证券公司、商业银行等机构间的合作,创新升级"保险+期货"服务模式与力度(中国期货业协会网站,2017)。农民参与"保险+期货"后收入有所保障,提升了农民在银行的信用值,银行以此对通过信用评估、符合贷款条件的农户发放贷款,可以部分解决农民的融资难问题。这将进一步丰富金融机构服务农业产业的形式。通过"政府+保险公司+期货公司+银行"多方联动模式,拓宽农户的资金来源和技术支持,提升相关产业链价值,这应该成为金融工具组合模式的发展方向。

综合看来,我国学者对于2015年新推出的"保险+期货"模式的研究非常活跃,既有对该模式的产生、优势特点的分析,也有和国外模式的对比以及发展过程中可能遇到的障碍等方面的考量。沿着现有"保险+期货"模式对价格风险的管理路径,未来在我国运用市场工具组合管理农业风险问题将成为前沿方向,通过金融机构的多方联动关系，弥补现有工具不足，从而更好地为农民服务。

（三）风险管理效果评估方法

1. 政策改革对农民收入的影响评估

在研究一项政策改革或试点项目对农民收入影响的文献中，多元线性回归分析较为常见。如庞辉（2015）通过建立多元线性回归模型分析了财政支农政策对辽宁省农民家庭收入的影响，结果发现不同类型农户受到财政支农政策的影响不同。刘俊文（2017）也同样建立该模型，研究了参加农民专业合作社对于贫困农户收入的影响。而苏群和陈杰（2014）为避免简单回归分析造成的选择性偏差问题、提高结果的可信度，选择利用PSM方法对江苏省海安县稻农加入合作社的增收效果进行分析，并通过平衡检验证明了PSM法的确消除了其他因素导致的潜在偏差，证明农户水稻净收益的变动是由合作社带来的。类似地，安祎玮等（2016）为定量评价"退牧还草"生态政策对北方农牧交错区农户收入的影响，采用倾向得分匹配法处理样本内生性问题，对宁夏盐池县进行了实证分析。结果表明："退牧还草"政策的实施可以提高农户养殖业收入。国外也有学者Cunguara和Darnhofer（2011）利用了匹配回归与亚分类回归两种回归方法，研究非洲莫桑比克地区农业技术提高对于农民收入的影响。但匹配的结果也受到部分学者的质疑，于是朱长宁和王树进（2014）为剔除其他因素对农户收入的影响，从而更加直观地测度退耕还林工程实施对农户家庭收入变化的影响，采用了双重差分模型定量评估退耕还林工程对农户收入的影响方向和程度。薛凤蕊等（2012）也通过运用DID模型对内蒙古鄂尔多斯市参与和未参与土地合作社的农户收入进行分析，结论是土地合作社参与户与未参与户相比人均纯收入显著增加。国外学者AZM Haq（2015）则研究了倍差法与匹配倍差法两种方法下，孟加拉国农业推广服务对于农民作物收入的影响，并发现匹配倍差法更有效。

综上可知，政策实施对农民收入影响的评估方法主要分为多元线性回归分析、倾向性匹配法和倍差法三种，后两种较第一种方法考虑到了选择性偏差及其他可能因素的影响，但是具体哪种方法最为稳健有效，暂时没有统一定论，应根据研究的问题及实际情况做出选择。

2. 农业风险管理效果评估

（1）国外常用的评估方法。国外学者对不同风险管理策略实施效果的评估方法有很多，以实证模型检验为主。如Nydene, et al.（1999）借助马尔科夫过程确定模型所需的农产品价格，通过构建基于Excel的模拟模型，分析多样化经营、远期合同、作物保险等策略对农场的影响。结果显示，单独的多样化经营对减少农场风险的作用非常有限，必须同时使用多种风险管理工具才能有效降低收益的波动。Coble K. H 等（2003）采用收益模拟模型，构建了包括产量保险、纯收益保险等 4 种可选择的风险管理情境，检验了棉花与大豆保险的相互作用。Vedenov 和 Power（2008）通过 Copula 方法建立产量和价格的联合分布模型，用模拟出的时间序列数据计算具有政府支付项目和保险合约赔付的不同情境下农民最后可得财富的期望效用，来对不同情境的风险管理效果进行评价。

总体来看，国外学者的评估方法多建立在对数据序列分布形式的模拟后，通过选定评价指标，来对所关注的多个风险管理策略进行排序，以得出优劣的评价。

（2）国内主要的评估方法。国内学者对于风险管理工具使用效果的研究较为少见。比较有代表性的是：西爱琴、吕品（2010）基于浙江农户实地调查数据资料，运用总绝对值偏差最小化（MOTAD）的模型方法，结合浙江实际，模拟"典型农户"参加农业保险和订单农业这两项风险管理措施的有效性及其适用范围（李杏园，2004）。汪必旺（2011）利用调研数据模拟了河南省 2010 年的农业保险政策，并对保险产品和政府补贴对农户经济福利的作用效果进行评价。文中利用风险效用理论，使用幂次效用函数，用确定性收益等值的大小衡量农户的经济福利指标。王克（2014）运用拉丁超立方体抽样方法生成 1 000 组单产和价格数值，并采用多元 Kernel 分布建立标准化农户的多元联合分布函数，然后从福利经济学的角度，以预期效用理论为支撑构建效用模型，通过对不同情境下"标准化农户"的福利效用进行模拟分析来对我国农业保险效果进行评价。这几位学者的方法都基于调研样本的基础，构建了有代表性特征的农户，并对他们在不同风险管理策略下的福利指标进行计算。

（3）风险管理效果评估指标。评估指标的选取对于评定风险管理效果优劣十分重要。学者们从各自的关注重点出发选择的指标也不一而同。如 Hart C. E 和 Babcock B. A.（2001）采用 1976—1999 年爱荷华州的 5 个县农产品价格和产量数据进行分析，通过平均收入、在险价值（VaR）、确定性等值回报（CERs）、风险报酬几个指标，对作物保险政策、期货套保和合约的市场组合决定准则（DRC）的定价工具等风险管理策略及组合的优劣进行排序。Davis（2005）通过一个非参数仿真模型模拟了玉米、大豆、棉花每亩的总收益减去风险管理实务操作的成本，并依据模拟的期望总收益（均值）、模拟的总收益最小值和总收益的变异系数对每个产品种类不同的风险管理策略进行排序。Zhang Q，et al.（2011）运用我国河北省 108 户数据，研究了每单位保费地区产量保险与多风险作物产量保险的风险减少效果，并通过比较两类保险风险减少的比例或每单位保费的风险减少比例，得出风险管理效果好坏的结论。Chung W（2011）则建立了农民收入的经济学值，也就是效用函数，用数值化方法评估风险管理的有效性。依据的指标有4个，分别是确定性等值、风险报酬、夏普指数和在险价值。夏普指数、在险价值、确定性等值指标越大，或风险报酬指标越小，表明风险对冲有效性越好。

由此可以看出，对于风险管理效果的评估指标，基本都是基于农民总收入的分布来计算其对应的某种变形形式。具体衡量指标有很多种，最为常用的是在险价值、确定性等值回报和收入的标准差等。

（四）国内外有关研究评述

各国对农业风险管理策略的研究均较为系统化，积极探索适合本国国情的农业风险管理体系。由于国外学者的研究起步较早，因此在农业风险管理相关的理论和实证两方面都有一定涉及，而国内学者的研究内容则表现出普遍倾向于理论层面，实证方法不多，且大多参考的是国外的做法，因此还需在实际调研的基础上，加强对于我国农业风险管理问题的实证分析，把理论与实际紧密结合起来。

我国新兴的"保险＋期货"模式，已经引起许多学者的研究兴趣，但是目前的研究方向较为集中，基本是在分析该模式的产生背景、典型案例实施效果、不足之处与发展建议，且大多停留在理论层面的介绍。因此关于"保险＋期货"的研究内容，可以总结出以下几点不足之处：（1）缺乏对"保险＋期货"发挥保障农民收入及种粮积极性作用的实证检验及内在原因的分析；（2）缺少"保险＋期货"试点中新型保险与传统农业保险间风险管理效果的比较研究；（3）少有关于"保险＋期货"模式未来发展可持续性的探讨及具体改进方案设计。

针对以上的研究不足，本文的主要内容将涉及在实际调研的基础上，利用试点地的一手数据进行"保险＋期货"实施效果的实证检验。此外，对于"保险＋期货"组合中的农业保险产品，本文将尝试通过蒙特卡洛模拟，将其与传统农业保险进行风险管理效果的优劣比较。最后，本文还将关注"保险＋期货"试点的可持续性，提出针对试点产品的优化方案，为该组合模式未来在我国的发展提供参考借鉴。

三、"保险＋期货"模式管理农业风险的理论框架

（一）农业风险管理的含义与相关理论

1. 风险的概念

关于"风险"一词的具体含义，在理论界尚未有统一的界定。国外学者对于风险的定义大体可分为如下几类：（1）损失的可能性——美国学者 Haynes 将风险定

义为遭受损失的可能性；日本学者武井勋提出"风险是某一时期本身存在的导致经济损失发生的可能性。"（于川、潘振锋，1994）。（2）损失的不确定性——美国哥伦比亚大学学者 Allan. H. Willett（1951）将风险定义为"事件发生的坏结果的不确定性"。Bodie 和 Merton（1998）同样在其文章中指出风险是影响个人福利的不确定性因素，它通常与灾难及损失相联系。（3）意外的事故——Leitner 等学者认为风险是企业不能预见或难以避免的意外事故造成的财产上的直接或间接损失。（4）预期与实际结果之间的变动——Székely C，PáLinkás P（2009）将风险定义为预期收益与实际收益之间的偏差，这一定义依据于 Gallati（2003）等人的研究结果。

国内对于风险的研究起步较晚，因此对于风险的定义也大多建立在国外已有成果之上，有着相似的概念。如北大学者孙祁祥（1996）在其著作《保险学》中指出，"风险是一种损失发生的不确定性状态，且这种状态是客观存在的"。陈克文（1998）则认为，风险就是在给定条件下，某一事物在发展过程中会产生的对主体不利又不能做出准确预测的结果。而杜鹏，李世奎（1997）较为完整地表述了风险是不确定性引起的结果与预定目标发生偏离的综合。

学者们无论是从发生的不确定性、意外性，还是造成损失的可能性、危害性等角度来描述风险，都说明风险的存在会引发人们对于难以预测的不良后果的担忧，由此便引出了风险管理的必要性。

2. 农业风险管理的定义

对于农业风险管理的概念，学者们的看法比较一致。国内有代表性的定义是：农业风险管理是农业经济主体通过对农业风险的识别、衡量和分析，有效地控制和处置风险，用最低的成本实现最大安全保障、获得最佳效益的农业管理活动（熊存开，1997；陈善毅，2003；曾玉珍，穆月英，2011）。农业风险管理的主要目的是减小风险发生的可能性及降低风险造成的损失程度（罗海平，1991；孙良媛，2001）。

国外学者也从类似的角度进行了阐述。Harwood, et al.（1999）认为，对于个体农户来说，风险管理包括找出具有不确定结果和不同预期收益水平情况下不同策略的首选组合。Moschini 和 Hennessy（2001）认为，风险管理的目的是控制生产决策的不确定性导致的不利结果，增加期望收益。

综上，针对各种风险问题采取不同的方法策略来尽可能保障收益水平是农业风险管理的基本出发点。不同的风险各有其相适应的风险管理方法，在选择方法之前应首先明确风险类型。

3. 农业风险的分类

关于农业风险的种类，学者们基于自己的角度主要提出了两种不同的分类方法。

一种是两分类法——分为自然风险和市场风险。如 Moschini 和 Hennessy（2001），史清华等（1994），这主要从生产经营过程出发，或考虑到经济、社会、人文、政治等方面的风险最终要体现在市场变化上，故将农业风险概括为两类。不过这种分类方法往往存在于早期的研究中，随着社会的发展，农业相关的风险日益复杂化，学者们也普遍倾向于将风险种类划分得更为精细化。所以另一种观点提倡采用多分类法——将自然风险与市场风险之外的风险类型包括进来。如 Park, et al.（1997）将农业风险系统地分为生产风险、市场风险、货币风险、制度风险、融资风险、法律风险和人生风险。Boehlje（2002）认为，随着农业部门的变化，战术风险和战略风险将成为农业中新的风险。我国学者刘惟洲（2002）指出，农业资源的有限性与社会索取资源无限性之间的矛盾给农产品供给带来的危害会带来资源风险。孙良媛和张岳恒（2001）认为，随着农业从计划经济向市场经济转型，农业信贷风险值得关注。

出于研究角度的不同，学者们提出了不同的分类方法。但无论是国外学者还是国内学者的观点，都普遍将自然风险和市场风险锁定为农业中的两大主流风险。并且在深入的风险管理策略研究中也往往主要针对自然风险与市场风险展开。与此相类似，本文的关注重点是以市场风险管理为主的农民收入风险综合管理问题。

4. 农业风险管理模式

不同国家对于农业风险管理各有自己的一套模式。史清华、姚建民（1994）指出，综观世界各国，对自然类风险普遍采用农业保险与农业救济的办法应对；而市场类风险的管理手段则较为丰富，既有金融工具的使用，也有政府政策的支持。具体来说，Antón. J. 和 Shingo Kimura（2011）研究发现，虽然加拿大政府依然在一定领域充当着价格干预者的角色，但已日益支持农民用市场化的工具管理价格风险。在政府和农民之间的远期合同中甚至引入了期货等衍生工具交易机制。Melyukhina. O（2011）在其文中介绍到：新西兰没有制定系统的农业政策来干预市场，政策重点是创造良好的竞争环境，但是合作社和农业协会在风险管理中的作用突出，合作社不仅为其成员提供担保合同，还执行着一系列关于农业风险管理的基本功能。而我国现有的农业风险管理模式是以政府和社会灾害救济为基础，以农业生产者风险自留为主导，以农业保险在内的其他市场化风险管理工具为辅助（吴东立、李洪旭，2008）。

近几年来，建立一个系统的风险管理框架开始成为学者们普遍感兴趣的内容。如 Kimura 和 Antónd（2011）在对澳大利亚农业风险管理体系的研究中点明，农业风险管理体系的建立需要农户、市场和政府三方面的有序结合，三者的作用缺一不可。我国学者针对本国国情也展开了详细的分析。李靖等（2011）提出，根据我国的风险变化趋势,应该从风险管理主体出发,构建"微观农户增强风险管理意识+中观培育农业合作组织+宏观政策编织安全保护网"的综合体系。而栾敬东,程杰(2007)则认为农业风险类型的关联性与风险管理方式之间的孤立性是导致我国农业风险管理困境的根本原因,应通过建立基于产业链的农业风险管理体系来解决这一问题。马玉非等(2013)提出由于农业市场存在严重的信息缺失问题,应加紧完善农业生产经营信息,构建以信息技术为基础的农业风险管理体系。

总的来说,不同学者基于对所研究国家在不同时期所处的特定情况进行分析,尝试从较为宏观的角度建立一个全面的风险管理安全网,由于切入点不同,结论也不尽一致。

(二)工具组合形式管理农业风险的基本原理

Schroeder et al. (1998)认为有必要将农业风险管理研究细化到为农场主提供各种风险管理手段及其组合的运用上。Ke 和 Wang(2000)以及 Coble, Heifner 和 Zuniga(2002)也指出:农业生产者要做的最为基础而又最复杂的决定就是对风险管理工具组合的最优选择,以便于为其所处的特定情况提供最佳收入安全网。由此揭示了组合型金融工具的使用对于农业风险管理(保障农业收入)的必要性。

工具组合应用于农业风险管理的基本原理为金融工程思想的应用。美国金融学教授芬纳蒂(J. D. Finnerty)早在1988年就提出了金融工程的概念:金融工程包括创新型金融工具与金融手段的设计、开发与实施,以及对金融问题予以创造性的解决。我国学者李茂生(1998)也总结了金融工程的精髓是通过运用多学科知识和工程技术对金融产品和金融技术进行创新与创造。而金融工程中的创造主要是对现有金融工具和交易方法进行配组以达到特定目的。因此可知,利用金融工具的组合形式管理农业风险的原理始于金融工程中对新型金融工具进行开发设计与配组的基本思想。

金融工程中的组合形式在农业风险管理方面具有实际的作用。如李琼(2001)指出,金融工程的出现,使保险能和其他金融工具组合在一起控制风险。例如针对巨灾风险,可以利用"保险+期货+期权"形式,以金融性业务等衍生交易代替大额现金交易,扩大再保险的内涵。蒲成毅(2006)发现发生频率低、涉及范围广、造成损失大的农业自然灾害风险是一般保险公司难以承受的巨灾风险。国际上比较通用的巨灾风险转移方式是采用非传统风险转移技术(Alternative Risk Transfer,简称 ART)(George, 2000)。我国也应考虑运用一揽子农业保险产品组合对付复杂的农业风险,运用 ART 金融工程技术设计衍生产品,通过保险市场、资本市场和货币市场的互动,解决农业保险难题。

(三) 我国"保险+期货"模式管理农业风险的运作机理

从原理上看,最初"保险+期货"模式全名为"价格保险+场外期权+场内期货"模式(唐金成、曹斯蔚,2017)。其操作流程是保险公司及期货公司利用交易所发布的期货价格数据对价格保险及场外期权产品进行设计研发;农民向保险公司购买价格保险,保险公司利用保费向期货公司购买看跌期权,期货公司用复制期权的方式在期货市场分散风险。将两类新型金融工具的打包组合用于风险管理,将有利于稳定和提高农民收入、顺利推进粮食收储制度改革以及完善农业保险和农产品期货市场功能(蔡胜勋、秦敏花,2017)。

该模式在有效弥补价格保险目标价格厘定困难、系统性分散价格风险(余方平,2015;张峭,2016)的同时,也面临着期货品种有限、缺乏场内期权、场外期权成本高等困难(余方平,2016;刘小微,2016;张竞怡,2016)。与美国的保险与期货结合模式相比,我国的"保险+期货"有其自身特点(安毅、方蕊,2016),它的本质是一类亚式期权,可运用亚式期权定价模型计算保费(宁威,2016)。

四、"保险+期货"模式保障农民收入的效果分析

"保险+期货"模式发展至今已有 5 年时间(2015—2020 年),试点规模逐年递增,发展势头强劲。从 2015 年大连商品交易所开创的第一个试点项目起,至 2018 年,国内三大商品交易所(大商所、郑商所及上期所)开展过的试点项目已达到 260 个,中间仅历时 3 年。除此之外,试点作物品种、覆盖地区、金融工具组合的形式愈发多样化,这种探索为我国农业风险管理体系的发展提供了新的方向(方蕊等,2019)。

快速发展的现状与政府层面的关注使得试点的实际实施效果成为亟待研究的重点。"保险+期货"模式的试点效果如何,应该结合该试点形成的初衷,站在其服务的目标群体——农民的视角来给出回答。"保险+期货"试点是否起到了保障农民收入水平的作用?这种保障作用发挥的条件是什么?又有哪些由于开展试点引发的关联性影响?

为解决以上问题,本部分将基于一手调研数据,对"保险+期货"试点对于农户收入的作用效果进行实证分析。

(一)"保险+期货"组合模式对农民收入影响的实证研究

1. 模型设定与变量选择

(1)模型设定。双重差分模型(difference - in - difference,DID)是经常应用

于政策效应评估的一种自然试验评估方法（周黎安、陈烨，2005；Udagawa，et al.，2014）。本文的研究主题是"保险+期货"试点对于农民农业收入的影响。影响农民农业收入的因素较为复杂，要想准确得到开展试点对农民收入产生的作用效果，需引入双重差分方法进行分析。这一方法是将调查样本分为受政策影响的"处理组"和不受政策影响的"对照组"。计算处理组在参与试点前后农业收入的变化量，将其与对照组在参与试点前后农业收入的变化量做差，即得到DID估计量。在本模型计算过程中，根据农户是否参与了"保险+期货"试点，将其分成参与户（$D=1$）和未参与户（$D=0$）。而T则表示开展试点的时期变量，试点前$T=0$，试点后$T=1$。假设ε为扰动项，则用于分析"保险+期货"产生影响的基本方程为：

$$Y = \beta_0 + \beta_1 T + \beta_2 D + \beta_3 T \cdot D + \varepsilon \tag{1}$$

该方程中，对照组农户$D=0$，模型可表示为$Y = \beta_0 + \beta_1 T + \varepsilon$，对照组农户在参与试点前后的收入为：

$$Y = \begin{cases} \beta_0, & \text{当 } T = 0 \text{ 时} \\ \beta_0 + \beta_1, & \text{当 } T = 1 \text{ 时} \end{cases} \tag{2}$$

参加试点前后，对照组农户的收入平均变动为：

$$diff1 = (\beta_0 + \beta_1) - \beta_0 = \beta_1 \tag{3}$$

对于处理组农户，$D=1$，模型可表示为：

$$Y = \beta_0 + \beta_1 T + \beta_2 + \beta_3 T + \varepsilon \tag{4}$$

因此，处理组农户在试点前后的收入分别为：

$$Y = \begin{cases} \beta_0 + \beta_2, & \text{当 } T = 0 \text{ 时} \\ \beta_0 + \beta_1 + \beta_2 + \beta_3, & \text{当 } T = 1 \text{ 时} \end{cases} \tag{5}$$

参加试点前后，处理组农户的收入平均变动为：

$$diff2 = (\beta_0 + \beta_1 + \beta_2 + \beta_3) - (\beta_0 + \beta_2) = \beta_1 + \beta_3 \tag{6}$$

则参加试点对农户收入的净影响为：$diff2 - diff1 = (\beta_1 + \beta_3) - \beta_1 = \beta_3$，即模型中$T \cdot D$的参数$\beta_3$，是双重差分估计值（DID估计值），它代表了参加试点对农民收入的作用效果。

本文的实证分析过程，采用了固定效应模型来控制其他因素的影响，模型表达式为：

$$Y_{it} = \beta_0 + \beta_1 T_t + \beta_2 D_i + \beta_3 T_t D_i + \theta X_{it} + \varepsilon_{it} \tag{7}$$

其中，i代表农户，t代表时期。Y_{it}是农户i在t时期的农业收入；D_i为虚拟变量，衡量农户是否参与试点，若i为参加试点农户，则$D_i=1$，反之，则$D_i=0$；变量T_t代表样本农户所属的时期，若t为试点前，则$T_t=0$；反之，则$T_t=1$。X_{it}是一组可观测的影响农民农业收入的控制变量，ε_{it}是其他不可观测的扰动项。

（2）变量选取。

①因变量选取。为全面评价"保险＋期货"试点对农民收入的影响，本文选择了农民亩均农业收入相关的多个指标进行分析，从而详细了解参加试点对农民收入的影响效应，具体包括亩均卖粮收入、亩均种植收入、亩均补贴赔偿收入和亩均农业净收入。实证模型中将分别针对这四项指标进行检验。

②自变量选取。影响农民农业收入的变量主要有户主个体因素和农户家庭因素两个方面。个体因素选取了年龄、受教育年限、是否接受过农业相关培训、是否为村干部共计4个变量；家庭因素则选取了耕地种植规模、农业劳动力人数两个变量进行分析。

自变量与因变量的基本解释见表1。

表1 变量解释

项目	变量	变量内容
因变量	亩均卖粮收入（income1）	（销售量×粮食卖价）/总种植面积
	亩均种植收入（income2）	（卖粮收入－种植成本）/总种植面积
	亩均补贴赔偿收入（income3）	（农业补贴＋保险赔偿－投保成本）/总种植面积
	亩均农业净收入（income4）	（种植收入＋补贴赔偿收入）/总种植面积
自变量	年龄（age）	户主年龄
	受教育年限（education）	户主接受教育的总年限
	培训（train）	是否参加了农业相关的培训：1＝参加了；0＝未参加
	村干部（leader）	家中是否有村干部：1＝是；0＝否
	种植规模（area）	家中农业种植面积
	农业劳动力人数（worker）	家中务农人数

（3）数据介绍及描述性统计分析。在黑龙江省桦川县、桦南县、北安市和海伦市4个县（市）展开调研的过程中，调研小组通过当面访谈法和电话访问法相结合的方式，共获得560户户级问卷和24份村级问卷，其中村级问卷主要用于搜集整个村的社会经济背景信息，辅助了解调研农户基本情况。通过剔除异常值等方式对原始问卷进行汇总整理，最终筛选出有效问卷506份用于研究分析，有效问卷比例为90.36%，有效问卷中包括了参加试点农户191户（占比37.75%），未参加试点农户315户（占比62.25%）。

在调研中，小组成员对参加试点农户和未参加试点农户进行访问时，同时记录了其在参加试点前（2014年）和参加试点后（2017年）的情况。因此本次调研所搜集的是以微观农户为截面所构成的平衡面板数据，用于计量分析中的面板数据样本量为1 012个（见表2）。

表 2　　　　　　　　　　　　　主要变量描述统计

变量	样本量	均值	标准差	最大值	最小值
亩均卖粮收入（元）	980	707.42	283.85	3 118.24	0
亩均种植收入（元）	980	48.48	249.59	2 504.24	-888.57
亩均补贴赔偿收入（元）	980	105.01	84.88	271	0
亩均农业净收入（元）	980	152.68	246.11	2 718.91	-850.54
年龄（岁）	1 012	45.83	10.63	76	22
受教育年限（年）	1 012	9.01	3.81	16	0
培训（是=1，否=0）	1 012	0.33	0.47	1	0
村干部（是=1，否=0）	1 012	0.11	0.32	1	0
种植规模（亩）	1 012	204.93	201.04	1 150	0
农业劳动力人数（人）	1 012	1.68	0.83	0	0

注：表中的 4 个亩均收入是以种植面积为被除数计算得到的，由于存在 32 个样本种植面积为 0，因而亩均收入变量对应的样本量均为 980 个。

2. 模型估计与结果分析

（1）DID 估计结果。本文运用 Stata12.0 软件对参加"保险+期货"试点对农户农业收入的影响情况进行了估计。

①基本模型回归结果。从表 3 回归结果可以看出，4 个不同亩均收入指标代表的 4 个方程均通过了显著性检验，但只有方程（Ⅰ）和方程（Ⅲ）中 DID 的估计系数显著。方程（Ⅱ）和（Ⅳ）中，参加"保险+期货"试点与农民的亩均种植收入和亩均纯收入均未表现出显著相关关系，这可能是由于种植收入考虑了成本的因素、净收入包含了多个综合的指标计算过程，这两个收入更为复杂，而"保险+期货"试点在调研地开展时间仅一年，因而不足以与农民净收入产生显著的联系。同理，种植收入受到参加试点的影响也较小。

（Ⅲ）式所代表农民亩均补贴赔偿收入，根据调研了解的实际情况发现，当地的处理组农户普遍表示获得了参与试点的赔付款，因此这部分农民的补贴赔偿收入较对照组增加得更多，由此解释了参加试点对农民的亩均补贴赔偿收入有显著正向影响。另外，农民的卖粮收入计算过程较为简单，参加试点对农民亩均卖粮收入有显著的负向影响，表明与对照组相比，处理组在参加试点后的产量或（与）卖价有所降低。

由于这里只控制了时变效应和差异效应进行研究，除方程（Ⅲ）外，其他方程对应的 R^2 值普遍较小，说明模型拟合的效果不够好，尚缺少影响农民农业收入的其他相关因素的作用，因此下面将引入控制变量作进一步的分析（见表 3）。

表3　　　　　　　　　　　　　　基本模型回归结果

变量	系数	（I）亩均卖粮收入	（II）亩均种植收入	（III）亩均补贴赔偿收入	（IV）亩均农业净收入
T_t	β_1	-40.564 (26.405)	-53.578** (23.361)	140.846*** (3.303)	87.268*** (22.837)
D_i	β_2	-4.107 (24.093)	0.249 (21.252)	-3.107 (2.176)	-2.858 (21.371)
DID 估计值	β_3	-64.728** (33.306)	-21.388 (29.237)	26.473*** (4.793)	0.925 (28.586)
C	β_0	741.707*** (18.473)	79.071*** (16.379)	31.351*** (1.280)	110.421*** (16.385)
F 值	—	12.26	8.32	1411.41	13.75
P 值	—	0.0000	0.0000	0.0000	0.000
R^2		0.0206	0.0163	0.8034	0.0317

注：括号内数值均为稳健标准差，*、**、***分别代表在10%、5%、1%的水平上显著，下同。

②引入控制变量后的回归估计。从表4中可以看出，与基本模型回归结果类似，引入控制变量后，参加试点依然只对农民的亩均卖粮收入和亩均补贴赔偿收入表现出显著的影响关系，而对另外两项收入指标无显著影响。

表4　　　　　　　　　　　　　　引入控制变量的回归结果

变量	模型（I）	模型（II）	模型（III）	模型（IV）
T_t	-36.145 (26.347)	-47.614* (23.366)	141.685*** (3.143)	94.039*** (22.682)
D_i	-9.169 (23.411)	3.524 (21.503)	0.824 (1.760)	4.281 (21.606)
DID 估计值	-56.497* (32.916)	-15.299 (29.338)	27.054*** (4.329)	7.550 (28.534)
年龄（age）	-1.512 (1.224)	-0.453 (1.179)	0.146 (0.114)	-0.326 (1.168)
受教育年限（education）	7.911** (3.188)	-1.003 (2.960)	0.694** (3.331)	-0.319 (2.900)
培训（train）	-41.928** (18.112)	-41.137*** (15.835)	4.194* (2.514)	-36.557** (15.294)
村干部（leader）	31.808 (20.982)	41.524** (17.336)	2.109 (3.594)	43.624*** (16.563)

续表

变量	模型（I）	模型（II）	模型（III）	模型（IV）
种植规模（area）	0.051 (0.036)	-0.047 (0.030)	-0.083*** (0.006)	-0.129*** (0.029)
农业劳动力人数（worker）	41.031*** (14.414)	30.944** (13.544)	-2.386* (1.306)	28.724** (13.306)
C	667.906*** (85.220)	69.816 (79.621)	36.399*** (7.991)	106.571 (78.417)
F 值	9.52	5.40	733.29	7.86
P 值	0.0000	0.0000	0.0000	0.0000
R^2	0.0600	0.0345	0.8391	0.0572

控制变量中，个人因素方面：一是受教育年限越高，亩均卖粮收入与亩均补贴赔偿收入越高。这表明接受教育对于农民卖粮选择与参加项目获得补贴款有潜在的正向影响关系。二是参加培训对于亩均卖粮收入、亩均种植收入与亩均净收入均表现出了负向影响关系，这可能是由于农民在接受农业相关培训时并未正确理解及运用培训内容，或由于参加过培训而在农业生产中产生松懈心理，反而对于农业种植、卖粮等过程产生负面作用，进而影响农业净收入；而培训使农民做出参加试点选择，获得的项目赔偿款使其补贴赔偿收入有所提高。三是家中有村干部的，对农民的种植收入、农业净收入两项有显著正向影响，这可能是因为村干部自身对农业种粮卖粮知识的掌握以及可获得的农业生产资源更为丰富，这使其农业种植收入与净收入两项综合指标有所提高。

在家庭因素方面：一是种植规模对于亩均补贴赔偿收入与亩均纯收入指标均有显著的负向影响，这可能是由于种植面积较大的农场地区试点赔偿标准较普通农村略低，同时其租地成本较高，进一步导致整体农业净收入偏低。二是家庭农业劳动力人数对于亩均卖粮收入、亩均种植收入和亩均农业净收入均表现出显著的正向作用。农业劳动力人数越多，表明家庭对农业的重视程度与依赖程度越深，在农业方面投注的精力也会越多，因此对各项收入都有正向影响。同时，劳动力人数多的农户也较容易扩大种植面积，但其可获得的农业补贴大多只来自自有土地，因此会对补贴赔偿收入产生负向影响。

（2）稳健性检验。为了保证回归结果的稳健性，本文进一步采用匹配倍差法（PSM – DID）对上述估计结果进行验证。匹配倍差法是在完成对农户的匹配后，再使用双重差分模型（DID）进行基于倾向得分匹配方法基础上的双重差分估计。匹配倍差法的优势在于可以通过匹配的过程选择基本经济社会特征相似的样本农户作分析，因此解决了非自然试验容易出现的样本选择偏差问题（Zhao, et al., 2016）。倾向得分匹配的方法有很多种，最为常用的是核匹配法，该方法是用所有对照组农户的加权平均值来构建处理组农户的匹配农户，样本利用率较高，故本文也选取了这一方法。

由表 5 中结果可知：匹配倍差法的结果与双重差分模型结果相吻合，"政策效应"对应的数值即为匹配倍差法计算出的平均处理效应。由此可知，参加"保险+期货"试点对于农民亩均补贴赔偿收入的增加作用明显，其系数在 1% 的置信水平下显著为正；同时参加"保险+期货"试点的农户较对照组农户而言，在亩均卖粮收入上表现出劣势，即参加试点在 10% 的水平上降低了农户的亩均卖粮收入水平。该试点对于农民的亩均种植收入及亩均农业净收入作用均不明显。

表 5　　　　　　　　　　DID – PSM 回归估计结果

指标	试点前两组差异 Diff（T – C）– before	试点后两组差异 Diff（T – C）– after	政策效应 Diff – in – Diff	P 值
亩均卖粮收入	– 6.731 (24.233)	– 65.607 (23.328)	– 58.876 (33.637)	0.080*
亩均种植收入	2.276 (21.455)	– 11.059 (20.125)	– 13.335 (29.416)	0.650
亩均补贴赔偿收入	0.346 (2.145)	26.778 (4.375)	26.433 (4.873)	0.000***
亩均农业净收入	2.621 (21.564)	11.559 (18.842)	8.938 (28.636)	0.755

（3）系数解释。参加"保险+期货"试点主要对农民的亩均卖粮收入与亩均补贴赔偿收入表现出显著影响关系。其中，补贴赔偿收入的显著提高是由于参加试点农户额外获得了试点项目的赔偿款。本文涉及的四个调研地，由于其开展试点的金融机构、试点形式、试点地农业情况不同等多方面原因，"保险+期货"项目确定的对各地农户的赔付标准并不一致，但实际支付的赔付额度集中在 20 元/亩—45 元/亩区间。考虑到部分地区农民参加试点还需支付一定成本，总体来看，依照调研情况分析的参与试点农户亩均补贴赔偿收入增加值与倍差法得到的回归系数值（约 27 元/亩）所代表的平均水平相吻合。

而关于试点对农户亩均卖粮收入产生显著负向影响的系数解释，分析可知：与卖粮收入息息相关的两个因素分别是产量和价格，因此重点关注农民参加试点后是否有生产行为（影响产量）或销售行为（影响价格）的改变，进而导致了卖粮收入降低。结合实际调研情况，农户在参加"保险+期货"试点前已经完成了种植，没有再改变生产行为的可能，所以排除了因参加试点导致生产行为变动使卖粮收入受损，故需着重分析参加试点导致的农民销售行为的变化。调研组在走访中发现，参加试点的农户中表示会因为参与试点更加注重卖粮前比价行为的农户占所有参加试点农户的80.63%。统计参加试点农户及未参加试点农户卖粮价格与所有农户卖粮价均值的关系（见表6），根据2014年未开展试点与2017年开展试点的数据对比发现，参加试点农户中高于所有受访农户的均价卖粮的比例，从2014年到2017年的增幅是21.99%；而未参加试点农户中高于均价卖粮的比例从2014年至2017年的增幅达27.30%。此外，2014年，参加试点农户中高于均价卖粮的农户占所有高于均价卖粮农户的比重为40.74%；而2017年，这一比重下降为37.24%。由此可以看出，虽然参加试点使农户在卖粮时对价格选择更为慎重，会进行多次比价，不过这种比价行为并未能很好地帮助农户做出卖粮决策，甚至可能错过了最佳的卖粮时机。这可能是导致参加试点农户亩均卖粮收入显著降低的主要原因。

表6　　　　　　　　　　　农户高于均价卖粮情况　　　　　　　　　　（单位:%）

时间	参加试点农户		未参加试点农户	
	高于均价卖粮比例	占所有高于均价卖粮户比例	高于均价卖粮比例	占所有高于均价卖粮户比例
2014年	34.55	40.74	30.48	59.26
2017年	56.54	37.24	57.78	62.76
变动大小	+21.99	-3.50	+27.30	+3.50

（二）不同分组下"保险+期货"模式影响农民收入的效果对比

根据调研获得的情况，各地区开展试点的形式和过程不尽相同，因此进一步从这两个角度对总样本划分为不同的子样本进行分组研究，探究子样本组间的差异性以及子样本与总样本间结论的一致性。

1. 以是否签订订单分组

根据试点项目是否在"保险+期货"的基础形式中引入了订单，即是否为"订单+保险+期货"的组合形式，将样本整体分成有无订单两组。划分出的子样本回归结果显示，亩均补贴赔偿收入在两样本组中均显著为正，无订单组的补贴赔偿收入提高额高于有订单组，这种差异主要源于保险赔付标准的设计不同。而亩均卖粮收入方面，有订单的样本组中开展试点对于卖粮收入无显著影响，没有订单的样本组则表现出参加试点使农民卖粮收入显著降低，由此说明订单帮助农民锁定了卖粮价格，而没有签订订单的农户，则由于自己判断失误使卖粮收入有所降低。这也验证了前文对于总样本亩均卖粮收入所对应的DID估计系数为负的解释（见表7）。

2. 以是否有政府参与分组

根据试点项目开展过程中是否存在当地政府部门的参与（如提供部分补贴款、

表7　　　　　　　　　　以有无订单进行分组的回归结果

变量	模型（I）		模型（II）		模型（III）		模型（IV）	
订单	有	无	有	无	有	无	有	无
T_t	-120.168***	46.225	-125.636***	29.972	157.434***	126.089***	31.676	156.061***
	(31.231)	(39.993)	(31.174)	(33.278)	(2.700)	(4.943)	(30.887)	(32.253)
D_i	-8.806	-33.686	12.879	-30.767	2.347	2.528	15.281	-28.239
	(30.452)	(38.797)	(30.371)	(32.842)	(2.079)	(2.699)	(30.559)	(32.737)
DID	-13.360	-111.647**	-0.493	-28.557	16.148***	39.938***	8.220	11.381
	(36.375)	(54.027)	(36.982)	(44.449)	(16.148)	(7.533)	(37.078)	(42.491)
C	372.069***	829.598***	-124.872	190.137*	62.615***	36.161***	-63.137	226.298**
	(107.550)	(123.792)	(111.972)	(105.526)	(62.615)	(13.441)	(111.694)	(102.864)
F值	16.74	4.02	7.86	1.48	1067.68	253.01	3.87	7.24
P值	0.0000	0.0000	0.0000	0.1516	0.0000	0.0000	0.0000	0.0000
R^2	0.1778	0.0615	0.1104	0.0205	0.9407	0.7887	0.0606	0.0924

注：表中只对主要变量的系数进行了列示，未汇报控制变量的回归系数，下同。

支持试点的推广宣传等），将样本整体分成有无政府参与两组。划分的子样本回归结果显示，参加试点对两样本组的亩均补贴赔偿收入依然表现出显著正向影响，且有政府参与的样本组补贴赔偿提高额更大。另外，有政府参与的样本组中开展试点对于农户的亩均卖粮收入有显著负向影响，而没有政府参与的样本组不存在这一影响关系。这可能是由于政府的参与和重视更利于项目的开展和对农户的赔付，但农户可能由于官方宣传而过高估计了试点效果使其自身卖粮行为松懈或过分关注卖粮价格，多次比价后错过较好的卖粮机会，导致卖粮收入降低（见表8）。

表8　　　　　　　　　　以有无政府参与进行分组的回归结果

变量	模型（I）		模型（II）		模型（III）		模型（IV）	
订单	有	无	有	无	有	无	有	无
T_t	60.477	-96.019***	53.417	-110.566***	124.270***	152.073***	177.687***	41.464*
	(53.635)	(26.147)	(48.381)	(22.686)	(5.602)	(3.157)	(47.909)	(21.920)
D_i	-0.588	2.804	10.143	15.027	3.964	-5.006	14.085	10.051
	(40.948)	(29.465)	(40.344)	(24.605)	(2.582)	(2.090)	(40.598)	(25.593)
DID	-137.423**	-13.957	-71.725	3.733	44.009***	17.392***	-32.088	17.067
	(63.492)	(34.936)	(58.227)	(29.871)	(7.335)	(4.319)	(57.402)	(29.261)
C	610.843***	672.191***	27.642	64.733	50.878***	24.851**	79.213	89.203
	(141.547)	(108.978)	(134.196)	(94.981)	(12.087)	(10.842)	(133.048)	(92.30)
F值	8.76	7.13	2.41	8.89	367.97	819.94	4.77	4.16
P值	0.0000	0.0000	0.0115	0.0000	0.0000	0.0000	0.0000	0.0000
R^2	0.1359	0.0792	0.0503	0.100	0.8161	0.9063	0.0917	0.0432

总结来看，经过分组回归得到的子样本结论与总样本结论基本一致，稍有不同之处是：在有订单和无政府参与两个样本组中不存在参与试点对亩均卖粮收入产生的负向影响，这得益于这两个子样本农户对卖粮价格的提前锁定与正确选择。

（三）"保险+期货"模式保障农民收入的效果总结

本部分利用一手调研数据，从农户亩均农业收入变化的角度，对"保险+期货"试点在保障农民收入方面的实施效果进行评价。利用双重差分模型进行效果评估后，采取匹配倍差法进行了稳健性检验。两个方法均得到一致性的结论：参加"保险+期货"试点可以显著提高农民的亩均补贴赔偿收入，并使其亩均卖粮收入有所降低。从亩均农业净收入这一综合性农业收入指标来看，开展试点并未对其产生显著影响，由此可见，调研地的"保险+期货"试点主要以支付补贴赔偿款的方式对农民农业收入进行保障，但并未引起净收入的变动。

参加试点对农民亩均卖粮收入的负向影响，主要是由于参与试点农户中有较大比例（80.63%）的个体会因参加试点而在卖粮时选择多次比价后销售，贻误了较好的卖粮机会。这种现象在存在"订单+保险+期货"的形式时得到缓解，而在有当地政府部门参与时反而变严重。一方面，订单可以较好地帮助农民选择卖粮渠道、锁定卖价，避免了卖不出、卖价低的风险，因此订单形式的引入是"保险+期货"模式的有益探索；另一方面，政府的介入使农民对试点预期过高，导致自身卖粮选择出现偏误，由此建议政府的参与不应局限或止步于对试点项目的推动，还应考虑到项目开展可能对农民种粮、卖粮行为产生的连锁反应，为农民提供与其完整的农业生产周期相配套的帮助和支持。

"保险+期货"试点对农民农业收入的保障作用，主要来自"农业保险产品"的赔偿被触发，农民获得相应的赔付款，提高了其农业补贴赔偿收入。这表明，保险产品的设计对于"保险+期货"模式的发展尤为重要，无论是保费设定还是赔付标准，都将密切关系到该模式保障农民收入功能发挥的程度；同时，开展试点会对农民的卖粮心理产生潜在影响，进而影响其对粮价的判断。为此，试点项目组织方应对参加试点农户进行期货知识培训，引导其判断售粮期走势，以做出正确的卖粮选择。

五、"保险+期货"模式提高农民种粮积极性的效果分析

农民种粮积极性即为农民从事粮食生产的热情程度，它直接关系到国家粮食安全。对于中国这样的人口大国，粮食安全的重要性不言而喻，它既是保障经济平稳运行的基础，也是保持政治自信独立的前提。就农业生产而言，中国的长期粮食安

全保障取决于粮食综合生产能力；短期粮食安全保障则主要依靠农户的种粮积极性（袁宁，2013）。中央政府自2004年以来陆续实施了多层次的农业补贴政策，目的是提高农户的种粮积极性，实现粮食增产和农户增收，保障粮食安全。中国的农业补贴政策已经取得了明显成效，而以市场化工具保护农户种粮积极性是保障粮食安全的政策方向。

"保险＋期货"是否能发挥保障国家粮食安全的作用取决于该试点是否能够提振农户的种粮积极性。现有文献的研究重点多集中在"保险＋期货"试点对农户收入的影响（安毅、方蕊，2016；李亚茹、孙蓉，2017；朱俊生、叶明华，2017；唐金成、曹斯蔚，2017），鲜有学者关注试点与农户种粮积极性的关系。只有孙蓉、李亚茹（2016）从理论上指出，"保险＋期货"试点可以通过支持新型农业组织发展激发农户的种粮积极性，降低粮食产量波动。"保险＋期货"试点在实际开展过程中是否能够起到提高农户种粮积极性的作用？产生这种作用效果的内在机理是什么？它会受到何种因素的影响？这都是值得深入探讨的问题。

为弥补现有研究的不足，本部分基于参加"保险＋期货"试点对农户种粮积极性的影响这一视角分析试点的具体效果，并利用一手调研数据进行实证检验，以期为发展"保险＋期货"试点和保障国家粮食安全提供决策参考。

（一）参加"保险＋期货"模式对农民种粮积极性影响的实证研究

1. 理论分析

本文假定农户作为农业生产经营主体，满足经济人假设，农户的种植行为追求利益最大化，农户是否愿意种粮取决于农户从事粮食生产的预期收益。当预期收益增加时，农户的种粮积极性会随之提高。农户从事粮食生产所能获得的收益在极大程度上受粮食价格的影响，因而粮食价格变动也与农户的种粮积极性密切相关。周清明（2009），龙方等（2012），靳庭良（2013）等人的研究均发现价格因素是影响农户种粮意愿的关键因素之一。从运行机理来看，"保险＋期货"试点引入的新型农业保险产品（如价格保险和收入保险）的主要功能就是对冲粮食市场价格波动带来的风险，为农户提供稳定合理的粮价区间，帮助农户提前锁定大致的粮食价格和收入水平，提高农户的预期收益。因此，该试点是农户追求利益最大化的有利选择，据此推断"保险＋期货"试点会对农户种粮积极性产生正向影响。基于以上分析，提出假说H1：

H1：参加"保险＋期货"试点可以提高农户的种粮积极性。

2. 模型设定

（1）变量的选择与含义。Illukpitiya 和 Gopalakrishnan（2004）认为，农户行为

受多个复杂因素的影响,是个人因素、经济因素、社会因素及心理因素共同作用的结果。基于该结论,选取如下变量:

①种粮积极性(y)。农户的种粮积极性直接关系到农户的粮食种植决策,从而影响粮食产量。本文选取该变量为因变量,用以反映"保险+期货"试点对促进粮食生产、保障国家粮食安全的作用。已有研究通常使用种植面积变动、农地经营方式等指标衡量农户的种粮积极性,而本文中的农户在参加"保险+期货"试点前已经完成了当年的粮食种植与农地经营方式选择,因此,本文认定,若农户表示"未来打算扩大种植面积"且"未来会坚持自己的经营耕地",则视为农户种粮积极性高,即$y=1$;否则,视为农户种粮积极性低,即$y=0$。

②是否参加过试点(x_1)。由上文分析可知,农户是否参加过"保险+期货"试点是影响农户种粮积极性的一个关键变量。本文通过询问受访农户"您家是否参加过'保险+期货'试点",将该变量以虚拟变量的形式引入模型中。若农户参加过试点,则$x_1=1$;反之,$x_1=0$。

③未来参与试点意愿(x_2)。无论是否参加过"保险+期货"试点,通过调查员的介绍和邻里宣传,农户均会对该试点有所了解。如果参加试点项目带给农户的好处令其感到满意,则继续参加试点会让他们在心理上产生安全感,进而影响农户的种粮积极性。因此,本文中,若受访农户表示未来愿意参与"保险+期货"试点,则$x_2=1$;反之,$x_2=0$。

④政府补贴满意度(x_3)。农业补贴是农户农业收入的组成部分,体现了国家农业政策导向,因而在每一年度农业生产开始前就备受农户关注。农业补贴的额度越高,农户的农业收入越高,越容易激发农户的种粮积极性。本文用"您对现有农业补贴政策的满意程度如何?"衡量农户对农业补贴政策的态度,若受访农户表示"暂不满意",则$x_3=1$;若受访农户表示"基本满意",则$x_3=2$;若受访农户表示"非常满意",则$x_3=3$。

⑤户主年龄(x_4)。农户的年龄因素可能会影响农户的种粮热情,年龄过大意味着体力下降,导致种粮积极性减弱。户主是农户家庭生产活动的主要决策者,因此,本文将户主年龄作为控制变量引入模型。

⑥外出务工经历(x_5)。外出务工经历可能使农户的农业生产观念更容易受到外部环境影响,并改变农户家庭收入来源结构,因而与农户种粮积极性密切相关。鉴于此,本文中,若受访农户表示近3年户主有外出务工经历,则$x_5=1$;反之,$x_5=0$。

⑦人均农业净收入(x_6)。本文中农业净收入是指农户种粮的纯收益,它直接影响农户的种粮积极性。人均农业净收入变量可以更为清晰地反映个人利得。人均农业净收入的计算方式是:人均农业净收入=(卖粮收入+农业补贴-种植成本)/家庭总人口数。

⑧粮食种植面积（x_7）。粮食种植面积在一定程度上体现了农户从事农业生产时可支配的资源禀赋，农户一般会根据家庭耕地面积做出粮食种植决策，因此，这一指标直接影响农户的种粮积极性。

⑨农业劳动力占比（x_8）。农业劳动力数量反映农户在农业生产经营中投入的人力资本，农业劳动力数量占家庭总人口数的比重越大，说明农户对农业经营的依赖度越高，农户种粮积极性越容易被激发。

⑩是否兼业经营（x_9）。农户开展兼业经营是指农户既从事农业生产，又从事非农业经营并获得收入的行为。对于开展兼业经营的农户，农业收入不是家庭的唯一收入来源，甚至不是家庭的主要收入来源，这会导致农户对农业生产的兴趣降低，对农户的种粮积极性有负向影响。本文中，若农户开展兼业经营，则 $x_9 = 1$；反之，$x_9 = 0$。

⑪是否参加合作社（x_{10}）。合作社能够为社员提供从事规模化种植所需的服务，参加合作社的农户可能会从合作社获得粮食种植方面的帮助，这对农户的种粮积极性将产生正向影响。本文中，若农户参加了合作社，则 $x_{10} = 1$；反之，$x_{10} = 0$。

（2）模型设定。参加"保险+期货"试点对农户种粮积极性的影响。本文首先运用 Logit 计量模型分析农户参加"保险+期货"试点对农户种粮积极性的影响。模型的基本形式为：

$$\text{Prob}(Y = 1) = p = \frac{e^{\alpha + \beta_i X_i}}{1 + e^{\alpha + \beta_i X_i}} = \frac{1}{1 + e^{-(\alpha + \beta_i X_i)}} \tag{8}$$

（1）式中，$Y = 1$ 表示农户的种粮积极性高，p 表示农户种粮积极性高的概率，X_i 表示可能对农户种粮积极性产生影响的变量，α、β_i 为待估系数。对（8）式进行整理，并对农户种粮积极性高和种粮积极性低的概率之比取对数，可得出如下形式：

$$\ln \frac{p}{1-p} = \alpha + \beta_i X_i \tag{9}$$

由（9）式可知，$\ln \frac{p}{1-p}$ 为 X_i 的线性函数。

（3）描述性统计分析。表9呈现了受访农户的基本信息。由表9可知，当地农户种粮积极性普遍比较高，种粮积极性高的受访农户占全部样本的75.89%。从农业种植情况来看，样本农户的粮食种植面积普遍较大，种植面积在100亩以上的农户占全部样本的59.88%，农户农业收入水平也相对较高，人均农业净收入在5 000元以上的农户占全部样本的54.55%。进一步分析发现，在参加过试点的农户中，有70.30%的农户认为参与试点后收入水平有所提高，22.77%的农户认为参与试点后收入水平没有变化，仅有6.93%的农户认为参与试点后收入水平较往年有所降低。此外，虽然参加过试点的受访农户仅占全部样本的39.53%，但是，通过邻里宣传和调查员介绍了解了"保险+期货"试点的基本情况后，表示未来愿意参与"保险+期货"试点的农户占全部样本的86.56%。进一步分析发现，在参与过试点的农户中,未来愿意继续参与试点的农户占比达到 94.23%;在未参与过试点的农户中,未来愿意参与试点的农户占比为 81.21%。由此可见,农户对"保险+期货"试点的效果十分认可。在政府补贴满意度方面,选择"基本满意"和"非常满意"的农户占全部样本的 65.81%,表明样本农户中对现有农业补贴政策持满意态度的比例较大。

表 9　　　　　　　　　　　　　　　　受访农户基本情况

农户特征	类型	户数(户)	占全部样本的比重(%)
种粮积极性	积极性高	384	75.89
	积极性低	122	24.11
是否参加过试点	参加过	200	39.53
	未参加过	306	60.47
未来参与试点意愿	愿意	438	86.56
	不愿意	68	13.44
政府补贴满意度	暂不满意	173	34.19
	基本满意	290	57.31
	非常满意	43	8.50
户主年龄	30 岁及以下	41	8.10
	31—50 岁	289	57.12
	51 岁及以上	176	34.78
外出务工经历	有	69	13.64
	无	437	86.36
人均农业净收入	1 000 元及以下	109	21.54
	1 001—5 000 元	121	23.91
	5 001—15 000 元	147	29.05
	15 001 元及以上	129	25.50
粮食种植面积	100 亩及以下	203	40.12
	101—300 亩	185	36.56
	301—500 亩	72	14.23
	501 亩及以上	46	9.09
农业劳动力占比	30% 及以下	58	11.46
	30%—60%	246	48.62
	60% 及以上	202	39.92
是否兼业经营	是	152	30.04
	否	354	69.96
是否参加合作社	是	211	41.70
	否	295	58.30

3. 模型估计结果分析

本部分运用Stata12.0软件，采用Logit模型分析参加"保险+期货"试点与农户种粮积极性的关系，回归结果如表10所示。

表10 参加"保险+期货"试点与农户种粮积极性关系的Logit回归分析结果

变量	系数	标准误差	Z值
是否参加过试点（x_1）	0.517**	0.241	2.14
户主年龄（x_4）	0.012	0.011	1.09
外出务工经历（x_5）	0.639*	0.369	1.73
人均农业净收入（x_6）	-0.052	0.101	-0.52
粮食种植面积（x_7）	0.150*	0.091	1.65
农业劳动力占比（x_8）	0.754*	0.453	1.66
是否兼业经营（x_9）	-0.520**	0.263	-1.97
是否参加合作社（x_{10}）	0.671***	0.258	2.61
常数项	-0.435	0.613	-0.71
Wald值		26.080	
P值		0.001	
Pseudo R^2		0.060	

注：***、**、*分别代表估计结果在1%、5%、10%的水平上显著。

由表10可知，是否参加过试点变量在5%的水平上对农户的种粮积极性有显著正向影响，即参加过试点能显著提高农户的种粮积极性。"保险+期货"试点项目通过事前锁定粮食基本价格和农户收入水平、事后提供差额赔付的方式使农户的农业收入得到了保障，试点项目的益处得到了农户的认可，激发了农户的种粮积极性，假说1得到验证。

在控制变量中，第一，外出务工经历对农户种粮积极性有显著正向影响。样本农户中有外出务工经历的农户大多是在农闲时短暂外出打工，务工收入不是农户家庭的主要收入来源；同时，由于外出务工比较辛苦，农户更希望能从农业经营中获得高回报，因此，有外出务工经历的农户种粮积极性更高。第二，粮食种植面积对种粮积极性有显著正向影响。粮食种植面积越大，农户对种粮收入的依赖程度越高，种粮积极性越容易被激发。第三，农业劳动力占比对农户的种粮积极性有显著正向影响。农业劳动力数占家庭总人口数的比重越大，农户对农业生产经营的重视度与依存度越高，农户的种粮积极性也越容易被激发。第四，是否兼业经营对种粮积极性有显著负向影响。兼业经营分散了农户的精力，也使农户获得了农业收入之外的其他收入来源，因此抑制了农户的种粮积极性。第五，是否参加合作社对农户的种粮积极性有显著正向影响。合作社为农户种粮卖粮提供了沟通讨论、合作共赢的平台，参加合作社能够使农户获得一定的农业信息优势，因而提高了农户的种粮积极性。

（二）"保险+期货"模式影响农民种粮积极性的内在机制探讨

1. 理论分析

根据计划行为理论，农户的种粮积极性是内在心理活动对行为意愿产生的影响（姚增福、郑少锋，2010）。如果农户内心认为种粮的收益是有保障的，那么，他会更加积极主动地规划种粮事宜并行动，即农户的种粮积极性得到了激励。如果参加"保险+期货"试点能够提高农户的种粮积极性，则很可能是因为农户认可试点效果并预期参与试点会带来益处，愿意继续参与试点以便使自己种粮的收益得到持续性保障。

根据心理学理论，人有能力规划未来，人的行为是目标导向的，并且目标会使人产生自我激励（Binswanger，1980）。农户种植粮食作物的行为体现了其种粮积极性，而种粮积极性受到农户行为目标的指引和激励。Willock et al.（1999）的研究验证了行为目标是影响农户种植行为的中介变量。由此可知，如果农户对参加"保险+期货"试点得到的好处满意，那么他们很可能会为了持续得到这种好处而具有继续参与试点的意愿。这样，继续参与试点成为农户的行为目标，未来参与试点意愿将可能对农户的种粮积极性具有中介效应。据此，提出假说H2：

H2：在参加"保险+期货"试点对提高农户种粮积极性的影响中，农户未来参与试点意愿具有中介效应。

农业补贴政策是中国农业支持保护政策体系的重要组成部分，它设立的初衷是提高农户的种粮积极性，保障国家粮食安全。因此，农业补贴政策与农户的种粮积极性紧密相关。袁宁（2013）和谭智心、周振（2014）的研究均证明粮食补贴政策促进了农户种粮积极性的发挥。刘克春（2010）的研究发现，农户对粮食补贴政策等农业政策的评价影响农户扩大粮食种植面积的决策。农户扩大粮食种植面积的决策可以体现农户的种粮积极性。参考刘克春（2010）的研究思路，本文认为农户对政府补贴满意度会影响农户的种粮积极性。根据文献结论与调研实际情况，多数农户参与"保险+期货"试点收到赔偿款的过程与得到农业补贴的过程类似，农户对试点的态度往往与其对农业补贴政策的态度相近，因此，农户对农业补贴政策的积极看法会增强参与试点意愿对农户种粮积极性的正向影响。鉴于此，提出假说H3：

H3：农户对农业补贴政策越满意，参与"保险+期货"试点意愿对农户种粮积极性的正向影响越强。

2. 模型设定

(1) 中介效应检验。通过验证参与试点意愿的中介效应,可以揭示参加试点影响农户种粮积极性的作用机理。中介变量的含义是,在自变量 X 对因变量 Y 产生的影响中,如果存在 X 通过影响 M 对 Y 产生影响,则 M 为中介变量(温忠麟、叶宝娟,2014)。参与试点意愿为中介变量。由于因变量与中介变量均为二分类变量,因此,参考 Baron 和 Kenny(1986)提出的因果逐步回归方法以及 MacKinnon 和 Dwyer(1993)及 Herr(2013)改进的二分类变量中介效应检验方法检验参与试点意愿的中介效应。未采用目前常用的 Bootstrap 方法的原因是:Bootstrap 方法不能有效检验二分类变量(陈瑞等,2013)。虽然因果逐步回归方法因检验力较低而受到部分学者质疑,但是,若能以该方法得到显著的结果,则检验力低的问题将不存在(温忠麟、叶宝娟,2014)。因果逐步回归方法的原理如下:

$$M = aX + e_1 \tag{10}$$

$$Y = cX + e_2 \tag{11}$$

$$Y = c'X + bM + e_3 \tag{12}$$

式(10)至式(12)中,c 为 X 对 Y 的总效应;c' 是控制了 M 的影响后,X 对 Y 的直接效应;a 与 b 的乘积 ab 表示经过中介变量 M 的中介效应,e_1、e_2、e_3 为回归残差项。若式(10)与式(11)中 X 的影响均显著且式(12)中 X 和 M 的影响均显著,但 c' 的绝对值比 c 的绝对值小,则说明中介变量具有部分中介效应;若式(12)中 M 的影响显著,而 X 的影响不显著,则说明中介变量具有完全中介效应。

在因变量为二分类变量时,假定 Logit 模型存在异方差,回归得到的中介变量的系数因尺度发生变化而无法直接进行比较,因此,需对原方程的系数进行处理。

首先,重新设定原有三个方程因变量的表达形式,设定 M' 异于 M 的尺度,Y'' 不同于 Y',且二者均异于原方程 Y 的尺度,具体形式如下:

$$M' = aX + e_1 \tag{13}$$

$$Y' = cX + e_2 \tag{14}$$

$$Y'' = c'X + bM + e_3 \tag{15}$$

为了使式(13)至式(15)中的系数具有可比性,需要对所有的待估系数进行处理。首先,令每个系数乘以方程中自变量的标准差再除以因变量的标准差,可以得到可比较系数,具体表达式为:

$$compa = a \times SD(X)/SD(M') \tag{16}$$

$$compb = b \times SD(M)/SD(Y'') \tag{17}$$

$$compc = c \times SD(X)/SD(Y') \tag{18}$$

$$compc' = c' \times SD(X)/SD(Y''') \tag{19}$$

其次，计算标准 Logistic 分布的方差，具体形式为：

$$Var(Y') = c^2 \times Var(X) + \pi^2/3 \tag{20}$$

$$Var(M') = a^2 \times Var(X) + \pi^2/3 \tag{21}$$

$$Var(Y'') = c'^2 \times Var(X) + b^2 \times Var(M) + 2bc' \times Cov(X, M) + \pi^2/3 \tag{22}$$

最后，计算可比较系数的可比较标准误差，具体形式为：

$$SE(compa) = SE(a) \times SD(X)/SD(M') \tag{23}$$

$$SE(compb) = SE(b) \times SD(M)/SD(Y'') \tag{24}$$

$$SE(compc) = SE(c) \times SD(X)/SD(Y') \tag{25}$$

$$SE(compc') = SE(c') \times SD(X)/SD(Y'') \tag{26}$$

当只有一个中介变量时，各效应之间的关系为：中介效应与直接效应之和等于总效应。经过式（23）至式（26）的处理后，可以得到在因变量或中介变量为二分类变量时该关系的表达式，即：

$$compa \times compb + compc' = compc \tag{27}$$

（2）调节效应检验。借鉴温忠麟等（2005）总结的显变量调节效应分析方法，分析农户对现有政府补贴满意度与未来参与试点意愿对种粮积极性的交互作用，即检验政府补贴满意度变量是否能作为调节变量改变农户未来参与试点意愿对种粮积极性的影响。政府补贴满意度变量虽为多分类变量，但是，假定农户对政府补贴满意度越高，其调节效应越大，因此，可将该变量作为连续变量处理。对含交互变量的调节效应方程进行层次回归分析，两阶段方程的具体形式如下：

$$Y = b_{10} + b_{11}M + b_{12}U + \varepsilon_1 \tag{28}$$

$$Y = b_{20} + b_{21}M + b_{22}U + b_{23}MU + \varepsilon_2 \tag{29}$$

式（28）和式（29）中，M 为中介变量，U 为调节变量，b_{10}、b_{11}、b_{12}、b_{20}、b_{21}、b_{22}、b_{23} 为待估计系数，ε_1、ε_2 为残差项。若式（29）的 R^2 明显高于式（28）的 R^2，或交互项 MU 具有显著影响，则证明政府补贴满意度变量具有显著的调节效应。

3. 模型估计结果分析

（1）是否参加过试点影响农户种粮积极性的作用机理检验。为了进一步探讨是否参加过试点变量影响农户种粮积极性的内在作用机理，依照 Baron 和 Kenny（1986）提出的判别中介变量的三个标准程序，检验在是否参加过试点对农户种粮积极性的影响中，未来参与试点意愿是否具有中介效应。回归结果如表 11 所示。

由表 11 可知，在对农户是否参加过试点分别与未来参与试点意愿和种粮积极性进行单独回归时，是否参加过试点对未来参与试点意愿和种粮积极性均有显著正向影响。在将未来参与试点意愿和是否参加过试点放入同一模型中回归时，是否参加过试点依然对种粮积极性有显著影响,但是系数减小了。参照上文所述的中介变量的判断标准,在是否参加过试点对种粮积极性的影响中,未来参与试点意愿具有部分中介效应,即农户参加过试点不仅对农户种粮积极性有直接影响,而且会通过未来参与试点意愿对农户种粮积极性产生间接影响,假说2得到验证。

表 11　　农户未来参与试点意愿的中介效应检验

变量	未来参与试点意愿		种粮积极性		种粮积极性	
	原始系数	可比较系数	原始系数	可比较系数	原始系数	可比较系数
未来参与试点意愿(x_2)	—	—	—	—	0.749** (0.301)	0.136** (0.054)
是否参加过试点(x_1)	1.085*** (0.332)	0.281*** (0.089)	0.517** (0.241)	0.138** (0.063)	0.437* (0.243)	0.114* (0.063)
Wald值	43.640		26.080		30.960	
P值	0.000		0.001		0.000	
Pseudo R^2	0.114		0.060		0.071	

注:***、**、*分别代表估计结果在1%、5%、10%的水平上显著;括号中数字为标准误差。

为了明晰中介效应与直接效应在总效应中所占的比重,采用 Herr(2013)总结的方法对原始系数进行处理并得到可比较系数。经过计算,得出中介效应占总效应的比重为:$compa \times compb/compc = 0.281 \times 0.136/0.138 \times 100\% = 27.693\%$,即农户未来参与试点意愿的中介效应在是否参加过试点对种粮积极性影响的总效应中占 27.693%。这表明参加过试点对农户种粮积极性的正向影响以直接效应为主,同时,参加过试点也通过提升农户未来参与试点意愿增强了农户从事粮食生产的信心,从而提高了农户的种粮积极性。

(2)政府补贴满意度对农户种粮积极性的调节效应检验。鉴于农户未来参与试点意愿在是否参加过试点对种粮积极性的影响中存在中介效应,有必要继续研究中介效应是否受到其他因素影响,以便了解中介变量发挥作用的边界条件。本文将检验政府补贴满意度变量对农户未来参与试点意愿与农户种粮积极性的关系的调节效应。两阶段方程的层次回归分析结果如表12所示。由表12可知,交互项 $x_2 \times x_3$ 对农户种粮积极性在5%的水平上有显著正向影响,且表12(2)列的 R^2 值显著高于(1)列的 R^2 值,这说明政府补贴满意度变量存在调节效应,即农户对政府补贴满意度越高,未来参与试点意愿对农户种粮积极性的正向影响越强,假说3得到验证。

表12　　　　　　　　　　　政府补贴满意度的调节效应检验

变量	(1)		(2)	
	中心化系数	标准误差	中心化系数	标准误差
未来参与试点意愿（x_2）	0.860 ***	0.305	0.893 ***	0.305
政府补贴满意度（x_3）	0.390 **	0.184	0.460 **	0.188
交互项（$x_2 \times x_3$）	—	—	0.898 **	0.450
常数项	−0.318	0.631	−0.366	0.627
Wald值	34.070		38.860	
P值	0.000		0.000	
Pseudo R^2	0.075		0.082	

注：***、**、*分别代表估计结果在1%、5%、10%的水平上显著；为防止交互项与变量间产生多重共线性，本文对未来参与试点意愿（x_2）与政府补贴满意度（x_3）两个变量进行了中心化处理，所得系数为中心化系数。

为直观了解调节变量发挥作用的情况并检验稳健性，根据政府补贴满意度变量的取值对样本进行分组，对各子样本再进行回归，以分析不同子样本中中介变量对因变量影响的差异性，回归结果如表13所示。由表13可知，在政府补贴满意度为"暂不满意"的子样本中，未来参与试点意愿对农户种粮积极性并无显著影响；在政府补贴满意度为"基本满意"的子样本中，未来参与试点意愿对农户种粮积极性的正向影响在5%的水平上显著；在政府补贴满意度为"非常满意"的子样本中，未来参与试点意愿对农户种粮积极性在5%的水平上有显著正向影响，且系数值更大。由此可知，随着农户对政府补贴满意度的提升，未来参与试点意愿对农户种粮积极性的正向影响逐渐增强，这验证了政府补贴满意度的调节效应。

表13　　　　　　　　　不同子样本中中介变量对因变量的影响

变量	政府补贴满意度为"暂不满意"的子样本	政府补贴满意度为"基本满意"的子样本	政府补贴满意度为"非常满意"的子样本
未来参与试点意愿（x_2）	0.176 (0.489)	1.150 ** (0.473)	3.030 ** (1.510)
常数项	−1.203 (1.092)	−1.340 (1.040)	−4.283 (2.874)
样本量	173	290	43
Wald值	17.640	21.380	6.760
P值	0.024	0.006	0.563
Pseudo R^2	0.092	0.088	0.354

注：***、**、*分别代表估计结果在1%、5%、10%的水平上显著；括号中数字为标准误差。

政府补贴满意度变量的调节效应表明，中国现行的农业补贴政策对农户种粮积极性具有显著正向影响，这与刘克春（2010）等人的研究结论一致，即农业补贴政策对保障国家粮食安全发挥了重要作用。这也说明了农户对政府补贴政策的看法与对待试点的态度存在相关性。产生这种相关性的原因在于：一方面，政府补贴的发放方式与试点项目赔付款的发放方式相似；另一方面，"保险+期货"试点中的保险产品为价格保险或收入保险，这两个保险产品中均存在价格支持机制，而农业补贴政策也有农产品价格支持的作用，因而可以认为农业补贴政策和"保险+期货"试点项目均以价格支持的形式为农户提供收入保障。这两类农业风险管理工具相辅相成，使得政府补贴满意度在未来参与试点意愿对农户种粮积极性的影响中具有调节效应。

（三）"保险+期货"模式提高农民种粮积极性的效果总结

本文利用一手调研数据，采用 Logit 模型，并结合中介效应和调节效应检验，分析了参加"保险+期货"试点对农户种粮积极性的作用效果及其内在机理，得到如下结论和启示：

第一，参加过"保险+期货"试点项目确实可以提高农户的种粮积极性。"保险+期货"试点项目的开展为农户提供了卖粮价格和收入的基本保障标准，提高了农户的收益预期；同时，农户对所获得的补偿收益感到满意，农户的种粮积极性得到激发。因此，"保险+期货"试点对促进粮食生产、保障国家粮食安全具有重要意义。

第二，参加过"保险+期货"试点可以通过增强农户未来参与试点意愿提高农户的种粮积极性，未来参与试点意愿具有部分中介效应，且中介效应占总效应的 27.693%。这表明，"保险+期货"试点在提高农户种粮积极性的过程中，需要以农户未来参与试点意愿为依托，以试点的可持续经营为前提，创造农户未来参与试点的条件。因此，期货交易所、各金融机构以及有关政府部门应注重开展"保险+期货"试点项目的长期性，不应仅追求其保障种粮农户收入的短期效果而忽视其关系到保障国家粮食安全的更长期、更深远的作用。

第三，在未来参与试点意愿对农户种粮积极性的正向影响中，农户的政府补贴满意度具有正向调节效应。农户对政府补贴越满意，未来参与试点意愿对农户种粮积极性的提升作用越强。这不仅表明现有农业补贴政策实现了提高农户种粮积极性、促进粮食生产发展的目标，也表明农户对待"保险+期货"试点与对待政府补贴政策的态度高度相关。现行农业补贴政策与"保险+期货"试点中的农业保险具有互补互促的关系，构建中国农业风险管理体系应考虑将政策性工具与市场性工具整合在一起，兼顾农户利益与国家粮食安全。

六、"保险+期货"试点保险与传统农业保险降低农民收入风险的效果比较

"保险+期货"试点开展至今,组合模式中包含的农业保险产品有价格保险和收入保险两种形式,它们分别可以为农户提供实际价格低于保障价格或实际收入低于约定收入时的差额赔付。为了明确两种"保险+期货"试点保险间的风险管理效果差异、验证试点保险开展的必要性,本部分将着重探究"保险+期货"中涉及的两种新型农业保险产品与传统的产量保险三者在降低农户收入风险方面的效果优劣。

本部分基于二手数据展开研究,为了与前文中"保险+期货"的收入保障效果及种粮积极性的提升效果检验中用到的数据采集范围形成对应,这里选择黑龙江省大豆作物种植的代表性城市佳木斯(包括调研组实际调研中走访的桦川县、桦南县两个县)进行分析。佳木斯位于中国东北边陲,气候属于中温带大陆性气候,四季分明,夏季温湿多雨,降雨集中,秋季降温急剧,温差大,为大豆生长提供了良好的健康发育环境,造就了品质优良的佳木斯大豆。2017年4月20日,中华人民共和国农业部正式批准对"佳木斯大豆"实施农产品地理标志登记保护。故本文选取黑龙江省佳木斯市为种植大豆作物的代表性城市展开分析具有典型性和研究价值。

(一)"保险+期货"试点保险及传统农业保险的费率厘定

本部分主要目标:以代表地区黑龙江省佳木斯市的大豆单产数据及黄大豆1号期货合约收获期价格数据为基础,在考虑单产与价格可能存在相关关系前提下,拟合单产波动与价格波动的联合概率分布,利用Copula方法建立联合概率密度,分别计算收入保险、价格保险及产量保险的费率,为下一步研究代表性农户分别购买产量保险、价格保险及收入保险的农业收入变动情况作铺垫。

1. 数据处理

(1)产量数据。考虑到市级层面单产连续数据的可得性,本篇将样本数据区间确定为2000—2017年,佳木斯市大豆单产趋势如图3所示,数据下载自Wind数据库。

采用ADF(Augmented Dickey–Fuller)检验及PP(Phillips–Perron)检验验证大豆单产数据的平稳性,结果发现该大豆单产序列在水平状态下不平稳,需要对其进行去趋势处理。

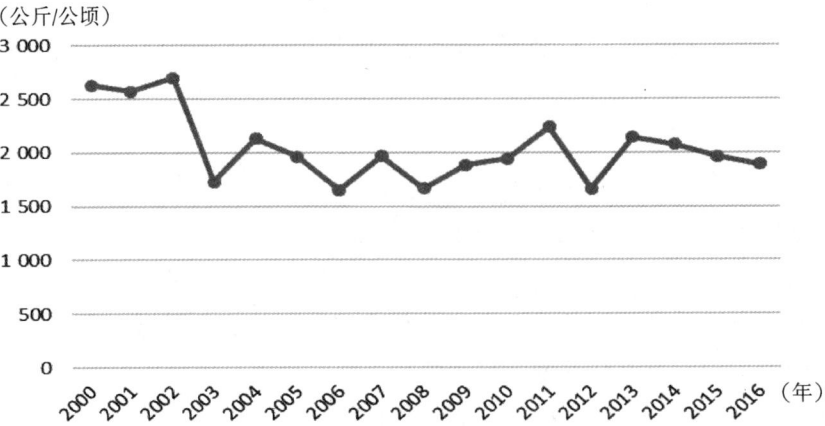

图 3　佳木斯市大豆单产趋势图

首先，采用直线滑动平均法（LMA）去掉数据的长期趋势。该方法是将产量的时间序列在某个阶段内的变化看作线性函数，呈一直线。随着阶段的连续滑动，直线不断变换位置，后延滑动，从而反映产量历史演变趋势的变化。依次求取各阶段内的直线回归模型，各时间点上回归模拟值的平均数即为趋势产量。只有步长 K 值足够大时，趋势产量才能消除短周期波动的影响。K 值的标准取值是 11 年（霍靓，2018），故本篇 K 取值 11。

计算出单产趋势序列后，将原数据与趋势数据做差，即可将单产序列中的时间趋势剔除，从而得到单产随机波动序列作物产量风险的大小，该过程的表达式为：

$$Y_t = \hat{y_t} + e_t$$

其中，Y_t 是实际单产值；$\hat{y_t}$ 是单产趋势值，e_t 是随机波动值。尽管随机波动序列 e_t 是一个平稳的序列，但其仍然存在"量纲"，可比性较差。针对这一问题，进一步选取相对随机波动值（RSV）来代表大豆的产量风险。RSV 不仅能够反映出产量风险的大小，还可以忽略时间与空间对产量风险的影响，可比性较好。它的计算公式是：

$$RSV = \frac{e_t}{Y_t}$$

为了把单产转变为同一种植技术与管理水平下的单产序列，以 2017 年为基期，将大豆单产数据转化为以 2017 年为基期的产量：

$$\widetilde{Y_t} = \hat{Y_T}(1 + e_t/\hat{Y_t})$$

即：$\widetilde{Y_t} = \hat{Y_T}(1 + RSV)$

其中，$t = 2000—2017$ 年；$T = 2017$ 年。处理过后的大豆单产数据不再受到时间趋势的影响，将在下一步单产分布的计算中被用到（冯文丽、郭亚慧，2017）。

（2）价格数据。本文选取大连商品交易所（DCE）大豆期货合约价格数据测算大豆的价格风险。大连商品交易所大豆期货合约分为黄大豆1号期货合约和黄大豆2号期货合约,黄大豆1号期货合约交易量较大,其对应的现货品种是国产非转基因大豆,东北地区所种植的大豆均为此类大豆。考虑到国内大豆收获期集中在年末,再结合期货合约日收割量和持仓量,本文选用2000—2017年1月大豆期货合约在当年11—12月期货交易日结算价均价作为大豆的收获期价格,价格数据也下载自Wind数据库(见图4)。

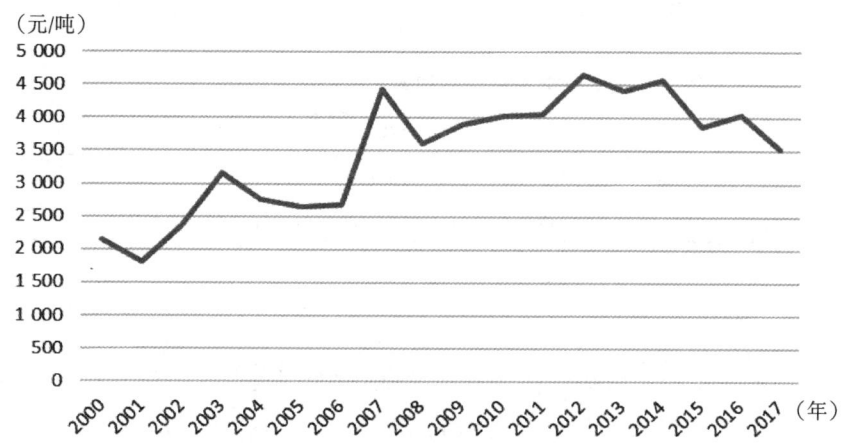

图4 佳木斯市大豆价格趋势图

大豆价格的时间序列数据同样为非平稳数据,将数据去趋势处理的过程与单产数据的处理过程相同,不再赘述。

2. 价格、产量数据边缘分布拟合

由于非参数法在小样本下缺乏稳健性(Goodwin & Vandeveer, 2004),本篇采用参数方法拟合单产与价格分布。对大豆的价格和单产数据进行处理后,从Normal、Lognormal、Gamma、Weibull、Logistic、Cauchy、Beta几个常用分布中,以K-S、A-D和卡方统计量为标准(三种中主要以A-D结果为准),选取合适的分布模型(晁娜娜等,2017)。采用Easyfit5.6软件估计随机单产与价格在各常见分布下的参数及拟合效果较好的分布的检验结果。由表14结果可知,大豆的价格和单产分别在服从Normal和Weibull分布时A-D统计量最小,参数估计结果详见表15。

表14　　　　　　佳木斯大豆价格和产量分布拟合优度比较

分布形式	价格			产量		
	K-S	A-D	卡方	K-S	A-D	卡方
Normal	0.18846	0.30242	0.00848	0.1006	0.25602	0.90649
Weibull	0.18842	0.45014	0.07309	0.10208	0.24297	0.51279

续表

分布形式	价格			产量		
	K-S	A-D	卡方	K-S	A-D	卡方
Gamma	0.20633	0.54799	3.0964e-5	0.10662	0.32211	0.81669
Lognormal	0.20675	0.62021	0.1347	0.10956	0.36516	0.77982
Cauchy	0.15865	0.78374	0.72515	0.13898	0.42813	0.05051
Logistic	0.20919	0.44659	0.14111	0.12316	0.34027	0.9843
Beta	0.17426	2.1781	0.00926	0.12645	1.7386	0.75

表15　　佳木斯市大豆价格和单产分布拟合结果

标的	变量	最优分布	参数值
大豆	价格（元/吨）	Normal	mu=3 109.4，sigma=624.63
	单产（公斤/公顷）	Weibull	shape=8.7145，scale=2 091.4

3. Copula 函数的选择

收入保险的费率厘定取决于作物的产量和价格，即需要考虑一个二元随机变量的联合分布。由于价格和产量具有非线性相依关系，Tejeda 和 Goodwin（2008）引入 Copula 函数进行模拟。Copula 函数表示的是一个联合分布函数与边际函数的相关形式。

若 $F(x_1, \cdots, x_n)$ 为一个 n 维联合分布，其边际分布函数表示为 $F_1(x_1) \cdots F_n(xn)$，那么一定存在一个 Copula 函数 C 满足：$F(x_1, \cdots, x_n) = C(F_1(x_1) \cdots F_n(xn))$。反之，设 $F_1(x_1) \cdots F_n(xn)$ 为边际分布函数，反函数可表示为 $F_1^{-1} \cdots F_n^{-1}$，则对于 $(u_1 \cdots u_n) \in [0,1]^N$ 可确定一个 Copula 函数，使得：$C(u_1, \cdots, u_n) = F(F_1^{-1}, \cdots, F_n^{-1})$。

Copula 函数有两大优势：第一，当无法确定传统的线性相关系数对农作物单产与价格之间相关关系的度量是否准确时，Copula 函数能更好地刻画单产与价格间的相依性，可靠地拟合二者的关系；第二，Copula 作为构造二维分布族的起点，可以有效解决农作物单产与价格的时间序列数据不够充足的问题。

Kendall's Tau 和 Spearman's Rho 两个秩相关系数指标是非线性相关关系的常见衡量标准，故本篇也选取了以上两个系数用以表示两个边际分布之间的相关性；同时，采用常用于拟合农作物单产与价格关系的 5 个 Copula 函数作对比，分别是：正态 Copula、t-Copula、Clayton Copula、Frank Copula 和 Gumbel Copula。通过利用欧氏距离最小的原则可以从 Copula 函数中选取最优的那一类（Trivedi 和 Zimmer，2007）。

Copula 函数拟合结果如表16所示。

表 16　　　　　　　　　　　　Copula 函数拟合结果

Copula	参数 θ	Kendall - τ	Spearman - ρ	欧式距离
Gaussian	-0.2938	-0.1899	-0.2816	0.0114
t	-0.2812	-0.1814	-0.2575	0.0106
Clayton	1.4509e-06	7.2543e-07	1.0922e-06	0.0176
Frank	-1.6554	-0.1791	-0.2663	0.0108
Gumbel	1	1.3575e-06	2.0510e-06	0.0176

根据欧式距离最小原则，本篇选择 t - Copula 作为拟合佳木斯市大豆单产与价格分布连接关系的函数。

Gaussian Copula、t Copula 及 Frank Copula 三组 Copula 函数的秩相关系数 Kendall - τ 与 Spearman - ρ 均为负，表明大豆单产与价格之间存在负相关关系，二者风险对冲效应明显。当大豆种植单产大幅下降时，其价格会上升，这在一定程度上缓解了灾害给农户收入造成的负面冲击，从而降低了收入保险的费率。

4. 蒙特卡洛抽样方法

在求解某种事件出现的概率或某个随机变量的期望值时，蒙特卡洛法可通过不断从随机变量的分布中抽取样本得到该事件出现的频率或者这个随机变量的平均值，并用它们作为问题的解（Hastings, 1970）。本部分采用蒙特卡洛模拟技术来获得具有 Copula 函数结构的多维随机序列。设 Copula 函数 $C(u_1, \cdots\cdots, u_n)$ 是 n 维连续型随机变量的分布函数，$c(x_1, x_2, \cdots, x_n)$ 为对应的密度函数，则：

$$C(u_1, u_2, \cdots\cdots, u_n) = \int_{-\infty}^{u_n} \int_{-\infty}^{u_{n-1}} \cdots \int_{-\infty}^{u_1} c(x_1, x_2, \cdots\cdots, x_n) dx_1 dx_2, \cdots\cdots,$$

$$dx_n, u_i \in [0, 1], i = 1, 2, \cdots\cdots, n$$

多维随机序列的模拟算法步骤为：

（1）令 $G = \dfrac{\partial^{n-1} C}{\partial u_1 \partial u_2 \cdots \partial u_{n-1}}$，或 $G = \int_0^{u_n} c(u_1, u_2, \cdots\cdots, u_{n-1}, x_n) dx_n$，它是关于 u_1, $u_2 \cdots\cdots u_n$ 的函数；

（2）在 [0.1] 区间内随机产生 $n-1$ 个数 u_1, u_2, $\cdots\cdots u_{n-1}$，将它带入函数 G 中，则该函数是关于 u_n 的一元函数；

（3）由 $c(u_1, u_2, \cdots\cdots u_{n-1}, x_n)$ 的非负性可知，G 是关于 u_n 的单调增函数，在 $G(u_n)$ 的值域 $[0, G(1)]$ 内随机取一点 y，若能反解出 $u_n = G^{-1}(y)$，则 $(u_1, u_2, \cdots\cdots u_n)$ 为满足选定 Copula 函数的点；

（4）循环步骤（2）—（3），产生一组由 t Copula 函数决定的随机序列 $\{(u_{1j}, u_{2j}, \cdots\cdots u_{nj}), j = 1, 2, \cdots\cdots\}$。因此，可以利用蒙特卡洛法从大豆单产与价格的联

合分布中进行抽样,获得大量样本。本篇将根据得到的联合分布函数,随机抽样 10 000 次,得到 10 000 组产量及价格模拟数据。

5. 保险费率计算

通过对大豆价格 – 产量联合分布的 10 000 次抽样,建立佳木斯市大豆种植收入样本群,并通过如下公式厘定大豆收入保险的费率(谢凤杰等,2017):

$$ExLo(Y) = prob(y < \alpha\mu)[\alpha\mu - E(y) \mid y < \alpha\mu]$$

$$r = \frac{ExLo}{\alpha\mu}$$

式中:y 代表样本农户收入,α 代表保障水平,μ 表示期望收入,$ExLo$ 代表农户预期损失,r 表示费率。

将价格 – 产量的 10 000 组样本相乘得到 10 000 组模拟收入值,取其平均数作为期望收入。代入上述公式计算联合产量及价格风险的收入保险费率;同理,单独对价格保险与产量保险的费率计算过程同上。

表 17 为基于 Copula 方法,以佳木斯市大豆单产数据及大商所黄大豆 1 号期货合约价格数据为基础,测算的三类保险在不同保障水平下的纯保险费率(不包含管理费用、巨灾准备金等费用)。

表 17　　　　　　　　　　　　佳木斯市大豆保险费率

保障水平(%)	产量保险	价格保险	收入保险
70	0.14	0.89	0.96
75	0.29	1.39	1.45
80	0.55	2.12	2.15
85	1.03	3.12	3.1
90	1.8	4.44	4.35
95	2.98	6.08	5.79
100	4.71	8.03	7.94

从表 17 的计算结果可以看出,低于 80% 保障水平时,产量保险费率 < 价格保险费率 < 收入保险费率;而高于 80% 保障水平后,三者的排序变为产量保险费率 < 收入保险费率 < 价格保险费率。这一方面说明在高保障水平下,由于价格风险与产量风险自身具有相互抵消的作用,总的收入保险费率增幅减速,开始低于价格保险,使收入保险优越性在高保障水平时表现得更为明显;另一方面,价格保险费率即便在低保障水平时也与收入保险费率相差不大,且高出产量保险费率较多。价格保险的高费率水平,也表明当地价格风险较大,是影响佳木斯市大豆种植农户的主要风险类型。

(二) 数值模拟法下各保险产品降低农民收入风险的效果

1. 保费的确定

若要比较三种保险产品在降低农民农业收入波动方面的作用,则农民购买保险的保费成本不可忽略,因此,在得到产量保险、价格保险及收入保险不同保障水平下的费率后,各保险保费的计算尤为重要,实际保费的高低也决定了农户参保的积极性。

收入保险因保障的风险类型较为综合而具有较大优越性,这里以收入保险为例介绍保费的算法。保险约定的亩均收入水平 = 预期价格 × 预期单产;则大豆收入保险保费 = 保险约定收入 × 保障水平 × 费率。因此只要确定预测价格与期望单产,结合算得的费率,就可以算出大豆的保费。期望单产的确定是取近5年单产去掉最高与最低值后的平均数。而预测价格的算法不一而同,主要有两种方法:一是保险公司根据收获前市场供求情况,结合往年行情,对现货价格进行预测;二是利用期货市场的价格发现功能,采用期货价格预测现货价格(郭以馨等,2019)。考虑到我国的大豆期货市场发展较早,交易也较为活跃,大豆期货市场价格可以发挥预测现货价格的作用,故选取第二种方法来确定预期价格。表18为计算佳木斯市2017年大豆每亩保费的具体方法。

表18　佳木斯市大豆收入保险保费及保额计算方案

项目	计算方案	2017年佳木斯市算例
期望单产	前5年单产扣除最大值、最小值的平均值	1 976千克/公顷
预期价格	DCE1月份大豆期货合约11—12月日价均值	3 534元/吨
约定收入	预期价格 × 期望单产	1 976千克/公顷 × 3 534元/吨 ÷ 1 000千克/吨 ÷ 15亩/公顷 = 465.55元/亩
保费	约定收入 × 保障水平 × 费率	85保障水平:465.55元/亩 × 85% × 3.10% = 12.27元/亩

整理产量保险、价格保险与收入保险各保障水平保费见表19。

表19　佳木斯市大豆保险保费水平

保障水平(%)	产量保险	价格保险	收入保险
70	0.46	2.90	3.13
75	1.01	4.85	5.06
80	2.05	7.90	8.01
85	4.08	12.35	12.27
90	7.54	18.60	18.23
95	13.18	26.89	25.61
100	21.93	37.38	36.96

2. 构建农户参与不同农业保险的情境

情境一：不同覆盖水平的产量保险

情境二：不同覆盖水平的价格保险

情境三：不同覆盖水平的收入保险

计算各情境下农户可获得的收入补偿值：

（1）产量保险可得的净补偿性收入公式为：

$$r_{C,j} = p_C \times \max(0, y_c \times C_{c,j} - y) - P_{C,j}$$

其中 $r_{C,j}$ 是在 j 覆盖水平下的产量保险收入；p_C 为产量保险的补偿价格；y_c 是历史性产量水平（用于划定触发赔偿的产量标准）；$C_{c,j}$ 是选定的保险覆盖水平；$P_{C,j}$ 是购买产量保险总的保费成本。

（2）价格保险可得的净补偿性收入公式为：

$$r_{J,j} = \max(0, p_J \times C_{J,j} - p) \times y - P_{J,j}$$

其中 $r_{J,j}$ 为在 j 覆盖水平下的价格保险收入；p_J 是设定的触发赔偿的标准；$C_{J,j}$ 是选定的价格保险覆盖水平；$P_{J,j}$ 是购买价格保险总的保费成本。

（3）收入保险可得的净补偿性收入公式为：

$$r_{S,j} = \max(0, \max(P_b, f) \times y_C \times C_{S,j} - f \times y) - P_{S,j}$$

其中，$r_{S,j}$ 是 j 覆盖水平下的价格保险收入；P_b 是收入保险保单中设定的基础价格；f 是收获期价格；y_C 是收入保险保单中设置的产量，一般参考历史产量水平；$C_{S,j}$ 是选定的收入保险覆盖水平；$P_{S,j}$ 是购买收入保险总的保费成本。

3. 建立不同情境下农户农业收入方程

假设佳木斯市代表性农户大豆种植面积均为 10 亩，其 2017 年的产量与价格数据由上文蒙特卡洛模拟过程获得，共有 10 000 户代表性农户数据信息。

建立不同情境下农户收入方程：

$$W_1 = (p_0 \times y_0 + r_{C,j}) \times a$$

$$W_2 = (p_0 \times y_0 + r_{J,j}) \times a$$

$$W_3 = (p_0 \times y_0 + r_{S,j}) \times a$$

其中，p_0、y_0 分别为统一换算单位后 10 000 组农户的价格（元/斤）、单产（斤/亩）值，a 为种植面积（$a = 10$ 亩）。

将样本数据代入后即可得到每位代表性农户参与不同类型、不同保障水平的农业保险产品后的农业收入值。

4. 各农业保险产品降低收入风险效果比较

首先选取用于比较农户收入值的指标。结合以往学者的研究经验，拟选取收入的最小值、均值、标准差和夏普指数 4 个指标作为比较标准，其表达式如下：

（1）最小值：

$$R_m = Min(R_i)$$

（2）均值：

$$\overline{R} = \frac{1}{N}\sum_{i=1}^{N} R_i$$

（3）标准差：

$$\sigma = \sqrt{\frac{1}{N}\sum_{i=1}^{N}(R_i - \overline{R})^2}$$

（4）夏普指数 Sharpe Ratio（SR）：

夏普指数是每单位风险的超额收益的度量，用来表征农作物生产的收益如何补偿农民所冒的风险，其表达式为：

$$SR = \frac{E(R) - R_f}{\sigma(R)}$$

其中，$E(R)$、$\sigma(R)$ 分别是收益的均值和标准差，R_f 是无风险利率。

依照以上标准给出各保险降低收入风险的效果排序，如表 20 所示。

表 20　　　　　　　　　　农业保险降低农户收入风险效果排序

保险选择	最小值	排序	均值	排序	标准差	排序	夏普指数	排序
Rch70	924.635	15	5 198.877	7	12 718.52	15	0.408762	17
Rch75	919.0212	16	6 390.858	6	18 804.15	16	0.339863	20
Rch80	908.5687	17	8 704.333	5	27 220.69	17	0.319768	21
Rch85	888.1099	18	13 284.76	4	38 668.86	18	0.343551	19
Rch90	853.1351	19	21 219.93	3	53 523.58	19	0.396459	18
Rch95	796.2452	20	34 261.75	2	71 448.99	20	0.479527	16
Rch100	707.9743	21	54 671.19	1	91 396.29	21	0.598177	15
Rjia70	1 216.913	14	4 176.194	20	767.4055	14	5.441928	14
Rjia75	1 286.219	13	4 203.356	18	730.2663	12	5.755883	12
Rjia80	1 344.532	12	4 240.743	16	688.8883	10	6.155881	10
Rjia85	1 388.634	11	4 288.542	14	648.3631	8	6.61437	8
Rjia90	1 414.509	9	4 343.731	12	615.5177	7	7.05699	7
Rjia95	1 419.902	8	4 404.597	10	596.2316	6	7.387345	5
Rjia100	1 403.027	10	4 467.92	8	592.4636	5	7.541208	4
R70	3 227.281	7	4 166.617	21	751.9798	13	5.540825	13
R75	3 440.537	6	4 187.291	19	705.9172	11	5.931662	11
R80	3 643.598	5	4 216.363	17	649.2802	9	6.49386	9
R85	3 833.389	4	4 257.082	15	582.392	4	7.309601	6
R90	4 006.032	3	4 307.853	13	509.709	3	8.451537	3
R95	4 164.325	2	4 372.044	11	436.0924	2	10.02543	2
R100	4 282.498	1	4 421.336	9	366.4204	1	12.06622	1

注：Rch70 代表 70% 保障水平的产量保险，Rjia70 代表 70% 保障水平的价格保险，R70 代表 70% 保障水平的收入保险。依此类推。

由表 20 中结果可知，从最小值来看，收入保险的效果明显最优，它为农户提供了较高的最低收入水平保障；结合标准差的排序，收入保险依然排在最前面，其表现出的降低农户收入风险效果标准差较小，即稳定性较高。夏普指数方面，收入保险的风险收益最高、价格保险次之、产量保险最低，证明收入保险较好地补偿了农户所冒的风险。不过，从收入的均值指标来看，收入保险的排名较为靠后，产量保险在该方面表现出绝对的优越性，这表明，以佳木斯市农户为整体考量时，产量保险保障了较高的农户平均收入水平。

综合来看，收入保险在保障农户收入水平、降低农户收入风险上表现最佳，农户参与收入保险能获得较高的收入最小值、收入稳定性较好且所得收益可以较好补偿所冒风险。但值得注意的是，收入保险这些优势主要集中在 85% 及以上的保障水平中，保障水平越高效果越好。而价格保险的效果居中，且同样为保障水平越高效果越好。产量保险较为特殊，从均值指标来看，产量保险对农户整体收入的平均值起到较好作用，但在最小值、标准差与夏普指数三方面，产量保险均表现不佳，且产量保险的效果并未与其自身的保障水平严格正相关，最低保障标准（70%）反而在最小值和标准差中排名最靠前，这也与我国目前实施的产量保险普遍选择 70% 的保障水平的实际情况相一致。

（三）"保险+期货"模式与传统农业保险降低农民收入风险的效果总结

本部分通过 Copula 函数联合佳木斯市大豆单产与价格数据，利用蒙特卡洛模拟法膨大样本数，得到 10 000 组相同分布的价格—产量数据组合，用于计算分析"保险+期货"中的收入保险、价格保险与传统的产量保险在降低农民农业收入风险中的效果。研究中，对农民农业收入的核算既考虑了购买保险获得的收入补偿，也考虑了保费成本，其中，收入保险、价格保险、产量保险费率均来自同一组样本数据计算得到，具备了准确性与可比性。

以收入的最小值、均值、标准差及夏普指数 4 个指标为评价依据，将代表性农户模拟参与不同保障水平（70%—100%）下的收入保险、价格保险及产量保险产品，发现产量保险在农户整体均值方面具有优越性，且选择 70% 保障水平对于产量保险的整体效果发挥最佳，产量保险适合基于宏观农户整体的角度被选择，这也正是目前我国政策性补贴保险为产量保险的原因。

收入保险在最小值、标准差、夏普指数三项指标中均排名最优，这充分表明了收入保险保障农民农业收入的综合效果较好，适宜从农户个体角度长期选择。值得注意的是，这种优越性在 85% 以上的保障水平时发挥比较明显，建议有充足保费支出预算的农户选择 85% 及以上的收入保险保障水平，这对于种植大户尤为适用。当然，较低保障水平的收入保险效果依然值得肯定，如果考虑到保费成本因素，其成本收益率较好，仍应排在价格保险与产量保险之前被农户选择。

价格保险的效果以 4 个评价指标衡量均居于中间水平，但结合价格保险保费与收入保险较为接近的综合因素，考虑应将价格保险全面升级为收入保险，从而在保费支出成本接近的情况下提升农业保险对农民收入的保障效果。

七、推动"保险+期货"模式持续运行的政府—金融机构—农户关系构建

（一）我国"保险+期货"试点阶段的政府—金融机构—农户关系

从"保险+期货"的运作机理和多年实践经验看，作为投保者的农民均能够获得价格下跌或收入受损后的保险赔付收益，因此融入期货机制的农产品收入保险或价格保险市场具有巨大的发展空间，将是我国未来农业保险发展的重要方向。但是在我国，将期货信息与期货交易融入农产品价格保险体系的设计中，不仅需要解决面临的若干技术性和体制性障碍，而且还需要协调处理市场化运作的"保险+期货"试点（金融机构角度）与政府现有的农产品价格风险防控体系（政府角度）及农户的风险管理现实性需求（农户角度）之间的关系。

1. "保险+期货"模式中金融机构间关系

对于"保险+期货"模式，最应该发挥主动作用的应该是保险公司，保险监管部门也应参与进来。这是我国农业保险产品一次大的突破创新，是构建我国农业保险体系多元化、综合化发展的机遇。然而，实际情况是，整个试点项目从开始设计到积极推广，最主要的参与主体一直是期货监管部门和期货交易所。期货公司在政策引导和监管要求下参与到试点中，成为项目主要执行方。诚然，期货部门的广泛参与有助于为开展农业保险提供良好的风险应对机制，但是却不利于保险公司的主动性和创新性，不具有长远发展的空间。

在整个试点模式运作过程中，保险公司处于连接农户和期货公司的被动"中介"角色，保险公司将场外看跌期权权利金加一定的手续费作为价格保险保费，价格保险保障与场外看跌期权收益相同。期货公司不存在违约风险时，保险公司仅扮演"中介"角色，没有盈利机会，地位被动。事实上，保险公司具有一定的风险承担能力，没有必要将风险完全转移出去，而可以积极探索将价格保险和收入保险引入商业化运作模式。

2. "保险+期货"模式中政府与金融机构间关系

目前开展"保险+期货"的补贴资金来自农业农村部、期货交易所以及个别地

方政府支持，农户承担比例约为10%—30%，部分试点地农户无须支付保费。由此可知，该模式一旦推广开来，补贴资金需求量会非常大，首先要解决保费来源。国家虽然在政策上给予大力支持，但还未将试点纳入中央财政补贴，部分地方财政虽对试点给予补贴，但数额有限，对于欠发达地区或农业大省，更加难以提供较高水平的财政支持，不利于试点的扩大推广。因此在"保险＋期货"试点的运作过程中，政府部门的参与力度远远不够，金融机构承担了主要的压力，也面临着未来将试点大面积推广的困境。

不难发现，我国"保险＋期货"模式中的新型保险仍处于探索期，政府目前只是将其视为"试点"予以推动，金融机构方面虽积极维护试点运行，但对如何将传统的政策性保险转向以"保险＋期货"为核心的新型保险体系还缺乏系统性研究。特别是，政府部门与金融机构都需要深入考虑如何更好地加强此类保险的补贴，如何将用于政策性保险、最低粮食收购价等的资金转移至农户价格保险或收入保险的补贴当中。

3. "保险＋期货"模式中农户与金融机构间关系

一直以来，我国农户以"小"和"散"为主要特点，因而农户进入金融市场、利用市场化工具管理农业风险存在着规模化难题和专业知识不足的短板。在"保险＋期货"试点的推行过程中，农户将这种新型市场化工具认知为一种类似于发放政府补贴形式的产品，对其实际内在的运行机制及保障效果的优越性知之甚少。农户的参与过程仅需与保险公司签订保单合同，根据试点出资方的保费支持力度，缴纳少量保费（或完全不需要缴纳保费），即可等待项目期结束后领取赔付款。而除了极少部分试点地存在期货公司组织专业人员下乡为农户讲解"保险＋期货"知识外，大部分试点中农户与期货公司之间并无关联。

事实上，自2004年全国性推广政策性农业保险（即产量保险）以来，大多数农户均有多年的投保政策性农业保险经验，保险公司应充分利用这一条件，积极牵头向农户宣传介绍"保险＋期货"试点项目。从保险公司的角度介绍这一模式更利于农户理解接受，也易取得农户的信任。提高农户对试点的了解程度，可以为试点的推广铺路，也可以为农户提供更多接近市场的机会。

（二）美国发展市场性工具管理农业风险中的政府—金融机构—农户关系

经过20世纪70—90年代的集中市场创新和政策演变推动，美国形成了以"事前规避风险—事后保险赔偿—政府综合补贴"为基本特征的全面管理农业风险的市场型农业体系。

1. 综合利用衍生工具和收入保险来管理价格风险

首先,丰富多样的远期合同是用来规避价格风险的第一道屏障。在美国,农业经济主体广泛使用的远期购销合同有远期交货合同、延迟定价合同、固定基差合同、远期再定价合同、最低卖价合同和最高买价合同。在这些合同的规定期限内,农民可以根据事先约定的方式,确定有利于己的最终售卖(或购买)价格(见表21)。据美国审计总署(GAO)估计,美国利用各种远期合同的农业生产者比率介于28%—35%,大型农业生产者使用比率则达到61%(刘岩,程海波,2009)。

表21　　　　　美国农户管理农产品市场风险的常用远期合同

类型	设计特点
远期交货合同	合约确定在未来某一时间按某一确定价格,由农民向收购方出售一定数量的某种农产品
延迟定价合同	农户先把农产品运送到收购企业的仓库,然后在合同规定的最后期限前的任何一天,根据市场价格变化确定有利于己的卖出价,买方企业照价付款
固定基差合同	农户在合同规定的最后定价日前的任何一天,根据参照月份期货的价格变化,选择有利于己的价格;实际卖出价是农户选择的"期货价+事先商定的基差"
远期再定价合同	农户在最后交货日前根据合约规定的某一月份期货合约行情变化重新制定卖出价,可与买方签署一个新的远期合同;也可取消原有合同,中止交易
最低卖价合同	给农民设定保底的卖出价格,以便使农民最终卖出的农产品价格只会比保底价高,不会比保底价低
最高买价合同	最高买价合同实际上限定了最高买入价,农户的生产资料购买价格不会高出这个价格

其次,普遍利用期货和期权对冲价格风险。美国拥有发达的期货和期权市场,农场主和农业企业可通过不同的途径参与期货市场。第一,直接利用期货市场开展套期保值。在美国,直接从事套期保值的农场主比例为19%—25%。农场主在各类农产品中使用期货和期权对冲风险的比例分别为:玉米42%,小麦23%,棉花46%,牛肉和猪肉20%,乳制品18%。第二,充分利用"远期合同+期货"的模式。"远期合同+期货"由两部分构成:一部分是以期货价格作为各类远期合同的谈判基础和定价依据;另一部分是利用期货市场对冲远期合同签订后面临的价格波动风险。不直接参加期货交易的中小农场主,与合作社、贸易商、加工商等签订远期合同,再由这些对手方在期货或期权市场将风险转移出去。据统计,美国60%的粮食生产经营企业会进入期货市场对冲价格风险。2015年美国农业企业套期保值持仓占较大比重,卖出套保比重比买入套保更高(见表22)。

表22　　2015年美国部分农产品中商业套期保值者的套保持仓比例　　（单位:%）

小麦		玉米		大豆		棉花	
买入套保	卖出套保	买入套保	卖出套保	买入套保	卖出套保	买入套保	卖出套保
18.74	27.84	27.07	38.90	34.14	38.90	20.14	60.67

资料来源：美国商品期货交易委员会网站。

最后，"收入保险+期货机制"模式成为补偿农场主损失的重要途径。这些保险的突出特点是：风险覆盖范围从产量风险扩展到市场风险；可较好地避免传统价格保险在价格持续下跌周期内出现大范围理赔；在保险设计中使用芝加哥商业交易所（CME）集团的农产品期货价格作为计算赔付条件和赔付值的依据；保险公司有能力在农产品期货、期权市场上对冲保单面临的价格风险。进入21世纪后，美国收入保险对于应对产量风险和市场风险均发挥了越来越大的作用，因此受到农场主的广泛认可，农作物收入保险的保费份额也从1996年的8%迅速上升到2015年的82%。

2. 合作社成为农户管理风险的组织保障

20世纪70年代，美国的合作社和农场主之间签订远期合同开始成为农产品市场规避风险的基础方式。农场主通过远期合同将农产品销售给合作社，合作社负责继续销售和加工，并通过期货和期权来对冲合同中潜在的风险。美国大约有2 760个供销合作社，是芝加哥商业交易所牛奶期货和期权市场的最主要参与者，其持有的多头、空头期货和期权合约在21世纪最初几年一度高达70%。另外，在美国的棉花期货交易中，合作组织也比较活跃，买卖双方各占8%。

3. 由法案推动风险管理的政策框架转型

一是全面推动农业经济主体利用期货市场管理风险。自20世纪80年代中期后，美国多次制定和调整相关法案，鼓励和支持农业经济主体利用期货市场的信息和交易，提升管理市场风险的效率。美国历次法案的重点推动内容包括：鼓励农场主使用期货和期权、全方位推动风险管理培训、对农户利用期权管理风险的活动予以补贴等。

二是长期推广收入保险。20世纪90年代中期，收入保险开始被引入美国的联邦作物保险计划中。美国有超过2.9亿英亩的土地被投保于联邦作物保险计划，保险计划包括美国主要种植作物所在区域80%的土地，覆盖品种包括小麦、大豆、玉米、高粱、棉花、油菜。其中，约有45%的作物在生产过程中被投保。这些保险由与美国农业部合作的17个私人公司提供。政府对保险的补贴支持（保费补贴、设置管理费用基金、再保险）占保费总额的72%。

为推广收入保险，2014 年美国农业法案又推出了两项保障计划。(1) 补充覆盖选择计划（Supplemental Coverage Option）。该计划是一个保险产品，可以为生产者提供损失的额外保障范围。当损失达到标准作物保险政策所覆盖的一般水平之外时，该政策可发挥作用。它的赔付以地区（一般为县）为基础，可为生产者提供 65% 的保费补贴。(2) 重叠性收入保障计划（Stacked Income Protection Plan）。此政策从 2015 作物年起实施，为陆地棉生产商提供保障，可单独启用，也可作为联邦作物保险计划的补充。联邦补贴可覆盖生产者投保费用的 80%。

三是制定新型农业价格支持政策。为进一步增强对农产品价格和农民收入的保障水平，2014 年美国农业法案制定了价格损失覆盖计划（Price Loss Coverage，PLC）和农业风险覆盖计划（Agricultural Risk Coverage，ARC）。在价格损失覆盖计划中，政府出资为小麦、谷物饲料、大米、油料、花生提供赔付保障。当市场价格低于参照价格时，会触发补贴赔偿。赔付额为参照价格与全国年平均市场价之间的差额。在农业风险覆盖计划中，当县里农作物收入（实际平均产量×国家公布的农产品价格）低于基准收入（近 5 年县单产平均值×近 5 年全国市场价格平均值）的 86% 时，将提供补贴赔偿。这些保障计划与生产不挂钩，表明美国农业支持手段由黄箱政策加快转向绿箱政策，也标志着美国农业风险管理体系逐渐由政策驱动为主向市场调节为导向的进一步转型。

（三）欧盟发展市场性工具管理农业风险中的政府—金融机构—农户关系

进入 21 世纪后，欧盟共同农业政策开始以市场为导向进行调整，逐步探索建立基于市场机制的风险管理型农业。欧盟改革的总体趋势是降低对市场的直接干预，取消对农民的过多限制，帮助其更好地对市场信号做出反应，发挥市场工具和农业合作社在风险管理中的作用。

1. 以共同农业政策作为防范价格风险的政策基础

该政策对内实行价格支持，对外实行贸易保护。主要体现在三方面：一是加强贸易干预。欧盟国之间关税予以免除，统一开展出口补贴。从欧盟外进口农产品，征收进口关税，实行贸易保护。二是对部分农产品实行直接价格干预。例如，私人机构在购买某些特定产品时（软小麦、黄油和奶粉等），需按照欧盟委员会事先确定好的价格和数量进行。以固定价格买入的数量在每个销售年份都有最高限额，如果超过上限，则需进入自动投标程序。三是政府直接付款。该政策是针对农产品价格支持力度减少而对农户采取的一种补偿措施，主要用于对单个农场的支付。政府支持款项已成为欧盟降低价格或产量风险的管理工具，是提高农场收入和福利的重要组成部分。

2. 合作社对于农户的风险管理发挥着重要作用

20 世纪 50 年代，欧盟各主要成员国开始重视农业组织化发展，使合作社成为欧洲农业的重要组成部分。欧盟各成员国合作社在农业投入供应中的比例超过 50%，在农产品收购、加工和销售中比例超过 60%。合作社作为农户和市场的联接体，不仅具有良好的生产调节能力，还具有良好的价格掌控能力，可以将农产品集中起来在大型批发市场以竞价方式进行销售。另外，也有一些合作社从事加工、生产和销售一条龙业务，借此规避初级农产品市场的价格风险。

3. 利用期货对冲农产品市场风险的实践开始起步

20 世纪 80 年代后，共同农业政策不断改革，担保价格大幅减少，农业生产者开始将目光转向利用期货对冲销售过程中面临的价格风险。在巴黎布鲁斯交易所交易的农产品期货有小麦粉、油菜、玉米等；在伦敦国际金融期货交易所交易的农产品期货有可可、咖啡、糖、饲料小麦等。在德国、匈牙利、荷兰也有一些小型农产品期货市场。统计显示，农场规模不同，农场主对利用期货管理风险的倾向也不同，30% 左右的大中型农场主计划参与套期保值，愿意参与期货套保的小农场主只有 15%（Claire Schaffnit – Chatterjee，2010）。

总体上看，欧盟农产品市场风险管理体系有三个突出特点。一是坚持对外实行贸易保护，降低了欧盟内部的市场风险。二是各成员国在风险防控工具发展方面存在差异。如市场购销合同在德国、匈牙利和波兰得到普遍运用；在德国和西班牙，有 60%—70% 的农民使用作物保险，该比例高出其他国家；西班牙还依靠覆盖广泛的公共补贴政策。三是利用金融工具和市场机制防范农产品市场风险正成为主要趋势。当然，欧盟的农产品市场风险管理体系中仍有一些关键问题需要解决。如，第一，大多数农民还不善于使用新的风险管理工具。农产品期货对于价格风险的防范作用还较弱，远不及美国；合作社在帮助小生产者管理风险方面的作用也并不突出。第二，欧盟内对保险的公共补贴支持仅占保费总额的 32%（美国为 72%，加拿大为 66%），欧盟很多国家只有一个或两个农业保险公司，保险险种很少，平均来看，欧盟只对 23% 的作物进行投保，且重点是灾害保险，很少涉及市场风险。第三，欧盟共同农业政策虽然通过价格支持和直接补贴保证了农民收入，但也出现了干预效果逐渐变差的问题。特别是直接付款政策偏袒大生产商，倾向于密集性农业，导致政策公平性降低。

（四）我国推动"保险 + 期货"模式可持续运行的政府—金融机构—农户关系构建

经过长期实践，发达经济体基于其国内的"政府—金融机构—农户"关系变化，逐渐形成各具特点的农业风险管理体系。在这种新的农业风险管理体系中，政府不再过多地直接帮助农户应对和化解市场风险，取而代之的是由农业经济主体借助合作组织和利用远期合同、期货、保险等金融工具，主动管理市场风险和生产风险。

相比之下，在我国的农产品市场风险管理体系建设中，政府长期发挥着主导作用。无论是基于产量风险还是收入风险，现有的政策均简化为依靠最低收购价和临时储备来兜底风险。这就导致农产品价格支持政策越来越多地扭曲了市场价格信号，企业和农民主动管理风险能力越来越弱，使农产品市场面临更大的价格下跌压力和风险。在我国农业市场化和国际化发展迅速的背景下，加快建立适合国情的风险管理型农业，全面提升农户和企业管理风险能力已经成为农业经济体系调整的重要方向。

从国外风险管理型农业的不同实践看，如何让微观农业主体主动管理生产风险和市场风险，是我国发展以"保险+期货"模式为代表的市场性工具要解决的关键问题。因此建议我国合理借鉴不同国家的基本经验，并综合考虑粮食安全目标和充分发挥市场机制，尽快探索形成以农产品分类为基础的多层次风险防控体系。多层次风险防控体系是一个牵涉多部门的、复杂的整体性工程。这里提出我国的一个总体思路是：分类调整现行农产品价格支持政策，逐步建立以"政府支持价格+保险补偿农业风险损失+衍生工具对冲价格风险"为基础架构、宏观和微观相结合的风险防控体系。具体来说，风险防控体系建设应分三个层次。第一个层次是基础层，主要是指政府价格支持政策，包括目标价格补贴、目标价格收购、目标价格保险等。第二个层次是利用农产品期货和期权探索新型远期合同，以此规避购销合同双方的潜在风险。第三个层次是创新和推广价格保险与收入保险，为农业经济主体提供风险补偿。第二个层次和第三个层次以成熟完善的期货和现货市场体系为基础，需要较长时间实现，并且需要与第一层紧密衔接起来，形成改革联动。

此外，为推动我国以"保险+期货"为代表的新型农业风险管理工具的可持续运作，实现风险防控体系的全面深入转型，还应分别在农户（农业组织）、期货市场两个方面加大推动力度，并激励保险公司转变被动地位。一方面，在引导农业企业加强风险管理的基础上，大力支持和鼓励合作社利用现代金融工具开展风险管理活动。合作社应做到独立于农业企业、独立于地方政府。为此，政府不仅需要给合作社提供足够的发展空间，还要提供培训资金提高合作社在风险管理中的能力和作用。另一方面，深入发展农产品期货和期权市场。建议全面开展针对农户、合作社和农业企业的专项培训，加强期货价格的信息推广工作；消除各种不合理的金融抑制、税收约束、制度阻碍，优化期货市场的交易者结构，提升期货市场价格发现和套期保值的功能；稳步推出农产品期货期权，为远期购销合同、收入或价格保险提供低成本的风险管理工具。而对保险公司而言,未来发展思路是保险监管部门在加强规范和引导的基础上,鼓励保险公司开展保险创新,期货监管部门和期货公司为保险公司提供稳健合理的风险转移工具。

总的来说,我国农产品市场风险管理体系是需要在政府、市场与农户厘清彼此间权责关系的基础上发展建设的。"保险+期货"服务"三农",需要农业部门、财政部门、金融监管部门、金融机构、涉农企业、合作社、农户等各方协同努力,才能建立可持续、可复制的模式,真正把农民的风险分散给金融市场,发挥金融支农的作用。

八、"保险+期货"模式持续运行的改进与思考

(一)基于保险产品设计角度的改进

从产品设计角度来看,"保险+期货"现行运作模式存在的一个明显问题是农户承担着较大的基差风险。我国农产品期货市场尚不成熟,价格发现功能不够强,期货和现货价格波动并不完全相同甚至可能产生背离,"保险+期货"试点中直接基于期货市场价格设定来约定价格水平,农户面临的基差风险较大。

相比之下,美国具有相对成熟的农产品期货市场,但为了降低基差风险,仍会在其价格指数保险中设定价格调整因子。例如美国的牲畜风险保护保险(LRP)是为养殖户或企业提供的基于期货市场的价格指数保险。该保险中,保险公司基于期货市场为农户或种养殖企业提供价格指数保险,到期实际价格低于约定的目标价格时,保险公司给予价格差额与承保产量(C)乘积的赔付。目标价格由期货市场价格 A 确定,到期实际价格由承保期内农产品期货日均结算价 B 确定。美国农业部细分牲畜品种、依据现货价格与期货价格关系设定价格调整因子@,以减少养殖户或企业的基差风险,LRP 保险赔款 = Max [0,(A - @ × B)× C]。

参考美国 LRP 保险的设计思路,我国在开展"保险+期货"试点的价格保险及收入保险时,也应充分考虑到约定价格的设定依据不同可能引发的基差风险问题,采用现货价格与期货价格相结合的价格设定模式,引入价格调整因子,细化保险赔付价格核定流程,提高保险产品为农民收入服务的效果。

(二)基于期货市场功能提升角度的改进

我国保险公司采取的风险对冲方式是购买期货公司子公司的场外看跌期权,再由期货公司子公司在期货市场上进一步转移风险。这一模式的优点是可以将保险中的固定价格风险方便有效地转移出去,但是也存在两个难题需要解决:第一,对期

货公司风险管理子公司的风险业务能力提出了很高要求；第二，复制期权的成本会提高30%（大连商品交易所，2016）。

美国保险公司在提供农业收入保险后，可以直接进入农产品期货和期权市场对冲风险，也可以通过专业化程度非常高的商品交易顾问（CTA）管理其期货账户，实现风险对冲。相比之下，由于存在制度约束，我国各类金融机构资金均缺乏直接进入农产品期货市场进行交易的通道，这就使得保险公司必须转向期货公司风险管理子公司的场外期权产品。应当说，保险公司通过场外看跌期权对冲价格下跌风险，可以借助专业交易者的市场经验较好地管理价格风险，但是需要支付较高的期权费。从长远看，保险公司需要在保费收入和期货公司收取的较高的期权费之间进行权衡。

从国际经验看，保险公司也可以直接进入农产品期货市场或期权市场对冲风险。在此方面，我国存在明显的市场约束。其一，保险公司等各类金融机构不能直接进入农产品期货和期权市场；其二，以散户为主的投资者结构不合理，使期货市场提供风险对冲的空间和流动性受到限制；其三，农产品期货期权发展滞后，无法有效对冲风险。因此，国家要推广农产品价格保险和收入保险，就必须在国家层面调整期货市场发展思路，加快完善农产品期货市场功能，把农产品期货市场建设得更为稳健，价格信息合理，交易更加顺畅。这其中特别需要注意的是，加快优化农产品期货市场的交易者结构，使机构投资者和套期保值者成为市场交易的中枢，同时加快推出已经具备上市条件的农产品期货期权，给保险公司对冲价格风险提供更丰富的渠道。

（三）"保险+期货"未来可持续性推广的关键问题总结

"保险+期货"要想做到长期化，首先，要创新保险模式，注重对满足农户实际需求的保险产品设计，也就是加快收入保险的试点，确保能为农户提供集价格和产量风险于一体的保险品种。根据在黑龙江省的代表性"保险+期货"试点中所得到的调研结果，发现在自主选择的情况下，农民对市场性风险管理工具的参与意愿排序是：订单+收入保险（27.9%）＞收入保险（16.7%）＞种植保险（16.5%）＞订单+价格保险（15.9%）＞价格保险（12.4%）＞订单（10.7%）。这一数据充分证明了收入保险应成为未来"保险+期货"的创新方向。

其次，"保险+期货"试点必须明确各组织方中谁是项目的主体。在"保险+期货"模式中，从帮助农户管理农业风险的实际功能发挥角度来看，保险的作用明显应处于第一位。因此，对于"保险+期货"项目，最应该发挥主动作用的应是保险公司，保险监管部门也需参与其中。只有充分调动保险公司创新保险产品的积极性和以商业化道路推广"保险+期货"试点的主动性，才能盘活整个"保险+期货"金融工具组合模式联动机制，让各参与方各取所需、各得其利，实现试点的可持续化发展。

最后，确保农户参加"保险+期货"试点有可靠的保费补贴来源。农户购买农业保险的保费成本直接影响其投保的积极性。我国农户规模普遍偏小，如何给予农户必要的保险补贴、给予补贴比例的多少，是"保险+期货"模式发展中无法回避又必须认真对待的难题。目前的大多数"保险+期货"试点项目中，不需要农户支付保费，或农户仅需要少量支付保费，保费补贴的主要来源是期货交易所，也有部分地方政府、期货公司给予少量补贴。这种补贴机制存在明显的不合理性，无法长久维持。应借鉴传统产量保险的补贴经验，由国家财政出资，通过补贴农户或补贴保险公司的形式，最终实现农户参保成本的低门槛性，才能将试点大面积推广。

九、结论与建议

（一）主要结论

第一，"保险+期货"试点整体实施效果较为理想，但需注重其功能发挥的前提条件。

从"保险+期货"试点的实施效果来看，基于一手调研数据的实证分析结果表明，该试点在帮助农民管理农业风险方面起到了较为积极的效果，一方面，"保险+期货"试点通过发放补贴赔付款保障了农民的收入水平，但其发挥作用的基础是保险产品约定价格设计得当，触发赔偿机制，从而通过提高农民农业补贴赔偿性收入的方式保障农民整体的收入水平；另一方面，"保险+期货"试点提高了农民的种粮积极性，有利于确保国家粮食安全，但在实现该效果的内在机制中，农户"未来参与试点意愿"发挥着不可忽视的作用，即需要以试点的可持续性经营为前提才能达到激励农户种粮积极性的目的。

这表明，试点阶段如果项目组织方精心设计好金融产品，便容易达到保障农民收入层面的预期效果，但该模式在国家粮食安全的宏观层面可能带来的更长远效益将需要保证试点具备可持续性才能实现。

第二，"保险+期货"试点保险产品较传统农业保险具有更大的优越性，但价格保险保费较高，建议将"保险+期货"中价格保险全面升级为收入保险。

"保险+期货"试点引入了两种新型的农业保险产品——价格保险和收入保险。与传统的农业保险（即产量保险）相比，价格保险和收入保险在保障农民农业收入最低水平、稳定性和风险收益方面均表现更优，其中收入保险效果最好。考虑收入保险和价格保险保费水平较为接近，价格保险的成本收益率偏低，收入保险在功能上优势明显，因而建议未来"保险+期货"的农业保险品种设计全面升级为收入保险，为农民提供周全的农业收入保护。

第三，"保险+期货"试点的可持续性发展需着重关注产品设计及各参与方间的关系协调。

一方面，我国期货市场功能有待完善，保险体系建设缺乏经验，保险产品设计与期货市场风险分散过程均存在较大的提升空间。应参照国外农业保险及农产品期货市场功能发挥的途径，不断探索创新保险产品，强化细节设计，尽可能充分利用期货市场降低农业保险费率水平，或为农户提供参与利用期货市场管理风险的选择。

另一方面，捋顺"保险+期货"试点中政府部门、金融机构与农户等各参与方关系是未来推进试点可持续发展的关键。加大政府部门对试点的关注度和参与度，吸引政府资金进入保费补贴环节；充分调动保险公司将试点推向商业化运作模式的积极性，利用期货公司为保险公司提供稳健合理的风险转移工具；满足农户以价格风险管理为主的多元化农业风险管理需求。让政府的政策目标、金融机构的发展目标、农户的收益目标形成协调统一，推动"保险+期货"试点的可持续运行。

（二）政策建议

"保险+期货"从诞生到推广试点5年以来，受到党中央、国务院和社会各界的广泛重视。为使该试点模式实现预期效果，充分发挥试点在农业风险管理中的重要作用，并推动其未来可持续发展，政策层面应在多个角度予以提前考虑。

首先，注重"保险+期货"试点中农业保险产品的设计，打牢产品基础；并关注政府行为在试点运行中对农户产生的关联性影响。保费设定与赔付标准对农户参与意愿、项目运行成本及试点对农民收入的保障效果均具有直接影响，应提高保险精算水平，细化、精化目标价格和理赔价格设定，提升保险产品的服务保障力度，增强"保险+期货"试点的农业风险管理功能。另外，政府对试点的宣传推动无疑有利于其开展，但此过程中应做到适度宣传、正确引导，避免农户对参加试点的好处"过度解读"，在卖粮等方面产生负向连锁效应。政府部门对农业补贴的发放过程也应尽量规范、及时，在农户心中树立积极正面形象，为"保险+期货"这种"类补贴型"风险管理工具的推行做好铺垫。

其次，积极推进"保险+期货"试点保险险种统一升级为收入保险；同时，注重试点保险的推广可能对传统农业保险产生的影响，并考虑我国农业保险体系重构思路。收入保险既能承保价格类风险，也能承保产量类风险，具有可应对风险种类全、参保成本收益高等优点，因而非常值得大力推广。但应特别注意的是，收入保险在"保产量"方面的功能与传统农业保险具有一致性，这会使二者为投保农户带来的效用相近而产生替代效应。收入保险作为新型保险产品易引起农户的兴趣，加之其自身优越性明显，故可能对传统农业保险产生挤出效应，导致我国农业保险体系发生变革。政策制定者需提前考虑到这一潜在情况,设计各农业保险险种间的动态调整机制预案,构建我国农业保险体系新思路、新格局,并主动引导保险产品创新方向,确保国家农业保险体系稳定运转。

最后,明确"保险+期货"试点中各参与方在落实试点工作方面存在的部门差异,并厘清各方的权责重点。对"保险+期货"项目推动最积极的是期货监管部门和期货交易所,期货交易所和期货公司对保险项目给予了大量的人、财、物支持。保险公司仅作为连接农户的"中介"角色被动参与项目流程,对项目实际效果关注度不高。农业部门对"保险+期货"的认识和推动也相对不足,地方政府部门存在对试点不了解等参与不到位的情况。从长远看,应转变由期货部门主导的局面,在"保险+期货"的保费支持方面减少对期货交易所和期货公司的依赖。对于期货交易所来说,重点应放到项目推广和培训上。对于期货公司来说,重点转到提供更专业的风险对冲服务方面,不宜长期将参与"保险+期货"作为期货公司监管指标,也应杜绝要求期货公司提供保费补贴。对于保险公司来说,应提高其在组合模式中的参与度,鼓励保险公司积极创新保险品种,探索商业化保险运营所需具备的条件。对于保费补贴,国家应探索将传统政策性农业补贴等"黄箱"政策转向对收入保险的补贴等"绿箱"政策。

要实现保险和期货的深入结合,推动"保险+期货"的深入展开和全面普及,尚需要立法机构、财政部门、国家发改委、农业部门、期货监管机构、保险监管机构建立起促进农业保险创新的协同支持体系,为"保险+期货"试点全面推开、实现可持续化构建坚实的体制基础。

(三)研究展望

未来对于"保险+期货"试点的研究重点,一则专注于从技术层面精化金融产品设计。不仅可在原有收入保险设计方面细化保险的触发条件设置及赔付标准,在场外期权对冲过程中优化对冲策略,还可探索以县为单位设计保险产品,实施定制化、集中化的风险管理方向;并在保险产品中同时考虑收入和成本因素,推出保障农民纯收益水平的收益保险险种,不断创新保险的保障形式。

二则需要从实操角度,将"保险+期货"试点各参与方关系的协调关系转变脉络、调整的先后顺序明确化,并就划分农作物品种类型展开更为详细的讨论,结合实际操作经验和理论依据进行综合分析。"保险+期货"模式是需要多方、多部门共同协调推进的复杂项目,如何发挥金融工具本身的优势实现各方的目标及利益,是试点项目未来推广过程中值得研究总结的关键点。

参考文献

[1] Antón. J., Shingo Kimura, 2011, Roger Martini. Risk Management in Agriculture in Canada, in report of OECD Food, Agriculture and Fisheries Papers.

[2] Baron, R. M., and D. A. Kenny, 1986, The Moderator – mediator Variable Distinction in Social Psychological Research: Conceptual, Strategic, and Statistical Considerations, in Journal of Personality and Social Psychology, Vol. 51.

[3] Bielza M, Stroblmair J, Conte CG, Dittmann C, Gallego J, 2007, Agricultural Risk Management in Europe, Paper prepared for presentation at the 101st EAAE Seminar 'Management of Climate Risks in Agriculture', Berlin, Germany, July 5 – 6.

[4] Binswanger, H. P., 1980, Attitudes Toward Risk: Experimental Measurement in Rural India, in American Journal of Agricultural Economics, Vol. 62, No. 3.

[5] Bodie, Zvi, and Robert C. Merton, 1998, Finance, Upper Saddle River, NJ: Prentice Hall.

[6] Boehlje M. Risk in U. S, 2002, Agriculture: New Challenges and New Approaches.

[7] Chung W, 2011, Evaluating Weather Derivatives and Crop Insurance for Farm Production Risk Management in Southern Minnesota, in Dissertations & Theses – Gradworks.

[8] Claire Schaffnit – Chatterjee., 2010, Risk management in agriculture – Towards market solutions in the EU, in report of Deutsche bank research.

[9] Coble K H, Heifner R G, Zuniga M, 2000, Implications of crop yield and revenue insurance for producer hedging, in Journal of Agricultural & Resource Economics, Vol. 25, No. 2.

[10] Coble K H, Zuniga M, Heifner R, 2003, Evaluation of the interaction of risk management tools for cotton and soybeans, in Agricultural Systems, Vol. 75, No. 2.

[11] Cunguara B, Darnhofer I, 2011, Assessing the impact of improved agricultural technologies on household income in rural Mozambique, in Food Policy, Vol. 36, No. 3.

[12] Davis T D, 2005, Evaluating the Effectiveness of Price and Yield Risk Management Products in Reducing Revenue Risk for Southeastern Crop Producers, in General Information.

[13] Finnerty J D, 1988, Financial Engineering in Corporate Finance: An Overvie, in Financial Management, Vol. 17, No. 4.

[14] Gallati R R, 2003, Risk management and capital adequacy, McGraw-Hill.

[15] George Sandars, 2000, ART for Cats, Alternative Risk Transfer & the Capital Markets, handled by denton wild sapte.

[16] Goodwin B K, Vandeveer M L, 2004, An empirical analysis of acreage effects of participation in the federal crop insurance progam, in American Journal of Agricultural Economics, Vol. 86, No. 4.

[17] Haq A Z M, 2015, Farmers' Education and Farmers' Wealth in Bangladesh, in Turkish Journal of Agriculture Food Science & Technology, Vol. 3, No. 4.

[18] Hart C E, Babcock B A, 2001, Rankings of Risk Management Strategies Combining Crop Insurance Products and Marketing Positions, Bruce Alan Babcock.

[19] Harwood J L, Heifner R G, Coble K H, Perry J E, Somwaru A, 1999, Managing Risk in Farming: Concepts, Research, and Analysis, in Agricultural Economics Reports.

[20] Hastings W K, 1970, Monte Carlo sampling methods using Markov Chains and their applications, in Biometrika, Vol. 57, No. 1.

[21] Herr, N. R., 2013, "Mediation with Dichotomous Outcomes", Department of Psychology, American University Working Paper, http://www.nrhpsych.com/mediation/logmed.html.

[22] Ke B, Wang H H, 2002, An assessment of risk management strategies for grain growers in the Pacific Northwest, in Agricultural Finance Review, Vol. 62, No. 2.

[23] Kimura, Antónd, 2011, Risk Management in Agriculture in Australia, in report of OECD Food, Agriculture and Fisheries Papers, NO. 39, OECD Publishing.

[24] Illukpitiya P, Gopalakrishnan C, 2004, Decision-making in soil conservation: application of a behavioral model to potato farmers in Sri Lanka, in Land Use Policy, Vol. 21, No. 4.

[25] MacKinnon, D. P., and J. H. Dwyer, 1993, Estimating Mediated Effects in Prevention Studies, in Evaluation Review, Vol. 17, No. 2.

[26] Melyukhina. O, 2011, Risk Management in Agriculture in New Zealand, in report of OECD Food, Agriculture and Fisheries Papers.

[27] Moschini G, Hennessy D A, 2001, Chapter 2 Uncertainty, risk aversion, and risk management for agricultural producers, Handbook of Agricultural Economics.

[28] Nydene C, Patrick G F, Baker T G, 1999, The Effects of Risk Management strategies with Diversified Hog/Crop Production, in American Agricultural Economics Association.

[29] Park T A. J. Brian Hardaker, Ruud B. M. Huirne, and Jock R. Anderson, 1997, Coping with Risk in Agriculture, in Journal of Agricultural & Applied Economics, Vol. 29.

[30] Schroeder T C, Parcell J L, Kastens T L, Dhuyvetter K C, 1998, Perceptions of Marketing Strategies: Producers versus Extension Economists, in Journal of Agricultural & Resource Economics, Vol. 23, No. 1.

[31] Székely C, PáLinkás P, 2009, Agricultural risk management in the European Union and in the USA, in Studies in Agricultural Economics.

[32] Tejeda H A, Goodwin B K, 2008, Modeling crop prices through a Burr distribution and analysis of correlation between crop prices and yields using a Copula method, in report of Florida: American Agricultural Economics Association.

[33] Trivedi P K, Zimmer D M, 2007, Copula modeling: An introduction for practitioners, in Foundations & Trends in Econometrics, Vol. 1, No. 1.

[34] Udagawa C, Hodge I, Reader M, 2014, Farm Level Costs of Agri-environment Measures: The Impact of Entry Level Stewardship on Cereal Farm Incomes, in Journal of Agricultural Economics, Vol. 65, No. 1.

[35] Vedenov D V, Power G J, 2008, Risk-Reducing Effectiveness of Revenue versus Yield Insurance in the Presence of Government Payments, in Journal of Agricultural & Applied Economics, Vol. 40, No. 2.

[36] Willett A H, 1951, The economic theory of risk and insurance, Vol. 6, No. 3.

[37] Willock, J., I. J. Deary, M. M. Mcgregor, A. Sutherland, G. Edwards-Jones, O. Morgan, B. Dent, R. Grieve, G. Gibson, and E. Austin, 1999, Farmers' Attitudes, Objectives, Behaviors and Personality Traits: The Edinburgh Study of Decision Making on Farms, in Journal of Vocational Behavior, Vol. 54, No. 1.

[38] Zhang Q, Wang K, Boyd M, 2011, The Effectiveness of Area-Based Yield Crop Risk Insurance in China, in Human & Ecological Risk Assessment An International Journal, Vol. 17, No. (3).

[39] Zhao Y, Chai Z, Delgado M S, et al, 2016, An Empirical Analysis of the Effect of Crop Insurance on Farmers' Income: Results From Inner Mongolia in China, in China Agricultural Economic Review, Vol. 8, No. 2.

[40] 安兵："美国农业自然风险和市场风险管理研究"，《世界农业》，2015年第5期。

[41] 安毅、方蕊："我国农业价格保险与农产品期货的结合模式和政策建议"，

《经济纵横》，2016年第7期。

[42] 安毅、方蕊："发达经济体农业风险管理体系建设经验与启示"，《经济纵横》，2017年第10期。

[43] 安祐玮、周立华、陈勇等："基于倾向得分匹配法分析生态政策对农户收入的影响——宁夏盐池县'退牧还草'案例研究"，《中国沙漠》，第36卷，2016年第3期。

[44] 蔡胜勋、秦敏花："我国农业保险与农产品期货市场的连接机制研究——以'保险+期货'为例"，《农业现代化研究》，2017年第3期。

[45] 晁娜娜、杨汭华、罗少凡："基于Copula模型的棉花收入保险费率测算研究"，《统计研究》，第34卷，2017年第8期。

[46] 陈克文："论风险及其与信息和不确定性的关系"，《系统科学学报》，1998年第1期。

[47] 陈瑞、郑毓煌、刘文静："中介效应分析：原理、程序、Bootstrap方法及其应用"，《营销科学学报》，2013年第4期。

[48] 陈善毅："我国现代农业的风险管理"，《皖西学院学报》，第19卷，2003年第1期。

[49] 程百川："我国开展'保险+期货'试点的现状与思考"，《西部金融》，2017年第5期。

[50] 杜鹏："农户农业保险需求的影响因素研究——基于湖北省五县市342户农户的调查"，《农业经济问题》，2011年第11期。

[51] 杜鹏、李世奎："农业气象灾害风险分析"，《中国农业资源与区划》，1997年第4期。

[52] 方蕊、安毅、刘文超："'保险+期货'试点可以提高农户种粮积极性吗？——基于农户参与意愿中介效应与政府补贴满意度调节效应的分析"，《中国农村经济》，2019年第6期。

[53] 冯文丽、郭亚慧："基于Copula方法的河北省玉米收入保险费率测算"，《保险研究》，2017年第8期。

[54] 葛永波、曹婷婷："农产品价格风险管理新模式探析——基于棉花'保险+期货'的案例分析"，《价格理论与实践》，2017年第10期。

[55] 郭以馨、吕开宇、汤文雪、毕盛："基于Copula方法的花生收入保险费率厘定研究——以河南省主产市为例"，《农业现代化研究》，2019年第3期。

[56] 霍靓："云南省玉米产量保险的设计研究"，云南财经大学，2018年。

[57] 靳庭良："粮食主产区农户种粮意愿及其影响因素分析"，《统计与决策》，2013年第17期。

[58] 李靖、徐雪高、常瑞甫："我国农业风险的变化趋势及风险管理体系的构建",《科技与经济》,第 24 卷,2011 年第 2 期。

[59] 李茂生："金融工程与我国传统金融及其理论的革命",《财贸经济》,1998 年第 9 期。

[60] 李琼："试论保险与金融工程",《中南财经大学学报》,2001 年第 3 期。

[61] 李杏园："风险条件下浙江农户生产决策行为分析:基于 MOTAD 模型",浙江大学,2004 年。

[62] 李亚茹、孙蓉："农产品期货价格保险及其在价格机制改革中的作用",《保险研究》,2017 年第 3 期。

[63] 李玉忠、胡广远、胡秉安："农业市场风险防范的微观困境与防范策略——以河西走廊地区实际调研为例",《农业科技管理》,2010 年第 6 期。

[64] 刘俊文："农民专业合作社对贫困农户收入及其稳定性的影响——以山东、贵州两省为例",《中国农村经济》,2017 年第 2 期。

[65] 刘克春："粮食生产补贴政策对农户粮食种植决策行为的影响与作用机理分析——以江西省为例",《中国农村经济》,2010 年第 2 期。

[66] 刘惟洲："论高科技在化解农业风险中的作用",《农业现代化研究》,第 23 卷,2002 年第 3 期。

[67] 刘武兵、李婷："欧盟共同农业政策改革:2014—2020",《世界农业》,2015 年第 6 期。

[68] 刘小微:"保险 + 期货"扩大试点须先解决好外部问题,《金融时报》,2016 年 4 月 13 日。

[69] 刘学文："中国农业风险管理研究",西南财经大学,2014 年。

[70] 刘岩、程海波："中国农户利用期货市场研究",中国金融出版社 2009 年版。

[71] 龙方、彭澧丽、卜蓓等："农民种粮意愿的影响因素分析——基于湖南省 951 户农户的调查",《湖南科技大学学报（社会科学版）》,第 15 卷,2012 年第 6 期。

[72] 栾敬东、程杰："基于产业链的农业风险管理体系建设",《农业经济问题》,2007 年第 3 期。

[73] 罗海平："农业风险管理:美国,加拿大实例分析",《农业经济问题》,1991 年第 12 期。

[74] 马玉非、武轶楠、王健："基于信息技术支撑的农业风险管理体系研究",《中国集体经济》,第 3 卷,2013 年第 1 期。

[75] 宁威："农业保险定价方式创新的研究——农产品价格保险期权定价方法

探析",《价格理论与实践》,2016年第11期。

[76] 庞辉:"财政支农政策对农民家庭收入影响的实证研究——基于辽宁省农户调查",《农业经济》,2015年第2期。

[77] 蒲成毅:"农业保险制度模式与产品组合设计研究",《重庆工商大学学报(西部论坛)》,2006年第1期。

[78] 祁民:"国际视野下的农产品价格风险管理研究",华东师范大学,2008年。

[79] 史清华、姚建民:"农业风险管理模式的评析与选择",《经济问题》,1994年第6期。

[80] 苏群、陈杰:"农民专业合作社对稻农增收效果分析——以江苏省海安县水稻合作社为例",《农业技术经济》,2014年第8期。

[81] 孙良媛:"论市场经济条件下的农业风险",《广东社会科学》,2001年第3期。

[82] 孙良媛、张岳恒:"转型期农业风险的特点与风险管理",《农业经济问题》,第22卷,2001年第8期。

[83] 孙祁祥:《保险学:高等教育经济学教材系列》,北京大学出版社1996年版。

[84] 孙蓉、李亚茹:"农产品期货价格保险及其在国家粮食安全中的保障功效",《农村经济》,2016年第6期。

[85] 谭智心、周振:"农业补贴制度的历史轨迹与农民种粮积极性的关联度",《改革》,2014年第1期。

[86] 唐金成、曹斯蔚:"精准扶贫视角的'保险+期货'模式风险管理研究",《金融与经济》,2017年第7期。

[87] 汪必旺:"农户经济风险与政策性农业保险分析——以河南省为例",中国农业科学院,2011年。

[88] 王红、柯炳繁:"美国农业风险与风险管理",《农业经济问题》,1999年第10期。

[89] 王克:中国农作物保险效果评估及相关政策改善研究,中国农业科学院,2014年。

[90] 温忠麟、侯杰泰、张雷:"调节效应与中介效应的比较和应用",《心理学报》,2005年第2期。

[91] 温忠麟、叶宝娟:"中介效应分析:方法和模型发展",《心理科学进展》,第22卷,2014年第5期。

[92] 吴东立、李洪旭:"制度变迁下我国农业风险管理体系重构:一个框架性

设计"，《农业经济》，2008年第3期。

[93] 西爱琴、吕品："浙江农户农业风险管理措施有效性的实证分析"，《浙江理工大学学报》，第27卷，2010年第4期。

[94] 夏益国、刘艳华："美国联邦农业安全网的演变、特点及发展趋势"，《中国农村经济》，2014年第1期。

[95] 熊存开："市场经济条件下农业风险管理的研究"，《农业经济问题》，1997年第5期。

[96] 薛凤蕊、乔光华、侯安宏："农区与半农半牧区土地流转意愿比较分析——以内蒙古鄂尔多斯市为例"，《农业技术经济》，2010年第2期。

[97] 姚增福、郑少锋："种植大户生产行为意愿影响因素分析——基于TPB理论和黑龙江省378户微观调查数据"，《农业技术经济》，2010年第8期。

[98] 于川、潘振锋：《保险经济学导论》，中国铁道出版社1994年版。

[99] 袁宁："粮食补贴政策对农户种粮积极性的影响研究——基于农户问卷调查的实证研究"，《上海财经大学学报》，第15卷，2013年第2期。

[100] 尹梦霞："试析我国'订单农业'毁约风险的管理"，《农村经济》，2005年第8期。

[101] 余方平："'保险+期货'让更多农户受益"，《中国保险报》，2015-08-18。

[102] 余方平、王玉刚：浅谈农产品期货价格保险（上），《中国保险报》，2016-03-15。

[103] 曾玉珍、穆月英："农业保险在农业风险管理中的优势分析"，《农业经济》，2011年第5期。

[104] 张国鹏、华静、王丽明、王玉斌："美国农业风险管理体系及对中国的借鉴——从农业风险损失补偿的视角"，《世界农业》，2015年第3期。

[105] 张竞怡："'期货+保险'服务'三农'新模式"，《国际金融报》，2016-02-01。

[106] 张峭、徐磊："中国农业风险管理体系：一个框架性设计"，《农业展望》，2007年第7期。

[107] 张峭："基于期货市场的农产品价格保险产品设计与风险分散"，《农业展望》，2016年第4期。

[108] 张永霞："美国农业风险管理"，《世界农业》，2005年第4期。

[109] 赵俊英："基于订单农业风险管理的农民专业合作社创新研究"，《中国农学通报》，第28卷，2012年第8期。

[110] 中国期货业协会网站："嫩江'保险+期货'迈入更深层次"［EB/

OL］．［2017 – 10 – 24］http：//futures. hexun. com/2017 – 10 – 24/191337794. html.

［111］周黎安、陈烨："中国农村税费改革的政策效果：基于双重差分模型的估计"，《经济研究》，2005 年第 8 期。

［112］周清明："农户种粮意愿的影响因素分析"，《农业技术经济》，2009 年第 5 期。

［113］朱长宁、王树进："退耕还林对西部地区农户收入的影响分析"，《农业技术经济》，2014 年第 10 期。

［114］朱俊生、叶明华：" '保险 + 期货'试点效果评估及建议"，《重庆理工大学学报（社会科学版）》，2017 年第 8 期。

［115］宗轶、戴绪耀："农业风险的管理工具及创新"，《当代经理人》，2006 年第 21 期。

中期协联合研究计划（第十三期）项目

发挥专业投资优势，以 FOF 模式寻求期货资管发展

课题负责单位：海证期货有限公司
课题研究编号：201921039
课题负责人：刘　飚
课题组成员：畅会珏　倪成群　邵沛文　袁湘淮　王博生
　　　　　　曹译之　葛琳艳

一、研究背景

（一）国内期货资产管理行业发展现状

自 1990 年郑州粮食批发市场正式引入期货交易机制，我国开启了期货市场之门。中国期货市场经历了一条从无到有、从小到大、从无序到有序、从萧条到繁荣的发展之路。时至今日，期货行业也诚待由单一业务向多元化业务转变。其中，期货公司的资产管理业务和风险管理业务经过从试点制到备案制的不断摸索，如今这两项创新业务已基本成为期货公司最为倚重的发展方向。

纵观期货资管业务的发展，管理规模上，2015—2016 年各期货资管管理规模迅速扩张，期末规模峰值达 2 792 亿元，此后的三年却急剧萎缩，2019 年维持在 1 200 亿元左右；行业分布上，期货公司中资管规模超过 100 亿元的有 2 家，50 亿—100 亿元的共 5 家，20 亿—50 亿元的共 11 家，而多达 68 家期货公司资产管理规模不足 5 亿元。在当下风险管理功能更加成熟的大背景下，行业监管脉络日趋清晰，资管业务的土壤必将变得更加肥沃，期货公司资产管理业务的现状亟待改善，以把握发展时机。

（二）期货资产管理业务发展突破口的思考

期货公司需要正视当前展业环境发生的巨大变化，坚决摒弃片面追求规模的野蛮生长思路，杜绝监管套利，推动期货资产管理业务成为国内资产管理行业中的一个特色品牌。

首先，期货资管的长足发展需要监管政策的持续引导。一方面要建立体系化的监控与防范机制，加强数据穿透；另一方面监管机构结合期货公司资产管理业务发展的实际情况，完善准入机制，定制配套机制，通过引进合作机构，探索业务创新，提高业务发展主动性。

其次，面对资产管理业务回归本源的趋势，鼓励期货公司主动求变。期货公司要主动调整优化资管业务的结构，在风险可控原则下，积极探索资产管理与风险管理业务协同，以服务能力与产品创设能力为支点，加大在人才培养与系统建设方面的投入，把期货资产管理打造成国内有影响力的财富管理平台。

再次，差异化发展能力的塑造是至关重要的。如何发挥强项，深耕各公司的特色领域，提升衍生品行业专家的市场美誉度，是摆在各家公司面前的共同话题。基于期货公司与行业的特点，量化对冲与 FOF（Fund of Funds，基金中的基金）资产配置成为期货资管关注的重要发展方向。

最后，注重对 FOF 业务模式的塑造。FOF 业务的本质是为了解决委托人资产配置的需求，在产品管理方面既有管理人内部管理的也有第三方投顾管理的，在资产来源方面又可以分成内部基金或全市场基金。把 FOF 作为一种资管业务模式，需要对 FOF 生态环境进行研究，对 FOF 业务上下游需求深度剖析，对 FOF 运作体系做全局规划。

二、FOF 业务的本土化进程

从海外 FOF 的情况来看，FOF 已经成为规模与数量占比较大的一类理财产品，成熟度较高且市场接受程度好；我国 FOF 行业才刚刚起步，发展空间广阔。FOF 具备平滑收益、二次分散风险、降低投资门槛等很多特点，可以说是资本市场以及资产管理行业发展到一定阶段的产物。

根据实际投资标的种类的不同，可以分为：

(1) PE FOF（私募股权投资基金中的基金，Private Equity FOF）

(2) TOF（基金中的信托，Trust of Funds）

(3) FOMF（共同基金的基金，Fund of Mutual Funds）

(4) FOHF（对冲基金的基金，Fund of Hedge Funds）

根据管理模式的不同，可以分为：按照内部管理的内部管理＋内部基金、内部管理＋全市场基金；按照外部管理的外部管理＋内部基金及外部管理＋全市场基金，分别对应母基金投资管理人在费率、产品线、子基金了解程度、渠道销售能力等方面的不同优劣势。

根据投资策略的不同，可以分为：(1) 大类资产配置策略；(2) 基金优选策略；(3) 轮动策略；(4) 套利策略；(5) 固定比例投资组合保险策略（CPPI）、时间不变性投资组合保险策略（TIPP）等。

（一）海外公募 FOF 发展

国外 FOF 近十几年来发展的如火如荼，其中尤以美国最具代表性，无论是规模、种类还是市场成熟度都处于绝对领先地位。美国共同基金 FOF 管理规模逐年上升，其中混合型 FOF 一直占据绝对的优势地位，固收和权益类 FOF 的市场占比不高。

FOF 最初的产生形式是私募股权基金的 FOF，起源于 20 世纪 70 年代的美国，出现的原因主要是当时私募股权基金投资活跃，然而此类基金的流动性较低、投资门槛较高，使得投资人望而却步，于是借道 FOF 类产品降低投资门槛成了一种主流的产品模式。随着各类私募数量的增加、市场的成熟化发展，市场自有其多变性，但金融产品的多样性赋予了投资者更多的武器,基金筛选的重要性也逐渐被认知,自此 FOF 的发展逐步具备了第一个先天条件。

1979 年,美国《国内税收法案》401(K)条款正式启用,401K 计划一经推出就迅速发展,逐步取代了联邦政府强制社会养老金计划,成为美国养老体系的第二支柱,作为第一支柱的重要补充。养老金计划有兑付需求,因而重视绝对收益获取,风险厌恶程度较高,而 FOF 收益稳健的属性与此要求十分吻合,至此 FOF 发展的资金来源得到确认,第二个先天条件逐步完善。

经过了前期萌芽中发展与 90 年代的政策储备、人才储备与市场积累,公募 FOF 的地基得到了夯实,2000 年以来美国公募 FOF 进入了一个快速成长通道,总资产从 1999 年末的 480 多亿美元增长快速至 2018 年底的超过 5 600 亿美元,年复合增长率为 13%,而同一时期绝大多数传统公募基金年复合增长率不足两位数。

(二)海外私募 FOF 变迁

FOHF 快速发展主要是基于可选对冲基金管理人数量的猛增以及策略的多元化的发展而推动的。海外 FOHF 的发展历程主要可以划分为萌芽、高速发展和发展停滞三大阶段。

1969 年声名在外的罗斯柴尔德家族推出世界上第一只 FOHF 产品。从 20 世纪 90 年代开始,随着美国经济及金融市场逐渐转牛,加上 401K 计划和 DC plan(养老金计划)的推出,引导了很多对于多元化配置有需求的增量资金入市,FOHF 才步入了高速发展阶段。

20 世纪 90 年代以后,美国的经济保持了持续的高速增长,股市也随着经济的腾飞屡创新高,在此期间 FOHF 的投资收益表现亮眼,开始受到了投资者的追捧。90 年代末期,互联网企业股票一路暴涨,2000—2002 年,随着美国互联网泡沫的破裂,纳斯达克和标普指数一路下跌,然而在此期间,大多的 FOHF 依然取得了正收益,使其平滑收益、降低风险的特点再一次吸引了投资人的注意。截至 2007 年年末,美国 FOHF 的管理规模达到了 8 600 万亿美元,是 2002 年规模的 6.7 倍。2007 年成为了 FOHF 发展史的巅峰,FOHF 的规模一度占市场整体对冲基金规模的 40% 之多。

2008 年金融危机的冲击,导致了很多小型对冲基金管理人倒闭,而大型的管理人也选择频频重组度过金融寒冬。在低迷了一段时间后,市场整体开始复苏,但是 FOHF 却并没有随着市场的复苏恢复当年的繁荣,著名的 FOHF 机构 Tremont Group 甚至停止运营。金融危机过后,尽管出现短暂回升但 FOHF 规模和数量还是有所回落。

（三）国内FOF发展情况

国内首只FOF产品是以券商资管形式发行的，招商证券于2005年5月底正式推出了"招商基金宝"，募集规模超过10亿元。在2009年，外贸信托联合光大银行也推出了首只私募FOF"外贸信托—光大阳光宝"。但是由于当时的一些确定性收益的产品回报较高，FOF的产品模式在当时的市场情况下很难推广。

2013年4月，证监会发布在《公开募集证券投资基金运作管理办法》中提出公募FOF的概念，而2016年9月发布的《基金中基金指引》，则奠定了公募FOF的法律基础与行业发展依据，2017年首批公募FOF正式获批发行，同年5月，《养老型公开募集证券投资基金指引（试行）》出台，进一步为FOF的发展指明了方向。2017年首批公募FOF获批，并于年底成功完成募集，自此，公募FOF迎来了新的发展契机。泰达宏利、华夏、南方、建信、嘉实、海富通成为首批拿到发行批文的6家基金公司，相应FOF产品募集总额达到166.36亿元，华夏聚惠、南方全天候以46.91亿和33.09亿元位居前两位，接下来养老FOF也落地开花。发展时间线见图1：

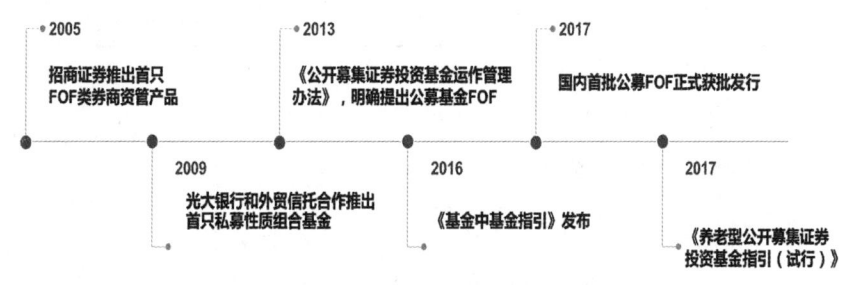

图1 国内FOF发展情况

资料来源：上海证券。

（四）境内资产管理机构发展FOF的有益尝试

1. 学习海外成熟的资产配置模式

依据首批公募FOF招募说明书中披露的投资策略，按照资产配置策略的不同可以分为4类，见表1。

2. 借鉴海外成熟的产品设计方案

2018年3月《养老目标证券投资基金指引（试行）》正式发布，为以FOF的形式发展养老证券投资基金进行了顶层设计。与普通FOF相比，养老FOF有着明确的养老理财的需求，对于长期稳健收益要求更高。自2018年9月第一只养老FOF基金"华夏养老2040三年"发行以来，养老型FOF在产品数量和产品规模上均快

表1　　　　　　　　　　　　资产配置模式

基金名称	嘉实领航资产配置	泰达宏利全能优选	南方全天候策略	华夏聚惠稳健目标	海富通聚优精选	中融量化精选	前海开源裕源
管理人	嘉实基金	泰达宏利	南方基金	华夏基金	海富通	中融基金	前海开源
成立日期	2017/10/26	2017/11/2	2017/10/19	2017/11/3	2017/11/6	2018/5/4	2018/5/16
资产配置方式	采取风险平价的投资策略	风险平价的资产配置策略	采用风险平价模型	通过结合风险预算模型与宏观基本面分析确定,同时随着市场环境的变化引入战术资产配置对组合进行适时调整	淡化资产配置,精选基金	使用量化择时模型对权益类资产进行战术配置调整,调整幅度不超过战略配置比例的正负10%。在极端市场情况下,可以最低调整到0%	采用宏观基本面分析和风险平价策略相结合的分析方法,并结合基金管理人FOF投资决策委员会的意见和建议,选取合适的资产种类,初步设定各大类资产的上下限比例

速扩张和发展。

3. 各类机构争相发行FOF产品

国内FOF发展氛围日渐浓厚,公募、私募、第三方、保险、银行等主要金融机构均有布局,公募子公司近期也火热加入。从操作方式来看,各家不尽相同,全景见图2。

三、以FOF模式作为期货资管的突破口

FOF业务近年来在国内的飞速发展是有目共睹的,特别是2015年下半年之后,FOF产品的数量与管理规模出现了井喷式的增长。围绕期货资管对FOF业务的内在需求,结合期货资产发展FOF业务的优势,期货公司可以从人员、机制、系统建设、组织架构、业务规划等各方面全面升级以满足开展FOF业务的需求。

(一)期货资管发展FOF业务的现状与问题

为了应对资管行业的变化,FOF业务越来越成为期货公司愿意尝试的方向。回顾期货公司发展FOF业务的道路,各公司也进行了多种尝试,但本文研究团队在实践过程中也发现了一些普遍问题,主要包括:

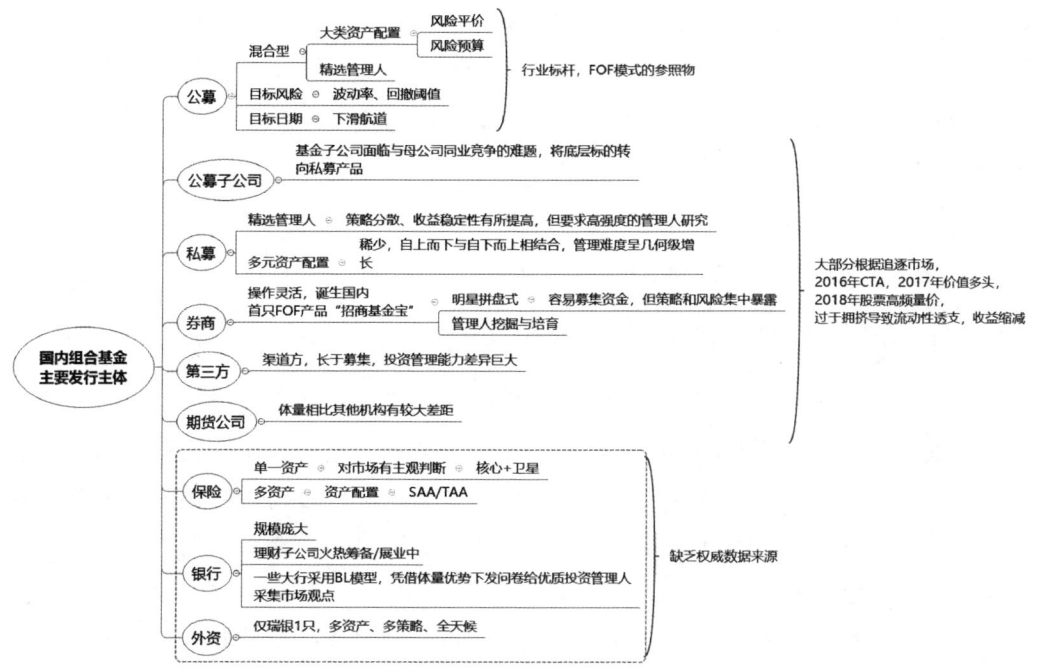

图 2　国内组合基金主要发行主体

资料来源：上海证券。

其一，重子基金管理人选择，轻资产配置，这容易导致 FOF 的风险敞口比表面上看到的要更大。

其二，重产品发行速度，轻风控能力建设，无论是管理系统还是业务体系上，期货公司的 FOF 往往欠缺系统性的规划。

（二）期货资管业务对 FOF 类产品的需求分析

首先，从机构资金的角度来看，FOF 业务之所以爆发，与国内财富管理市场面临的"资产荒"格局是密不可分的。FOF 作为资产多元化配置的最理想方式之一，在权益市场剧烈调整的对比之下，其以更优的收益/风险比获得了资本市场的认可。

其次，FOF 产品在形式上能够满足高净值群体资产多元化配置、信息保护与定制化理财、服务专业化、风险管理定量化等多样性需求，而期货公司资管可以凭借自身灵活的机制与量化交易的底蕴，借助 FOF 产品形式上的优势在财富管理领域取得乐观的发展前景。

（三）期货资管发展 FOF 业务的潜力

首先，量化投资早已经成为国内机构投资者的主要投资手段之一，而期货公司在量化对冲业务的长期深耕和积累，使其更有可能成为对数量化管理手段最为理解的金融机构，有迅速储备多元化投顾池的潜力。

其次，资金的供给能力对于 FOF 模式的成功应用是至关重要的，期货资管虽然在整体规模上还较小，但作为金融机构，期货公司的资本金实力较为雄厚，融资手段更加多样化，具备明显优势。

最后，对于长期从事经纪业务的期货公司来说，因其对于金融衍生品的投资与风控具有天然的优势，也与其主营业务相匹配，将具备一定的先发优势。

（四）期货资管 FOF 模式的实施要点

首先，对于期货资管而言，FOF 模式特殊性在于其几乎将期货公司的所有业务板块连接起来。FOF 业务需要打通期货公司资产管理、期货经纪、机构交易、信息科技、期现研究、客户服务等各个业务板块，是架在期货公司传统业务与资产管理业务、风险管理业务、国际业务之间的桥梁，FOF 模式需要期货公司进行系统化的全业务流程升级。

其次，应该思考 FOF 业务的市场深度与广度。财富管理机构将引领投资者从单一项目投资向多项目、多周期、多市场的综合资产配置转换，这将催生大量的 FOF 业务需求。

最后，从期货公司的角度来看，发展 FOF 业务有可能带来多方共赢的结果。成功的 FOF 产品运作除了为委托人提供满意的投资回报外，还会在子基金交易支持、优秀管理人孵化等方面取得长足进步，最终仍然会以经纪业务的方式反哺期货公司的传统业务以及风险管理业务，对期货公司综合回报能力的提升是值得期待的。

四、关于 FOF 资产配置模型的实证研究

（一）研究的数据选择

本文对如下几个大类资产进行配置，包括期货、股票、债券。其中每一个资产配置模型都将分别有包含期货和不包含期货两个版本，从而方便比较。

（二）资产配置模型的选择及构建

当前市场中对于资产组合的构建模型主要为风险平价模型、Black－Litterman 模型以及其他模型。具体的实证过程，为了便于比较，均规定每个资产组合模型分别在每个季度末（3 月末、6 月末、9 月末、12 月末）进行调仓计算。对于每一个模型，均分别计算对股票、债券进行资产配置和对股票、债券、期货进行资产配置两种方案，以便进行比较。

1. 风险平价模型及实证方案

在实证中,模型回溯 240 个交易日(约为 1 年的数据)的数据来对各资产之间的相关性和收益标准差进行调仓计算。

2. Black – Litterman 模型及实证方案

Black – Litterman 模型是在马科维茨均值方差模型基础上改良的模型。BL 模型的主要创新之处在于通过贝叶斯公式,提供了一个组合不同收益率和波动率估计的方法。从而有效降低了对于历史数据参数的依赖性。并且,这是一个相当有开放性的框架,可以以此为基础,进行很多不同的尝试来估计未来的收益率和波动率,并进行组合。

3. 下偏矩模型(LPM 模型)及实证方案

下偏矩(Lower Partial Moment,LPM)重点关注了风险,并且通过度量下行风险,避免了用标准差度量风险的某些问题。

4. 风险平价模型改进——纳入收益率

模型的改变主要是对风险平价模型的思路做如下改变:风险平价模型的目标是使得资产组合中每个资产的总风险贡献一致。改进模型的目标是使得资产组合中每个资产的总风险贡献和该资产的收益率一致。也就是说,各资产在资产组合中贡献和它们的收益相称的风险。

5. 风险平价模型改进——下行标准差

将风险平价模型中所有的标准差用下行标准差进行替代,其他公式的计算保持一致。实证中,除了上述改进外,都采用和风险平价模型一致的方法。

(三)各模型实证的结果

本文使用了 5 个模型,每个模型分别有包含期货和不包含期货两个版本(见表 2、图 3)。结果汇总如下(指标计算中,无风险利率用当期 Wind 货币基金市场指数收益率代替,年化收益率约为 2.95%):

从上面的数据,可以发现如下结果:

(1)各模型在将期货资产纳入考虑之后,收益和风险情况均有较大的改善。这充分说明将期货资产纳入投资组合的必要性。

表2　　各模型实证结果

	是否有期货	年化收益率	最大回撤率	夏普比率	索提诺比率	收益回撤比
风险平价	有	6.93%	3.36%	1.61	2.69	1.19
风险平价	无	5.08%	4.58%	1.00	1.51	0.47
Black–Litterman 模型	有	6.58%	58.38%	0.26	0.40	0.06
Black–Litterman 模型	无	2.49%	68.16%	0.12	0.18	-0.01
下偏矩模型	有	10.74%	54.38%	0.40	0.61	0.14
下偏矩模型	无	2.17%	69.87%	0.11	0.16	-0.01
风险平价–纳入收益率	有	6.97%	3.31%	1.53	2.56	1.21
风险平价–纳入收益率	无	5.06%	8.41%	1.09	1.69	0.47
风险平价–下行标准差	有	7.51%	3.36%	1.85	3.33	1.36
风险平价–下行标准差	无	5.14%	4.51%	1.10	1.68	0.49

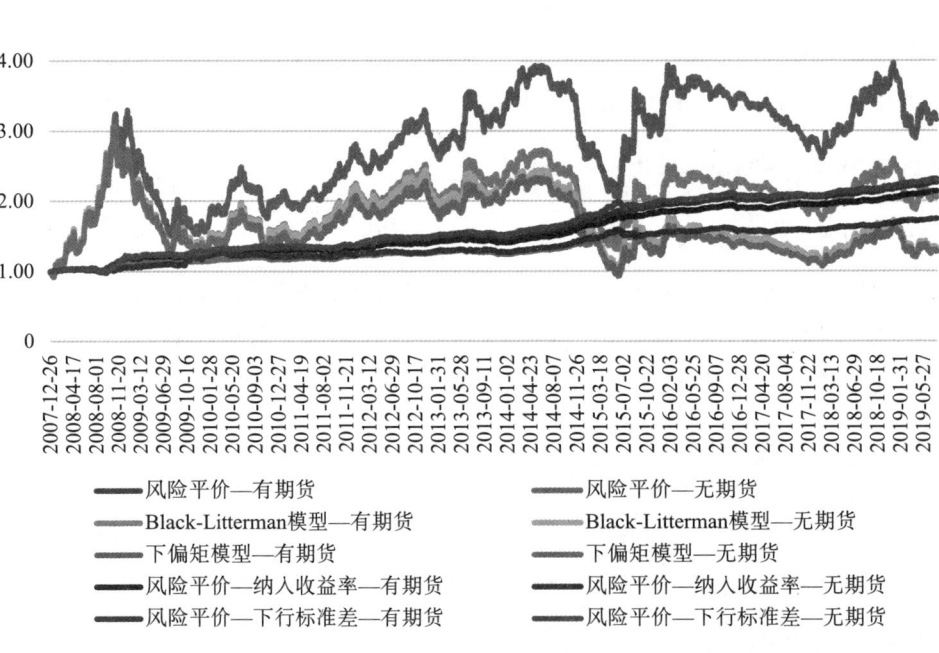

图3　各模型净值曲线走势汇总

资料来源：海证期货。

（2）在传统模型当中，风险平价模型的表现相对较好，主要原因在于如股票、期货等资产的收益率波动比较大，用历史数据估计下期表现存在较大误差，这严重影响了 Black–Litterman 模型和下偏矩模型的使用。同时，风险平价模型在资产配置上相对不极端，可以看到 Black–Litterman 模型和下偏矩模型在极端情况下，都有只配置一类资产的情况出现，而风险平价模型并非如此。

（3）改进模型：风险平价模型—下行标准差，在有期货和无期货两种情况下，各项指标均优于现行的风险平价模型,这说明该改进确实对风险的估计有所进步,可以作为风险平价模型的一个有益补充。

(4) 改进模型:风险平价模型—纳入收益率,在有期货的情况下,在收益率和回撤两个指标上略优于原模型,在夏普比率和索提诺比率两个指标上略差于原模型。在无期货的情况下,情况恰好相反。总体来说,两个模型的表现基本相当,这并不完全符合预期。

五、期货资管的 FOF 模式规划及政策建议

(一) 以期货公司能力建设驱动资管的 FOF 模式应用

1. 坚定资产管理业务发展理念

期货资产管理业务做大做强的基础是实现稳健收益的能力,这依赖于各公司主动管理能力的提升。期货公司的资产管理业务要以打开大型金融销售机构与期货公司的合作路径为发展里程碑,需要深耕于自身特色,抓住包括 FOF 业务在内的发展机遇。

2. 提升产品创设能力对接客户需求

期货公司资管业务需要紧紧抓住未来几大领域的发展机会,进行定点突破,特别是商品及衍生品类 FOF 产品,充分展示期货公司在衍生类投资领域的专业优势,用积极的态度应对居民财富管理过程中对全球资产配置日益增长的需求,作好研究、技术、人才及产品设计的储备。

3. 夯实投研体系建设,切实提升资产配置能力

专业的研究服务是优秀衍生品服务商的基本特质,投资研究能力是公司所有业务板块的共同需求。期货公司应坚定不移提升衍生品投研能力,打造衍生品投资的特色品牌。

4. 注重 FOF 系统建设,提升运营保障能力

期货公司应该关注金融科技的最新进展,加大投入,根据对 FOF 运营及风控的需求,开发符合自身特点的 FOF 管理系统,满足 FOF 业务对数据管理、策略分析、组合评估、实时风控、动态测算等功能的需求。同时期货公司还要在运营团队的培养上下功夫。

（二）相关行业政策的建议

1. 明确放宽对单一资产管理计划的投资限制

《期货公司资产管理业务管理规则（试行）》规定"期货公司或子公司资产管理计划仅可投资集合资产管理计划"，表明期货公司 FOF 产品目前无法投资于定制的子基金。而对于规模较大的 FOF 母基金来说，为了对特定子基金约定更精细化的风控要求以及更合理的费率结构设计，FOF 管理人将更加倾向于为子基金管理人定制单一资管计划，同时，大型 FOF 计划的单笔跟投金额较大，势必对子基金的存续规模要求更高，很可能导致资产配置方案无法实施。因此，考虑到资管新规下已有各类资产管理计划的设立规模不得少于 1 000 万元的要求，放宽期货 FOF 资产管理计划仅可投资于集合资产管理计划的限制，有利于期货资管 FOF 业务的未来发展。

2. 有序放宽期货资管投资范围

首先，建议尽快推动期货资管投资于上海黄金交易所部分品种的 T + D 业务。目前，公募基金通过 ETF，在与上海黄金交易所的业务合作中已经走在前头，需要期货公司资管尽快赶上。

其次，国内衍生品市场已经逐步成熟，商品期货期权上市品种不断增加，场外期权市场也蓬勃发展。建议监管机构适度放宽对场外期权为主的场外衍生品市场的投资禁令，通过加强非标准化衍生品的规范化管理逐步放开该投资方向。

最后，建议尽快完善相关法律法规，推动期货资管投资标准仓单。期货标准仓单运作经验成熟，市场参与者众多，此投向的开放对于期现套利业务的产品化有着重要意义。

3. 积极研究期货资管 FOF 全球资产配置解决方案

资产的全球化配置是机构投资者普遍关心的问题。普通的投资者往往难以克服本土偏好的投资习惯，也通常不具备更强的信息优势，需要资管机构构建多元化的投资组合来实现跨境资产配置。建议监管机构大力借鉴 QDII 业务的发展经验，优先开放 FOF 产品出境，允许配置部分成熟的境外资产。

4. 推动期货资管 FOF 与 MOM 业务的协同发展

期货资管应当更积极地参与 MOM 相关业务的论证与试点，监管机构也应当对 MOM 业务开展中可能出现的"打擦边球"形式早做准备，通过加强穿透管理的方式未雨绸缪。

5. 为 FOF 业务发展提供有针对性的直接支持

FOF 及 MOM 业务对于期货资管未来的发展是举足轻重的，但面对当前行业困局，监管层或可以实施一些有针对性的支持政策。本文认为以下几点支持方案具备一定的现实意义：

（1）加强对 FOF 业务的培训，引进优质师资进行专项培训；
（2）规范 FOF 业务开展的专项投研人员要求；
（3）优先对 FOF 管理系统项目申报给予费用支持；
（4）在分类评价中增加 FOF 类业务的专项分值。

六、研究结论

根据当前期货公司资产管理业务的发展现状，深入分析 FOF 业务的特点与需求，并总结期货公司参与 FOF 业务的实践经验，得出以下主要结论：

（1）从资产配置角度和产品设计角度，FOF 业务的国际经验都较好指引了国内 FOF 管理机构的实践，期货公司资管可以积极学习，抓住宝贵的历史机遇进行业务拓展，推动期货资产管理业务成为国内资产管理行业中的一个特色品牌。

（2）在资产配置中加入期货资产之后，收益和风险情况均有较大的改善，有利于实现更稳健的投资目标，衍生品资产在居民财富管理的资产配置中将发挥不可或缺的重要作用。

（3）在传统模型当中，风险平价模型的表现相对较好，过于依赖准确的市场收益率估计的模型很难在市场中得到很好的结果。通过纳入收益率和改进风险评价方法两种方式对风险平价模型进行改进，能够取得更优的测试结果。但此研究工作仍有更大的研究空间与应用前景。

（4）资管业务仍然是未来改变期货公司营收结构的重要业务，期货公司大力发展 FOF 业务，应当坚定科学的业务发展理念，通过有效的能力建设来匹配业务需求，积极借鉴国际化经验，加大在资管业务中的人才培育、风控系统建设等方面的投入，注重体系建设，提高期货资管 FOF 业务的市场影响力。

（5）监管政策在期货资管投资范围及业务引导方面可以起到推动 FOF 业务发展的关键作用。对期货资管 FOF 业务放宽投资定制子基金的规则限制、有序放宽期货资管业务参与场外期权衍生品、标准期权、现货 T+D 等标的资产，积极探索期货资管的全球化配置解决方案，协同发展 MOM 与 FOF 业务等工作对于期货资管寻求业务突破口有重要的指导意义，监管机构可适时出台更多有针对性的业务扶持政策。

中期协联合研究计划（第十三期）项目

通过指数化投资改善期货市场流动性结构的研究

课题负责单位：上海东证期货有限公司
课题研究编号：201921041
课题负责人：孙　枫
课题组成员：徐　皓　金　晓　刘　宇　徐　颖　欧阳静宜

一、引言

（一）简述指数化投资体系

在海外指数化投资由来已久，现已经形成了股票、债券、商品各大类资产成熟的指数投资体系（见表1）。最早也最广为人知的指数是1884年由道琼斯公司发布的道琼斯指数，道琼斯指数历经几次调整，目前是反映美国工商业行业股票走势的特征。

表1　　　　　　　　　　　　指数化投资体系

资产类别	指数或产品类型	代表指数或产品
股票	规模指数	上证50、沪深300、中证500
	市场指数	MSCI新兴市场指数、国家系列指数
	行业指数	申万、中信行业指数
	指数增强	易方达上证50指数A、景顺长城沪深300增强
	分级基金	鹏华中证国防分级、富国军工分级、富国国企改革分级
债券	债券类指数	上证国债指数
基金	基金类指数	上证基金指数
商品	单一品种指数	华夏饲料豆粕ETF
		多月合约指数：USL
		多倍杠杆：UCO
	多品种综合指数	大成有色金属期货ETF、建信易盛能化期货ETF
波动率	波动率指数	VIX、IVIX

而在商品投资领域指数化投资起步较晚，目前跟踪量最大的综合商品指数为S&P GSCI指数创建于1991年，包括24种商品，其中能源类品种被赋予极高的权重。但在海外商品指数基金市场更多被广泛跟踪的指数类型为单一品种指数，数量约占91%，规模约占89%。尽管单一品种指数无法反映商品市场整体的走势特征，但由于其专注于单一品种且相较于期货更适合长期持有的特性，受到更广泛投资者的青睐。在实际应用上，单一品种指数比综合类指数衍生出更丰富的基金产品设计，如多倍杠杆基金、指数多空以及多合约指数。

指数是指数化投资的基石。国内股票指数化投资的兴起部分是得益于国内有完备且成熟的股票指数体系，如上证50、沪深300和中证500等规模指数以及申万和中信等行业指数都在市场上受到了广泛的认可。而在商品期货领域，期货交易所、期货公司以及指数编制机构均有发布指数编制方案，但迟迟未出现具有市场代表性的指数，海外的商品指数的方案也并不能完全适应于国内期货市场。在指数设计上还需结合国内实际运行现状，并发挥引导市场健康发展。

（二）文献综述

商品指数是商品资产大类整体价格走势的衡量基准。同样作为综合指数，商品指数可像股票指数和债券指数一样具有标尺性，能反映大类商品整体走势，且具能观测经济的运行状况，冯科、李昕昕（2014）发现商品期货指数对 CPI、GDP、利率和汇率等宏观经济指标有明显的引导作用或直接影响。

事实上，可投资的商品期货指数的历史十分短暂。一般认为是自 1991 年 S&P GSCI（前身为高盛商品指数）推出后才开始商品被动投资的历史。S&P GSCI 与 DJ – UBSCI 着重反映商品价格的整体走势，实际上其编制目的并不以便于投资为目的，其权重分配依据在于商品的经济重要性，这造成了部分品种权重过大的问题，如原油在 S&P GSCI 中占比高达 60%—70%，一半 DJ – UBSCI 的成分品种权重总计低于 30%。同时，早期的商品指数强调被动跟踪，成分品种只持有近月合约，这造成了每月展期换仓的交易成本提升。第一代商品指数重在强调指数的指标意义，设计上不以提升收益为出发点，使得这些指数收益偏低，容易被打败。

国内被动化指数研究上，部慧等（2007）提出借鉴海外成熟的指数，认为国内指数可借鉴采纳现货指标，以提升期货市场价格发现的功能。黄伟（2011）提出目前我国期货市场品种还不全面，降低了综合类指数标尺性功能，建议先行推出分类指数。

2000 年以后，开始强调在远期曲线上提高收益，不再局限于近月合约。CMCI（瑞银彭博连续到期商品指数）和 JPM CCI（JP 摩根商品曲线指数）同时布局多个合约，缓解了在远月升水行情对展期收益的不利影响。更有直接采取持有远月合约或最优基差合约来提升指数收益，DBLCI – OY 则是选择选择配置"隐含展期收益率"最高的合约。第二代指数通过在远期曲线上的优化，大大提高了收益。林少非、钟利明、孙斯寒（2018）在商品展期策略上探索更多的方式，并且基于聚类分析给每类商品匹配不同的展期策略。

2000 年以后，商品指数不再局限于被动跟踪一篮子合约，开始主动选择成分商品。目前国内指数创新为围绕在这一主题。德意志银行的研究，商品数量的区别不会对指数带来明显的波动变化。而根据部慧、李艺、王栓红、汪寿阳（2007）对上述指数的比较研究发现，品种权重分配的方法以及再调整的规定对指数的表现影响较大。

主动选取成分商品主要通过两种方式：第一种是通过主观分析，CMCI Active Index（瑞银彭博连续到期主动商品指数）就是根据分析师的判断，增加强势品种的权重，降低偏弱品种的配置。第二种是基于量化模型，采用如库存、动量、基差等指标选择。通过对比第一代商品指数，Jung-Hyun Ahn，Pierre Six（2019）发现基于金融指标作为权重计算基础的指数，相对于S&P GSCI（GSCI）和BCOM有更好的夏普比率、更低的波动率以及与债券、股票相关性更低的相关性。

国内方面，各家交易所和其他机构都陆续推出商品指数系列，并形成体系，具体比较分析可见下文。但在商品指数创新方面起步较晚，如崔闯（2017）创新了"风险便利收益比"因子并基于该因子构建了"SmartBeta优化农产品指数"优化了传统指数的表现。林少非、钟利明、孙斯寒（2019）也尝试编制商品动量指数，并且与传统指数相比收益提高的同时，并未牺牲流动性。

（三）研究目的与创新点

本文在商品指数上的创新属于第二代商品指数的范畴。在海外，第二代指数通过远期曲线管理，使得指数收益率在第一代的基础上有明显的提升，但由于国内期货市场流动性集中，实践空间不大，此前少有人做此尝试。而本文的目的就是在于合理的配置非主力合约，提升指数可容纳资金规模的同时，将市场流动性引入非主力合约中，最终实现改善当前的市场流动性结构。

主要创新点有两点：

第一，定量分析非主力合约替代主力合约持有，将会给指数化投资带来哪些影响。在实际跟踪指数的过程中，可能将遭遇主力合约的价格严重偏离或者流动性不足的情况，此时，按照交易主力合约将带来一定的跟踪误差，甚至无法完成交易，给投资者带来损害。非主力合约将是很好的替代交易标的，但不是所有品种的主力合约都能胜任这一任务，除了要求流动性，非主力合约价格走势与主力合约需要尽量接近。所以，我们从流动性和跟踪偏离两方面入手，探索非主力替代的可行性。

第二，指数编制中纳入非主力合约。一般指数编制方案中，由于其流动性偏低的原因，不考虑纳入非主力合约，而在海外的创新型指数编制中有使用连续合约的案例，并且也有指数基金对此进行了跟踪。但在国内尚未有此方向的指数编制，主要是受限于国内"1、5、9"展期规律，指数难以容纳更多其他合约。实际上，尽管暂时无法如海外连续展期指数一样同时纳入未来12个月到期的合约，但可以酌情纳入流动性较好的非主力合约。在收益特征上，多合约指数将有远月商品价格走势的特征，如果指数投资者认为远月合约深度升水的结构，多月合约指数比单一合约指数更适合持有（见图1）。

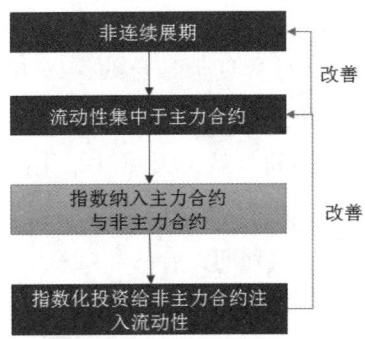

图 1　多月合约指数改善市场流动性结构

二、海外商品指数化投资现状

(一) 三代商品指数

商品指数有非常久远的历史，早在 1864 年经济学人商品价格指数（The Economist's Commodity – Price Index）开始发布，然而早期的商品指数跟踪的是现货商品价格，因此实际上均不可跟踪。

1. 第一代商品指数

一般认为 1991 年标普高盛商品指数（S&P GSCI）指数的发布是可投资商品指数的开端。第一代商品指数的特点为被动化反映大宗商品市场价格变动。商品权重配置多以消费量、生产量等经济重要性指标。其优点在于能跟踪大类商品的价格，也是目前商品指数中投资规模最大的指数类型，德意志银行流动性指数、标普高盛商品指数、罗杰斯国际商品指数以及彭博商品指数均属于此类。

由于其仅被动跟踪商品价格，使得其收益往往偏低。当商品期货市场呈现远月升水结构时展期负收益，依赖于市场远月贴水的结构以带来正收益，该类指数忽略合约的期限结构，只在商品曲线的前端近月合约布局头寸，好处是流动性较为充足，尤其是面对国内市场连续换月仍未普遍并且"1、5、9"风格明显的情形，只选择持仓量最大合约实属无奈之举。但商品市场受套期保值需求、库存水平等因素影响，经常在贴水和升水之间周期切换，若只依赖第一代指数的普通展期策略，则在面临升水结构时只能被动亏损。

2. 第二代商品指数

为弥补一代商品指数忽略利用期限结构，二代指数并不只关注于近月合约，而是将潜在头寸展期移至整个远期曲线，以提升展期收益。主要有以下三种方式：

（1）主动展期：将合约布局在曲线中段至远端并持有至接近到期，例如在 S&P GSCI Enhanced Index，保持所有计算流程与 S&P GSCI 一致的同时，展期对部分品种作调整，针对 WTI 原油合约，1—6 月对合约进行展期时，若第二近月合约升水第一近月合约超过 0.5%，合约展期至当年 12 月合约，7—12 月发生此情况时，展期至下一年 12 月份合约，天然气每年仅在 12 月进行展期，并且只展期至 1 月合约（其余调整细则请参考编制方案）；

（2）连续到期：合约布局在若干个远月合约上，例如 JPMorgan Commodity Curve Index 与 UBS Bloomberg Constant Maturity Commodity Index；

（3）隐含展期收益：在任意一个展期时间点，总存在一种动态展期方案，追求远月合约中贴水幅度最大、升水幅度最小的合约，获取隐含展期收益，但可能会面临流动性风险，例如上文提到的 DBLCI Optimum Yield 以及 DCI BNP Paribas Enhanced Index。

3. 第三代商品指数

第三代商品指数则更为主动，以最大化投资者收益为目的，动量、曲线斜率、宏观因子、地缘因素、供需模型以及技术分析被吸收进入指数编制方案中，取代以往经济重要性指标，成为指标的权重分配标准。

（1）动量：使用价格趋势的延续性来进行多空布局，例如 Morningstar Long/Short Commodity Index，计算出经过换月升贴水调整过的合约价格（类似复权），包含价格信息与展期信息，在月度调整时，若该价格超过其 12 个月的移动平均值，则在下月进行多头持仓，反之则空头布局；

（2）期限：该方法类似于隐含展期收益率，但是多头买入贴水幅度最大合约，空头卖出升水幅度最大合约，例如 CYD Long /Short；

（3）市场中性：指数同时两边多空持有头寸，以保持市场中性，例如 CYD Market Neutral Plus；

（4）基本面量化：将技术指标与基本面指标结合进行指数的主观资产配置，例如 Barclays Capital CORALS。

（二）商品指数基金现状

海外商品指数化投资有多种产品类型，涵盖交易所交易基金（ETF）、交易所交易商品（ETC）、交易所交易债券（ETN）、美国有限合伙（LPs）、美国担保和法定信托，它们总称为 ETP（Exchange Traded Products）。

商品 ETP 按照板块可分为 6 大类：商品指数类、农产品类、能源类、工业金属类、畜牧类和贵金属类。截至 2019 年 8 月 13 日,全球商品 ETP 资产规模约为 2 642 亿美元,其中不同类型的规模情况如下:贵金属 ETP 以 2 273 亿美元拔得头筹,在商品 ETP 资产规模中的占比高达 86.01%;综合指数 ETP 以 223 亿美元的规模排名其次,占比 8.44%;能源 ETP 排名第三,规模为 99 亿美元,占比 3.76%;工业金属 ETP 排名第四,规模为 25 亿美元;农产品类 ETP 排名第五,规模为 22 亿美元;而畜牧类 ETP 资产规模很小,约 3 亿美元。全球商品 ETP 约有 1 200 只,各类别商品 ETP 基金数量的排名与资产规模的排名略有差异。能源 ETP 的数量最多,占比约为 29%;贵金属 ETP 的数量排名其次,占比 23%;农产品 ETP 在基金数量上排名第三,占比 17%;工业金属 ETP 排名第四,综合指数 ETP 排名第五,畜牧类 ETP 的基金数量最少,全球仅有 39 只。

板块细分品种方面,贵金属类:涵盖一篮子贵金属,黄金、白银、钯、铂和铑;全商品指数类:商品指数 ETF、农产品和畜牧分指数 ETF、轻质能源分指数 ETF、能源分指数 ETF;农产品类:涵盖一篮子农产品,可可、咖啡、玉米、棉花、谷物、稻米、软商品、大豆、豆粕、豆油、糖和大麦;能源类:涵盖一篮子能源,煤炭、原油、电力、汽油、取暖油、天然气和石油;工业金属类:涵盖一篮子工业金属,铝、铜、镍、铅、锌、锡和铀;畜牧类:涵盖一篮子畜牧,如肥牛、瘦肉猪和活牛(见表 2)。

表 2　　商品 ETP 基金数量和资产管理规模

	基金数量	资产(百万美元)	规模占比(%)
贵金属	286	227 297.30	86.01
综合指数	136	22 302.60	8.44
能源化工	356	9 926.49	3.76
工业金属	185	2 522.90	0.95
农业	207	2 200.39	0.83
畜牧业	39	30.91	0.01
总计	1 209	264 280.60	100.00

资料来源:Bloomberg。

按跟踪标的数量的角度,可分为跟踪单一商品的 ETF 和跟踪一篮子商品的商品指数 ETF。单一商品 ETF 跟踪单一商品的现货或者期货价格,一般为贵金属,如黄金现货 ETF、黄金期货 ETF、白银现货 ETF、白银期货 ETF,等等。商品指数 ETF 跟踪商品指数或者跟踪商品子指数,例如 DB 商品指数 ETF、DB 能源指数 ETF,等等。一般持有的基础资产为一篮子商品期货合约。贵金属相对于其他大宗商品而言,具有易储存、终端客户需求量大、商品同质性强等特性,较适合作为单一商品 ETF 的标的。而农作物不易仓储,品种多样,不适合作为单一商品 ETF 标的。

根据运作类型，商品 ETF 可分为实物支持 ETF 与非实物支持 ETF 两大类。实物支持 ETF 直接持有实物资产或者与实物相关联的期货仓单。实物支持 ETF 的自身运营管理机制较为清晰透明，目前主要运用于黄金、白银等贵金属领域。非实物支持 ETF 并不直接持有商品资产（或期货头寸），是由第三方持有与实物资产相关的期货衍生品，并向 ETF 发行者签发一定数量的证券（与 ETF 份额相挂钩），从而实现对大宗商品价格或者指数的跟踪或投资。这类 ETF 主要覆盖工业金属、能源、农产品等大宗商品及其指数。

（三）商品 ETF 展期影响

由于期货合约有到期交割机制，商品期货 ETF 不能像股票 ETF 一样长期持有，基金管理人必须在合约到期前向远月合约展期。商品 ETF 基金规模大，尽管按要求会在 5 日内逐步移仓，但是短期内依然会对市场造成一定的冲击。同时，由于展期时间透明，商品 ETF 也容易成为市场中其他投资者关注的目标。

以美国石油基金（USO）为例，该基金的目标是资产净值跟踪 WTI 期货近月合约的变动，根据当前基金规模大小持有相应规模的期货头寸，由于期货的保证金的特性，非保证金部分多用于持有短期国债。截至 2020 年 4 月 17 日，基金的规模近 35 亿美元，是当前规模最大的非贵金属类商品 ETF，也是具代表性的单一品种商品 ETF。

USO 基金规模在市场行情大跌的时候，由于市场抄底资金的大规模涌入，基金规模在下跌行情中基金规模都会有明显的增长。根据其基金规模和 WTI 近月合约的持仓量，推算 USO 在期货市场中的持仓占比。在大部分的时候，USO 的持仓量控制在全市场的 10% 以内，若行情趋势性下跌，抄底资金涌入，市场持仓量占比将达到 30%（见图 2）。

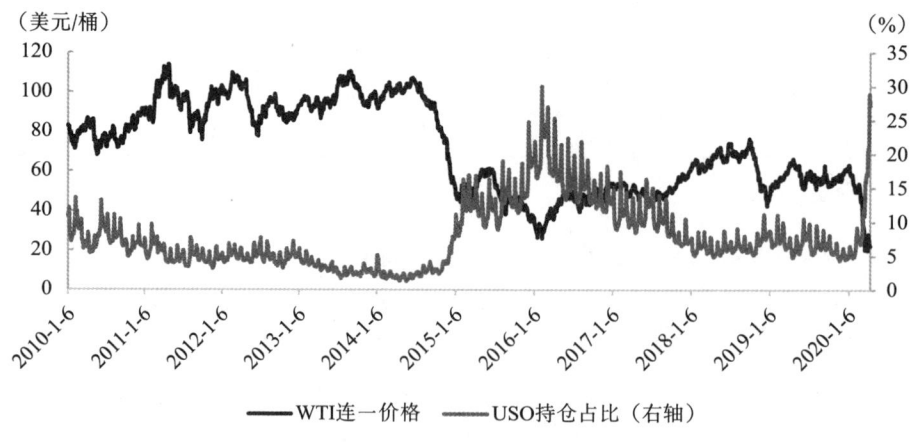

图 2　USO 的持仓占比

资料来源：Bloomberg。

在2020年3—4月国际油价暴跌，USO的WTI合约的持仓量占比飙升至30%。在此期间，USO进行了一次展期，展期期间近远月合约升贴水被拉大至7美元，USO的投资者因此承担了约30%的展期亏损。

这种深度贴水结构一般也是出现在油价下跌过程中（见图3）。据此，在一般行情下，商品基金在市场中的持仓规模大小可控，升贴水平稳，商品基金展期对市场的冲击有限。若在极端行情下，抄底资金的涌入和远月价格的拉升，商品基金展期无疑会对市场带来较大的冲击，同时基金本身也成为其他投资者的关注目标，双重力量推动下，远月将出现大幅升水，市场价差短期内无法修复，基金投资者的损失最为惨重。

图3 WTI升贴水

资料来源：Bloomberg。

（四）知名指数设计

标普-高盛商品指数（S&P GSCI）、彭博商品指数（BCOM）、德意志银行商品指数（DBCLI）、罗杰斯国际商品指数（RICI）、路透CRB商品指数（RJ/CRB）是目前全球最受追捧的5种商品价格指数，这5种商品指数占指数基金跟踪指数总规模的90%以上。其中，S&P GSCI和DJ-UBSCI两大商品指数跟踪的指数产品最多，合计约占指数基金总规模的75%。以下重点以标普-高盛商品（S&P GSCI）指数为例介绍指数编制方案中专业术语，这些术语或概念在各个商品指数编制过程中均普遍存在。

1. 指数简介

标普-高盛商品指数创立于1991年，高盛公司设计它的目的是为商品市场投资提供一个可靠、公开可行的商品端业绩参考和跟踪基准。2007年2月，标准普尔公司从高盛公司手中购买该指数，指数每年 1 月份依据商品的 5 年平均产量水平进行一次权重调整。该指数包括 24 种商品覆盖能源、工业金属、贵金属、农产品和牲畜类五大类。标普－高盛商品指数体系包括现货价格指数、超额收益率指数和总收益率指数。现货价格指数衡量的是近月商品期货合约的价格水平，超额收益率指数衡量的是无抵押方式投资于近月商品期货合约的收益率，总收益率指数衡量的是采取全额抵押方式投资于近月商品期货合约的收益率。指数基金的开发均是基于超额收益率指数和总收益率指数。

2. 合约细则要求

（1）指数对备选品种或者合约的数量未设限制，任何符合指数编制方案纳入标准的合约均可纳入，合约交割方式可以采用现金交割或者实物交割。

（2）合约必须含有指定的到期日，或其他形式规定的某个时间点或某段时间的交割结算方式；合约在指数计算的任何时间点，其面临到期日之前必须允许交易至少 5 个月；合约挂牌交易所必须允许市场参与者通过单一下单指令进行展期交易（平掉近月头寸，并建立远月头寸），涉及合约配对包括未来三个展期时段（指数提前公布未来一个年度的品种权重、每月合约）。

（3）合约必须以美元定价，并且在指数计算周期内合约挂牌交易所的主要经营场所须设立在 OECD 国家。

（4）合约在纳入之前，必须可提供至少连续两年的每日合约参考价格（例如结算价）。

3. 合约交易量要求

（1）指数年份（S&P GSCI Year）：自每个日历年的第五个指数交易日（S&P Business Year，由 NYSE Euronext 公布交易日历）开始，至下一个日历年的第四个交易日结束；年度计算周期（Annual Calculation Period）：结束于日历年 8 月的连续 12 个月，该日历年为新指数年份的前一年，若该周期结束时刻未能获取计算权重所需的部分商品产量数据，则取缺失数据可获取日的前 12 个月份；年度观察周期（Annual Observation Period）包含年度计算周期及其前两个 12 月份（共计 36 个月）；日度合约参考价格（Daily Contract Reference Price）指交易所用于该合约日终清算的价格，一般为结算价。

（2）主力合约（First Nearby Contract Expiration），或者称为未展期合约；次主力合约（Roll Contract Expiration），或者称为远月合约；合约参考均价（Average Contract Reference Price，ACRP）是指年度观察周期内任一合约的主力合约在每个月最后一天的日度合约参考价格的平均价。

(3) 世界产量数据周期（WPQ Period，针对商品层级，而非合约层级）是指满足以下前提的最近5年：所有指数包含的商品均可以获取到完整的世界产量数据（数据源由 S&P Dow Jones Indices 决定）。

(4) 指数中每个商品可能含有一个至多个合约（泛称为 Designated Contract），对于某个商品含有多个合约的情况，其每个合约在该商品中的权重为交易量权重（Percentage TQT），TQT（Total Quantity Traded）为任一合约在年度计算周期内的交易量总和，含有物理单位。

(5) 权重分配：基于全球产量对各合约权重进行分配。若合约流动性不足以支撑其拟投入资金时，适当降低合约的权重（见图4）。

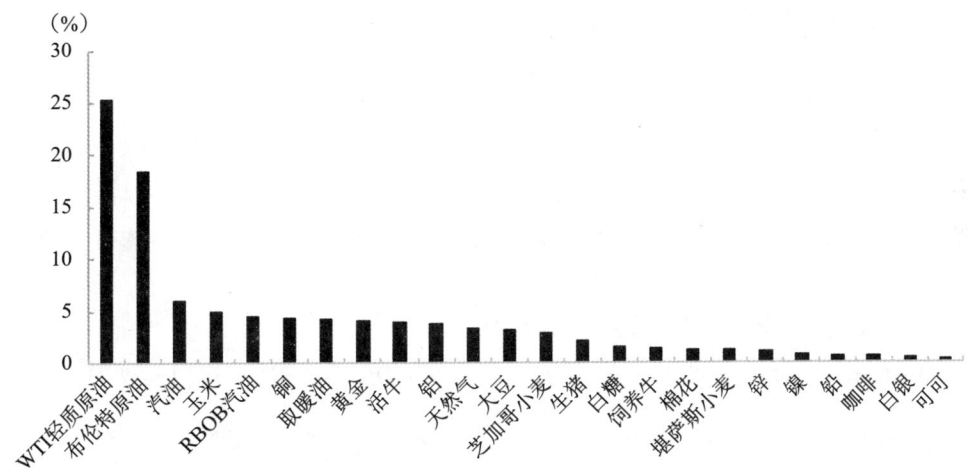

图4　2019年度 S&P GSCI 商品指数权重

资料来源：S&P GSCI Dow Jones Indices。

4. 指数计算

S&P GSCI 指数分为价格指数、超额收益指数和总收益指数。

(1) 价格指数计算

商品价格指数反映一篮子成分商品当前的价格水平，由于价格指数只反映价格的变化，不包括期货合约展期收益，实际上不能被跟踪。

价格指数为每日总持仓为基础计算，NC 为权重调整时平滑系数，每日总持仓计算方式如下方所示。CPW 为持有合约数量权重，DCRP 为合约参考价格。

$$S\&PGSCI_d = \frac{TDW_d}{NC}$$

$$TDW_d = \sum_c (CPW_d^c \times DCRP_d^c)$$

系数 NC 只在权重调整时调整，以平滑指数，在合约展期时不对指数平滑。

(2) 超额收益指数计算

超额收益指数相比价格指数包括了合约的展期收益率,反映了持有一篮子期货时商品部分带来的收益。

超额收益指数以每日收益率 CDR 复利计算,CDR 的计算为模拟在前一日收盘头寸持有至今日的收益率。

$$S\&PGSCI\_ER_d = S\&PGSCI\_ER_{d-1} \times (1 + CDR_d)$$

$$CDR_d = \frac{TDWO_d}{TDWI_{d-1}} - 1$$

$$TDWI_{d-1} = \sum_c (CPW_{d-1}^c \times DCRP_{d-1}^c)$$

$$TDWO_d = \sum_c (CPW_{d-1}^c \times DCRP_d^c)$$

(3) 总收益指数计算

由于期货是 0 成本证券,持有期货时除了能享受商品价格带来的收益,同时也能获得由于期货未占用资金所带来的无风险收益。总收益指数在超额收益率基础上考虑了期货持有期间资金部分的收益,使得指数更能真实反映期货合约持有期间全部收益情况。

资金部分的收益以国债收益率 TBR 计入。

$$S\&PGSCI\_TR_d = S\&PGSCI\_TR_{d-1} \times (1 + CDR_d + TBR_d) \times (1 + TBR_d)^{days}$$

5. 更多知名指数

彭博商品指数(BCOM)前身是道琼斯-瑞银商品指数以及 AIG 商品指数,由美国国际集团 1998 年创立,是全球资金跟踪量仅次于标普高盛商品指数的第二大商品指数,颇受养老基金、资产管理公司等机构投资者的青睐。彭博商品指数设计的目的也是为机构投资者提供一个简易的策略。该指数比股票具有更低的波动率和更高的投资回报率(见图 5)。另外,收益率与股票和债券市场呈现负相关,而与通货膨胀呈现正相关。1999 年 1 月,美国国际集团和道琼斯公司达成一项协议,共同维护该指数,因此其全称是道琼斯-美国国际集团商品指数。道琼斯-瑞银商品指数由实物商品的期货合约构成,商品期货合约存在到期日,为避开商品交割的过程而又要维持商品合约的多头头寸,采取卖掉到期,同时买入还未到期的期货合约的策略。该指数中除了铝、镍、锌在伦敦金属交易所(LME)交易之外,其他商品都在美国的交易所交易。2009 年 5 月,瑞银投资银行旗下股票业务部门收购 AIG 金融产品公司的商品指数业务,2014 年更名为彭博商品指数,并由彭博负责指数的授权运维管理。

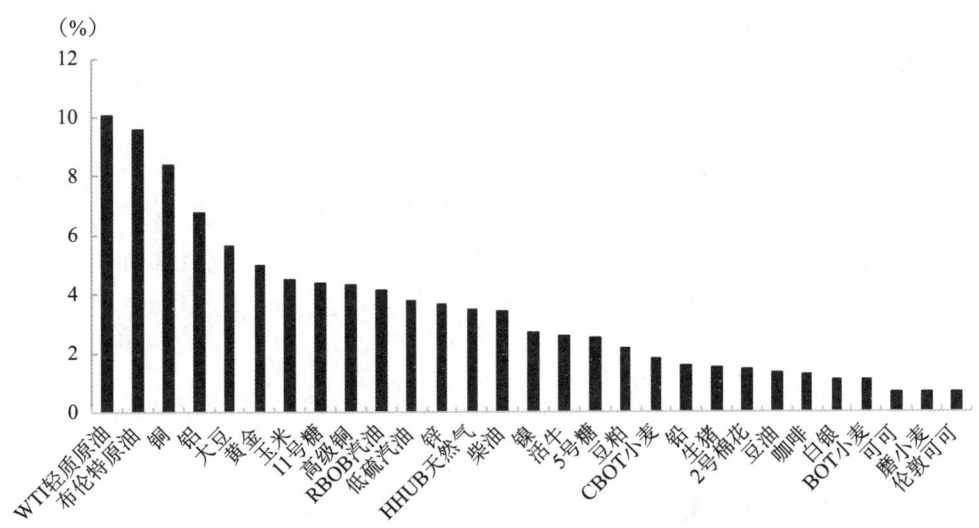

图 5　Bloomberg 商品指数使用流动性和产量加权计算权重占比

资料来源：Bloomberg。

　　罗杰斯国际商品指数（RICI）由被誉为"商品大王"的吉姆罗杰斯创立。其初衷是设计一个国际性的且具有明显的透明度、协调性和流动性的指数。该指数包括的商品最多，现涵盖 35 种商品，包括能源、工业金属及农产品三大类，其中，农产品和能源最被看好。罗杰斯国际商品指数创建于 1998 年，该商品指数单纯反映国际商品价格的走势，具有全球性特点，包括一些比较陌生的商品，如锌、镍、原木、燕麦、大麦、羊毛、橡胶、生丝。权重每个月调整一次，3 日平均展期。自从罗杰斯创建该商品指数以来，该指数仅做过两次小的替代：豆油在 2002 年被棕榈油替代，豆粕在 2004 年被亚麻籽油替代。

　　路透/核心商品指数（TR/CC CRB），涵盖 19 种期货合约，其中农产品类占41%，包括大豆、小麦、玉米、棉花、糖、活牛、瘦肉猪等。能源化工类占 39%，包括原油、取暖油、汽油、天然气等。工业品贵金属类占 20%，包括铜、铝、锌、镍、黄金、白银等。该指数选取的对象是大宗商品组合的期货报价，而非现货报价，反映投资者对于未来远期商品价格走势和对世界宏观经济的看法，具有明显的先导效应，是研究通货膨胀或通货紧缩、宏观经济复苏或衰退的重要指引。该指数的计算方式为滚动法，取较近的一个合约月份价格，在月初的 4 个交易日内进行替换。如 WTI 原油期货合约，3 月初取 4 月合约价格，4 月初取 5 月合约价格。再如玉米期货合约，3 月初取 5 月合约价格，4 月初仍取 5 月合约价格，5 月初取 7 月合约价格。由于 CRB 指数涵盖的商品都是原材料性质的大宗物资商品，且价格来自期货市场，其及时性无与伦比，因而在反映世界商品价格的总体动态上有着特殊作用。路透 CRB 商品指数能够较好地反映生产者物价指数（PPI）和消费者物价指数（CPI）的变化，甚至比 CPI 和 PPI 的指示作用更为超前和敏感。其在一定程度反映了经济发展的趋势,可以看作是物价走势以及通货膨胀或通货紧缩的指示器。

德意志银行流通商品指数（DBLCI）创建于 2003 年,包括 6 种商品,这 6 种商品都是行业中流通性最好的商品,优点是降低交易成本,提升了再次投资的能力。该指数调整规定较为特别,两个能源品种西德州中质（WTI）原油和热燃油每个月调整一次,其他四种商品每年调整一次,因为这四种商品通常呈现远期升水,即远期价格高于近期价格的状况,这种基差结构的展期收益为负。双重的调整规则可以使能源期货的展期收益最大化,同时使其他商品期货的展期负收益最小化见图 6、表 3。

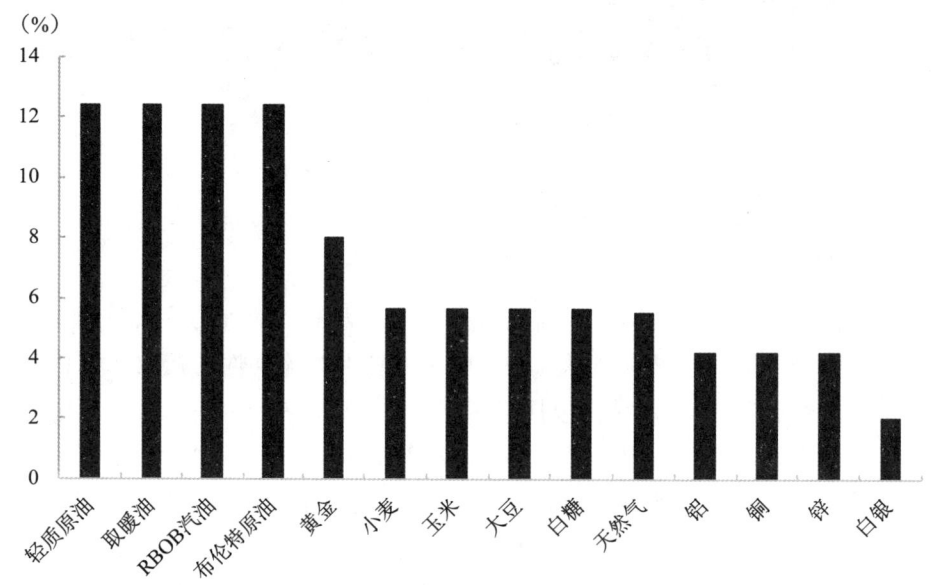

图 6　德银最佳收益商品指数每周期采用固定权重

资料来源：DBIQ Index。

表 3　　　　　　　　　　国际知名商品指数比较

指数	创建时间	商品数量	加权方式	调整频率
BCOM	1998 年	21	全球产量及流动性	年
S&P GSCI	1991 年	24	全球产量	年
DBLCIOY	2006 年	14	流动性	年
RICI	1998 年	37	委员会决定	年
TRJ/CRB	1957 年	19	等权重	月

资料来源：Bloomberg、S&P、DBIQ、CRB。

三、国内商品指数化投资现状

（一）商品公募基金现状

目前正在上市的商品基金仅 4 只黄金现货 ETF、国投瑞银白银期货 LOF 和 3 只商品期货型ETF，4只黄金ETF的投资标的均为上海黄金交易所的现货黄金9999。随着近几年商品转为牛市，贵金属走强，商品配置越来越受到投资者的重视。黄金现货ETF市场规模迅速扩张，从2015年约2.33亿元的小众市场，迅速扩张至当前约165亿元的市场规模。

图7　黄金现货ETF规模

资料来源：Wind资讯。

而商品期货方面，目前依然处于起步阶段。根据市场公开信息，截至2019年9月20日共有26只商品期货基金（包括联接基金）已递交申请材料，其中共有4只通过审查，仅国投瑞银白银LOF成立，华夏豆粕ETF与大成有色ETF处于发行阶段，建信能化ETF尚未开始发行。与此同时，多只原油ETF仅差临门一脚，还有更多品种蓄势待发。申报基金均为无杠杆的多头产品设计，监管上较为谨慎（见表4）。

表4　商品期货基金审批进度

基金管理人	基金名称	受理决定日	审查决定日	基金代码	基金发行日	基金成立日
大成基金	铁矿石期货基金（LOF）	2016-4-27				
国投瑞银基金	有色金属期货指数基金（LOF）	2016-3-14				
国投瑞银基金	白银期货基金（LOF）	2015-3-2	2015-5-22	161226.SZ	2015-7-20	2015-8-6
海富通基金	黄金期货投资基金（LOF）	2016-7-12				
华宝基金	铜期货基金	2015-11-30				
嘉实基金	工业金属期货交易型开放式指数基金	2017-2-20				
大成基金	有色金属期货指数基金（LOF）	2016-7-20				
大成基金	有色金属期货交易型开放式指数基金联接基金	2019-4-25	2019-8-21	007910.OF	2019-9-16	
大成基金	有色金属期货交易型开放式指数基金	2019-4-25	2019-8-21	159980.SZ	2019-9-3	
华夏基金	白糖期货交易型开放式基金	2017-4-6				

续表

基金管理人	基金名称	受理决定日	审查决定日	基金代码	基金发行日	基金成立日
华夏基金	白糖期货交易型开放式证券投资资金联接基金	2017-4-6				
建信基金	易盛郑商所能源化工期货交易型开放式指数证券投资基金	2019-5-14	2019-8-21			
博时基金	有色金属期货交易型开放式指数基金	2016-5-6				
博时基金	有色金属期货交易型开放式指数基金	2017-3-29				
富国基金	有色金属期货指数（LOF）	2017-4-21				
华安基金	白银期货交易型开放式基金	2016-8-31				
华夏基金	饲料豆粕期货交易型开放式基金联接基金	2016-11-25	2019-8-21			
华夏基金	饲料豆粕期货交易型开放式基金	2016-11-25	2019-8-21	159985.OF	2019-9-6	
嘉实基金	农产品期货指数基金（LOF）	2017-5-12				
交银施罗德基金	大商所农产品期货指数型基金（LOF）	2017-9-19				
银河基金	金银宝贵金属期货基金（LOF）	2016-5-11				
大成基金	白银期货基金（LOF）	2016-9-7				
海富通基金	铜期货基金（LOF）	2016-9-23				
安信基金	白银期货交易型开放式基金	2016-11-1				
建信基金	黄金期货基金（LOF）	2017-5-10				
建信基金	易盛郑商所能源化工期货交易型开放式指数基金联接基金					

资料来源：Wind 资讯（截至 2019 年 9 月 20 日）。

从现有已申报的基金品种分布来看，基金有色金属申报的热情最高，有 10 只基金对相关指数进行申报，其次是贵金属和农产品分别有 7 只和 6 只。

海内外商品市场参与主体差异较大，国内期货市场中散户居多。散户交易者的特点是成交活跃而持仓时间短，因此也影响了我国期货品种的成交持仓比偏高，并且品种的成交量比持仓量更集中于主力合约。

在这个散户为主的市场下，引入机构投资者这类长期资金，可显著提升期货市场的持仓量，改善市场中的投机氛围。若将机构的长期资金沉淀到远月合约中，提升非主力合约的持仓量，从而也能引导散户投资者向远月转移，市场流动性结构进一步向良性发展。

（二）国内商品指数设计

国内的商品期货指数编制者主要有三大期货交易所、各期货公司、中证指数公司、万得以及保证金监控中心。指数计算的差异比较大，不了解期货市场的机构编制的指数实际上难以跟踪。就指数成分商品品种，三大期货交易所指数只包含在自己本所上市的品种，而其他机构编制的指数没有这种限制。就权重分配，一般采用流动性指标如成交金额与持仓金额,部分指数参考了海外的编制方法,加入了商品现货重要性指标,如:产量、消费量。

1. 上海期货交易所指数

现有指数:上期商品综合指数、上期工业金属指数、上期贵金属指数、上期能源化工指数及各单品种指数,各指数均有价格指数和超额收益指数之分,指数体系十分完备。

发布日期:2016 年 12 月 1 日。

展期日:固定展期日,每月 10 日及之后 4 个交易日(有色金属指数为每月 15 日及前后各 2 交易日)。

权重调整:基于过去 3 年平均月度持仓金额计算权重,并设置板块及单一商品的上下限。在每年 8 月展期窗口期间调整。

合约选择:采用指定合约对照表形式,一般情况下,依据各品种主力合约历史变动规律(过去 3 年)作为下 1 年判定标准。

超额收益指数计算方式:

(1)非展期期间

$$DR_{d,t} = \frac{\sum_i (W_{i,n} \times P_{i,d,t})}{\sum_i (W_{i,n} \times P_{i,d-1})} - 1$$

$$SHFE\_CEI_{d,t} = SHFE\_CEI_{d-1} \times (1 + DR_{d,t})$$

(2)展期期间

$$DR_{d,t} = \frac{\sum_i [W_{i,n} \times (P_{1i,d,t} \times w_{1i,d-1} + P_{2i,d,t} \times w_{2i,d-1})]}{\sum_i [W_{i,n} \times (P_{1i,d,d-1} \times w_{1i,d-1} + P_{2i,d-1} \times w_{2i,d-1})]} - 1$$

$$SHFE\_CEI_{d,t} = SHFE\_CEI_{d-1} \times (1 + DR_{d,t})$$

2. 大连商品交易所指数

大连商品交易所商品指数覆盖全面,现有指数见表 5:

表 5 大商所现有指数

大类	指数
农产品	大商所农产品期货价格指数
	大商所农产品期货价格综合指数
	大商所油脂油料期货价格指数
	大商所大豆类期货价格指数
	大商所饲料类期货价格指数

续表

大类	指数
工业品	大商所工业品期货价格指数
	大商所工业品期货价格综合指数
	大商所黑色系期货价格指数
	大商所钢铁炉料成本指数
	大商所化工期货价格指数
单品种	所有上市品种的价格指数

资料来源：大连商品交易所。

展期日：经多日判断新主力合约后进行 5 日展期，且以持仓量认定当前主力合约。

权重调整：流动性加权，参考日均成交额。每年 1 月和 7 月的第一个交易日，且不与展期日重合。

价格指数计算方式：价格加权，展期时用标准化常数平滑。

（1）非展期时期：

$$IS_d = \frac{\sum_{n=1}^{m_i} S_d^n \cdot w_j^n}{NCS_j}, \text{其中标准化常数 } NCS_j = \begin{cases} \dfrac{\sum_{n=1}^{m_o} S_{T_o}^n \cdot w_0^n}{1000}, j = 0 \\ \dfrac{\sum_{n=1}^{m_j} S_{T_j}^n \cdot w_j^n}{\sum_{n=1}^{m_{j-1}} S_{T_j}^n \cdot w_{j-1}^n} \cdot NCS_{j-1}, j \geqslant 1 \end{cases}$$

（2）展期时期：

$$IS_{T_j+i} = (1 - i \times 0.2) \cdot \frac{\sum_{n=1}^{m_{j-1}} S_{T_j+i}^n \cdot w_{j-1}^n}{NCS_{j-1}} + i \times 0.2 \cdot \frac{\sum_{n=1}^{m_j} S_{T_j+1}^n \cdot w_j^n}{NCS_j}, i = 1, 2, \cdots, 5$$

3. 郑州商品交易所指数（易盛）

郑商所通过不同的商品组合，每商品大类下均编制了多个商品指数，且均为超额收益指数，均可投资跟踪（见表6）。

表6 郑商所现有指数及编制要点

大类	指数	当前成分	权重依据	展期依据	展期方式
能化类	易盛郑商所能源化工指数 A	甲醇、PTA、动力煤、玻璃	期货成交量和现货消费量	成交量	等持仓展期
	易盛郑商所能源化工指数 B	甲醇、PTA、动力煤	期货成交量和现货消费量	成交量	等持仓展期
	易盛郑商所能源化工指数 C	甲醇、动力煤、玻璃	期货成交量和现货产量	成交量和持仓量	等持仓展期
	易盛郑商所能源化工指数	甲醇、PTA、动力煤、玻璃	期货成交量和现货产量	成交量和持仓量	等持仓展期
农产品	易盛农产品（郑商所）指数 A	菜油、菜籽、棉花、白糖	期货成交量和现货消费量	成交量	等持仓展期
	易盛农期	菜油、菜籽、棉花、白糖、棉纱、苹果	期货成交量和现货产量	成交量和持仓量	等持仓展期
	易盛棉糖指数	棉花、白糖	期货持仓量	持仓量	等金额展期
其他	易盛纺织指数	TA（精对苯二甲酸）、CF（棉花）	期货成交量和现货消费量	成交量	等持仓展期

资料来源：郑州商品交易所。

超额收益指数计算方式：

$$Index_t = Index_{t-1} \times \frac{当日指数成分合约加权价格总值}{当日指数成分合约加权价格前一交易日总值}$$

4. 中国期货市场监控中心

现有指数：监控中心中国商品期货指数、农产品期货指数（及子指数）、工业品期货指数（及子指数）、商品综合指数（见表7）。

表7 中国期货市场监控中心指数及成分

指数	当前成分
农产品期货指数	豆粕、豆油、白糖、棕榈油、棉花、豆一、玉米、菜粕、菜油、强麦、早籼稻
工业品期货指数	铜、螺纹钢、天然橡胶、锌、PTA、铝、LLDPE、PVC、燃料油
能化期货指数	天然橡胶、PTA、LLDPE、PVC、燃料油
钢铁期货指数	螺纹钢
建材期货指数	螺纹钢、铝、PVC

资料来源：中国期货市场监控中心。

权重调整：每年调整一次。以近3年品种持仓金额加权计算权重，并于每年第5个交易日调整。

展期时点：持仓量最大的合约认定为主力合约，当远月合约持仓超过当前主力，于下一交易日开始 5 日展期。

展期方式：按收盘价，等金额展期。

超额指数计算方式：

非展期：

$$Index_t = Index_{t-1} \times \frac{\sum 名义商品量 \times 当前主力合约价格}{\sum 名义商品量 \times 前一时刻主力合约价格}$$

展期：

$$Index_t = Index_{t-1} \times \frac{\sum 旧合约名义商品量 \times 旧合约当前主力合约价格约前}{\sum 旧合约名义商品量 \times 旧合一时刻主力合约价格} +$$

$$\frac{\sum 新合约名义商品量 \times 新合约当前主力合约价格}{\sum 新合约名义商品量 \times 新合约前一时刻主力合约价格}$$

5. 小结

上述指数编制机构目前是国内商品期货指数的权威编制者，均已经形成丰富的单一品种指数和多品种综合指数体系。除此之外，另有中证指数公司、南华期货与东证期货等均对外发布了所编制的商品指数。

但对比海外，国内的指数更为较为传统，策略指数、杠杆指数、反向指数、多月合约指数均较为少见。国内目前的商品指数发展仍处于第一代指数编制，并且初步向第二代、第三代开发中。下文中将重点讨论的指数布局在若干个远月合约上的可行性。

四、数据分析

为了探索当前市场合约的展期规律，选取品种已经形成展期规律，且交投活跃、不易于被资金操纵的品种。要求截至 2019 年 9 月 9 日，品种上市满 1 年且 2019 年期间日均成交金额超 50 亿元，有 32 个品种满足。时间范围从 2015 年 1 月 1 日至 2019 年 9 月 9 日。

（一）期货合约流动性结构

投资者多采用流动性指标判断主力月份合约，以下分析均以持仓量为主力认定标准，以当日持仓最高的合约为下一交易日的主力合约。

国内长期以来形成了 1 月、5 月、9 月合约的展期规律，这种规律也是目前国内期货品种中最常见的主力切换方式，多见于农产品、化工品和黑色系品种。螺纹钢与热轧卷板这两个钢铁类品种主力合约一般为 1 月、5 月、10 月。贵金属黄金和白银一般以 6 月和 12 月合约为主力，主力轮换频率在国内品种中最低。有色金属中沪铝、沪铜、沪锌等已经形成了逐月展期的规律，另外原油和沪镍由此前的 1 月、5 月、9 月展期规律逐渐变为逐月展期（见表 8）。

表 8　　　　　　　　　　　国内商品品种的展期规律

品种	上市合约	主力合约
白银	1—12 月	6 月、12 月
铝	1—12 月	1—12 月
鲜苹果	1 月、3 月、5 月、7 月、10 月、11 月、12 月	1 月、5 月、10 月
黄金	最近 3 个连续月份的合约以及最近 13 个月以内的双月合约	6 月、12 月
石油沥青	24 个月以内，其中最近 1—6 个月为连续月份合约，6 个月以后为季月合约	6 月、9 月、12 月
黄玉米	1 月、3 月、5 月、7 月、9 月、11 月	1 月、5 月、9 月
一号棉花	1 月、3 月、5 月、7 月、9 月、11 月	1 月、5 月、9 月
阴极铜	1—12 月	1 月、2 月、3 月、4 月、5 月、6 月、7 月、8 月、9 月、10 月、11 月、12 月
平板玻璃	1—12 月	1 月、5 月、6 月、9 月
燃料油	1—12 月	1 月、3 月、4 月、5 月、9 月、10 月、11 月、12 月
热轧卷板	1—12 月	1 月、5 月、10 月
铁矿石	1—12 月	1 月、5 月、9 月
冶金焦炭	1—12 月	1 月、5 月、9 月
鲜鸡蛋	1—12 月	1 月、5 月、9 月
焦煤	1—12 月	1 月、5 月、9 月
线型低密度聚乙烯	1—12 月	1 月、5 月、9 月
豆粕	1 月、3 月、5 月、7 月、8 月、9 月、11 月、12 月	1 月、5 月、9 月
甲醇	1—12 月	1 月、5 月、6 月、9 月
镍	1—12 月	1 月、5 月、7 月、8 月、9 月、10 月、11 月
菜籽油	1 月、3 月、5 月、7 月、9 月、11 月	1 月、5 月、9 月

续表

品种	上市合约	主力合约
棕榈油	1—12月	1月、5月、9月
聚丙烯	1—12月	1月、5月、9月
螺纹钢	1—12月	1月、5月、10月
菜籽粕	1月、3月、5月、7月、8月、9月、11月	1月、5月、9月
天然橡胶	1月、3月、4月、5月、6月、7月、8月、9月、10月、11月	1月、5月、9月
中质含硫原油	最近1—12个月为连续月份以及随后8个季月	1月、3月、5月、6月、9月、12月
白砂糖	1月、3月、5月、7月、9月、11月	1月、5月、9月
精对苯二甲酸（PTA）	1—12月	1月、5月、9月
聚氯乙烯	1—12月	1月、5月、9月
大豆原油	1月、3月、5月、7月、8月、9月、11月、12月	1月、5月、9月
动力煤	1—12月	1月、5月、9月
锌	1—12月	1—12月

资料来源：Wind资讯。

对于商品指数化投资者，类似1、5、9低频展期相应减少了移仓的次数，降低了跟踪难度和移仓产生的交易成本。但品种流动性集中在单一合约时，也将带来一定的交易风险，如当前持仓的主力合约涨跌停板、持仓限制、流动性不足等情况出现，此时无法在主力合约上完成交易，且由于次主力合约缺乏流动性无法作为替代合约，此时将产生非常大的跟踪偏离，指数基金管理人甚至无法顺利完成基金申赎。因而，主力展期轮动规律与主次力合约流动性结构对于指数化投资者同样重要。

分别按成交量和持仓量为标准，逐日对品种各月份合约流动性排序，统计每个品种合约流动性集中情况。国内合约流动性集中情况有较强的品种特性，大致而言，有色金属的集中性最低，其次是农产品类和工业品，在持仓量和成交量的上也有些许差异。成交量相比于持仓量更易于集中在单一合约上，2019年，以上所有品种中约66.5%的持仓量集中在主力合约上，同时有高达82.6%的成交量发生于最活跃的月份合约（见图8、图9）。

从时间维度上看，市场整体的流动性集中度在近几年并没有明显的改善趋势，并且在2014—2017年集流动性明显集中，2017年商品市场整体约72%的合约持仓在主力合约（见图10）。

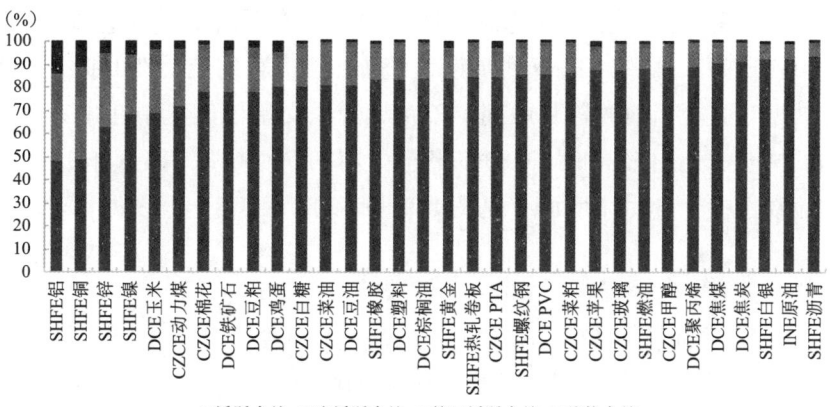

图8 2019年商品期货成交量结构

资料来源：Wind资讯。

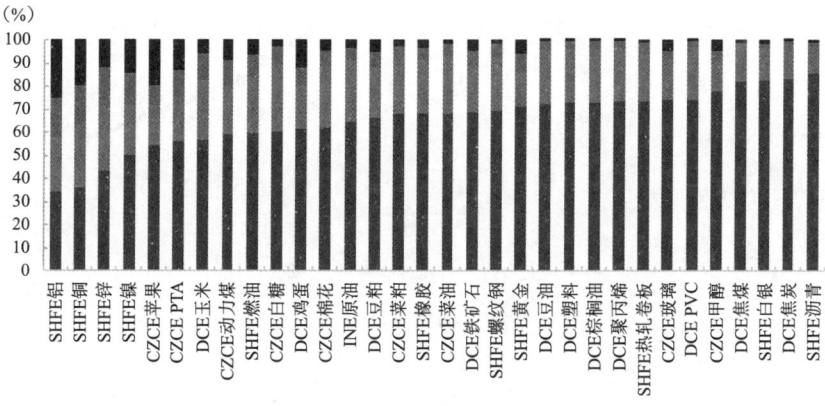

图9 2019年商品期货持仓量结构

资料来源：Wind资讯。

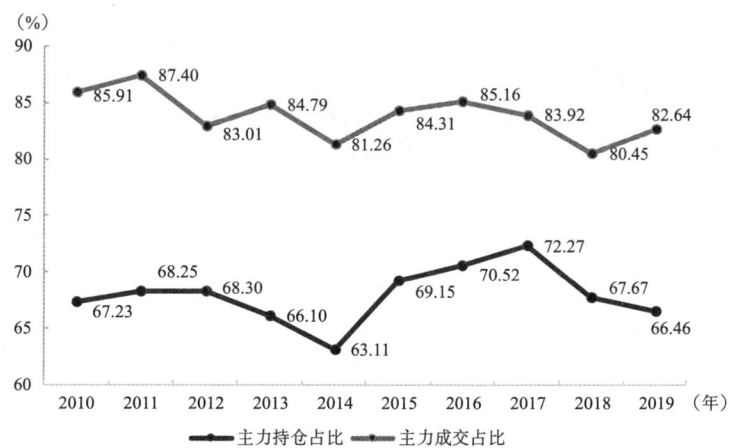

图10 历年商品期货流动性集中程度

资料来源：Wind资讯。

近几年，也有部分品种的合约流动性集中情况有明显的改善，如沪镍与PTA。沪镍在上市初期为1月、5月、9月展期，随着非主力合约流动性的提升，进而演变为奇数月展期，直至当前的逐月展期。PTA尽管成交量依然集中在主力合约，但其主力合约的持仓占比由最高时83.83%降至当前的56.66%，部分非1月、5月、9月合约的流动性持仓量明显增加（见图11、图12）。

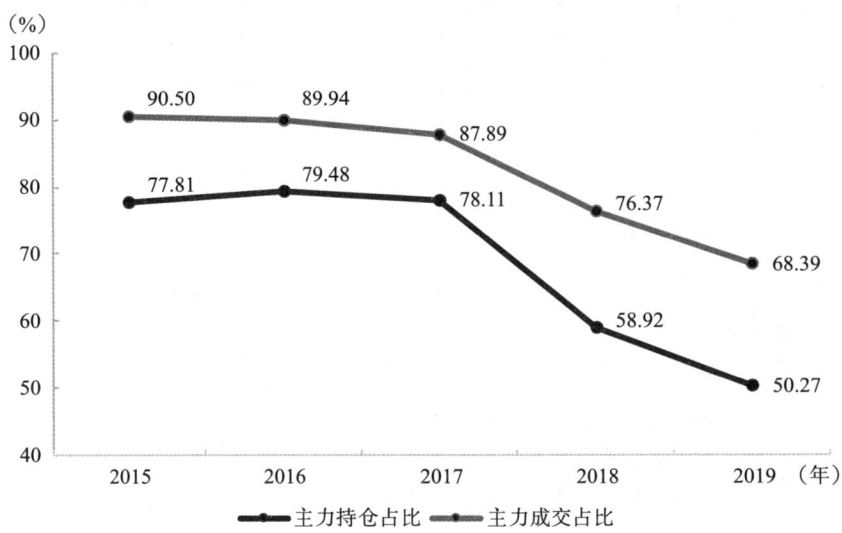

图11　历年沪镍流动性集中程度

资料来源：Wind资讯。

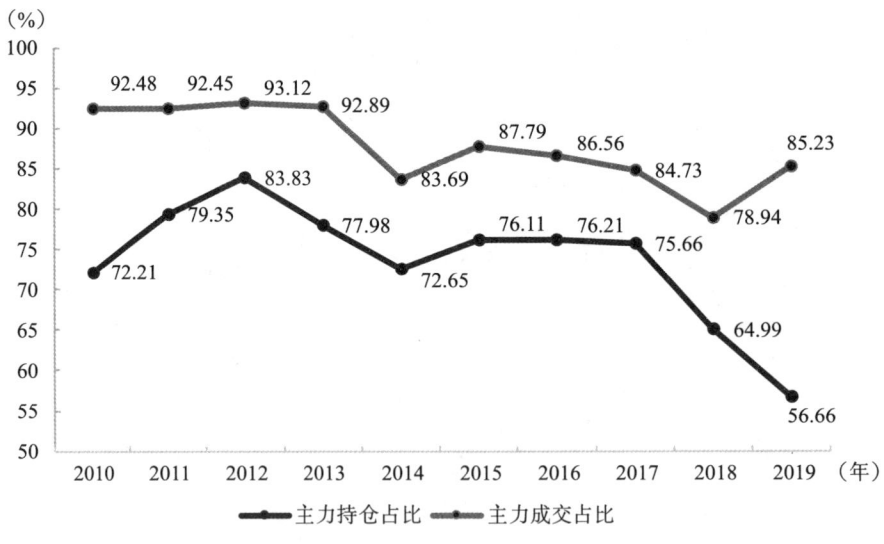

图12　历年PTA流动性集中程度

资料来源：Wind资讯。

(二) 非主力合约替代可行性

主力与非主力合约尽管到期月份不同，将导致两者之间走势的强弱差异，但总体上所有合约都是与标的现货价格挂钩。当主力合约遇到不可完成交易的情况下，或主力合约价格不利，或主力邻近交割等不利于投资者的情况时，非主力合约可作为主力合约的替代执行。

在各个品种合约上，非主力合约可以在多大程度上替代主力合约？这里使用非主力合约可交易量占主力持有量衡量，要求大部分的情况下，非主力合约的流动性能满足一定比例的主力替代持仓。

假设资产组合中持有的某商品主力合约已达交易所规定的持仓上限，根据当前交易所要求，单一客户对多数品种合约的持仓量不能超过该合约的市场单边持仓量10%。非主力合约要求不仅持仓不能超过限额，同时为了避免非主力合约市场流动性不足而带来的冲击成本，其成交量同样不能超市场单边10%。

在75%的交易日下，有沪锌、沪铜、沪铝、苹果、橡胶、菜粕、白糖、铁矿石、豆粕、螺纹钢、棕榈油、菜油、豆油、玉米、塑料、棉花、鸡蛋、PTA 共计18个品种非主力合约流动性可满足替代5%以上的主力合约交易。

非主力对主力替代占比见图13。

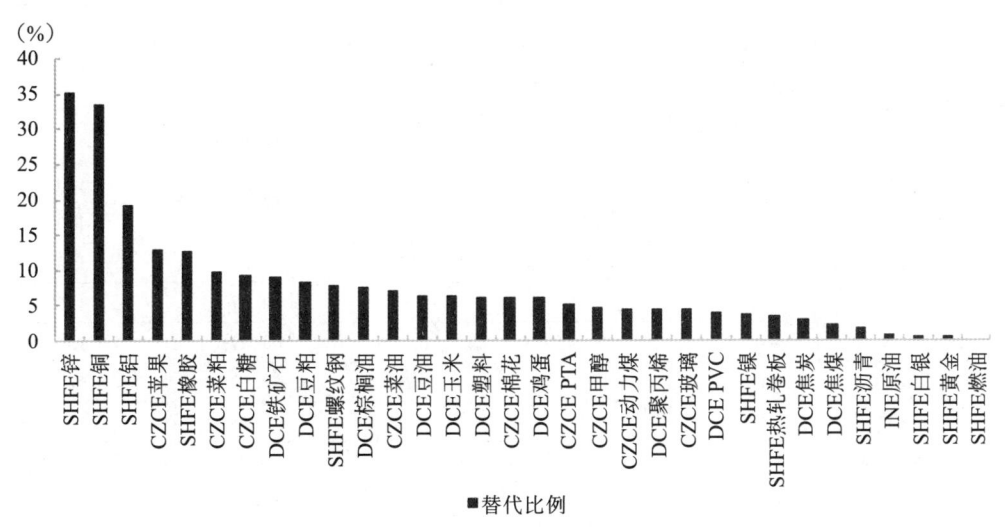

图13 非主力对主力可替代比重

资料来源：Wind 资讯。

对于商品指数化投资，非主力合约对主力的替代可行性上不仅要求流动性，同时需要主力次主力走势接近，以缩小跟踪误差。使用配对 t 检验验证两者之间每日涨跌幅的差异，检验结果如表9所示，不少品种主力、次主力日间走势差异较大，其中螺纹钢和玻璃在10%的显著水平上拒绝原假设（主力涨跌幅－次主力涨跌幅＝0），因而在这些品种上使用次主力替代效果不佳（见图14）。

表9　　主力、次主力每日结算价涨跌幅配对 T 检验结果

品种	均值（%）	标准差（%）	t 值	p 值（%）	自由度
SHFE 螺纹钢	－0.03	0.46	－2.06	3.92	1 142
CZCE 玻璃	0.03	0.52	1.89	5.91	1 136
SHFE 锌	0.01	0.14	1.51	13.25	1 142
DCE 焦煤	0.04	1.01	1.49	13.73	1 141
SHFE 沥青	0.03	0.71	1.39	16.35	1 138
SHFE 镍	0.01	0.23	1.21	22.71	1 089
CZCE 动力煤	0.02	0.66	1.13	25.96	1 140
CZCE 苹果	0.04	0.89	1.02	31.03	417
DCE 鸡蛋	0.02	0.71	0.96	33.53	1 143
SHFE 燃油	0.08	2.60	0.88	37.89	795
SHFE 铜	0	0.09	－0.84	39.91	1 140
CZCE PTA	0.01	0.45	0.70	48.23	1 141
INE 原油	0.03	0.72	0.68	49.70	356
DCE 塑料	0.01	0.35	0.68	49.78	1 139
CZCE 菜粕	0.01	0.42	0.64	52.06	1 141
CZCE 菜油	0	0.21	－0.64	52.41	1 141
DCE 棕榈油	－0.01	0.31	－0.56	57.22	1 138
CZCE 白糖	0	0.28	0.56	57.87	1 142
DCE 豆粕	－0.01	0.33	－0.54	58.63	1 139
CZCE 棉花	0	0.25	－0.48	63.27	1 139
DCE 玉米	0	0.34	－0.48	63.33	1 133
SHFE 铝	0	0.10	－0.40	68.65	1 139
DCE PVC	0	0.40	－0.40	68.77	1 136
DCE 焦炭	－0.01	0.94	－0.39	69.41	1 139
SHFE 黄金	0	0.18	0.33	73.92	1 140
CZCE 甲醇	0	0.53	0.26	79.18	1 143
SHFE 白银	0	0.22	0.24	80.89	1 136
DCE 豆油	0	0.19	－0.19	84.55	1 142
SHFE 橡胶	0	0.39	－0.16	87.47	1 142
DCE 铁矿石	0	0.60	0.12	90.34	1 140
DCE 聚丙烯	0	0.39	0.05	96.40	1 143
SHFE 热轧卷板	0	0.57	－0.04	96.66	1 142

资料来源：Wind 资讯，注：以市场持仓量认定主力、次主力合约。

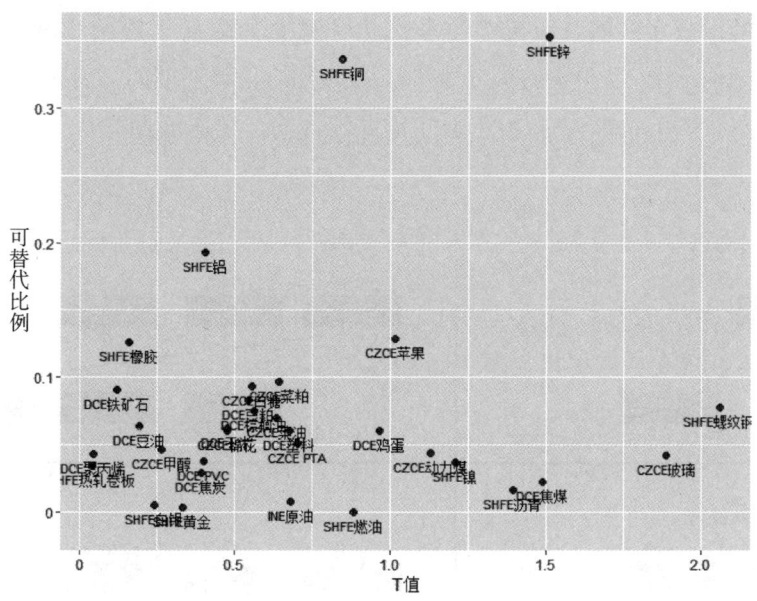

图14 次主力替代可行性

资料来源：Wind 资讯。

综合考虑流动性与跟踪误差，有沪锌、沪铜、沪铝、苹果、橡胶、菜粕、白糖、铁矿石、豆粕、棕榈油、菜油、豆油、玉米、塑料、棉花、鸡蛋、PTA 共计 17 个品种可以在不同程度上满足主力替代的需求。

（三）多月合约指数编制

上一小结中讨论次主力合约偶尔作为主力合约的替代，这一小节中讨论将非主力合约编入多月合约指数。

多月合约指数相比单一合约指数有以下特点：

第一，反映更远期的商品价格走势。

同一品种期货合约同时挂牌多个到期月份合约，以满足对不同期限套期保值的需求。不同到期月份合约价格将收敛至对应月份的现货价格，因而到期月份不同，其价格走势强弱有别。

多月份合约指数相比单一合约品种指数分配了更多权重在非主力合约上，一般而言是远月合约。若商品指数投资者看多或看空长期商品，而对短期价格存在不确定性。

第二，可容纳更多资金。

由于资金不集中于单一合约，考虑限仓政策与市场流动性条件，理论上多合约指数中非主力合约部分将直接扩大商品指数基金的可容纳资金规模上限。

第三，展期难度和市场冲击降低。

多月合约指数在展期阶段无需将全部头寸移仓，降低了展期难度和移仓成本。如在单合约的情形下，100%的头寸集中于主力合约，展期期间需将全部转移至下一合约，对比双合约的情形，仅50%头寸在近月合约，单次展期也仅需移仓全部头寸的50%（见图15）。

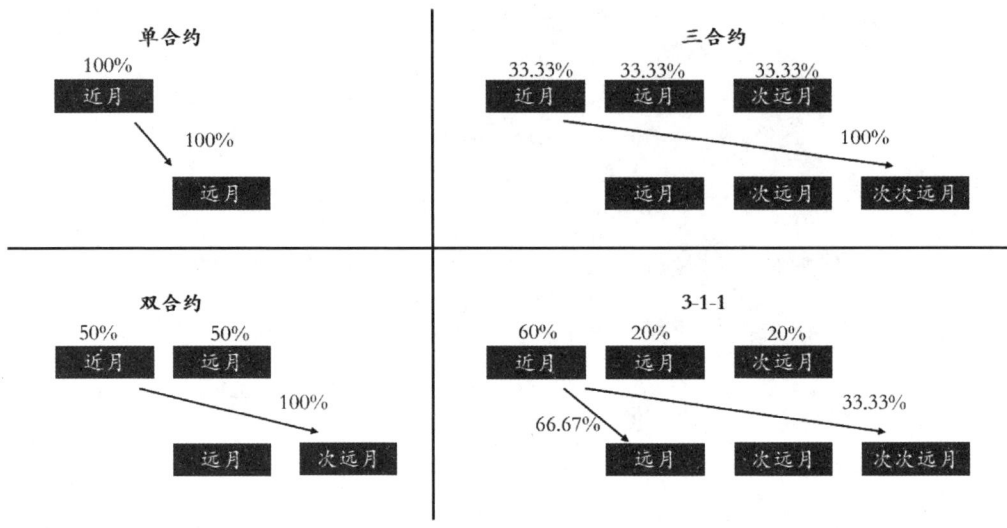

图15　多合约指数展期移仓示例

资料来源：Wind 资讯。

第四，提升非主力合约流动性，优化市场合约流动性结构。

投资多月合约指数将引导指数基金配置部分非主力合约，在此沉淀的资金将改善品种流动集中于主力的现状，进而引导国内1月、5月、9月展期习惯向连续展期改善。

1. 多月合约指数编制方案

指数基期：2016年1月4日。

指数基点：1。

指数类型：超额收益指数。

品种选择：截至2019年9月9日时，品种上市满1年且2019年期间日均成交金额超50亿元，有32个品种满足。

合约选择：①按持仓量排序确定各品种的主力、次主力、次次主力合约；②若主力合约距离到期月份6个月以内，次主力及次次主力合约到期日不早于主力合约；③若主力合约距离到期月份6个月及以上，次主力及次次主力合约到期日可以早于主力合约。一般而言，次主力及次次主力不应早于主力合约到期，但国内市场部分品种合约流动性过早集中在更远月合约，导致缺少流动性充足的次主力及次次主力合约，为避免此情况出现，允许在特定条件下可以持有更近月的非主力合约。

展期时点：任意主力、次主力、次次主力对应合约发生变化，则指数在下一交易日中完成展期。

合约权重：对于多个合约如何进行权重分配，对于同一个品种不适用根据消费量或产量分配，采用流动性指标是更为合理的办法。①以上一年度主力、次主力、次次主力合约的日均持仓金额确定本年度的合约权重；②当次次主力合约权重低于10%时，则将此合约权重降至0，并将原有权重等比例分配至主力和次主力；③若次次主力权重分配后，次主力合约权重仍然不及10%时，则主力合约权重为100%；④若指数运行期间，主力权重均为100%则为单月合约指数。

权重调整：每年第一个交易日调整权重。

指数计算：

$$INDEX_t = \sum_{i=1}^{3} P_{0,i,t} \times N_{i,t-1}$$

非展期日、非权重调整日：

$$N_{i,t} = N_{i,t-1}$$

展期日：

$$N_{i,t} = INDEX_t \times W_{i,j}/P_{1,i,t}$$

权重调整日：

$$N_{i,t} = INDEX_t \times W_{i,j+1}/P_{0,i,t}$$

展期日与权重调整日重合：

$$N_{i,t} = INDEX_t \times W_{i,j+1}/P_{1,i,t}$$

i：主力、次主力、次次主力合约；

$INDEX_t$：t 日指数结算价；

$P_{0,i,t}$：展期前的 i 合约在 t 日的结算价，展期前后 i 合约对应的具体合约变化；

$P_{1,i,t}$：展期后的 i 合约在 t 日的结算价，展期前后 i 合约对应的具体合约变化；

$W_{i,j}$：i 合约在 j 年度的权重；

$N_{i,t}$：i 合约在 t 日的持有单位。

2. 指数运行结果

经权重计算，上述 32 个品种均满足编制为多月合约指数的条件。根据 2019 年最新权重（见图 16），沪铝、苹果、沪铜、菜粕、沪锌 5 个品种可以长期持有 3 个不同到期月份合约，其他品种当前只满足持有双月合约，焦炭由于 2018 年持仓集中，因此2019年仅包含主力合约，其他年份均为双月合约（见图16）。

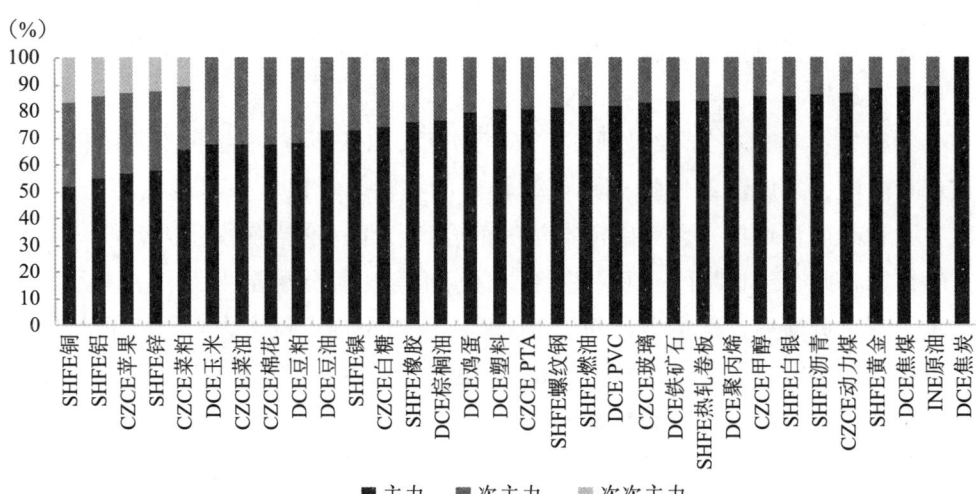

图16 多月合约指数最新权重（2019年）

资料来源：Wind资讯。

作为对比，在相同条件下同时计算单月合约指数，与多月合约指数的区别仅为单月指数的主力合约的权重为100%。另外，指数计算是不计入交易成本的，但模拟实际指数跟踪换仓时产生的交易成本，按移仓部分0.05%计。指数计算结果见表10。

表10 指数运行结果

品种	多月合约指数（%）			单月合约指数（%）			波动率降低（%）	成本节约（%）
	年化收益率	年化波动率	交易成本	年化收益率	年化波动率	交易成本		
	(1)	(2)	(3)	(4)	(5)	(6)	(5)-(2)	(6)-(3)
SHFE 白银	5.19	13.95	1.20	4.15	14.01	1.20	0.06	-0.01
SHFE 铝	7.37	12.65	1.20	7.47	12.93	1.49	0.27	0.28
CZCE 苹果	23.10	21.53	3.03	25.24	22.22	3.28	0.69	0.25
SHFE 黄金	10.22	9.54	0.71	10.00	9.55	0.71	0.00	0.00
SHFE 沥青	5.03	22.22	2.68	4.18	22.49	2.73	0.27	0.05
DCE 玉米	1.89	10.06	0.70	2.17	10.54	0.89	0.48	0.19
CZCE 棉花	-1.59	16.41	1.45	-1.67	16.63	1.57	0.22	0.12
SHFE 铜	6.05	13.69	1.32	6.07	13.63	1.59	-0.06	0.26
CZCE 玻璃	19.55	16.58	1.77	19.17	16.90	1.85	0.32	0.08
SHFE 燃油	11.12	23.46	3.43	9.66	24.11	3.68	0.65	0.25
SHFE 热轧卷板	33.01	23.05	3.68	33.32	23.22	3.79	0.17	0.11
DCE 铁矿石	43.30	30.56	6.66	43.59	30.85	6.84	0.29	0.18

续表

品种	多月合约指数（%）			单月合约指数（%）			波动率降低（%）	成本节约（%）
	年化收益率	年化波动率	交易成本	年化收益率	年化波动率	交易成本		
	(1)	(2)	(3)	(4)	(5)	(6)	(5)-(2)	(6)-(3)
DCE 焦炭	51.66	28.72	6.25	53.15	28.89	6.41	0.17	0.16
DCE 鸡蛋	2.61	15.54	1.36	1.42	17.02	1.63	1.48	0.27
DCE 焦煤	35.69	26.67	4.88	35.56	26.90	4.97	0.23	0.09
DCE 塑料	3.33	15.46	1.40	2.85	15.70	1.51	0.24	0.11
DCE 豆粕	9.95	15.04	1.39	10.69	15.52	1.61	0.49	0.22
CZCE 甲醇	3.99	19.62	2.09	3.41	19.95	2.14	0.33	0.05
SHFE 镍	17.93	20.19	2.62	17.91	20.24	2.66	0.05	0.04
CZCE 菜油	0.21	11.98	0.87	0.07	12.26	1.01	0.28	0.14
DCE 棕榈油	-2.26	13.99	1.11	-2.46	14.46	1.26	0.47	0.15
DCE 聚丙烯	17.86	18.31	2.09	18.58	18.54	2.21	0.23	0.12
SHFE 螺纹钢	37.10	23.52	3.92	36.18	23.90	4.08	0.38	0.16
CZCE 菜粕	9.02	16.79	1.71	8.50	17.57	1.88	0.78	0.17
SHFE 橡胶	-15.43	23.25	2.34	-16.73	23.61	2.44	0.35	0.10
INE 原油	23.17	23.91	4.12	23.23	24.07	4.22	0.16	0.10
CZCE 白糖	-2.41	10.46	0.69	-2.25	10.65	0.81	0.19	0.12
CZCE PTA	5.23	16.37	1.57	5.44	16.98	1.70	0.61	0.13
DCE PVC	13.08	17.18	1.79	12.61	17.36	1.87	0.18	0.08
DCE 豆油	-4.80	11.56	0.80	-5.39	11.76	0.91	0.20	0.12
CZCE 动力煤	31.05	16.75	2.03	32.57	17.34	2.13	0.59	0.10
SHFE 锌	16.93	17.90	2.31	17.25	17.88	2.55	-0.02	0.24

资料来源：Wind 资讯。

收益率方面，多月合约指数相比单月合约指数一般更多配置了远月合约，两者之间的走势差异体现同一品种在不同月份现货上的强弱之差。若远月相对走强的话，多月合约指数收益将优于单月合约指数，反之亦然。

波动率方面，根据指数的收益结果，29 个品种的多月指数波动率相对单月合约指数有更低的波动率（见图 17），其中鸡蛋、苹果、菜粕、PTA、燃油、动力煤的年化波动率可下降 0.5% 以上。

指数在计算的过程中是不计入交易成本的，但在实际指数化投资的过程中，将产生交易成本带来跟踪误差，尤其对于商品期货 ETF 要求频繁展期，对交易成本比其他类型指数基金要更为敏感。假设期货变动仓位变动时，将在仓位转移部分产生 0.05% 的成本（包括开、平仓的交易手续费、冲击成本等），进行 100% 移仓时总成本为 0.05%×100%，移仓 50% 仓位时总成本为 0.05%×50%。在 32 个品种中，有

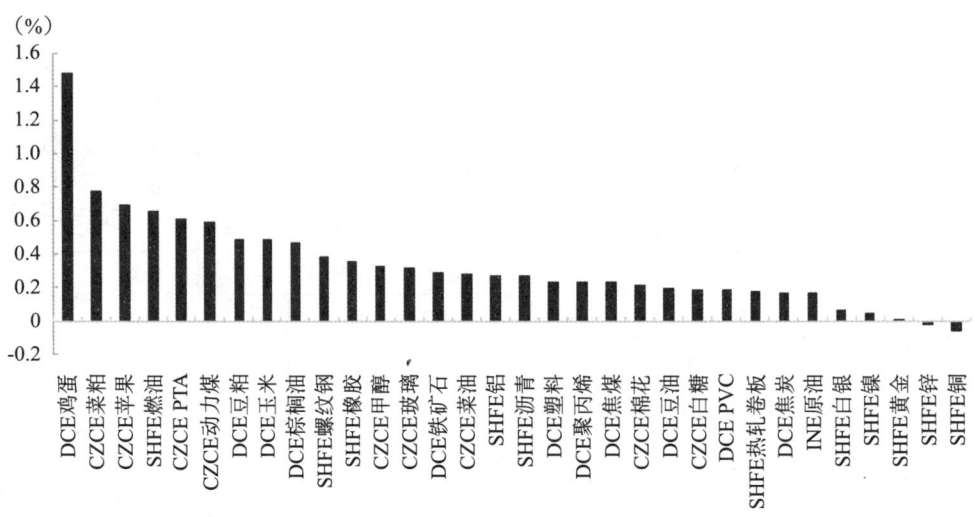

计算方式：单月合约指数波动率 - 多月合约指数波动率

图17　多月合约指数降低波动率

资料来源：Wind 资讯。

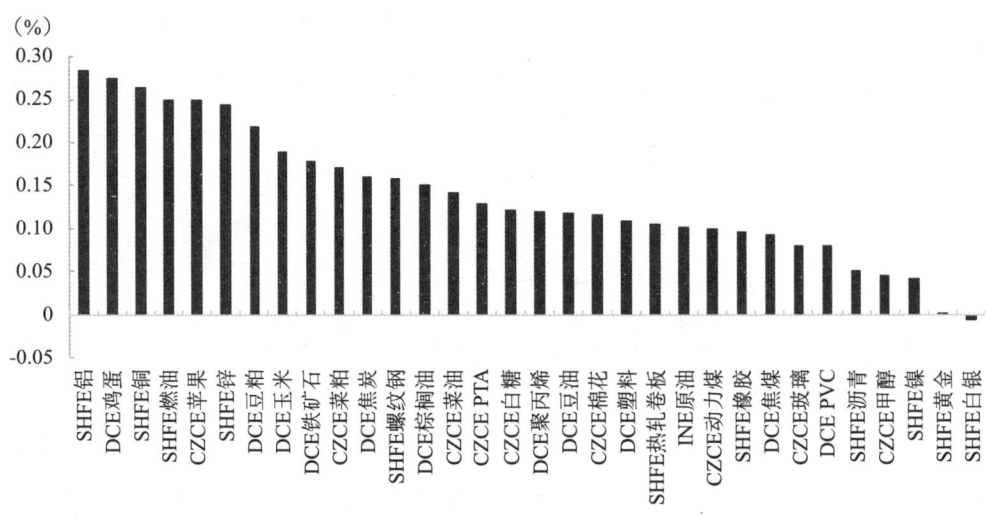

计算方式：单月合约指数跟踪交易成本 - 多月合约指数跟踪交易成本

图18　多月合约指数降低跟踪成本

资料来源：Wind 资讯。

31 个品种在持有多月合约的情况下交易成本将有不同程度的减少，对黄金和白银的影响不大。

交易成本受两方面影响：移仓频率和移仓规模。移仓频率取决于实际主力切换频率，1 月、5 月、9 月展期的品种每年移仓 3 次，而逐月展期的合约每年则需要移仓 12 次，产生更多的交易成本。移仓规模，每次移仓规模越大则产生越多的成本，单月合约指数每次需要转移全部头寸，而多月合约指数每次仅需调整部分持仓即可，持仓权重越分散，多月合约带来的成本节约效益越明显。因此，展期频率低且持仓集中的贵金属品种的成本变化不大，而对于持仓分散且频繁展期的品种，成本明显降低，如沪铜、沪铝。

由于多合约指数相比单合约指数持有更多的合约，在相同流动性水平下可以容纳更多的资金，提升的资金容纳量由非主力合约提供。非主力合约可分配的权重越大，对容量的提升越明显，以上述编制指数权重未来，不同品种的多月合约指数相比单月合约指数的如图19所示。由于沪铜、沪铝等品种远月流动性良好，对容量提升更多。

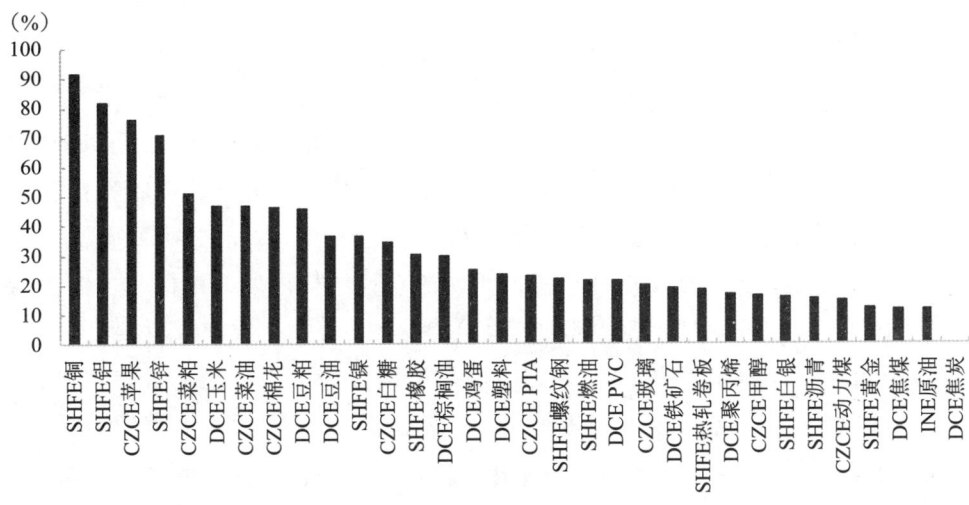

计算方式：（多月合约指数容纳资金规模/单月合约指数容纳资金规模－1）×100%

图19　多月合约指数提升容纳资金规模

资料来源：Wind资讯。

多月合约指数基金与市场流动性的互动是双向的。良好的市场流动性结构可以扩大基金规模上限，同时也为远月合约引入被动投资者，提升其持仓量，进一步优化市场结构。

前文梳理商品指数发展进程中提到过本文研究的多月合约指数属于第二代商品指数创新的范畴，第二代商品指数通过主动管理远期曲线实现提升展期收益率。研究发现国内商品期货的多月合约指数在降低波动率、减少交易成本、扩大可容纳资金规模上有明显的优势，而在收益上提升目前还并不明显，这是由于不同品种升贴水格局不同导致的。本文没能实现这一目标的原因在于国内合约流动性集中，缺少主动管理远期曲线的空间。

五、总结

(一) 结论

本文梳理了海内外商品知名指数,介绍了当前海内外商品指数化投资的现状与差异。

商品指数方面,国内已经涌现了多家指数编制机构,并且均已形成较为完备的指数体系。海外商品指数除了各类综合指数外,还在此基础上发展了第二代和第三代指数创新型指数,在指数展期时机、合约月份选择等方面有了更多的选择。

商品指数化投资方面,投资者对商品有长期配置需求,而在国内目前公募基金市场上缺少投资标的,目前仅有 3 只非贵金属类商品基金,可以说商品指数化投资目前依然处于起始阶段。在海外商品指数化投资当前已经非常成熟,除了 ETF 的形式也有 ETN、ETC 等类型投资工具,在品种类别布局广泛,此外,创新型指数由于其拥有增强收益、流动性佳等特性也受到了投资者的认可,如原油 USL 基金。

本文后续就当前国内期货展期结构,月份流动性结构出发,挖掘非主力在指数化投资上的应用。

非主力合约在指数化投资中的基础应用是可以作为主力合约的替代持有合约。当主力合约出现持仓限制、涨跌停板等流动性不足的情况下或主力合约价格严重偏离的情况下,交易主力将会造成严重的跟踪误差,损害投资人的利益。此情况下,不仅要求非主力合约有充足的流动性,同时,非主力合约的走势需要接近主力合约,以避免跟踪偏离。在这两个条件下,有 17 个品种的次主力合约可以满足主力合约替代性交易需求。

在此非主力合约流动性充足的基础上,开发单品种多月合约指数。经测算,将非主力合约纳入指数,不仅可以降低指数波动率,还可以显著降低交易成本,尤其是对于持仓分散且频繁展期的品种。由于加入了其他合约,在相同流动性压力下,可大量提升基金容量上限,非主力合约流动性越好,提升越明显。

创新研究多月合约指数,不仅是能给指数投资者提供远月合约投资收益,给基金拓宽规模可容纳上限、降低交易成本,更是可以给市场非主力合约注入长期稳定的流动性。国内期货市场存在流动性过于集中于主力合约、不连续展期等问题,将被动投资资金引入非主力合约,有利于市场流动性结构优化,缓解当前非主力合约流动性欠佳的现状,引导其形成连续展期规律,最终实现提升期货定价效率的目的。

(二) 有待进一步研究的方向

对比海外多样化的商品指数投资工具,国内商品指数化投资仍然是一片蓝海。

起初是为了解决单一品种的主力合约的流动性难以承担大规模的资金这一问题，于是想从非主力合约入手。结合国内实际流动性现状，当前仅少数品种可以满足长期持有 3 个及以上合约。

可以从其他方面解决这一问题，在价格走势相近的情况下，流动性好的品种带动流动性差的品种，如编制产业链指数（如大豆、豆油、豆粕）、替代品指数（如豆粕、菜粕）。

未来市场流动性满足的情况下，有更多远月合约满足配置条件，可以对商品指数远期曲线管理，增加展期收益率，深度开发第二代商品指数。

最后，由于指数基金资金量大且需要集中移仓，对市场流动性要求较高，且由于指数化投资展期移仓时间点透明，容易成为其他投资者"针对"的目标，抬升远月合约价格，压低近月合约价格，对指数投资人的利益造成损害。尤其是在极端行情下，远月合约大幅升水，加上资金涌入市场，商品基金展期难度加大。对此，希望能适时推出相应空头商品指数基金，多空双方相互提供流动性。重视极端行情下商品基金的流动性需求，允许指数基金牺牲部分跟踪误差、调整合约持仓分配、灵活展期等，从而保障投资者的利益，降低商品市场投资风险。

参考文献

［1］冯科、李昕昕："我国商品期货价格指数与宏观经济指标关系的实证研究"，《经济与管理》，2014 年第 1 期。

［2］S&P Dow Jones Indices：Index Methodology. S&P GSCI Methodology［Z］. 2019.

［3］S&P Dow Jones Indices：Index Methodology. DJ Commodities Methodology［Z］. 2019.

［4］部慧、李艺、陈锐刚等："商品期货指数的编制研究及功能检验"，《中国管理科学》，2007 年第 4 期。

［5］黄伟："国外著名商品指数编制比较及其对我国的启示"，《上海金融》，2011 年第 3 期。

［6］Bloomberg, UBS. UBS Bloomberg CMCI Technical Document［Z］. 2017.

［7］JPMorgan. Introducing the JPMorgan Commodity Curve Index［Z］. 2007.

［8］林少非、钟利明、孙斯寒："我国增强型商品期货指数编制研究"，《价格理论与实践》，2019 年第 5 期。

［9］部慧、李艺、王拴红等："商品指数的国际比较"，《管理评论》，2007 年第 1 期。

［10］Jung – Hyun Ahn, Pierre Six. A study of first generation commodity indices: Indices based on financial diversification［J］. Finance Research Letters, 2019 (30).

［11］崔闯：《基于 Smart Beta 的商品 ETF 指数优化研究》，东北财经大学，2017 年。

［12］林少非、钟利明、孙斯寒："我国增强型商品期货指数编制研究"，《价格理论与实践》，2019 年第 5 期。

［13］Bloomberg. Index Methodology The Bloomberg Commodity Index Family［Z］. 2016.

［14］Beeland Interests. THE RICI® Handbook［Z］. 2019.

［15］REFINITIV. CC CRB Total Return Index Fact Sheet［Z］. 2019.

［16］Deutsche Bank. DBLCI Optimum Yield Indices［Z］. 2012.

中期协联合研究计划（第十三期）项目

境外期货业协会组织模式和职能研究

课题负责单位：北京大商所期货与期权研究中心有限公司
课题研究编号：201921018
课题负责人：何　欣
研　究　成　员：薛建良　晋　婧　唐倩玉　尹　钰　曲聆菲
　　　　　　　　赵文海　贺　楠　李　丹

一、引言

(一) 研究背景及意义

期货市场作为现代市场经济体系的重要组成部分，其行业协会既是协调政府和市场关系的重要桥梁，也是期货市场自律体系的核心，承担着促进行业自律和推动行业发展的重任。2008 年金融危机后，严监管成为各国金融监管当局共识，在全球监管冲突与合作不断、交易所商业化程度加深、新产品新业态层出不穷的背景下，各国期货行业协会作为非营利性自律机构，其组织模式和职能特点正在发生深刻变化。

中国期货业协会自 21 世纪初成立以来，见证、参与、推动了中国期货市场的发展，并探索出一条符合中国国情的自律组织发展模式和道路。在中国期货市场迈向多元开放的新时代，中国期货业协会面临新的历史发展机遇期。把握世界各主要经济体期货行业协会组织模式和职能特点的新动向，不仅对中国期货业协会完善组织治理、明确战略定位、把握历史机遇意义重大，更将助力中国期货业协会成为应对期货市场国际化挑战和撬动行业发展的重要抓手，打造中国期货市场的战略竞争力。

(二) 研究基础和概念定义

为了更好开展研究，本文梳理了关于行业自律组织功能作用、自律管理与政府监管的关系、行业协会组织模式和治理机制等的已有研究，并对有关概念进行了定义。

1. 研究综述

(1) 行业自律组织的定义与作用研究。国内外学者普遍认为，行业自律是行业联合设定标准，对行业产生普遍影响的活动（Gupta、Lawrence 等，1983），行业自律通常由自律组织来实施（Ensminger，2003）。理论界通过采用"组织法"下的公法与私法学说、法人分类学说等分析行业协会的性质（郭泽鹏，2018），以法理理论、市民社会理论、第三部门管理理论等理论研究行业协会市场监管权，认为行业协会的现实意义在于防范市场失灵、补充政府监管、补充法律不足（楼晓，2013）。行业协会普遍承担制定行业标准和技术标准、解决争端维护利益、行业自律、市场规范、市场准入与认证等功能（武庆阳，2015）。但也有研究认为，证券期货市场自律管理已经超出了行业协会的自治性范畴，有必要由法律赋予其合法性与必要性，使之成为国家证券法律监管体系的必要环节（陈雷，2018）。

（2）自律监管与政府监管关系的研究。对于证券期货市场中行业自律监管与政府监管的关系，学者和业界普遍认为，自律监管的度从根本上由一国的政治经济体制和金融发展状况所决定（楼晓，2013），政府职能定位影响证券监管分工（王天奇，2010）。国际证监会组织认为，政府和行业自律组织的主要目标类似，政府应明确自律组织的权利与激励，并持续监督抽查，自律组织则应加强与政府的沟通合作，两者应通过多种形式明确职能划分，避免监管盲区或重复监管（IOSCO，2000）。世界银行指出，由于监管当局决定谁控制剩余立法权，因此自律组织的监管效率受到民粹主义、政治不确定性的影响（Grajzl and Murrell，2007）。

（3）行业协会的组织模式和治理机制研究。对于行业协会的组织模式，国内外学者一般重点关注其运行模式、行业角色、运营情况、权利范围等，通过行业协会的监管权来源、设立方式、协会与政府合作模式进行国际比较研究。John Carson（2011）指出对于行业协会的治理机制，没有一个完美的模式。国际证监会组织即指出，自律组织治理方法需要就具体的产品类型、市场结构、使用者性质、交易性质、自律组织类型进行调整，为自律组织高效运营提供制度保障（IOSCO，2000）。

（4）文献评述。通过文献综述可以看出，目前学界和业界对行业协会自律管理的经济学、社会学、政治学理论储备较为丰富，对自律组织和政府监管的关系、协会自律管理的治理实践也有较多论述，但尚缺乏对以下问题的研究分析：现有研究缺乏对境内外有代表性的衍生品市场自律组织的系统调研和分析；缺乏对期货行业协会组织模式、治理结构、职能安排等的系统梳理和总结；没有对行政监管与自律管理的关系及其对组织模式和职能设置的关系进行深入分析；没有将境外期货行业自律组织模式和职能与我国期货业协会的组织和职能完善相联系，这为本研究提供了新的视角。

2. 概念定义

（1）组织模式。本研究认为，组织模式由组织架构和运行治理机制两部分构成。组织架构包括权力机构、决策机构和行政机构等组成部分，是期货行业协会组织模式的外在表现；治理机制是决策机构产生和运营的流程，是组织结构各分部相互作用的过程，是行业协会组织模式的内在或核心。

（2）自律监管和自律管理。自律管理是期货行业自律组织的核心职能，为更好分析和认识自律管理和行政监管的关系，本研究将自律监管定义为期货行业自律组织承担的行政监管法律或机构委托的行业监督管理职能；将自律管理定义为期货行业自律组织为规范行业行为、协调同业利益、维护公平竞争等，依据法律法规等制定行业规则规范并开展的监督管理的行为。

(三) 研究思路和目标

1. 研究思路

本研究以美国国家期货协会（National Futures Association，以下简称"NFA"）、全球期货业协会（Futures Industry Association，以下简称"FIA"）、美国管理基金协会（Managed fund Association，以下简称"MFA"）、印度商品参与者协会（Commodity Participants Association of India，以下简称"CPAI"）、印度固定收益货币市场和衍生品协会（Fixed Income Money Market and Derivatives Association of India，以下简称"FIMMDA"）、新加坡证券业协会（Securities Association of Singapore，以下简称"SAS"）、台湾地区期货业商业同业公会（以下简称"台湾期货公会"）、香港证券业协会（以下简称，"HKSA"）等欧美国家和亚太地区8家境外期货及衍生品行业协会为对象，采用案例研究、对比研究等方法，首先系统分析了代表性期货行业自律组织的组织模式和具体职能，梳理其发展历程及现状；其次，在此基础上，重点分析期货业协会自律管理与政府监管的关系及其对协会组织模式和具体职能的影响；最后，在总结境外代表性期货业自律组织组织模式和职能设置规律特点的基础上，对我国期货业协会组织模式和职能设置提出意见与建议，具体为：

(1) 期货行业的自律组织模式的研究。一是期货行业自律组织的组织架构，基于政府、协会、会员三者关系，分析其设立方式和权利来源；以权力机构、行政机构、监事机构、组成部门等组织和制度为重点，分析行业自律组织内部组织及关系；二是期货行业自律组织职能。以协会性质和宗旨为基础，分析期货行业自律组织的总体功能职责；从促进行业发展、监督规范行业行为两个维度，系统归纳行业自律组织的职能。

(2) 自律管理与行政监管关系及其对自律组织模式和职能的影响。以代表性国家地区的期货行业法律、政府监管权利构成为基础，一是梳理不同国家、地区期货行业自律组织的性质、地位、职责等内容，总结自律管理与政府行政监管的关系类型及特点；二是分析自律管理与政府监管关系特点对期货行业自律组织模式和职能的影响。

(3) 国际代表性期货行业协会组织模式和职能对我国的借鉴与启示。根据境外代表性期货业行业自律组织的组织模式和职能设置规律，提出更好完善我国期货业协会组织模式和职能设置的意见与建议。

2. 研究目标

本研究的目标主要为：①研究境外期货行业协会的组织模式和具体职能；②研

究境外期货行业协会自律管理与行政监管关系；③自律管理与行政监管关系对期货行业协会的组织模式和具体职能的影响；④借鉴境外期货行业协会组织模式和职能设置优点，为中国期货业协会发展提供意见与建议。

3. 研究方法

为解决研究的关键问题，本研究采用文献研究、案例研究、对比分析等方法，具体为：

（1）文献研究法。一是系统查阅了国内外对行业协会组织模式和职能研究的文献，重点对行业协会的定义、性质、职能特点以及行业协会与政府关系的理论和分析方法进行了梳理，为核心概念的定义、研究的展开奠定了理论基础。二是系统查阅了8家境外期货衍生品行业协会的官网、年报等文献资料及所在国家的相关法律，系统了掌握了其组织架构、治理模式和职能等具体情况，为深入分析自律管理与行政监管关系奠定了基础。三是系统研读吸收了中国期货业协会提供的相关专题报告，为对比分析国内外差异，提供对策建议提供了支撑。

（2）案例研究。选择了美国国家期货协会（NFA）、全球期货业协会（FIA）、美国管理基金协会（MFA）、印度商品参与者协会（CPAI）、印度固定收益货币市场和衍生品协会（FIMMDA）、新加坡证券业协会（SAS）、台湾地区期货业商业同业公会、香港证券业协会（HKSA）等欧美国家和亚太地区8家境外期货及衍生品行业协会进行案例分析。每篇案例系统分析其组织架构、治理机制、法律依据、性质宗旨、区域分布、会员结构等组织特点，梳理归纳其主要职能，总结归纳其自律管理与行政监管关系的总体特点及对其组织模式和职能设置的影响。

（3）对比分析。一是对比分析境外各期货行业协会组织模式和职能设置的主要内容和特点，在此基础上总结归纳境外期货行业协会的组织模式和职能设置。二是在对比分析境外各期货协会自律管理与行政监管关系的基础上，总结出了境外期货协会自律管理与行政监管的关系分为以自律监管为主和以自律管理为主两大类，及以自律监管为主、自律管理为主监管为辅、自律管理和促发展为主、建言献策"智库型"四个具体类型。

4. 研究创新

本研究的创新点主要体现在：一是梳理境外主要国家和地区期货及衍生品行业协会的组织模式、职能设置，弥补了本行业领域的资料不足，对境外期货业协会组织模式和职能的认识更加系统化，能为深入认识境外期货行业协会治理模式和职能提供了参考；二是以自律监管和行政监管关系为切入点，系统总结了境外期货业协会自律管理与行政监管关系的2个大类和4个具体类型，深化了对期货行业自律监管和行政监管关系的认识;三是分析了不同类型的自律监管和行政监管关系对期货业协会组织模式和职能设置的影响,为我国期货业协会更好处理与行政监管机构的关系,进而完善组织模式和职能设置提供了意见建议,此部分研究具有较强时代性和创新性。

二、美国国家期货协会组织模式和职能

(一) NFA 的成立和发展

美国国家期货协会(NFA)于 1981 年被美国商品期货交易委员会(Commodity Futures Trading Commission,CFTC)认定为"注册期货协会",成为全国性期货行业自律监管组织。NFA 是美国衍生品市场政府(CFTC)、协会(NFA)、交易所三级监管体制中不可或缺的重要组成部分,在维护衍生品市场公正、确保会员履行监管义务和投资者保护方面发挥重要作用[①]。

1. NFA 成立背景:政府与协会合作监管

20 世纪 70 年代,美国衍生品市场监管复杂度和成本不断上升[②],但受制于经费、人员、复杂行政程序等原因,美国联邦商品监管部门难以快速反应并满足市场发展监管要求。在行业参与者的呼吁下,美国国会于 1974 年 10 月成立 CFTC,并在《CFTC 法案》第三条预留了"注册期货协会"的成立要求和职责范围。该条款体现了美国监管当局对"合作监管"理念的认同,成为后来 NFA 分担监管职责的重要法律基础。

1976 年,芝加哥商品交易所主席里奥·梅拉米德[③]等行业领军人物共同发起 NFA 组委会,以建立一个私营的、自筹资金、自我监管的行业协会组织。NFA 在与 CFTC 的多轮论证后,得到两点共识:一是相比政府直接监管,代表期货行业所有部门的协会组织的监管成本更低、效率更高;二是强制要求行业机构加入协会,否则无法成功实现自律监管。1981 年,NFA 被 CFTC 指定为"注册期货协会"。此后,NFA 一直作为 CFTC 唯一认定的"注册期货协会"履行其自律监管

---

① 本篇"美国国家期货协会组织模式和职能"至"香港证券业协会组织模式与职能"这部分若无特殊说明,相关资料均来自 NAF 官网,网址 https://www.nfa.futures.org。
② 当时美国期货市场监管环境的显著变化有三个方面:一是越来越多期货佣金商(FCM)采取二级代理的方式(而非直接成为交易所会员)开展经纪业务,以规避交易所严格的财务要求和道德准则;二是大量新型中介机构如介绍经纪人(IB)、商品交易顾问(CTA)、商品基金经理(CPO)等发展起来,但缺乏有效的监管;三是美国期货交易所的自律监管结构变得日益错综复杂,期货交易所各自为政,使期货经纪商面临越来越重复、甚至冲突的自律监管。
③ 里奥·梅拉米德(Leo Melamed)现任 NFA 执行委员会和理事会常任特别顾问。

义务，以"使CFTC从大量繁杂的日常监管中解脱出来"①，节省了大量的联邦交易税开支②。

2. NFA职能发展：不断拓展监管服务边界

NFA在近40年的发展变化中不断拓展监管服务边界，逐渐成长为在美国乃至全球都具有极大影响力的期货行业自律组织，其职能范围较成立初期有了很大扩展。

从注册管理对象范围看，CFTC陆续把美国境内期货市场的相关机构和人员注册都授权给NFA。NFA自律监管的对象从最初的期货佣金商（Futures Commission Merchants，FCM）、介绍经纪商（Introducing Brokers，IB）、商品基金经理（Commodity Pool Operators，CPO）、商品交易顾问（Commodity Trading Advisors，CTA）、从业人员（Associated Person，AP）、高级管理人员（Principal）、场内经纪商（Floor Broker，FB）、场内交易商（Floor Trade，FT）等场内衍生品市场中介机构及从业人员，逐渐拓展为指定合约市场（Designated Contract Market，DCM）、零售外汇交易商（Retail Foreign Exchange Dealers，RFED）、掉期交易商（Swap Dealers，SD）和主要掉期参与者（Major Swap Participants，MSP）以及掉期执行平台（Swap Execution Facility，SEF）等。这些主体和组织机构也是NFA的组成会员。

从自律监管职能范围来看，NFA在CFTC授权指导下，不断完善自律规则体系、探索提供增值服务，逐渐形成了以注册管理和会员监管两项法定监管职能为核心，以交易所服务、投资者保护、教育培训三类增值服务为补充的丰富职能体系。

从协会组织结构来看，NFA不断优化自身部门架构、人员构成、技术系统，陆续成立了市场监管部、OTC衍生品部、专业发展部等创新业务部门，形成了仲裁专业人才库、专家委员会等特色监管机制，打造了财务分析审计合规跟踪系统（Financial Analysis Audits Compliance Tracking System，FACTS）、从业机构和从业人员背景及状态信息中心（Background Affiliation Status Information Center，BASIC）、在线注册系统（Online Registration System，ORS）等一系列高效实用的明星技术系统，同时保持其监管服务收费标准不升反降，其自律监管效果受到各方肯定。

从市场影响力来看，NFA从一个监管场内经纪机构的行业协会，逐渐发展为一个联通场内场外、境内境外、金融监管和其他政府部门，赢得政府和公众各方信任

---

① NFA章程第一条规定，NFA的基本目的包括三项：一是对NFA会员进行监管；二是使CFTC免除直接监管的沉重负担，三是向理事会批准的相关新业务提供监管服务。

② NFA的经费来自于市场投资者，使得监管成本可以在行业内消化，不用花费纳税人的钱，降低了整个社会的成本。

的行业自律组织。其监管实践不仅始终与美国期货市场的监管需求相匹配,还成为全球其他地区政府部门参照学习的对象,成为国际自律组织成长的典范。

(二) NFA 的组织模式

1. 会员大会是 NFA 的最高权力机构

NFA 的最高权力机构是会员大会,由全体会员组成。会员大会分年度会议和特别会议两种。年度会议于每年 2 月第一个星期二,在 NFA 芝加哥办事处或其他指定地点召开。特殊会议由主席或理事会召集,或至少 10% 会员提出书面申请时召开。

根据《商品交易法》,CFTC 履行对从业机构和个人的注册管理职责,而 CFTC 可以将此职责授权给"注册期货协会"。因此,自 NFA 于 1981 年成为注册期货协会后,CFTC 陆续将 12 类机构和个人的注册授权给 NFA。截至 2019 年 8 月 31 日,NFA 共有 3 518 个会员,同一家公司有可能在 NFA 拥有多个会员身份。从会员类型来看,CTA、CPO、IB 类机构会员数量最多,SD、FCM 类机构会员数量次之(表)。从会员国别来看,NFA 会员自 65 个国家,其中美国会员占比 84%,英国会员占比约 5%、加拿大、中国香港和新加坡会员数量占比约 1%,中国有 1 家企业[①]注册为 CTA(见表 1)。

表 1 NFA 会员分类[②]

会员分类	数量(家)
期货佣金商(FCM)	63
介绍经纪人(IB)	1 122
商品基金经理(CPO)	1 408
商品交易顾问(CTA)	1 536
掉期交易商(SD)	107
主要掉期参与者(MSP)	0
零售外汇交易商(RFED)	3
指定合约市场(DCM)掉期执行平台(SEF)	6

---

① 一家英文名称叫"DONG,JING"的天津公司。

② NFA 网站可查阅所有会员目录:https://www.nfa.futures.org/NFA-registration/NFA-directory/nfa_reg_memb.csv。

续表

会员分类	数量（家）
个人会员（NFA 机构会员的相关从业人员），包括： 1. 相关人员（AP）*2 2. 场内经纪商（FB） 3. 场内交易商（FT） 4. 主要控制人（Principal Status）*3	47 614

备注1：在计算会员总数时，每一位会员只计算一次，但将会员分类时，每位会员可能在不同的类别中都有注册（例如，CPO 也可以注册为 CTA）。因此，所有类别的总计数不等于会员总数。

备注2：相关人员（Associated Person，AP）个人会员为 FCM、REFD、IB、CTA 或 CPO 洽谈订单、客户或客户奖金的个人。

备注3：主要控制人（Principal Status）指能明确拥有公司、所有权不明确但有控制权的个人，或者有控制权或利益相关的公司，或者拥有注册人资本 10% 即以上的个人或公司。

2. NFA 理事会及专业委员会

NFA 理事会及专业委员会是 NFA 会员大会授权的管理决策机构。理事会代表会员大会行使管理决策，专业委员会是理事会的下设机构，为理事会提供决策支持。

（1）理事会。理事会是 NFA 会员大会闭会期间的日常管理和政策决策机构①，其职责包括协会业务管理、制定协会章程、实现协会宗旨。理事会的成员结构由《组织章程》予以明确②，并会随市场情况变化动态调整。NFA 理事会设理事长和副理事长，前者从在任理事中选举产生，后者从当选为执行委员会委员的理事中选举产生，两者任期均为一年。NFA 理事会成员构成旨在确保每个会员类别及公益利益均被充分代表，并且对会员理事所在机构有一定的规模和排名要求③。

NFA 理事会由公众理事和会员理事组成。公众理事由 NFA 理事会向公众征集后提名，经 NFA 理事会常务会议选举后产生（见图 1）。交易所理事由交易所提名，经 NFA 执行委员会选举产生。会员理事（交易所理事除外）选举相对复杂，由预提名、二次提名、选举三个步骤产生。第一，NFA 提名委员会根据 NFA《组织章程》第 7 条第 2 节 B 项的名额要求，为每类会员（FCM、IB、CPO、CTA、SD、MSP 和 RFED）提名若干候选人；第二，每个会员类别内部根据 NFA 拟定的候选人名单进行二次提名，每 50 家以上的会员机构（或 NFA 认可的不足 50 个机构的请愿小组）

---

① 理事会于每年 2 月、5 月、8 月和 11 月召开季度会议。

② 理事会调整前需提前修订《组织章程》。

③ 例如，推举会员理事的 5 家 FCM 机构中，至少有 3 家其期货客户专款总额与境外期货或期权的担保金额排名前十位。推举会员理事的 CPO 机构，至少应有 1 家排在行业前 5%。推举会员理事的 SD 机构中，至少有 2 名来自大型金融机构的代表。

可提交一份"请愿书",每份请愿书针对一个理事席位仅能提名一个候选人,且需在 NFA 提名候选人发布后的 21 天内反馈至 NFA;第三,若每个会员类别的候选人数大于理事名额,会员内部通过选举产生代表该类别的会员理事,若该会员类别候选人无须进行内部选举,则由 NFA 执行委员会直接将其确定为会员理事。

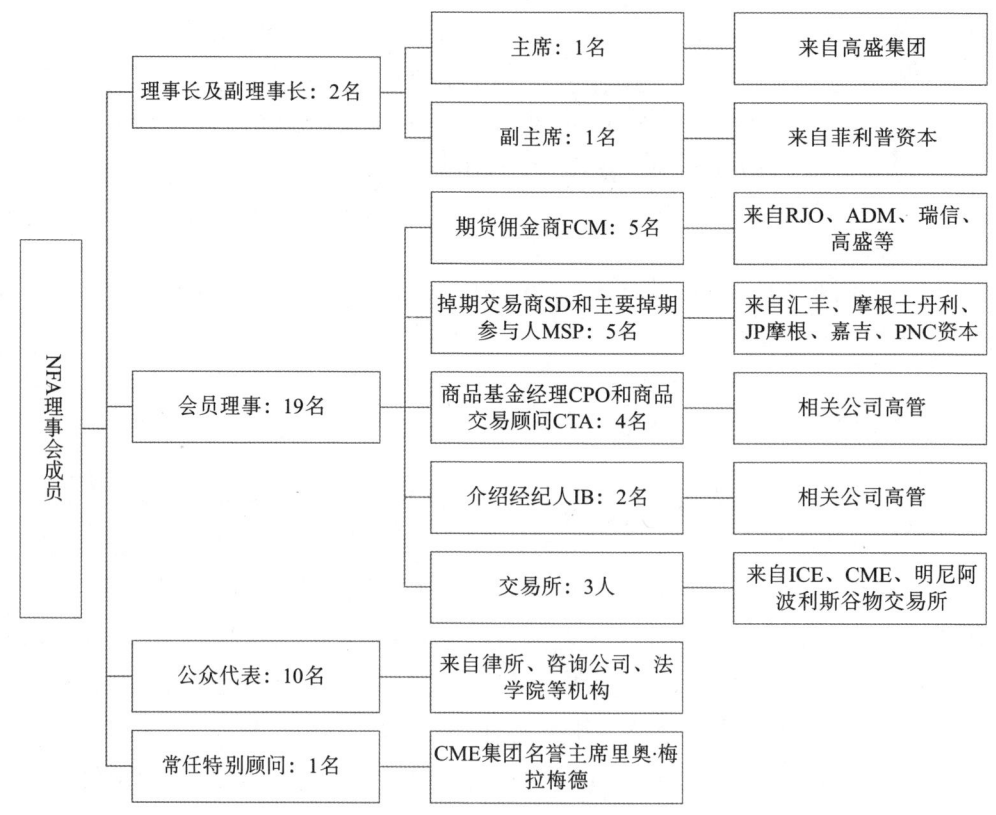

图 1　NFA 理事会成员构成①

资料来源:根据 NFA 官网信息整理。

NFA 理事会近年来的结构调整概况见表 2:

表 2　　　　　　　　　NFA 理事会结构调整概况

年份	调整详情	原因
2001 年	理事会人数从 45 人降低为 25 人	市场竞争激烈,会员数量下降
2003 年	公众理事代表从 5 人增加为 10 人	提高公众代表参与度

---

① 据悉,为提高决策效率,并与激烈竞争后会员数量下降的现实相匹配,NFA 于 2001 年将理事会成员人数降低了约四成。

续表

年份	调整详情	原因
2012年	建立一个审查 NFA 理事结构的特别委员会，调整如下： 1. 理事会人数增加至 39 人，增加 7 名掉期参与者（3 人来自大型掉期交易商 SD，3 人来自普通 SD，1 人主要掉期参与者 MSP）和 4 名公众代表 2. 执行委员会从 10 人增至 13 人 3. 公众代表占比保持在 35%	NFA 开始监管掉期市场
2014年	将 CPO/CTA 代表的人数从 4 人增加至 5 人，并要求其中至少 3 个代表来自行业前 20% 的机构	由于 CFTC 于 2012 修改了对注册投资公司（Registered investment companies，RIC）的注册豁免要求，NFA 的 CPO 和 CTA 类型的会员数量大增
2015年	理事会人数从 37 人减少至 29 人	NFA 希望精简理事会规模

（2）专业委员会。NFA 理事会内设 14 个内部专业委员会，为 NFA 规则制定和业务管理提供指导（见表 3）。其中，执行委员会行使理事会的所有权利（负面清单中的情形除外[①]），其授权行动被视为理事会行为。另外 13 个专业委员会充分发挥行业专家的智力价值，使 NFA 监管更贴近行业实际，确保其决策的科学性、代表性和公正性。据悉，NFA 拟于 2020 年初建立一个新的专业委员会——掉期综合能力标准咨询委员会（Swaps Proficiency Requirements Advisory Committee），与 CFTC、NFA 理事会、会员和相关行业协会，就所有从事掉期活动的相关人员（AP[②]）的业务综合能力设定测试标准。

表 3　　　　　　　　　　　　NFA 专业委员会概况

序号	委员会	作用
1	执行委员会	代理行使理事会职权。一般每两年举行一次长期规划会议，讨论可能对 NFA 产生重大影响的话题，并协助 NFA 高级管理层确定 NFA 战略方向
2	咨询委员会	下设 FCM、SP、CPO/CTA、IB 四个小组，分别代表其小组会员利益向理事会提出建议[③]
3	申诉委员会	受理对商业业务行为委员会做出的纪律处罚决定的上诉，并做出裁决
4	商业行为委员会	根据 NFA 合规部门提交的违规行为调查报告，对相关责任主体进行裁决处罚

---

① 执行委员会不可行使的理事会权力包括：1. 理事会开会期间不得在未经理事会通知的情况下采取任何行动；2. 不得通过、修改或废除章程，制订主要计划和优先事项（包括资金承诺和支出计划等），选举、任命或免职 NFA 理事、高级职员或委员会成员，与其他实体的合并计划等。

② 包括 FCM、IB、CPO、CTA 和 SD 等机构被指定为掉期相关人员（AP）的个人。

③ 例如：2017 年，CPO/CTA 顾问小组协助确定该类会员应报告的财务比率指标，SP 小组协助确定该类会员应报告的相关市场和信用风险数据。这些指标为 NFA 快速识别业务风险，同时尽量不给会员增加太多负担。

续表

序号	委员会	作用
5	财务委员会	确保以公平的方式为组织提供资金,每个监管领域按比例分担其对应的 NFA 监管成本。确保 NFA 有足够财务资源来履行其职责,同时不收取超过 NFA 实际需求的费用
6	听证委员会	受理对商业业务行为委员会做出的纪律处罚决定的听证要求
7	会员委员会	对 NFA 管理层做出的接受会员或准予注册为从业人员的决定,或对上述会员或从业人员后续资格的决定进行审查
8	审计委员会	定期对由 NFA 负责审计的期货市场机构进行审计,也与联合审计委员会(参见下一节)进行合作
9	赔偿委员会	负责指导 NFA 开展投资者赔偿执行服务
10	合规与风险委员会	重点在于"向前看",关注行为和风险对客户资产、市场诚信和监管信心产生潜在影响,可能导致投资者和 NFA 会员来自合规和财务风险的市场和经济因素①
11	全权委托账户豁免小组委员会	代表该类会员提供咨询建议
12	场内经纪商/交易商分会 FB/FT	代表该类会员提供咨询建议
13	提名委员会	下设 FCM、SP、CPO/CTA、IB 四个小组,按照章程的规定推荐相应类别的符合要求的理事
14	电话推销程序自动放弃委员会	旨在最大限度降低电话推销过程中的诈骗行为的发生,要求会员记录并保存相关电话谈话内容,并将相关广告材料提交 NFA 审批
15	掉期熟练度要求咨询委员会(筹)	制定掉期从业人员的职业能力标准

资料来源:根据 NFA 官网信息整理。

(3) 联合审计委员会。联合审计委员会(Joint Audit Committee,JAC)是 NFA 与其他期货行业自律监管组织(即多家期货交易所②)组建的外部委员会,旨在共同完成 CFTC 赋予 NFA 的审计职责。按照 CFTC 要求,期货经营机构必须有指定的自律组织(Designated Self-Regulatory Organization,DSRO)对其日常业务进行监管。一般而言,期货交易所对本交易所的期货佣金商(FCM)会员的日常业务进行监管,而 NFA 则对非交易所会员 FCM 和所有的介绍经纪商、商品基金经理、商品交易顾问和从业人员进行自律监管。由于一些 FCM 可能同时为 NFA 和几家期货交易所的会员,因此,FCM 可以选择任何一家 SRO 作为其 DSRO(中国证监会、中国

---

① 比如,2014 年,合规和风险委员会提出禁止使用信用卡为零售外汇和期货账户提供资金,在 CPO 会员涌入 NFA 后加强现在风险管理系统,参与规划 NFA 新设立的场外衍生品部门等。

② 包括 CBOE、CME、ICE、Eris、Minneapolis、NASDAQ、Nodal、OneChicago 等。

期货业协会赴美培训组,2003)。为了协调监管,避免监管重叠或不足,加强客户资金保护,2012年曼氏金融破产①后,NFA牵头建立了JAC。JAC机制成为NFA与其他自律监管组织定期沟通、避免重复监管或监管盲区的自律监管协调机制②,极大提升了审计效率,并减轻了FCM的审计成本。

3. NFA管理层和常设部门

NFA执行委员会在NFA理事会的授权下,任命NFA的高级管理人员。NFA的高级管理层由1名总裁、9名副总裁(其中1名为执行副总裁)及特别顾问构成,下辖注册部、合规部、市场监管部、OTC衍生品部、信息部等共11个部门(见图2)。近10年来,NFA不断调整其内部组织机构,以适应金融市场环境变化和CFTC的自律监管授权。NFA最新披露的雇员总数为551名(其中2014年大增百余人,见图3),比2003年翻了一番,但NFA的评估费③反而降低了50%(评估费从0.02美元/单边降至0.01美元/单边,每年为市场节省约2 000万美元),这主要得益于NFA对监管业务流程的优化和监管流程的电子化改造。

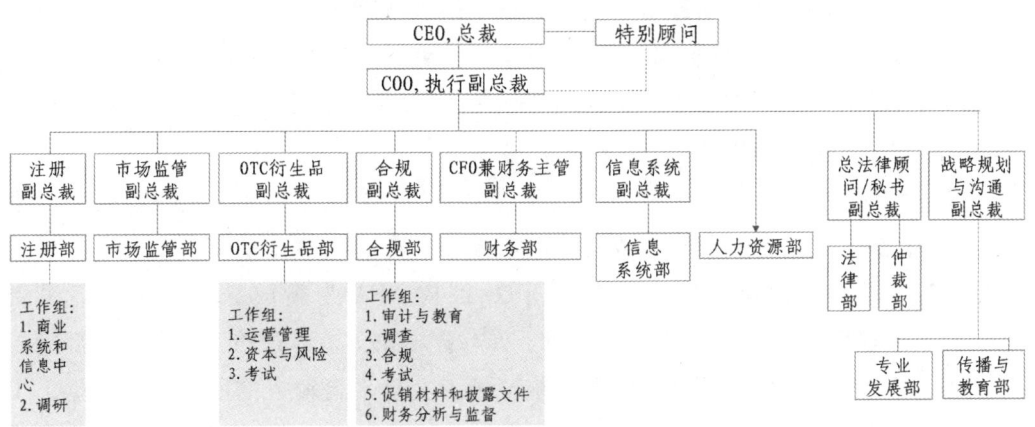

图2 NFA管理层和常设部门

资料来源:根据NFA官网信息整理。

---

① 美国曼氏金融(MF Global)是一家拥有200余年历史,在全球市场上颇具影响力的衍生金融产品经纪商,在全球超过70家期货及商品交易所拥有会员资格,是美联储指定的22家美国国债一级承销商之一。2012年,曼氏金融突然宣布破产,数亿美元的客户期货保证金不知所踪,而NFA和交易所等CFTC授权的自律监管机构均未提前审计出该问题。市场普遍认为,经纪商将客户资金和自营资金混用是造成客户保证金失踪的原因之一。此后,CFTC和NFA成立JAC,加强对FCM持有的客户资金的监管。

② JAC监管联合审计协议的实施和运作,明确各家自律组织在监管检查和财务审计中的分工和程序。

③ NFA完全通过收取会员会费以及衍生品市场的会员和客户支付的评估费(Assessment fee)来筹集运营资金。

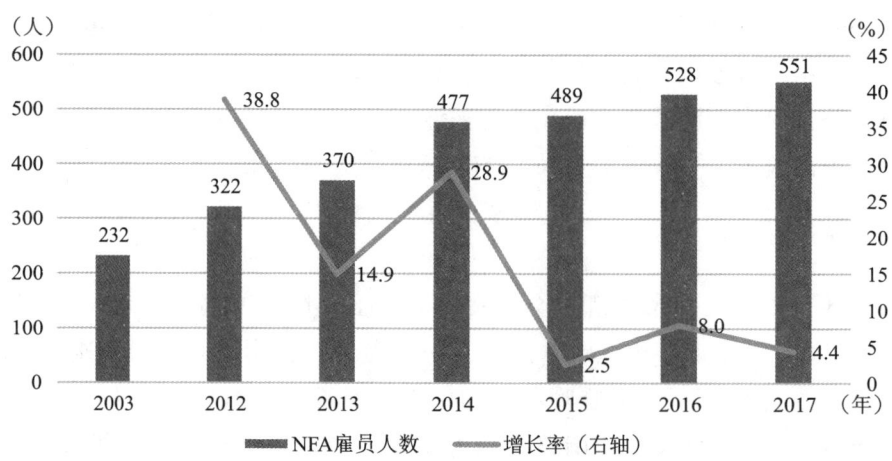

图 3　NFA 雇员人数变化

资料来源：NFA 历年年报，NFA 最近一次披露的员工人数为 551 人（截至 2017 年 6 月 30 日）。

（1）注册部。根据 CFTC 的授权，NFA 注册部负责各类会员公司和从业人员的注册管理。注册部通过在线注册系统（ORS）接收注册申请，并对所有拟申请成为 NFA 会员的机构和个人进行严格审查，其中大部分个人都必须通过 NFA 的从业资格考试。注册部的另一项重要职能是管理 NFA 的投资者赔偿计划，主要是向 CFTC 判决的商品欺诈案件中的投资者分配赔偿资金。

（2）市场监管部。市场监管部的前身是 NFA 于 21 世纪初成立的交易行为与市场监管部，成立之初主要负责新成立的指定合约市场（DCM）的交易监督，分析其是否存在市场操纵现象。2015 年时，CFTC 授权 NFA 为新成立的互换执行平台（SEF）提供监管服务，市场监管部增聘了具有合规和交易背景的工作人员，部门规模扩大了近两倍。市场监管部的监测系统记录了交易平台输入的所有订单数据，工作人员每天持续不断地对系统自动化检测和标记出的特定交易执行模式和异常交易行为进行分析。

（3）OTC 衍生品部。OTC 衍生品部成立于 2011 年，是 NFA 对场外市场进行自律监管的职能部门。2011 年，CFTC 将掉期交易商（SD）和主要掉期参与者（MSP）的注册申请和自律监管职责委托给 NFA，为此，NFA 新设立了 OTC 衍生品部，主要负责 SD 和 MSP 这两类新会员的自律监管工作。2014 年，该部门人员从年初的约 30 人迅速增加至 70 余人，吸纳了在金融服务、合规、掉期、内审、法律、风险管理、统计分析等领域有丰富经验的人才，分布在芝加哥和纽约两地办公。该部门员工和合规部常年走访全美各地会员，深入了解会员公司的运营、风险管理和内部控制，不断探求场外衍生品市场自律监管的最佳实践。

（4）合规部。审计和调查是 NFA 合规部最重要的两大职能。合规部下设审计与教育、调查、合规、考试、促销材料和披露文件审查、财务分析与监督6个工作小组，其人员规模在2012年以前一直是占到NFA总雇员数的50%以上，近年来虽然占比有所下降但绝对人数依然较多，分布在芝加哥和纽约两地办公。近年来，NFA不断调整合规部的人员和组织结构，2006年设立专门调查组以识别行业风险，2012年将审计和报表分析人员细分以提高其工作专注度。目前，NFA的合规人员平均有6年以上的审计经验，在NFA内部年均持续培训时间40小时以上，现场审计也是其积累经验的重要方式。合规部调查小组重点识别并调查对客户造成损失或构成重大风险的会员单位，将调查结果提交商业行为委员会（BCC）裁决并采取强制措施。

（5）财务部。财务部负责咨询委员会和财务委员会协作，制订会费和财务计划，确保各监管条线按其监管成本的适当比例，获得NFA的财务资源支持。同时，财务部尽可能降低监管收费标准，确保不给市场主体强加过多负担，实现NFA的高效监管。

（6）信息系统部。信息系统部负责NFA的技术战略计划，开发和维护各种期货监管信息管理、自动化办公软件、NFA网站，并为NFA的日常业务提供技术支持。近年来，NFA越来越依赖信息技术，将其作为提高监管效率的重要手段，"确保NFA系统和基础设施保持最新和最安全状态"是NFA的关键优先事项。此外，鉴于网络安全威胁正不断上升，信息系统部部署了防御系统，以确保其防御的动态性、灵活性和主动性。同时，信息系统部还面向会员颁布了网络安全解释通知，并协助会员制订和实施信息系统安全计划（Information Systems Security Program，ISSP）。

（7）人力资源部。人力资源部负责NFA员工的招聘与配置工作，通过积极寻找来自不同背景的人才，打造多样性和包容性兼备的工作环境。NFA认为："吸引和留住高素质员工对于保持NFA作为一个模范自律组织的成功至关重要。"人力资源部通过灵活的工作安排、健全的培训计划、学术援助和健康活动，鼓励员工发挥最大潜力。同时将"创造性解决监管问题、注重成果并高效、经济地履行监管职责"的理念灌输给每一位NFA员工。NFA人力资源部的专业培训师普遍具备极强的领导力和业务驾驭能力。近年来，NFA陆续获得了芝加哥"101家最优秀最聪明的公司"之一、"伊利诺伊州最佳工作场所之一"和"100个最适合选择的工作场所之一"等荣誉。

（8）法律部。NFA的法律部主要负责研究、起草、修改、审核相关法律文件，组织听证会，文秘工作等。

（9）仲裁部。仲裁部主要负责会员间、会员与客户之间业务纠纷的调解和仲裁。仲裁部高效运转的关键在于NFA的在线仲裁员档案系统，这一系统允许仲裁员通过NFA的网站访问并更新其档案。此外，仲裁部还会把仲裁过程中涉及的会员公司违规问题告知合规部，合规部在进行审计时也会参考仲裁部门接到的纠纷情况，但仲裁工作与审计工作分别进行且互不干扰。

（10）专业发展部。专业发展部成立于 2013 年 10 月，是 NFA 为 2014 年雇员扩张计划设立的培育 NFA 内部人才的专职部门。专业发展部负责组织、策划和实施包括新入职审计师培训、审计职业怀疑培训①、外部专家分享课程等一系列不同主题的培训活动。

（11）合作与培训部。合作与培训部是 NFA 面向会员、公众、监管机构开展合作交流和教育培训的部门。

（三）NFA 的职能设置

1. 注册管理

（1）强制性会员注册是 CFTC 授予 NFA 的法定权利。《商品期货交易法》（Commodity Exchange Act，CEA）要求在衍生品行业开展业务的公司和个人在 CFTC 处注册，且 CFTC 可将会员注册职能授权给了"注册期货协会"，而 NFA 则一直是美国唯一的"注册期货协会"。因此，从 1983 年起，CFTC 陆续将 FCM、SD、MSP 等 13 类机构或个人的注册授权给 NFA，NFA 有权否决、吊销、暂停、禁止或决定其资格（中国期货业协会课题组，2012）。而 NFA 又在其章程中禁止 NFA 会员与大多数非会员开展业务，因此，NFA 会员注册带有强制性、法定性、唯一性。NFA 以会员注册的方式履行注册职责，并对其实施自律监管。NFA 会对所有申请注册的机构和个人开展背景调查（包括从业人员的指纹卡），并要求其从业人员需通过 NFA 要求的熟练程度测试（即从业资格考试）。NFA 注册部的工作人员完成初审后，由 NFA 会员委员会做出是否同意注册吸收入会的决定。

（2）NFA 在线注册系统和信息中心提供了便捷注册服务。NFA 于 2002 年推出了 web 端在线注册系统（ORS），以高效处理公司和个人的注册申请、合规备案和退会申请等。此后，NFA 不断对 ORS 平台进行设计改进和功能强化。由于 ORS 历次改造都会充分吸收 CFTC 和会员的反馈建议，ORS 平台始终具备良好的用户体验度和监管适用性。2008 年金融危机后美国金融服务机构经历大规模合并收缩，NFA 的大量会员及其分支机构、从业人员的注册状态发生变更，NFA 通过升级"ORS 批处理程序"处理了大量变更申请。2016 年，NFA 开放了 ORS 系统的全新入口——NFA 仪表盘（DashBoard）。会员可以在 DashBoard 单一界面中概览其注册和合规备案申请，并快速链接至 NFA 的其他电子归档系统。每年有 500 余家公司和 9 000 左右个人通过 ORS 系统完成会员注册。此外，NFA 还通过信息中心提供有关注册咨询

---

① 审计行业用语，指审计师在计划和执行审计业务时，以质疑的思维，对所获证据的有效性进行批判性评估的职业心理状态。

的个性化服务。NFA 信息中心是向注册申请提供咨询服务的重要渠道。NFA 接线员每个工作日都会收到数百个来自 NFA 会员和公众的咨询电话和邮件,解答注册申请人的疑问,讲解 NFA 会员管理规则,辅助开展背景调查,帮助申请者完成整个注册过程。

(3)考试是 NFA 评估注册申请人专业水平的重要手段。NFA 近年来不断强化其考试系统,全面考察注册申请人的专业水平。在 2003 年时,NFA 只有 1 名员工负责从业资格考试相关事宜。随着 NFA 监管职能范围和复杂度的上升,NFA 越来越重视考试系统建设。仅 2014 年,NFA 就围绕考试开展了三项重要改革,一是全面完善运营复杂大型商品资金池的 CPO 类会员的考试方案,二是为开展掉期业务的 SD 和 MSP 类新会员设计分组考试方案,三是针对所有会员机构首席合规官(Chief Compliance Officer,CCO)进行专项测试以衡量其公司的整体合规文化。2014—2016 年,NFA 境外会员(主要是 CPO 或 CTA,也有少量 SD)数量攀升至 600 余个,NFA 首次在英国①对这些 CPO 和 CTA 会员开展现场考试②,又于 2017 年再次举办 21 次现场考试,着重对监管地域性差别进行补充测试。

2. 会员监管

(1)规则制定。NFA 在法律与政府授权的职责范围内,制定了协会自身完整的规则体系。NFA 认为"自律监管的本质在于找到行业最佳实践,加以总结并在行业中强制推行"。为此,NFA 在政府监管政策之外,对需要额外制定规则的业务领域,同 NFA 咨询委员会形成 NFA 规则提案,经理事会和 CFTC 批准后,面向全行业实施。NFA 的规则体系包括《组织章程》《实施细则》《合规办法》《仲裁条款》《会员仲裁规则》《财务要求》《注册办法》以及《解释通知》等。这些规则不仅对会员的注册、业务行为、财务标准、争议解决机制等自律监管要求做出了详细规定,同时对 NFA 如何履行这些职责的具体程序进行了明确规定。

(2)风险监控。风险管理系统是 NFA 集成市场数据的重要技术平台。NFA 成立了专门的风险管理小组,在 NFA 风险委员会的指导下,于 2006 年启动建设并于 2009 年正式推出风险管理系统。NFA 通过风险管理系统,集成了会员公司包括调查问卷、财务报表、披露文件、调查、审计、登记记录、仲裁文件、纪律记录、托管信息、从业人员风险记录的海量数据。当机构申报信息和其他数据源不一致时,风险管理系统能有效识别并提醒 NFA 进行核查。

NFA 通过风险管理系统敏锐识别市场风险。为确保风险管理系统模型的可靠性

---

① 由于大约三分之一的非美国会员位于英国,NFA 在英国完成了第一组现场 CPO 和 CTA 检查。
② 虽然 NFA 在之前已对这些公司进行了远程考查,但随着非美会员数量和规模的增长,NFA 认为现场考试更为有效。

和时效性，NFA 风险管理小组不断识别、研究和测试新的风险因素及元素组合，对风险管理系统进行升级优化。目前，该系统已发展成为由数百个界面和多个子系统构成的庞大网络。风险管理系统能自动对数据点或数据组合开展实时监测，运用强大的商业智能统计分析工具，锁定对行业构成重大风险的机构，向 NFA 发出风险警报，提醒 NFA 对该机构展开专门检查。风险管理系统还可以生成机构关系图谱，方便 NFA 对关联机构采取限制措施，避免风险的传播和扩散。

（3）合规审计。NFA 在 CFTC 监督下开展对中介机构的合规审计。NFA 按照法律法规及自律规则的要求，对会员的业务进行日常的、连续性的合规审查和财务审计，以确保会员符合 CFTC 和 NFA 的监管要求。NFA 的合规审计主要分为财务安全、风险审计、披露文件审查、宣传材料审查四个方面。首先，NFA 主要基于净资本监管会员的财务安全状态，会员需达到最低净资本要求方可展业。其次，NFA 主要通过与交易所合作的方式完成对美国期货行业中介机构的审计，CFTC 合规部审计小组对此项工作进行指导和监督。NFA 主要负责审计除交易所会员以外的公司，若公司同时是多个自律组织的会员，NFA 会与其他自律组织对其进行联合审计。最后，NFA 还会对会员的市场开发行为、风险披露文件和宣传材料进行严格审查。

FACTS 系统是 NFA 高效开展合规审计的利器。FACTS 系统是 NFA 监管会员期货和掉期业务的核心分析系统。会员通过 NFA 官网的电子归档系统（Electronic Filing System，EFS）提交财务和非财务数据后，NFA 会通过 FACTS 系统高效、安全地对会员行为进行调查分析。多年以来，NFA 不断对 FACTS 系统进行效率提升和功能强化，于 2015 年强化其事件分析模块并拓展了移动端的访问权限，于 2016 年重建了财务申报模块并引入掉期监管相关的估值争议和保证金模型审批功能，于 2017 年强化了其用于调查分析非财务数据的子系统，于 2018 年推出新的宣传材料归档模块提高会员上传效率。

（4）监管执法。适时对违反其规则的会员采取纪律处分，是 NFA 维护行业规范秩序和声誉，保障 NFA 规则的有效执行的重要措施。当 NFA 会员或准会员从事使客户、期货市场或其他会员面临风险的行为，被 NFA 在日常监控、合规审计中发现，或被公众投诉、被 CFTC 移交违规行为时，NFA 会及时启动违规调查，将处理建议提交理事会下设的商业行为委员会做出处分决定，采取从轻微违规的警示函到涉及严重违规的正式案件控告的相应处罚。如被告人不服处罚决定，可向上诉委员会提出申诉。近 3 年，NFA 商业行为委员会年均发起的起诉书达 17 件，NFA 纪律小组年均发布 22 项决议，对 21 人次执行停职或取消从业资格的决定，年均收缴罚款达 65 万美元。

NFA 通过与政府机构联手，保障执法行动的成功实施。NFA 为此会定期与美国司法部证券、商品欺诈工作组、美国检察官办公室、联邦调查局、美国邮政督察办公室、美国商品期货交易委员会和伊利诺伊州证券部会面，制订周密的执法行动计划。通过这一机制，NFA 使许多复杂且历时多年的棘手案件得以终结。在过去的几年里，NFA 通过与这些机构的合作，将近 30 人判处重大监禁，部分人刑期在 20 年以上，有效提升了 NFA 执法的威慑力。

（5）纠纷仲裁。NFA 的仲裁服务旨在帮助客户和会员解决与期货和外汇相关的纠纷。NFA 于 1983 年开始建立仲裁调解机制。NFA 的仲裁服务分两大类：客户仲裁和会员仲裁。客户仲裁旨在解决涉及客户与 NFA 会员、员工、相关人员之间的纠纷。若客户认为受到 NFA 会员不公平或不当待遇而发生损失，可通过 NFA 向 NFA 会员提出索赔申请；若 NFA 及其员工希望向客户收回其欠款，也可以通过 NFA 提出仲裁要求。会员仲裁旨在解决 NFA 会员与相关人员间的争议。若 NFA 会员对另一个 NFA 会员提出索赔要求，需要通过 NFA 仲裁；若是 NFA 的合作伙伴对 NFA 其他合作伙伴提出索赔要求，可以自由进行仲裁而不强制通过 NFA 处理（除非合同约定需要 NFA 仲裁）。此外，NFA 还为仲裁当事双方提供调解服务。

NFA 的仲裁服务经济实惠且方便高效[1]。为了提高仲裁效率，NFA 于 2001 年建立了在线纠纷处理系统（ODR），用于投诉者提交投诉并审查纠纷处理进展情况。ODR 系统会自动给 NFA 的仲裁部门及投诉人分别发出电子邮件，通知双方纠纷被受理，启动纠纷处理工作程序。ODR 系统不但节省客户时间，也方便 NFA 及时将纠纷处理详情通知客户。仲裁当事人在提到仲裁申请后，需在 NFA 受理的五个工作日内将仲裁费用支付给 NFA 账户。若纠纷经过简单处理便得以解决，NFA 将归还尚未发生的费用。近年来，NFA 大幅提高了通过简易程序处理仲裁案件的比例，有效节省了非金融机构工作人员的时间和成本。为提高仲裁效率和专业度，NFA 建立了合格仲裁专业人才库，这是 NFA 高效仲裁的重要智力保障。

3. 交易所服务

（1）通过签订"监管服务合同"与交易所开展合作。虽然为交易所的监管服务并非 NFA 的法定职责，但这已成为 NFA 的主要职能之一，NFA 市场监管部是该项职能的执行者。交易所作为美国期货市场政府、交易所、协会三级监管体系中重要一环，既是市场监管主体，也是市场化机构。2000 年后，许多新的低成本电子期货交易所[2]成立，NFA 敏锐地发现了其中的商业价值和对行业规范发展的重要意义，积极与 CFTC 和相关交易所进行沟通协商，通过与交易所签订"监管服务合同"来提供监管服务。2008 年金融危机后，CFTC 明确建议互换执行机构（SEF）将自律监管职责外包给 NFA，NFA 与大部分 SEF 签订了监管服务协议。目前，指定合约市

---

[1] 这是 NFA 官网对自身仲裁工作的评价。
[2] 如 Brokertec、Onechicago 等。

场（DCM）和掉期执行平台（SEF）是 NFA 主要服务的两类交易平台机构。

（2）NFA 监管服务极大提升了交易所监管效率和质量。NFA 充分利用其丰富监管经验和人才储备，为相关交易所提供专业服务，极大提升交易所监管效率和质量。NFA 的市场监管团队大部分是在金融市场拥有丰富经验的专职分析师、经认证的欺诈审查员（CFE）、特许金融分析师（CFA）、注册会计师（CPA）或前交易员等。NFA 通过分析交易所提供的历史和日内数据，分析市场上是否存在如对倒、私下对冲、内幕交易等操纵行为，并将分析结果和建议提交给交易所。NFA 仅提供咨询和建议，并不对市场负有监管责任，由交易所决定是否采取相关行动。NFA 的专业服务节约了 DCM 和 SEF 的监管成本，维护了市场稳定，近 10 余年业务规模不断扩大，受到 CFTC 和相关交易平台的充分肯定。

4. 保护投资者

（1）NFA 通过 BASIC 系统帮助投资者开展尽职调查。为帮助投资者在做出投资决策前对行业机构和从业人员进行充分尽调，NFA 于 1999 年推出了"从业机构和从业人员背景及状态信息中心（BASIC）"系统，成为首家提供此类服务的金融行业自律组织。随后，NFA 不断对 BASIC 的导航架构、过滤功能和外观识别度进行优化，将 BASIC 系统打造成为 NFA 最受会员和公众欢迎的平台之一，年搜索量达到 170 万次。BASIC 与 NFA 内部 FACTS 系统相连，通过 BASIC 系统，投资者可以在线查询到 NFA 会员的注册信息、期货佣金商（FCM）的财务信息、CFTC/NFA/交易所/掉期执行机构（SEF）提供的监管执法豁免信息等。

（2）每日电子确认系统是 NFA 保护客户资金安全重要手段。NFA 于 2012 年联合 CME、ICE 等多家交易所，推出了客户资金每日电子确认系统。当时，曼氏金融的倒闭让各方意识到有必要通过技术手段监督 FCM 的客户资金安全。根据系统要求，持有客户独立和担保金额基金的所有存管机构，需要就每个 FCM 的客户隔离账户资金余额情况，向 FCM 对应的自律监管机构提交每日报告。系统将该信息与 FCM 自行提交数据比对，一旦发现差异立即发出警报。

（3）NFA 为受害人提供无偿的赔偿执行服务。NFA 自 1988 年起被 CFTC 指定为投资者提供赔偿执行服务的机构。NFA 的赔偿服务一般适用于 CFTC 起诉的案件。这些案件的被告人通常不是 NFA 会员，根据法院判决，他们应当每年按照其收入的一定比例向投资者支付损害赔偿金。NFA 无偿提供该项服务，以尽可能多地向受害者提供补偿。20 余年来（截至 2018 年第二季度），NFA 累计向 1.55 万投资者发放了 4 500 多万美元的赔偿款。

5. 教育培训

（1）培训对象覆盖员工、会员、公众、政府四大主体。NFA 的教育培训工作面向四类主体：内部员工、会员机构、社会公众和相关政府组织。对于 NFA 内部员工，新员工入职伊始就需要接受 NFA 组织的系统全面的岗前培训，在 NFA 工作期间还有机会参与各种主题的专家培训、内部研讨、行业论坛和实践学习。对于 NFA 当前及潜在会员机构，NFA 教育培训的目标是帮助其理解并遵守 NFA 和 CFTC 的规定，NFA 有专门面向会员的培训手册，且很多培训工作已经融入了 NFA 对会员的日常监管交流中，NFA 对从业人员的培训都通过会员完成，会员若不能按时完成培训任务会受到 NFA 的处罚。对于社会公众，NFA 的培训重点是通过各种渠道普及期货基础知识，帮助公众投资者了解 NFA 的自律职责和服务。对于相关政府组织，NFA 理事、高管分别在国会、司法以及各政府机构间反复、多层次、多角度、不间断地宣传、普及期货知识，争取和加强政府对期货行业的理解和支持，减少期货行业在美国的发展阻力。此外，NFA 还与美国境外的国际监管机构建立了合作关系，培训对象覆盖 40 多个国家地区。

（2）采用线上线下、集中分散多样化的培训方式。NFA 提供线上线下多样化的培训渠道，包括各类出版物、官网栏目、网络研讨会、视频教程、线下研讨、电话会议等，以满足不同主题、目标、对象的需求。对于面向公众的基础知识培训，NFA 主要通过印发教育手册、编撰发行出版物、开设教育博客和网络广播等方式实现。对于业内聚焦的矛盾焦点，NFA 会事先把问题提炼出来发给会员，在区域性走访过程中与会员进行集中充分交流，争取形成共识性文件。对于最新监管趋势和规则的宣导，NFA 会印制问答形式宣传册和开展会员面对面培训，而且合规部在进行现场检查时也担负着培训会员了解和遵守最新的法律法规以及协会要求的工作，以彻底解决会员的个性化问题。对于面向政府、交易所及其他行业协会的培训，NFA 往往采取小型圆桌会议、演讲、一对一等形式进行。近年来，NFA 越来越多采用"网络研讨会"形式，大大提升了培训的时间和空间灵活度。

（3）培训覆盖衍生品行业内外的各类主题。NFA 的培训主题非常丰富，基本覆盖了衍生品行业内外的各类微观问题。NFA 面向会员的培训既包括注册考试、监管政策、财务审计、宣传投教、风险管理等基本业务逻辑，也囊括了虚拟货币、技术系统、行业前景等扩展主题，2018 年全年的会员培训次数达到 14 场。NFA 面向投资者的培训主要聚集证券期货基础知识、外汇市场特定风险和监管政策、预防投资诈骗和 BASIC 系统尽职调查功能、在线教育资源查询和使用以及美国期货业发展成就介绍等主题，NFA 将主题丰富的投资者教育视为其投资者保护的重要前提。NFA 还通过发布季度《投资者通讯》帮助投资者及时了解监管动态和行业知识。

（四）NFA 自律管理与行政监管关系的特点及影响

通过上述分析可以看出，在 NFA 中，自律管理与行政监管的关系较为紧密，体现了美国"合作监管"的理念,这种理念对 NFA 的组织模式和职能发展具有深刻影响。从组织模式来看,NFA 的建立得到了行政监管的授权,已成为美国衍生品市场三级监管体系的重要环节;同时,随着行政监管授权范围的扩大,NFA 的内部组织机构也不断适应调整。从职能发展来看,履行法律或政府授权的自律监管职责是 NFA 的核心职能,其自律管理服务主要是在行政监管授权基础上的拓展和延伸。由于承担了较为繁重的行业监管职能,NFA 在促进行业发展方面的职能上相对较弱。

1. 自律管理与行政监管关系对 NFA 组织模式的影响

(1) NFA 建立得到行政监管的法律授权决定了其主要性质。一是 NFA 是美国商品期货交易委员会(CFTC)认定为的"注册期货协会"。根据美国《商品交易法》第 17 条规定,整个期货市场具有的法定监管权的 CFTC,可以将期货市场的部分行政监管职能授权给"注册期货协会",只有经过 CFTC 批准注册后的"注册期货协会"才能成立运作,并需要接受 CFTC 对其成立、注册和运营的监督,因此,从法律角度,行政监管决定了 NFA 的建立。二是 2000 年美国《商品期货现代化法案》出台后,CFTC 和 NFA 根据形势变化,与 SEC 达成了监管合作共识,扩大了行政授权监管范围,即:NFA 根据《证券交易法》要求,向 SEC 申请注册为"有限目的注册证券协会"。自此,NFA 在 CFTC 之外又获得了 SEC 的部分监管授权,将监管范围扩展到了 SEC 管理的部分证券类经纪商[①],与行政监管关系更为密切。

(2) 行政监管授权范围的大小决定着 NFA 的内部组织结构。在 NFA 成立之初,CFTC 对 NFA 的授权主要涉及注册管理和场内业务合规审计等方面,此时 NFA 的内部组织机构相对简单。在 NFA 的工作得到业内和政府监管部门的认可、全球衍生品市场快速发展且 CFTC 自身监管职能不断扩张的背景下,CFTC 将更多行政监管范畴的工作授权给 NFA。此时,NFA 的会员结构从场内拓展至场外、从美国拓展至全球;理事会成员也随着 NFA 监管和服务对象的比例变化不断调整,组建了专门监管电话推销、掉期业务等的内部委员会和联合其他自律组织共建的外部审计委员会。同时,还针对场外监管,大幅调整了原市场监管部和合规部的人员分工,并新设立了 OTC 衍生品部和专业发展部等职能部门。如今,NFA 从会员大会、理事会、委员会到职能部门的组织架构体系,是其为高效分担政府行政监管职能的改革成果,是 NFA 基于法律或政府授权履行自律监管职能的重要保障。

2. 自律管理与行政监管关系对 NFA 职能设置的影响

(1) 基于法律或政府授权的行政监管职能是 NFA 自律监管职能的核心。NFA

---

① 当时,证券类期货产品(指单只股票期货和窄基股票指数期货)的禁令被解除,而此类产品必须接受 CFTC 和 SEC 的共同监管。

作为"注册期货协会",以分担美国 CFTC 和 SEC 授权的部分行政监管职能为工作核心。成立 40 余年来,NFA 从 CFTC 和 SEC 处获得了大量的行政监管授权。具体来看,NFA 的注册管理和会员监管职能主要来自于 CFTC 的授权,让 CFTC 从烦琐的事务性工作中解脱出来。由此,CFTC 能够集中精力开展行业立法、政策制定、规则审查、防止和打击操纵市场等重要事务。为避免监管重叠[①],NFA 投资大量时间精力,与 CFTC 相关部门沟通协作以提高监管效率。此外,NFA 还与美国其他政府部门和自律组织[②]建立了紧密的监管合作关系,有力提升了 NFA 监管执法的针对性和有效性。

(2) NFA 自律管理职能主要是在其行政监管职能基础上的拓展。NFA 的自律管理职能是其自律监管职能的拓展和补充。NFA 的核心是自律监管,以贯彻行政监管的要求为目标,通过制定自律规范促进行业规范发展。近年来,NFA 不断发展面向交易所和终端投资者等多样化市场主体的自律管理服务,通过与交易所签订"监管服务合同"提升了交易所监管效率和质量,通过 BASIC 系统向业界提供高效透明的信息服务,通过与建设每日电子确认系统保护投资者资金安全,通过为受害者提供无偿的赔偿执行服务提升市场的安全度,通过主题丰富、形式多样的市场培训活动提升从业人员和投资者的专业水平,从而更好地执行行政监管职责。广泛而深入的行业自律管理服务,使 NFA 赢得政府、市场机构和公众的信任和尊重,其自律职能发挥更加高效顺畅。

(3) 以行政监管为主的职能结构使 NFA 促进行业发展的功能弱化。虽然促进行业发展是行业自律组织的重要职能,但由于 NFA 承担较为繁重的监管职能,促进行业发展的职能相对弱化,体现在以下几个方面:一是监管建言以提高监管有效性为主,对 CFTC 等提出的衍生品监管建言[③]以肯定和完善为主,较少代表行业机构利益。二是市场培训以监管经验分享、政策宣导和投资者保护为主,几乎不涉及业务发展、行业机会等主题。例如,分享 NFA 在自律监管方面的责任和经验,开设监管专题培训课程[④]等。三是国际交流以政府或监管机构为主,较少面向民间团体。CFTC 在美国境内的交流对象主要是 CFTC、SEC、交易所、美国金融业监管局(Fi-

---

① 例如,多德-弗兰克法案可能造成 NFA 的大多数掉期交易商(SD)会员至少受两个监管机构的约束。
② 美国司法部证券和商品欺诈工作组、当地执法部门、美国检察官办公室、联邦调查局、美国邮政督察办公室、CFTC 地区办公室和伊利诺伊州安全部等。
③ NFA 通过提交"评论信"的方式对美国联邦和国际证监会组织的举措提交意见函,通过提交"请愿书"向 CFTC 或 SEC 提出制订或修改相关法规的申请。近年来,NFA 在场外市场监管、会员合规管理、自律组织审计要求、虚拟货币交易政策制定等方面对 CFTC 征求意见稿提出建设性建议。
④ 2016 年,NFA 向英国、爱尔兰、荷兰、西班牙、马耳他等地政府和自律监管机构提供了专题培训,涉及外汇监管、CFTC 注册和 NFA 会员资格、监管要求、监管计划以及纪律处分等主题。

nancial Industry Regulatory Authority，FINRA)① 等政府或自律组织，在国际上主要通过国际证监会组织（International Organization of Securities Commissions，IOSCO)② 平台与各国监管人员③和国际行业协会④开展监管沟通和培训交流活动等。总体来看，NFA 在促进行业发展层面的职能相对较弱，体现出更浓厚的监管色彩。

三、全球期货业协会组织模式与职能

全球期货业协会（FIA）也称美国期货业协会（FIA）或美国期货产业协会，是以促进美国及其他国家衍生品行业发展为主要职能的期货行业自律管理组织，其组织模式与职能具体如下。

（一）FIA 的成立和发展

全球期货业协会（FIA)⑤ 是一个国际性的期货行业自律组织，致力于研究和解决期货、期权和集中清算等问题。其设立宗旨是：支持建设一个开放、透明和公平竞争的市场，保护和增强金融体系的完整性，以及提高从业人员的职业操守。该协会由美国期货业协会发展而来，但其影响力早已超出美国范围并扩展到全球。FIA 共设有四个办事处，分布在布鲁塞尔、伦敦、新加坡和华盛顿，每年在全球范围内举办各类大型会议或活动，为期货业提供讨论市场热门话题的场所，吸引了众多行业参与者。

1955 年 5 月，美国期货业协会（FIA)⑥ 的前身——商品交易公司协会（Association Of Commodity Exchange Firms，ACEF）在纽约成立，随后 ACEF 在当年 7 月份的会议中确定了协会宗旨：与交易所一道，代表公众客户的利益，研究降低成本的方法，消除信誉谴责，通过教育的方式展开合作。1973 年，随着芝加哥期货佣金商

---

① 美国金融业监管局（FINRA）是美国最大的非政府的证券业自律监管机构，于 2007 年 7 月 30 日由美国证券商协会（NASD）与纽约证券交易所中有关会员监管、执行和仲裁的部门合并而成，它主要负责证券交易商于柜台交易市场的行为，以及投资银行的运作，监管对象主要包括 5100 家经纪公司、17.3 万家分公司和 66.5 万名注册证券代表。其核心目标是加强投资者保护和市场诚信建设，通过高效监管，辅以技术服务。

② AMCC 由 65 个涉及证券及衍生品的市场金融基础设施、自律组织、投资者保护基金及证券监管相关实体组织，涵盖 33 个行政区域，8 个区域或者国际组织。AMCC 作为 IOSCO 的咨询委员会，旨在加强成员间的经验分享和合作，为 IOSCO 提供政策建议和标准制定工作。

③ 在 NFA 承办的 IOSCO–AMCC 年会上，NFA 就网络安全、金融科技、交易平台跨境监管和散户投资者保护等议题交流经验。

④ NFA 与国际资本市场协会（ICMA）和美国证券业与金融市场协会（SIFMA）开展研究金融科技应用及监管对接，并向 IOSCO 提交固定收益市场交易与平台创新趋势专题报告。

⑤ 本部分若无特殊说明，相关资料均来自 FIA 官网，网址 https：//fia.org/。

⑥ 全球期货业协会（Futures Industry Association，FIA）是由美国期货业协会（Futures Industry Association，FIA）发展合并而来，没有更改名称，因此二者英文名称相同，为避免混淆，文中使用 FIA 缩写即指代 2016 年正式合并后的全球期货业协会。

(Futures Commission Merchants，FCM）加入ACEF，协会的影响范围得到扩大。1978年，协会更名为美国期货业协会并将办公地点迁至华盛顿。20世纪80年代中期，随着一些国际组织成为美国期货业协会的会员，美国期货业协会的影响范围再一次扩大。

1993年，美国期货业协会在英国伦敦成立美国期货业协会欧洲分会（FIA Europe）。随后，美国期货业协会又于2005年在新加坡成立亚洲办事处，旨在以论坛形式为会员提供一个讨论亚太地区期货和期权行业相关问题的平台。美国期货业协会亚洲办事处于2012年成为美国期货业协会的正式分支——美国期货业协会亚洲分会（FIA Asia）。2013年，英国期货和期权协会（Futures and Options Association，FOA）加入FIA Europe，并与美国期货业协会、FIA Asia组成了一个联盟性组织，以全球期货业协会（FIA Global）的名称进行活动。FIA Global增强了美国期货业协会的跨境影响力，提升了地区之间的协调性和信息流动性。2016年1月，美国期货业协会、FIA Europe和FIA Asia正式合并为一个组织，统称为FIA，合并后的FIA覆盖了全球范围内主要的衍生品市场。

（二）FIA的会员类型及会员权益

目前，FIA的会员包括来自48个国家的清算公司、交易所、清算所、交易公司和商品专家，以及为期货行业服务的技术供应商、律师和其他相关的专业人员。成为FIA的会员可以得到FIA提供的诸多便利，能够有机会和同行进行交流，并且利用FIA提供的渠道获取大量行业信息。所有的期货交易所和清算所在申请FIA的会员资格之前，都需要成为《国际信息谅解备忘录与协议》（MOU）的签字人。

1. 会员类型

FIA会员分为主要会员和普通会员两类。FIA的主要会员（Primary Members）仅限于持有客户资金进入市场进行交易，从而为市场基础设施的安全性和稳健性做出巨大贡献的交易所或清算所的清算会员，一般为期货经纪商，其主要会员的期货业务约占美国期货交易所交易业务的80%。FIA在清算衍生品市场中投入了大量资源，用以支持其主要会员发挥稳定市场的关键作用。

不符合正式会员要求的企业可以申请成为FIA的普通会员。普通会员包括国际各大交易所、银行、法律和会计事务所、介绍经纪人、商品交易顾问、商品合资基金经理、其他市场用户以及信息和设备供应商，法律服务和其他专业服务提供商。由于FIA的普通会员是企业。因此，法人会员的雇员也有资格享受FIA提供的便利。

2. 会员权益

除了主要会员可以参选FIA的董事会对FIA进行管理之外，FIA的主要会员享有的其他权益和普通会员相似，具体如下：

（1）参与政策制定及协会治理。会员通过加入 FIA 的委员会和研讨小组，可以直接和政府、监管机构部门进行交流并及时获得可能影响其业务的信息。主要会员还可以通过参选 FIA 的董事会或任意 FIA 区域咨询委员会亲自管理 FIA 相关事宜。

（2）获取信息资源。会员可以访问 FIA 从北美、南美、欧洲和亚洲 60 多个交易所收集的全球期货期权月度交易量和未平仓量数据。为了更好地实现提高全球衍生品市场透明度的宗旨，FIA 发布了一系列行业指标，其中包括交易所和掉期执行机构的交易状况，以及美国清算公司的数量和市场份额趋势，会员可以通过 FIA 提供的这些资料及时掌握市场动态。会员还可以订阅 FIA 出版的所有地区的日报周报以及《行业之声》（Market Voice）杂志，FIA 会通过电子邮件、复印件、播客、网络研讨会和视频等各种方式为会员提供所需资料。此外，会员可以通过参加网络研讨会或是随时访问 FIA 的网络研讨会议库，了解世界各地行业和监管发展情况。另外，会员也可以通过缴纳额外费用来订购各种文档服务，包括标准行业互换执行协议模板、标准 FIA 净额规定的可执行性的法律意见、CCP 风险评估、欧洲市场基础设施监管条例（EMIR）、重组金融工具市场指令（MIFID II）和金融工具市场监管（MIFIR）条例等文件。

（3）行业交流。会员可以通过 FIA 提供的便捷渠道广泛接触政策制定者和监管机构，并且进行期货行业的宣传工作；有机会参加讨论与交流，为 FIA 董事会和各国政府监管部门及自律监管机构提供意见。FIA 的全球会议以及地区活动也为会员的交流和展示提供了良好的平台。

（4）其他权益。会员可以参加会员限定的行业发展活动，以折扣价格向其员工和客户注册与行业合规或市场行为相关的在线培训课程，还可以享受全球任何会议的会议注册折扣以及赞助和参展套餐的大幅折扣。FIA 还为会员提供宝贵的培训机会，培训内容涵盖市场行为和合规等重要主题。FIA 培训由行业专业人士开发，能够帮助市场参与者更好地了解市场运作方式和保护市场的规则。

（三）FIA 的组织架构

FIA 的组织结构较为松散，主要以美国、欧洲和亚洲为三个中心点，组织覆盖全球的期货期权研讨教育活动（见图 4）。FIA 的董事会和各地办事处主要负责重大事项的决策和日常事务的协调管理，而会议活动等项目分别由各个委员会和专题研讨会来具体负责。目前，FIA 在地区和全球层面设有近 30 个常设委员会和若干研讨小组①，讨论的内容涵盖 FIA 工作议程的所有核心领域：执行和清算问题、合规、法律、监管变革、市场结构和商品，反映全体会员的利益。这些委员会和研讨小组以及相关的圆桌会议对于 FIA 制定统一议程大有帮助。虽然有些部门、委员会和研讨小组有着区域侧重的特点，举办活动的时候也会倾向于在固定国家，但是 FIA 的会员可以不分国别的加入其感兴趣的任意部门、委员会和研讨小组，各委员会之间也不存在隶属关系和层级划分。

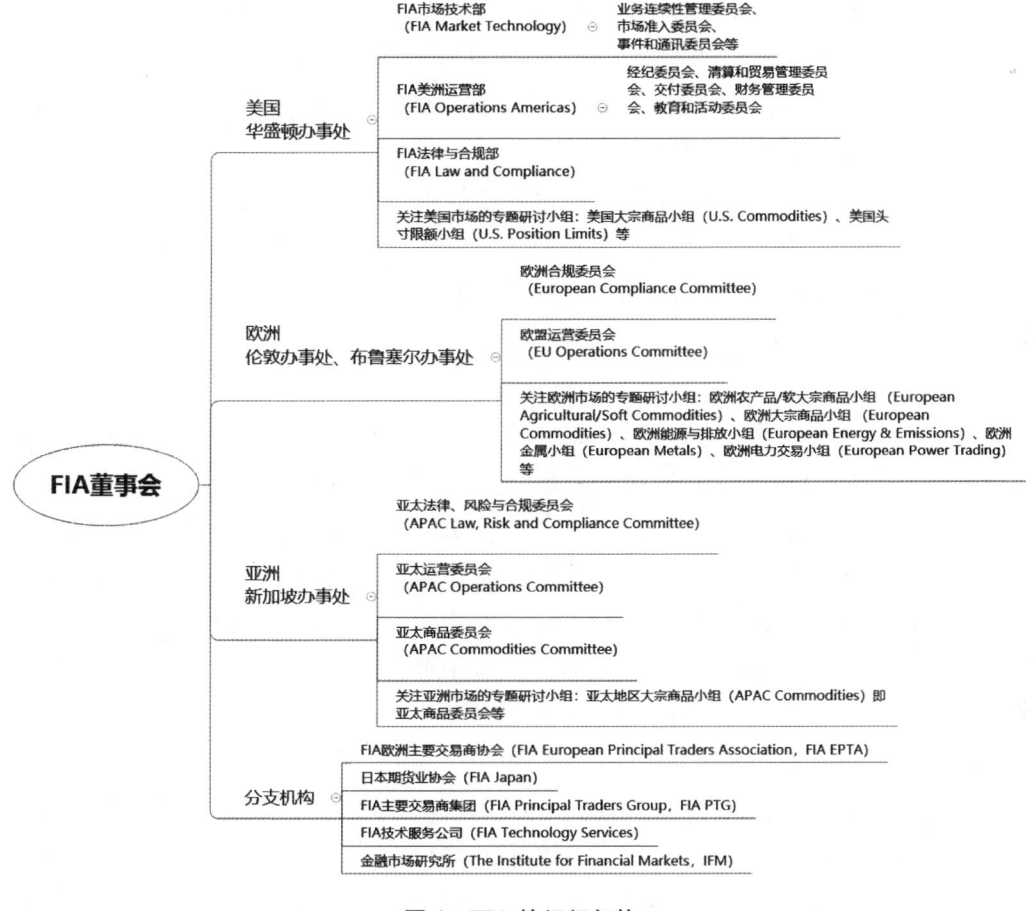

图 4　FIA 的组织架构

---

① 除了 FIA 专题的研讨小组，还有两个联合研讨小组（Joint Working Groups）：欧洲商品衍生品小组（European Commodities Derivatives Working Group）和欧洲 CRD IV 小组（European CRD IV Working Group）。欧洲商品衍生品小组由 FIA 和国际掉期与衍生工具协会（International Swaps and Derivatives Association，ISDA）共同运营，并对欧洲能源交易商联盟（European Federation of Energy Traders，EFET）会员开放。欧洲 CRD IV 小组定期召开电话会议讨论商品监管的最新情况。并且每年举办两次圆桌会议，为行业领导者和监管机构会提供有关值得注意的最新信息。该工作组由 FIA、ISDA、EFET 和商品市场委员会的非财务会员组成，主要负责研究投资公司进行资本要求监管（CRR）和资本要求指令（CRD IV）的审查问题。该小组已成功地倡议商品交易商在 2020 年底之前免除其自有资金要求和大额风险敞口要求，从而为欧盟委员会和欧洲银行业协会彻底审查 CRR/CRD IV 争取了更多的时间。FIA 正与欧洲银行业管理局就商品公司的数据收集工作和一份关于适用于投资公司的资本要求拟议变更的讨论文件进行接触。

1. FIA 的管理层

FIA 由董事会负责管理 FIA 的各项事宜，由亚洲和欧洲的区域咨询委员会提供支持，董事会主要由主席、副主席、财务总管、秘书和董事会成员组成。FIA 的董事会拥有监督和管理 FIA 的所有权限，包括把控 FIA 的总体发展战略以及政策的制定，管理 FIA 的人员和会员会费，管理分支机构，控制 FIA 预算等重大事项和常规事项。董事会成员和区域咨询委员会的成员是从 FIA 的正式会员中选出的，FIA 董事会的人员数量保持在 30 人左右，至少包含 15 家正式会员公司的精英代表，因此 FIA 董事会可以对全球衍生品市场提供支持和指导建议。FIA 的董事会是在每年的 3 月份召开的年度会议上选举出来的。

此外，FIA 在布鲁塞尔、伦敦、新加坡和华盛顿四个地方设立了办事处，办事处由董事会直接管辖，代表 FIA 与各地政府和监管部门以及 FIA 的各个委员会进行联络，负责协调和管理 FIA 的日常事务的协调和管理。

2. FIA 在美国的组织

由于 FIA 的前身美国期货业协会的主要影响范围是美国，目前 FIA 也在美国华盛顿设有办事处。FIA 在美国的组织主要由 FIA 市场技术部、FIA 美洲运营部和 FIA 法律与合规部三个会员部门（Division）组成，每个会员部门下面还设有多个与其管理内容相关的委员会，通过在纽约和芝加哥举办相应的活动，各会员部门为会员提供解决问题和相互交流的机会，会员可以借此与同行建立联系。此外，会员部门可以代表会员向 FIA 的董事会和交易所以及其他监管和自律机构提供意见。FIA 任意会员公司的任意员工只需缴纳少量的年度会费便可以加入 FIA 的会员部门。FIA 在美国的会员部门如下：

（1）FIA 市场技术部（FIA Market Technology）。FIA 市场技术部主要负责研究和倡导可用于提高会员运营效率的技术提案，FIA 市场技术部全年在纽约和芝加哥举办相应活动，为 FIA 的会员和期货业界人士提供讨论话题和交流机会，会员还可以选择参加该部门的委员会，包括业务连续委员会、市场准入委员会等。目前，超过 100 名行业专业人士加入该部门。

（2）FIA 美洲运营部（FIA Operations Americas）。FIA 美国运营部主要负责促进芝加哥和纽约地区会员之间的行业合作和思想交流，同时推动美国所有 FIA 会员之间的交流。该部门吸引了诸多交易所、经纪公司、行业服务提供商、律师事务所和技术供应商等期货相关领域的高管加入，目前该部门有近 400 名行业专业人士。该部门有五个活跃的委员会负责定期举行会议，主要是经纪商委员会、清算和交易管理委员会、交付委员会、财务管理委员会和教育活动委员会。

（3）FIA 法律与合规部（FIA Law and Compliance）。FIA 法律与合规部负责研究影响期货和衍生品行业的法律和监管的发展的因素，为 FIA 提供相关监管信息以帮助相关监管机构和法院做出与期货和清算掉期交易相关问题的决策。该部门与美国和国际监管机构以及交易所建立了良好的交流沟通渠道，并在恰当的时机发布评论信、立场文件和法庭简报。目前该部门有超过 600 名行业专业人士。FIA 法律与合规部门每年春季举办为期两天的会议，邀请行业参与者和监管机构代表讨论时下热门的法律与合规问题。

3. FIA 在欧洲的组织

FIA 分别在伦敦和布鲁塞尔设立了办事处，主持 FIA 欧洲区域的日常联络工作，并且负责和欧洲各国政府保持密切联系。FIA 在欧洲区域设立了两个委员会和若干专注研究欧洲市场的研讨小组。其中欧洲合规委员会（European Compliance Committee）每月召开一次会议，主要负责讨论有关交易所衍生品交易或集中清算衍生品监管的相关问题。其职责包括：监督、讨论现有和拟议的相关指令、法规、条例或建议的影响；审查并向 FIA 提供意见，包括对监管咨询文件的回复；制定监管实施和行业指南。而欧盟运营委员会（EU Operations Committee）主要负责讨论解决欧洲场内外衍生品的清算处理。该委员会重点关注影响衍生品清算问题的监管变化和中央对手方与供应商变更等管理问题。

主要关注欧洲市场的研讨小组有：欧洲农产品/软大宗商品[①]小组[②]（European Agricultural/Soft Commodities）、欧洲大宗商品小组[③]（European Commodities）、欧洲能源与排放小组（European Energy & Emissions）、欧洲金属小组（European Metals）、欧洲电力交易小组（European Power Trading）。

4. FIA 在亚洲的组织

FIA 在新加坡设有亚洲办事处负责处理亚洲区域相关事务，此外 FIA 在亚洲区

[①] 在金融投资市场，大宗商品有硬大宗商品和软大宗商品，"硬"是指石油、矿物等，"软"是指咖啡、农副产品等农作物等。软大宗商品一般认为是农副产品约 20 种：玉米、大豆、小麦、稻谷、燕麦、大麦、黑麦、猪腩、活猪、活牛、小牛、大豆粉、大豆油、可可、咖啡、棉花、羊毛、糖、橙汁和菜籽油。

[②] 欧洲农产品研讨小组每月在伦敦举行会议。小组成员包括农产品期货、期权或其他衍生品业务会员，这些会员的交易都是受到市场监管或属于多边交易（Multilateral Trading Facility，MTF）。该专题研讨小组讨论的问题涉及会影响欧洲和国际对于农产品衍生品市场的监管政策的所有方面，包括：在当前监管框架内监视、探讨相关指令、法律法规以及监管建议的影响；讨论和分析新法规的实际合规性问题，并适时建立运营子组对其以提供支持；审查 FIA 文件并提供意见，包括来自欧盟委员会、欧洲证券和市场管理局（ESMA）、英国财政部以及英国金融行为监管局（FCA）的咨询文件，特别关注与上述机构发布的咨询文件反馈。

[③] 欧洲大宗商品小组由位于伦敦的办公室进行管理，主要负责传递当前欧洲商品问题的最新消息，并参与和审查对各种讨论和咨询文件的回应。最近该工作组关注 MIFID II，即引入持仓限额制度和附属活动豁免。该集团还监测了法国对 ICE 和泛欧交易所交易的某些农业合同的头寸报告要求，以及根据证券融资交易条例对商品交易的要求。

域设立了三个委员会和若干专注研究亚洲市场的研讨小组。其中亚太法律、风险与合规委员会（APAC Law, Risk and Compliance Committee）通过定期举行会议，把握影响亚太地区交易所交易和集中清算的法律发展动态，探讨解决相应监管问题。例如，该委员会曾在2017年6月协助FIA举行了议题为亚太执法趋势的网络研讨会；向新加坡金融管理局就《证券与期货法》拟议的法规变更提出了答复；举行了一次会员圆桌会议，讨论了MiFID II和MiFIR在亚太地区的影响。11月协助FIA主要交易商集团（FIA PTG）发布了关于日本金融服务局提出的拟定高速交易规则的相关评论等。

亚太运营委员会（APAC Operations Committee）专注于与衍生品相关的包括交易所的交易和清算等操作问题。该委员会旨在最大限度地减少操作风险、提高效率以及解决操作系统和流程有关的问题。该委员会与交易所和中央对手方保持密切联系以协助行业发展。

亚太商品委员会（APAC Commodities Committee）成立于2016年，旨在识别、监测和解决影响整个亚太地区商品衍生品的合规性和法规发展问题。该委员会的成员处于不断更新的状态以便及时接收全球范围内的行业精英，目前委员会成员包括金融机构以及一些能源和商品贸易公司。该委员会最初举办的活动是一场讨论新加坡金融管理局（MAS）的商品衍生品交易报告提案的会员圆桌会议，会议结束后亚太商品委员会还与MAS进行后续讨论并举办了社交活动。亚太商品委员会积极参与中国期货市场的开放和国际化，还协助FIA就国际能源交易所（International Energy Exchange）和中国证券监督管理委员会（China Securities Regulatory Commission）就允许海外参与者直接交易中国境内的期货产品（最初是原油期货）的相关事宜进行了多次提案建议。

5. FIA的分支机构

（1）FIA欧洲主要交易商协会（FIA European Principal Traders Association, FIA EPTA）。FIA EPTA代表欧洲25家以上交易商，这些主要交易商参与了全球的期货、期权和股票市场的交易活动。FIA EPTA接受FIA的领导，但有其自己的治理体系。该协会的管理事宜由FIA EPTA执行委员会负责，执行委员会由主要交易商会员代表组成，包括独立董事长、副董事长、秘书长及6名会员。

FIA EPTA提倡建立一个透明安全的市场，并为所有人提供公平的竞争环境。该协会是在欧洲监管环境不断变化的情况下代表交易者发声的组织，协会会统一会员的意见和建议向布鲁塞尔和欧盟成员国的立法者和监管者表达关于监管和交易方面的看法。目前，协会主要关注并跟踪研究欧洲的做市商做市义务、高频交易（High Frequency Trading, HFT）以及资本要求制度（Capital Requirements Regime, CRR）

等，并就相关问题向有关部门进行政策建议。

（2）日本期货业协会（FIA Japan）。FIA Japan 是日本唯一囊括期货业界所有部门的团体。其会员包括期货和证券交易所、FCM、证券公司、银行和市场的其他机构，以及为行业提供服务的法律技术专业人士等。FIA Japan 的宗旨是鼓励日本金融市场的发展，以及推动日本成为亚太以及全球的金融中心。FIA Japan 专注于金融和商品市场，促进日本市场与国际发展保持同步。

FIA Japan 成立于 1988 年，是由日本和外国的期货业界专业人士自愿参与的期货协会，并得到了华盛顿 FIA 的支持。2010 年，FIA Japan 根据日本法律重组为独立的一般注册协会。2016 年，FIA Japan 成为 FIA 的分支机构，目的是更好地协调政策以推动日本衍生品行业发展，但其仍是一个独立的组织运作，按照公司章程运作。

（3）FIA 主要交易商集团（FIA Principal Traders Group，FIA PTG）。FIA PTG 成员是由世界各地的期货、期权和股票交易公司组成的，成员的交易方式包含手动、自动和混合交易方式，并且交易活跃的范围包括各种各样的资产类别，如股票、固定收益、外汇和商品。FIA PTG 成立的主要目的是为贸易公司提供交流平台，讨论 PTG 成员面临的公共政策方面的问题并促使成员达成共同立场，提高集团利益；提高公众对自营交易公司在股票和衍生品市场中作用的认识；促进成员经济高效地进入美国和美国以外的市场。

（4）FIA 技术服务公司（FIA Technology Services）。FIA 技术服务有限公司（FIA Tech）是 FIA 下属的营利性子公司，与全球期货行业合作，通过云集成系统提高期货行业运营效率。FIA Tech 为客户提供关键服务和流程，包括管理法律协议、与经纪商和解、合规性审查以及自动对账。FIA Tech 当前的核心应用和数据资源包括 Docs[①]、Atlantis[②]（交易费用结算平台）、eRecs[③]、OCR[④]、MiFID 密码箱和包含头寸限额和交易费用数据的 FIA Tech 数据库。

（5）金融市场研究所（The Institute for Financial Markets，IFM）。金融市场研究所（IFM）成立于 1989 年，是一个非营利性教育基金会。IFM 旨在提高公众对金融

[①] Docs 是 FIA Tech 开发的文档检索系统，Docs 可以将完全执行的"放弃"协议导入到诸如 Atlantis 和 GPS 这样的下游系统中。

[②] Atlantis 是 FIA Tech 全新的结算平台，该平台可根据 FCM 的意见和要求，计算、开具发票和支付公司的交易经济费用。该平台使用期货交易所清算系统的放弃数据（giving up data），并提供放弃应付款和应收款的前几个月以及至今的视图。为了方便计算放弃费用，Atlantis 不断从 Docs 检索放弃协议，该文件是整个行业范围内的电子放弃协议管理系统。

[③] eRecs 是一个综合对账系统，企业可通过一个网络应用程序针对后台办公会计系统管理和核对应付款和应收账款。

[④] OCR 数据服务是一个基于 Web 的报告系统，它允许参与报告的公司（例如 FCM，清算组织，外国经纪商和掉期交易商）捕获和存储监管报告目的所需的客户数据，可以向 CFTC 提交文件。OCR 数据服务直接将这些报告归档到 CFTC 和其他预期的接收者。

市场、金融服务业以及全球经济重要性的认识和理解,并提高业内人士的技术能力。IFM 通过进行市场研究,推出相应出版物和电子学习课程、会议等来实现其宗旨。IFM 虽然是 FIA 的独立分支机构,但根据法规,其不会在重大问题上表达自己的立场,也不参与宣传或竞选公职。

IFM 在满足行业专业人士和投资者以及金融市场信息的其他利益相关者(如立法者、监管者、教育者和媒体)的知识需求方面具有独特的地位。作为教育计划的一部分,IFM 资助了一些独立研究,其中与衍生品相关的先进研究可以获得丰厚的奖金。IFM 会对资助的独立研究论文进行评审,邀请该领域公认的研究人员与专家阅读和评估研究论文,并对该论文提出修改、拒绝或发表的建议。由于严格审查流程需要花费较长时间,这些论文的主题并非时下热门的新闻驱动性的主题。

(四) FIA 的职能设置

1. 政策建言

FIA 组织会员对期货行业进行广泛深入的研究,通过举办各种论坛会议,让 FIA 的会员能够直接与各国政策制定者进行沟通,为期货业行为准则、业务规范的制定提出相关建议并且跟踪监管效力和法律效果。例如 FIA 与其法律与合规部和相关的工作组每年就行业关注的问题向世界各地的监管机构提交各种评论建议信和监管回应,FIA 的回应涵盖了各种关键监管问题,如 CFTC 提出的自动交易规则、CFTC 的所有权和控制报告要求、美国国税局的税收规定以及影响 FIA 会员的各种关键交易规则。此外,FIA 及其附属机构 FIA PTG 花了大量的时间分析、讨论和回应 CFTC 的自动交易规则(Automated Trading,AT)①。

2. 行业交流

FIA 的各个部门、委员会和研讨小组通力合作,积极反映行业声音,关注行业热点问题。截至 2018 年底,FIA 已在全球组建了 76 个成员论坛(Member Forums)——其中美洲 46 个,亚太地区 6 个,欧洲 24 个,且论坛数量在不断发展。FIA 的会员都与衍生品市场有着密切关系,FIA 通过收集、整理期货行业相关信息,开展会员间的业务交流,推动会员按现代金融企业要求完善法人治理结构和内控机制,促进业务创新,为行业创造更大市场空间和发展机会。同时,FIA 积极推动期货行业的国际交流与合作,努力探索行业发展的新技术,力求提高行业信息安全和

---

① 这项提议将要求对所谓的"自动交易人(AT Persons)"进行注册,以及对期货商、交易所和交易参与者进行风险控制。这些规则还要求"自动交易人"进行广泛的软件开发、测试和记录保存,包括允许 CFTC 通过特殊的呼叫程序而非强制执行中使用的传统传票程序检查其专有源代码。

技术水平，推动期货行业健康发展。

FIA 吸纳有影响力的会员入会可以增强 FIA 的市场影响力，而会员利用 FIA 提供的平台可以更好地发展自己的业务，促进衍生品市场良性发展。FIA 的全球会议和区域性活动使成员可以相互交流，共同探讨行业问题，会员还可以加入专题研讨小组和相关的委员会，关注自己感兴趣的问题。

3. 宣传教育

FIA 不仅为会员提供相应的培训，还积极地向社会其他群众进行衍生品的宣传教育。FIA 成立了 IFM，致力于提高公众对金融市场、金融服务业以及全球经济重要性的认识和理解。IFM 负责进行金融市场研究工作，推出相应出版物和电子学习课程、会议等来提高行业内人士和大众对于衍生品市场的理解。

FIA 也与新闻媒体保持良好的联系，定期发布出版物进行期货市场宣传和投资者教育。FIA 还制作了播客（Prodcast）——FIA Speaks，内容围绕期货、期权和衍生品市场，通过与期货业界的高层管理人员、监管机构和有远见的专家进行访谈，探究对全球经济产生重大影响的行业问题和发展趋势。

（五）FIA 自律管理与行政监管关系的特点及影响

FIA 作为一个先进的国际性期货协会组织，虽然不直接参与监管也并非自律监管组织（SRO）[①]，且不隶属于任何政府部门，但是其始终与政府保持着密切的合作关系。FIA 主要是基于对行业的深入研究，运用自身的专业优势，通过在全球范围内组织研讨会议等形式，向政府建言献策进而推动行业发展，具有显著的"智库"特点。此外，FIA 还积极为各国政府官员等提供与期货相关的培训，加深监管人员对市场的了解，便于政府做出更科学合理的决策。

1. 自律管理与行政监管关系对 FIA 组织模式的影响

为了与各国政府进行密切合作以及更好地发挥建议献策的政府职能，FIA 的组织模式呈现出以区域和功能为中心的全球覆盖的网络结构特点，其组织人员队伍庞大，机构内部组织之间关系较为松散，具体为：一是全球化的组织架构。一方面是在布鲁塞尔、伦敦、新加坡和华盛顿设立了四个办事处，以更好协调联络服务欧洲、

---

① 美国1974年颁布的《商品期货交易委员会法》第17节特别规定了"注册期货协会"成立的要求和职责范围。"使 CFTC 能够从大量繁杂的日常监管中解脱出来"成为设立注册期货协会的主要目的之一。1976年筹备委员会正式成立，并提议在立法之前已经成立的美国期货业协会（Futures Industry Accociaion，FIA）直接成为注册期货协会，但是由于 FIA 并非按照自律组织的模式组建，如果要注册成为行业自律组织需要大量的时间和经费进行改造，因此经各方讨论决定单独成立一家专门负责自律监管的期货协会。最终，1981年9月22日 CFTC 正式批准注册成立 NFA。

亚洲、美洲等地区的政府与会员；另一方面是将日本、英国等本地期货行业自律组织吸收合并，成为 FIA 的地区分支机构，使其与这些国家的监管机构联系更为密切。二是灵活的多功能中心内部组织结构。为了对行业发展重点问题进行深入研究，FIA 设立了多个委员会和研讨小组，每年在全球范围内举办各类大型会议或活动，讨论市场热门话题并为政府提供政策建议。通常，这些组织和小组之间是相互平行，各部门和研讨小组以其研究主题为核心，并在一定的区域范围内进行活动。因此，FIA 的内部组织相对灵活松散。

2. 自律管理与行政监管关系对 NFA 职能设置的影响

FIA 与行政监管机构在职能上的相互影响主要表现在其对行政监管机构的政策建言方面。在美国，FIA 与多个政府部门保持着密切联系。FIA 与国会和美国商品期货交易委员会（Commodity Futures Trading Commission，CFTC）定期会晤，积极推行多德－弗兰克法案（Dodd - Frank）。相关监管部门也会向 FIA 咨询期货相关的专业问题，FIA 就具体问题给出政策建议。FIA 还根据政府需求，向国会议员等政策制定者提供期货培训。此外，由于 CFTC 和美国证券交易委员会（Securities and Exchange Commission，SEC）两个部门之间对于期货市场监管有交叉重合，对于交叉重合领域内的问题，FIA 会积极推动两个部门间的合作，以减少监管不明确的问题。在欧洲，FIA 设有专门研究欧洲市场的 FIA EPTA 组织，主要关注并跟踪研究欧洲的做市商做市义务、高频交易（High Frequency Trading，HFT）以及资本要求制度（Capital Requirements Regime，CRR）等问题，提出观点并向政府等有关部门进行政策建议。此外，FIA EPTA 直接和间接就法国和意大利金融交易税倡议以及德国证券和投资者保护法修正案向有关政府提出建议。在亚洲，FIA 重视与亚洲各国保持联络。FIA 率先在新加坡建立了亚洲办事处，并且建立了亚太商品委员会，与新加坡金融管理局探讨其商品衍生品交易报告提案。而 FIA Japan 则负责关注日本衍生品市场发展的相关问题，为政府提供政策建议。随着 FIA 在亚洲的影响力逐步扩大，FIA 也逐渐将关注的重点放在中国、印度等新兴市场上。

四、美国管理基金协会组织模式与职能

美国管理基金协会（MFA），是一个美国衍生品行业细分专业领域的行业自律组织，其组织模式和职能在衍生品行业协会中具有一定的代表性[①]。

---

① 本部分若无特殊说明，相关数据资料均来自 MFA 官网，网址 https://www.managedfunds.org/。

(一) MFA 的成立与宗旨

美国管理基金协会（MFA）是于 1971 年遵循伊利诺斯州非营利公司法（Illinois General Not for Profit Corporation Act）的非营利组织，总部位于美国华盛顿，是全球另类投资基金和商品期货基金领域最大、最权威的非官方行业自律组织。在美国管理规模超过 10 亿美元的另类投资基金资产管理者中 70% 是 MFA 的会员。自 1971 年建立以来，MFA 参与举办大小会议 600 余场，参加会议人员超过 9 000 余人，向联邦政府、商品期货管理委员会等政府机构献策千余篇。

MFA 共有三个创办宗旨。一是监管倡议。MFA 直接与美国、欧盟和各地立法者、监管机构合作，促进透明、高效和公平的市场公共政策。二是会员培训交流。MFA 每年举办 50 多个会议、论坛和活动，为其会员提供在适应全球环境下生存的监管信息和交易策略。不仅如此，美国立法层也认可 MFA 的培训内容，在立法监管时也会向 MFA 寻求专业指导。三是对外沟通。MFA 为另类投资行业开辟了一个对外沟通的渠道，一些行业之外的人（例如记者、作家等）通过 MFA 有机会深入了解另类投资领域。同时，MFA 也会向他们介绍协会会员在工人福利、商业资本、捐赠慈善等领域的作用，提高会员的社会存在感。

(二) MFA 的治理架构

MFA 的组织架构是以董事会作为权力机构、总裁兼首席执行官作为最高执行者、政策委员会作为内部执行机构，其组织和运行机制具体如下：

1. 董事会和高管团队

MFA 董事会由来自另类投资各个领域的会员公司的领袖组成，他们几乎可以代表整个另类投资领域的尖端人才。MFA 董事会成员目前共有 34 位，按照职能分为 20 位选举董事（Elected）、13 位委任董事（Appointed）和 1 位特别顾问（Special Advisor）。每年 10 月 1 日左右，董事会举行一次选举，当选董事任期为两年，可以连任两届；委任董事任期一年，可连任两届。MFA 新的董事选举后，会由这些新董事们选出下一财年主持工作的董事会主席。除了董事会外，MFA 的高级管理团队由一名总裁兼首席执行官与六位高级管理人员构成，他们领导着包括法律、政府事务、会员管理和市场营销领域的专业人才，共同推动 MFA 实现战略目标，具体见图 5。

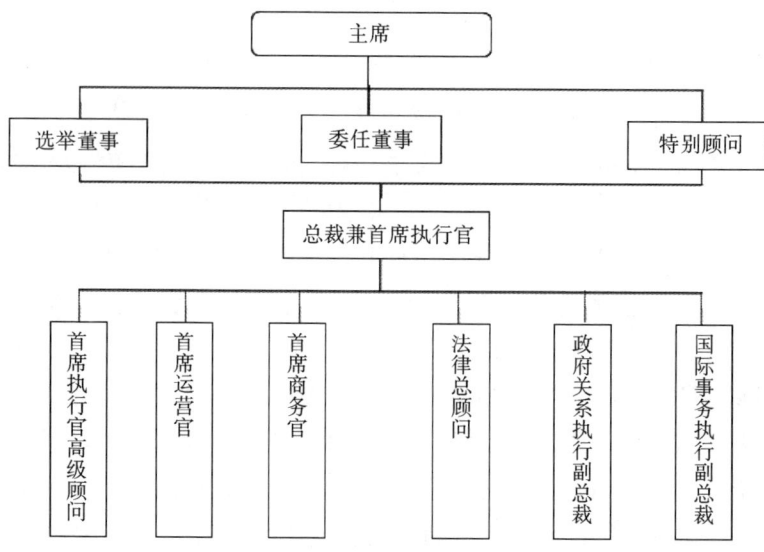

图 5 MFA 董事会和高级管理人员结构

2. 政策委员会

从 MFA 的内部组织结构来看，MFA 设立的七大政策委员会（MFA Policy Committees）共同构建了 MFA 内部完整的政策协调机制。委员会包括"交流委员会""衍生品和互换委员会""国际事务委员会""投资顾问委员会""税务委员会""交易市场委员会"和"CTA、CPO 和期货委员会"。MFA 通过内部委员会与外部合作者紧密合作，共同制定 MFA 的政策及外部文件，并对外发布观点。

3. 基金

为了更好地发挥行业协会功能作用，MFA 自主创设了衍生品管理研究基金会（Foundation for Managed Derivatives Research，简称 FMDR）和 MFA 政府选举基金（简称 MFA-PAC）。前者主要支持期货投资基金行业基础研究，后者主要资助美国议员候选人进行选举。

4. 会员

MFA 将其服务对象分为两大类：一类是另类投资领域机构及其所有人（MFA 称其为"合作伙伴"），另一类是另类投资机构的基金经理和服务提供商（MFA 称其为"会员"）。

MFA 的合作伙伴是另类投资领域全球知名且实力强劲的企业，基本可以覆盖美国甚至全球最知名的另类投资产业公司（Alternative Investment Industry）及公司所有人。合作伙伴以 MFA 外部委员的形式存在，分为创始人委员（Founders Council）、战略合作委员（Strategic Partners）以及维持（长期）委员（Sustaining Members），截至 2019 年 7 月底，MFA 的三类委员数目分别是 18、23 和 99（见表 4）。

表 4　　　　　　　　　　MFA 合作伙伴的具体职能

级别	具体职能
创始人委员	可以为 MFA 董事会提供咨询，并参与对 MFA 的关键政策立场、运营问题和长短期战略规划制定，MFA 主席自然成为创始人委员之一
战略合作委员会	促进 MFA 实现商业拓展，在另类投资商提供更多的相互合作机会
维持（长期）委员	共同商讨行业内的问题及政策，为 MFA 的决策提供辅助

资料来源：MFA 官网。

除了合作伙伴外，目前 MFA 的会员则是由另类投资基金中的经理人和服务供应商组成，人数超过 3 000 名，会员管理资产超过 350 亿美元，投资基金资产超过 3 000 亿美元。MFA 将这些会员按照其运营性质分为基金经理会员[①]以及服务提供商会员[②]两大类，每一大类又按照会员收入水平等条件区分成基本会员（Basic）、资本会员（Capital）、长期会员（Sustaining）三大类（见表 5）。

表 5　　　　　　　　　　MFA 会员分类标准

会员分类	基金经理	服务提供商
基本会员	小型资产管理公司或经理，管理资金规模不到 5 亿美元，参与讨论但不参与制定 MFA 政策，福利较少	拥有少量员工的公司，致力于经营另类投资业务
资本会员	中型或大型的资产管理公司或经理，管理资金至少 5 亿美元，参与 MFA 委员会，福利中等	拥有中等数量员工的公司，专职于另类投资业务
长期会员	大型资产管理公司或经理，管理资金规模至少 10 亿美元，可以提出影响 MFA 政策的观点，福利优厚	拥有大量员工的公司，专职于另类投资业务并为其为此投入大量的研发和金融资本

资料来源：MFA 官网。

（三）MFA 的职能设置

1. 会员管理

（1）会员义务。MFA 章程（MFA Bylaws）明示了 MFA 会员所需义务。会员必须是金融行业从业人员。MFA 每年举办会员大会，会议一般在公司所在地举行，主

---

① 指各种规模、结构、策略的对冲基金、管理期货基金、共同基金等经理人。
② 指在另类投资基金行业提供服务的主体，包括法律、会计、管理、清算合规、技术等服务业务机构。

要是对会员的权益、福利等进行探讨。无法出席的会员可以授权律师以书面提出聘请代理（代理时间为授权开始的 11 月内）履行投票权，每个会员拥有一票投票权。MFA 的会员资格不得进行任何转让。会员终止资格条件包括：董事会过半数董事认为其损害了协会利益；拖欠缴会费超过 75 天；会员自行向董事会秘书递交退会申请。

（2）会员权益。作为 MFA 的会员可以享受权益。一是直接与 MFA 员工沟通，了解 MFA 在行业监管、法律等领域的学术研究和行业分析报告；二是与 MFA 的政策委员会进行内部沟通，对协会议程的制定建言献策；三是有机会与养老基金、大学捐赠基金等顶级机构投资者合作；四是有资格参加 MFA 主办的讨论行业发展、监管实施、合规信息等内容的论坛和研讨会。

2. 行业交流

MFA 通过自发开展研讨会、座谈会并赞助行业会议，为 MFA 会员、全球政策制定者和投资者提供行业交流机会。

（1）MFA 主办研讨会和座谈会。研讨会和座谈会在人员组成、流程和内容等方面略有区分（见表 6）。

表 6　　　　　　　　　MFA 论坛及研讨会的形式和内容

会议	形式	主要内容
论坛	小型、定期举办、仅限会员参加、如果有新的紧急问题出现，会建立新的论坛	目前 MFA 有 10 多个独立论坛，通常探讨一些可能不是特点新闻但对行业发展有实际影响的问题。包括投资者关系、税收政策、监管合规的进展等
研讨会	邀请业内知名人士和监管机构决策者等现场出席	侧重于有关 SEC 和 CFTC 审查、巴塞尔协议 III 融资问题、MIFID 法案问题和监管环境变化情况的内容

资料来源：MFA 官网。

（2）MFA 赞助行业主题会议。除了 MFA 自发开展的研讨会和座谈会，每年 MFA 会在美国及欧洲地区定期赞助举行行业关注的五个热点问题的主题会议，主题包括人力资源、监管合规、策略共享、未来展望及全球互联等，具体见表 7。

表 7　　　　　　　　　MFA 赞助行业主题会议（2020 年）

会议地点	会议议题	内容概括
迈阿密	行业人力资源	有助于投资者和会员、顶级机构招聘基金经理，有助于行业人员流通和就业
纽约	行业合规与监管	法律专家、监管机构负责人共同讨论行业的最新的监管法规
芝加哥	行业交易策略	对管理期货基金、对冲基金等宏观策略进行培训

续表

会议地点	会议议题	内容概括
纽约	行业展望	针对行业提出前瞻性的话题
伦敦	全球峰会	提高欧盟投资者对另类投资基金的认识,助其了解欧盟和美国的监管框架

资料来源：MFA 官网。

3. 行业研究

（1）基础理论研究。通过创立研究基金会为行业发展提供理论研究支撑。MFA 建立衍生品管理研究基金会（Foundation for Managed Derivatives Research，简称 FMDR），以资助期货投资基金行业的许多重要研究（谭胜英，2004）[①]。

（2）行业信息整合。MFA 在其官网平台中建立另类投资基金信息资料库，投资者可以通过下载和浏览 MFA 白皮书、MFA 立场报告（Position Paper）、CFTC 官员主题演讲栏目、MFA 研究成果汇编、各国监管和交易所对 MFA 会员监管政策汇编五个栏目，迅速获得行业的最新发展动态和国际资源链接。

4. 公众宣传

（1）投资者教育。MFA 十分注重专业知识的教育及培训，由于另类投资基金属于专业性较强的投资手段，因此行业外人员对内部交易策略、投资技巧和监管等问题均不了解。MFA 在其官方平台设立基础知识课程，普通投资者可以通过课程学习基础知识、了解监管、熟悉另类基金的投资策略和技巧，并可随时获取最新学习资料。通过该平台，公众可以获得另类投资相关的及时、全面和权威的投资者教育资源。

（2）媒体宣传。新闻媒体是 MFA 代表另类投资行业进行公众宣传的重要渠道。媒体方式包括：一是投资者可以订购 MFA 每月出版的杂志《了解对冲基金》和《MFA 政策摘要》了解市场；二是设立新闻人士联系专栏，为媒体沟通提供特殊通道；三是在 MFA 博客推出实时热点；四是发布影片和动画视频进行行业问题全方面讲解。

（四）MFA 自律监管与行政监管关系特点及影响

通过上文梳理，可以看出 MFA 是代表期货行业一个专门领域——另类基金的自律管理组织，并具有显著的行业专业性和专门性特点。其自律管理与行政监管的关系下，除了在行业内贯彻执行行政监管的法律法规外，更重要的是代表行业对行政

[①] 谭胜英："期货基金及其法律规制初探"，江西财经大学，2004 年。

监管及相关政策制定提供意见与建议。MFA 与政府的关系具有"开放互益"的特点，在组织模式上，MFA 与政府间具有较强的开放性，拥有较大的自治权；在职能设置上，MFA 则扮演了"上情下达、下情上传"的沟通协调角色。

1. 自律管理与行政监管关系对 MFA 组织模式的影响

（1）MFA 的建立运营主要受公司法的规范。与美国期货业协会（NFA）等建立不仅受公司法的规范，而且要求 CFTC 或是 SEC 等官方监管机构的授权不同，MFA 的建立和运营主要遵循伊利诺伊州非盈利公司法，按伊利诺伊州公司法的章程和规定进行协会管理。

（2）管理层人员构成具有较高的行业代表性和影响。反映行业发展呼声，对监管机构和政府建言献策是 MFA 的重要职能。为了更有效地发挥行业协会对行政监管机构的影响力，MFA 董事会及高管团队的成员不是由会员选举产生的，而是依据会员在行业中的代表性和影响力来决定的。同时，MFA 的七个内部政策委员会也均代表专业行业领域。例如期货投资基金、互换衍生品、投资顾问等，以便提供专业性专门性的服务和政策建议。

（3）为更好地与行政监管机构沟通建立了 MFA – PAC 基金支持选举。MFA 自 2009 年起，设立了用于支持两党现任联邦国会候选人的 MFA – PAC 基金，截至 2019 年 6 月，共收到来自另类投资领域个人赞助资金 34 万美元。通过利用 MFA – PAC 基金资助美国政要选举，有利于加强协会与美国立法机关的沟通，更好提升协会的影响力。

2. 自律管理与行政监管关系对 MFA 职能设置的影响

（1）代表行业向监管机构建言是 MFA 的基本职能。向美国境内监管层不定期提交监管建议和向美国境外监管层提出全球性行业倡议是 MFA 代表行业建言献策的主要方式。在美国境内，MFA 通过递交政府"评论信"等方式，不定期向美国监管机构提出监管、立法问题的建议和诉求。在美国境外，MFA 主要通过发布白皮书、公众声明和提交少量评论信的方式，提出另类投资领域的全球监管倡议。

（2）宣传贯彻行政监管要求是 MFA 提升行业自律监管的重要方面。另类投资行业因为专业性程度较高、风险性较大，因此一直是监管层重视的监管对象。MFA 利用举办研讨会、赞助行业主体会议、建立行业信息整合平台等方式，将最新的监管建议传达给行业内部人员，并做好政策落实检查工作。例如近期举办的 SEC 和 CFTC 审查、巴塞尔协议 III 融资问题、MIFID 法案问题研讨会或者计划 2020 伦敦全球峰会上为欧盟投资者提供美国和欧盟另类投资法律框架等。

五、印度商品参与者协会组织模式与职能

印度商品参与者协会（CPAI），是由印度四家商品交易所商品经纪人组成的专门性行业协会，主要为会员和整个商品市场提供服务①。

（一）CPAI 的建立与宗旨

印度商品参与者协会（CPAI）注册成立于 2006 年 2 月 20 日，是印度证券交易委员会（SEBI）唯一认可的印度商品经纪人协会组织，由在全国范围内运营的印度大宗商品交易所（MCX）、印度国家商品及衍生品交易所（NCDEX）、印度国家大宗商品交易所（NMCE）、印度商品交易所（ICEX）等的商品参与者组成。CPAI 通过其在新德里的总部和西区、东区、北区和南区四个地区办事处，为其会员和整个商品市场提供服务。

CPAI 在政府监管机构和行业会员间充分发挥了行业代言人和中介的作用，通过向政府监管机构和教育投资者提供帮助，基于道德规范和市场规则为其会员提供专业指导，推动印度商品市场的透明高效和业务发展，助力印度农村经济的全球化转型，被誉为"印度商品期货市场及其参与者之声"。

（二）CPAI 的组织架构

印度商品参与者协会的组织结构由执行委员会和会员大会组成，其组织构成和运行具体如下：

1. 执行委员会

CPAI 的执行委员会是其常设权力机构，其组织架构见表 8。执行委员会中成员分别来自不同的 CPAI 会员公司。当前 2019—2020 年度执行委员会中包括 1 位首席导师、1 位全国主席、1 位候补主席、1 位副主席、1 位上一任主席、3 位历任主席、9 位全国执行委员、1 位 NSEL 事务协调官和 4 位永久邀请成员。北区和西区办事处分别设有 1 位主席和 2 位副主席，东区和南区办事处分别设有 1 位主席和 1 位副主席。

---

① 本部分若无特殊说明，相关资料均来自印度商品参与者协会（CPAI）官网，网址 http://www.commoindia.com/index.php/membership。

表 8　　　　　　　　　　　CPAI 执行委员会组织结构

机构	领导层
执行委员会	首席导师 Chief Mentor
	全国主席 National President
	候补主席 Alternate President
	副主席 Vice President
	上一任主席 Immediate Past President
	前主席 Past President
	全国执行会员 National Executive Member
	编委会主席 Chairman Editorial Board
	协调员－NSEL 事务 Coordinator－NSEL Matter
	永久邀请 Permanent Invite
西区	主席 Chairman
	副主席 Vice Chairman
南区	主席 Chairman
	副主席 Vice Chairman
北区	主席 Chairman
	副主席 Vice Chairman
东区	主席 Chairman
	副主席 Vice Chairman

2. 会员

目前，CPAI 会员中有 1 000 余位商品经纪人，分布在印度 1 500 多个城镇（主要位于二线和三线城市），这些经纪人为农业生产者、行业消费者和所有市场参与者提供信息服务和交易渠道。

作为 CPAI 的协会会员，在印度商品市场可享有 CPAI 提供的优惠政策。一方面，CPAI 会员可以享受每年高达 50 万卢比的法定保险金的优惠（仅限 MAC 和 NCDEX）。另一方面，对于参与多家交易所的协会会员来说，其购买商业保险时，可选择 ORIENTAL INSURANCE COMPANY 保险，享受首家交易所 2 000 卢比、其余每家交易所 200 卢比的优惠价格。

（三）CPAI 的职能设置

1. 行业信息交流

CPAI 定期举办各种国内及国际会议，为其会员提供定期互动的平台，以促进行业交流和发展。2013年，CPAI组织了首届国际商品市场大会，主题为"印度-新兴商品中心"，目前CPAI已经举办了7次国际商品市场大会。2017年，CPAI在迪拜举办会议，作为印度商品参与者代表，与世界各界人士共同探讨印度商品市场境外投资者增长计划和印度投资者的境外投资机会。同时，CPAI是印度衍生品市场信息服务的先驱，编写了名为《印度新兴市场中心》的期刊，填补了印度衍生品市场的信息缺口。

2. 会员培训和投资者教育

CPAI根据政府监管机构和商品交易所制定的标准原则和惯例，为其会员提供专业协助、指导和个性化服务，帮助会员理解商品市场的各种政策和交易行为，以更好识别和解决经纪商、投资者、金融联盟所面临的问题和困难。CPAI还通过研讨会、宣传计划和电子邮件等方式，与交易所合作，引导会员和开展对投资者、生产者和消费者的教育和警示。

NCDEX推出迷你合约后，为推广迷你合约市场，商品交易所与CPAI紧密合作，向散户投资者宣传投资组合多样化的好处，通过投资者计划、讲习班、海报、邮件和报纸上的广告来传播投资知识。又如，CPAI在2016年第36届印度国际贸易博览会中与交易所和市场机构共同协助政府开设展馆，向公众投资者传播金融知识。

（四）CPAI自律管理与行政监管关系的特点及影响

CPAI是以服务会员、促进行业发展为主要职能的行业自律管理组织，其自律管理与行政监管的关系更多体现为"向下"和"向上"两方面的"双向关系"，即：向会员贯彻行政监管提高行业自律水平，向行政监管机构反映行业发展呼声推动监管制度完善。CPAI自律监管管理与行政监管的关系对其组织模式和职能设置的影响为：

1. 自律管理与行政监管关系对CPAI组织模式的影响

印度商品参与者协会作为印度四家商品交易所商品经纪人组成的专门的行业自律管理组织，自律监管与行政监管的双向关系对其组织模式的影响表现在，一是协议的建立得到了行政监管机构的认可。CPAI是印度证券交易委员会（SEBI）唯一认可的印度商品经纪人协会组织，并且与交易所自律管理形成了良好的沟通与衔接。二是与行政监管机构沟通协调的功能对其组织架构产生了影响。CPAI组织模式的特点为横向辐射广泛，纵向分布深入。其权力机构执行委员会成员分布在全国各处，为不同机构的代表，除全国执行委员会外，还设有四个分区办事处，为全国的市场参与者提供便捷的服务，这样的组织机构便于更加广泛的收集会员意见建议，使其政策建议更具有代表性。同时，CPAI 会员不仅在行政监管机构和交易所组成的委员会担任代表，而且在二、三线城镇中为市场参与者提供实时服务，这样的组织模式使其更具有行业代表性。CPAI 在推动商品衍生品市场发展中贡献服务，赢得了印度政府和交易所的认可和赞赏。

2. 自律管理与行政监管关系对 CPAI 职能设置的影响

促进行业发展是 CPAI 的自律管理的核心职能，通过向下宣传贯彻行政监管的要求，制定行业规则规范会员行为；向政府和交易所提供政策建议这两个途径实现。一是 CPAI 根据政府监管机构和商品交易所制定的标准原则和惯例规范会员行为，通过研讨会、宣传计划和电子邮件等方式以及在为会员提供服务中帮助会员理解商品市场的各种政策和交易行为要求。二是 CPAI 在政策制订和政令宣导方面为印度政府和交易所提供建议和帮助。CPAI 一般会在会员对政策、政令详细沟通后形成审议意见，政策建议通常会受到政府监管机构的高度重视。在印度远期市场委员会（Forward Market Committee，FMC）和印度证交易委员会（Securities and Exchange Board of India，SEBI）的合并过程中，CPAI 作为商品衍生品经纪商代表提供了在合并相关问题上的反馈建议，同时与 FMC、商品衍生品交易所、商品衍生品经纪人共同探讨和草拟用于商品衍生品交易所的政策。通过在各类政策咨询中提供政策建议，为 CPAI 发挥其政策影响力的重要途径。

六、印度固定收益货币市场和衍生品协会组织模式与职能

印度固定收益货币市场和衍生品协会（FIMMDA），是由印度债券和金融衍生品市场机构组成的行业自律组织，在印度金融衍生品市场发展中发挥着重要作用①。

（一）FIMMDA 的建立发展与宗旨

印度固定收益货币市场和衍生品协会（FIMMDA）是由商业银行及合作社、公共金融机构、一级交易商和保险公司自发成立的协会组织，于 1998 年 5 月 4 日根据印度《公司法》第 25 条成立的非营利性公司。其宗旨在于促进印度固定收益（债券）和衍生品市场的发展并规范市场交易，在会员中倡导和实施良好的商业实践、道德行为准则和行业标准惯例，在行业中引入新产品和新模式。

---

① 本部分若无特殊说明，相关资料均来自于印度固定收益货币市场和衍生品协会（FIMMDA）官网，网址 http：//www.fimmda.org/modules/content/? p = 1001。

(二) FIMMDA 的组织模式

1. 组织架构

FIMMDA 的组织架构包括会员大会、董事会和委员会,具体见图 6。FIMMDA 董事会目前共有 12 人,包括一位主席、一位副主席、及其他 10 位来自不同成员机构的负责人。FIMMDA 内设三个委员会,分别为产品开发委员会、估值委员会和市场实践委员会,此外还设有针对专门事项的外部委员会,例如审核从业人员资格的掉期经纪商和经销商指导委员会。

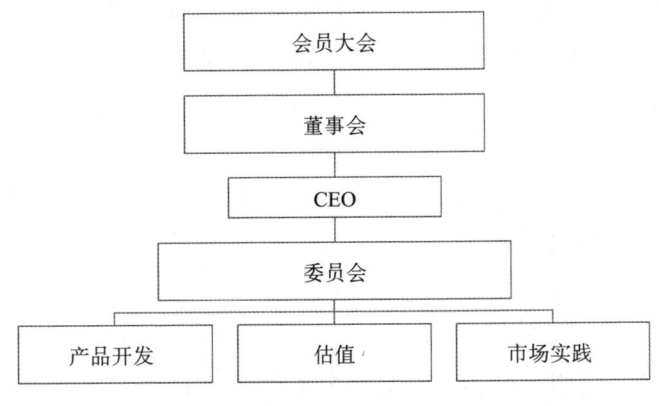

图 6　FIMMDA 组织结构图

2. 治理机制

FIMMDA 每年召开年度会员大会,大会中对董事会成员进行选举。同时,由董事会向大会成员发送年度报告及相关损益表及资产负债表,会议将总结和分析宏观经济形势,探讨近期市场发展和未来将开展的活动。

3. 协会会员

FIMMDA 目前有 112 个会员,充分代表了债券、货币和衍生品市场所有主要领域的机构,包括 27 家国有银行,如印度国家银行和其关联银行等;23 家私人银行,如 ICICI 银行,HDFC 银行和 IDBI 银行;34 家外国银行,如美国银行,荷兰银行和花旗银行;6 家金融机构,如 IDFC, EXIM Bank 和 NABARD;15 家保险公司,如印度人寿保险公司,ICICI 保诚人寿保险公司以及所有 7 个一级交易商。其中,商业银行、金融机构、保险公司和一级交易商都可以成为 FIMMDA 的会员,费用包括 20 万卢比的一次性注册费和每年 20 万卢比的会费。

(三) FIMMDA 的职能设置

1. 从业人员资质评定与监管

FIMMDA 对参与场外利率衍生品的经纪商进行会员认证程序，并成立"掉期经纪商和经销商指导委员会"，负责认证会员资格并规范会员行为。该委员会主席由 FIMMA 的 CEO 担任，委员会成员选取了市场中的参与者代表，和有丰富市场经验和知名度的经纪商。

为提升会员机构从业人员的专业技能和知识，FIMMDA 与印度国家证券交易所有限公司（NSEIL）共同开发了名为"FIMMDA NSE 债务市场基础模块"的认证计划，参加模块测试并通过者可获得由 FIMMDA 和 NSEIL 联合颁发的资质证书。此外，由于金融衍生品在国债管理中起着关键作用，而风险管理是银行的关注重点，因此，FIMMDA 和印度银行与金融学院（IIBF）联合推出国债、投资与风险管理的大专文凭。该课程满足各种银行的培训需求，不仅向其学员提供常规学习材料，还提供由 8 门课程组成的电子学习系统。

2. 代表市场机构与监管机构政策

FIMMDA 作为监管机构（如印度储备银行，印度证券交易所委员会，财政部－印度政府，国际货币基金组织，世界银行）与市场机构的中介，在政府和市场机构主体之间有效地传递信息和观点，以提高行业监管效率和促进行业发展。FIMMDA 会对影响市场运作的重要事项与市场参与者举行例行会议和电话会议，并将会议摘要发送给印度皇家银行（RBI）和外交部官员参阅。除此之外，FIMMDA 受印度储备银行邀请每年提供两次政策前咨询，并借此机会将市场中观点传达给印度储备银行以供参考。

2018 年，在印度储备银行发布新的指导方案后，FIMMDA 与做市商进行了几次会议，针对交易所希望在利率期货上引入单一债券期权产品和互换期权开展研究。

3. 评估和规范债券市场业务发展

由印度储备银行授权，FIMMDA 在其官网发布债券估值方法，用于评估政府债券、公司债券、银行和一级交易商的投资组合的有价证券，同时不断根据市场反馈对其估值办法进行修订及更新。FIMMDA 发布了公司债券估值办法，并从 2018 年 4 月 17 日起，在其官网发布每日公司债券矩阵，并开发内部专业技术为约 4 800 种证券提供风险等级评估。目前，FIMMDA 官网持续发布每日公司债券风险等级评估、每日公司债券矩阵、双周公司债券估值矩阵、每日公司债券收益率矩阵、公司债交易数据和价差等信息,帮助其会员更准确、方便地进行债券评估。同时,FIMMDA 还提供公司债券信息报送平台,和公司债券与债务证券化工具场外交易的交易信息报送与确认平台,及时和准确地向大众报送和披露债券交易信息。

4. 提供专业培训和开展市场培育

为促进印度债券和衍生品市场的发展,FIMMDA 积极开展相关培训和市场培育活动。FIMMDA 的培训不仅面向会员,还向非会员开放。2019 年,FIMMA 与 D&B 公司联合开展主题为"债券数学基础和印度国债市场介绍"的培训项目。此外,FIMMDA 已连续 20 年与 PADI（Primary Dealer's Association of India）联合举办年会,为印度固定收益和衍生品市场的参与者提供交流与互动平台,同时将世界范围内的市场最佳实践引入印度市场。除了印度本土市场参与者,会议还邀请国外其他市场参与者前来交流,加深印度本土市场参与者在专业领域的理解,同时为国债和国债产品的经销商提供展示和销售其服务和产品的机会。

5. 执行监管建议推进行业自律

FIMMDA 遵循印度储备银行的建议,制定了针对债券、货币和衍生品市场的公平实施准则（Code of Fair Practices）,旨在加强对市场最佳实践的遵守,提高金融市场产品质量和道德准则,最大限度地减少操纵和共享机密信息的风险,从而提高金融市场的透明度、效率和完整性。FIMMDA 将该准则连同其会员签署的承诺声明发布在官方网站。该准则不仅适用于所有印度市场参与者之间的交易（包括 FIMMDA 的会员与非会员）,而且还延伸至印度以外地区的交易,印度参与者与海外交易对手进行的印度债券和衍生品市场交易也要遵循该惯例。

此外,FIMMDA 为市场新产品的开发提供法律和监管框架的建议,在利率选择方面确定基准,确定市场惯例和发布市场惯例手册等,为印度债券和衍生品市场提供更高效、规范的交易环境。

(四) FIMMDA 自律管理与行政监管关系的特点及影响

FIMMDA 是以服务行业发展为主,兼具行业自律监管的非营利性组织,其自律管理与行政监管的关系表现为在自律管理的基础上,对行政监管进行配合支持。从组织模式来看,除设有常规的会员大会、董事会和内部委员会外,还设有专门事项的外部委员会来履行自律监管职能。从职能发展来看,FIMMDA 的核心职能是向监管当局建言献策,促进行业发展,但也基于政府监管机构的授权承担部分行政监管职能,对行政监管进行补充。

1. 自律管理与行政监管关系对 FIMMDA 组织模式的影响

以促进行业发展为主的自律管理兼顾行政监管的特点影响了其组织模式，具体表现为，在其组织架构中，产品开发委员会和市场实践委员会主要致力于服务行业发展和规范市场交易，而估值委员会则是基于行政监管授权向印度证券和交易委员会（SEBI）提供债券市场的风险评估信息，协助进行行政监管。更为重要的是，FIMMDA 专设了"掉期经纪商和经销商指导委员会"，由 FIMMDA 的 CEO 出任该委员会主席，并选择市场中参与者代表和有丰富市场经验和知名度的经纪商作为该委员会的成员。该委员会目前主要负责对参与场外利率衍生品的经纪商进行从业资格和行为准则规范的认定，并根据行政监管的要求制定行业行为的准则规范，这是 FIMMDA 自律监管职责最主要的体现。

2. 自律管理与行政监管关系对 FIMMDA 职能设置的影响

促进行业发展和进行自律管理是 FIMMDA 的核心职能，但其还基于监管机构的授权配合进行行政监管，具体表现为，一是汇聚市场观点和代表行业利益向监管机构建言献策，并作为监管当局与市场的中介，在政府和市场机构主体之间有效地传递信息和观点，以提高行业监管效率和促进行业发展。FIMMDA 参与了诸多行业法规和市场准则的拟定和实施，为债券和衍生品市场的规范和发展做出了重要贡献，提出的观点和建议也受到印度监管当局的重视。例如，FIMMDA 受印度证券和交易委员会（SEBI）邀请，参与讨论采用统一的公司债券估值办法，并向 SEBI 提供 FIMMDA 的债券风险等级评估数据和政策建议，受到 SEBI 的充分肯定。此外，FIMMDA 还受印度储备银行邀请每年提供两次政策前咨询等。二是与市场监管机构保持紧密的合作，并在监管机构授权下，协助政府监管机构开展行业监管。除掉期经纪商和经销商指导委员会对参与场外利率衍生品的经纪商进行从业资格和行为准则规范的认定外，FIMMDA 还在印度储备银行的授权下，成立了公司债券与债务证券化工具场外交易的交易信息报送与确认平台，所有由印度储备银行监管的机构主体需在交易完成的 15 分钟内在 FIMMDA 的信息报送平台上报告其公司债券和债务证券化工具的二级市场场外交易信息。

七、新加坡证券业协会组织模式与职能

新加坡是亚洲重要金融中心之一，不仅有新加坡证券业协会，还是全球期货业协会亚洲分会所在地，并活跃着新加坡证券投资者协会、新加坡中资证券期货业协会等代表部分群体利益的行业协会组织。由于新加坡的行业协会采用证券期货一体

的协会组织模式,且新加坡证券业协会是唯一由本地机构自己发起、代表全行业利益的协会,因此,本研究以协会组织模式及职能作为研究对象①。

(一) SAS 的建立与宗旨

新加坡证券协会(SAS)于 2001 年 12 月 11 日注册成立,由新加坡证券和投资行业的公司组成,其会员包括零售经纪公司和外国/机构股票经纪人。SAS 秉持建立成员之间牢固联系的精神,旨在推动证券行业发展、健全证券投资业产业结构。

(二) SAS 的组织架构

新加坡证券业协会的组织架构如表 9,行政职位包括一位主席、一位副主席、一位财务主管和一位秘书,均由协会会员兼任。2018/2019 年度共有会员 16 人,分别为在新加坡金融市场具有广泛影响力的 16 家金融机构的高管(见表 9)。

表9　　　　　　　　新加坡证券业协会行政职位和会员列表

序号	协会会员	机构	机构职务
1	Dennis Hong(主席)	OCBC Securities P/L	董事总经理
2	Luke Lim(副主席)	Phillip Securities P/L	董事总经理
3	Gary Tan(财务主管)	大华继显	执行董事
4	Wilson He(秘书)	CGS - CIMB 证券(新加坡)	零售产品和渠道负责人
5	Greg Baker	查尔斯·施瓦布新加坡	董事总经理
6	Michael Bogoevski	CMC Markets Singapore P/L	新加坡负责人
7	Lionel Lim	星展唯高达证券(新加坡)	首席执行官 P/L
8	Alex Howard	Gain Capital Singapore P/L	首席执行官
9	Christine Lam	奕丰金融	损益表证券交易总监
10	Tony Lim	IG 亚洲 P/L	负责人
11	Eileen Ng	凯基证券(新加坡)公司	秘书
12	Cheng Khin Tin	林谭证券	执行董事
13	Chuah Lai Hock	马来亚银行金永证券	首席财务官
14	David Grant	OANDA 亚太区 P/L	首席执行官
15	Raymond Chin	RHB Securities Singapore P/L	零售股票主管
16	Adam Reynolds	盛宝资本市场	首席执行官

---

① 本部分若无特殊说明,资料均来自于新加坡证券协会(SAS)网站,网址 http://www.thesas.org.sg/。

（三）SAS 的职能设置

1. 组织行业交流

SAS 为会员提供会面交流和信息共享的平台。SAS 官网不定时发布业内相关信息，邀请会员参与业内交流等活动。会员通过共同评估和讨论行业发展过程中的核心问题，汇聚行业力量，找到问题的最佳解决方案。依托 SAS 提供的平台，其会员可获取行业信息和合作机会，同时获得及时有效的协助和指导。例如，2019 年 4 月，SAS 与新交所联合举办投资前景与可持续性研讨会，就新交所 2019 年市场表现和市场战略以及可持续性进行讨论。此外，SAS 还积极为开展差价合约（CFDs）和外汇保证金交易业务的会员提供交流的平台。

2. 提供专业培训

SAS 面向会员和投资者开展专业培训，有效提升了新加坡地区证券期货从业人员和普通投资者的专业知识水平。SAS 与新交所学院多次合作开展行业研讨会及投资培训活动，为其会员客户定制新加坡交易所的培训课程。SAS 与新加坡银行协会（ABS）共同开发了包括未上市的特定投资产品（SIP）[①] 的在线电子学习网站，向投资者介绍 SIP 产品的功能特点和特定风险，以便投资者更好地理解和评估此类产品。2019 年 10 月，SAS 与新交所合作承办了国际证监会组织倡导的世界投资者周（WIW）活动，就最新监管政策向投资者进行深入宣传，有效提升了投资者自我保护的意识和能力。

3. 推广新型交易技术

SAS 还致力于电子信息技术在行业的应用。2016 年，SAS 与新交所、零售经纪商与新加坡中央存管处（CDP）向所有零售投资者推广电子对账单，作为减少碳排放、为客户提供便利、提升行业治理水平的重要手段。CDP 的所有 9 家零售证券经纪商将向其客户提供电子对账单，这 9 家零售经纪商均为 SAS 和新交所证券交易公司的会员。

（四）SAS 自律管理与行政监管关系的特点及影响

提供行业监管建议并贯彻执行政府监管要求是新加坡证券业协会与政府关系最主要的体现。从组织模式来看，SAS 的会员是市场中具有广泛影响力的十六家金融

[①] SIP 包含衍生品或其他具有较复杂特征和风险的投资产品。该网站包含外汇保证金交易、差价合约（CDF）、结构性存款和双重货币投资、单位信托和投资保险政策和结构性产品五个模块。

机构的高管，向监管当局提供有效的信息和专业的建议进而促进行业发展是 SAS 履行职责的组织方面的重要体现。从职能发展来看，SAS 通过代表行业利益向监管机构提出集体意见与建议，以及利用其行业自律管理落实政府部门的自律管理倡议等途径，推动其行业发展是其核心职能。

1. 自律管理与行政监管关系对 SAS 组织模式的影响

SAS 自律管理职能与行政监管关系对其组织模式的影响主要体现在其会员的组成上，目前 SAS 共有 16 位成员，分别为市场中具有广泛影响力的 16 家金融机构的高管，这提高了其向监管机构政策建议的有效性和影响力。

2. 自律管理与行政监管关系对 SAS 职能的影响

利用自身影响力落实政府部门的自律管理倡议为 SAS 自律管理职能的核心。SAS 利用其行业影响力，落实政府部门的自律管理倡议。最为典型的是 SAS 面向其会员发布的《SAS 交易限制准则》。2014 年，新加坡金融管理局和新交所在共同进行的一项咨询建议中提出，希望加强证券中介机构对客户交易限制措施的透明度。为此，SAS 制定了该准则，要求其会员在决定收紧其交易政策并管理其在新交所上市的特定证券的客户信用敞口时，需在 SAS 官网披露限制理由和具体措施。SAS 的这一举措有力推动新加坡市场交易限制措施的公正、有序和透明，减轻了监管压力，也赢得了公众的肯定。此外，SAS 通过积极汇聚行业声音，向新加坡当局和国际组织提出行业监管建议，并代表行业利益向监管机构和当局提出集体意见和建议，来实现其促进行业发展的职能。

八、台湾期货公会组织模式与职能

台湾地区期货业商业同业公会（以下简称"台湾期货公会"或"公会"）是台湾地区期货行业自律组织的代表，其组织模式和职能具体如下[①]。

（一）台湾期货公会的发展概况

按照台湾地区《期货交易法》的规定，台湾地区期货业商业同业公会是台湾全岛统一的期货业自律组织，以期货交易所、期货结算机构、省商业同业公会联合会或直辖市商业同业公会和其他期货参与者为会员。该公会以保障投资大众、发展国民经济、协调同业关系、增进共同利益为宗旨。

---

① 本部分若无特殊说明，相关资料均来自于台湾期货公会官网和台湾金融监督管理委员会官网，网址分别为：http://www.futures.org.tw/ 和 https://www.fsc.gov.tw/。

台湾期货公会成立于1995年4月7日，其前身为"台北市期货商业同业公会"。2004年，在台湾期货市场开放与发展、台湾期货市场业务种类不断丰富、会员类别逐渐增加、业务布局区域逐步扩大的背景下，台北市期货商业同业公会更名为台湾地区期货业商业同业公会。

（二）台湾期货公会的组织架构

台湾期货公会的组织架构分为会员大会、理事会监事会、业务委员会和会务组四个层级，具体见图7。

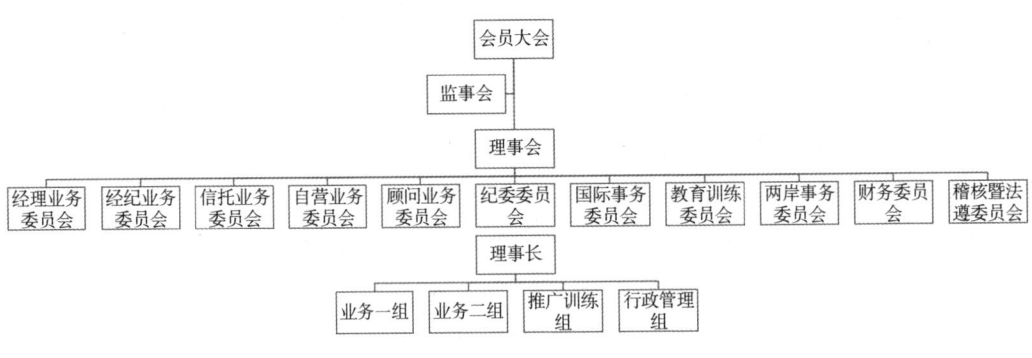

图7　台湾期货公会组织架构概览

1. 会员大会

会员大会是台湾期货公会的最高决策机构。会员大会主要职权包括选举和罢免理事监事、核定年度工作计划纲要、会员及会员代表除名处分、议决有关会员权利等。会员大会由各会员公司根据其经营业务类别指派会员代表参加，每个会员公司最多可指派7位代表，会员代表共计296位（截至2018年底）。

2. 理事会与监事会

公会理事会是会员大会闭会期间的常设机构，也是公会决策的最高执行单位，主要职责包括召开会员大会并执行决议、选举和罢免常务理事及理事长和会务工作人员、顾问、研究员等。理事会设33名理事（由会员代表互选产生），其中11名为常务理事（由理事互选产生）。理事长由理事在常务理事中推举，理事长对外可代表该公会。

公会监事会是公会的最高监察单位，负责选举及罢免常务监事、监察理事会执行会员大会的决议和向会员大会提出年度监察报告等事项。公会监事会设11名监事（由会员代表互选产生），其中，3名为常务监事（由监事互选产生），1名为监事会召集人（由常务监事互推）。

3. 业务委员会

理事会下设有 11 个具有顾问性质的业务委员会。各委员会根据其职能推动各项工作。各委员会的召集人由理事长指定，召集人根据实际需求聘用专业人士作为委员会成员（见表10）。

表 10　　　　　　　　　　台湾期货公会相关业务委员会

序号	委员会	职责
1	经纪业务委员会	主要从事有关期货经纪业务的发展、联系、协调、改进，有关期货交易人服务，有关编辑年度工作计划和其他有关期货经纪业务的处理事项
2	自营业务委员会	主要从事有关期货自营业务的发展、联系、协调、改进，有关编辑年度工作计划和其他有关期货自营业务的处理事项
3	顾问业务委员会	主要从事有关期货顾问业务的发展、联系、协调、改进，有关委任人服务，有关编辑年度工作计划和其他有关期货顾问业务的处理事项
4	经理业务委员会	主要从事有关期货经理业务的发展、联系、协调、改进，有关委任人服务，有关编辑年度工作计划和其他有关期货经理业务的处理事项
5	信托业务委员会	主要从事有关期货信托业务的发展、联系、协调、改进，有关受益人服务，有关编辑年度工作计划和其他有关期货信托业务的处理事项
6	纪律委员会	主要从事有关自律公约的拟定、执行与督促会员自律，有关会员职业道德的规范和其他有关会员纪律的处理事项
7	教育培训委员会	主要从事办理期货从业人员职前及在职训练，有关参观、演讲、体育等活动的举办，有关出版刊物的编辑，有关期货投资宣导和其他有关教育训练、考试及核发证照的处理事项
8	国际事务委员会	主要从事有关期货国际业务的发展、联系、协调、改进，有关编辑年度工作计划和其他有关期货国际业务的处理事项
9	两岸事务委员会	主要从事有关期货两岸业务的发展、联系、协调、改进，有关编辑年度工作计划和其他有关期货两岸业务的处理事项
10	稽核与法遵委员会	主要从事有关期货内部控制制度的研讨与建议，有关期货业内部稽核业务的研讨与建议，有关期货业法令遵循、协商并解决共通性的稽核业务或法令遵循，有关编拟年度工作计划纲要和其他有关稽核业务或法令遵循事宜的处理事项
11	财务委员会	主要从事有关会费、事业费及经费筹措、管理与运用的研究、有关财务的稽核、有关预算、决算的编拟、其他有关财务事宜的处理事项

4. 会务组

会务组是台湾期货公会的内设机构，由秘书长（1 名）主管会务和副秘书长（2 名）负责会务管理。公会内部有 4 个会务组，各设组长 1 名，负责会务工作。

(1) 业务一组（6人）。业务一组主要负责期货商、期货（证券）交易辅助人和海峡两岸期货业务的工作，工作可分为联络交流、研究分析、监管审查、业务咨询四大类，包括组织经纪业务、自营业务、两岸事务和纪律委员会的相关开会，与主管机构、周边单位和会员公司联络交流，对期货法令提出改进建议，研究制定相关自律规则，为会员公司提供期货法规咨询服务，推动海峡两岸期货业务交流合作，对会员公司进行合规性检查等。

(2) 业务二组（6人）。业务二组主要负责期货服务业（不含期货交易辅助人）和期货国际业务的相关工作。业务二组的工作方式和业务一组基本相同，只是服务对象和领域有所区别，主要服务顾问、经理、信托等业务线，并就国际事务开展咨询收集分析和交流联络。

(3) 推广训练组（4人）。推广训练组主要负责会籍管理、宣传推广和教育培训工作。包括从业人员在职培训、期货业务讲座或说明会、行业专题研讨、事件性宣传活动、刊物编辑与发行、会员机构及从业人员会籍管理和继续教育等。

(4) 行政管理组（6人）。行政管理组是公会的后台部门，主要负责公会财务管理和人事行政工作，此外，行政管理组还承担着期货交易纠纷的调解工作。具体来看，包括采购验收、财产保管、资讯系统规划建置和财务管理以及档案管理，以及人事、总务、行政、文书等作业，会员公司与从业人员的联谊或康乐活动，会员大会、理事会和监事会会议，财务和稽核与法遵委员会开会，期货交易纠纷调处事项等事宜。

（三）台湾期货公会的职能设置

台湾期货公会的职能大致可以分为四大类[①]：(1) 会籍管理：审查会员注册申请、登记会员相关信息、征收管理会费等。(2) 自律监管：监督会员自律以及议处会员违法或违规事项。(3) 行业服务：配合台湾地区经济建设、促进期货市场发挥功能，调查、统计及研究，发展会员业务，协助推进与研究，建议政府经济政策与期货交易法令以及维护会员的合法权益。(4) 培训宣传：举办公会员工的职能训练及业务讲习，展览会员业务的广告以及举办会员或社会公益。

1. 会籍管理

按照台湾地区《期货交易法》的规定，期货业非加入同业公会，不得开业。即使所属区域未组织同业公会的，也应暂时加入主管机构制定的同业公会。这里指的期货业者包括期货商、杠杆交易商以及期货信托事业、期货经理事业、期货顾问事

[①] 根据《公会章程》第七条公会的任务整理。

业等期货服务机构和个人。这些期货业者均需要向台湾期货公会提交入会申请，经公会理事会审查通过后才可入会，并由公会报请政府主管机构备查。

（1）机构会员管理。截至2018年年底，台湾期货公会共有会员164家，涉及专营期货商、兼营期货商、期货交易辅助人、国外复委托商、期货自营业务、期货顾问业务等9类机构会员（见图8）。

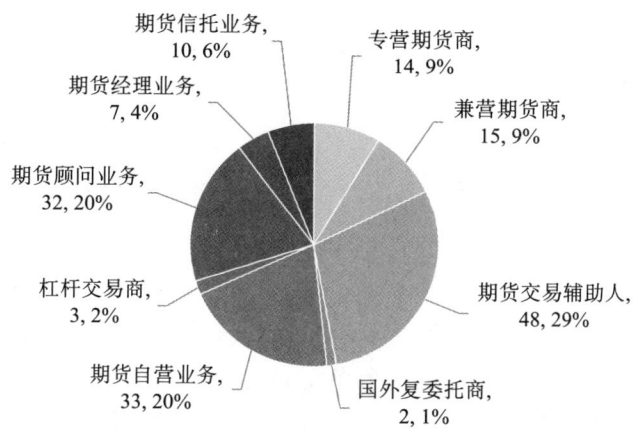

图8　台湾期货公会会员类别分布图

（2）从业人员管理。截至2018年年底，共有43 679名从业人员在台湾期货公会处注册，包括期信基金销售人员、期货交易辅助业务员、兼营期货商业务员等共11个类别，前两者合计占比高达80%以上（见图9）。

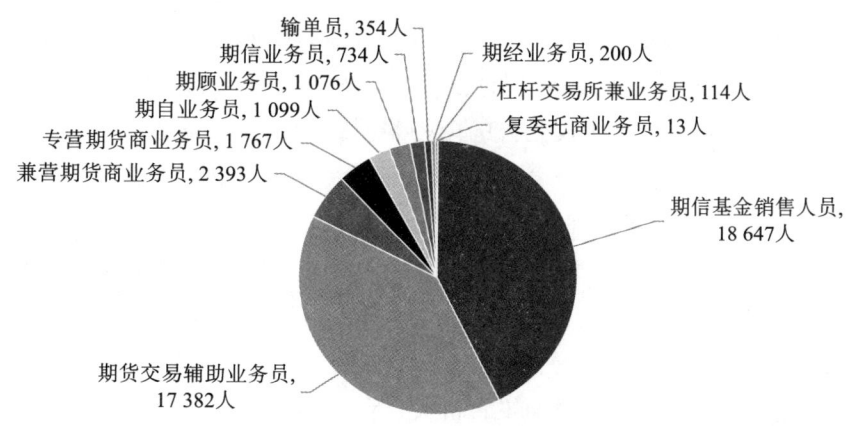

图9　台湾期货公会从业人员类别分布图

（3）会费征收。按照《公会章程》第44条规定，公会经费收入包括入会费、常年会费、事业业务费、委托收益、捐助收入、利息收入和其他收入。付费征收具体标准如下：

①入会费：由会员申请加入该公会时缴纳，最高限额为16 800新台币。

②常年会费：由会员根据其类别和所取得的业务资格，于每年 1 月 15 日前缴纳的一笔固定费用，最高限额为 33 600 新台币。

③事业业务费：是公会在会员业务收入中提取的费用。其中，专/兼营期货经纪业务或经营期货交易辅助人业务、经营期货自营业务、期货信托业务的会员按单边手续费的一定比例收取该费用，其他会员以年为单位一次性缴纳 10 万—20 万不等的事业业务费。

④会员退会时，其缴纳的会费及其他费用不予退还。

2. 自律监管

台湾期货业的参与者均为台湾期货公会会员，受到公会自律规范的约束，需要接受公会的监督核查。从 1995 年成立以来，公会已经形成了一套比较完整的自律监管体系，包括公会组织规章、会籍管理、会员自律公约、内控与稽核制度、会员核查办法、违纪揭露处理机制以及纠纷解决机制。总体来看，公会的自律监管职能包括规则制定、会员监督、违规处理三个方面。

（1）制定规范与制度。台湾期货公会成立至今，已经形成了一套较为完整的规范与制度。全体会员必须遵守《会员自律公约》的基本守则和要求，并进一步对不同类别的会员提出了专门的要求。例如，《杠杆交易所自律规则》《期货商开户征信作业管理自律规则》《期货商、期货交易辅助人接受特定客户授权委托自律规则》等。台湾期货公会为期货市场稳定发展，还制定了《自律保证金设置办法》《会员受托从事期货交易手续费收取及折让自律规则》等。

（2）会员监督与违规披露。期货公会自律性监督措施包括：对期货经纪商每年进行业务检查；配合主管机构组织期货经纪人资格考试；调查处理客户的投诉等。为此，台湾期货公会制定了比较完善的内控与稽核规则，涉及会员、财务、会员宣传及披露等。针对不同会员，公会制定了《期货顾问事业内部控制制度标准规范》《期货经理事业内部稽核实施细则》《期货信托内部稽核制度范本》等。公会为了解会员的财务、监督业务状况，制定了《会员查察作业办法》。针对会员宣传，公会制定了《会员与期货信托基金销售机构从事广告业务招揽及营业促销活动管理办法》。根据主管机构的要求，该公会制定了《会员公司违规揭露处理程序》。程序里明确表示，经法院判决确定，或经主管机关、台湾期货交易所处分的违法违规行为，期货公会将在其内部网站上进行披露（彭真明，1995）。

（3）违规处理机制。台湾期货公会对会员的违规处理安排，根据会员触犯法规层级的不同而有所区别。如果台湾期货公会会员或其从业人员违反台湾《期货交易法》等法律法规时，公会将会把会员违规情况报告至政府主管机构，由主管机构直接处罚会员公司,停止其从业资格,并要求会员公司适当完善内控措施等①。若期货公会会员或其从业人员违反的是期货公司的相关自律规则,则由期货公会业务组负责执行稽查工作。业务组在例行检查或选案检查中如发现违规行为,会提出报告,由秘书长与副秘书长审核签字后,送纪律委员会审议。如在检查时,发现会员有违反期货相关法规时,依照公会章程、自律公约及其他相关规定进行处分,并书面报告主管机构。

3. 行业服务

(1) 行业交流。公会组织举办各种活动与主题论坛,促进台湾业的业务沟通和知识共享。公会每年组织从业人员、委员会人员、理事会与监事会人员进行联谊活动。公会还定期与证券交易所、期货交易所、集保、证券柜台买卖中心、证券公会及信投顾公会共7家单位共同举办联谊活动,加强证券业和期货业的交流。公会与台湾金融总会开展座谈,就建立期货业与金融业的合作关系、推动金融科技的未来发展等议题进行深度交流。公会积极与金融监理官、检察官与司法警察开展研讨,帮助其深入理解期货业务,使得其侦破金融犯罪案件。

(2) 国际交流。为加强与国际衍生品界的沟通联络,台湾期货公会定期参加国际交流活动,探讨各期货品种的发展前景,并就部分话题展开深入交流。台湾期货公会近期参加的国际交流活动包括美国期货业协会(FIA)年会、国际证券管理机构组织(IOSCO)年会、LME亚洲年会以及台北国际期货论坛等。

(3) 两岸交流。在两岸往来上,台湾期货公会与大陆期货交易所有着良好的联系与交流。例如,2015年1月,郑州商品交易所筹备白糖期货期权时,曾派相关人员赴台进行经验交流。同年5月,为辅导杠杆交易业务更好地推进,公会理事会、监事会及业务主管访问上海国际能源交易中心,并参加第十二届上海衍生品市场论坛。2017年,公会受邀参加海峡金融论坛绿色金融交流座谈会,就两岸绿色产业与绿色金融发展现况进行交流。

4. 培训宣传

(1) 教育培训。公会为公众和行业会员开展形式多样的教育培训资源。在公众培训方面,公会经常举办各种巡回讲座,协助大家认识证券期货市场,并了解实务工作内容。例如,在各高校举办讲座,让学生们知道从事期货行业所需具备的职能,做好充分的就业准备。在会员培训方面,公会邀请业内外专家,就从业人员关心的焦点问题开展主是培训。例如,为协助业者了解台湾地区风险评估对金融机构的意

---

① 该公会纪律委员会的惩处只能针对会员公司、会员公司代表人,对于违规的个人只能责令其所属的会员公司处罚。

义，公会举办了专题说明会，解答了从业人员的个性化问题，反响强烈。

（2）社会宣传。为打造期货业的社会影响力，公会积极开展面向公众、产业、政府的宣传活动。公会组织期货业界成立了期货产业发展基金，在宣传期货市场、增进证券与期货产业联络、政策宣传、开展社会关怀的作用明显。近年来，公会定期开展金融服务爱心公益嘉年华等，积极普及金融知识、提升民众金融素养、加强弱势群体的关怀。另外，公会还为政府、产业与公民搭建三方对话平台，举办了金融创新与产业聚落论坛等。

（四）台湾期货业公会自律管理与行政监管关系的特点及影响

通过上述分析可以看出，在期货公会中，自律管理与行政监管有着紧密的关系，其在主管机构、交易所和期货业者之间相互协调，对期货业者、设备、财务和业务进行自律监管。《期货公会章程》是依据台湾《商业团体法与同法施行细则》和《期货交易法》及其他有关法令制定的。从组织模式来看，期货公会的建立得到了主管机构的授权，已成为台湾地区期货市场三级监管体制中的重要组成部分（宋锡祥，1999）。从职能模式来看，期货公会履行法律和主管机构赋予的监管权是期货公会的核心职能，在行业服务与培训宣传职能方面表现也有着积极的表现。

1. 自律管理与行政监管关系对期货公会组织模式的影响

（1）期货公会建立得到主管机构的法律授权。期货公会是台湾金融监督管理委员会授权的"自律组织"。根据台湾《期货交易法》第89条的规定，期货业不加入期货公会不得开业，期货公会主要作用是发挥自律功能及配合期货市场的发展。台湾期货公会通过政府授权获得期货市场自律监管的法定授权，制定了章程、自律公约等自律监管规则，与期货交易所有效协同，共同开展台湾期货市场的监管活动。目前，期货公会设立了会员大会、理事会、监事会和各会务组的组织架构体系，可更有效地对期货市场进行自律管理。

（2）行政监管机构对其监管行为具有否决权。虽然公会获得了政府主管机构的相关监管授权，但为防范公会潜在的违规或违法行为，期货主管机构保留了对公会行为的否决权。政府期货主管机构可以通过法定程序撤销或纠正该期货公会的行为，或通过法定程序修改某些不合时宜的法律规定或不合理的期货公会章程、规则和条例等，以达到行政监管的目的。

2. 自律管理与行政监管关系对期货公会职能设置的影响

（1）履行主管机构所赋予的监管权是台湾期货公会职能的重中之重。期货公会可以发挥其自律监管职能并配合期货市场的发展，它作为整个监督管理体系中的一个层级,对期货市场参与主体进行管理,在某种程度上可减少市场风险和违规现象的发生。期货经纪商除接受政府主管机构的监督之外,还需要接受期货公会的监督。

(2) 协助推行期货交易法令修订是期货公会在行业服务方面的重要职责。公会联系沟通各行业、地域、自律组织间的交流,促进台湾地区期货业的发展。同时协助主管机构进行部分法令的修订。例如,配合主管单位对《洗钱防制法》《资恐防治法》的制定以及修正洗钱防制相关法令规范等。

(3) 支持台湾地区相关政策的落实,开展各项主题说明会是其培训宣传的主要职能。例如,为使会员遵循反洗钱相关规范,该公会邀请调查局反洗钱专家分析讲解,进而防范重大犯罪发生。为维护期货交易者的权益与期货交易市场的秩序,邀请调查局台北市调查处专家进行案例分析与讲解,提醒从业人员应谨慎执行职务,留意注意事项等。

九、香港证券业协会组织模式与职能

香港期货行业自律组织模式的主要特点是采用证券期货一体的行业协会自律组织模式,没有独立的期货业协会,代表性行业自律组织是香港证券业协会,其组织模式及职能具体如下[①]。

(一) HKSA 的建立发展与宗旨

香港证券业协会(HKSA),是一家成立于 1978 年的非营利性行业协会,其前身为"香港证券经纪人协会"。HKSA 成立的宗旨是促进证券行业发展,保障行业权益及专业地位,提高会员专业水平,协助行业寻找商机,关注和推动整个金融服务行业的长远发展。

香港证券业协会的建立源于 20 世纪 70 年代香港证券交易所的变革。在 20 世纪 70 年代,香港有 4 家独立的证券交易所,即香港证券交易所(Hong Kong Stock Exchange)、远东证券交易所(Far East Stock Exchange)、锦银证券交易所(Kam Ngan Stock Exchange)和九龙证券交易所(Kowloon Stock Exchange),到 1977 年,为提升香港证券市场的开放度并便利公众投资者的参与,香港证券交易所联会允许各交易所的会员进行跨所交易,这一重大变化使得经纪人之间的沟通与合作变得更为重要,也使得成立股票经纪人协会变得非常迫切。

1978 年初,由 14 位来自 4 家证券交易所的证券经纪商联合起来,本着为关注证券行业整体的长远发展和维护同业利益的共同目标制定了协会章程大纲,香港证

---

① 本部分若无特殊说明,相关资料均来自于香港证券业协会(HKSA)官网,网址 http://www.hksa.com.hk。

券经纪人协会于同年 5 月 19 日正式成立。此后，HKSA 开始成为香港证券业与监管机构及投资者之间的桥梁，在加强香港市场交易所合作、保护证券经纪人权益、共谋行业长远发展方面起到重要作用。HKSA 一直与政府金融财经部门、证券及期货事务监察委员会（证监会）、香港交易及结算所等有关当局等保持密切联系，以公平公正的态度维护业界和会员的合理权益。

（二）HKSA 的组织架构

1. 组织架构

香港证券业协会的组织架构由会员大会、董事会、委员会、顾问及专责小组四个层级构成（见图 10）。其中，董事会设有 1 位主席、5 位副主席及 18 位董事，委员会分为财务委员会、会员事务委员会和市场发展委员会。此外，下辖 12 个顾问及专责小组，涉及股票债券、商品期货、衍生工具、企业融资、资产管理、合规风控、结算托管、财务营运和资讯科技等领域。

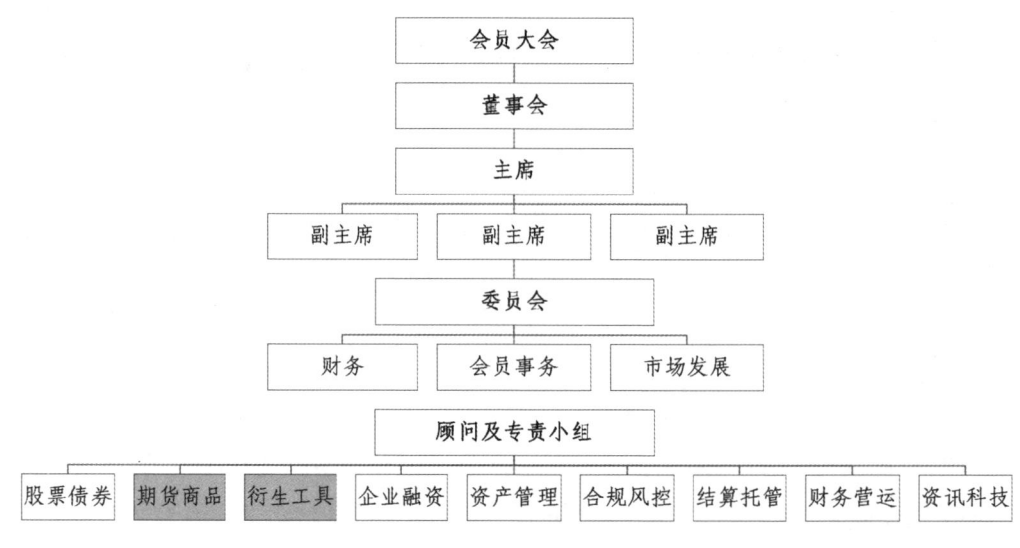

图 10　HKSA 组织架构图

2. 协会会员

HKSA 拥有来自约 350 家经纪公司的 1 100 多名会员，代表了香港七成以上已开业的证券公司。该协会的会员分为三类：遴选会员，基本会员和附属会员（见表 11）。

表 11　　　　　　　　　　　　　香港证券业协会会员类型

会员类型	准入标准
遴选会员	• 凡持有证监会牌照的注册人员，同时受雇于获证监会发牌经营证券及期货条例附表6所列第1、2、4、5、6、7、8或第9项受规管业务之法团，并且须获得该法团的推荐，均可依章申请为遴选会员 • 遴选会员入会费为 HK \$ 2 000，年费 HK \$ 1 500
基本会员	• 凡持有证监会持牌法团代表牌照，并从事根据证券及期货条例附表6所列第1、2、4、5、6、7、8或第9项受规管业务的人员，均可依章申请为基本会员 • 基本会员无须缴入会费，年费 HK \$ 300
附属会员	• 凡受雇于获证监会发牌经营证券及期货条例附表6所列第1—9项任何受规管业务；或该人士属与证券行业有关的专业团体的会员，如会计或法律等专业，均可依章申请为附属会员 • 附属会员无须缴入会费，年费 HK \$ 300

3. 治理机制

HKSA 的遴选会员享有投票权，可于董事会上动议决议案及有资格参选为协会董事。除此之外，遴选会员、基本会员及附属会员均可享有相同权利、优惠，履行相同义务。在组织架构中，董事会和委员会是决策领导机构，顾问及专责小组是执行机构。

(三) HKSA 的职能设置

1. 从业人员继续教育

HKSA 是证监会认可举办从业人员继续教育 (Continuous Professional Training, CPT) 的机构。为使会员得以适应业内不断更新的产品项目、法规或管治需求等，HKSA 为其会员定期举办讲座会和 CPT 课程。该讲座及课程均获得证监会认可，并符合《证券及期货条例》规定的从业人员所需的连续培训学时要求。

2. 市场信息整合及发布

自 2012 年开始，HKSA 陆续发行了 22 期《证券人》季刊。该季刊包括业内人士专访、行业资讯、国内外行业最新发展情况分析、持续培训课程等内容。此外，为准确、全面的代表业内反馈信息和为政府及监管当局提供参考建议，HKSA 还会定期进行资本市场问卷调查，搜集市场信息及市场参与者的意见。同时，HKSA 会就市场的发展变化趋势进行调查分析，并发布《香港股市展望及行业发展会员调查报告》。此外，HKSA 还会通过各种渠道向其会员发布业内讯息、投资课程和业内活动的详情和会员优惠。例如,HKSA 会第一时间将政府开售新一批银色债券的讯息发布至其会员和发布高校的金融经济讲座讯息等。

3. 香港地区业务研讨交流

HKSA 经常举办与参加业内各类主题的研讨交流活动,为会员提供交流学习机会。例如,HKSA 邀请其遴选会员参与了港交所为协会举办的沪深港通北向交易投资者 ID 模型研讨会,与港交所及业界友会合办香港交易所市场及结算措施研讨会,支持香港银行学会举办的 2019 年香港银行家峰会,参与香港投资者关系协会 10 周年峰会及晚宴等。此外,HKSA 还会邀请其会员参加一些非正式的联谊交流活动,比如参与"香港证券业协会杯"高尔夫球赛、香港金融服务界 2018 戊戌年新春酒会、拜访数码港活动等,以促进会员间的紧密交流。

4. 国际市场交流合作

HKSA 致力加强香港金融市场的国际影响,为香港金融业探寻合作商机。HKSA 不定期组织国际性会议并邀请不同国家代表出席。同时,HKSA 还经常接受政府当局、香港贸易发展局和其他有关组织的邀请,加入这些组织前往世界各国拜访的代表团,推广香港在亚洲作为全球金融中心的地位。此外,HKSA 经常组织会员拜访团,前往中国内地及海外拜访不同金融证券机构。同时,HKSA 常接待来自世界各地的考察团,与其进行交流和学习,为推动香港金融业的发展发挥积极的作用,具体见表 12。

表 12　　　　　　　　香港证券业协会近年来的重要国际交流活动

区域	活动详情
全球	在香港成功举办的亚洲证券论坛,共有 15 个亚洲不同国家及地区参加,为香港举办的亚洲证券业盛事
全球	出席贸发局与香港金融发展局及香港银行公会合办的 2019 年"一带一路"高峰论坛及午宴
大陆	与杭州市江干区人民政府签订《谅解备忘录》,促进杭港两地金融产业发展合作协议
日本	参加日本证券业协会(JSDA)在东京举行的"15th ASF Tokyo Round Table"
日本	HKSA 与日本证券业协会在香港合办日本证券高峰会议,向各地市场专业人士及投资者推介日本投资市场
台湾	HKSA 与台湾证券协会签署谅解备忘录,积极加强海峡两岸和香港的密切联系和合作

资料来源:香港证券业协会官网。

(四) HKSA 自律监管与行政监管关系的特点及影响

HKSA 是以促进行业发展和自律管理为主要职能的非营利性自律组织,其自律管理与行政监管的关系表现为,通过与行政监管的紧密合作高效的实现其自律监管的职能,从而促进行业稳健发展。从组织模式来看,HKSA 的会员均是需要持有证监会牌照的注册人员或法团,或满足证券及期货条例中一定条件的从业人员,同时其会员等级也依据满足证监会的不同要求而定。为进行更全面高效的自律管理,HKSA 设立 12 个顾问及专责小组,全面覆盖了行业的各个方面。从职能发展来看,HKSA 一方面与监管当局保持密切合作,汇集行业建议向监管机构建言献策以推动行政法律法规完善,另一方面积极响应行政监管的要求对其会员进行自律管理。

1. 自律管理与行政监管关系对 HKSA 组织模式的影响

HKSA 自律管理与行政监管的关系对其组织模式的影响分别表现在其治理架构和会员资格中。在治理架构方面,除会员大会、董事会和委员会外,HKSA 还设有 12 个顾问及专责小组,全面覆盖了行业的各个方面,方便 HKSA 对其会员进行更高效、细化的自律管理。在会员资格方面,HKSA 的会员均是需要持有证监会牌照的注册人员或法团,或满足证券及期货条例中一定条件的从业人员,依据满足证监会的不同要求,分为三个不同的会员等级,收取的会费也有所差别。

2. 自律管理与行政监管关系对 HKSA 职能设置的影响

(1) HKSA 通过与监管机构的密切合作发挥其促进行业发展的核心职能。HKSA 与香港特区政府、证券及期货事务监察委员会（证监会）、香港交易及结算所有限公司及有关当局一直保持紧密合作。自香港证监会于 1989 年成立以来,HKSA 一直与其维持紧密的良好互动,特别在《证券及期货条例》草拟和实施方面,HKSA 代表业界向政府提供了很多建设性建议,也为行业主体争取到了相应权益。2019 年,HKSA 分别致函财经事务及库务局、香港金融发展局及立法会张华峰议员,反映协会对证监会向持有 3 号牌照及经营内地客户业务的金融机构查询事宜及 6 月 28 日发出有关《透过遥距程序与海外个人客户建立业务关系》的通函之意见。2019 年 6 月,HKSA 出席由证监会举行的 2019 证监会合规论坛。HKSA 代表行业机构与政府机构开展对话,促进了行业和监管的双赢。

(2) 政府及有关监管机构制定政策时,HKSA 常作为其指定咨询组织,其代表性和独特地位受到重视。例如,香港证监会在财经事务和公众投资保护方面都非常重视 HKSA 的咨询建议。HKSA 代表业界对证监会的监管工作提供实质性支持。此外,在香港联合交易所有限公司或香港期货交易所参与方牌照持有人保险计划中,

HKSA 代表经纪人协会，与证券交易商协会有限公司、香港证券业协会有限公司、香港证券专业协会、中银国际、星展唯高达、凯基证券和美国美林银行的代表共同组成行业工作组，在证监会秘书处的支持下运作，为该计划提供支持和咨询帮助，例如为保险费分配方法向选定的保险经纪人寻求专业建议等。

（3）HKSA 通过积极响应行政监管的要求实现其自律管理的主要职能。按照《证券及期货条例》的规定，香港证券从业人员需完成从业人员继续教育（Continuous Professional Training，CPT）课程的连续培训学时要求。HKSA 作为证监会认可举办 CPT 的机构，HKSA 为其会员定期举办讲座会和 CPT 课程，以提高其会员专业知识和了解最新的法律法规。

基于上述对欧美和亚太地区 8 家境外期货及衍生品行业自律机构的分析，本部分主要总结了境外主要期货行业自律组织的组织模式和职能特点，提出了境外期货业协会自律监管与行政监管职能关系的主要类型，分析了各类型关系对其组织模式和职能设置的影响，并结合我国期货业协会的组织模式和职能完善提出意见建议。

十、研究主要结论与相关政策建议

通过分析欧美和亚太地区 8 家境外行业自律组织模式和职能可以发现，各期货行业自律组织模式的特点可以从组织架构、治理机制、法律依据、性质宗旨、区域分布、会员结构等方面进行分析；其有自律管理、自律监管和促进行业发展等基本职能，其特点是承担了行政委托监管的行业协会，其职能将会集中于自律监管，反之，则以促进行业发展的自律管理职能为主。通过分析 8 家境外行业自律组织，其行业自律管理与行政监管的关系呈现两大类四种不同的具体类型。基于我国期货业协会的发展历程和现实状况，本文提出了坚持自律监管与促进发展并重的职能定位，在有效处理两者关系的基础上，完善组织机构和运行模式的意见与建议。

（一）期货行业自律组织的组织模式

1. 组织架构

从期货行业自律组织的组织架构看：典型的机构组织架构为"会员大会（权力机构）+理事会或董事会（常设决策机构，一般下设专业决策咨询委员会）+执行服务机构（内设机构）"的组织模式。其中，会员大会一般是行业自律组织的最高权力机构，负责决策协会重大事项，选举产生行业协会理事会、监事会、执行机构及其构成人员。理事会是行业自律组织的常设机构，负责组织的日常运行。内设组织及其机构是执行会员大会或董事会决议的行政机构，是服务会员的重要载体，是沟通协会上下的重要环节。为了提高行业协会的履职能力，各行业协会在理事会层面设置了咨询委员会或顾问委员会，个别协会还专门设置了分支公司。

2. 治理机制

从会员大会与决策机构的相互作用看：通常情况下，境外各期货行业自律组织的会员享有平等选举权，但也有依据协会宗旨和主要职能确定不同的会员资格的情况，授予不同等级会员不同程度的选举权与参与权，进而组成不同的决策议事和管理机构是其治理机制的重要方面，主要表现为：一是不同性质协会会员资格不同，会员的选举权与被选举权不同，对日常事务管理的权限不同。如香港证券业协会规定只有遴选会员才具有成为理事的权利；MFA 则规定只有"合作伙伴"性质的会员才能进入董事会，参与专题讨论。二是理事会或董事会的设置方式不同。承担行业监管职责和规模较大的行业协会，其理事会一般都设置有专职的理事，但如 FIA、MFA、SAS 的董事会成员则由协会会员兼任，理事会不是常设机构，主要以临时召开会议的方式履行职责。

3. 法律依据

从行业自律组织建立的法律依据看：公司法、社会团体法律是建立和运行期货行业自律组织的主要依据，如 MFA 是非营利性公司，遵循伊利诺斯州非营利公司法（Illinois General Not for Profit Corporation Act）运行。但部分境外期货行业自律组织的建立也得到了行政监管的法律授权，如 NFA、台湾期货公会。其中，NFA 的成立和运营源自美国商品期货交易委员会（CFTC）在《CFTC 法案》第三条预留的"注册期货协会"的成立要求和职责范围；台湾期货公会是按照台湾地区《期货交易法》和《商业团体法与同法施行细则》的规定成立的。这些协会根据行业法律规定建立起来，其主要职责和成员受到相关法律法规的约束。

4. 机构性质

从期货行业自律组织的性质定位看：境外各主要期货行业协会大部分是以服务行业发展为主的非营利组织，但如印度 CPAI 等并未明确其是否以营利为目的。同时，部分行业自律组织虽然整体是非营利性组织，但其下属部分业务板块或下属子公司是以营利为目的。如 FIA 虽然是非营利性组织，但其分支机构 FIA 技术服务有限公司（FIA Tech）却是 FIA 下属的营利性子公司，与全球期货行业合作，通过云集成系统提高期货行业运营效率。

5. 区域分布

从行业自律组织的空间形态分布看：在单一国家或地区内吸收会员、管理会员和提供服务,是期货行业自律组织的主要组织形式。为了更好地服务一国或地区会员,部分行业协会如印度商品参与者协会(CPAI)还建立了国内不同区域的分支机构。近年来,区域性、国际性的期货行业自律组织发展强劲,期货行业自律组织在全球范围内形成竞争格局。以 FIA 为代表的期货行业协会覆盖了全球各主要衍生品市场,采用了以美洲、欧洲、亚太为区域中心的网络组织结构,其全球影响力不断增加,甚至将日本、英国等本地期货行业自律组织也吸收合并,成为 FIA 的地区分支机构。

6. 会员构成

从行业自律组织的会员行业构成特点看:以期货及衍生品行业的相关机构和人员为会员主体,建立独立的行业自律组织是期货行业自律组织会员构成的主要特点。一些衍生品市场规模较大的国家和地区,甚至建立了细分领域的行业协会,如 MFA、印度商品参与者协会(CPAI)。但与证券、银行等其他金融行业组建联合的行业协会也是境外期货行业自律组织建立的一种方式。这种组建方式主要分布于新加坡、中国香港等衍生品市场规模相对较小、政府和交易所监管能力较强的国家和地区。

(二) 期货行业自律组织的主要职能

境外主要期货行业自律组织的主要职能分为三大类,一是自律监管职能;二是自律管理职能;三是促进行业发展职能。通过分析 8 家期货行业自律组织的主要职能,可以发现,促进行业发展是各行业自律组织的基本职能。

1. 自律监管

基于政府行业监管机构、行政法规的授权,对行业自律组织会员实施的监管,本文将其定义为自律监管职能。美国国家期货协会(NFA)、台湾期货公会等期货行业自律组织承担法律法规和行政监管授予的行业监管职能。具体为:一是注册管理。对在授权衍生品市场开展业务的公司和个人进行资格审查和注册管理。二是合规审计。依照法律法规及自律规则的要求,对会员的业务进行日常的、连续性的合规审查和财务审计。NFA 的合规审计主要分为财务安全、风险审计、披露文件审查、宣传材料审查等四个方面。三是纠纷仲裁。如 NFA 提供客户仲裁和会员仲裁服务。四是违规处罚。会员公司或其从业人员违反法律法规时,自律组织会将会员违规情况报告至政府主管机构,由主管机构直接处罚会员公司,停止相关人员的从业资格,并要求会员公司适当完善内控措施。

2. 自律管理

为规范行业行为,协调同业利益关系,维护行业公平竞争和正当利益,进而通过制定行业内部的规范规则对会员的行为进行约束的管理,本文将其定义为自律管理职能。具体为:一是从业人员行为自律管理。通过制定从业人员行为规范准则,对行业人员的行为进行规范。二是从业机构自律管理。通过制定会员公司具体的经营管理指标,对行业会员进行规范管理。三是具体业务自律管理。通常,行业自律组织会对期货市场的具体业务出台相应的准则和指引,以规范会员的具体业务行为。

3. 促进行业发展

促进行业发展是各行业自律组织的重要职能,所有期货行业自律组织都通过各种途径和方式促进行业发展,主要内容包括:一是行业交流与宣传。通过举办论坛、会议等方式组织行业内部、跨行业或国际层面的业务交流,对社会公众、政府等进行行业宣传。二是知识培训与教育。为会员和社会公众提供相应的行业知识技能培训。三是研究与建言献策。组织会员或社会力量对期货行业进行广泛深入的研究,并与行业政策及法律法规制定者进行沟通,反映行业的意见与建议。

(三) 自律管理与行政监管关系特点及影响

通过8家境外期货及衍生品行业自律组织中自律管理与行政监管关系可以发现,在不同的行业自律组织中,自律管理与行政监管关系的总体特点及对行业自律组织模式和职能设置的影响如下:

1. 行业自律组织自律管理与行政监管关系的总体特点

从总体上看,期货行业自律管理与政府行政监管的关系可以分为以自律监管为主和以自律管理为主两大类,具体又分为以自律监管为主、自律管理为主监管为辅、自律管理和促发展为主、建言献策"智库型"四种具体类型,具体见表13。

表13　　　　　境外8家期货协会自律管理与行政监管关系特点

以自律监管为主	以自律管理和促进行业发展为主		
	自律管理为主,监管为辅	自律管理和促发展为主	建言献策
美国期货业协会(NFA)、台湾期货公会	印度固定收益货币市场和衍生品协会(FIMMDA)	美国管理基金协会(MFA)、印度商品参与者协会(CPAI)、新加坡证券协会(SAS)、香港证券业协会(HKSA)	全球期货业协会(FIA)

一是从行业自律管理与政府行政监管法律法规的相互关系看。期货行业自律管理组织制定的行为规范和规章规则,主要是依据国际惯例,按照金融法律法规,为维护会员及公众的利益而制定的。期货行业自律管理贯彻执行了国家法律法规的基本要求,依据国家法律法规及行业发展需求制定规范行业协会会员行为及业务发展

的规范规则,是政府行政监管的有益补充。

二是从行业自律管理与政府行政监职能的关系看。在8家境外行业自律组织中,只要行业协会依照法律和行政监管委托授权进行行业监管,其主要职能就会集中或偏向于履行监管职能方面,反之,以促进行业发展为主。在自律管理和促进行业发展方面,按照其工作职能和方式特点的不同,主要分为自律管理为主监管为辅、自律管理和促发展为主、建言献策"智库型"三种具体类型。

2. 自律管理与行政监管关系对行业协会组织模式的影响

通过8家境外期货及衍生品行业自律组织中自律管理与行政监管关系可以发现,不同类型的自律管理与行政监管关系对行业协会组织模式产生了影响,具体为:

(1) 以自律监管为主的关系对行业协会组织模式的影响。该影响主要体现在行业协会建立运行、性质宗旨、会员构成、理事会人员构成、内部部门设置等方面,具体为:对行业协会建立的影响。以自律监管为主的行业协会的建立运行不仅要符合一国社会团体的法律法规,而且要得到行业监管法律或行政监管部门的授权批准。对行业协会性质宗旨的影响。由于承担了行政监管法律或行政监管机构的行政监管事务授权,以自律监管为主的行业协会的功能作用会集中于或偏向于以行业监管为主,自律管理和服务功能会弱化。对会员构成的影响。以行业自律监管为主的行业协会,一般都会强制要求在协会负责行业从事业务的人员或机构成为其会员。对理事会人员构成的影响。以自律监管为主的行业协会理事会成员除了会员选举外,一般对会员的行业影响力有特定要求。对组织架构的影响。以自律监管为主的行业协会一般设置了大量以履行行政监管委托授权业务为主的部门,这些部门在协会组织内部机构中占较大比例,同时,为了更好地履行行业监管职能,以自律监管为主的行业协会一般都会设置专业委员会或顾问委员会,为重大事件提供决策辅助。

(2) 以自律管理和促进行业发展为主的关系对行业协会组织模式的影响。该影响主要体现在行业协会的建立运行、性质宗旨、组织架构、会员构成、理事会人员构成等方面,具体为:对行业协会建立的影响。以自律管理和促进行业发展为主的行业协会通常根据一国社会团体的法律法规要求来建立和运行,具有较强的自我管理特点。对行业协会性质宗旨的影响。通常以加强行业自我管理,促进行业发展为主要目标,具有较强的争权利、促发展职能角色定位。对会员构成的影响。行业协会会员的加入或退出具有更大的自主权,通常会员的行业特性、业务内容相对一致。对理事会人员构成的影响。行业决策部门或管理部门的构成人员通常具有很强的行业代表性和影响力。对组织架构的影响。为了与行业监管部门进行更好地沟通,提高意见建议的代表性和影响力,以自律管理和促进行业发展为主的行业协会分支机构一般覆盖全行业、甚至全球,内部设置了以支持服务政策建议的部门,通常内部组织结构相对松散。

3. 自律管理与行政监管关系对行业协会职能设置的影响

通过 8 家境外期货及衍生品行业自律组织中自律管理与行政监管关系可以发现，不同类型的自律管理与行政监管关系对行业协会职能设置产生了影响，具体为：

（1）以自律监管为主的关系对行业协会职能设置的影响。

①期货行业自律管理组织承担行政监管职责的情况，一般出现衍生品市场规模体量大、行政监管范围广、对象主体多的国家和地区，而对金融市场采取一体化监管、行政监管力量相对薄弱的国家和地区，其行业自律组织则不承担或较少承担行政监管职责。

②基于法律或政府监管机构授权，承担部分行政监管职能，是以自律监管为主的关系对行业协会职能设置的主要影响。在此关系下，自律管理已经成为行政监管的补充和延伸。以 NFA 和台湾期货公会为代表的期货行业自律组织，基于法律法规和行政监管机构授权，执行行政监管任务，配合行政机构进行行业行政监管，已成此类行业协会的主要职能，其他如宣传教育培训、建言献策、行业自律管理等职能主要成为贯彻行政监管法律规范要求的途径，自律管理和促进行业发展职能大大弱化。

③行业自律管理组织承担行政监管职责，分担了行政监管机构的工作压力，提升了期货行业自律管理的权威性和影响力，更好地发挥了期货市场监管体系的协同效用。

（2）以自律管理和促进行业发展为主的关系对行业协会组织职能的影响。

①宣传贯彻行政监管要求，制订执行行业的规则规范是以自律管理和促进行业发展为主的关系在行业协会职能的主要体现。政府行政监管是确保行业持续稳定发展的基础制度安排和重要保障，是期货行业一切行为规范的制度之基。通常，期货行业自律管理组织要接受行业行政主管机构的监管和业务指导，行业自律组织的章程和自律规范需要在行政监管机构备案。而行业自律管理组织的行为规范和规范规则，是根据法律法规和行政监管要求具体制定的。面向会员开展宣传和教育，提高会员对法律法规和协会自律要求的认知，检查督促其执行相关制度规范，是行业自律管理落实政府行政监管要求的重要表现。

②汇聚行业会员意见建议，推动行政法律法规完善是以自律管理和促进行业发展为主的关系在行业协会职能相互作用的体现。各期货行业自律组织通过组织会员或代表会员与政策制定者进行沟通，为期货业行为准则、业务规范的制定提出相关建议。同时，跟踪监管效力和法律效果，促进监管法律法规不断完善，是行业自律管理与行政监管相互作用的主要途径。行业自律组织通常会就行业发展的重要问题，

组织会员进行研讨与研究,向政府和交易所提供行业监管政策建议,从而将行业规范上升至法律规范,增强行业自律管理的权威性和影响力,进而更好发挥行业自律组织的作用。

(四) 对我国期货业协会组织模式及职能完善的建议

我国期货业协会自2000年成立以来在组织模式及职能发展方面取得了巨大成绩。从其发展历程来看,以2007年为界可以分为两个主要的发展阶段,表现为,2007年以前我国期货业协会以促进行业发展为主,2007年以后自律管理职能不断加强。目前,中国期货业协会已经形成了以促进行业发展和自律管理为主的职能体系,在自律监管和行政监管的职能关系处理上,走出了一条符合中国国情的自律组织发展模式和道路。基于境外主要期货行业自律组织的组织模式和职能演变以及我国期货行业多元开放的新时代特征,为更好完善我国期货业协会的组织模式及职能,提出以下意见建议:

1. 有效处理自律监管和促进行业发展的关系,走中国特色自律组织发展之路

在我国期货业协会现有职能定位条件下,坚持自律监管和促进行业发展的双重定位,是未来我国期货业协会的基本功能和组织机构改革的方向。因此,有效处理自律监管和服务发展的关系是协会发展的重大命题,具体为:

(1) 建立自律监管与促进发展并重的"两轮驱动"的期货行业自律组织职能体系。承担政府委托行政监管职责与促进行业发展是我国期货业协会同等重要的两项职能,是适合我国国情的具有中国特色的期货行业自律组织职能定位的体现。我国期货业协会要以行政监管、自律管理和促进行业发展三项任务为基准,以业务板块组织结构相对分离和有效协作为原则,突出专业性和服务型,完善协会内部组织架构职能和运行模式,高效执行各项任务。

(2) 以政府购买公共服务改革为抓手,正确处理自律管理与行政监管关系。

期货行业自律组织承担的行政监管授权职能和服务具有公共性、行政性、委托性、连续性、流程性、常规性和具体操作性等特点,且服务对象主要指向政府行政监管机构。中国期货业协会应积极推动相关业务由行政法律或行政监管机构授权,向政府购买服务性质的转变;将协会经费来源中的政府资助转变为政府购买服务收入,进而更好处理自律监管和行政监管的关系。

(3) 不断改进服务手段和方式,打造低成本高效率的行业自律管理组织。

打造低成本高效率的期货行业自律管理组织,是各期货行业自律组织的共同目标。我国期货业协会要积极运用信息科技手段,为协会会员提供高效便利的优质服务,要坚持非营利性社团组织法人定位,注重服务与成本的平衡,在降低或不增加

会员费用的情况下高效率地提供服务。目前，境内期货市场的新产品、新业务、新模式层出不穷，我国期货业协会要加强数据系统的建设，提升平台信息集成的范围、质量和效率，以信息化提升行业监管效率和沟通能力。

2. 履行好行政委托监管职能的同时，大力提升促进行业发展职能

自律监管和促进行业发展是全球期货行业自律组织的两项基本职能，我国期货业协会要统筹好两项职能作用，协调全面推进期货协会职能建设。

（1）做好政府监管机构委托的行政监管任务。我国是全球期货业大国，虽然我国期货市场取得的巨大发展，但国民经济对期货市场需求潜力依然巨大。从境外期货行业自律组织职能分布看，对于期货衍生品大国，在政府行政监管资源力量不足的情况下，委托期货行业自律组织承担常规性行业监管任务，是国际通行做法。我国期货业协会不仅要履行好行政监管委托的现有监管任务，而且要在未来我国衍生品市场的监管中更好地配合行政监管机构。

（2）大力提升促进行业发展和服务的职能。要更好地平衡服务政府行政监管和服务行业发展的工作，将促进期货衍生品行业发展作为下一步我国期货业协会功能作用发挥的重要方面。在促进行业发展时，要发挥好政府与期货业间的桥梁和纽带作用，代表行业与证监会之外的政府部门沟通，协调完善制约行业发展的制度规则，更好维护会员的合法权益；要强化对重点问题的研究，强化协会在业务标准规范中的引领作用，以专业化提升行业发展水平；要加强期货行业的宣传教育，加强与相关行业、相关国家的交流，不断提升行业人才素质能力。

3. 以组织功能定位的有效实现为目标，完善协会组织模式和治理机制

组织模式和治理机制取决于组织的目标定位，我国期货业协会要在功能定位的调整中，不断优化协会的组织形式和运行机制。

（1）完善协会部门组织机构和运行机制。梳理不同性质业务板块职能，优化部门分工，更好推进行政监管委托和日常管理业务工作的开展；创造性地推出专题性小组或组织平台，增强协会内部组织的弹性和灵活性，加强协会与会员的互动性，更好推进专项业务的完成。积极推动自律性机构社会团体法人治理机制的完善，为推动协会新业务新职能的发展提供良好制度环境。

（2）优化完善协会的组织架构。完善协会的组织结构，进一步提升协会对会员的服务能力。按照业务、机构主体等类别，组建期货行业细分领域专业分会，增加对期货行业服务的精准度；顺应我国衍生品领域新技术新业务发展趋势，组建技术性专业性分支机构；顺应我国期货行业扩大开放新形势，以"一带一路"沿线国家为重点，积极推进建立我国期货业协会的境外分支机构，推动我国期货行业组织的

全球化布局；积极参与全球性衍生品协会（如 FIA 和 ISDA 等）的专题分会和区域分会，表达中国观点，传递全球声音。

参考文献

[1] Jean Ensminger："变更制度：非洲正式与非正式产权制度的协调"，经济科学出版社 2003 年版。

[2] 郭泽鹏："中国证券业协会的性质辨析——兼论行业自律在证券市场监管体系中的地位"，《经济师》2018 年第 4 期。

[3] 楼晓："证券业自律管理'公权化'研究"，武汉大学，2013 年。

[4] 武庆阳："我国行业协会市场监管权研究"，山东大学，2015 年。

[5] 陈雷："组织法视野下证券市场自律组织法人治理的完善——以证券行业协会为例"，《现代经济探讨》2018 年第 9 期。

[6] 王天奇："我国证券监管中政府与自律组织之分工制度研究"，中国政法大学硕士学位论文，2010 年。

[7] 谭胜英："我国期货基金及其法律规制初探"，《广州市财贸管理干部学院学报》2004 年第 2 期。

[8] 中国期货业协会课题组："美国国家期货协会自律监管情况及启示"，《中国期货》，2012 年第 6 期。

[9] 中国证监会、中国期货业协会赴美培训组："自律监管服务创造行业价值"，《内部调研报告》，2003 年。

[10] 宋锡祥："台湾《期货交易法》评析"，《政治与法律》，1999 年第 1 期。

[11] 彭真明："试析台湾《国外期货交易法》"，《政治与法律》，1995 年第 1 期。

[12] Gupta, Anil K., lad, Lawrence J. Industry Self-regulation: An Ecnomic, Organizational and Political Analysis, in Academy of Management Review, 1983, vol. 8, No. 3.

[13] OICU·IOSCO. Report of the SRO Consultative Committee of the International Organization of Securities Commission, 2005.

[14] Peter Grajzl, Peter Murrell. Allocating lawmaking powers: Self-regulation vs government regulation, in Journal of Comparative Economics, 2007, vol. 35.

[15] John Carson. Self-Regulation in Securities Markets, Policy Research Working Paper, The World Bank, 2011.

中期协联合研究计划（第十三期）项目

原油期货功能发挥情况及服务能化产业效果评估

课题负责单位：金瑞期货股份有限公司
课题研究编号：201921065
课题负责人：侯心强
课题组成员：孙敏涛　胡　玥　李科文　杜　飞　黄晓玲

一、绪论

(一) 研究背景和意义

上海国际能源交易中心(以下简称"上期能源")的 SC 原油期货(以下简称"上海原油期货")上市交易至今,总体呈现出"交易平稳、结算流畅、交割顺利、监察严格、风控到位、舆论正面、功能初步显现"①的良好态势。从主力合约成交量来看,上海原油期货已经跻身全球三大原油期货行列。同时,进入 2019 年后上海原油期货与 Brent 相关性维持在 0.9 以上,通过上海原油期货进行套期保值和交割的产业客户数量日益增长,上海原油期货价格发现和服务实体经济的功能正得到显现。

上海原油期货已运行约一年半时间,但针对其运行状况的考察和价格发现功能的实证分析尚且寥寥。上海原油期货为企业提供了新的衍生品工具,但有产业链企业套期保值开展情况以及利用上海原油期货进行套期保值情况的相关文献解读尚缺乏。加之国家发展改革委发布了《国家发展改革委关于进口原油使用管理有关问题的通知》(发改运行〔2015〕25 号),首次出台了较为详尽的独立炼厂进口原油使用资质的申请条件,此后独立炼厂原料结构快速变化、保值需求明显上升,这一显著变化促使市场对于其参与原油期货的情况尤为关注,然而针对新情况下的独立炼厂套期保值状况和建议的相关研究仍旧明显不足。

本文考察上海原油期货运行情况,针对其价格发现功能流动性进行评价。价格发现功能是期货市场的基本功能之一,也是衡量期货市场效率的重要指标,期货价格与现货价格的关系决定了套期保值效果的好坏。评价上海原油期货运行情况、与国际原油价格联动情况,以及对现货市场的价格引导作用,是评价上海原油期货运行情况的重要指标,也是评价其是否适合作为套期保值有效工具的基础。

我们通过调研手段收集整理国内大型石油企业和独立炼厂企业参与情况,结合自身保值经验,分析企业在参与上海原油期货中遇到的问题与困难,形成有价值的意见建议。弥补利用上海原油期货进行保值的可行性研究的匮乏,填补针对原料结构变化后的独立炼厂相关研究的空白。

原油期货的上市运行是我国油气体制改革中的重要一步,同时,在金融供给侧结构性改革进程中,期货公司需要不断提升其金融产品和服务质量。本文关于所选取石化产业链企业的实际情况的调研,以及对参与期货市场中所遇到问题的研究与建议,能够为上海原油期货成长成熟的参考,也是期货公司更好地运用衍生品工具

---

① 金融时报. 原油期货运行满一年功能初显 推出价格指数加速国际化迈出重要一步 [OL]. http://www.ine.cn/news/area/1508.html.

服务石油产业链企业的重要依据。

(二) 文献综述

石化产业链企业使用期货手段套期保值以及国内原油价格发现功能的相关研究方面。陈明华、陈蔚（2010）认为国际石油期货市场良好的价格发现功能一方面为石油套期保值、规避风险提供了条件，另一方面也为期货市场的波动溢出奠定了基础。董莹、李素梅（2017）以石油沥青和燃料油期货日交易数据为研究对象，基于风险溢价视角，得出当时我国石油期货市场已经达到弱势有效，投资者可以通过在石油期货、现货市场间进行反向操作来规避风险，实现套期保值的结论。高丽、高世宪（2019）考察上海原油期货市场的价格发现功能发现，上海原油期货价格与Brent和WTI价格高度相关，对大庆原油现货价格具有微弱的引导关系。

石化产业链企业套期保值相关研究方面。贾绍军（2013）模拟了2003—2008年航空公司开展航油交易和保值的效果评估，霍江林（2008）对贸易企业的不同风险敞口面临的保值需求进行了简要说明，刘培泽（2018）从润滑油企业运用套期保值手段入手，认为企业应对金融及其衍生元素进行使用，能够促进润滑油企业成本控制能力的提升，推动行业经济快速提高。总体而言，缺乏较新和较全面的石油企业套期保值情况研究。

独立炼厂保值建议方面。唐鹤群（2007）针对山东独立炼厂的实际情况，提出"选择性买入保值"解决方案，其中使用的保值工具为新加坡场外市场交易的纸货。王君伟、佘建跃（2017）认为成熟的国际原油市场为企业提供了形式多样的套期保值工具，建议独立炼厂灵活运用"点、锁、换"三种套保方案，加大套期保值工具的使用。上述学者对于独立炼厂开展套期保值的研究已经取得一定的成果，但由于独立炼厂进口原油"双权"放开以及上海原油期货上市时间并不长，故而现有围绕独立炼厂使用上海国际能源交易中心原油期货进行保值的相关研究尚且缺乏。绝大多数都停留在独立炼厂使用燃料油保值以及运用国外原油期货作为保值手段的阶段。

(三) 研究内容和创新点

上海国际能源交易中心的原油期货作为一个上市一年多的期货品种尚且"年轻"，针对其价格发现功能的现有研究仍显不足。同时，近年来随着进口原油"双权"逐渐向独立炼厂放开，独立炼厂一次原料结构中原油占比由10年前43%增长至100%，2019年最新数据显示，一次原料结构中，进口原油（包括自主进口和代理进口）使用占比增至73.69%。故而，一方面过去独立炼厂原料受限，只有极少数独立炼厂有燃料油保值经验，而原油进口使用权放开时间尚短，对于新背景下独立炼厂保值开展情况的研究分析缺乏。另一方面，虽然上海原油期货的上市，无论从油种定位还是人民币结算等方面来说，对于国内石化企业都具有足够的吸引力，但由于上市至今仅一年半，早前的相关研究往往受限于数据量不足，同时石化产业链企业受限于自身经验和企业背景，对于上海原油期货是否适合作为保值手段尚有疑虑。故而，市场既需要一个对于上海原油期货价格发现功能发挥情况的最新评估，又需要了解以独立炼厂为代表的石化企业参与套期保值尤其是利用上海原油期货进行套期保值的情况和问题，本课题以解答这两个问题为核心目标，并给出了结论建议。

我们通过协整检验说明了上海原油期货价格与阿曼原油现货价格间存在一种长期动态均衡关系。通过 Granger 因果检验发现阿曼原油现货价格对期货价格有更强的引导关系。我们还做了内外盘（INE 原油与 Brent 原油）数据的 Granger 因果检验，得到的结果是 Brent 价格对于 INE 价格有更强的引导关系。总体而言，中国原油与期货价格与阿曼原油现货价格之间存在密切的联系，期货市场在发现现货市场价格波动方面有着明显的作用。可以说明中国原油期货市场具有良好的价格发现功能，可以为作为石化企业套期保值、规避风险提供的有效工具。

我们通过对于选取时段的 Brent、WTI 和上海原油期货主力合约和次行合约的 Ask 和 Bid 价差进行对比分析，发现上海原油期货的主力合约表现良好，但次行合约表现略显逊色。上期能源引入做市商制度使得上海原油期货流动性得到改善，但远期合约流动性略显不足，或可以进一步强化做市商制度。

通过本课题，我们得出的主要创新成果有：

（1）中国原油和期货价格与阿曼原油现货价格之间存在密切的联系，期货市场在发现现货市场价格波动方面有着明显的作用，可以说明中国原油期货市场具有良好的价格发现功能，同时主力合约流动性表现良好，可以为作为石化企业套期保值、规避风险提供的有效工具。

（2）相较于国有大型石油企业，独立炼厂的保值经验略显缺乏，部分规模独立炼厂企业正开展保值业务，多集中于进口原油使用权放开之后开始原油保值（仅少数几家拥有燃料油保值经验），保值观念、人才培养和制度流程建设等业务相关配置正在不断地成熟完善。

（3）企业对于上海原油期货的核心期待在于，能否更多地成为定价基准，并对上海原油期货远期结构成熟、油种丰富以及成品油期货配套上市等抱有较大期待。总体而言，在全国炼油产能过剩，行业竞争愈发激烈的背景下，以独立炼厂为代表的民营石化企业的保值需求凸显，期货公司应担任起转变观念普及知识的责任，利用专业优势补充部分民营石化企业经验不足的弱势同时上海原油期货已经具备成为保值工具的基础。

(四) 行文逻辑与研究目标

上海国际能源交易中心（以下简称"上期能源"）的 SC 原油期货（以下简称"上海原油期货"）上市至今约一年半时间，由于运行时间尚短，针对其运行状况的考察和价格发现功能的实证分析尚且寥寥。上海原油期货为企业提供了新的衍生品工具，但对产业链企业套期保值开展情况以及利用上海原油期货进行套期保值情况的相关文献解读尚缺乏。加之国家发展改革委发布了《国家发展改革委关于进口原油使用管理有关问题的通知》（发改运行〔2015〕25 号），首次出台了较为详尽的独立炼厂进口原油使用资质的申请条件，此后独立炼厂原料结构快速变化、保值需求明显上升，这一显著变化促使市场对于其参与原油期货的情况尤为关注，然而针对新情况下的独立炼厂套期保值状况和建议的相关研究仍旧明显不足。

价格发现和套期保值是期货市场的两大主要功能，本文也将从对上海原油期货这两大功能的考察角度入手，从而对上期能源原油期货的运行情况做出客观公正的评价。我们将上海原油期货流动性情况、与国际原油价格联动情况，以及对现货市场的价格引导作用三大角度进行分析评价，而这也是上海原油期货是否能够作为良好的套期保值工具的重要前提。此外，我们还通过调研手段收集整理国内石化产业链企业参与套期保值以及利用上海原油期货作为工具的情况，通过对比国内和国外石化企业、地方和主营炼厂企业的保值情况差异，整理分析所调研企业在参与上海原油期货中遇到的问题与困难，结合自身保值经验，形成有价值的意见建议。填补针对国内石化企业，尤其是原料结构变化后的独立炼厂套期保值情况相关研究的空白，为上海原油期货如何进一步成熟完善以及期货公司如何服务石化企业提供依据。

二、我国原油期货功能发挥情况分析

从 2018 年 3 月 26 日上市至 2019 年 9 月 16 日，总计 362 个交易日，运行平稳，累计成交 1.086 亿手，日均单边成交量为 15 万手，合 1.5 亿桶，2 152 万吨。截至 8 月，累计完成交割 12 次，累计交割量达 1 511.4 万桶，累计交割金额 66.27 亿元。国内原油期货快速成长为全球第三大原油期货，受到了全球市场的瞩目。课题组将分别从价格发现功能和套期保值功能两大期货基本功能来分析评价上海原油期货上市至今的功能发挥情况。价格发现功能衡量了期货价格运行的有效性，而套期保值功能主要是利用现货市场和期货市场价格平行性与收敛性的经济原理实现对冲风险，前者也是后者实现良好套期保值效果的前提条件。

(一) 价格发现功能发挥情况和流动性情况分析

2018 年 5 月 23 日由于美国宣布退出伊核协议，引发布伦特油价上涨至 79.8 美元/桶，同一天上海原油期货也上涨至人民币488.1元/桶高位。5月25日欧佩克和俄罗斯研究暂停减产协议，油价迅速下跌，随着增产消息发酵，6月4日布伦特由高位下跌至75.29美元/桶，跌幅达6%。2018年下半年，因为美国伊朗制裁叠加加拿大、利比亚等多重供应中断，原油价格不断推升，2018年10月10日，布伦特原油达到年内的最高点82美元/桶，INE原油也达到年内最高的598元/桶。随后暴发沙特记者事件，美国对沙特施压，叠加全球经济面临的下行压力，油价陷入持续下跌的阶段。到2018年12月25日，INE原油到达全年最低的352元/桶，布油也在12月28日到了最低的54美元/桶（见图1）。

图1　INE原油期货价格与外盘原油走势

资料来源：Wind资讯。

因为原油价格受到供求关系，国际地缘政治，军事冲突等因素的影响。在当今世界，作为主要产油地区的中东政治军事争端频频爆发，导致原油的供给情况时常遭受事件型影响，加之大国博弈、局部动荡、国际政治经济环境变化影响导致油价波动加剧，走势变幻莫测。原油价格的波动给国内的中游及下游企业带来了很大的经营风险。而具有价格发现和套期保值两大功能的原油期货市场不仅可以为企业布局销售或采购计划，进而锁定利润提供了良好手段，而且还能够实现对冲风险的目的。因此，期货能够有效反应原油市场变化，以及能够提供足够的流动性进行保值套利等操作成为关键，对此，本课题组对上海原油期货的价格发现功能和流动性进行了分析评价。

1. 价格发现功能的实证分析

（1）上海期货交易所原油运行情况。从2018年3月26日上市至2019年9月16日，总计362个交易日，累计成交1.086亿手，日均单边成交量为15万手，合1.5亿桶，2 152万吨。从我国原油现货交易情况来看，进口依赖度较高，对外依存度达到65%以上，2018年全年进口4.6亿吨，日均进口126万吨。也就是说上海原油期货成交量是中国日均进口量的17倍，所以期货交易价格势必影响原油现货价格。

（2）数据来源。本文选取了上海国际能源交易中心的INE原油期货收盘价作为期货价格，样本时间为从2018年3月26日上市至2019年9月16日，总计351个交易日。同时选取布伦特Dtd，迪拜原油现货及印尼米纳斯原油现货价格求加权平均值，再乘上当日的美元兑人民币汇率作为保税国内原油现货价格。三个现货价格都来自于wind，美元兑人民币汇率数据来自于中国货币网。

为了保证期货价格序列的连续性，本文选取上海原油最近月期货合约作为代表，在最近月期货合约进入交割月后，再切换到下一个最近期期货合约，这样每个交易日的收盘价格产生一个连续的期货数据序列。同时将无交易的交易日加以剔除，样本容量选为351。

根据原油现货基准价格走势将价格分为上升期和下降期，上升期1：2018/3/26—2018/10/11，下降期2：2018/10/12—2018/11/29，上升期3：2018/11/30—2019/5/29，下降期4：2019/5/30—2019/9/12。

2. 上海原油期货价格与现货价格和境外原油期货价格相互影响关系

①上海原油期货价格与阿曼原油现货价格的相互影响关系。从图2中可以看出，上海原油期货价格与阿曼原油现货价格运行方向基本一致，变化幅度相近。通过相关性分析，发现二者相关系数高达0.9582。

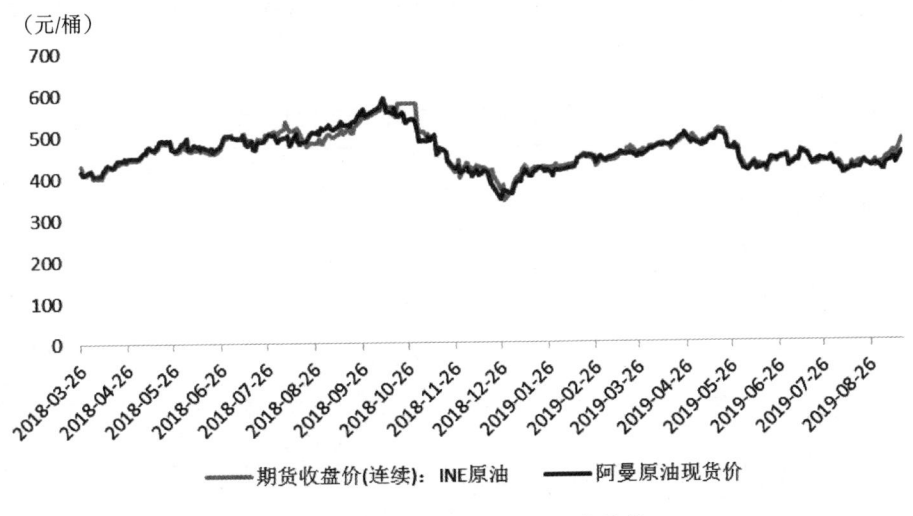

图2　INE原油期货价格与现货价格

资料来源：Wind资讯。

a. 单位根检验。本文选用应用较为广泛的ADF检验，即当误差项存在自相关情况下的DF检验扩展形式。它假设模型含有足量的滞后项，使得此模型的残差是白噪声的，并计算原假设滞后的差分项系数等于零的 T 统计量。简而言之，单位根检验是先对价格序列进行一次差分后再对系数进行检验的随机游走检验的延伸（见表1）。

表1　　　　　　　　　　未分时段的原油价格单位根检验

数据	状态	t-统计量	t-临界值	P 值
上海原油期货价格	原始序列	0.2520	-1.94	0.8012
阿曼原油现货价格		0.2124	-1.94	0.8320
上海原油期货价格	一阶差分序列	-20.45	-2.87	0
阿曼原油现货价格		-19.09	-2.87	0

原油期货合约的收盘价及阿曼原油现货价格的"t"统计量的绝对值小于临界值的绝对值，因此不能拒绝存在单位根的原假设，来认为他们是非平稳的。之后进行一阶差分处理得到的 p 值 = 0 < 0.01，证明极其显著，即拒绝了原假设：原油期货合约的收盘价及阿曼原油现货价格的一阶差分平稳。所以，原油期货合约的收盘价和阿曼原油现货价格序列是非平稳的，但是他们的一阶差分是平稳的。这个特性说明虽然原油期货价格与现货价格自身的长期变化规律难以把握，但是相互之间可能存在长期均衡关系，可以进行协整分析。

b. 分时段单位根检验。对于分时段的各数据进行单位根检验的时候，直接做一阶差分。从表2中可以看出来，四个阶段的 P 值都小于 0.01，也就证明了极其显著，也就是拒绝了原假设：原油期货收盘价和阿曼原油现货价格的序列一阶差分非平稳。

表2　　　　　　　　　　分时段的原油价格单位根检验

数据	状态	t-统计量	t-临界值	P 值
上海原油期货价格1	一阶差分序列	-10.82	-2.88	0.0000
阿曼原油现货价格1		-13.12	-2.88	0.0000
上海原油期货价格2	一阶差分序列	-5.11	-2.96	0.0002
阿曼原油现货价格2		-5.46	-2.96	0.0001
上海原油期货价格3	一阶差分序列	-13.58	-2.89	0.0000
阿曼原油现货价格3		-11.50	-2.89	0.0000
上海原油期货价格4	一阶差分序列	-8.79	-2.90	0.0000
阿曼原油现货价格4		-7.64	-2.90	0.0000

所以对于分时段进行的单位根检验结果是，原油期货收盘价格与阿曼原油现货价格序列是非平稳的，但是一阶差分是平稳的，对于这样的变量应该采用协整检验分析他们之间的联系。

c. 协整检验。本文利用统计软件 Matlab，采取 E－G 两步法，基本原理是：假设 Xt，Yt 均属于一阶求和过程，那么一阶差分后的即为平稳时间序列。首先，用 OLS 对协整回归方程 $Y_t = \alpha + \beta X_t + u_t$ 进行估计；其次，检验这个回归方程的残差 ut 是否平稳。

本次协整检验采用的是原始价格数据取的对数（见图3、表3）。

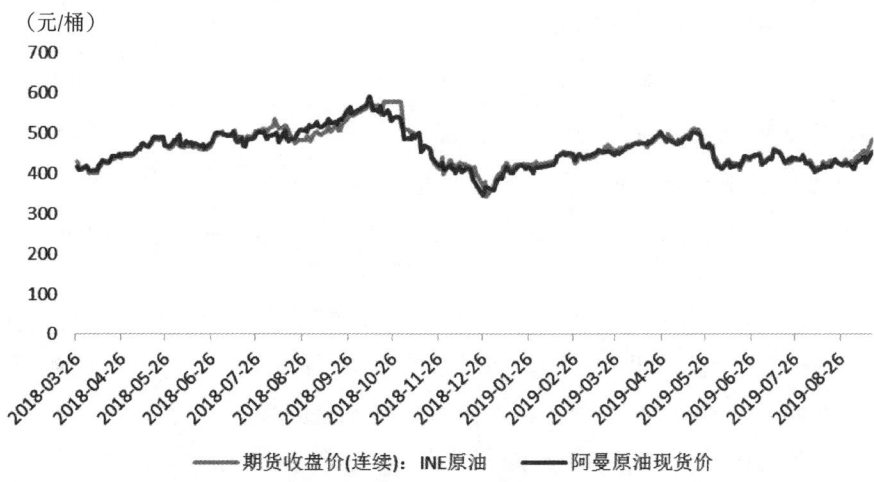

图3　INE 原油期货价格与阿曼原油现货价格

资料来源：Wind 资讯。

表3　　　　　　　　　　　协整检验结果

h	P	t	T 临界值
1	0.001	－5.143 6	－3.355 0

因为 t＜t 临界值，所以要拒绝原假设：时间序列不协整。这就说明了上海原油期货价格与阿曼原油现货价格存在着长期均衡关系，即上海原油期货价格与阿曼原油现货价格间存在一种长期动态均衡关系。

d. Granger 因果检验。Granger 因果检验用于确定经济变量之间是否存在 Granger 意义上的因果关系以及影响的方向。该检验对于滞后长度的选择非常敏感，不同的滞后期可能得到完全不同的检验结果。一般而言，常进行不同滞后期长度的检验，结合模型中随机干扰项序列相关的判断来选择滞后期（见表4）。

表4　　　　　　　　　　**Granger 因果关系检验结果**

原假设	滞后期	F 值	P 值	结论
阿曼原油现货价格不是上海原油期货价格的格兰杰原因	1	27.35	0.000 000 3	拒绝
上海原油期货价格不是阿曼原油现货价格的格兰杰原因	1	0.56	0.454 4	接受

续表

原假设	滞后期	F 值	P 值	结论
阿曼原油现货价格不是上海原油期货价格的格兰杰原因	2	12.79	0.000 004	拒绝
上海原油期货价格不是阿曼原油现货价格的格兰杰原因	2	3.75	0.024 5	拒绝
阿曼原油现货价格不是上海原油期货价格的格兰杰原因	3	10.10	0.000 002	拒绝
上海原油期货价格不是阿曼原油现货价格的格兰杰原因	3	2.79	0.040 7	拒绝
阿曼原油现货价格不是上海原油期货价格的格兰杰原因	4	7.29	0.000 01	拒绝
上海原油期货价格不是阿曼原油现货价格的格兰杰原因	4	2.22	0.066	接受
阿曼原油现货价格不是上海原油期货价格的格兰杰原因	5	7.07	0.000 003	拒绝
上海原油期货价格不是阿曼原油现货价格的格兰杰原因	5	1.88	0.098	接受

在5%的显著性水平下，滞后期2期和3期时，期货价格和阿曼原油现货价格互为Granger意义上的因果关系。而当滞后期1期，4期及5期时时，阿曼原油现货价格是原油期货的Granger的原因，而期货价格不是阿曼原油现货价格的Granger原因。从概率角度来看，"期货价格不是阿曼原油现货价格的格兰杰原因"的概率大于"阿曼原油现货价格不是期货价格的格兰杰原因"。总体而言，从Granger检验阿曼原油现货价格对期货价格具有更强的引导关系。

②上海原油期货价格和Brent原油期货价格的Granger因果检验。WTI及Brent原油价格是全球成熟的交易量最大的两大原油期货，也是石油贸易中的重要基准价格参考。WTI和Brent的标的油种和上海原油期货存在差异，轻重油基本面差异将使得上海原油期货价格运行与前两者出现差异化（见表5）。但是，上海原油期货尚处于上市初期，其基准价格功能尚未成熟，上市初期倘若能够实现与成熟期货基准的联动，则有利于贸易中基准价格的过度。我们在此通过对上海原油期货与国际原油Brent的Granger因果检验，作为评价其价格发现功能的一个辅助参考。

表5　　　　上海原油期货与Brent的Granger因果关系检验结果

原假设	滞后期	F 值	P 值	结论
Brent 价格不是上海原油期货价格的格兰杰原因	1	36.49	4e-09	拒绝
上海原油期货价格不是 Brent 价格的格兰杰原因	1	4.22	0.0405	拒绝
Brent 价格不是上海原油期货价格的格兰杰原因	2	89.57	4E-32	拒绝
上海原油期货价格不是 Brent 价格的格兰杰原因	2	3.55	0.029 7	拒绝
Brent 价格不是上海原油期货价格的格兰杰原因	3	61.8	5E-32	拒绝

续表

原假设	滞后期	F 值	P 值	结论
上海原油期货价格不是 Brent 价格的格兰杰原因	3	3.02	0.029 8	拒绝
Brent 价格不是上海原油期货价格的格兰杰原因	4	48.82	2E－32	拒绝
上海原油期货价格不是 Brent 价格的格兰杰原因	4	2.52	0.041 1	拒绝
Brent 价格不是上海原油期货价格的格兰杰原因	5	38.48	3E－31	拒绝
上海原油期货价格不是 Brent 价格的格兰杰原因	5	2.55	0.027 5	拒绝
Brent 价格不是上海原油期货价格的格兰杰原因	6	32.94	3E－31	拒绝
上海原油期货价格不是 Brent 价格的格兰杰原因	6	2.22	0.040 7	拒绝
Brent 价格不是上海原油期货价格的格兰杰原因	7	29.91	5E－32	拒绝
上海原油期货价格不是 Brent 价格的格兰杰原因	7	2.12	0.040 6	拒绝
Brent 价格不是上海原油期货价格的格兰杰原因	8	26.17	3E－31	拒绝
上海原油期货价格不是 Brent 价格的格兰杰原因	8	1.88	0.062 1	接受

可以看出，在 5% 的显著性水平下，滞后期 1—7 期时，上海原油期货价格和 Brent 价格互为 Granger 意义上的因果关系。而当滞后期为 8 期时，Brent 价格是上海原油期货价格的原因，而上海原油期货价格不是 Brent 价格的原因。总结起来可以说，Brent 价格对于上海原油期货价格有更强的引导关系。

③研究结论及启示。通过上述检验，我们可以看到，上海原油期货价格与对标的阿曼原油现货价格之间存在密切的联系，在发现现货市场价格波动方面的作用已然显现，价格发现功能已经初步具备。上海原油期货市场已经具备的良好的价格发现功能，一方面可以为石油套期保值、规避风险提供较理想工具，另一方面也为期货市场的波动溢出奠定了基础。此外，通过内外盘（上海原油期货与 Brent 原油）数据的 Granger 因果检验得到的结果是，内盘价格对外盘价格实现有效跟随，也为我国原油贸易基准价格的过度提供良好基础。

3. 流动性情况分析

买入卖出价差小是衡量市场流动性好坏的指标，我们选取近 3 个月的 Brent、WTI 和上海原油期货在 9：00—10：00、13：00—14：00 以及晚间的 22：00—23：00 的买卖价差进行统计，三个期货品种的主力合约的 Ask 和 Bid 价差均集中在最小变动价水平，其中 WTI 和上海原油期货表现尤为良好，从主力合约来看，上海原油期货已经具备了良好的流动性（见图 4、图 5 和图 6）。

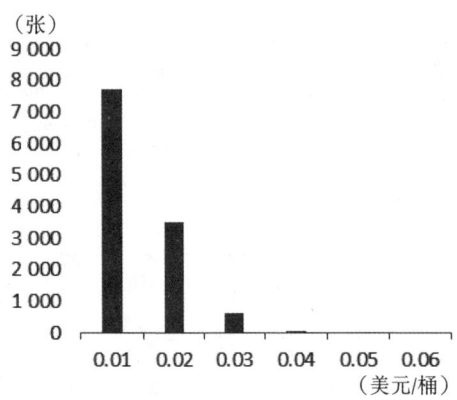

图4 WTI 主力合约 Ask – Bid 分布情况

资料来源：Bloomberg。

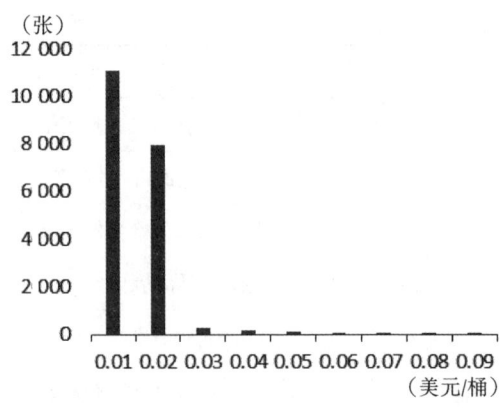

图5 Brent 主力合约 Ask – Bid 分布情况

资料来源：Bloomberg。

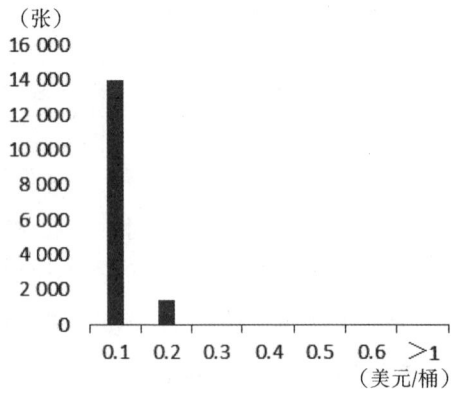

图6 SC 主力合约 Ask – Bid 分布情况

资料来源：Bloomberg。

如果进一步考察非主力合约，则流动性表现尚不理想。以次行合约为例，对于次行合约，WTI 集中于最小变动价格水平（见图7），Brent 集中于两倍最小变动价格水平（见图8），而上海原油期货集中于两倍最小变动价格的同时，买卖价差在3倍和4倍最小变动价格水平也有较多分布。总体而言，上海原油期货的主力合约流动性表现良好，时有超过 Brent 市场，远期合约流动性则仍显不足。如果进一步考察远月合约，则随着交易量的下滑，流动性表现显现不佳。而在实务中，往往需要利用与现货购销周期相近的期货合约。上海原油期货的交割油种以中东原油为主，如果以采购中东原油为例，从订购到到货需要近1个月时间，而如果进一步考虑到参与交割生成仓单，则将进一步向后推移1个月，因此远月合约的活跃度的提升有利于保值交易的开展（见图9）。

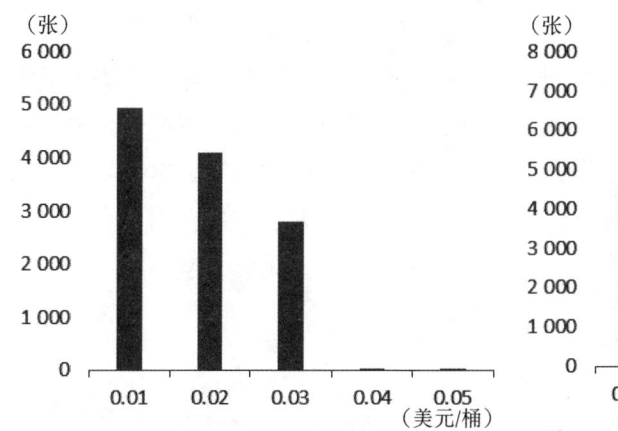

图7　WTI 次行合约 Ask – Bid 分布情况

资料来源：Bloomberg。

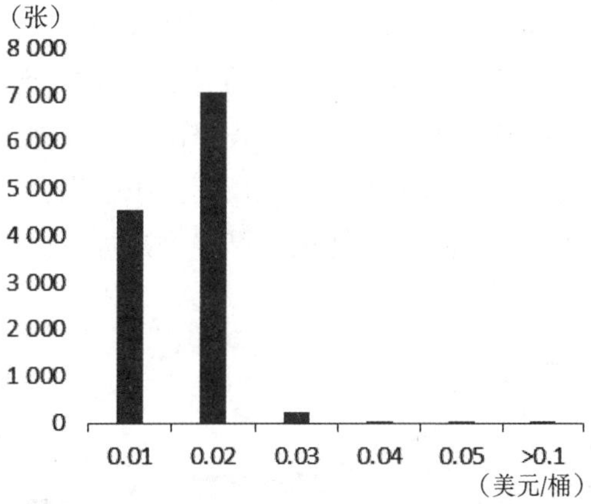

图8　Brent 次行合约 Ask – Bid 分布情况

资料来源：Bloomberg。

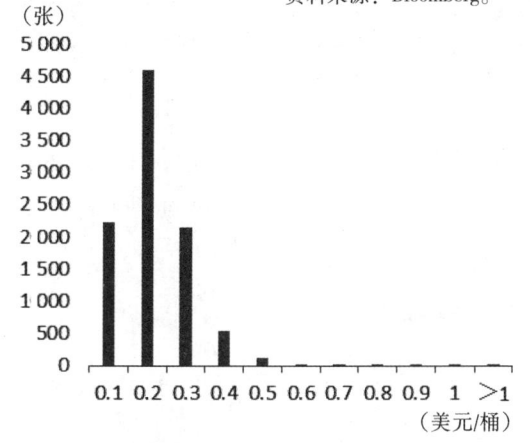

图9　SC 次行合约 Ask – Bid 分布情况

资料来源：Bloomberg。

国内沥青、PVC、塑料等能源化工类交易品种的主力合约平均持续约3个月以上，形成主力合约偏远期分布特点。而则上海原油期货采取了连续合约设计，同时上市至今，上海原油表现上与国际接轨，呈现为首行主力。首行主力有利于保证交割月合约流动性，提升期现套利的顺畅度，有利于期限价差回归，从而实现套期保值收效。如果从现货角度来看，以对标阿曼原油为例，考虑到海上运输时间以及入库生成仓单时间，假设 Brent 和阿曼原油首行主力为 M 月，如果考虑阿曼原油作为基准价格，则对应上海原油期货合约应为 M + 1，如果考虑阿曼原油期货实物交割，则对应的上海原油期货合约应为 M + 2 月，因此产业客户对于 M + 1 和 M + 2 月份的上海原油期货合约也具有较高的参与需求。当前上海原油期货交易量仍集中于首行和次行合约，主要是由于目前上海原油期货价格尚未成为国际原油贸易中的核心基准价格。不过，上市初期能够呈现出对于传统基准价格的有效跟随，有利于吸引投资者以及产业客户参与，同时也便于以其作为基准价格的尝试，进而形成成熟的跨区套利锚定机制，上海原油期货将能够更为成熟，次行以及+2、+3等月份的交易量流动性进一步提升。伴随着远期合约交易流动性增强，将能够为产业客户提供更大时间范围的套保和套利操作空间，产业在远期月份上得以有效参与，从而强化远期结构的完善。故而上海原油期货上市初期，或仍需继续强化做市商制度，以实现远月交易流动性的提升，进而为产业客户提供更为适合的衍生品工具（见图10至图13）。

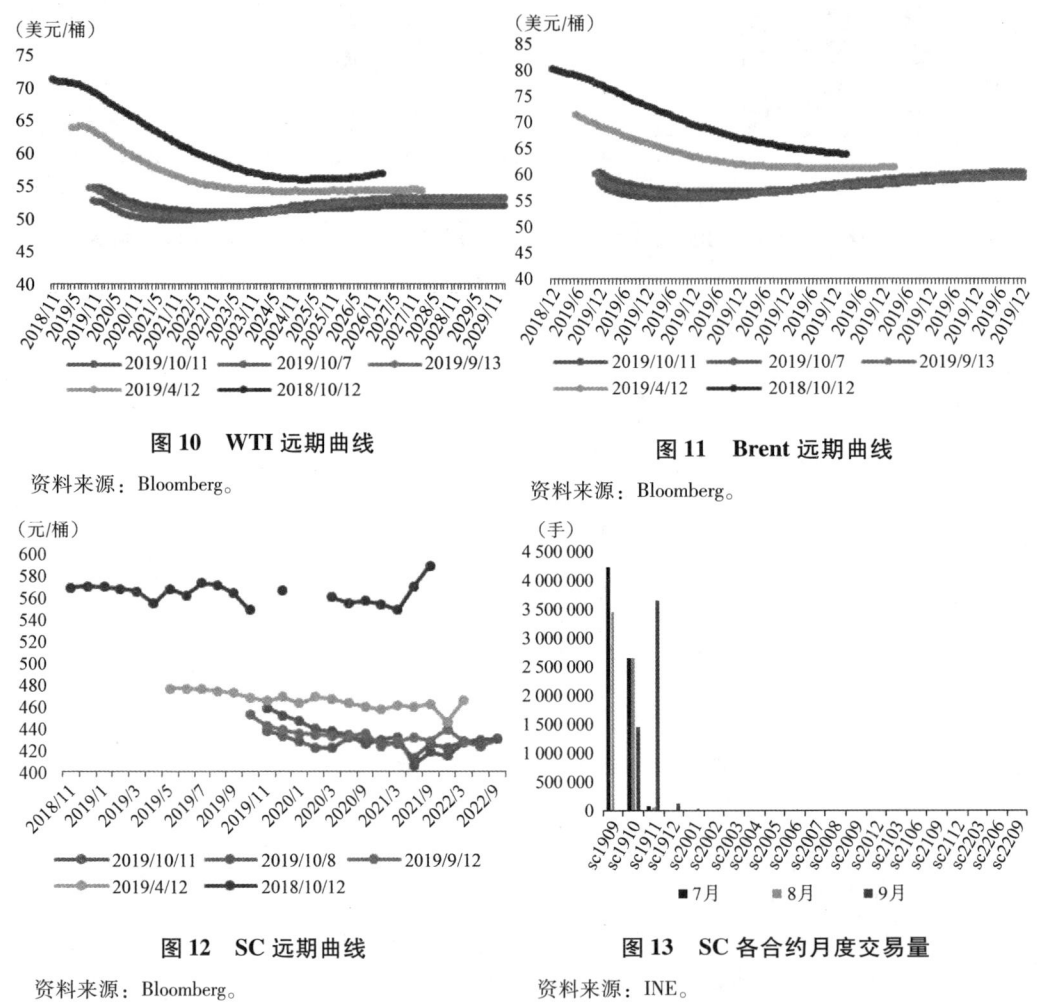

图10　WTI远期曲线

资料来源：Bloomberg。

图11　Brent远期曲线

资料来源：Bloomberg。

图12　SC远期曲线

资料来源：Bloomberg。

图13　SC各合约月度交易量

资料来源：INE。

4. 结论

上海原油期货虽然仅运行一年半，但其交易量已经仅次于Brent和WTI，成为全球第三大原油期货。同时，由于其不同于Brent和WTI，定位为中质含硫原油，因此肩负着成为我国以及区域基准价格的重大使命。通过上述检验，我们可以看到，上海原油期货价格与对标的阿曼原油现货价格之间存在密切的联系，在发现现货市场价格波动方面的作用已然显现，价格发现功能已经初步具备。一方面可以为石油套期保值、规避风险提供较理想工具，另一方面也为期货市场的波动溢出奠定了基础。此外，通过内外盘（上海原油期货与 Brent 原油）数据的 Granger 因果检验得到的结果是，内盘价格对外盘价格实现有效跟随，加之主力合约流动性表现尤佳，意味着上海原油期货向我国原油贸易基准价格的过度已经具备良好基础。总体而言，从主力合约价格表现来看，上海原油期货良好的价格发现功能为企业以其作为套期保值工具提供了良好依据。未来如果远月合约流动性得到进一步强化，则其作为保值工具的功能将得到更好的发挥。

（二）作为套期保值工具功能发挥情况分析

任何一个公司的持续经营与发展，都会面临财务风险、市场风险、管理风险、技术风险等各种风险。如何有效地规避这些风险是公司管理层关注的焦点。套期保值为企业进行风险防范、转移价格波动带来的经营风险提供了有效手段。同时，企业参与套期保值，需要企业经营理念、经营规模、人才配备和制度建设等均相适应，故而参与期货市场也对企业提出了一定的要求。本文将对境外能源企业开展套期保值情况进行总结，并对山东地区具有代表性的独立炼厂和国有大型石油企业进行调研，对它们参与保值情况、遇到的问题以及对上海原油期货的期望进行了分析总结，其中由于山东独立炼厂近年来原料结构变化显著参与保值时间尚短，对于其参与保值情况的相关研究较少，因此课题组分配更多篇幅集中于对山东独立炼厂参与保值情况的分析和探讨。

1. 境外能源企业参与套期保值的现状与分析

（1）基于 CFTC 持仓情况的分析

美国商品期货交易委员会，简称 CFTC，于每个周五 15：30（北京时间夏令时为周六凌晨 4：30，冬令时为周六凌晨 5：30）会发布一份持仓报告，其中包括纽约商品交易所（NYMEX）的 WTI 原油期货。这份报告通过展示每周二收盘时交易者在市场上的仓位持仓，来分析期货市场上的不同投资者的持仓量及方位变化，用以反映市场不同主体对市场行情的看法。

CFTC 持仓报告一般包括商业头寸、非商业头寸、可报告头寸和非报告头寸。商业头寸，主要包括生产商、现货商，也包含部分基金，企业在运营中具有天然的套期保值倾向，同时 CFTC 认为指数基金在期货市场上的对冲保值认为是一种商业套保行为，因此也将部分基金头寸归在商业头寸内。非商业头寸，指大部分基金持仓。可报告头寸，指在非商业头寸中多空持仓计算的净持仓数量，如某基金公司持有 100 手多单和 80 手空单，则将其 80 手双向持仓属于"套利"头寸，其中 20 手的多单属于"多头"头寸。所以，可报告头寸中多空数量的合计方式为：多头 = 非商业多单 + 套利 + 商业多单；空头 = 非商业空单 + 套利 + 商业空单。非报告头寸，指小规模投机者，非报告头寸中多头 = 未平仓合约数量 – 可报告头寸的多单数量，空头 = 未平仓合约数量-可报告头寸的空单数量。能源企业参与套期保值的头寸,归类为商业头寸中。

从 CFTC 原油商业持仓看,1986 年以来 CFTC 商业多空持仓呈现增长态势(见图 14)。特别是进入 21 世纪,WTI 原油持仓增长更加明显,从 2000 年的不到 80 万张,至 2019 年的 188 万张,增长 142%,其中以商业空头持仓增长明显。从报告头寸的交易者数量看,2000 年多空持仓的交易者数量分别为 150 个和 135 个,至 2019 年分别为 304 个和 290 个。原油商业持仓和交易者数量的持续增长,在美国页岩油兴起过程中,利用 WTI 作为工具参与期货套期保值的活动也得到促进。

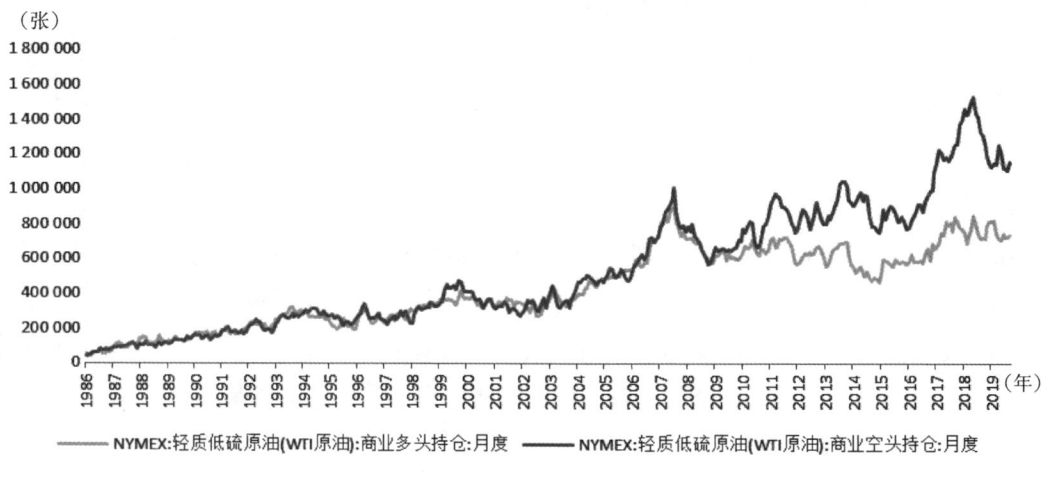

图 14　WTI 原油持仓水平

资料来源:Wind 资讯。

CFTC 原油商业净空持仓变化与原油价格阶段走势呈现正向相关。这是作为生产型的大型原油企业,在参与套期保值主要以空头套期保值为主。在原油价格上涨期间,作为原油生产商运用期货套保锁定利润的动力较大,净空头持仓量增长;原油价格下跌期间,企业运用期货锁定利润的动力较弱,净空头持仓量回落。

2009 年后随着油价逐渐走出金融危机的阴霾,出现回升,油价的回升吸引更多的空头持仓加入。叠加来自美国的"页岩油革命"拉开序幕,美国页岩油企业快速成长,随着美国逐渐成长为主要供应国,WTI 的市场地位也得到提升,交易量上升的同时,商业净空头持仓也呈现出持续增长。在全球传统原油供应维持增长,同时美国页岩油作为新的生产商加入后,引发了严重的过剩担忧,油价在 2014 年开启了断崖式下跌,同时也伴随着商业净空头持仓的持续下滑,在 2016 年 2 月 16 日当周达到了 2014 年以来新低 168 995 张,同比下滑 43%。之后 OPEC 和非 OPEC 国家开始炒作限产主题并最终达成,原油市场过剩担忧得到缓解,同时全球经济呈现好转,推动原油价格稳步上涨,美国钻机数也持续攀升,产量快速增长以填补市场份额,商业净空头持仓维持增长。虽然 2017 年初,在美国产量持续增长,OECD 库存维持增长,市场对限产收效产生动摇,油价走低,商业净空头减少。2017 年底开始,地缘不确定性不断上升，制裁下委内瑞拉和伊朗的产量锐减，此时 CFTC 原油空头持仓处于历史高位，2018 年 1 月 30 日当周报道的商业净空头持仓达到自 1986 年有记录以来的最大值 764 797 张。2018 年 9 月美国给予的对伊制裁豁免权使油价大幅下滑，CFTC 原油持仓出现回落。进入 2019 年，美国外输瓶颈缓解，伊朗供应缺口得到一定填补，油价回落伴随着商业净空头持仓的下滑，之后维持总体震荡前行。由此可以看出，一方面 WTI 作为对标美国原油生产的期货工具，在页岩油生产规模快速成长的过程中，其商业净空头持仓水平也呈现增长；另一方面，可以看出油价越高，原油生产商运用期货套保锁定利润的动力越大，空头持仓量也呈现增加，而当油价回落，套保意愿也回归正常（见图 15 至图 17）。

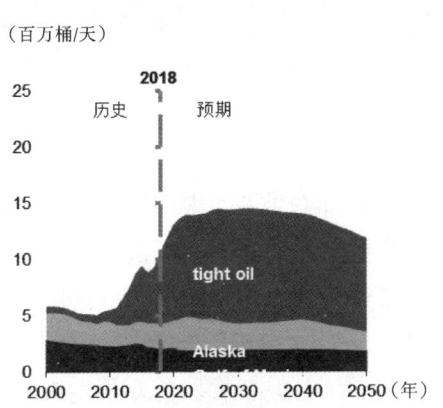

图 15　美国页岩油产量自 2010 年开始爆发式增长

资料来源：EIA。

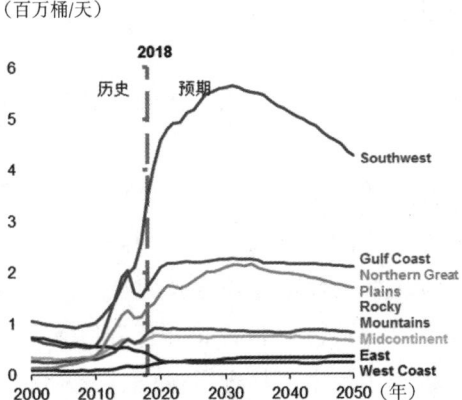

图 16　页岩油产区的产量增长仍将是美国原油产量增长来源

资料来源：EIA。

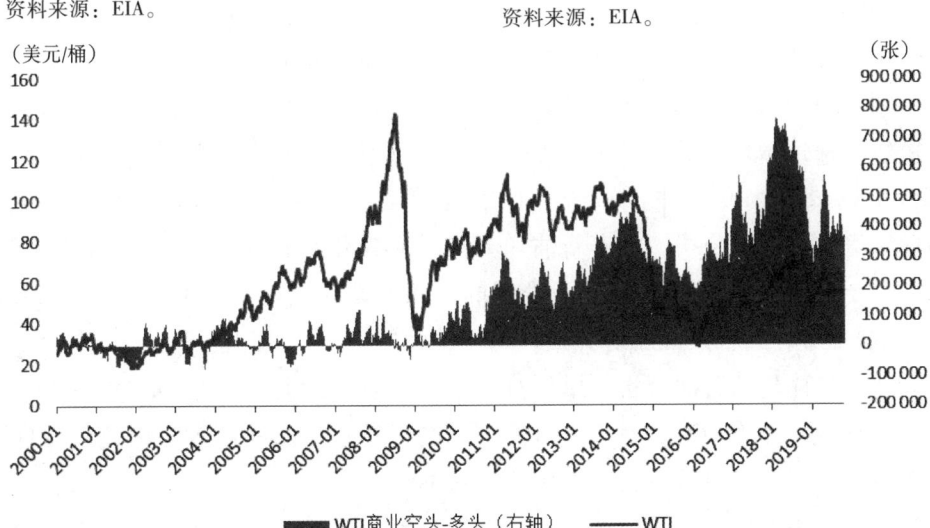

图 17　WTI 商业净空头持仓与油价

资料来源：Wind 资讯。

(2) 境外参与原油套期保值的企业类型分析

石油产业链上下游主要包括：生产、贸易、加工、消费四个主要环节。从处在产业链上下游关系来看，参与套期保值的企业主要分为以下几种：一体化石油企业、单一石油企业、石油贸易商以及下游消费企业如航空公司等。下面就这几种石油企业参与套期保值的情况进行分析。

①一体化石油企业。一体化石油公司业务主要包括油田勘探开发、贸易、炼制和销售等全产业链间业务，是参与国际原油市场的重要主体，如埃克森美孚、壳牌、BP、雪佛龙、道达尔等。这些一体化石油公司不仅在上游拥有大量的石油资源可供其勘探开发，在下游炼油加工上也拥有较强实力，因此具有较强的风险抵御能力。同时，这些一体化石油公司也参与国际间石油市场交易，通过设有专门的贸易部门，以市场为导向，谋求最大化股东利益，实现在其全球范围原油和成品油的合理流动和配置。

在利用衍生品工具对公司业务风险管理上，各石油企业出于内部文化，以及战略目标的不同，态度也不尽相同。例如，埃克森美孚在对待衍生品工具上比较保守，其目的主要为保值以规避及对冲业务风险，此外基本不参与利用衍生工具进行市场投机，是石油行业有名的"保守巨人"；壳牌、BP公司除运用衍生品工具套期保值外，也利用衍生工具进行投机、套利等交易；雪佛龙在衍生品市场上业务规模有限，且主要用于套期对冲防范风险，不以投机为目的。一体化石油公司拥有完整的上下游产业链和其独有的信息渠道，在石油现货市场或是衍生品市场，都具备很大的优势。

②单一石油公司。单一石油公司是指只在石油产业链中某一环节领域有业务的石油公司。单一石油公司由于只在石油产业链中某一环节具有业务，因此必须和其上下游领域保持密切联系，通过获得勘探开发订单，或降低采购环节成本，或销售更高价格的成品来获取中间收益。比如先锋自然资源公司（Pioneer Natural Resources）等独立石油公司，拥有石油和天然气勘探开发业务，美国页岩油生产的主力军，属于上游单一石油公司，而美国的瓦莱罗能源公司（Valero Energy Corporation）主要业务在石油产品精炼方面，属于下游单一石油公司。

相比于一体化的石油公司，单一石油公司只是在石油产业链中的其中一个环节。石油原料和成品价格的波动对单一石油公司的经营成果影响巨大。因此，合理运用衍生工具对公司业务风险进行套期保值、对冲，对于这些单一石油公司来说尤为重要，特别是中小型单一石油公司或在几个细分市场运营的石油企业，更需要通过在石油衍生品市场上进行风险对冲，通过套期保值锁定成本，达到规避风险的目的。

③石油贸易公司。石油贸易公司联系石油生产商、炼油商、终端用户，是连接

石油产业各环节的桥梁，对石油资源的合理配置起到重要的作用。石油贸易公司的本质就是通过石油现货贸易，以及在石油衍生品市场上交易赚取利润。全球知名的石油贸易商包括维多（Vitol）、荷兰托克（Trafigura）、嘉能可（Glencore）、贡沃（Gunvor）等。这些贸易公司较缺乏上下游大型资产，但在运输仓储、基础设施等方面具备优势。在流通环节的投资，主要也是为了服务于以交易为核心的公司业务。

石油贸易商在衍生品市场上表现最为活跃，其主要通过对石油衍生品交易来实现套期保值和获取利润。充分运用现货和衍生品两个不同市场获利要求石油贸易商要具有较强的风险管理能力，包括有效的风险管理体系以及优秀的风险管理人员。比如，嘉能可公司除搭建先进的风险管理体系外，同时要求其风险管理人员必须具备熟悉市场和丰富的操作经验，并且对判断市场变化要有敏捷而正确的能力。

④下游消费企业。下游消费企业指采购成品油用于生产消费的企业，如航空公司等。对于航空企业而言，航空用油是航空公司的重要运营成本，如果航油价格持续上涨或者波动剧烈，航空公司的经营业绩就会受到巨大的影响。欧美航空公司从 20 世纪 80 年代开始尝试对航油成本进行套期保值，由于没有场内航空用油的衍生品，航空公司便采用原油、燃料油等相关石油产品的衍生平代替航空煤油来对冲价格风险。到目前为止，套期保值在航空业中得到广泛应用。国际上大型的航运公司、货运公司这些成品油消费企业也普遍参与了石油衍生品的套期保值。

总体而言，得益于境外期货成熟度高、石化产业链品种丰富，国外石油产业链企业已经形成了成熟的套期保值业务模式。在上海原油期货上市之后，也受到了全球石油企业的瞩目，此前英国《期货与期权世界（Futures & Options World，FOW）》杂志，先后授予上海原油期货 2018 亚洲资本市场最佳新上市衍生品合约和 2018 国际能源和商品市场最具创新力新上市合约。上海原油期货作为我国首支面向境外投资者的期货合约，凭借快速的成长能力和主力合约良好的流动性表现成功吸引了具有丰富衍生品交易经验的境外客户的加入。截至 2019 年 8 月 31 日，原油期货已吸引 12 个国家和地区的 143 个境外客户参与，境外客户成交量占比为 20% 左右，持仓量占比为 25% 左右。国内外大型涉油企业已尝试以其价格现作为现货贸易定价基准，并有多家境外企业参与国内原油期货交易并完成了交割，其中买方境外客户占比近七成，卖方境外客户占比约 45%，显示出上海原油期货作为我国首支国际化期货品种，正在快速地走向成熟（见图 18）。

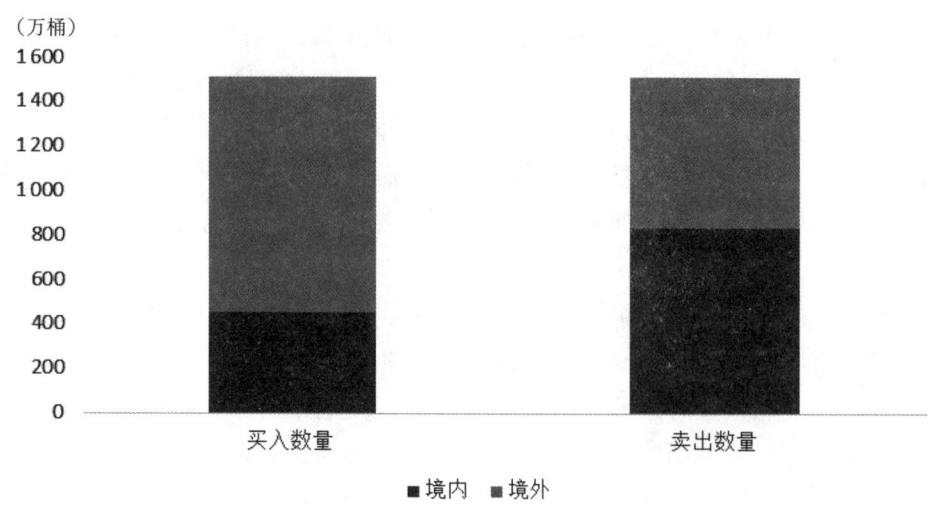

图18 境内外企业参与交割情况

资料来源：INE。

2. 国内大型国企参与套期保值情况

国内大型石油企业具有完善的套期保值构架和流程，实现了套期保值执行的精细化和专业化，也是当前上海原油期货的重要参与者。以 ABC 国有大型石油企业（以下简称"ABC 石油"）为例，其风险识别、评估以及保值方案提出、实施等，均已经有成熟的风险管理流程和组织构建支撑。原油采购长约主要为管道油，占比较小，而现货采购以均价采购为主点价较少。对应保值流程一般为，由业务部门提出需求至采购部门，由采购部门制订采购计划，一般以均价模式进行采购，并进行保值操作，在期货市场模拟均价对冲价格风险，总体遵照零敞口的较严格的保值理念，并多数采用对风险零容忍的完全保值方式。ABC 石油所采购原油以中东油为主，少部分采购南美和西非油种，故而一直以来多使用 Brent 原油期货作为保值工具。而在上海原油期货上市后，从油种来看，上海原油期货的交割油种品质与其采购油种相契合，ABC 石油拥有着石油全产业链业务，拥有上海原油期货交割库，完整的产业链参与也使参与保值有着天然优势，使用原油期货进行保值的情况良好，每月约有 200 万桶以上的原油使用上海原油期货进行保值。

3. 山东独立炼厂参与保值情况分析

截至 2018 年底，我国炼油能力达到 8.31 亿吨/年，预计 2019 年全国年度炼油总能力将达到 8.63 亿吨，民营企业年度炼油能力将提高至 2.35 亿吨，在全国炼油能力中的占比从 2018 年的 25.6% 升至 27.2%。山东省是我国独立炼厂的集中地，坐拥全国最大炼油产能，共有独立炼厂企业 37 家，一次原油加工能力约 1.3 亿吨/年，占独立炼厂总产能约 60%（见表6）。2015 年 2 月 9 日，国家发展改革委发布了《国家发展改革委关于进口原油使用管理有关问题的通知》（发改运行〔2015〕25号），首次出台了较为详尽的非国营炼厂申请使用进口原油资质的条件，随着独立炼厂进口原油"双权"的获得，独立炼厂原料瓶颈得到缓解，炼厂产能利用率大幅提升，原油替代燃料油在原料结构中占比不断扩大，2018年该占比已经达到100%，而一次原料结构中进口原油占比则达到70%水平。以2019年8月份数据为例，国内独立炼厂企业保税库进购原油383.56万吨，直接进口904.01万吨，合计共进口原油1 287.57万吨，其中山东独立炼厂共进口原油814.43万吨，占国内独立炼厂进口总量的63.25%，占全国原油进口量的30.53%。在进口原油逐步放开的推动下，山东独立炼厂原油轻质化趋势明显，含硫量也大幅下降，原油供应呈现多元化，中东、南美、俄罗斯和非洲为主要来源地，进口油种主要为ESPO原油、卢拉原油、阿曼原油和巴士拉轻油等，中质含硫的中间基原油是山东独立炼厂的主要油种品质。得益于原料结构改变和装置改进升级，山东独立炼厂的产品结构和成品油质量均得到提升，成品油产品质量已不弱于大型国有石油公司。近年来山东独立炼厂的加速成熟和竞争力的不断增强，也将一定程度上为山东炼厂乃至中国在原油贸易定价中的话语权提升提供助力。

表6　　　　　　　　　　山东独立炼厂进口原油数据统计表　　　　　　（单位：万吨）

炼厂名称	1—8月（海关及船期）	2019年允许量
东明石化	561.7	750
中化弘润	344.2	530
垦利石化	177.8	222
利津石化	171.5	308
亚通石化	117.1	221
汇丰石化	248.2	416
天弘化学	225.8	440
鲁清石化	276.6	258
京博石化	237	331
齐润化工	279.2	220
海右石化	103.4	208
恒源石化	170.9	350
清源石化	205.1	364
无棣鑫岳	92	214
神驰化工	111.2	252
金诚石化	176.2	264
海科瑞林	147	185
中海精细	73.6	149

续表

炼厂名称	1—8 月（海关及船期）	2019 年允许量
山东岚桥	77.8	90
胜星石化	109	194
东方华龙	187.5	300
齐成石化	130.3	160
清沂山石化	90.5	240
鑫泰石化	84.3	160
玉皇盛世	82.9	144
山东华联	146.1	153
山东富宇	108.1	164
海科化工	52.5	96
成达新能源/永鑫	47.6	124
科力达	67.9	108
万通化工	42.1	166
联合石化	30.1	210
总计/平均值	4 975.2	7 951

课题组对山东地区独立炼厂开展保值业务情况进行了广泛问询，并选取了 6 家山东独立炼厂（D、E、F、G、H）中已经开展有保值业务的标杆企业进行调研，此 6 家独立炼厂企业均已获得进口原油配额，其中 4 家为 2015 年获得进口原油使用权炼厂，一次加工能力均达 300 万吨/年以上，6 家企业总炼能达到约 3 000 万吨/年，均是山东独立炼厂中规模企业。

（1）部分炼厂套期保值参与积极，业务开展经验略有不足。近年来国际油价波动加剧，导致原油采购端损失严重，部分一定规模的独立炼厂开始积极尝试组建套期保值团队利用期货工具进行套期保值操作，并且在境外（新加坡为主）建立分公司，开展原油的进口及期货风险对冲业务。由于大多数独立炼厂参与期货市场集中于进口原油使用权放开之后，除少数炼厂具有多年参与燃料油期货保值的经验积累外，多数企业套期保值业务开展经验相较于大型石油国企而言略显不足。受企业理念、资金情况、人才配备等因素影响，山东总计 37 家规模独立炼厂中，参与套期保值比例或在 20% 左右，本次调研选取的六家独立炼厂中，参与期货交易历史最早的一家可以追溯到 2011 年其参与燃料油期货交易，其余各家参与期货交易的时间多集中于进口权放开之后。调研中有两家企业为独立炼厂中开展套期保值业务的佼佼者，设有独立的期货部门，期货部门人数约 5～10 人。其他炼厂亦有涉及，部分具体套保业务均由其旗下海外公司操作，国内暂不开展相关业务；部分则将期货业务放在采购部门，部门内专门负责原油期货的操作人员数量在 5 人以内。此外，调研小组了解到在上海原油期货筹备推出的过程中，山东独立炼厂与期货公司、资讯公司等之间的交流互动明显增强，对于套期保值和衍生品工具的专业度和相关配备正加速提升。

（2）采购销售作价时间、方式等存在差异引发不同的风险管理模式。上游采购风险主要表现为采购销售作价时间和方式差异引发的风险。在原油进口政策对独立炼厂放开后，原油进口量大幅上升，除少数炼厂进行原料自主采购外，多数则通过代理公司进口原油，总体而言山东独立炼厂的原油采购有着总量大、个体规模小的特点，尚未形成大规模的供应渠道，多数独立炼厂议价能力不足。独立炼厂通过国家石油公司、国际贸易商、国内主营单位等渠道进行采购，签订长约的较少。计价基准多采用布伦特（Brent）原油价格，进口油种以俄罗斯、南美、西非等地区原油为主，Lula、Espo、Djeno、Oman、Saturno 等为常见进口油种。独立炼厂主营产品为汽柴油及其他副产品，成品油的销售多为零单销售。同时，受政策及市场推动，独立炼厂也在积极布局化工产业链，包括 PX、乙烯、轻烃综合利用、C3/C4 综合利用等项目。对于采销引发的价格风险，通常炼厂采购和销售存在着近 1 个月的时间差，期间面临成品油与原油的价差风险及各成品油与原油计价期偏离带来的价格风险。独立炼厂具备着自身的采销作价特点，故而也拥有着不同于主营炼厂的保值模式，独立炼厂企业会选择性地依据生产计划进行原油采购，根据当月的排产情况制定锁价量，遵循库存保值逻辑进行锁价。另外由于目前成品油销售价格尚缺乏对应期货品种，且多数独立炼厂维持开工长期滚动生产，一般选择不对采销进行风险管理操作，本次调研中有 3 家炼厂已经尝试进行采购端的期货保值操作。

（3）采取低库存手段降低库存贬值风险。企业原料库存在价格走低时将面临贬值风险，而山东独立炼厂企业常备库存水平较低，这也成为其用以规避库存贬值风险的手段之一。总体常备库水平约能满足 10 天左右的生产需要，多数开展期货保值的独立炼厂企业会结合对未来的行情研判，确定保值比例，对常备库存进行一定的保值。不过采取低库存手段，虽然能够降低价格下跌时的损失，但同时也一定程度损失了价格合适时进行库存构建的主动性（见图 19）。

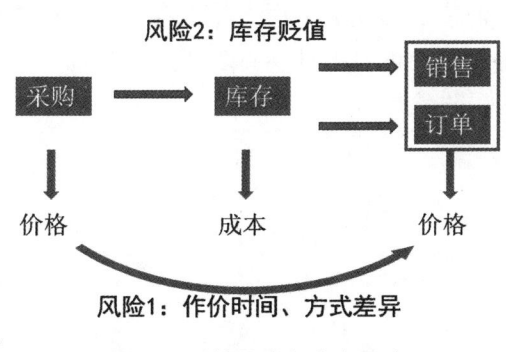

图 19　采销风险和库存风险

（4）对参与上海原油期货交易仍有顾虑。本文所调研独立炼厂企业表示，以人民币计价的上海原油期货，降低了企业原本在使用境外原油期货保值时面临的汇率波动风险，有利于降低资金成本和简化保值操作流程，如果能够广泛开展以上海原油期货为基准价格的采购，则上海原油期货将成为其进行套期保值的首选工具。而目前独立炼厂参与较少的主要原因是当前采购基准价格仍以布伦特价格为主，加之上海原油期货远期合约流动性仍有待进一步提升，故而暂时仍对使用上海原油期货进行保值抱着较保守态度。如果进一步考虑到交割流程，则企业主要担心的是交割地的不确定性引发的内贸运费问题，据独立炼厂人士表示，当前参与套期保值的炼厂中以参与外盘原油期货交易为主，参与内盘尚主要限于小规模"试水"。同时，一些独立炼厂企业还强烈表示了对于成品油期货上市的期待，在炼能过剩背景下，炼油行业市场竞争加剧，企业必将面临加工利润微薄、资金紧张等压力，如果国内成品油期货上市，配合上海原油期货，有利于炼厂企业开展原材料与产成品价格上下游敞口风险对冲，实现对加工利润的保值。

4. 总结

境外期货市场已有160余年的历史，期货市场和期货行业发展成熟，在上海原油期货表现出快速的成长过程中，国际公司表现出了浓厚的兴趣与参与的热情。而大型国有石油企业拥有凭借较强的先天优势和丰富的经验，形成了自己完整的生产销售定价体系和对应的较成熟的保值流程制度，可以通过多种渠道方式规避价格波动风险，保值执行情况良好，对于国内原油交易参与也较为积极。独立炼厂套期保值业务开展经验积累尚且有限，加之上海原油期货仍在成长过程中，故而独立炼厂多持有等待相关期货品种进一步成熟完善的态度。总体而言，以人民币计价的上海原油期货合约对于石化产业链企业具有天然的吸引力，在流动性进一步提升、现货计价方式逐渐转变以及下游期货品种不断丰富后，上海原油期货将成为石油企业进行套期保值的重要手段。尤其对于独立炼厂，近年来油源问题在政策推动下已基本解决，在行业竞争愈发紧张的背景下，如何寻求更为有效的手段实现稳定经营成为重点，未来随着民营石油化工企业对于衍生品市场的认识的加深，上海原油期货也将成为其套期保值稳定经营的重要工具（见表7、图20）。

表7 独立炼厂和大型石油公司基本情况对比

企业	企业类型	一次加工能力（万吨/年）	是否拥有原油进口资质	参与期货交易时间	是否有独立期货部门	原油期货相关人员配备	是否拥有境外分公司	现行保值理念	主要进口油种	主要合作卖家	原油采购方式	进口原油加工占比
ABC	国有大型石油企业	≥10 000	是	10年以上	是	—	是	严格保值，不留敞口	中东、非洲	自主	现货均价采购为主	—
D	山东地方炼厂	≥500	是	5年以上	是	5人以上	是	结合行情研判确定保值需求	Casilla、Luia、Oman、Upper	巴西石油、壳牌	现货均价采购为主	98.64%
E	山东地方炼厂	≥500	是	5年以内	是	5人	是	20%~60%的常备库存进行保值	Oman、Espo、Girassol、Urals、Napo	中联油、振华、BP等	现货均价采购为主	100.00%
F	山东地方炼厂	300~500	是	5年以上	否	5人以内	否	结合行情研判参与	Lula、Sapinhoa、Nemina、Iracema	摩科瑞、中联油等	现货均价采购为主	97.06%
GH	山东地方炼厂	300~500	是	5年以内	是	5人以上	是	主要为利用期货进行点价锁价操作	Espo、Lula、Basrah light、Sapinhoa	摩科瑞、中联油等	现货均价采购为主	74.43%
I	山东地方炼厂	300~500	是	5年以内	否	5人以内	否	20%~50%的常备库存进行保值	Espo、Iracema、Oman	卢克石油、中海油等	现货均价采购为主	80.30%

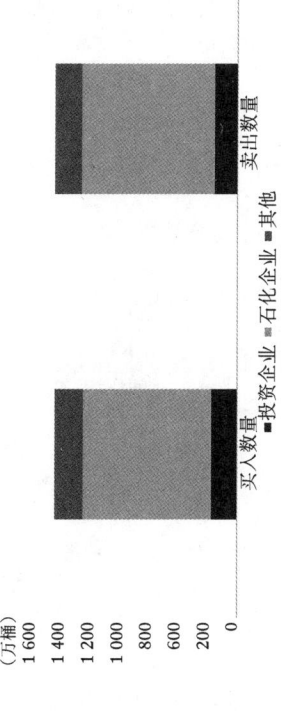

图20 各类企业参与交割情况

资料来源：INE。

三、我国原油期货推出的意义与影响

1. 丰富衍生品市场，填补中质含硫原油期货缺口

上海原油期货交割标的为中质含硫原油，基准品质为 API 度 32、硫含量 1.5%。中质含硫原油产量份额约占全球产量近 40%，同时中质含硫原油也是我国及周边国家进口原油的主要品种。而近年来地区地缘政治扰动频发，中质含硫原油价格波动加剧，而页岩油产量持续攀升，轻重油基本面分化加剧，差异化的供求关系使得市场对中质含硫原油的价格基准的需求日益强烈。因此上海原油期货的上市，符合我国及周边国家消费情况，能够对伦敦及纽约两大基准石油定价体系形成有益补充（见图 21、图 22）。

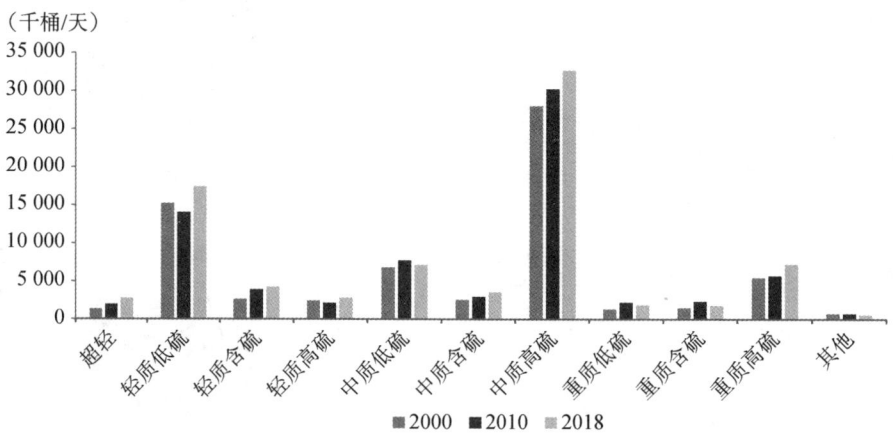

图 21　全球不同品质原油产量

资料来源：ENI。

2. 重塑全球原油定价格局

原油市场已经形成了成熟的市场化定价机制，采购价格以基准价格加升贴水的公式计价法，其中基准油价是公式定价的核心。原油需求东移，亚太地区作为原油需求增长的动力所在，成为全球最重要的能源市场，而由于历史原因，始终缺乏能够反映本地区的供应关系基准原油期货价格。上海原油期货上市当年的 3 月和 10 月份，联合石化分别与壳牌和京博石化签订了以上海原油期货价格为基准的长期合同和现货合同①。运行至今，上海原油期货价格也被越来越多的国内外大型涉油企业

---

① 原油期货"周岁"成绩单超市场预期，http://www.ine.cn/news/area/1517.html。

作为现货贸易的基准价格，上海原油期货的推出对于完善国际石油体系和原油价格

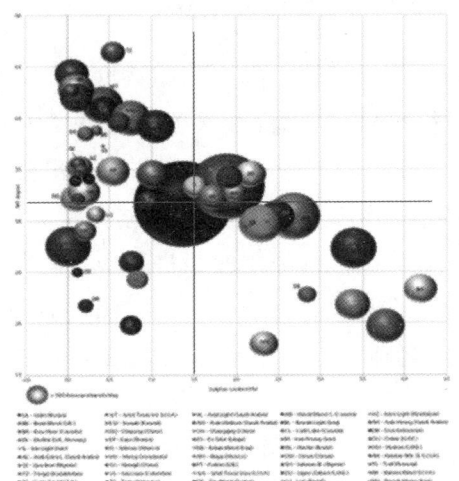

**图 22　全球中质含硫原油产量
占比高达近 40%**

资料来源：ENI。

形成机制的促进作用已经初见成效。原油期货市场的建立是一个长期的工作，上海原油期货的运行至今已经经受住了市场的初步检验，未来随着交易所工具供给、产品完善，以及市场的不断发展成长，将会有越来越多的能化企业以上海原油期货为工具，运用到企业运营、贸易、风险管理等各环节之中，实现企业的经营管理优化，同时推动上海原油期货承担起重塑全球原油定价格局重任。而近年来我国石油炼能快速扩充，定价市场化、规范化不断推进，对于金融工具完善丰富的需求不断提升，随着上海原油期货的发展成熟，其定价成为区域乃至国际贸易的重要依据的同时，提高资源配置的有效性，并实现对实体经济的服务。

3. 对我国能源安全意义与影响

全球约33%的原油产量来自于地缘政治风险集中的中东地区，而当主要产油国或原油运输要道出现问题，将造成大范围的原油供应中断，从而引发原油价格剧烈波动并影响到原油需求国的经济稳定。我国一次能源消费中石油占比约20%，我国石油对外依存度高达65%以上，石油安全是我国能源安全乃至经济安全的重要板块，上海原油期货推出有助于建立更加高效石油市场体系，提升能源安全保障能力。在"一带一路"倡议下，我国与国际能源合作已经取得一定成果，与此同时，随着上海原油期货打造国际化期货市场、实现定价权的进程稳步推进，将实现资源和市场的进一步整合，为贸易合作提供更加有效的工具，从而促进我国与中东产油国更紧密的合作。

4. 对我国成品油定价机制构建的意义与影响

虽然当前成品油定价机制尚未把上海原油期货价格纳入权重考虑，但目前上海原油期货与境外原油期货价格保持着高相关性。此外，中共中央、国务院发布的《关于深化石油天然气体制改革的若干意见》中明确提出要"完善成品油价格形成机制，发挥市场决定价格的作用，保留政府在价格异常波动时的调控权"。成品油价格市场化是大势所趋，在我国油气体制改革进程中，随着定价体系自由化程度提升和汽油、柴油、煤油等更多能源品种的丰富，石油产业链期货品种体系完善，在推动石油期货市场稳健发展的同时，也能够为我国成品油定价机制转换提供依据。

四、总结及建议

通过本课题，我们发现：

（1）通过协整检验说明了上海原油期货价格与阿曼原油现货价格间存在一种长期动态均衡关系。通过 Granger 因果检验发现阿曼原油现货价格对上海原油期货价格有更强的引导关系。并采用上海原油期货主力合约价格与 Brent 原油主力合约价格数据的 Granger 因果检验，得到 Brent 价格对于上海原油期货价格有更强的引导关系。总体而言，我国原油期货在发现现货市场价格波动方面已经开始发挥有效作用，加之对于外盘原油期货的跟随效果良好，可以说明上海原油期货已具有良好的价格发现功能，可以为作为石化企业套期保值、规避风险提供的有效工具。

（2）通过对于选取时段的 Brent、WTI 和上海原油期货主力合约和次行合约的 Ask 和 Bid 价差进行对比分析，发现上海原油期货的主力合约表现良好，但次行合约表现略显逊色，远期合约流动性略显不足。

（3）通过对比分析境内外和国有大型石油企业与独立炼厂的保值情况，可以发现作为具备丰富保值经验的国外石油企业和国有大型石油企业，参与上海原油期货较为积极。而独立炼厂保值独立炼厂的保值经验显著缺乏，保值业务人员、规章流程等配合尤显不足，只有部分规模独立炼厂企业正开展保值业务，且多集中于进口原油使用权放开之后开始原油保值（仅少数几家拥有燃料油保值经验），从保值观念到人才培养到制度流程建设，都仍不成熟，需开展完善。

（4）以独立炼厂为代表的石化企业对于上海原油期货的核心期待在于，能否更多地成为定价基准，并对上海原油期货远期结构成熟、油种丰富以及成品油期货配套上市等抱有较大期待。

总体而言，上海原油期货已经具备成为保值工具的基础，而在全国炼油产能过剩，行业竞争愈发激烈的背景下，以独立炼厂为代表的民营石化企业的保值需求凸显,并有意愿进一步开展套期保值业务以及以上海原油期货作为保值工具。一方面企业对于上海原油期货作为基准价格呼吁集中,对于成品油期货的上市也尤为期待;另一方面,由于多数民营石化企业套期保值业务开展时间尚且有限,期货公司应担任起转变观念普及知识的责任,利用专业优势帮助民营石化企业转变观念、构建团队和建设制度,做好实体企业服务。

(一) 品种体系完善工具丰富

我国期货市场已经具备较丰富的化工类品种,但汽油、柴油、煤油等成品油期货品种的空缺导致油品加工企业缺乏理想的锁定炼油利润的手段。未来随着交易所对天然气、液化石油气、成品油等油气期货的研发及上市进程的推进,有望能够打造更为丰富的油气衍生品工具,构建层次丰富的能源衍生品体系,有利于独立炼厂等石化加工企业利用期货市场实现加工利润的锁定等。叠加未来盘中结算交易机制和日中交易参考价的推出,将实现为企业提供更为完善丰富的套保套利工具,从而形成良性反馈,促进上海原油期货加速走向成熟。

(二) 期现关联度提升

上海原油期货上市当年的3月和10月,联合石化分别与壳牌和京博石化签订了以上海原油期货价格为基准的长期合同和现货合同,上海原油期货在贸易中的影响力,有助于提升其与现货关联度,也是推动上海原油期货成长为石化产业链企业的理想保值工具的重要前提条件。在推动上海原油期货价格成长为区域基准过程中,一方面可以持续完善优化相关制度与操作流程、适时丰富可交割油种,吸引调动国内外石化生产、加工、贸易及消费企业参与交易,并鼓励进行实物交割,强化上海原油期货对于我国以及区域供需情况的反应能力;另一方面,如果能够实现成品油定价与原油贸易采用我国原油期货作为基准价格,将有利于加速推进上海期货价格向区域基准价格的演变发展。

(三) 做市商增加,流动性进一步加强

2018年10月26日上海原油期货已经开始实施做市商制度,有效促进了上海原油期货与国际市场联动性的提升,活跃合约移仓节奏和连续性程度都有所改善。不过就目前来看,远月合约交易量仍有待进一步提高,从而为企业利用上海原油期货作为套期保值手段提供了依据。未来如果原油期货做市商数量能够适当增加,将有利于远期曲线构建,更好地服务于石化产业链企业。

(四) 期货公司积极提供支持

套期保值是企业对冲风险、实现有序持续增长的重要手段。由于我国期货市场

发展时间尚短，部分石化产业链企业参与经验不足，风险管理认识、制度体系构建、对应人才培养等仍缺乏专业度。期货公司需进一步发挥自身专业优势，持续积极地协助客户梳理风险点，建立风险管理制度和操作流程，并提供相关咨询培训，为广大石化产业链实体企业提供专业化服务，满足其与日俱增的保值需求（见图23）。

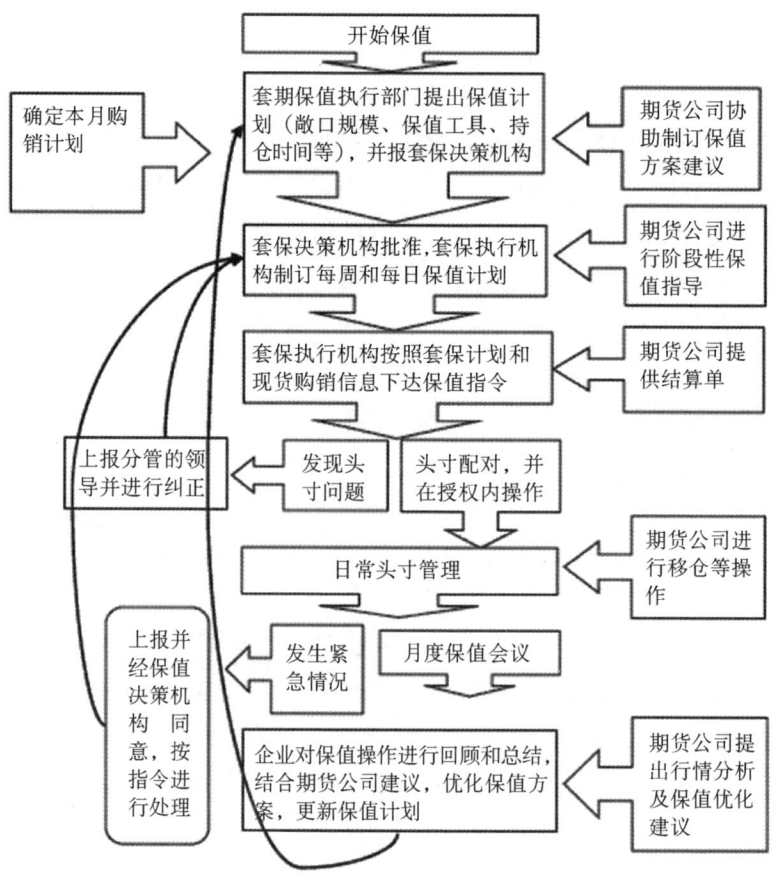

图23 套期保值业务流程与操作建议

一个期货品种的成熟完善无法一蹴而就，上海原油期货作为我国首只国际化期货品种，上市仅一年半的时间便已经表现出了其卓越的成长能力。上海原油期货的上市和健康运行，是金融市场开放促进人民币的国际化进程中的重要一步，是我国油气体制改革进程中不可或缺的工具支持，也是实现我国能源安全的助力之一。在石化行业成熟度、规范化不断提升的过程中，产业链企业并更将衍生品工具运用到企业运营、贸易等各个环节，实现企业持续有序的发展已成为大势所趋。而上海原油期货运行至今，在短短的一年半时间内快速成长，其价格发现功能方面已经发挥良好，尤其是主力合约表现健康，交割程序也得到了实践检验，具备了作为我国及区域基准价格的前提，也具备了作为套期保值工具的基础。虽然当前上海原油期货的套期保值功能发挥有限，但是作为以人民币计价的原油品种，将是石化企业有效规避汇率风险参与套期保值的理想工具。未来上海原油期货作为贸易基准价格的运用和石化产业链参与期货交易将相辅相成互相形成正反馈，最终实现成为我国及区域基准价格的同时，也吸引越来越多的境内外企业参与其中，为石化产业链企业提供良好的套期保值工具，服务实体企业，为国家能源和经济发展战略的推进提供助力。

参考文献

[1] Garbade K D, Silber W L. Price movements and price discovery in futures and cash markets [J]. The Review of Economics and Statistics, 1983, 65 (2): 289–297.

[2] Theissen E. Price discovery in spot and futures markets: A reconsideration [J]. The European Journal of Finance, 2012, 18 (10): 969–987.

[3] 唐鹤群："炼厂锁定进口燃料油成本方案初探"，《国际石油经济》2007年第8期。

[4] 霍江林："套期保值在国际石油贸易价格风险管理中的应用"，《价格月刊》2008年第1期。

[5] 陈明华、陈蔚："国际石油期货市场价格发现功能研究——基于WTI的实证分析"《世界经济与政治论坛》2010年第4期。

[6] 谢晓闻、方意、赵胜民："中国期货市场价格发现功能研究"，《系统工程学报》2016年第6期。

[7] 王君伟、佘建跃："中国地方炼厂进口原油采购策略优化"，《国际石油经济》2017年第5期。

[8] 董莹、李素梅："我国石油期货市场价格发现功能及波动溢出效应研究"，《价格月刊》2017年第7期。

[9] 李泽圣："石油化工和运输业的原油期货案例分"，《经贸实践》2018年第6期。

[10] 贾绍军："航空公司航油套期保值专题研究"，复旦大学，2013年。

[11] 刘培泽："浅析润滑油企业运用套期保值对成本控制的影响"，《财会学习》2018年第6期。

[12] 陈立瑶、顾光同："玉米期货与现货市场价格发现功能的实证分析"，浙江农林大学经济管理学院，2018年。

[13] 高丽、高世宪："价格联动与价格发现：上海原油期货市场运行的研究"，《价格月刊》2019年第6期。

中期协联合研究计划（第十三期）项目

期货量化 CTA 交易策略
——基于传统技术指标 RSI 增强改进研究

课题负责单位：华安期货有限责任公司
课题研究编号：201921038
课题负责人：张 华
课题组成员：崔天涯 王 宇 左 飞

一、引言

(一) 选题背景及意义

1. 选题背景

自改革开放以来，国内经济得到了迅猛发展，全社会居民财富和可支配收入也急剧攀升。此时，人们急需找到合适的理财产品，以确保家庭财富的保值与增值。过去10年是房地产行业发展的鼎盛时期，选择投资房地产领域的投资者也是赚得盆满钵满。而随着中国城镇化进程已过大半以及国家对房地产炒作的严厉打击，人们开始普遍意识到房产投资的黄金时代已然过去，未来要对财产进行保值和增值，最好的选择不再是房产投资。同时，过去10年是中国经济快速发展的黄金时期，也是中国快速融入全球化发展的时期，在带动经济快速增长的同时，也带动了国内金融投资领域的发展，国内投资理财市场进入快速发展时期，投资者的投资领域逐渐扩大，可承受风险能力也日渐增强，其中以量化为主的投资理财方式，逐步为大家所接受，并呈现快速发展的趋势。量化投资是指基于数据特征分析，制定交易和风险管理，借助计算机实施交易和风控的策略。量化投资能够根据数据特征制定交易策略并严格执行，能够排除人为因素，克服贪婪恐惧等人性弱点，具有策略可执行、可追溯、可量化和业绩可预测等优点。随着量化理论发展和计算机软硬件技术进步，原本受制于计算速度的量化投资方式得到快速发展，从专业机构进入主流视野，并在全球领域快速发展。

过去10年，虽然量化投资在国内发展迅速，在投资领域得到广泛认可和应用，论文数量和资金管理规模有较大提升，但量化投资基金策略偏向趋同，同质化较为严重，量化模型样本外有效性逐步降低，一些经典的量化投资模型在中国市场绩效表现较差甚至已经失效。近几年来，国内量化投资的整体收益逐步下滑，量化投资的整体质量水平有待提高。量化投资的发展，不仅是理念的接受，而且要在量化投资的策略深度和应用上提升，本文以RSI指标为例，通过对传统技术指标分析，从算法设计原理进行剖析，找出传统技术指标RSI的不足之处，提出假说，对传统技术指标RSI进行创新性的改进和补充，从而使传统策略能够在特定市场的行情中取得理想收益。

2. 研究目的及意义

随着量化投资的发展规模愈加庞大，发展方式愈加成熟，量化CTA的参与机构和群体越来越多,但量化 CTA 产品的业绩却没有了曾经的辉煌。当然,这其中主要原因是行情波动所致,其次是传统的经典策略、技术指标被市场参与人员广泛应用,强烈的同质性,建仓平仓点的同步性降低了它们本身在国内市场的有效性。行情的影响因素是我们本身无法掌控的,而对技术指标、经典策略进行改进来降低同质化,增加我们与市场的异质性效应,从而提高在市场中的生存率,给客户带来高额的理财收益,具有一定的现实意义。

另外,本课题从课题项目组成员日常工作中量化交易的实际经验出发,结合 RSI 指标的优势,并对 RSI 指标的公式原理进行剖析,指出 RSI 指标的不足,然后去其糟粕,取其精华,提出假说,构造基于传统指标而又高于传统指标的 RSI 指标内外增强策略,在量化 CTA 策略模型和传统技术指标改进的开发思路上和升华方面具有一定的意义。

(二) 国内外研究现状

1. 国内外研究概况

国外市场,自从 Harry Markowitz 在 1952 年发表著作首次提出通过风险来度量收益率的波动率来构建经典的均值—方差投资组合模型后,20 世纪 60 年代,William Sharpe 和 John Lintner 等人在巨人的肩膀上又通过数理统计方法研究预期收益率与风险资产之间的关系推导出对现代金融市场影响巨大的 CAPM 模型,以及后来 Fama 提出有效市场假说后,现代量化投资的组合分析理论框架才基本形成。当时的金融市场,虽然有了组合分析理论框架,但具体的量化交易择时策略研究却尚未显山露水。而随后,柯蒂斯·费思的海龟交易法则于 1983 年底横空出世,提出了基于简单明了、掌握优势、管理风险、坚定执行四大核心原则来构造交易系统,引起海内外几乎所有成功交易者的共鸣,更是开启了众多交易者在这样的系统理念里对具体交易策略进行添砖加瓦、改陈出新之路。到了 20 世纪 90 年代,国外资本市场各种技术方法如雨后春笋般涌现,效果却参差不齐。可能是传统的经典策略在海外资本市场日渐失效,Jegadeesh 和 Titman(1993)另辟蹊径发现了市场存在惯性效应,因此利用此效应构造策略进而获取收益,之后大量学者开始据此探索如何根据动能指标构建交易策略。例如,21 世纪初 Edward Olszewski(2001)通过深度剖析动量摆动指标,对 12 年的标准普尔 500 指数进行量化研究。而 George Pruitt(1996)在综合前人经验的基础上,利用布林带加市场波动率自适应方法对传统的 Dynamic Breakout II 策略模型进行改进,获得了良好的改进效果。期货技术市场公认的大师约翰墨菲,2002 年依靠《Technical Analysis of the Futures Market》一书第二次荣获美国市场技术分析师协会的年度大奖,其所包含的对各种技术理论的详细阐述,让该著作成为跟日本蜡烛图一样的,在国内期货交易市场上投资者不得不读的经典之作。另外值得一提的是,文艺复兴基金的创始人詹姆斯·西蒙斯早就基于传统的基本面分析和技术分析利用独特的数学方法改进构建量化投资模型,从 1989~2008 年长达 20 年的时间,平均年投资回报率高达 35%。2008 年全球金融危机过后,国外基于传统策略的改进研究策略就鲜有所闻了。与之相反,随着计算机科技的快速进步,基于数据挖掘和机器学习的人工智能量化投资高频策略却逐渐兴盛。

国内方面,由于资本市场建立的时间较晚,到 20 世纪 90 年代才开始有我们自己的资本市场。市场建立之初,交易规则与市场制度尚不完善,内幕交易、暗箱操作时有发生,很难通过一些可靠而有效的技术方法获取收益,以至于初始的市场交易员及专业学者对海外经典的技术分析甚至基本面研究都抱以否定态度。后来,经过政府一系列措施的治理整顿,才真正迎来了资本市场蓬勃的发展。到了 21 世纪初,一直坚持参与研究的投资者和学者才开始接纳海外成熟的交易理念和技术策略,并通过自己的方法进行改进来获得更好的效果。王兆军等(2001)通过研究多元统计上的均匀抽样来寻找合适的 RSI 时间参数方法,在香港股市获得良好的收益。中国科学技术大学的方兆本和镇磊(2011)基于高频数据通过用非对称的 ACD 模型来进行择时,然后根据成交量加权平均价策略来分时拆分大额的委托单,获得能在买卖时跑赢市场平均价格的算法交易策略。王品(2012)结合统计方法通过类比波形增减函数的极值方法求得 RSI 的取值范围,以在沪深两市 15 个月的盘整行情中取得超额收益。复旦大学的汪天都(2013)通过理论建模和实证检验的方式论证了技术交易者数量较少、投资者情绪较弱的公司股票,利用技术分析能产出显著的高额回报。浙江大学的于文婷(2014)基于 Huang. N. E 提出的 Hilbert – Huang 变换方法对长达 3 年的沪深 300 股指期货序列进行分解处理,然后去除随机噪声,对新序列构建实时更新的布林通道增强量化策略。对外经济贸易大学的景泰然(2015)通过在螺纹钢品种上测试优化单周期双均线模型来介绍量化投资的适用范围,郑双阳等(2016)曾通过结合平滑的成交量指标协同共振增强来改进 RSI 指标来提高对 A 股市场震荡行情中股票价格走势预测的准确率。

2. 研究发展趋势

综上所述,关于传统量化投资策略的研究方法层出不穷,或者利用数学统计方法解出最优的时间参数做高频交易,或者采纳单周期多指标组合来进行择时交易,或者利用多组合分散降低风险等方法进行组合配置改进。而对单个传统指标策略原理上的粗糙性、实际使用过程中的时效性和市场的同质性则关注较少,基于传统单策略的独特异质性改进的研究也不多见,对 RSI 的改进研究更是乏善可陈。今时不同往日,随着我国期货市场的迅速发展,市场已经进入到群雄逐鹿的时代,过去纯粹的基于传统技术指标投资的趋势跟踪策略很难在当前激烈的市场博弈中生存下去，从传统指标策略的原理出发改进趋势跟踪策略将是当下也是未来的一大研究方向。

（三）研究内容和组织安排

1. 研究内容

通过对 RSI 市场强弱基础原理的剖析找出该原理的理论优势与缺陷，通过对比研究多周期共振法和传统的常见的 RSI 方法，验证本课题外部增强假设的有效性。另外，通过科学系统的研究方法和研究理论获得能够自我迭代、自适应状态良好及实际收益要明显好于传统 RSI 的量化应用增强型模型。

2. 总体框架

本文共有 5 个部分，每个部分的主要研究内容如下：

一、引言

（一）选题背景及意义

（二）国内外研究现状

（三）研究内容和组织安排

（四）本文研究方法和创新点

二、传统技术指标 RSI 原理及假说

（一）RSI 原理剖析

（二）RSI 缺陷

（三）假说与补充

三、基于传统技术指标 RSI 的外部增强及实证研究

（一）常用外部增强方法

（二）基于大周期瀑布线过滤的外部增强方法

（三）基于 RSI 的外部增强方法的实证研究

四、基于传统技术指标 RSI 的内部增强及实证研究

（一）参数 N 的常用获取方法

（二）基于 ATR 的自适应迭代 N

（三）基于 ATR 的 RSI 自适应增强策略实证

（四）RSI 模型内外双增强模型的推广

五、结论与展望

（一）结论

（二）不足与展望

（四）研究方法和创新点

1. 研究方法

文章采取了以下几种研究方法，分别是：

（1）文献学习法。在课题研究准备之前，通过知网、万方等专业论文数据库，下载大量国内外量化投资相关论文，查找国内外量化投资书籍，通过阅读量化投资研究的论文和书籍，梳理量化投资的研究历史、策略演变和研究前沿，在此基础上，确定本课题的研究方向和思路。

（2）实证研究法。将学习领悟到的新思想、新方法应用在具体品种上，通过对样本内和样本外大量历史数据进行回测，验证创新策略的实际可行性。

（3）对比研究法。将新思路和常用方法在具体品种上进行比较，验证本课题外部增强的有效性和优势。另外，将基于1.0进行内部改进增强的2.0版模型与仅基于外部增强的1.0版进行对比，验证同时具备内外部增强的2.0版模型是否能在风险不变的基础上取得更高的收益。

2. 研究思路

首先剖析传统技术指标RSI的基本原理，找出优势和缺陷，根据传统指标RSI的不足提出实用性假说，分为外部增强和内部增强。外部增强，拟在单一的RSI指标基础上叠加跨周期的日线瀑布均线指标进行过滤，以增强传统RSI指标在趋势跟踪模型中的实用性。内部增强，拟根据RSI的基本原理公式进行参数定义的修改，让周期N从以前固定不变的数值变成可随着市场行情波动变化而自适应性变化的数值，并在具体品种上验证同时具备外部增强和内部增强的RSI指标效果，三种模型策略相互对比，验证假说的实际可行性。

3. 可能的创新点

本课题从自身的工作情景和期货交易市场量化CTA趋势跟踪策略普遍存在同质性的角度出发，提出以传统指标的原理为基础，针对指标本身的缺陷与不足，提出内外增强假说，增强传统技术指标的实用性和有效性。文章主要创新之处在以下两个方面：

（1）针对传统指标RSI本身对行情反应灵敏，往往过早地发出信号，导致准确率不足等问题，提出构建瀑布线跨周期协同共振的RSI外部增强模型。因为一般市场上，投资者和学者们常用的方法是在单周期上用双指标判断入场。比如日线均线系统与MACD是否方向一致，判定行情方向，如果发生共振则入场下单。而本课题研究内容，采用的是大小周期多周期共振法来制定合适的入场规则，常见的大周期线图包括小时线、日线、周线等，周期长、趋势跨度大、行情变化慢，它的优势是预留反应时间长，有充分的时间观测，适合趋势分析和中长线持仓。短周期时间较短、趋势跨度小、行情变化剧烈，能给出不少交易预警。本课题中，我们利用大周期日线级别瀑布线判断行情中线趋势，在15分钟或30分钟RSI指标出现金叉或死叉后择时入场。一般常用的RSI金叉和死叉进场模式是上穿或下穿产生后立即切入市场，而我们考虑到小级别短期RSI指标反应灵敏，抑或出现市场主力有诱多诱空情形，给出过多假信号，因而采用大量历史数据分析，寻找交叉过后，长短周期RSI的距离进入合适的范围才入场，试图减少错误率，进而减少亏损和回撤。

（2）针对RSI的固定时间参数和收盘价计算原理不能有效的反映行情的变化问题，本课题采用ATR（平均真实波动幅度）构造波动率变动指标，以达到让本来固定的时间参数N可以随着ATR的变动幅度自适应迭代。在计算当根K线对应的RSI数值时，若当根K线的价格变动幅度较大且ATR的变动幅度也大于前一根ATR的变动幅度时，尝试着将当根用于计算RSI数值的时间参数设定小一些，让其在行情快速变化的时候反应比固定时间更快一些。若当根K线的价格变动幅度较小或ATR的变动幅度小于前一根ATR的变动幅度时，将当根用于计算RSI数值的时间参数设定大一点。由此，期望RSI能更及时的反映行情的波动，对行情的捕捉能力更敏捷一些，从而使策略可以获得更高的收益。

二、传统技术指标 RSI 原理及假说

（一）RSI 原理剖析

1. RSI 基本原理

RSI 是 Relative Strength Index 的缩写。由华尔街有着"技术分析界的泰坦"之称的 Welles·Wilder 于1978年最早提出，该指标刚开始被发现有效后，在金融投资技术分析市场迅速得到青睐。到现在，已成为投资者应用最广泛的技术指标之一。中文名为相对强弱指标，又叫力度指标。

RSI 起初创设的基本思想是想用一种方法反映市场一段时间的供求关系，于是通过计算一段时期内标的每日收盘价格相对前一天收盘价为正的涨幅之和，与该标的在这期间所有的每日涨幅和跌幅之和的比值来判断某一段时间的买卖力量。能够反映出市场在某个时期内的多空强弱，从而借此判断该标的未来一段时间趋势的一种技术指标。

2. RSI 指标的计算方法

RSI 的原理来自于想通过统计一段时间的收盘价,然后运用涨跌比率的方法,求出买卖双方的力量大小,来反映市场的供求关系。如果一定时期内,有 100 个人买卖同一件商品。如果买方人数超过 50,供小于求,商品价格可能要涨;相反,如果卖方人数超过 50,则供大于求,商品价格可能要跌。在常见的市场分析中,RSI 的具体计算公式有以下两种:

第一种,先计算 N 日内收盘价相较于前一日为上涨的正数之和,记为 A,接着计算 N 日内收盘价相较于前一日为下跌的负数之和取绝对值,记为 B,然后,将正数值 A、B 代入计算公式:

$$RSI(N) = \frac{A}{A+B} \times 100 \quad \text{式(1)}$$

以国内市场的 10 个交易日为例,把每一日的收盘价减去上一个交易日收盘价,如果当天是上涨的,则得到一个正的值,如果当天是下跌的,则为负值,每日统计前 10 个交易日的差值(包含当日),然后 RSI 指标的计算公式具体如下:

$A = 10$ 个数字中正数值之和

$B = 10$ 个数字中负数值之和的绝对值 式(2)

$$RSI(10) = \frac{A}{A+B} \times 100$$

式中:A 代表 10 日中价格上涨的多方力量,B 为 10 日中价格下跌的空方力量。$A+B$ 为价格总的波动大小。

第二种,先计算出 A 的 N 日均值 $A1$,然后计算 B 的 N 日均值 $B1$:

$$A1 = \frac{A}{N}$$

$$B1 = \frac{B}{N}$$

$$RS = \frac{A1}{B1}$$

式(3)

$$RSI = 100 - \frac{100}{1+RS}$$

通过 RSI 的计算方法就可以清晰地看出其主要是计算某一具体时期 N 日内每日价格上涨之和占总的价格波动的权重大小,数值越大,表示多头力量越大;反之,数值越小,空头力量越大。而以上两种运算过程虽然有些不一样,但计算的结果和要反映的多空力量大小及供求关系相同。因为本课题中编写的程序代码在文华财经平台实现，故采用的计算公式遵循第一种。

3. RSI 的优势

期货交易跟股票投资有所不同，因为有合约到期、保证金交易及主力合约换月之间产生的巨大价差的市场现状，使我们的量化 CTA 趋势跟踪策略不大可能在期货市场中做类似于资本市场的长线交易，持仓周期长达数月乃至 1 年以上。因此，在期货市场量化 CTA 中参与中短线趋势跟踪交易策略较为常见。而相对强弱指标 RSI 恰好可以做到见微知著，与价格指数比较时，常会提前显示未来行情走势，价格指数未涨而强弱指标先上升，股价或指数未跌而强弱指标先下降。它是一定时期内多空双方力量强弱大小的直观体现，也是能快速反应价格强势的中短期价能指标之一。

纵向比较，一般的趋势类指标如 MACD、TRIX 类，更多的只适用于趋势行情，不适用于震荡类行情，而 RSI 指标基本可以做到双管齐下。RSI 能较清楚地看出具体给定时间内买卖双方的势能，在震荡行情末期与趋势行情启动前期，多空力量孰强孰弱，给出的买卖信号非常的清晰。一方面，对于做趋势跟踪策略，遵循顺势而为的投资者来说，多头力量较强，那么可以入场做多，若空头更强势，则空单入场。另一方面，对于试图在震荡行情做波段寻求短期快速做到高抛低吸的投资者来说，也可以通过 RSI 看出多方力量和空方力量的极限，然后基于物极则反的原理预测拐点将至，从而提前左侧下单，在 RSI 值处于超买或超卖状态时，前瞻性的逆势建仓，等待市场如期转势确认从而获得高额收益。

另一方面，横向比较，RSI 和 KDJ 可谓是应用最广泛的震荡类指标。经过几十年的市场实践结果，这两者因为相对其他指标判断准确率更高、有效性更强、稳定性更好的特点，所以倍受投资者的青睐。可是，它们两个的计算原理不一样，KDJ 在创造的过程中，不只包含了收盘价，还包含了最高价与最低价。因为 KDJ 指标相对来说，入场信号更清晰，错误率较低，因此实际使用中受众更多。但其优势也是其劣势之处，主要因为 KDJ 指标对价格的反应过于敏感，K、D、J 值变化更快，波动更大，适用于短期投机，且使用群众较多，因此现在也经常被主力操纵，发出频繁的虚假无效的买卖信号，有时需要二次交叉或三次交叉才能走出真正的趋势行情。相较而言，KDJ 做短线更好点，而 RSI 则更适合中短线，在趋势跟踪系统里也更稳定一些。

综上所述，结合期货工作背景、市场环境、交易规则、中短线策略的定位以及 RSI 的多重优势，本课题选择以 RSI 指标为例展开研究。

4. RSI 的常用判断方法

（1）超买超卖。众所周知，超买超卖是 RSI 被评为震荡指标的主要原因之一。一般来说，当 RSI 数值大于 80，则说明某段时间内整个市场已经一片高涨，市场参与人员积极做多，多方力量非常强势，全面碾压空头。但因为已经看多的人数过多，后续上涨动能不足，所以认为市场处于过度看多的状态，由此，投资者应该判断拐点将至，提前卖出。

相反，当 RSI 数值低于 20，则说明该段时间内整个市场一片惨淡，市场上参与人员积极做空，空方宣泄不尽，导致价格下跌很多，但是看空的已经做空，后续下跌动能很可能不足，因此认为市场该阶段处于过度看空的状态，后续行情大概率出现反弹或转势。此时，投资者应该逆流而上，提前入场做多。所以，对于超买超卖区的使用方法，更多的适合于震荡行情。一般的行情中，RSI 数值在 80 以上称为超买区，20 以下称为超卖区。而在某些小级别弱市整理行情中，把 70 以上就称为超买区，30 以下就称为超卖区。而在牛市中或对于走势较强的标的，超买过后可以更超买，所以超买区分界线甚至定得更高，达到 90。而在熊市中或对于走势较弱的标的，超卖过后可以更超卖，超卖区分界线可以定的更低，可能要到 10。所以 RSI 的超卖超买区的划分，对于不同的行情和不同的标的走势，分界线划分不一定准确。这就是 RSI 指标常常出现钝化的原因，这种使用方式更需要结合市场形态去判断超买过后是否会更超买，超卖过后有没有可能会更超卖。这种判断更复杂，准确率不高，入场机会也不多。

（2）长短期 RSI 线的交叉情况。长短期 RSI 线的交叉情形，一般有两个根据不同时间周期计算的 RSI 数值，若短期 RSI 数值大于长期 RSI 数值，说明短期市场强势，多头占据市场，反之，当短期 RSI 小于长期 RSI，说明短期市场弱势，空头占据市场。据此，如果某一时刻，当短期 RSI 突然由本来小于长期 RSI 数值变为大于长期 RSI 数值，则认为市场此时已经由空转多，可以入场做多，这种情况也被称作黄金交叉。同理，若某一时刻，当短期 RSI 突然由本来大于长期 RSI 变为小于长期 RSI 数值，则认为市场此时已经短期由多转空，可以卖出操作，这种情况也就被称为 RSI 的死亡交叉。

这种交叉模式，尤其当长期 RSI 处于 50 以上，又出现金叉的情形，说明长短期都很强势，一般是个好的入场点。这种交叉模式比超买超卖模式在趋势跟踪系统里，判断更客观清晰，正确率更高，入场机会也很多。

（3）RSI 指标的背离。指标背离的准则基本都一样，就是当价格在创出新高之后，指标动能应该也是越来越强，跟价格一样同时创出指标数值的新高，如果没有，说明有价无势，后续动能不强，有可能接下来会发生高位反转，这种情况称为 RSI

指标顶背离,可以适时反手做空。另一方面,当价格创出前期新低之后,RSI 指标数值没有创出指标新低,这种情况称为 RSI 指标底背离,可以短期抄底做多。而一般情况下,因为市场主力在高位急于出货获利离场,高位操盘的成本也较低位建仓成本高。因此,顶背离形态预示行情即将反转的准确率要高于底背离形态。

综上所述,第一种超买和超卖判断以及第三种 RSI 指标背离的方法都适合短期震荡波段策略,而且两者需要结合使用,准确率和性价比才能更高。本课题主要研究的是中短期趋势跟踪策略,遵循顺势而为的交易理念,所以选择第二种交叉研判方法来确定合适的入场时机。

(二) RSI 缺陷

首先,水能载舟,亦能覆舟,凡事都有利有弊,任何技术分析工具也都有其优点和缺点,交易市场更是一种类似于需要平衡风险和收益的艺术学科,没有标准答案,没有 100% 准确。因此,任何交易指标都要小心谨慎的使用。RSI 本属于震荡行情中衡量多空力量对比的指标,它没有清晰的择时信号,指标经常发生钝化,即使是短周期的 RSI 指标和长周期的 RSI 指标金叉,也仅能说明行情短期势能走强,是一个潜在的入场点,后续发生单边趋势的可能性提高,但仅仅是相对其他情形有较高的概率。在震荡行情中这种交叉会在短期内反复出现,基本都是虚假无效信号,投资者若只是根据这个入场,很容易导致亏损。因此,实际交易中应用 RSI 的分析方法时不可固定化、模式化,要与时俱进,谨慎使用,守正出新。鉴于 RSI 只能说明给定时间内价格是否强势,对中期价格趋势反映不够全面,故考虑引用外部协同共振增强,过滤震荡行情中的虚假信号,提高交易准确率。

其次,我们从 RSI 本身的基本原理和计算公式可以显著的看到,RSI 的供求关系是在一段给定的时间内呈现的,而这个给定的时间,是由每个交易者根据自己选择交易的周期长短和行情级别而定的,随着每个交易者给定的时间不同,计算的结果也就不同,每个人的入场时机也就不一样。另外,从 RSI 的公式可以了解到,并没有对我们要选定的时间有哪些限制条件,理论上,我们可以选用任何我们想要的时间,只不过后来市场上因为大多数交易者都使用几个常见的参数,而且效果可能还不错,以至于这一指标的同质化严重。而常见的几个固定的参数值,未必适合我们要交易的品种,因此未必能取得较好的收益。

最后,由于 RSI 数值只是通过收盘价计算的,如果某一日的价格振幅很大,最高价或最低价与收盘价之间的差值较大,根据固定数值计算的 RSI 则不能对这种实际波动大的情况作出有效反映。

(三) 假说与补充

针对上文缺陷第一点,由于几乎所有的震荡指标或趋势指标都是由收盘价得出来的，因此功能大同小异。只用单一指标，或将两个同质性的指标叠加在一起用，相关性很大，容易同涨同跌。若能同时结合震荡指标与趋势指标，这两种指标一起发出的入场信号可能效果更佳。一般来说，市场上投资者和传统研究学者们常用的方法是在单周期上用双指标，比如日线均线，然后再看日线级别的 MACD 动能如何。如果发生共振则入场下单。而我们的课题研究，外部增强拟采用大小周期多周期共振法来制定合适的入场规则，常见的大周期包括日线、周线等，周期长、趋势跨度大、行情变化慢，它的优势是预留反应时间长，有充分的时间观测，适合趋势分析和中长线持仓。小周期则时间较短、趋势跨度小、行情变化剧烈，能给出不少交易信号，适合战术分析择时入场。因此，考虑利用大周期日线级别瀑布均线判断行情中期趋势，在 15 分钟或 30 分钟 RSI 指标出现金叉或死叉过后一定范围内择时入场。一般常用的日线级别 RSI 金叉和死叉进场模式是上穿或下穿的当根 K 线立刻切入市场，而我们考虑到小级别短期 RSI 指标反应灵敏，抑或市场主力有诱多或诱空情形，给出的假信号过多而采用大量的历史数据寻找交叉过后，长短周期有了合适的范围入场，试图减少错误率，进而减少亏损和回撤。

第二点，针对 RSI 的固定时间参数，不能有效反映行情变化的不足，本课题拟采用 ATR（平均真实波动幅度）构造波动率变动指标来进行内部增强，使固定时间参数 N 可以随着 ATR 的变动幅度自适应迭代，在计算当根 K 线对应的 RSI 数值时，若当根 K 线的价格变动幅度较大且 ATR 相较于前一根 ATR 的变动幅度也大时，我们尝试着将当根要计算的 RSI 的时间参数设定的小一些，使其在行情快速变化的时候反应能比固定的时间更快一些，若当根 K 线的价格变动幅度较小或相较于前一根 ATR 的变动幅度不大时，将当根要计算的 RSI 的时间参数设定的大一点。由此，期望能更好地适应行情波动，从而获得更高的收益。

三、基于传统技术指标 RSI 的外部增强研究

（一）常用外部增强方法

1. RSI 指标与单均线指标 MA

利用 MA 指标辅助确定趋势状态：

当某个长期 MA 均线趋势朝上，且收盘价格在 MA 之上，定为上升趋势，短周期 RSI 从下往上突破长期 RSI，出现金叉，进行买入。

当某个长期 MA 均线趋势往下，且收盘价格在 MA 之下，定为下降趋势，短周期 RSI 从上往下突破长期 RSI，出现死叉，进行卖出。

2. RSI 指标与震荡指标 KDJ

在实战操作中，如果投资者单独使用 RSI 或者 KDJ 指标，难免会有一定误差。有些投资者就将这两个震荡指标结合起来运用，当 RSI 指标和 KDJ 指标同时发出超买超卖信号时，才进行买入卖出操作，这样的 RSI 外部增强方法多适用于震荡波段系统。

（二）基于大周期瀑布线过滤的外部增强方法

常见的外部增强方法，主要分为两种，一种是时间周期上在同一周期上求得共振效应，但在同一周期上，指标一般表现为同涨同跌，本身就具有同质性。而不同的周期上多空趋势方向可能不一致，如果能同时发出共振效应，效果可能会更好。另一种增强方法是在指标类型上采纳同质类指标来组合，期待共同发出一致性高位（或低位）信号组合，来增加信号的准确性，而在实际运行中，一般 RSI 处于高位，同类型的指标数值也大概率会处于高位，这样的共振效果有着很强的正相关性，多适用于短期波段行情协同共振操作。

然而，在资本交易市场，各种技术手段百家齐放，每一种指标，每个时间周期都有自己独特的优势和不足，如果能做到容纳百川，汲取百家之长，多角度多方位综合应用，或许就能更胜一筹。多周期异质类指标共振法，就是这样的系统，根据不同周期上的不同性质的指标同时发出一致的多空信号，才下单交易。比如，如果大周期上代表中期趋势的趋势类指标为多（空）头趋势，则在小周期上，利用震荡类指标寻找合适的入场或出场时机。

在此思考的基础上，本课题拟另辟蹊径，采用多周期异质类指标共振法以及 RSI 平滑法来试验效果的可行性。拟在小周期 30 分钟级别或 15 分钟级别 K 线上利用长短 RSI 周期的金叉（死叉）之后的区间范围来发出多头（做空）预警，然后用大周期日线级别的瀑布线的排列方式判断该品种当前行情的多空趋势方向来过滤小级别周期上的 RSI 假信号，以期待在保证模型的收益率的基础上提高入场信号的准确率。因为，在真实的交易过程中，长时间的假信号导致的连续错误和亏损会放大人性对系统怀疑的弱点，导致实盘中人为干预系统而终止交易，最后错失盈利机会。

瀑布线（PBX），反映价格趋势均线指标的一种，由六条非线性加权移动平均线组合而成，因为多均线向下排列发散时呈瀑布状而得名，也叫作非线性加权移动平均线，常见公式如下：

$$PBX1 = [EMA(C,M1) + MA(C,M1 \times 2) + MA(C,M1 \times 4)]/3$$
$$PBX2 = [EMA(C,M2) + MA(C,M2 \times 2) + MA(C,M2 \times 4)]/3$$
$$PBX3 = [EMA(C,M3) + MA(C,M3 \times 2) + MA(C,M3 \times 4)]/3$$
$$PBX4 = [EMA(C,M4) + MA(C,M4 \times 2) + MA(C,M4 \times 4)]/3 \quad \text{式（4）}$$
$$PBX5 = [EMA(C,M5) + MA(C,M5 \times 2) + MA(C,M5 \times 4)]/3$$
$$PBX6 = [EMA(C,M6) + MA(C,M6 \times 2) + MA(C,M6 \times 4)]/3$$

其中，EMA 为指数移动平均，MA 为简单移动平均，参数 $M1 = 4$，$M2 = 6$，$M3 = 9$，$M4 = 13$，$M5 = 18$，$M6 = 24$。

瀑布线因为周期各异且时间参数都不是很短，所以买卖信号不多，发出的趋势信号一般准确率较高，只要能根据指标坚持顺势而为，就有较高可能会获得不错的收益。也因此，瀑布线多用来判断各个品种行情运行的中期趋势。与一般常见的多均线组合相比，瀑布线更能直观有效地反映出行情目前所处的趋势状态，对行情的拐点反应也更加敏捷，买卖信号更加清晰。

另外，利用好瀑布线系统能很标准的符合经典的鱼身理念，当瀑布线在低价区域聚合并刚刚开始拐头向上发散时，就如同见到了鱼头进场做多；当价格有了一定比例的上涨，开始在高位出现聚合拐头向下发散的情景时，就好比见到了鱼尾，此时鱼肉最多的部分鱼身已经获得，鱼尾刺多肉少，交易者应当即时获利了结离场。

本课题选用到的日线大周期级别瀑布线代码如下：

$PB1:[EMA(CLOSE,4) + MA(CLOSE,4 \times 2) + MA(CLOSE,4 \times 4)]/3$；
$PB2:[EMA(CLOSE,6) + MA(CLOSE,6 \times 2) + MA(CLOSE,6 \times 4)]/3$；
$PB3:[EMA(CLOSE,9) + MA(CLOSE,9 \times 2) + MA(CLOSE,9 \times 4)]/3$；
$PB4:[EMA(CLOSE,13) + MA(CLOSE,13 \times 2) + MA(CLOSE,13 \times 4)]/3$；
$PB5:[EMA(CLOSE,18) + MA(CLOSE,18 \times 2) + MA(CLOSE,18 \times 4)]/3$；

其中，当日线短期均线在中期均线之上或者连续 3 根不同的均线分别同时大于它们前一日数值，呈趋势向上排列，这种状态视为一个中期非空趋势，这样的信号记为 BK1，意为中短期可以开多单，或多单继续持有，但是绝不可以开空单。反之，当日线短期均线在中期均线之下或者连续 3 根不同的均线分别同时小于它们前一日的数值，呈趋势向下排列，这种状态视为一个中期非多趋势，这样的信号记为 SK1，意为中短期可以开空单，或空单继续持有，但绝对不能开多单。

前述中，日线级别多瀑布均线判断只是战略上的趋势判断，即使判断的行情准确率高也得找准时机入场才能盈利，因此具体的入场机会更为重要。这里我们拟在 60 分钟，30 分钟或 15 分钟级别周期上用长短两根 RSI 金叉和死叉过后的范围做择时入场。部分文华代码如下：

$LC := REF(CLOSE,1)$；//前一周期收盘价

$$RSI1: = SMA[MAX(CLOSE - LC, 0), N1, 1]/SMA[ABS(CLOSE - LC), N1, 1] \times 100$$

$$RSI2: = SMA[MAX(CLOSE - LC, 0), N2, 1]/SMA[ABS(CLOSE - LC), N2, 1] \times 100$$

$$DD: = EVERY(RSI1 > REF(RSI1, 1), 2)$$

$$KK: = EVERY(RSI1 < REF(RSI1, 1), 2)$$

前文介绍过，虽然当行情处于单边趋势时，短期 RSI 必定会上穿长期 RSI，但由于 RSI 数值很敏感，尤其短期 RSI，当行情处于频繁震荡的时候长短周期的 RSI 也会频繁交叉，出现错误率很高的金叉和死叉信号。所以我们在具体品种大量的历史数据上回测，在金叉或死叉过后长短周期 RSI 处在某个区域范围内时才开仓，这样信号的准确率会更高，然后用 30% 的样本外数据验证模型的有效性和稳定性。

（三）基于 RSI 的外部增强方法的实证研究

1. 日线瀑布线共振

因为螺纹钢品种市场流动性好，成交量和持仓量在三大商品交易所所有品种中名列前茅，一手保证金相对较低，加上历史数据丰富，故本课题选择首先在螺纹钢上测试新策略。由于品种主力连续合约存在换月跳空性，而指数合约是根据各个合约的权重计算的连续数据，连续性较主力连续合约更好，故选择在螺纹钢指数上测试买卖信号，而在主力合约上下单，这样测试的结果具有连贯性、可回测性。本课题选择的基础数据是文华财经螺纹钢指数从 2009 年 3 月 27 日至 2019 年 9 月 1 日的 K 线数据，每次下单一手，初始资金 1 万元。其中，为了防止过度拟合，未来实盘运行效果不好，将实际数据分为样本内和样本外数据时，本着多头趋势年份和空头趋势年份平衡且数据充分的原则将 2009 年 3 月 27 日至 2016 年 12 月 31 日的 7 年历史数据作为样本内数据寻找合理的参数数值及最优的模型，然后将 2017 年 1 月 1 日至 2019 年 9 月 1 日的接近 30% 数据作为样本外数据测验模型的有效性和稳定性。

其中多单策略，当短期 $RSI1$ 在长期 $RSI2$ 之上且连续两根短期 $RSI1$ 数值都大于前一根 $RSI1$ 才发出多头预警，但 $RSI1$ 又不可大于 $RSI2$ 太多，否则容易因为行情短期急剧上涨导致高位追涨的情形，所以 $RSI1 - RSI2$ 的差值拟维持在 ($A1$, $A1 + d1$) 范围内。其中 $A1$，$d1$ 为多单策略参数，$A1$ 的参数范围选定设定在 (0, 5) 之间，参数寻优步长为 1，$d1$ 的参数选定范围设定在 (0, 3) 之间，参数寻优步长为 0.5。

接着跨周期看日线上是否满足 $BK1 = True$ 且 $SK1 = False$ 才会确认入场下单做多。在螺纹品种测试上，日线瀑布线周期用 $PB2$、$PB3$、$PB4$，具体部分代码如下：

$$PB2: [EMA(CLOSE, 6) + MA(CLOSE, 6 \times 2) + MA(CLOSE, 6 \times 4)]/3$$

$PB3:[EMA(CLOSE,9)+MA(CLOSE,9\times2)+MA(CLOSE,9\times4)]/3$

$PB4:[EMA(CLOSE,13)+MA(CLOSE,13\times2)+MA(CLOSE,13\times4)]/3$

$BK1:PB2>PB3 \ || \ [PB2>REF(PB2,1) \ \&\& \ PB3>REF(PB3,1) \ \&\& \ PB4>REF(PB4,1)]$

$SK1:PB2<PB3 \ || \ [PB2<REF(PB2,1) \ \&\& \ PB3<REF(PB3,1) \ \&\& \ PB4<REF(PB4,1)]$

螺纹钢合约交易单位10吨/手，报价单位元（人民币）/吨，最小变动单位1元/吨，为了防止模型理想化，实际交易过程中存在冲击成本，我们设1跳滑点。每手单子开仓后，一旦行情发生反转，及时止损出局；当行情按预期的方向走出趋势，单子开始盈利后，如果又从开仓以来的最高价回落超出2%，则认为短期市场走弱，止盈出场；否则持仓至日线级别$BK1 = True$而且$SK1 = False$表示中期多头趋势已经不复存在，止盈离场。

空单策略与多单策略原理相似，当短期$RSI1$处于长期$RSI2$之下且连续两根短期$RSI1$数值都小于前一根$RSI1$的值才发出空头预警。为防止行情急剧下跌，造成下单的位置已经跌幅很大，所以将$RSI2-RSI1$的差值维持在$(A2,A2+d2)$范围内。在实际行情中，无论是股票或是期货，价格上涨的过程往往是进二退一匍匐式前进，而下跌过程则经常出现一蹴而就的急剧下滑或单边阴跌。两个趋势方向的频率很不一致，因此多单和空单的参数数值不一样，测试的结果效果可能会更佳。这里，$A2$、$d2$为空单策略参数，$A2$的参数范围也设定在$(0,5)$之间，参数寻优步长为1，$d2$的参数范围也设定在$(0,3)$之间，参数寻优步长为0.5。然后，当$RSI1$指标发出空单信号后，再在跨周期日线上看是否处于空头趋势，即$SK1 = True$而且$BK1 = False$，当结果全部满足的前提下，才会确认入场下单做空。同样，当空单建仓后，如果指数不跌，反涨，说明该次可能出错，及时止损离场，截住亏损。另一方面，当行情按预期的空头方向走出趋势，单子开始盈利后，随后又大幅反弹，两根长短RSI随后金叉，或者从开仓以来的最低价反弹超出4%，则认为市场走强，后市继续强势，止盈离场。

初始寻找合适的长短周期，将$N1$的范围设定在$(30,60)$之间，$N1$枚举步长为5，而$N2$的范围设定在$N1$的2倍，$(60,120)$之间，$N2$枚举步长也为5。最后的优化选择结果以收益率、胜率、交易次数、最大回撤四个因素分别各占25%的权重来挑选最优的参数。经过七年的历史数据参数寻优过后，得出当$N1 = 40$，而$N2 = 85$，$(A1,A1+d1) = (4,5)$，而$(A2,A2+d2) = (4,4.5)$时，效果最佳，样本内年化单利收益率达43.25%，胜率为51.06%，交易次数94次，年均13次，而样本外年化收益为37.37%，胜率达到57.14%，交易次数为42次，年均交易14—15次，月均1次以上。其中，收益率有所降低主要是样本内外行情不同，交易次数的增加是因为这3年,市场波动性增加,出现信号的机会更多。但胜率不降反而提升了,说明参数稳定性非常好。总的模型策略,从2009年3月27日至2019年9月1日的表现如下:累积总利润43 568,年化单利收益率41.72%,交易次数136次,多单76次,多单总利润22 345元,空单60次,空单总利润21 223元,总胜率52.94%,历史权益最大回撤3 413元,年均收益回撤比为1.21∶1。回测的具体数据见表1、图1至图3。

表1　　　　　　　　　螺纹钢期货外部增强策略表现

策略	初始资金（元）	总利润（元）	交易次数（次）	胜率（%）	年化单利收益率（%）	最大回撤（元）	年均收益回撤比
螺纹钢期货外部增强策略	10 000	43 568	136	52.94	41.72	3 413	1.21

资料来源:文华财经测试报告。

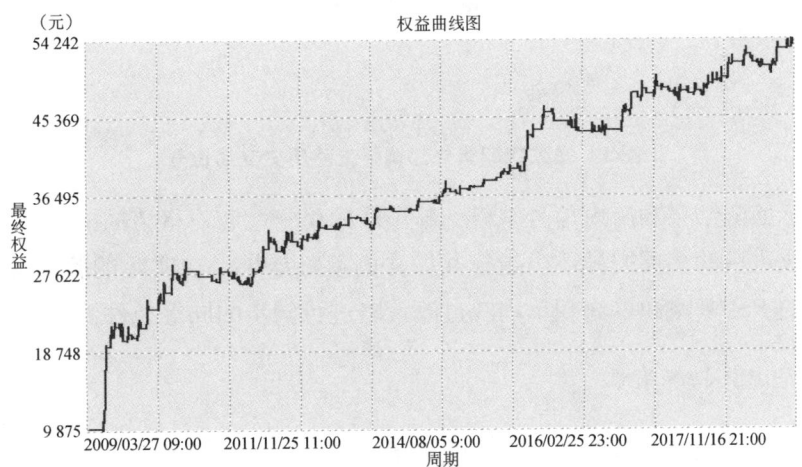

图1　螺纹钢期货外部增强策略历史权益曲线

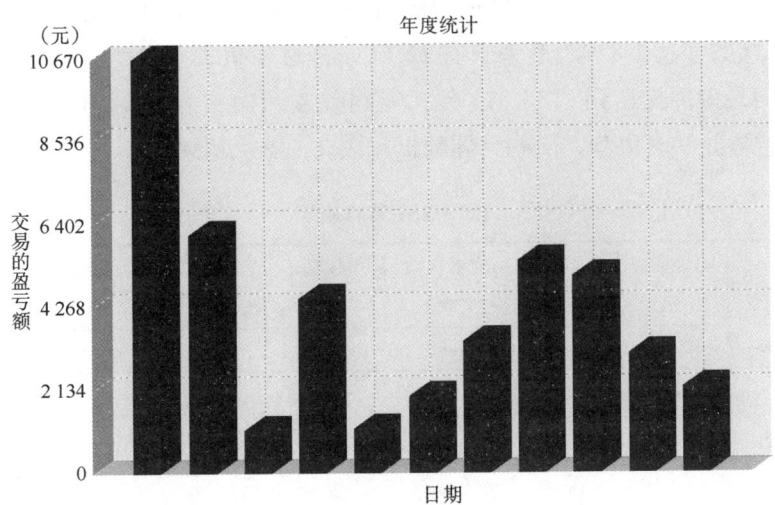

图2　螺纹钢期货外部增强策略历年收益

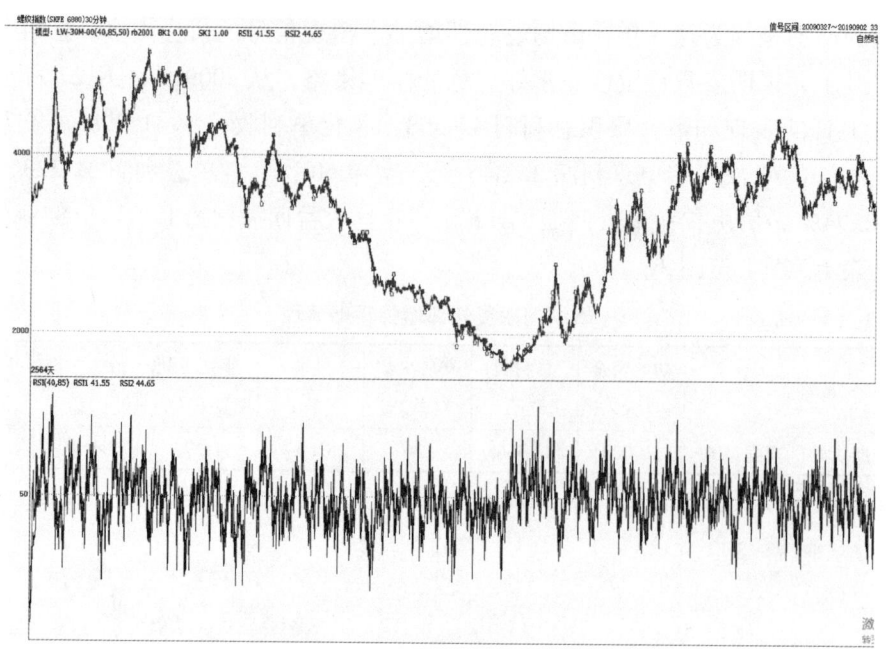

图 3　螺纹钢期货外部增强策略历史交易信号

从实际回测结果和历史信号来看，新策略的稳定性和对行情的捕捉能力都不错。为了理解改进后的多周期异质类指标共振法的策略结果，在实际的验证过程中，我们将传统的 RSI 策略和单周期单均线过滤策略进行同步的同等条件测试。

2. 传统 RSI 指标策略

同样的止盈止损的条件下，经典的传统 RSI 指标，在不增加多周期外部共振增强的情况下，根据历史数据选择合适的长短固定周期 RSI 金叉死叉直接入场下单，当 N1 = 30，N2 = 90 时，已经是最理想的策略状态。因为无协同增强共振的过滤条件，故交易次数多达 1 840，胜率只有 22.66%，总利润 32 089 元，年化单利收益率 30.73%，而最大回撤达到了 15 814 元，年均收益回撤比为 0.2∶1，其中 2015 年，2017 年两年处于亏损状态。回测具体数据见表 2、图 4 和图 5。

表 2　传统 RSI 策略表现

策略	初始资金（元）	总利润（元）	交易次数（次）	胜率（%）	年化单利收益率（%）	最大回撤（元）	年均收益回撤比
传统 RSI 策略	10 000	32 089	1840	22.66	30.73	15 814	0.2

资料来源：文华财经测试报告。

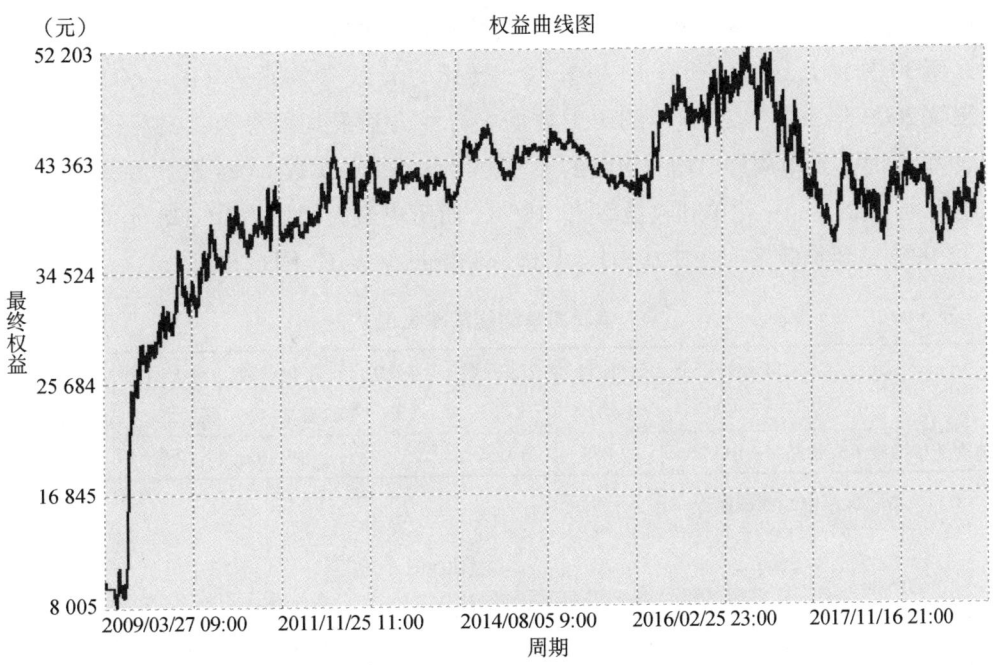

图 4 传统 RSI 策略历史权益曲线

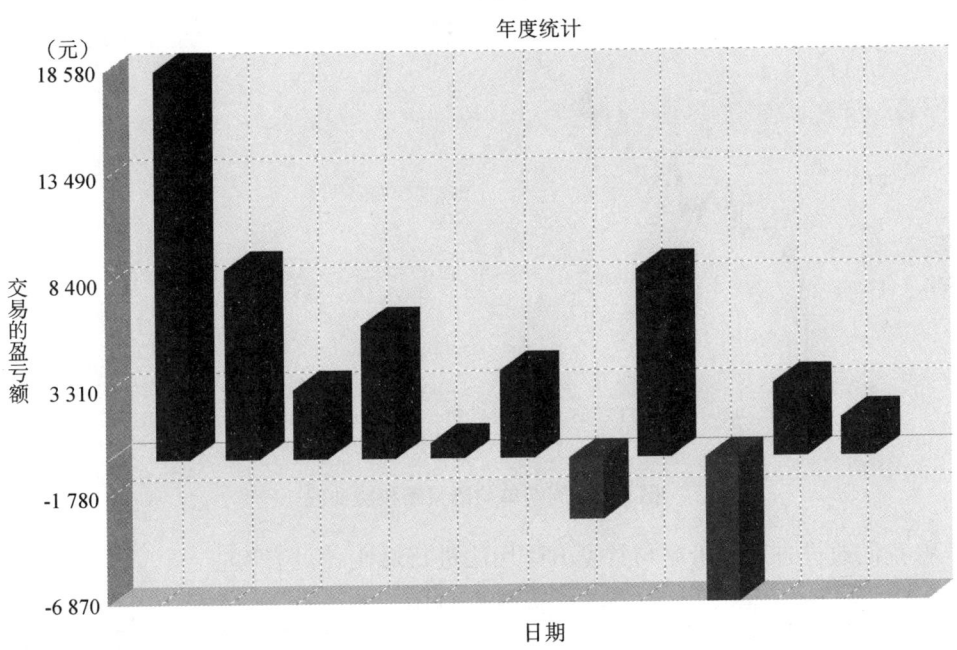

图 5 传统 RSI 策略历年收益

3. 单周期单均线策略

有的投资者在传统指标的基础上,增加同周期单均线共振过滤信号,即当长短周期 RSI 金叉,死叉出现信号,而且收盘价格在某条均线之上,方开多单,当死叉出现,价格在均线之下,才开空单。一般期货市场中短线的均线参数值最大设 30 天,而 30 分钟 K 线,每天有 12 根 K 线,转化为 K 线参数就是(0,360)。然后再在螺纹 2009 年 3 月至 2016 年的历史数据中寻找合适的均线参数,最后得出,均线参数为 50 时达到单周期单均线策略的最理想状态。交易次数 1 064 次,胜率 25.38%,总利润 40 922 元,年化单利收益率 39.18%,而历史最大回撤为 12 328 元,最大回撤率 22.09%,年均收益回撤比 0.3:1。具体回测数据见表 3、图 6 和图 7。

表 3　　　　　　　　　　　单周期单均线策略表现

策略	初始资金（元）	总利润（元）	交易次数（次）	胜率（%）	年化单利收益率（%）	最大回撤（元）	年均收益回撤比
单周期单均线 RSI 策略	10 000	32 089	1 064	25.38	39.18	12 328	0.3

资料来源:文华财经测试报告。

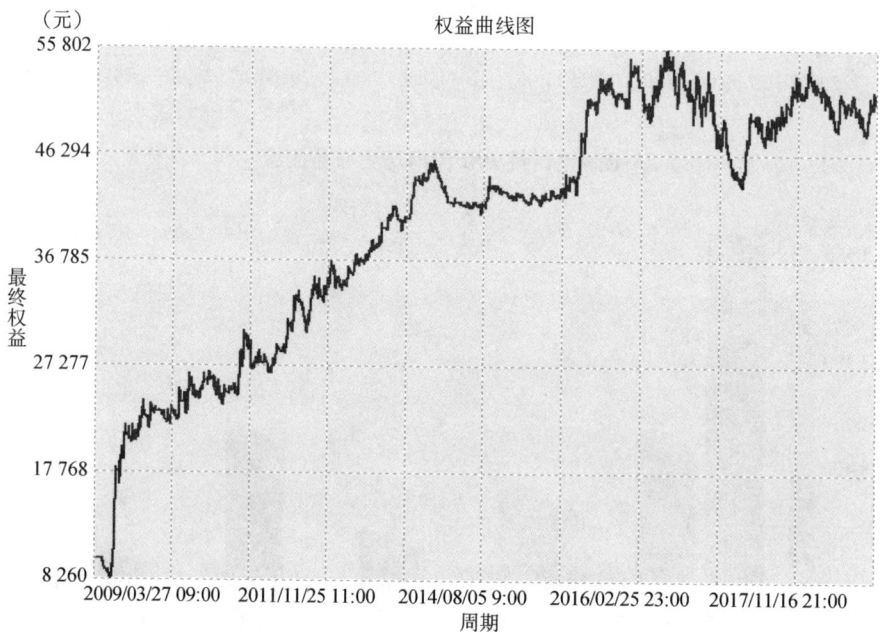

图 6　单周期单均线策略权益曲线

将我们改进过后的策略与常见 RSI 用法进行对比(见表 4):

表 4　　　　　　　　　　　三种策略对比

策略	原始资金（元）	总收益（元）	胜率（%）	最大回撤（元）	年均收益回撤比
传统 RSI 策略	10 000	32 089	22.66	15 814	0.2
单周期单均线策略	10 000	40 922	25.38	12 328	0.3
螺纹钢期货外部增强策略	10 000	43 568	52.94	3 413	1.21

资料来源:文华财经测试报告。

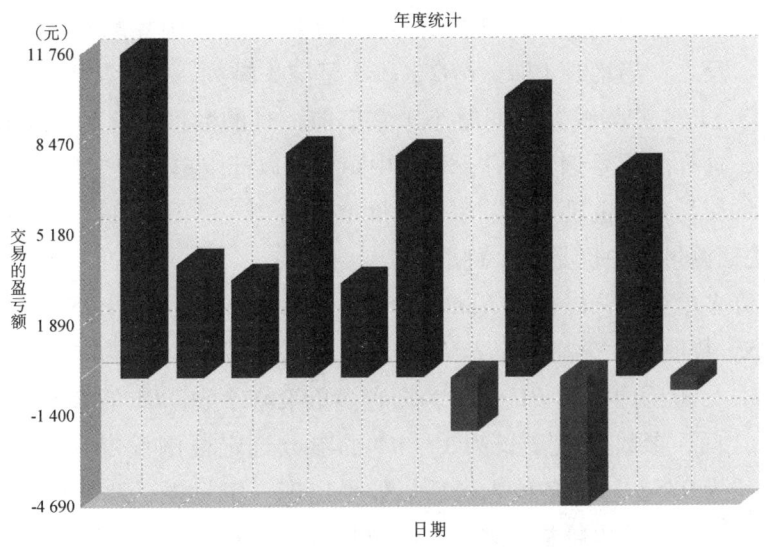

图 7　单周期单均线策略历年收益

由表 4 可知，本课题选用的基于多周期异质类指标共振法的思想在螺纹钢品种上取得了可观的收益，而且不仅仅是收益，在胜率和控制最大风险等方面，也有着明显的改善效果。

4. 多周期外部增强策略推广

经过前文螺纹钢品种的验证，我们将同样的大周期日线瀑布均线判断趋势，小周期 RSI 择时入场的共振设计思路，应用到既属于黑色又属于化工的沥青品种上，期望在沥青品种上也可以取得不错的收益。

日线大周期级别趋势选择瀑布线的判断代码如下：

$PB1: [EMA(CLOSE,4) + MA(CLOSE, 4 \times 2) + MA(CLOSE, 4 \times 4)]/3$

$PB2: [EMA(CLOSE,6) + MA(CLOSE, 6 \times 2) + MA(CLOSE, 6 \times 4)]/3$

$PB3: [EMA(CLOSE,9) + MA(CLOSE, 9 \times 2) + MA(CLOSE, 9 \times 4)]/3$

$PB4: [EMA(CLOSE,13) + MA(CLOSE, 13 \times 2) + MA(CLOSE, 13 \times 4)]/3$

$PB5: [EMA(CLOSE,18) + MA(CLOSE, 18 \times 2) + MA(CLOSE, 18 \times 4)]/3$

$BK1: = PB1 > PB2 \ \&\& \ [PB2 > PB3 \ || \ (PB2 > REF(PB2,1) \ \&\& \ PB3 > REF(PB3,1) \ \&\& \ PB4 > REF(PB4,1)]$

$SK1: = PB1 < PB2 \ \&\& \ [PB2 < PB3 \ || \ (PB2 < REF(PB2,1) \ \&\& \ PB3 < REF(PB3,1) \ \&\& \ PB4 < REF(PB4,1)]$

因为品种的差异性和行情的流畅性，在与螺纹钢品种同一个策略原理基础上，我们增加了一条均线来加强对沥青趋势的判断。当均线 $PB1$、$PB2$、$PB3$ 呈多头排列，或者 $PB1$ 在 $PB2$ 之上而且 $PB2$、$PB3$、$PB4$ 分别同时大于它们前一日数值这种状态视为一个中期非空趋势，这样的信号记为 $BK1$，意为中短期可以开多单，或多单继续持有。反之，当均线 $PB1$、$PB2$、$PB3$ 呈空头排列，或者 $PB1$ 在 $PB2$ 之下并且 $PB2$、$PB3$、$PB4$ 三均线分别同时小于它们前一日的数值，这种状态视为一个中期非多趋势，这样的信号记为 $SK1$，意为中短期可以开空单，或空单继续持有。

沥青合约交易单位也是 10 吨/手，报价单位元（人民币）/吨，最小变动单位 2 元/吨，历史回测过程中也是设 1 跳滑点。

其中沥青多单策略，以长期 $RSI2$ 大于 50，短期 $RSI1$ 在长期 $RSI2$ 之上而且连续两根短期 $RSI1$ 数值都大于前一根 $RSI1$ 才发出多头预警，$RSI1-RSI2$ 的差值维持在 $(B1,B1+M1)$ 范围内。其 $B1$、$M1$ 为沥青多单策略参数，$B1$ 的参数范围选定设定在 $(0,5)$ 之间，参数寻优步长为 1，$M1$ 的参数选定范围设定在 $(0,3)$ 之间，参数寻优步长为 0.5。每笔多单入场后，如果出现一定亏损，及时止损出局。当行情按预期的方向走出多头趋势，多单开始盈利后，持仓至日线级别 $BK1 = \text{False}$ 而且 $SK1 = \text{True}$ 表明中期多头趋势已经不复存在，止盈离场。

沥青空单策略则是，当长期 $RSI2$ 小于 50，短期 $RSI1$ 又处于长期 $RSI2$ 之下，并且连续两根短期 $RSI1$ 数值都小于前一根 $RSI1$ 的值才发出空头预警。$RSI2-RSI1$ 的差值维持在 $(B2,B2+M2)$ 范围内。这里，$B2$、$M2$ 为沥青空单策略参数，$B2$ 的参数范围也设定在 $(0,5)$ 之间，参数寻优步长为 1，$M2$ 的参数范围也设定在 $(0,3)$ 之间，参数寻优步长为 0.5。同样，当空单建仓后，如果指数不跌，反涨，说明该次判断可能错误，及时止损离场。另一方面，当行情按预期的空头方向走出趋势，持仓至日线级别 $SK1 = \text{False}$ 而且 $BK1 = \text{True}$ 表示中期空头趋势已经不复存在，止盈离场。

短周期 $N1$ 的范围设定在 $(30,60)$ 之间，枚举步长为 5，而 $N2$ 的范围设定 $(60,120)$ 之间，枚举步长也为 5。因为沥青品种行情多空走势的差异性，我们写沥青的多单入场策略时，另外加了一个更长期的 $RSI3$（$N3$），$N3$ 的范围设定在 $N1$ 最大值的 $2 \sim 2.5$ 倍，即 $(120,150)$ 之间，最后的历史数据寻优结果以收益率、胜率、交易次数、最大回撤四个因素分别各占 25% 的权重来挑选最优的周期数值。经过样本内历史数据参数寻优过后，$N1 = 45$，$N2 = 95$，$(B1,B1+M1) = (1,1.5)$，而 $N3 = 140$，$(B2,B2+M2) = (2,5)$ 时，策略收益样本内和样本外表现最佳。从 2014 年 1 月 1 日至 2019 年 9 月 1 日，总收益 42 827 元，每年都能取得正收益，年化单利收益率为 75.52%，总交易次数 71 次，月均交易 1 次，交易频率与螺纹策略相近。胜率 43.66%，6 年历史最大回撤 5 070 元，年均收益回撤比为 1.49:1，具体回测数据见表 5、图 8 和图 9。

表5　　　　　　　　　　　　　沥青策略表现

策略	初始资金（元）	总利润（元）	交易次数（次）	胜率（%）	年化单利收益率	最大回撤（元）	年均收益回撤比
沥青策略	10 000	42 827	71	43.66	75.52	5 070	1.49

资料来源：文华财经测试报告。

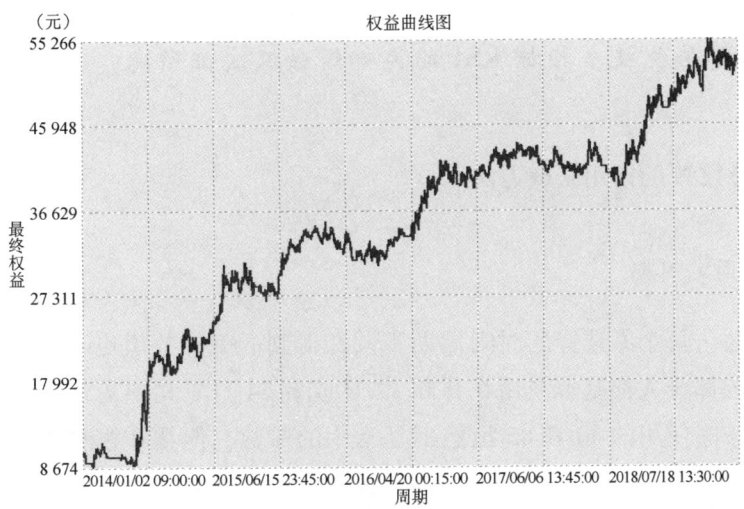

图8　沥青策略权益曲线

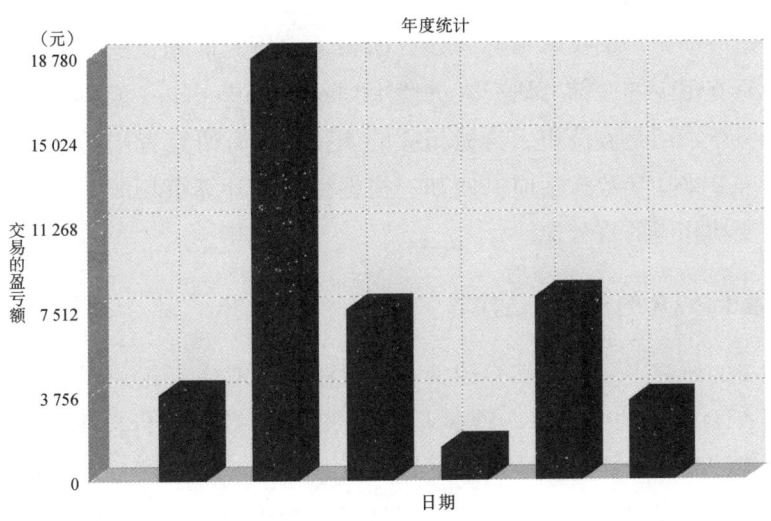

图9　沥青策略历年收益

5. 小结

通过螺纹钢、沥青品种的验证，说明这种多周期异质指标共振法的外部增强方式的效果确实很好，后续这种策略原理还可以推广到更多的品种上去取得高额收益。

不过，本部分只是基于固定 RSI 时间参数的外部增强策略研究，第一部分剖析 RSI 的原理时提到过由于 RSI 数值只是通过收盘价计算的，如果某一日的价格振幅很大，最高价或最低价与收盘价之间的差值较大，根据固定数值计算的 RSI 则不能对这种实际波动大的情况做出反应。所以，本课题有了下面的第四部分，尝试能否在第三部分的实证基础上通过改进 RSI 的时间参数，精益求精，以获得更好的收益。

四、基于传统技术指标 RSI 的内部增强及实证研究

（一）参数 N 的常用获取方法

1. 常用固定周期

前文说过，每个人选择的时间周期不同，得到的 RSI 数值也不同，入场时机也不同，但是大部分人都基本只用 6 日和 12 日或者 24 日等司空见惯的参数，像本文第三部分新策略使用的 40 和 85 虽然不是常用的参数，但是在模型执行过程中参数也是固定不变的。

2. 根据市场行情的变动而自行调整参数 N

因为自适应动态调整技术指标参数方面相关的研究课题很少，所以使用的方法也不多见。只有很少的一部分研究人员使用 ChoppyMarketIndex 或者 ADX，先判断出市场处于趋势行情还是震荡市，再做相应的调整。也有研究者用的系统策略是利用收盘价的标准差来让参数自适应。例如，根据标准差计算市场波动百分比，将固定的参数值也变动相应的百分比。

（二）基于 ATR 的自适应迭代 N

因为相关的研究不多，文献亦较少。本课题在吸取前人相关自适应思想的基础上，拟采用 ATR 指标的变化率来对本来固定的时间参数 N 进行自适应调整，以期望同样获得不错的相较于固定参数模型更好的改进效果。改进核心思想是要在水平震荡盘整的行情中，ATR 波动率变化不大且涨跌波动不频繁时，增加 RSI 的时间周期，让其变化缓慢点。当 ATR 的波动率突然变得很大且涨跌波动很频繁时，将 RSI 的周期相应地降低，让其反映随着适时行情的变化更敏捷点。

ATR（Average True Range）叫作平均真实波动范围，简称 ATR 指标，是由 J. Welles Wilder 发明的，主要是用来衡量市场波动的强烈度，即为了显示市场变化率的指标。ATR 平均真实波幅（ATR）的计算方法：

（1）当前交易日的最高价与最低价间的波幅。
（2）前一交易日收盘价与当个交易日最高价间的波幅。
（3）前一交易日收盘价与当个交易日最低价间的波幅。

今日振幅、今日最高与昨收差价，今日最低与昨收差价中的最大值，为真实波幅，在有了真实波幅后，然后利用一段时间的平均值计算 ATR。文华代码公式如下：

TR：= MAX｛MAX［（HIGH – LOW），ABS（REF（CLOSE,1）– HIGH））,ABS（REF（CLOSE,1）– LOW］｝

ATR：= MA（TR,P1）

其中，P1 为时间参数。具体用多少天的平均值，使用者可以根据不同的标的或者不同的策略选择合适的值，常见的有 10 天、20 天乃至 60 天。

ATR 指标本身并不能直接反映价格走向及其未来趋势，它只是衡量市场价格在某段时间内的波动变化指标，也是衡量市场交易活跃度的指标。当价格在短时间内走出强势行情，则相应的 ATR 值会变得很高。当价格在一定时间内横盘弱势震荡整理，则对应的 ATR 值会很低。这种情况下，如果 ATR 持续处于低值的状态，则市场很可能在酝酿趋势行情。而且 ATR 指标的公式计算原理中包含了最高价，最低价，可以说是对只统计收盘价的 RSI 的一个补充。

本课题拟先获得每根 K 线的 ATR，然后将当根的 ATR 减去前一根的 ATR 取绝对值再除以前一天的 ATR，计算出每根 ATR 相比前一根的绝对变动率 VOLATILITY1，然后再求出每天变动率相比前一根变动率的变动幅度 VOLATILITY2。

$$\text{VOLATILITY2} = \frac{\text{VOLATILITY1}}{\text{REF}(\text{VOLATILITY1},1)} \qquad 式(5)$$

若 REF（VOLATILITY1，1）= 0，则直接令

$$\text{VOLATILITY2} = \text{VOLATILITY1} \times 100 \qquad 式(6)$$

（1）当计算出来的 VOLATILITY2 的变动值小于等于 4，或者前一根 VOLATILITY2 的值已经大于 4 且当根 K 线 VOLATILITY2 的值小于 1，则令当根 K 线的 RSI 的参数周期在前一周期的基础上增加 VOLATILITY2，计算公式为：

$$N = \text{REF}(N,1) + \text{VOLATILITY2} \qquad 式(7)$$

（2）当 VOLATILITY2 的变动值大于 4，或者前一根 VOLATILITY2 的变动值已经大于 4 且当根 K 线 VOLATILITY2 的值大于 1，则令当根 K 线 RSI 周期减少为：

$$N = \text{REF}(N,1) - \text{VOLATILITY2} \times \frac{\text{VOLATILITY2}}{4} \qquad 式(8)$$

这样，理论上 N 值可以无限大无限小，所以实盘中给 N 值一定界限，让其在（P2，2 * P2）中运行，即最小周期取 P2，最大周期取 2 倍的 P2。其中，P2 的值可以设为 2~5 天的 K 线数据总数，也可设为 5~10 天的 K 线数据，根据具体的品种，具体的周期频率选择合适的参数范围。长周期 RSI 的周期可固定为 3 倍的 P2。

（三）基于 ATR 的 RSI 自适应增强策略实证

日线大周期级别瀑布线趋势代码如下：

$PB1:[EMA(CLOSE,4) + MA(CLOSE,4 \times 2) + MA(CLOSE,4 \times 4)]/3$

$PB2:[EMA(CLOSE,6) + MA(CLOSE,6 \times 2) + MA(CLOSE,6 \times 4)]/3$

$PB3:[EMA(CLOSE,9) + MA(CLOSE,9 \times 2) + MA(CLOSE,9 \times 4)]/3$

$PB4:[EMA(CLOSE,13) + MA(CLOSE,13 \times 2) + MA(CLOSE,13 \times 4)]/3$

$PB5:[EMA(CLOSE,18) + MA(CLOSE,18 \times 2) + MA(CLOSE,18 \times 4)]/3$

$TR:= MAX\{MAX[(HIGH - LOW), ABS(REF(CLOSE,1) - HIGH)], ABS(REF(CLOSE,1) - LOW)\}$

$ATR:= MA(TR, P1)$

上海期货交易所的螺纹钢品种交易时间是上午9:00—10:15，10:30—11:30，下午13:30—15:00，晚上21:00—23:00，每日有12根30分钟K线，所以ATR的时间参数P1优化范围设为5—10天，转化为30分钟K线图上则为（60，120），部分代码如下：

$YESTERDAYATR := REF(ATR, 1)$

$VOLATILITY1 := ABS[(ATR - YESTERDAYATR)/YESTERDAYATR]$

$VOLATILITY1 := ROUND(VOLATILITY1, 2)$

$VOLATILITY2 := IF[REF(VOLATILITY1, 1) = 0, VOLATILITY1 \times 100, VOLATILITY1/REF(VOLATILITY1, 1)]$

$VOLATILITY2 := ROUND(VOLATILITY2, 0)$

$N := IF(BARPOS <= P1 + 1, P2, IF[(VOLATILITY2 <= 4 \&\& REF(VOLATILITY2, 1) <= 4) || [REF(VOLATILITY2, 1) > 4 \&\& VOLATILITY2 < 1], REF(N, 1) + VOLATILITY2, IF[REF(VOLATILITY2, 1) > 4 \&\& VOLATILITY2 >= 1, REF(N, 1) - (REF(N, 2) - REF(N, 1))/2, REF(N, 1) - VOLATILITY2 \times VOLATILITY2/4$

$N := ROUND(N, 0)$；这里对参数N进行四舍五入取整。

$N := MIN(N, 2 \times P2)$

$N := MAX(N, P2)$

$N2 := 3 \times P2$

$LC := REF(CLOSE, 1)$

$RSI1 := SMA[MAX(CLOSE - LC, 0), N, 1]/SMA[ABS(CLOSE - LC), N, 1] \times 100$

$RSI2 := SMA[MAX(CLOSE - LC, 0), N2, 1]/SMA[ABS(CLOSE - LC), N2, 1] \times 100$

其中，（P2，$2 \times P2$）为短期RSI的最低最高范围，长期RSI的周期设为3倍的P2，P2的范围，设为2—4天，转化为30分钟周期，则为（24，48）。

如此，在第三章瀑布线外部增强的基础原理上，加入经过 ATR 增强改进的自适应方法。测试在同等条件下，同时具备内外部增强后的 RSI 策略表现结果是否会更好。同样，在螺纹品种历史数据上用 2009 年 3 月 27 日至 2016 年 12 月 31 的数据作为样本内数据寻找最优的参数，然后用 30% 的样本外数据验证参数的有效性和稳定性。

初始样本内寻找合适的最低最高界限值，将 P1 范围设定在 5—8 天，(60,96) 之间，P2 设定在 (24,60) 之间，N1 枚举步长以 1 天 12 根 K 线为一个步长。最后的优化选择结果以收益率、胜率、交易次数、最大回撤四个因素分别各占 25% 的权重来挑选最优的参数组。同样经过 2009 年到 2019 年 9 月 1 日分样本内和样本外训练历史数据最后得到的合适的参数组是当 (P1,P2) = (96,24)，(A3,A3 + d3) = (1.5,2.5)，(A4,A4 + d4) = (2,2.5) 时，模型效果最稳定。总的从 2009 年 3 月 27 日到 2019 年 9 月 1 日总利润 47 675 元，年化单利收益率 45.65%，交易次数 190 次，胜率达到 49.47%。年均交易 19 次，历史最大回撤为 2011 年出现过的 3 463 元，年均收益回撤比 1.31∶1。历史回测具体见表 6、图 10 和图 11：

表 6　　　　　　　　　　螺纹钢期货自适应迭代策略表现

策略	初始资金（元）	总利润（元）	交易次数（次）	胜率（%）	年化单利收益率	最大回撤（元）	年均收益回撤比
螺纹钢期货自适应迭代 RSI 策略	10 000	47 675	190	49.47	45.65	3 463	1.31

资料来源：文华财经测试报告。

图 10　螺纹钢期货自适应迭代策略权益曲线

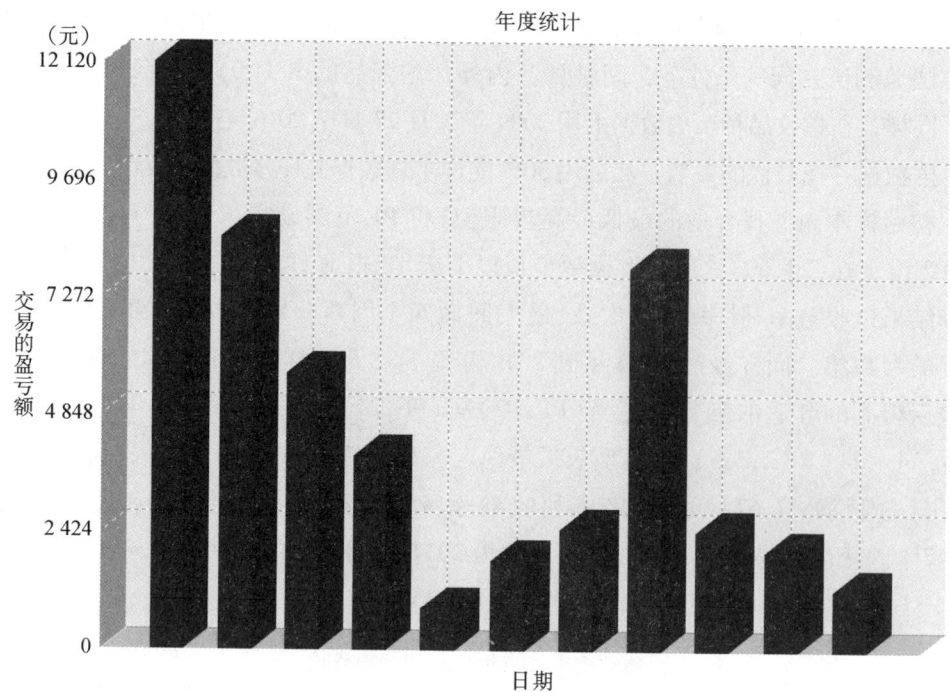

图11　螺纹钢期货自适应迭代策略历年收益

依据两种策略方法的实证研究，汇总见表7。

表7　　　　　　　　螺纹钢期货内外部增强策略改进之后对比

策略	初始资金（元）	总利润（元）	交易次数（次）	年化单利收益率（%）	最大回撤（元）	年均收益回撤比
固定参数策略	10 000	43 568	136	41.72%	3 413	1.21
自适应迭代策略	10 000	47 675	190	45.65%	3 463	1.31

资料来源：文华财经测试报告。

由表7可知，在加入ATR自适应增强过后，在控制同等风险的基础之上，模型累计总收益更高，增加了10%，相当于平均一年的收益。年化单利收益率在原先稳定获利的基础上再增加了近4个百分点，收益回撤比从1.21上升到1.31，增幅8%。由此可见，增加了ATR自适应的内部增强思想的策略确实是有改善空间的。

（四）RSI模型内外双增强模型的推广

基于内外增强的策略确实获得了不错的收益。现在，我们将同时具备内外增强的RSI策略原理，应用到化工PTA品种上，预期在PTA上亦能获得可观的收益。

PTA 日线大周期级别趋势瀑布线的判断代码公式如下：

PB1:=[EMA(CLOSE,4)+MA(CLOSE,4×2)+MA(CLOSE,4×4)]/3

PB2:=[EMA(CLOSE,6)+MA(CLOSE,6×2)+MA(CLOSE,6×4)]/3

PB3:[EMA(CLOSE,9)+MA(CLOSE,9×2)+MA(CLOSE,9×4)]/3

PB4:[EMA(CLOSE,13)+MA(CLOSE,13×2)+MA(CLOSE,13×4)]/3

PB5:[EMA(CLOSE,18)+MA(CLOSE,18×2)+MA(CLOSE,18×4)]/3

BK1:PB3 > PB4 || [PB3 > REF(PB3,1) && PB4 > REF(PB4,1) && PB5 > REF(PB5,1)]

SK1:PB3 < PB4 || [PB3 < REF(PB3,1) && PB4 < REF(PB4,1) && PB5 < REF(PB5,1)]

其中，当 PB3 在 PB4 上方，或者 PB3、PB4 及 PB5 分别同时大于它们前一日数值这种状态视为一个中期非空趋势，这样的信号记为 BK1，意为中短期可以开多单，或多单继续持有，但是绝不可以开空单。反之，当 PB3 在 PB4 均线之下，或者 PB3、PB4 及 PB5 三均线分别同时小于它们前一日的数值，这种状态视为一个中期非多趋势，这样的信号记为 SK1，意为中短期可以开空单，或空单继续持有，但绝对不能开多单。

PTA 合约交易单位 5 吨/手，报价单位元（人民币）/吨，最小变动单位 2 元/吨，历史回撤过程中也是设 1 跳滑点。多单策略，短期 RSI1 在长期 RSI2 之上而且连续两根短期 RSI1 数值都大于前一根 RSI1 才发出多头预警，RSI1 – RSI2 的差值维持在（A5，A5 + d5）范围内。其中 A5、d5 为 PTA 多单参数，A5 的参数范围选定设在（0，5）之间，参数寻优步长为 1，d5 的参数选定范围设定在（0，3）之间，参数寻优步长为 0.5。每笔多单入场后，如果亏损超过 2%，及时止损出局。当行情按预期的方向走出多头趋势，多单开始盈利后，盈利幅度大于 3%，回撤一定价位，止盈离场，否则持仓至日线级别 BK1 = False 且 SK1 = True 表明中期多头趋势已经不复存在，止盈离场。空单策略则是，短期 RSI1 处于长期 RSI2 之下，并且连续两根短期 RSI1 数值都小于前一根 RSI1 的值才发出空头预警。RSI2 – RSI1 的差值维持在（A6，A6 + d6）范围内。这里，A6、d6 为空单策略参数，A6 的参数范围设定在（0，5）之间，参数寻优步长为 1，d6 的参数范围设定在（0，3）之间，参数寻优步长为 0.5。同样，当空单建仓后，如果指数不跌，反涨，说明该次可能错误，当亏损超过 2%，及时止损离场。另一方面，当行情按预期的空头方向走出趋势，空单开始盈利后，盈利幅度大于 4%，回撤一定价位，止盈离场。否则，则持仓至日线级别 SK1 = False 而且 BK1 = True 表示中期空头趋势已经不复存在，止盈离场。

PTA 的交易时间是上午 9：00—10：15，10：30—11：30，下午 13：30—

15：00，晚上 21：00—23：30，一日 15 分钟周期共有 25 根 K 线。初始寻找合适的最低最高界限值，将 ATR 的参数 P1 范围设定在 4—8 天，即（100，200），短周期 N1 的参数 P2 范围设定在 2—4 天，（50，100）之间，枚举步长都为 25。

最后通过 2007—2016 年的样本内历史数据寻优结果以收益率、胜率、交易次数、最大回撤四个因素分别占 25% 的权重来挑选最优的参数数值。经过参数寻优过后，（P1，P2）=（100，50）、（A5，A5 + d5）=（2.5，4）、（A6，A6 + d6）=（1，1.5）时，收益最佳。从 2007 年 1 月 1 日至 2019 年 9 月 1 日，总收益 79 480 元，每年都取得正收益，年化单利收益率为 62.75%，总交易次数 157 次，也是月均交易 1 次以上，持仓周期与螺纹钢策略的频率相近，收益率也相近，胜率 57.96%，13 年数据测试期间最大回撤仅为 4 500 元，近 7 年未产生新的最大回撤，年均收益回撤比为 1.39∶1。模型历史回测数据见表 8、图 12 和图 13。

表 8　　　　　　　　　PTA 期货内外部增强策略表现

策略	初始资金（元）	总利润（元）	交易次数	年化单利收益率（%）	最大回撤（元）	年均收益回撤比
PTA 期货内外部增强策略	10 000	79 480	157 次	62.75	4 500	1.39

资料来源：文华财经测试报告。

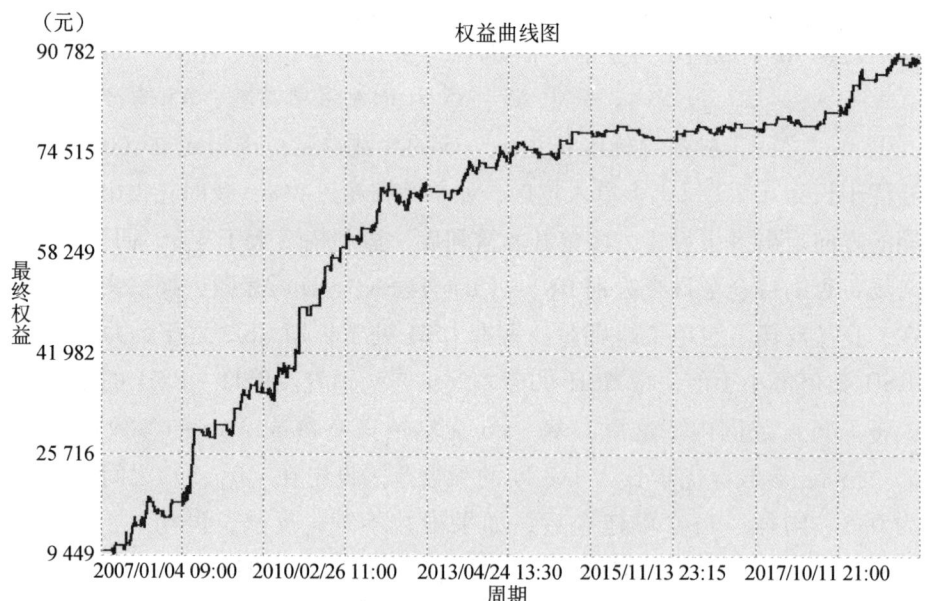

图 12　PTA 期货内外部增强策略历史权益曲线

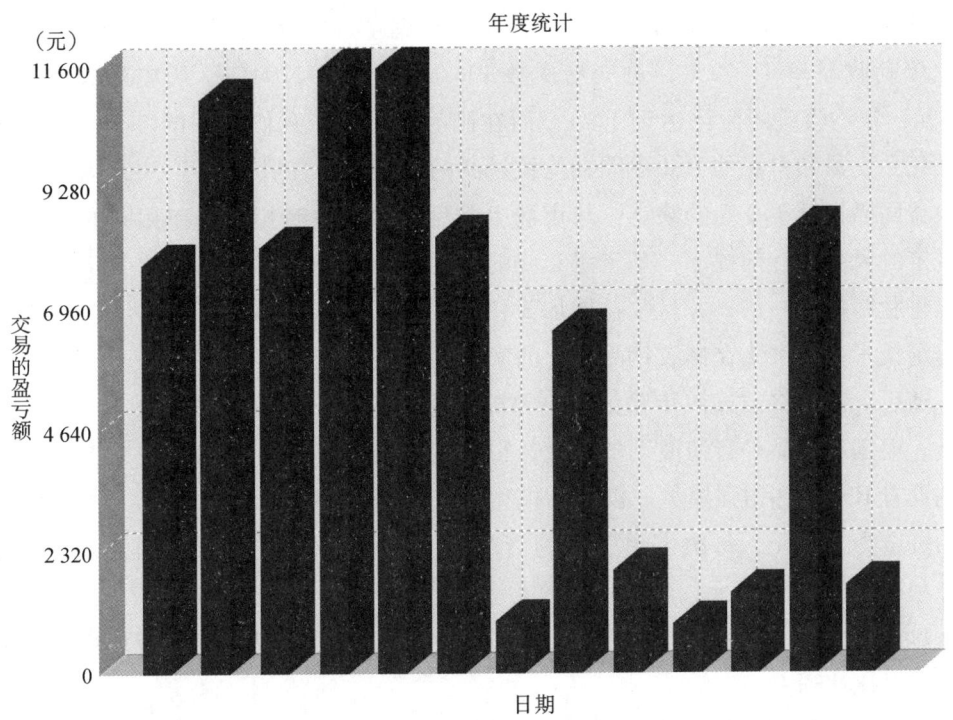

图 13　PTA 期货内外部增强策略历年收益

五、总结与展望

（一）结论

本课题从课题组成员的期货量化 CTA 实际应用情况出发。发现自 2016 年以后，由于市场参与者越来越多，量化 CTA 传统技术策略的有效性逐渐降低。为了减少与市场常见策略的趋同性，增加实际投资过程中的投资效益，选择以 RSI 指标为例，通过对传统技术指标从算法设计原理开始进行剖析，发现 RSI 指标的缺陷与不足。然后，在此基础上提出假说，构建基于瀑布线的多周期异质类指标协同共振的 RSI 外部增强模型，来增加传统 RSI 指标的有效性和稳定性，从而使传统经典指标和策略能够在期货市场的具体品种上取得理想的收益。

首先，根据课题之初提出的改进方法，在上海期货交易所的螺纹钢期货品种上测试新策略方法是否可行。根据 30 分钟级别 RSI 指标长短周期线金叉和死叉后的距离是否在一定范围让系统发出交易预警，再根据跨周期日线级别瀑布线均线排列方式的协同共振，过滤掉虚假 RSI 预警信号。经过验证，在初始资金为 1 万元，每次下单 1 手的情况下，得出多周期异质类指标协同共振的外部增强新策略模型从 2009

年 3 月 27 日至 2019 年 9 月 1 日，累计利润达到 43 568 元，每年都能取得正收益，年化单利收益率 41.72%，总交易次数 136 次，胜率 52.94%，历史最大回撤仅 3 413 元，年均收益回撤比达到 1.21。而在同等条件下，我们常用的基于传统的 RSI 金叉死叉交易和常见的 RSI 单周期均线过滤的方法都存在胜率低至 30% 以下，且年均收益回撤比低于 0.5 的缺点。与市场上常见的 RSI 策略相比，在相同的初始资金和既定的风险设计前提下，基于瀑布线的多周期异质类指标共振法的 RSI 外部增强可以将胜率提高一倍，并且收益增加 3 倍。实验证明，外部增强确实可以有效地改善传统技术指标 RSI 在螺纹钢品种上的实用性和稳定性。

随后，我们将经过初步验证的新策略思想原理，推广应用到沥青 15 分钟 K 线图上，根据沥青品种行情波动的特性，得到基于瀑布线的多周期异质类指标协同共振的沥青 RSI 外部增强模型。沥青新模型从 2014 年 1 月 1 日至 2019 年 9 月 1 日，在初始资金为 1 万元，每次下单 1 手的情况下，5 年多时间内每年都能取得正收益，累计利润达到 42 827 元，年化单利收益率高达 75.52%，总交易次数 71 次，月均交易 1.04 次，交易频率与螺纹策略相近，胜率 44%，历史最大回撤仅 5 070 元，年均收益回撤比达到 1.49。

紧接着，为了精益求精，获得更好的增强效果，获取更大的收益，继续对 RSI 指标进行内部增强。针对 RSI 数值只是通过收盘价计算，如果某一日的价格振幅很大，最高价或最低价与收盘价之间的差值较大，根据固定数值计算的 RSI 不能对这种实际波动大的情况做出实时反映的不足之处，本课题提出假说 2，采用 ATR（平均真实波动幅度）构造波动率变动指标，以达到让本来 RSI 中固定的时间参数 N 可以随着 ATR 的变动幅度自适应迭代。在计算当根 K 线对应的 RSI 数值时，若当根 K 线的价格变动幅度较大且 ATR 的变动幅度也大于前一根 ATR 的变动幅度时，尝试着将当根用于计算 RSI 数值的时间参数设定小一些，让其在行情快速变化的时候反应比固定时间更快一些。另一方面，若当根 K 线的价格变动幅度较小或 ATR 的变动幅度小于前一根 ATR 的变动幅度时，将当根用于计算 RSI 数值的时间参数设定大一点。由此，期望 RSI 能更及时的反映行情的波动，对行情的捕捉能力更敏捷，从而使策略获得更高的收益。

基于以上思路，在瀑布线多周期共振法外部增强模型的基础上，又进行了根据 ATR 变化自适应迭代的 RSI 时间参数内部改进。通过对螺纹钢期货品种的验证，得出同时具备内外部增强的 RSI 新策略，在同等资金同等风险的前提下，交易次数从仅含外部增强的 136 次增加至 194 次，累积总收益从 43 568 元提升至 47 815 元，年化单利收益率从 41.7% 增加至 45.6%，年化单利在原先稳定获利的基础上再增加了近 4 个百分点，年均收益回撤比从 1.2 增加至 1.3，增幅 8%。

最后，将同时具备内外部增强的 RSI 策略思路推广到化工品种 PTA 期货中测试效果,从 2007 年 1 月 1 日至 2019 年 9 月 1 日,PTA 模型累计利润 79 480 元,每年都能取得正收益,即使在行情处于窄幅震荡的 2016 年和 2017 年,也能保持不亏损。年化单利收益率高达 62.75%,总交易次数 157 次,胜率 57.96%,月均交易高于 1 次,交易频率与螺纹钢策略及沥青策略相近。测试期间最大回撤出现在 2012 年,仅为 4500 元,近 7 年未创新的最大回撤,年均收益回撤比达到 1.39。

从螺纹钢、沥青、PTA 三个期货品种长达 10 多年的回测验证中,可以看出课题之初,基于传统指标 RSI 的缺陷提出的瀑布线跨周期协同共振和根据 ATR 自适应迭代 RSI 时间参数 N 的内外部双增强策略设计思想,可以有效改善传统技术指标 RSI 在期货交易市场中的实用性和稳定性。后续可以将该策略的内外部增强思想,自适应方法推广应用到更多具体合适的品种上,形成基于量化 CTA 趋势跟踪策略的多品种、多周期策略组合系统。另一方面,也可以将本课题提出的改进原理和思想应用于更多的传统技术指标,减少市场上指标应用的同质性,同时也增加传统技术指标的有效性和实用性。

(二) 不足与展望

本课题研究,虽然取得了一些成果,但仍存在一些不足,对此有以下几点建议:

(1) 本课题基于 RSI 的多周期共振外部增强法用的只是价格指标,后续量化 CTA 趋势跟踪策略研究拓展中还可以增加量能指标的协同性,提高胜率,增加收益。

(2) 并非每个品种时间参数自适应效果都比固定参数效果好,本课题也曾试图将自适应迭代方法在沥青品种上测试,但效果不如固定参数好,投资者需要根据具体的品种选择合适的自适应方法具体对待。

(3) 本课题自适应 RSI 只是研究了短期 RSI 的自适应参数情况,后期研究中长期 RSI 也可以加入自适应迭代。

(4) 本课题自适应迭代只能说是半自适应,因为指标 ATR 中使用的还是固定时间参数。因此,其获得的改善收益也比较有限。后期课题深入研究可以同时增加 ATR 的自适应性,达到全自动的双迭代效应,以获取更高更稳定的收益。

(5) 最后,量化 CTA 趋势跟踪策略模型,都是基于历史数据对参数优化后得到的该品种最优参数的表现,虽然在模型构建过程中,分为了样本内和样本外测试,但因为未来的不确定性,依然不可避免统计学中的过度拟合现象。在实际交易中,因为未来行情的不确定性,模型未必能一如既往的取得很好的盈利,所以投资者在实际的运用过程中,需要掌握每个模型的策略思想和原理,能够根据实际情况对模型做出适当的调整和合理的应用。

参考文献

[1] Sharpe, William F. CapitalAsset Prices: a theory of market equilibrium under conditions of risk, in Journal of Finance, Vol. 19, No. 3.

[2] Fama, Eugene F, 1970, Effcient Capital Markets: A Review of Theory and Empirical Work, in Journal of Finance, 1964, Vol. 25, No. 11.

[3] Irene Aldridge. High – Frequency Trading: A Practical Guide to Algorithmic Strategies and Trading Systems, in April, 2010, Vol. 27, No. 8.

[4] Edward Olszewski. A strategy for trading the S&P 500 futures market, in Journal of Economics & Finance, 2001, Vol. 25, No. 1.

[5] Ramazan Gencay. The predictability of security returns with simple technical trading rules, in Journal of Empirical Finance, 1998, Vol. 5, Iss. 4, pp. 347 – 359.

[6] Lo, Andrew W. and Mamaysky, Harry and Wang, Jiang. Foundations of technical analysis: computational algorithms, statistical inference, and empirical implementation, in The Journal of Finance, 2000, Vol. 55, No. 4, pp. 1705 – 1765.

[7] Robert D. Edwards, John Magee, and W. H. C. Bassetti. Technical Analysis of Stock Trends (revised 10 thed.), Boca Raton, CRC Press, 1966.

[8] Myron Scholes and Joseph Williams. Estimating betas from nonsynchronous data, in Journal of Financial Economics, 1977, Vol. 5, No. 3. pp. 309 – 327.

[9] Cheol – Ho Park and Scott H. Irwin. What do we know about the profitability of technical analysis? in Journal of Economic Surveys, 2007, Vol. 21, No. 4, pp. 786 – 826.

[10] 柯蒂斯·费思:《海龟交易法则》,中信出版社2010年版。

[11] 约翰·墨菲(Murphy, J. J.):《金融市场技术分析》,上海人民出版社2002年版。

[12] 丁鹏:《量化投资——策略与技术》,电子工业出版社2016年版。

[13] 王兆军、曾渊沧、郝刚:"均匀设计抽样在股市投资决策上的应用",《高校应用数学学报》第24卷,2001第2期。

[14] 方兆本、镇磊:"基于非对称效应ACD模型和分时VWAP算法对A股市场算法交易的量化分析研究",《中国科学技术大学学报》第41卷,2011年第9期。

[15] 王品:"基于盘整市的RSI投资决策",《经济数学》第29卷,2012年第1期。

[16] 汪天都:"技术分析、有效市场与行为金融",复旦大学,2013年。

［17］于文婷："基于 Hilben．Huang 变换的布林通道交易策略》，浙江大学，2014 年。

［18］李志鸿："国内商品期货"短周期"量化投资策略研究"，浙江大学，2017 年。